5-7, rue de l'Ecole-Polytechnique, 75005 Paris

http://www.editions-harmattan.fr

ISBN : 978-2-343-10971-8
EAN : 9782343109718

La fusion des sociétés commerciales en droit interne et international

Logiques Juridiques

Collection fondée par Gérard Marcou

Le droit n'est pas seulement un savoir, il est d'abord un ensemble de rapports et pratiques que l'on rencontre dans presque toutes les formes de sociétés. C'est pourquoi il a toujours donné lieu à la fois à une littérature de juristes professionnels, produisant le savoir juridique, et à une littérature sur le droit, produite par des philosophes, des sociologues ou des économistes notamment.

Parce que le domaine du droit s'étend sans cesse et rend de plus en plus souvent nécessaire le recours au savoir juridique spécialisé, même dans des matières où il n'avait jadis qu'une importance secondaire, les ouvrages juridiques à caractère professionnel ou pédagogique dominent l'édition, et ils tendent à réduire la recherche en droit à sa seule dimension positive. À l'inverse de cette tendance, la collection « Logiques juridiques » des éditions L'Harmattan est ouverte à toutes les approches du droit. Tout en publiant aussi des ouvrages à vocation professionnelle ou pédagogique, elle se fixe avant tout pour but de contribuer à la publication et à la diffusion des recherches en droit, ainsi qu'au dialogue scientifique sur le droit. Comme son nom l'indique, elle se veut plurielle.

- **Dernières parutions**

- Jean Paul NYEMBO TAMPAKANYA, *L'organisation des marchés financiers en République démocratique du Congo*, 2017.
- Alexandra THÉODOROPOULOS, Les accords collectifs de groupe, 2017.
- Isabelle ALVAREZ, *Essai sur la notion d'exécution contractuelle*, 2017.
- Abuhamoud ALSHIABANI, *La démocratie en droit international, Étude critique sur le statut juridique de la démocratie en droit interntional et la légitimité de l'imposer par la force,* 2017.
- Vasiliki KALIMERI, *Le conseil de l'europe et les collectivités territoriales, contribution à l'étude de l'autonomie locale,* 2017.
- Marjorie BRUSORIO AILLAUD, *La responsabilité civile des enseignants en cas d'accident scolaire,* 2017.
- Gabriel ECKERT et Jean-Pierre KOVAR, *Les objectifs de la régulation économique et financière,* 2017.
- Pierre-Alexis BLEVIN, *Les micro-États européens*, 2016.
- Danièle AZÉBAZÉ LABARTHE, *Quelle nouvelle politique de l'énergie pour l'Union européenne ?,* 2016
- Constance CASTRES SAINT-MARTIN, *Les conflits d'intérêts en arbitrage commercial international,* 2016.

Adrian KALAANI

La fusion des sociétés commerciales en droit interne et international

Contribution à la notion de « contrat-organisation »

L'Harmattan

PREFACE

Même si elle est bien connue et tout aussi pratiquée dans les relations internes, européennes et internationales, la fusion des sociétés reste une notion incertaine et ambigüe. Les économistes y rangent l'ensemble des techniques de concentration des entreprises, comme, pour ne citer que ces exemples, la fusion, l'acquisition, le contrat de coopération, voire la joint-venture et l'apport partiel d'actif, dès lors que plusieurs sociétés décident de réunir leurs moyens respectifs au service d'une activité commune. Les juristes, quant à eux, ont une approche moins extensive de la fusion et considèrent que cette opération existe seulement si elle produit des effets biens précis : la transmission universelle du patrimoine d'une ou de plusieurs sociétés à une société préexistante ou à créer ; la dissolution sans liquidation de ces sociétés et la distribution de parts sociales ou d'actions aux associés ou actionnaires des sociétés dissoutes.

C'est à l'étude de cette notion de fusion et de son régime que M. Adrian KALAANI consacre son travail. La fusion a fait certes l'objet d'une littérature abondante. Mais, elle n'avait pas donné lieu jusque-là à une étude systématique d'ensemble. M. KALAANI s'y est courageusement livré. Son ouvrage comble magistralement la lacune et offre les outils qui permettent de cerner les contours et de préciser le régime de la fusion.

Il est parti du constat que, pour se fondre au sein d'une seule entité, les sociétés fusionnantes doivent subir des modifications structurelles profondes. Des bouleversements s'ensuivent, en particulier quant aux droits des tiers intéressés, parmi lesquels se trouvent les associés minoritaires, les créanciers sociaux et les salariés. Pour assurer la protection de l'ensemble des intérêts en présence, la recherche se doit déjà de cerner les différentes étapes de l'opération de fusion.

La qualification de cette opération est l'étape préalable qui permet de la comprendre et de dégager les règles qui la régissent. Les textes français et européens sur la fusion sont laconiques et, s'ils réglementent tel ou tel autre aspect de l'opération, ils ne permettent pas en eux-mêmes de dégager une notion de fusion. C'est ce qui explique les errements auxquels se heurte la pratique autant que les incertitudes jurisprudentielles. Une analyse complète et progressive, fine et convaincante permet à M. KALAANI de voir dans l'opération de fusion une forme particulière de contrat, celle de contrat-organisation.

On doit la catégorie contrat-organisation au Professeur Paul Didier qui a montré que, contrairement à la structure des contrats synallagmatiques classiques, le contrat-organisation institue une politique de coopération entre les cocontractants. Ces derniers mettent en commun leurs biens et services propres et les emploient à une activité commune dans la poursuite d'un objectif. M. KALAANI s'inspire de cette analyse pour la transposer à l'opération de fusion. La transposition est heureuse tant le contrat de fusion s'inscrit dans ce schéma : les sociétés concernées mettent bien en commun leurs patrimoines respectifs et unissent leurs entreprises au sein d'une seule société ; les associés des sociétés fusionnantes participent de cette entreprise puisque le seul mode de rémunération envisageable pour la transmission universelle du patrimoine est la distribution de parts sociales ou d'actions aux associés ou actionnaires de la société dissoute. La fusion met ainsi en commun non seulement les biens des sociétés fusionnantes, mais fait participer aussi leurs membres pour parvenir au but recherché.

Une fois la qualification de l'opération dégagée, M. KAALANI expose dans de substantiels développements tant les conditions que le processus de réalisation des fusions. Chemin faisant, il signale les problèmes rencontrés et propose à chaque fois les solutions appropriées. Théoriciens et praticiens du droit trouveront dans cet ouvrage des réponses aux redoutables difficultés que cette opération engendre, tant en droit interne qu'en droit européen et international. C'est d'ailleurs sur ces deux versants de l'opération que l'auteur articule habilement ses développements.

La qualification de contrat-organisation retenue par l'auteur induit l'application d'un régime spécifique. Les conséquences pratiques sont nombreuses depuis les premières prises de contact entre négociateurs en passant par l'établissement du protocole et du projet de fusion et jusqu'à la conclusion du contrat définitif. C'est encore la même qualification de contrat-organisation qui éclaire et rend compte des effets juridiques caractéristiques des fusions telles que la transmission universelle de patrimoine, la dissolution sans liquidation ainsi que la distribution de parts sociales ou des actions aux associés ou actionnaires des sociétés dissoutes.

En suivant la même analyse, l'auteur aborde les fusions transfrontières — intra-européennes et internationales — impliquant des sociétés soumises à des lois différentes. La qualification de contrat-organisation, ici aussi pertinente, explique cette fois-ci l'articulation des diverses lois devant intervenir lors de la négociation et la réalisation de l'opération de fusion. Comme la fusion a à la fois une nature contractuelle et sociétaire, l'auteur se livre à un minutieux travail de détermination de la loi applicable, *lex contractus* ou *lex societatis* et de leurs domaines respectifs.

A défaut d'*electio juris*, la loi de la société absorbante ou de la société nouvellement créée vers laquelle convergent les prestations des sociétés dissoutes se trouve, de manière supplétive, applicable au contrat de fusion. Cette *lex contractus* encadre l'aspect contractuel de la fusion, comme la responsabilité contractuelle des parties, les obligations nées à leur charge, la validité et les effets des clauses limitatives de responsabilité et des clauses de garantie. Quant à la *lex societatis* concernée, elle s'applique aux questions sociétaires de la fusion. Les lois des sociétés régissent distributivement le fonctionnement interne de chacune des sociétés, notamment la détermination des conditions de réalisation de la fusion, les organes compétents pour élaborer le projet de fusion et décider la fusion, les conditions de quorum et de majorité, les mesures de publicité et de contrôle, les procédures de protection des créanciers et des associés ou actionnaires minoritaires, *etc.* Ces lois trouvent à s'appliquer cumulativement lorsque les problèmes rencontrés intéressent l'ensemble des sociétés fusionnantes, comme l'exigence d'un projet de fusion, les conditions de formes et les mentions obligatoires du projet de fusion ainsi que la date de prise d'effet.

L'ouvrage de M. KALAANI marquera une étape dans la recherche juridique sur le droit des sociétés en droit interne, européen et international. Il sera certainement l'ouvrage de référence en la matière à la fois pour les universitaires et pour les praticiens. Les premiers apprécieront les développements relatifs à la qualification de l'opération et sa transposition en droit interne et international. Les praticiens du droit des sociétés et plus particulièrement les spécialistes des opérations de concentration et de fusions-acquisitions trouveront l'analyse détaillée des difficultés qui émaillent les fusions internes et transfrontières. Un ouvrage fondamental, riche et qui révèle la double qualité de son auteur : le chercheur qui explore le fondement et les rouages de l'opération, mais qui ne néglige jamais les solutions pratiques.

Georges Khairallah
Professeur à l'Université Panthéon-Assas (Paris 2)

LES PRINCIPALES ABRÉVIATIONS

Adde	Ajouter
Actes prat.	Actes pratiques et ingénierie sociétaire
AJDI	L'actualité juridique, droit immobilier la revue des praticiens de l'immobilier
Al.	Alinéa
Anc.	Ancien
APD	Archives de philosophie du droit et de philosophie sociale
Art.	Article
BRDA	Bulletin rapide de droit des affaires
Bull. civ.	Bulletin des arrêts de chambres civiles de la Cour de cassation
Bull. Joly	Bulletin mensuel Joly d'information des sociétés
CA	Cour d'appel
Cah. drt. eur.	Cahiers de droit européen
C. ass.	Code des assurances
Cass. civ.	Cour de cassation, chambres civiles
Cass. com.	Cour de cassation, chambre commerciale
C. civ.	Code civil
CCBE	Conseil des barreaux européens
C. com.	Code de commerce
C. cons.	Code de la consommation
CDE	Cahiers de droit de l'entreprise
CJUE	Cour de justice de l'Union européenne
Chron.	Chronique
CMF	Code monétaire et financier
Concl.	Conclusions
Comm.	Commentaire
Contra	En sens contraire
D.	Recueil Dalloz
dir.	Direction
Dir.	Directive
DPCI	Droit et pratique du commerce international
Dr. et patrimoine	Droit et patrimoine

Dr. soc.	Droit des sociétés
Éd.	Édition
Encycl.	Encyclopédie
Fasc.	Fascicule
Gaz. Pal.	Gazette du palais
Id.	Idem
Ibid.	Ibidem
In.	Dans
Infra	Plus bas
J.-Cl.	Jurisclasseur
JDI	Journal de droit international (Clunet)
JCP G	La semaine juridique, édition générale
JCP E	La semaine juridique, édition entreprise
JCP CI	La semaine juridique, édition commerce et industrie
JCP N	La semaine juridique, édition notariale
JO	Journal officiel
JOCE	Journal officiel des Communautés européennes
JORF	Journal officiel de la république française
J. soc.	Journal des sociétés
Ldip	Loi sur le droit international privé
Lfus	Loi sur la fusion
LPA	Les petites affiches
Obs.	Observations
Op. cit.	*Opere citato*, dans l'ouvrage cité
Préc.	Précité
PUAM	Presse universitaires de l'Université d'Aix-Marseille
PUE	Publications universitaires européennes
PUF	Presses universitaires de France
RAE	Revue des affaires européennes
Rapp.	Rapport
RCADI	Recueil des cours de l'Académie de droit international (La Haye)
RCDIP	Revue critique de droit international privé
RDAI	Revue de droit des affaires internationales
RDBF	Revue de droit bancaire et financier
RDC	Revue des contrats
RDIDC	Revue de droit international et de droit comparé
RDIDA	Revue de droit international et de droit des affaires
RD imm.	Revue de droit immobilier
Rép. Min.	Réponse ministérielle
Rev. arb.	Revue de l'arbitrage
Rev. Banque	Revue banque

SOMMAIRE

PREMIÈRE PARTIE : LA QUALIFICATION JURIDIQUE DE LA FUSION

TITRE 1 : LA NÉCESSITÉ D'UN CONTRAT

Chapitre 1 : La phase précontractuelle

Chapitre 2 : La phase contractuelle

TITRE 2 : LA QUALIFICATION DU CONTRAT

Chapitre 1 : Les qualifications inadéquates

Chapitre 2 : La qualification pertinente de contrat-organisation

DEUXIÈME PARTIE : LA RÈGLE DE CONFLIT APPLICABLE À LA FUSION

TITRE 1 : L'INTERVENTION DE LA *LEX CONTRACTUS*

Chapitre 1 : La détermination de la *lex contractus*

Chapitre 2 : Le domaine d'application de la *lex contractus*

TITRE 2 : L'INTERVENTION DE LA *LEX SOCIETATIS*

Chapitre 1 : La loi applicable aux conditions de la fusion

Chapitre 2 : La loi applicable aux effets de la fusion

INTRODUCTION

1. **Un attribut de la personne morale**[1]. L'homme créa l'être moral à son image en lui attribuant une personnalité calquée sur la sienne. Comme les êtres humains, les êtres moraux naissent, vivent et meurent[2]. Ils disposent également d'un nom, d'une nationalité, d'une capacité et d'un domicile. On a même été jusqu'à leur reconnaître des « *sentiments* »[3]. L'être moral peut désormais souffrir[4], concevoir des craintes[5], se montrer distrait et négligent[6], *etc.* Selon M. ROUSSEAU c'est « *ce besoin de créer des êtres à notre image, qui poussa les Grecs et les Latins à donner les traits de l'homme aux forces divinisées de la nature* »[7]. On trouve sans doute là une illustration de

---

[1] Sur la personne morale, v. COULOMBEL (P.), *Le particularisme de la condition juridique des personnes morales de droit privé*, th. Nancy, 1949 ; DURAND (P.), *L'évolution de la condition juridique des personnes morales de droit privé in. Mélanges RIPERT (G.)*, t. 1, LGDJ, 1950, p. 138 et s. ; MICHOUD (L.), *La théorie de la personnalité morale*, LGDJ, 1998 ; SALEILLES (R.), *La personnalité juridique, histoire et théorie*, Sirey, 1910 ; PLANIOL (M.) et RIPERT (G.), *Traité élémentaire de droit civil*, t.1, LGDJ, 3eme éd., 1946, n°697 et s.

[2] Sur le sujet, v. GERMAIN (M.), *Naissance et mort des sociétés commerciales in. Mélanges ROBLOT (R.)*, LGDJ, 1984, p. 217 et s.

[3] En ce sens: WESTER-OUISSE (V.), *La jurisprudence et les personnes morales. Du propre de l'homme aux droits de l'homme*, JCP G 2009, I, 121 ; MESTRE (J.), *La protection indépendante du droit de réponse, des personnes physiques et des personnes morales contre l'altération de leur personnalité aux yeux du public*, JCP G 1974, I, 2623 : « *Si donc chaque personne physique a une personnalité très riche, puisqu'à la fois physique, psychologique et sociale, qui lui est propre, il faut admettre que les personnes morales, si elles ont une personnalité beaucoup moins étendue, n'ayant pas de corps physique, n'en ont pas moins une personnalité psychologique et surtout sociale qui à ce titre, mérite protection* ».

[4] La jurisprudence admet qu'une personne morale bénéficie de dommages-intérêts sur le fondement d'un préjudice moral. En ce sens : Cass. crim., 27 nov. 1996, n°96-80.223, JurisData n°1996-004701 ; Bull. crim. 1996, n°431 ; JCP G 1997, IV, 508. La Cour de cassation décide que « « *les articles 2 et 3 du Code de procédure pénale ouvrent l'action civile à tous ceux qui ont personnellement souffert du dommage, matériel ou moral, découlant des faits, sans exclure les personnes morales* »

[5] Le consentement d'une personne morale peut être vicié par l'effet d'une violence. En ce sens : Cass. com., 21 févr. 1995, n°93-13.302, JurisData n°1995-000325 ; Bull. civ. 1995, IV, n°50.

[6] En ce sens : Cass. 1re civ., 27 mars 2007, n°05-10.480, JurisData n°2007-038216 ; JCP G 2007, act. 156. La Cour de cassation retient la responsabilité d'une société chargée du contrôle des navires qui a délivré un certificat de navigabilité. Elle considère que la société s'est montrée négligente lors de ses contrôles.

[7] ROUSSEAU (H.), note sous Cass. Civ., 21 nov. 1934, S. 1936, I, 289.

l'irrésistible et instinctive influence de l'anthropocentrisme[8]. L'être moral apparaissait comme un sujet de droit de même nature que la personne physique. Il est titulaire des mêmes droits et obligations que ceux des êtres humains. Cette apparente égalité était pourtant trompeuse. Les canonistes du Moyen Âge y voyaient déjà un « *être idéal* »[9]. Le doyen RIPERT percevait la personne morale comme « *un être surhumain* »[10]. Il constatait ainsi que « *par la création de ces êtres nouveaux, l'homme satisfait son secret désir d'immortalité. Parce qu'il sait que la mort lui arrachera son œuvre, il imagine des êtres qui la continueront sans que la mort les atteigne* »[11]. Il est vrai que la personne morale « *naît adulte, en pleine force, puissante et riche. Une fois créée, elle est maître de sa vie et de sa mort. Rien ne la détourne de la fonction pour laquelle elle a été fondée. Elle s'unit à d'autres sociétés par des unions singulières et des filiations plus ou moins secrètes* »[12]. Le Professeur VASSEUR relevait aussi le paradoxe que « *la vie des personnes morales est d'un certain point de vue plus riche que celle des personnes physiques* »[13]. Il faisait référence à l'aptitude de ces personnes de se scinder et de fusionner[14].

2. **Une vocation naturelle de la personne morale.** Aristote enseignait que les hommes s'associaient non par contrainte, mais par nature[15]. Le

[8] En ce sens: CARBONNIER (J.), *Droit civil*, t. 1, PUF, 8eme éd., n°75 ; WESTER-OUISSE (V.), *Dérives anthropomorphiques de la personnalité morale : ascendances et influences*, JCP G 2009, I, 137.

[9] Sur le sujet, v. TEYSSIÉ (B.), *Droit civil, les personnes*, Litec, 15eme éd., 2014, n°884 ; SERBESCO (S.), *La dévolution des biens des personnes morales disparues*, Sirey, 1920, p. 61.

[10] RIPERT (G.), *Aspects juridiques du capitalisme moderne*, LGDJ, 1951, n°32.

[11] *Id., ibid.*

[12] DURAND (P.), *art. préc.*, p. 142 ; v. égal. : PLANIOL (M.) et RIPERT (G.), *op. cit.*, n°699 : « *la personne physique voit son activité vite ralentie par l'âge et finalement détruite par la mort. La personne morale ne vieillit pas et peut reculer par sa propre volonté la date de sa mort* ».

[13] VASSEUR (M.), *Les fusions et les scissions de sociétés par actions in. Études de droit contemporain*, t. 3, Sirey, 1959, p. 37.

[14] L'attribut à fusionner peut toutefois simplement manifester l'existence d'une rupture définitive avec l'anthropocentrisme qui a longtemps orienté l'étude de l'être moral. On a pu en effet relever que « *la personne morale n'est pas une personne. Ni souffrante, ni aimante, sans chair et sans os, la personne morale est un être artificiel* » (COZIAN (M.) , VIANDIER (A.) et DEBOISSY (Fl.), *Droit des sociétés*, LexisNexis, 29eme éd., 2016, n°206).

[15] ARISTOTE, *La politique*, IV, 3, p. 266 : « *toute cité est un fait de nature, s'il est vrai que les premières communautés le sont elles-mêmes. Car la cité est la fin de celles-ci, et la nature d'une chose est sa fin, puisque ce qu'est chaque chose une fois qu'elle a atteint son complet développement, nous disons que c'est là la nature de la chose, aussi bien pour un homme, un cheval, ou une famille. En outre, la cause finale, la fin d'une chose, est son bien le meilleur, et la pleine suffisance est à la fois une fin et une excellent. Ces considérations montrent donc que la cité est au nombre des réalités qui existent naturellement et que l'homme est par nature un animal politique » ; Contra*, HOBBES, *Léviathan*. L'auteur considère que l'état de nature de l'être humain est l'isolement complet. Il affirme que *« la cause finale, le but, le*

[illegible] evait l'individu isolé comme un être inachevé n'ayant [illegible] bilités. Selon lui, les hommes se regrouperaient tout [illegible] foyer puis en village et enfin en cité, c'est-à-dire en [illegible]. Cette théorie aristotélicienne pourrait être appliquée, [illegible], [illegible]x personnes morales. Ces dernières ont en effet constamment éprouvé le besoin de s'allier et de se regrouper. M. GOMPEL constate en ce sens que « *la concentration des capitaux est un stade de l'évolution économique, mouvement de concentration aussi irrésistible que celui des groupements humains ; a-t-on jamais songé à interdire aux individus de vivre à leur gré, en villes et en villages ? Si les individus se réunissent, se concentrent, c'est par une force irrésistible* »[16]. Le mouvement de concentration des êtres moraux est ainsi un mouvement naturel d'évolution. Or, si la concentration des personnes morales est susceptible de revêtir plusieurs formes, la fusion en est bien la plus parfaite et la plus radicale[17].

3. **Les termes « *fusion* » et « *fusion transfrontalière* ».** Étymologiquement, la fusion signifie « *l'union intime résultant de la combinaison ou de l'interpénétration d'êtres ou de choses* »[18]. Elle suppose une compénétration, une confusion des organismes ou entités entraînant la disparition de leur individualité au sein d'un composé unique[19]. Le terme

---

dessein, que poursuivirent les hommes, eux qui par nature aiment la liberté et l'empire exercé sur autrui ; lorsqu'ils se sont imposé des restrictions au sein desquelles on les voit vivre dans les Républiques, c'est le souci de pourvoir à leur propre préservation et de vivre plus heureusement par ce moyen : autrement dit, de s'arracher à ce misérable état de guerre qui est, je l'ai montré, la conséquence nécessaire des passions naturelles des hommes, quand il n'existe pas de pouvoir visible pour les tenir en respect, et de les lier, par la crainte des châtiments, tant à l'exécution de leurs conventions qu'à l'observation des lois de nature ». Si les hommes s'associent, c'est seulement parce qu'en vertu d'un calcul de la raison, ils jugent que leur situation est intolérable et que, dans leur intérêt particulier, il vaudrait mieux que chacun se défasse d'une partie de sa puissance et la transfère à un souverain.

[16] GOMPEL (R.) *De la fusion de sociétés anonymes*, th. Paris, 1908, p. 6.

[17] En ce sens, v. CHAMPAUD (Cl.), *Le pouvoir de concentration de la société par actions*, Sirey, 1962, n°193 : « *de toutes les techniques juridiques que la pratique a mises au service de la concentration, la fusion est, sans aucun doute, celle qui semble la mieux adaptée à cet usage* »

[18] Dictionnaire Le Petit Robert, 1993, *v°*. Fusion : Ce mot provient du terme latin *fundere* qui veut dire fondre.

[19] En ce sens : MESTDAGH (H.), *La fusion des sociétés commerciales, au point de vue juridique et fiscal*, Th. Lille, 1930, p. 24. Le mot fusion « *caractérise l'état de deux ou plusieurs collectivités qui s'unissent pour n'en former qu'une seule. La fusion porte atteinte non seulement à la forme des collectivités mais aussi à leur individualité qui cesse pour l'avenir* » ; COPPER-ROYER (J.), *De la fusion des sociétés, essai juridique*, Dalloz, 1933, p. 10: « *grammaticalement, le mot fusion indique un mélange intime où la matière d'un des éléments soumis à l'opération disparaît totalement dans la matière d'un autre élément* » ; COMTE (Ph.), *Valeurs économiques et valeurs juridiques dans les fusions d'entreprises*, éd. Entreprise moderne, 1970, p. 15 : « *la fusion est l'union intime de deux éléments dont*

était initialement utilisé dans le domaine de la chimie pour ‹ l'opération de fonte ou de liquéfaction, c'est-à-dire le passage d'un solide à l'état liquide sous l'action de la chaleur. Ensuite, le terme est app… dans le domaine de la physique avec la fusion nucléaire qui consiste à réunir deux noyaux atomiques légers pour n'en former qu'un seul plus lourd et plus stable. Il en est de même dans le domaine du droit. D'un point de vue juridique, la fusion est l'opération par laquelle plusieurs personnes morales se réunissent pour n'en former qu'une seule. M. AUGER constate qu'« *à prendre le mot dans son sens propre, pour qu'il y ait fusion, il faudrait que les sociétés à fusionner disparaissent toutes pour faire place à un organisme nouveau, ou du moins s'incorporent en une seul d'entre elles, qui, société survivante ou corps nouveau, mettrait en œuvre les biens de toutes au profit des associés de toutes* »[20]. Plusieurs personnes morales vont ainsi se fondre au sein d'une seule entité préexistante ou entité nouvellement créée à tel point qu'il n'est plus possible de les dissocier ou de les identifier distinctement[21]. La fusion est donc la technique juridique de concentration la plus radicale – soit la « *plus complète et la plus achevée* »[22] – puisqu'elle entraîne la disparition de diverses personnes morales au sein d'une seule.

4. Le terme « *fusion transfrontalière* » désigne la fusion faisant intervenir des sociétés dont au moins deux d'entre elles sont soumises à des lois nationales différentes. Ce terme a été vivement critiqué par la doctrine qui considère les termes « *fusion transfrontière* », « *fusion transnationale* » et « *fusion internationale* » plus appropriés[23]. Cela étant dit, nous allons tout de même privilégier l'expression « *fusion transfrontalière* » dans notre étude par souci de cohérence avec la terminologie employée par les différentes directives européennes, notamment la dixième directive, ainsi que les textes

---

l'individualité disparaît au profit de la nouvelle unité constituée par eux : il s'agit d'une opération organique et complète ».

20 AUGER (B.), *La fusion*, Rev. soc. 1925, p. 51 ; v. égal. PÈNE (H.), *La fusion des sociétés commerciales*, th. Bordeaux, 1907, p. 40 : « *la fusion suppose en effet nécessairement la disparition de toutes les individualités qui fusionnent, ou tout au moins de certaines d'entre elles et la naissance d'une nouvelle individualité ou l'augmentation d'une des individualités préexistantes* ».

21 LAGARRIGUE (J.-P.), *Droit comptable des fusions*, Litec, 1986, p. 36: « *la réalisation de cette alliance indissociable entraîne une mutation des entités qui y sont parties, à un tel niveau de perfection qu'il n'est plus possible de distinguer, à travers leur résultante, ce qui provient des unes ou des autres à l'instar de ce qui se produit dans la réaction chimique de deux corps distincts dont les atomes s'agrègent les uns aux autres pour donner naissance à un corps nouveau constitué des éléments de base de ceux dont il est issu* ».

22 CHEMINADE (Y.), *Nature juridique de la fusion des sociétés anonymes*, RTD com. 1970, p. 16.

23 En ce sens : BONNASSE (A.) et GAILLARD (L.), *Un bilan mitigé des fusions entre sociétés françaises et sociétés étrangères-persistance d'obstacles et voies alternatives in. Mélanges BISSARA (Ph.)*, ANSA, 2013, p. 41

nationaux ayant transposé cette dernière[24]. Parmi les fusions transnfrontalières, nous distinguerons les fusions intra-européennes qui impliquent uniquement des sociétés relevant de la loi des États membres, de celles extra-européennes qui impliquent au moins une société ne relevant pas de la loi d'un État membre.

5. **L'histoire de la fusion.** La fusion est considérée comme l'une des plus anciennes méthodes de concentration des personnes morales. Les premiers exemples remontent au début du XVIIIe siècle[25] et seraient l'œuvre du célèbre banquier et économiste écossais John LAW[26]. À l'époque, la France souffrait d'une crise financière aiguë principalement due aux dettes engendrées par les guerres continuelles et coûteuses de Louis XIV. Les Compagnies dites « *privilégiées* » qui exploitaient des activités commerciales et coloniales ne furent pas épargnées par cette crise, si bien qu'elles se trouvèrent obligées de vendre leurs privilèges afin d'échapper à la ruine. C'était notamment le cas du financier Antoine Crozat qui dût céder le privilège de sa Compagnie de la Louisiane pour s'acquitter de ses dettes à l'égard de l'État. En 1717, John LAW qui désirait se lancer dans le grand commerce outre-Atlantique, saisit l'opportunité et acquis les privilèges de ladite compagnie en créant la Compagnie d'Occident[27]. La nouvelle Compagnie fut constituée avec un capital qui s'élevait à 100 millions de livres représenté par 200 000 actions payables uniquement par des billets de l'État. Détenant le monopole commercial de la colonie de Louisiane pour une période de vingt-cinq ans, elle s'engagea à la peupler de 6000 blancs et 3000 noirs en dix ans afin concurrencer l'Espagne et l'Angleterre[28].

---

[24] Cf. Code de commerce : Livre deuxième- Titre II- Chapitre VI- section IV : « *dispositions particulières aux fusions transfrontalières* »

[25] Sur le sujet, v. HOUPIN (C.) et BOSVIEUX (H.), *Traité des sociétés*, t. 2, 6eme éd., 1929, n°960 ; VAVASSEUR (A.), *De la fusion des sociétés*, Rev. soc. 1892, p. 259 ; *Traité pratique et formulaire des sociétés civiles et commerciales*, 4eme éd., 1869, n°427 et s ; DE NOAILLAT (G.), *Étude sur la fusion de sociétés*, éd. Imprimerie de la Société anonyme de publications industrielles, 1899, p. 6.

[26] John LAW (1671-1729) a été emprisonné dans la Tour de Londres à la suite d'un duel. Il s'en échappa et fuit alors son pays pour aller s'installer en France. Il réussit à convaincre le Régent de France Philippe d'Orléans de sa capacité à liquider la dette de l'État français grâce à un système de crédit fondé sur de la monnaie papier. – *Adde*, sur l'histoire de John LAW, v. MURPHY (A.), *John Law et la bulle de la Compagnie du Mississippi in. L'économie politique*, 2010, p. 7 et s. ; MURPHY (A.), *John Law, économiste et homme d'État*, éd. PIE, 2007.

[27] La compagnie d'Occident est aussi connue sous le nom de Compagnie du Mississipi.

[28] Sur le sujet : COCHUT (P.), *Law, son système et son époque*, Paris, 1853, p. 49. Le privilège attribué à la Compagnie d'Occident lui « *conférait le monopole de tout le commerce possible, y compris la vente des fourrures du Canada ; le don perpétuel et irrévocable de toutes les terres, cours d'eau, mines, forêts et îles dépendant de la Louisiane ; le droit de vendre, aliéner et exploiter ces propriétés sans payer aucune redevance à la métropole ; le droit d'armer et d'équiper en guerre autant de vaisseaux qu'il serait jugé nécessaire pour la protection de son commerce* ».

6. La Compagnie d'Occident allait connaître une croissance considérablement rapide par le truchement d'une série d'opérations de fusion. Elle absorba d'abord la Compagnie du Sénégal afin d'obtenir le monopole du trafic avec la côte africaine et s'enrichir de la flotte de la compagnie absorbée. Elle fusionna ensuite avec la Compagnie des Indes Orientales et la Compagnie de Chine ce qui donna naissance à la « *Compagnie perpétuelle des Indes* »[29]. Cet « *édifice énorme, monstrueux même* »[30] s'accapara de tous les privilèges et monopoles dont jouissaient les compagnies absorbées. Venaient ainsi s'ajouter aux privilèges déjà acquis par la Compagnie d'Occident, le « *privilège de négocier seule depuis la Guinée jusqu'à l'archipel japonais, en exploitant particulièrement le cap de Bonne-Espérance, la côte orientale de l'Afrique, celle qui baigne la mer Rouge, toutes les îles connues de la mer Pacifique, la Perse, l'empire mongol, le royaume de Siam, la Chine, le Japon et l'Amérique du Sud* »[31]. Toutefois, la Compagnie des Indes fut victime de son accroissement précipité[32].

7. **L'intérêt économique de la fusion.** Les avantages économiques dont bénéficient les sociétés à la suite d'une opération de fusion sont nombreux[33]. L'union, en effet, fait la force[34]. Nous nous attarderons, à ce stade, uniquement sur les deux avantages économiques principaux de l'opération.

8. Le premier avantage est la réalisation d'une concentration économique entre plusieurs entreprises. Elle se manifeste par « *un*

---

29 La fusion des trois Compagnies et la création de la Compagnie des Indes sont réalisées par l'édit de mai 1719, mieux connu sous le nom de l'édit de « *Réunion* ». – *Adde*, sur la Compagnie des Indes: WEBER (H.), *La Compagnie française des Indes*, th. Paris, 1904, p. 306.

30 POMMEPY (R.), *Les compagnies privilégiées de commerce de 1715 à 1770*, th. Bordeaux, 1922, p. 44.

31 COCHUT (P.), *op. cit.*, p. 49

32 DE NOAILLAT (G.), *th. préc.*, p. 9 : « *ces faits contiennent en eux-mêmes la morale de la fusion : toutes les fois que les éléments réunis par elle sont factices, que les promoteurs sont plus animés de faire grand que de construire un édifice solidement assis sur de rigoureuses données économiques, la grandeur et les vastes proportions de l'entreprise ne servent qu'à hâter sa perte* » ; sur les inconvénients des fusions et de l'augmentation de la taille des entreprises, v. DECUGIS (H.), *Traité pratique des sociétés par actions*, t. 2, Sirey, 7ème éd., 1931, n°459.

33 Un auteur relève qu' « *il est difficile d'énumérer les facteur qui favorisent les mouvements de fusion, et davantage encore de rechercher les intentions des promoteurs de ces fusions* » (HOUSSIAUX (J.), *Le pouvoir de monopole*, Sirey, 1958, p. 312).

34 PÈNE (H.), *th. préc.*, p. 2. Un auteur qui exposait les avantages économiques de la concentration et la fusion des entreprises avait même affirmé qu' « *il est devenu banal d'énumérer les raisons de la supériorité de la grande firme sur la petite. Elles se résument toutes à ce que l'on appelle, à la suite d'Alfred Marshall, les économies d'échelle* » (MARCHAL (A.), *Nécessité économique des fusions et concentrations intracommunautaires*, RMC 1968, p. 31).

mouvement qui tend de manière relative ou parfois absolue, à rassembler des éléments productifs de la richesse et le pouvoir économique dans un nombre de mains de plus en plus restreint »[35]. La concentration aboutit à « *une diminution d'unités économiques accompagnée d'un accroissement de la taille des unités restantes* »[36]. La fusion favorise ainsi la croissance de la taille des entreprises des sociétés fusionnantes[37]. Cette croissance est non seulement un facteur d'épanouissement économique des entreprises, mais elle est également considérée comme nécessaire à leur pérennité dans le monde des affaires[38]. M. RECORDON constate ainsi que « *sous la pression de la demande et de la concurrence, mais aussi sous l'influence du progrès technologique qui requiert de plus en plus la mise en place de dispositifs de production considérables, l'entreprise tend à l'expansion* »[39]. La fusion est plus particulièrement désignée comme une forme de croissance externe[40], grâce à laquelle la société issue de l'opération « *acquiert d'un seul coup un ensemble industriel, un réseau commercial, un laboratoire de recherches en fonctionnement, le prix étant payé en espèces ou par émission de titres sociaux. Dans ce dernier cas, il y a fusion ou opération assimilée, et la croissance est réalisée sans décaissement de trésorerie* »[41]. La modification de la taille de l'entreprise lui permet d'optimiser son pouvoir concurrentiel en diminuant le coût moyen de sa production à travers la réalisation d'une économie d'échelle[42]. De même, elle lui permet de réaliser de plus grands

---

[35] CLAUDE (H.), *La concentration capitaliste*, éd. soc., 1965, p. 8.

[36] MARMUSE (Ch.), *La fusion des organisations*, th. Lille, 1976, p. 50.

[37] En ce sens: CHAMPAUD (Cl.), *th. préc.*, n°2. L'auteur considère que la concentration est conçue comme « *un mouvement qui entraîne la formation d'unités économiques de plus en plus vastes* ».

[38] En ce sens : GATTAZ (Y.), *Le francilien des experts comptables*, nov. 2007, p. 16 : « *Il faut reconnaître cette nécessité de la croissance pour trois raisons principales. La croissance est biologique. L'entreprise est un être vivant. Si elle ne grandit pas, elle décroît. Biologiquement, elle droit croître* ».

[39] RECORDON (P.-A.), *La protection des actionnaires lors des fusions et scissions de sociétés, en droit suisse et en droit français*, th. Genève, 1974, p. 2.

[40] La croissance externe se distingue de la croissance interne ou organique (v. MEFFRE (S.) et SIDOIS (D.), *Fusions et acquisitions*, Memento Francis LEFEBVRE, 2014, n°1110 ; HOUSSIAUX (J.), *th. préc.*, p. 311 et s.). La croissance interne est réalisée essentiellement « *soit par des augmentations de capital en numéraire, soit par autofinancement, les entreprises finançant l'extension de leurs installations industrielles, de la gamme de leurs produits, des marchés appréhendés, grâce à leurs excédents de trésorerie* » (COMTE (Ph.), *Valeurs économiques et valeurs juridiques dans les fusions d'entreprises*, éd. Entreprise moderne, 1970, p. 19). Alors que la croissance externe « *ne dépend pas directement d'investissements internes : elle découle d'une stratégie d'acquisition ou de rapprochement* » (ROUTIER (R.), *Les fusions de sociétés commerciales : prolégomènes pour un nouveau droit des rapprochements*, LGDJ, 1994, p. 9).

[41] COMTE (Ph.), *op. cit.*, p. 19.

[42] L'économie d'échelle consiste « *à ce que la grande entreprise utilise les détours de production les plus productifs, assure la décomposition des tâches, étale ses coûts fixes et ses frais généraux sur une production de masse, tire avantage d'une combinaison plus efficiente des facteurs de production, peut constituer des stocks pour se prémunir contre les fluctuations*

projets en acquérant de nouveaux équipements ainsi que de nouvelles mains-d'œuvre et techniques de production.

9. Le second avantage consiste à acquérir une position de monopole économique[43]. On ne peut nier que « *la tendance vers les situations de monopole économique est une donnée générale de notre économie. Elle a été un puissant moteur de son développement* »[44]. La fusion permet en effet de satisfaire l'espoir des sociétés de dominer un marché[45]. Elle peut servir de dispositif d'assaut permettant d'acquérir, à l'image d'une « *conquête guerrière* »[46], une positon de monopole. Des sociétés vont ainsi combiner leurs moyens de production et leurs efforts au sein d'une seule et unique société qui sera plus puissante et plus compétitive. Ce faisant, les sociétés fusionnantes espèrent que le reste des sociétés concurrentes ne puissent plus faire face à leur nouvelle puissance et disparaissent en leur laissant le champ libre. Fréquemment, les sociétés les plus faibles préfèreront se faire absorber par un concurrent plus puissant plutôt que de risquer la ruine. Dans cet ordre d'idées, la fusion se présente également comme un moyen de surpression pacifique de la concurrence entre les sociétés. En effet, la destruction pure et simple des concurrents n'est pas toujours possible ; « *au lieu de s'épuiser à lutter les uns contre les autres, on s'unira* »[47]. La société préfèrera en effet absorber son concurrent ou du moins s'unir avec lui. Dans ce cas, la fusion se rapproche d'un « *mariage de raison* »[48]. Ceci est évidemment le cas des fusions horizontales[49] rassemblant

---

de la production. Elle achète les matières premières par grandes masses, obtient des tarifs de faveur en matière de transports, attire les salariés et les cadres supérieurs par des avantages de toutes sortes. Sur le marché des produits, elle est mieux en mesure de prospecter l'état de la demande par des études de marché ou d'accroître le volume de ses ventes grâce à ses dépenses de publicité, etc. ... » (MARCHAL (A.), *art. préc.*, p. 31)

[43] Sur la notion de pouvoir de monopole, v. HOUSSIAUX (J.), *th. préc.*, p. 2. L'auteur définit le pouvoir de monopole comme la réunion de deux éléments, la puissance économique globale de l'entreprise et le pouvoir d'action stratégique dans l'économie.

[44] CHAMPAUD (Cl.), *th. préc.*, p. 168 ; HOUSSIAUX (J.), *th. préc.*, p. 311 : « *toute fusion renforce la dimension absolue et en conséquence le pouvoir de domination d'une entreprise. Dans la mesure où la fusion accroît les dimensions relative et absolue des firmes qui en bénéficient, elle contribue à un développement du pouvoir de monopole* ».

[45] Il y aura ainsi une réduction des équilibres concurrentiels. C'est ce qui justifie d'ailleurs l'intervention rigoureuse des autorités de concentration dans le contrôle des fusions. Le but de ces autorités est de sauvegarder le fonctionnement concurrentiel du marché pour éviter tout risque d'abus qui peut générer par une situation de domination économique.

[46] COZIAN (M.), VIANDIER (A.) et DEBOISSY (F.), *op. cit.*, n°1744.

[47] DE NOAILLAT (G.), *th. préc.*, p. 6.

[48] ROUTIER (R.), *th. préc.*, p. 5.

[49] On distingue traditionnellement entre la concentration horizontale et verticale. Il y a une concentration verticale lorsque les entreprises des sociétés fusionnantes sont situées à des stades différents ou complémentaires. À ce propos, v. MEFFRE (S.) et SIDOIS (D.), *op. cit.*, n°1115 ; HOUSSIAUX (J.), *th. préc.*, p. 310).

« *des entreprises fabriquant des produits semblables ou complémentaires situés à un même stade industriel et destinés à une clientèle analogue* »[50].

10. L'intérêt économique de la fusion dépasse les frontières nationales. Comme le précise M. CHAMPAUD, « *la concentration est un phénomène économique qui, de par sa nature, et de par ses buts, a vocation à l'internationalisme* »[51]. La mondialisation économique traduite par la levée progressive des entraves et des frontières entre les marchés nationaux accentue l'intérêt économique de la fusion[52]. Les sociétés nationales cherchent désormais à développer leurs activités économiques par-delà les frontières nationales et à s'implanter dans de nouveaux marchés. À cet égard, M. LOUSSOUARN constate que le désir de pénétrer des marchés étrangers « *conduit nécessairement à un rapprochement entre les entreprises des différents pays. Du rapprochement à l'osmose, il n'y a qu'un pas et la concentration des entreprises sur le plan international suit naturellement* »[53]. La fusion transfrontalière s'impose comme la technique de base pour les sociétés désireuses de conquérir de nouveaux marchés. Qui plus est, le phénomène de mondialisation va susciter une crainte chez les sociétés nationales. Celles-ci vont alors chercher à s'allier et à fusionner entre elles afin de faire front aux sociétés étrangères. Ce phénomène s'est clairement manifesté lors de la constitution du marché européen[54]. Les entreprises nationales de petite et moyenne taille ont ressenti alors la pressante nécessité de se concentrer afin de survivre à l'extension géographique des marchés.

---

[50] COMTE (Ph.), *op. cit.*, p. 19.

[51] CHAMPAUD (Cl.), *th. préc.*, p. 180.

[52] En ce sens: ROUTIER (R.), *th. préc.*, p. 6. L'auteur relève que le « *fait que les frontières nationales soient de moins en moins capables de contenir le débordement d'un marché qui se déverse sur l'ensemble de la planète, peut sans doute expliquer la soudaine vitalité des mouvements économiques. Il éclaire en tout cas le regain d'intérêt qui se manifeste pour les rapprochements d'entreprises* ».

[53] LOUSSOUARN (Y.), *La concentration des entreprises dans la Communauté économique européenne*, RCDIP 1974, p. 236.

[54] MARCHAL (A.), *art. préc.*, p. 25 : « *les entreprises dites marginales qui, sans efforts excessifs avaient pu prospérer raisonnablement dans le cadre national à l'abri d'une protection douanière, et qui s'imaginaient trouver, dans le cadre de l'Europe des Six, un grand marché leur permettant de mieux écouler leurs produits, trouvèrent surtout des concurrents* ».– *Adde*, VAN OMMESLAGHE (P.), *L'application des articles 85 et 86 du Traité de Rome aux fusions, aux groupes de sociétés et aux entreprises communes*, RTD eur. 1967, p. 30 : « *l'institution progressive du Marché commun a déjà créé un mouvement tendant à accroitre la taille et la puissance des entreprises européennes ; ce mouvement de concentration s'adresse d'ailleurs aussi aux entreprises moyennes et non point seulement aux entreprises déjà importantes. Il correspond à la nécessité de faire face aux demandes d'un marché aux conditions nouvelles* ».

11. **Plan.** Les fusions ont connu en France un développement tardif par rapport aux autres pays industrialisés. À partir des années soixante, elles vont s'accélérer avec la mise en place du Marché commun par le Traité de Rome[55]. Elles sont alors perçues comme « *des opérations très importantes au plan économique et qui vont, de surcroît, conduire à des bouleversements au plan juridique* »[56]. Le législateur français va alors se retrouver contraint d'établir un régime juridique d'ensemble afin de les encadrer. Une règlementation rigoureuse de la fusion est ainsi mise en place **(Section 1)**, mais s'avèrera toutefois incomplète **(Section 2)**.

Section 1 : La réglementation rigoureuse de la fusion

12. **La nécessité d'une réglementation des fusions internes.** Le législateur français a longtemps ignoré l'opération de fusion. Pourtant, ni sa réalisation, ni sa validité ne s'en trouvèrent affectées[57]. On supposa sans doute que « *la légalité d'une telle opération n'était qu'implicite et essentiellement fondée sur le principe de la liberté contractuelle. Partant du principe libéral que tout ce qui n'est pas interdit est permis, les praticiens et les auteurs l'avaient alors légitimée* »[58]. Il existait seulement un nombre restreint de textes éparpillés qui n'avait qu'incidemment trait à la fusion. Il s'agissait notamment de l'exception au principe de non-négociabilité des actions d'apport[59], des mesures de protection des créanciers obligataires[60], de

---

[55] FARJAT (G.), *Droit économique*, PUF, 1982, p. 162 ; SIMONS (P.), *Les fusions*, LPA, n°68, 7 juin 1989, p. 22 ; LOUSSOUARN (Y.), *art. préc.*, p. 240 ; RENAULD (J.), *Droit européen des sociétés*, éd. Bruylant, 1969, note 0. 83 et s.

[56] MOULIN (J.-M.), *Fusion, scission et apport partiel d'actif*, Encycl. Dalloz droit des sociétés, 2011, n°1.

[57] En ce sens, v. COPPER-ROYER (J.), *th. préc.*, p. 15 ; *Traité des sociétés anonymes*, t.3, Dalloz, 4eme éd., 1931, n° 576. L'auteur affirme que la fusion « *est une opération sociale qui n'est pas explicitement règlementée par le législateur mais qu'une doctrine unanime s'accorde à reconnaitre comme possible* » ; HOUPIN (C.) et BOSVIEUX (H.), *op. cit.*, n°945 : « *la législation française (à la différence de plusieurs législations étrangères) ne règlemente pas la fusion de sociétés et se borne à la faciliter par des règles spéciales à la négociation des actions d'apport créées lors de sa réalisation [...]. Cette opération doit néanmoins être tenue pour licite, en vertu du principe de liberté des conventions* » ; PIC (P.), *Des fusions de sociétés*, Rev. soc. 1923, p. 448.

[58] LAGRANGE (F.), *Nature juridique des fusions de sociétés*, th. Paris II, 1999, p. 8.

[59] La loi du 9 juillet 1902, reprise par la loi du 16 novembre 1903, est le premier texte législatif français qui mentionne la fusion. Cette loi qui modifiait l'article 3 de la loi du 24 juillet 1867 sur les sociétés par actions, se bornait à introduire une exception au principe de la non-négociabilité des actions d'apport lorsqu'il est question des actions créées en cas de fusion de sociétés par voie d'absorption ou de création d'une société nouvelle et que ces actions étaient attribuées à une société par actions ayant, au moment de la fusion, plus de deux ans d'existence.

[60] L'article 20 du décret-loi du 30 octobre 1935 relatif à la protection des créanciers obligataires soumettait à l'approbation de l'assemblée des obligataires les propositions de fusion de la société débitrice avec une autre.

la question du nombre maximum d'administrateurs[61], *etc.*[62] Pour l'essentiel, le régime juridique de la fusion relevait donc de la pratique[63]. La réalisation de cette opération résultait de l'ingéniosité de praticiens qui recouraient aux principes généraux du droit commun des contrats et des sociétés. La fusion était conçue selon une méthode dite « *analytique* », c'est-à-dire à partir d'une série d'opérations simples, distinctes, successives et bien connues du droit français. D'une part, la fusion par absorption consistait pour la société absorbée à sa dissolution anticipée à la suite d'un apport en nature réalisé au bénéfice de la société absorbante dont le capital se trouvait augmenté pour la distribution de parts sociales aux associés de la société dissoute. D'autre part, la fusion par création d'une nouvelle société s'analysait en une constitution d'une nouvelle société dont le capital était formé à partir des apports en nature de chacune des sociétés qui décidaient par la suite une dissolution anticipée.

13. Les mécanismes jadis mis en œuvre par les praticiens pour la réalisation des fusions ont longtemps paru satisfaisants et efficaces[64]. On relevait ainsi que « *ces mécanismes, a priori, très simples fonctionnaient assez bien et, somme toute, donnaient satisfaction. Dès lors, on pouvait se demander quel pouvait être l'intérêt et la portée d'une réforme législative* »[65]. S'interrogeant sur les éventuels inconvénients et dangers de l'indigence législative en matière de fusion, M. AUGER en concluait que « *les principes généraux du droit ont permis d'édifier un ensemble de règles suffisamment compréhensives et assises pour donner à la pratique la satisfaction et la sécurité désirables* »[66]. L'absence d'une règlementation

---

[61] L'article 1er de la loi du 16 novembre 1940, modifié par la loi du 22 novembre 1954, organise le nombre des administrateurs de la société absorbante ou nouvelle en cas de fusion.

[62] L'article 10 de la loi du 23 janvier 1929 sur les parts de fondateurs émises par les sociétés prévoyait la consultation des porteurs de ces parts préalablement à la dissolution anticipée de la société à la suite d'une fusion ; en droit social, l'article 23, al. 8, du Code de travail prévoyait le maintien des contrats de travail liant la société absorbée.

[63] Sur le sujet, v. FAESSLER (R.), *La fusion de sociétés anonymes en droit suisse et étranger*, Payot & Cie, Lausanne, 1925, p. 9 : « *la fusion n'est donc pas en France un acte juridique ayant ses caractères propres. C'est une dissolution suivie d'une fondation ou une augmentation de capital* ».

[64] *Contra*, DIDIER (P.) et DIDIER (Ph.), *Droit commercial, t. 2, Les sociétés commerciales*, Economica, 2011, n° 1422. Selon les auteurs, « *cette manière de faire avait, de toute évidence, un inconvénient majeur : c'était un cadavre d'entreprise que la société absorbée apportait à la société absorbante et ce n'est pas ce que celle-ci recherchait* ».

[65] BAUDEU (G.) et BELLARGENT (G.), *Fusion de sociétés*, J.- Cl. sociétés, fasc. 164 A, 1970, p. 4.

[66] AUGER (B.), *Une proposition de loi sur la transformation et la fusion des sociétés*, Rev. soc. 1943, p. 171. L'auteur a défendu clairement le maintien de l'absence de règlementation en matière de fusion. Il précisa que « *dans un temps comme le nôtre, où l'on est comme emporté dans le tourbillon législatif, cette absence de lois donne une impression reposante de calme. Comme les vastes espaces blancs qui, aux temps lointains de notre enfance, marquaient sur les cartes le centre de l'Afrique, elle excite l'imagination, et pour les*

d'ensemble aurait même permis « *à la pratique de résoudre avec beaucoup plus de souplesse que n'aurait pu faire la loi, les diverses questions soulevées par cet évènement si considérable de la vie sociale et il a, par suite, laissé à la coutume le rôle essentiel qui doit lui appartenir en matière commerciale, d'élaborer les théories nouvelles dont l'évolution des institutions commerciales amène l'apparition* »[67]. Les jurisconsultes ont largement profité de la liberté contractuelle qui leur était laissée pour confectionner des opérations de fusion sur mesure.

14. Le législateur est finalement intervenu au regard de deux considérations. D'abord, des effets des fusions à l'égard des composantes des sociétés contractantes et, ensuite, de leurs conséquences envers les droits des tiers. M. FLEUREAU soulignait ainsi l'insuffisance de la méthode analytique de la fusion puisqu'« *avec les développements de plus en plus grands des affaires (...) les difficultés de conciliation des intérêts en présence ne firent que s'accroître. En cherchant à faire cadrer une opération aussi particulière et originale que la fusion dans les vieux principes juridiques, on aboutissait à des solutions sévères pour les parties, voire même contradictoires* »[68]. Le manque de règlementation était en effet particulièrement périlleux pour les intérêts des créanciers sociaux, des associés minoritaires et des salariés[69]. Par ailleurs, il faut relever que « *l'insécurité qui naît de la diversité qu'offre le contrat n'était plus tolérable, supportable dans un contexte ou l'efficacité économique des agents ne se concevait que dans une standardisation des qualifications et des régimes qui y étaient associés* »[70]. L'intervention législative a donc été motivée par le souhait de restaurer l'équilibre entre les intérêts contradictoires des diverses catégories concernés par la fusion.

---

jurisconsultes comme pour les poètes, je dirai même : comme pour les savants, l'imagination est la condition du travail créateur ».

[67] PÈNE (H.), *th. préc.*, p. 2

[68] FLEUREAU (M.), *Les fusions des sociétés d'assurances*, LGDJ, 1933, p. 3.

[69] VERDIER (J.-M.), *Droit des sociétés et concentration économique in. Mélanges HAMEL (J.)*, Dalloz 1961, p. 213 et s., spéc. p. 217: « *la nécessité d'un droit des fusions s'est fait, bien que progressivement, tôt sentir [...]. L'intérêt [des sociétés fusionnantes], la sauvegarde de leurs droits, comme de ceux des tiers, notamment des créanciers des sociétés dissoutes, l'exigeaient impérieusement* ». Le législateur Suisse a explicitement exprimé l'objectif premier de protection des intérêts catégoriels lors de l'établissement de la loi sur la fusion. V. en ce sens l'art. 1, al. 2 Lfus : « *Elle [la présente loi] garantit la sécurité du droit et la transparence tout en protégeant les créanciers, les travailleurs et les personnes disposant de participations minoritaires* » ; v. égal. Message Lfus (n. 31), p. 3996 : « *Le projet garantit également la sécurité du droit et la transparence qui sont nécessaires à ce genre d'opérations, tout en tenant compte des intérêts des créanciers, des travailleurs et des associés minoritaires. Il contribue ainsi à améliorer les conditions-cadres de la place économique suisse* ».

[70] MOULIN (J.-M.), *La fusion à l'épreuve de la liberté contractuelle in. Mélanges LE CANNU (P.)*, Dalloz, 2014, p. 742

15. **La nécessité d'une réglementation des fusions transfrontalières.** Avant l'apparition d'une règlementation supranationale, la doctrine s'interrogeait quant à la possibilité même de réaliser une fusion transfrontalière. De nombreux auteurs considéraient qu'une réglementation supranationale n'était pas nécessaire en la matière[71]. Il suffisait d'*« y apporter de la volonté et du savoir-faire »*[72]. En somme, selon cette doctrine, ce n'était pas tant l'absence de règlementation qui faisait obstacle à la réalisation de la fusion transfrontalière au sein de l'Union européenne, mais plutôt le manque d'imagination créatrice des juristes de droit latin qui, contrairement à leurs homologues anglo-saxons, attendent toujours que la loi ordonne[73]. C'est le manque de créativité qui justifia alors la mise en œuvre d'une règlementation dont l'unique fonction était finalement de clarifier et de guider le juriste dans la réalisation de la fusion transfrontalière.

16. Réduire le problème juridique de la fusion transfrontalière à un simple manque d'imagination ne convainc pas[74]. Si l'accomplissement d'une fusion transfrontalière était problématique, c'était principalement en raison de l'hostilité que la plupart des législations nationales affichaient à l'égard de cette opération. L'absorption d'une société nationale par une société étrangère était en effet perçue comme un transfert transfrontalier du siège de la société nationale[75]. Les États membres craignaient que les sociétés nationales cherchent ainsi à échapper à leurs dispositions impératives, comme celles relatives à la cogestion des salariés, ou bien encore, que des

---

[71] En ce sens: BEGUIN (J.), *La difficile harmonisation européenne du droit des fusions transfrontalières in. Mélanges GAVALDA (Ch.),* Dalloz 2001, p. 19 et s., spéc. n°19 ; GARCIN (W.), *Rapport sur les obstacles tenant au droit interne des sociétés*, RMC 1968, p. 361 et s. , spéc. p. 370.

[72] BEGUIN (J.), *art. préc.*, n°19.

[73] GARCIN (W.), *art. préc.*, spéc. p. 370 : « *c'est une question de formation voire même de conception fondamentale du droit, la formation d'esprits empiriques, qui n'attendent rien de la loi (the law is something artificial, disent les anglais) et celle d'esprits amoureux de codes complets suffit à tout expliquer. Les formules empiriques pratiques, même lorsqu'elles sont créées dans un pays latin, n'y sont pas systématisées, diffusées, généralisées : c'est ce que l'on attend du législateur* ».

[74] En ce sens : BEGUIN (J.), *art. préc.*, p. 19 et s., n°21 : « *la solution qui consiste à laisser les notaires ou les avocats se lancer tout seuls pour, selon les cas, décider que telle loi est applicable seule ou qu'il faut, par précaution, cumuler l'application de toutes les lois ayant vocation à s'appliquer est à la fois dangereuse et impraticable* ».

[75] En ce sens : BEITZKE (G.), *Les conflits de lois en matière de fusion de sociétés*, RCDIP 1967, p. 1 et s., spéc. p. 11 ; MENJUCQ (M.), *Droit international et européen des sociétés*, Montchrestien, 4ème éd., 2016, n°335 ; TILQUIN (Th.), *Traité des fusions et scissions*, Kluwer éditions juridiques, 1993 , n°737; GOLDMAN (B.), *Rapport sur les obstacles tenant au droit interne des sociétés in. Colloque organisé par le centre universitaire d'études des communautés européennes de la faculté de droit et sciences économiques de Paris : coopération, concentrations, fusions d'entreprises dans la CEE*, RMC 1968, p. 297 ; RENAULD (J.) et KEUTGEN (G.), *Obstacles à une concentration internationale des entreprises dans le cadre de la CEE*, Rev. prat. soc. 1971, p. 269 et s.

sociétés étrangères fassent mainmise sur certains secteurs clefs de l'économie. C'est pourquoi les législateurs nationaux ont longtemps entravé, à différents degrés, les fusions transfrontalières. Certains États, tels que l'Allemagne, la Grèce, la Suède, l'Autriche ou la Finlande, refusaient catégoriquement de reconnaître le principe même des fusions transfrontalières[76]. D'autres comme la France et la Belgique, leur reconnaissaient une validité de principe tout en soumettant leur réalisation à des conditions extrêmement contraignantes[77].

17. Il faut relever que même dans les législations les moins hostiles à la fusion transfrontalière, la réalisation d'une telle opération se trouvait malgré tout confrontée à des difficultés d'ordre technique. On pense notamment au conflit de lois régissant la fusion transfrontalière. Le point problématique tient à la détermination de la loi compétente pour régir séparément chacune des phases de l'opération[78]. Cette difficulté est parue surmontable grâce à l'application de la méthode conflictualiste classique qui proposait une articulation cohérente des différentes lois compétentes[79]. Cependant, cette méthode s'est souvent montrée insuffisante dans la mesure où elle aboutissait à des impasses dues au manque d'harmonisation des solutions retenues par les différentes législations nationales[80]. M. BENER avait exprimé clairement son pessimisme sur la possibilité de réalisation d'une fusion transfrontalière en l'absence d'une règlementation supranationale[81]. De ce fait, la fusion transfrontalière a longtemps été considérée comme une opération impossible à mettre en œuvre ou, à tout le moins, de réalisation

---

[76] BLANQUET (F.), *Les fusions transfrontalières et la mobilité des sociétés*, Rev. soc. 2000, p. 117, note 5.

[77] Ces États soumettaient l'absorption d'une société nationale par une société étrangère à la condition d'une décision unanime des associés. Cf. *infra*, n°884 et s.

[78] V. TILQUIN (Th.), *op. cit.*, n°757 et s. ; LOUSSOUARN (Y.) et BREDIN (J.-D.), *Droit du commerce international*, Sirey, 5ème éd., 1969 ; BUREAU (D.) et MUIR WATT (H.), *Droit international privé, t. 2, Partie spéciale*, PUF, 2ème éd., 2010, n°1061 et s. : « *la combinaison des lois en présence se révèle cependant complexe, expliquant sans doute que l'on n'en rencontre que d'assez rares exemples en pratique* ».

[79] Sur la méthode conflictualiste, cf, *infra*, n°771.

[80] En ce sens: BEGUIN (J.) et MENJUCQ (M.), *Droit du commerce international*, LexisNexis, 2ème éd., 2011, p. 256 et s. ; SYNVET (H.), *Enfin la société européenne ?*, RTD eur. 1990, p. 253 et s., spéc., p. 261 ; LOUSSOUARN (Y.), *Règles de conflit et règles matérielles dans le droit international des sociétés in. Mélanges GOLDMAN (B.)*, Litec, 1987, p. 167 et s., spéc. p. 170. L'auteur affirme que « *qu'en matière de fusions internationales de sociétés, la méthode conflictuelle n'est pas une panacée et laisse percer des inconvénients sérieux* ».

[81] BENER (H.-R.), *La fusion des sociétés anonymes en droit international privé*, Société Générale d'Imprimerie, Genève, 1967, p. 77 : « *la fusion internationale reste une utopie tant que les divers droits matériels accusent des différences considérables. En effet, il ne suffit pas d'établir un beau système de règles de conflits. Les droits matériels qui peuvent être mis en cause par une fusion doivent accuser un minimum de traits communs, sinon aucune solution n'est possible. Il y aurait incompatibilité d'institutions* ».

délicate[82]. M. BEGUIN affirmait à ce propos qu'« *il n'est ni logique, ni efficace qu'elle soit pratiquement impossible au plan international ; ou au moins européen ; et que, dès que les sociétés concernées relèvent de plusieurs États, on soit obligé de se rabattre sur d'autres outils de restructuration, parfois de façon artificielle* »[83]. La règlementation des fusions transfrontalières s'est ainsi imposée comme une priorité pour lever les obstacles empêchant ce type d'opération.

18. **Plan.** La réglementation française rigoureuse appliquée aux fusions tant internes que transfrontalières provient principalement de l'activisme remarquable et de l'effort constant du législateur européen **(Paragr. 1)**. La transposition des textes européens va en effet bouleverser le processus de réalisation des fusions **(Paragr. 2)**.

Paragraphe 1 : L'effort constant du législateur européen

19. **La réglementation européenne des fusions internes.** Intéressé principalement par la règlementation des fusions transfrontalières, le législateur européen a très tôt réalisé que la réussite de son projet dépendait de l'harmonisation préalable des dispositions des États membres relatives aux fusions internes[84]. En se fondant sur l'article 54, §3, g, du Traité de Rome qui prévoit la coordination du droit des sociétés des différents États membres, le Conseil a alors adopté, le 9 octobre 1978, la troisième directive 78/855/CEE[85] sur les fusions internes des sociétés anonymes. Ce texte avait pour objectif, d'une part, l'introduction de la fusion dans les législations des États membres qui l'ignoraient encore – notamment les Pays-Bas – et, d'autre part, la coordination des dispositions nationales qui connaissaient des divergences considérables en la matière[86].

---

[82] TILQUIN (Th.), *Fusions et scissions, aspects transfrontaliers*, Dictionnaire Joly sociétés, 1994, n°13.

[83] BEGUIN (J.), *art. préc.*, n°6.

[84] Les représentants des États membres qui négociaient à l'époque la convention relatives aux fusions internationales sur la base de l'article 220, al. 3 du Traité de Rome se sont rendus comptes de la nécessité d'harmoniser les dispositions nationales en matière de fusions internes. En effet, la convention comportait d'indispensables renvois aux dispositions de droit interne des États membres. Un auteur relève ainsi qu' « *il importe dès lors que ces dispositions partent d'une conception commune de l'institution et soient, dans une certaine mesure au moins, harmonisés* » (VAN OMMESLAGHE (P.), *La proposition de troisième directive sur l'harmonisation des fusions de sociétés anonymes in. Quo vadis ius societatum ?*, éd. Kluwer, p. 123 et s., spéc. p. 123.)

[85] JOCE n° L. 295, 20 oct. 1978, p. 30. La directive est introduite dans le droit français par la loi n°88-17 du 5 janvier 1988 et le décret n° 88-418 du 22 avril 1988.

[86] En ce sens : CORDOLIANI (H.-F.-A.), *Le droit des fusions et la communauté européenne*, JCP CI 1979, 13078; LECOURT (B.), *L'influence du droit communautaire sur la constitution de groupements*, LGDJ, 2000, n°702 ; LOY (O.), *La troisième directive du Conseil des Communautés européennes du 9 octobre 1978 concernant les fusions des sociétés anonymes*,

20. Le législateur européen proposa une définition précise de la fusion en s'inspirant de celles déjà adoptées par les États membres. De façon classique, il distingua deux modalités de fusion, d'une part, la fusion par absorption[87] et, d'autre part, la fusion par création d'une nouvelle société[88]. Il consacra aussi les éléments caractéristiques de l'opération, à savoir la transmission universelle de patrimoine et la dissolution sans liquidation d'au moins une des sociétés fusionnantes ; ainsi que la distribution de parts sociales aux associés de la société dissoute. Par ailleurs, la troisième directive instaura un régime juridique unifié des fusions. Ses dispositions déterminèrent les sociétés ayant la capacité de participer aux opérations de fusion[89], puis les modalités d'élaboration, de contrôle et de publicité du projet de fusion. Au surplus, la directive organisa les procédures de prise de décision et de protection des tiers, notamment les créanciers sociaux, les salariés et les associés minoritaires des sociétés participant à une fusion.

21. La transposition de la troisième directive par les différents États membres a marqué l'émergence d'une conception unique et d'un régime relativement harmonisé de l'opération au sein de l'Union européenne[90]. Il existerait désormais « *un droit commun européen de la fusion qui repose sur une conception identique de l'opération et sur des règles unifiées sur plusieurs points même si des divergences subsistent encore notamment en raison de différences fondamentales qui subsistent en matière de sociétés* »[91]. Toutefois, l'harmonisation des dispositions nationales relatives aux fusions internes s'avéra insuffisante pour lever tous les obstacles auxquels se trouvaient confrontés les praticiens lors de la réalisation d'une fusion transfrontalière[92]. La troisième directive avait en effet été pensée comme une base pour l'adoption d'un texte européen destiné à régler dans le détail les problèmes juridiques inhérents aux fusions transfrontalières[93].

RTD eur. 1980, p. 354 et s. ; HEENEN (J.), *La directive sur les fusions internes*, Cah. drt. eur. 1981, p. 15 et s.

[87] Art. 3 Dir. 78/855/CEE.

[88] Art. 4 Dir. 78/855/CEE.

[89] Art. 1 Dir. 78/855/CEE.

[90] En ce sens : TILQUIN (Th.) et DELCORDE (J.-A.), *La fusion transfrontalière de sociétés de capitaux en droit belge après la transposition de la directive, 2005/56/CE*, Rev. prat. soc. 2009, p. 7 et s., spéc. p. 23 : « *l'harmonisation du droit des fusions internes par la troisième directive réduisit l'obstacle qui résultait de l'absence de conception et de réglementation uniques de la fusion au sein de l'Union européenne* ».

[91] VAN OMMESLAGHE (P.), *art. préc.*, p. 125.

[92] En ce sens : CAUSSAIN (J.-J.), *Des fusions transfrontalières dans l'Union européenne in. Mélanges AEDBF*, éd. Banque éditeur, 1999, t. 2, p. 113 et s., spéc. p. 117. L'auteur constate que « *le cadre juridique résultant de cette harmonisation reste cependant encore insuffisant car il ne contient aucune disposition particulière visant les fusions transfrontalières* ».

[93] Il faut relever que l'harmonisation des législations nationales concernant les fusions internes s'est révélée insuffisante pour surmonter tous les obstacles propres aux fusions transfrontalières. Mme BLANQUET constatait à cet égard que « *les textes sur la fusion*

22. La troisième directive est désormais abrogée et remplacée par la directive 2011/35/UE du 5 avril 2011[94]. Cette dernière n'apporte pas de modifications significatives sur le fond mais se limite à réagencer les dispostions de l'ancienne directive pour intégrer les modifications qui ont été principalement prévues dans la directive n°2009/109/CE[95] relative aux obligations en matière de rapports et de documentation en cas de fusion ou de scission.

23. **La contribution du règlement sur la société européenne (SE).** L'idée de création d'une SE fut initialement conçue pour remédier au problème de la dimension des entreprises européennes, jugée insuffisante dans le contexte mondial. La SE fut l'objet d'abondants projets et propositions[96] qui sont longtemps restés lettre morte à tel point que les plus sceptiques la qualifièrent de « *mythe* »[97] ou encore de « *serpent de mer du droit communautaire* »[98]. La première proposition de règlement fut présentée

---

transfrontalière étaient fidèlement basés sur ceux de la troisième directive visant les fusions nationales. Il est toutefois très vite apparu au Conseil que le « patchwork » des législations nationales de transposition de cette directive, issu des options laissées au choix des États membres, ne suffirait pas pour règlementer l'ensemble de l'opération de fusion transfrontalière : Il fallait créer un « Pont communautaire » qu'aucun État membre ne pouvait mettre en place isolement » (BLANQUET (F.), *art. préc.*, p. 116).

[94] Dir. 2011/35/UE, 5 avr. 2011, JOUE n° L 110, 29 avr. 2011.

[95] La troisième directive a d'abord été modifiée par la directive n° 2007/63 du 13 nov. 2007 (JOUE, n° L. 300, 17 nov. 2007) pour ce qui est de l'exigence d'un rapport d'expert indépendant à l'occasion des fusions des sociétés anonymes. De plus, la directive de 2007 prévoit une exemption de l'obligation de faire examiner le projet de fusion par des experts indépendants et de faire établir par ces experts un rapport destiné aux actionnaires des sociétés fusionnantes. L'exemption est soumise à la condition de l'accord unanime des actionnaires. Cette directive a été transposée par la loi n°2008-649 du 3 juill. 2008 (JORF, n°0155, 4 juill. 2008, p. 10705) modifiant l'article L. 236-10 du Code de commerce. Ensuite, elle a subi une modification par le truchement de la directive n° 2009/109/CE du 16 sept. 2009 (JOUE, n° L 259, 2 oct. 2009). Cette dernière comprend des mesures d'allègement de la procédure de réalisation des fusions. À titre d'exemple, les sociétés sont dispensées d'établir les rapports détaillés requis si tous les actionnaires des sociétés participant à la fusion acceptent de s'en dispenser. À ce sujet, v. LECOURT (B.), *Simplification des directives sur les fusions et les scissions*, Rev. soc. 2009, p. 888 et s. ; *Fusions et scissions de sociétés : transposition en droit français de la directive de « simplification »*, Rev. soc. 2011, p. 654 et s.

[96] Sur l'évolution des différents travaux relatifs à la société européenne : MENJUCQ (M.), *Droit international et européen des sociétés*, Montchrestien, 4eme éd., 2016, n°157 et s. ; *La société européenne*, Rev. soc. 2002, p. 225 ; CATHIARD (C.) et LECOURT (A.), *La pratique du droit européen des sociétés. Analyse comparative des structures et des fusions transfrontalières*, Joly Éditions/Lextenso Éditions, coll. Pratique des affaires, 2010 ; BEGUIN (J.), *Quel avenir pour la société européenne ? in. Mélanges TERRÉ (F.)*, PUF, 1999, p. 307 ; DUCOULOUX-FAVARD (C.), *Longue histoire pour la naissance de la société européenne*, RLDA n° 48, avr. 2002, p. 9

[97] BLANQUET (F.), *La société européenne n'est plus un mythe*, RDIDA 2001, p. 139.

[98] SYNVET (H.), *Enfin la société européenne ?*, RTD eur. 1990, p. 253.

au Conseil des communautés le 30 juin 1970[99]. Elle prévoyait la constitution d'une SE par voie de fusion, par création d'une société holding, par constitution d'une filiale commune ou bien par transformation si les sociétés concernées avaient leur administration centrale dans des États membres différents. Il a fallu attendre encore une trentaine d'années de négociations entre les États membres avant que cette proposition ne devienne un règlement. Le Conseil de l'Union européenne adopta définitivement, le 8 octobre 2001, le règlement n°2157/2001 relatif au statut de la SE[100]. Présentée comme la « *figure de proue de la vitalité retrouvée du droit européen des sociétés* »[101], la SE va constituer une « *étape décisive* »[102] dans le processus d'élaboration de la dixième directive relative aux fusions transfrontalières des sociétés de capitaux. La fusion transfrontalière a été en effet en quelque sorte relancée grâce à ce règlement qui considère cette opération comme l'un des mécanismes principaux de création d'une SE.

24. D'application directe dans les États membres, le règlement allait contraindre ceux-ci à reconnaître indirectement le principe même de fusion transfrontalière[103]. Par ailleurs, certaines solutions proposées seraient plus tard reprises par le législateur européen en vue d'accélérer l'adoption de la dixième directive. M. MENJUCQ constatait ainsi que « *la directive sur les fusions transfrontalières n'a pu aboutir qu'en se plaçant dans le sillage de la société européenne tant à l'égard du régime de participation des salariés que de celui purement technique de l'opération de fusion* »[104]. En premier lieu, le règlement prévoyait une solution de compromis permettant de surmonter le problème de l'implication des salariés qui avait toujours constitué un obstacle majeur empêchant l'aboutissement de la SE. Elle reposait sur un principe dit « *avant-après* » selon lequel les droits de participation qu'avaient les salariés dans leur entreprise avant la constitution de la SE doivent être à la base de l'organisation de leurs droits de

---

[99] Avant la proposition de règlement, la Commission de la CEE a établi, le 22 avr. 1966, un mémorandum qui devait aboutir, dès déc. 1966, à la publication du Projet de statut d'une société anonyme européenne appelé projet « *Sanders* » sous la forme d'un projet de convention.

[100] JOCE, L. 294, 10 nov. 2001.

[101] VERDURE (Ch.), *La règlementation des fusions transfrontalières: une nouvelle étape dans la modernisation du droit des sociétés*, RDIDC 2008, p. 95 et s., spéc. p. 96.

[102] TILQUIN (Th.) et DELCORDE (J.-A.), *La fusion transfrontalière de sociétés de capitaux en droit belge après la transposition de la directive, 2005/56/CE*, Rev. prat. soc. 2009, p. 7et s., spéc. p. 24

[103] LE NABASQUE (H.), *Les fusions transfrontalières après la loi n°2008-649 du 3 juillet 2008*, Rev. sociétés 2008, p. 493 et s.

[104] MENJUCQ (M.), *La directive 2005/56/CE du Parlement européen et du Conseil du 26 octobre 2005 sur les fusions transfrontalières des sociétés de capitaux in. Fusion transfrontalières de sociétés*, Larcier, 2011, p. 17.

participation dans la SE[105]. Le législateur européen allait adopter le même principe afin de surmonter l'obstacle relatif à la participation des salariés qui entravait également la promulgation de la directive relative aux fusions transfrontalières[106]. En second lieu, le règlement sur la SE prévoyait un cumul des règles de conflits, qui renvoyaient aux droits nationaux, et des règles matérielles pour encadrer la formation et le fonctionnement de la société européenne[107]. On allait retrouver une méthode semblable dans la dixième directive qui tantôt renvoyait aux dispositions nationales, et tantôt prévoyait directement des règles matérielles[108].

25. **La règlementation fiscale de la fusion transfrontalière[109].** La réalisation de la fusion transfrontalière se heurtait non seulement à des obstacles juridiques, mais également fiscaux, ce qui rendait l'opération peu attractive. Il a alors paru souhaitable d'adopter une règlementation européenne pour surmonter les obstacles fiscaux[110]. L'harmonisation fiscale de la fusion transfrontalière a évolué plus rapidement que le droit des sociétés. Dès le 23 juillet 1990, une directive 90/434/CEE[111] fut adoptée pour organiser un régime fiscal commun applicable aux fusions, scissions, apports

---

[105] Sur le principe « *avant-après* », v. cons. 18 dir. 2001/86/CE du 8 octobre 2001, JOCE L. 294, 10 nov. 2001 qui complète le statut de la société européenne en matière d'implication des travailleurs.

[106] En ce sens: cons. 13 dir. 2005/56/CE: « *À cette fin, les principes et modalités prévus dans le règlement (CE) n° 2157/2001 du Conseil du 8 octobre 2001 relatif au statut de la société européenne (SE) et dans la directive 2001/86/CE du Conseil du 8 octobre 2001 complétant le statut de la société européenne pour ce qui concerne l'implication des travailleurs doivent être pris comme base, sous réserve, toutefois, des modifications qui sont jugées nécessaires en raison du fait que la société issue de la fusion relèvera de la législation nationale de l'État membre où elle a son siège statutaire* ».

[107] Les nombreux renvois aux législations nationales ont transformé la SE d'une société initialement conçue pour être de droit communautaire en une société seulement de type communautaire. (v. MENJUCQ (M.), *La mobilité des sociétés dans l'espace européen*, LGDJ, 1997, n°238 et s.)

[108] Sur la méthode de cumul de règles de conflit et règles matérielles dans la dixième directive, v. LECOURT (B.), *Adoption de la directive sur les fusions transcommunautaires*, Rev. soc. 2005, p. 923 ; LE NABASQUE (H.), Les *fusions et scission transfrontalières*, Rev. soc. 2013, p. 412.

[109] Malgré l'importance de l'aspect fiscal de la fusion transfrontalière, nous n'allons pas nous y attarder dans le cadre de nos développements.

[110] Sur le sujet: TILQUIN (T.), *Traité des fusions et scissions*, Kluwer, éditions juridiques, 1993, n°782 et s. ; BEGUIN (J.), *art. préc.*, n°8 ; LE GALL (J.-P.), *La fiscalité des fusions d'entreprises communautaires*, JCP E 1991, II, 12 ; GELIN (S.), HERRMANN (A.) et PROVOST (B.), *Les difficultés pratiques d'ordre juridique et fiscal des opérations de fusions transfrontalières*, CDE, n°6, dossier n°38.

[111] JOCE, n°L. 225, 23 juill. 1990. La directive 90/434/CEE fut par la suite modifiée par la directive 2005/19/CE, du 17 févr. 2005 qui a eu pour effet d'en élargir le domaine d'application personnel et matériel. Enfin, la directive fut abrogée puis remplacée par la directive 2009/133/CE (JOUE, n°L 310, 25 nov. 2009). La nouvelle directive n'apporta pas toutefois de modifications quant aux solutions adoptées dans l'ancienne directive.

d'actifs et échanges d'actions intéressant des sociétés issues d'États membres différents. L'apport principal de cette directive résidait dans l'adoption d'un régime fiscal de neutralité en faveur des fusions transfrontalières. Les plus-values n'étaient plus taxées au moment de la réalisation de la fusion transfrontalière, mais seulement lorsque celle-ci était effectivement réalisée.

26. Il faut relever que les rédacteurs de la directive adoptèrent la même définition de la fusion que celle de la troisième directive, qui sera d'ailleurs également reprise dans la dixième directive. L'identité des définitions permettait d'éviter toute discordance entre les approches juridiques et fiscales de l'opération. Les obstacles fiscaux entravant la réalisation des fusions transfrontalières furent donc levés puisque le régime applicable à ce genre d'opérations était désormais largement harmonisé dans l'Union européenne.

27. **La règlementation de la fusion transfrontalière.** L'adoption de la dixième directive a été l'aboutissement d'un long processus législatif[112]. Les États membres ont entamé les négociations pour l'adoption d'un texte supranational relatif aux fusions transfrontalières sur la base de l'article 220, alinéa 3 du Traité de Rome instituant la Communauté économique européenne. Ce texte envisage que les « *États membres engageront entre eux, en tant que de besoins, des négociations en vue d'assurer en faveur de leurs ressortissants la possibilité de fusion des sociétés relevant de législations nationales différentes* ». Un projet de convention[113] fut d'abord élaboré le 29 juin 1973, mais ces travaux furent finalement abandonnés en raison de l'impossibilité de parvenir à un accord entre États membres[114]. Les travaux pour l'élaboration d'une règlementation relative aux fusions transfrontalières reprirent quelques années plus tard mais cette fois-ci sur la base d'une proposition de dixième directive appuyée sur l'article 54 du Traité de Rome. Lancée le 14 janvier 1985[115] par la Commission, la proposition de directive se limitait à l'élaboration d'un ensemble de règles de conflit de lois pour régir les fusions transfrontalières sans prévoir aucune règle matérielle[116]. La proposition de directive ne rencontra pas davantage de succès que la convention, car elle fut bloquée par le Parlement européen

[112] BLANQUET (F.), *art. préc.*, p. 115.
[113] Projet de convention sur la fusion international de sociétés anonymes.
[114] Il faut reconnaître au Professeur GOLDMAN qui a présidé le groupe d'experts gouvernementaux le grand effort qu'il a entrepris pour faire aboutir le projet de convention sur la fusion internationale des sociétés anonymes.
[115] La proposition de dixième directive ; JOCE, n°C-23, 25 janv. 1985.
[116] BOUCOURECHLIEV (J.), *Les voies de l'Europe des sociétés*, JCP E 1996, 560, p. 255 ; TILQUIN (Th.), *Fusions et scissions, aspects transfrontaliers*, Dictionnaire Joly sociétés, 1994, n°33.

avant même de pouvoir parvenir aux groupes de travail du Conseil. La raison principale de l'échec des négociations entamées en vue de l'adoption d'une règlementation relative aux fusions transfrontalières était l'épineuse question du droit de participation et de représentation des travailleurs[117]. L'Allemagne adoptait en effet une attitude méfiante envers un projet de texte européen susceptible de mettre en péril son système national de cogestion des salariés.

28. Il a fallu attendre une nouvelle proposition de directive présentée par la Commission le 18 novembre 2003 pour contourner le problème de participation des salariés. La solution s'inspirait largement de l'idée de compromis adoptée dans le règlement relatif à la SE[118]. Cette proposition adoptée par le Conseil et le Parlement européen allait devenir la directive 2005/56/CE sur les fusions transfrontalières des sociétés de capitaux[119]. Ce document contient un ensemble de règles de conflit prévoyant des renvois aux dispositions nationales pour le traitement de certaines questions relatives aux fusions transfrontalières. Le régime des fusions internes s'appliquait en principe aux fusions transfrontalières, puisque chaque société participant à une fusion transfrontalière devait d'abord se conformer aux dispositions et formalités de la législation de l'État membre dont elle relève et qui sont applicables à une fusion interne[120]. Ce renvoi ne posa pas de problème dû à l'harmonisation qui était déjà intervenue après la transposition de la troisième directive relative aux fusions internes. Toutefois, la coordination des règles de conflits était insuffisante pour régler l'ensemble des problèmes relatifs à la fusion transfrontalière. Le Professeur GOLDMAN l'avait déjà

---

[117] V. en ce sens, l'avis du comité économique et social européen sur la proposition de directive du parlement et du Conseil sur les fusions transfrontalières de sociétés de capitaux, 28 avr. 2004, JOUE, 2004/C117/11 : « *La proposition de directive relative aux fusions transfrontalières présentée par la Commission a fait l'objet d'un large blocage qui peut s'inscrire dans un contexte plus vaste d'interruption du processus législatif lié aux propositions des directives sur le droit des sociétés [...]. Les raisons de ce blocage du processus législatif sont variées même si, dans tous les cas, l'une des plus importantes a été la difficulté de parvenir à un consensus sur la reconnaissance du droit des travailleurs à l'information et à la participation à ces processus économiques, qui exigeait de procéder aux modifications juridiques pertinentes nécessaires* » ; v. égal. TILQUIN (Th.) et DELCORDE (J.-A.), *La fusion transfrontalière de sociétés de capitaux en droit belge après la transposition de la directive, 2005/56/CE*, Rev. prat. soc. 2009, p. 7 et s., spéc. p. 23 : les auteurs illustrent clairement les positions largement contradictoires des États membres sur la participation des travailleurs. En effet, les auteurs constatent que « *les États connaissant un faible degré de participation craignent la « contamination » de sociétés relevant de leur loi nationale par un système plus rigide que le leur en la matière, tandis que les États connaissant un fort degré de participation craignaient une dilution de ce régime en cas de fusion avec une société relevant d'une loi nationale qui ne comportait pas ou pratiquement pas de règles en la matière* ».

[118] Cf. *supra*, n°23.

[119] Dir. 2005/56/ CE, JOUE n° L 310, 25 novembre 2005. Il faut souligner que les dispositions de l'article 13 de la dixieme directive relatives à l'immatriculation des fusions transfrontalières ont été modifiées par la directive 2012/17/UE du 13 juin 2012.

[120] Cons. 3 Dir. 2005/56/CE.

soulevé lors de la discussion de la convention relative à la fusion internationale des sociétés anonymes. Il affirmait alors que « *l'idéal aurait probablement été de procéder à une uniformisation matérielle générale, qui aurait abouti à des règles identiques, gouvernant la fusion internationale dans tous les États membres. On s'est aperçu que sur de nombreux points cet idéal était hors de portée ; mais l'on ne pouvait pas non plus se contenter d'une simple convention du type des conventions de La Haye, c'est-à-dire d'une convention d'harmonisation des règles de conflit. (...) On a donc été conduit à recourir, selon les possibilités d'harmonisation et selon l'importance des questions à résoudre, tantôt à une méthode, tantôt à l'autre* »[121]. Les rédacteurs de la dixième directive se sont rapidement rendus compte de la nécessité d'élaborer des règles matérielles constitutives d'un « *noyau dur* »[122] afin d'unifier les mécanismes de la fusion transfrontalière[123]. Ces règles matérielles intervinrent principalement pour traiter des questions qui, en vertu de la méthode conflictualiste classique de droit international privé, entraînaient une application cumulative des *leges societatis*. Il en allait ainsi notamment de l'exigence d'un projet commun de fusion, des modalités de son élaboration et des informations qu'il devait contenir[124], ainsi que des effets légaux de la fusion[125]. Les règles matérielles allaient également permettre de surmonter les impasses auxquelles aboutissait parfois la méthode conflictualiste, notamment en matière de détermination de la date de prise d'effet de la fusion[126] et d'établissement des procédures de contrôle de la fusion[127].

29. La transposition de la dixième directive dans tous les États membres[128] prit quelques années de retard puisqu'elle ne fut notifiée que le 4

---

[121] GOLDMAN (B.), *La fusion des sociétés et le projet de convention sur la fusion internationale des sociétés anonymes*, Cah. drt. eur. 1981, p. 4 et s., spéc. p. 8.
[122] BEGUIN (J.), *art. préc.*, n°22.
[123] Sur les règles matérielles applicables aux fusions transfrontalières, v. MENJUCQ (M.), *Droit international et européen des sociétés*, Montchrestien, 4ème éd., 2016, n°357 et s.
[124] Art. 5 Dir. 2005/56/CE.
[125] Art. 14 Dir. 2005/56/CE. Ce texte précise qu'à partir de la date de prise d'effet de la fusion : a) l'ensemble du patrimoine actif et passif des sociétés qui fusionnent est transféré à la nouvelle société ou à l'absorbante ; b) les associés des sociétés qui fusionnent deviennent associés de la nouvelle société ou absorbante ; c) les sociétés qui fusionnent cessent d'exister.
[126] Art. 12 Dir. 2005/56/CE. Cet article contient, d'une part, une règle de conflit puisqu'il désigne la loi de la société issue de la fusion comme étant celle compétente pour déterminer la date de prise d'effet de la fusion et, d'autre part, une règle matérielle qui impose que la date de prise d'effet soit postérieure à l'accomplissement du contrôle de légalité de la fusion
[127] Art. 11 Dir. 2005/56/CE.
[128] La directive aurait dû être transposée avant le 15 décembre 2007 (Art. 19, al. 1 Dir. 2005/56/CE).

janvier 2010 à la Commission européenne[129]. La France transposa cette directive par l'intermédiaire de la loi du 3 juillet 2008 portant diverses dispositions d'adaptation du droit des sociétés au droit communautaire[130].

30. **L'intervention de la Cour de justice.** La règlementation des fusions n'a pas été uniquement l'œuvre du législateur mais aussi des juges européens dont l'objectif principal est de combler les insuffisances des législations européennes et nationales. La CJUE est intervenue, d'abord, dans le célèbre arrêt *Sevic* pour placer les fusions transfrontalières sous l'égide du principe de liberté d'établissement[131]. Cette solution a ainsi établi une interdiction générale aux États membres d'entraver la réalisation de ces opérations. Ensuite, un arrêt plus récent de la Cour de justice, rendu le 5 mars 2015, a réaffirmé le rôle prépondérant de la jurisprudence européenne en matière de fusion[132]. Il s'agissait, cette fois-ci, d'une fusion interne entre deux sociétés portugaises. Ayant commis des infractions au droit du travail avant la fusion, la société absorbée avait reçu des procès-verbaux de la part d'une autorité de contrôle portugaise. L'autorité de contrôle a rendu ensuite une décision définitive faisant supporter la société absorbante la charge des ces infranctions. La société absorbante qui refuse d'être tenu au paiement au lieu et place de la société absorbée a formé alors un recours contre la décision de l'autorité de contrôle devant les tribunaux portugais en soulignant que la transmission universelle de patrimoine prévu par la loi portugaise n'emporte pas le transfert de la responsabilité pénale. Elle s'interrogea ainsi sur la comptabilité de cette décision avec les dispositions de l'article 19 de la directive 2011/35/UE relatives à la transmission universelle de patrimoine. Les juges portugais ont alors saisi la CJUE pour trancher la question préjudicielle qui consiste à déterminer si la transmission universelle de patrimoine par fusion entraîne le transfert de la responsabilité du paiement des amendes infligées pour des infractions de nature contraventionnelle commises par la société absorbée avant la fusion. En adoptant une interprétation autonome et uniforme de la notion de transmission de patrimoine, les juges européens ont estimé que la responsabilité contraventionnelle fait partie du passif de la société absorbée qui doit être

---

[129] Certains États tels que la Belgique ont été condamnés par la CJUE pour avoir transposé trop tardivement la dixième directive (CJUE, 8 mai 2008, *Commission des Communautés européennes c. Royaume de Belgique*, C-392/07, Rec. 2008, p. I-72).

[130] LECOURT (A.), *La transposition en France des fusions transfrontalières : entre innovations et espoirs déçus*, Bull. joly 2008, p. 806 et s. ; LE NABASQUE (H.), *Les fusions transfrontalières après la loi n°2008-649 du 3 juillet 2008*, Rev. soc. 2008, p. 493 et s. ; LENCOU (D.) et MENJUCQ (M.), *Les fusions transfrontalières de sociétés de capitaux : enfin une réalité mais des difficultés persistantes !* , D. 2009, p. 886 et s.

[131] Sur l'arrêt Sevic, *infra*. n°784 et s.

[132] CJUE, 5eme ch., 5 mars 2015, aff. C-343/13, *Modelo Continente Hipermercados*, Dr. soc. 2015, n°89, comm. ROUSSILLE (M.) ; JCP E 2015, n°1234, note BARRIÈRE (F.) ; Rev. eur. 2015, n°187, note CAZET (S.).

transféré par fusion à la société absorbante. Cette jurisprudence qui s'impose à tous les États membres, entraînera incontestablement un bouleversement des solutions traditionnellement retenues par plusieurs législations et tribunaux nationaux. Les décisions de la Cour de justice illustrent ainsi parfaitement l'étendue et l'efficacité de l'intervention de la jurisprudence européenne dans la détermination du régime juridique des fusions internes et transfrontalières.

31. **Une prolifération des règlementations communautaires.** L'instauration d'une règlementation européenne sur les fusions transfrontalières a inspiré d'autres communautés régionales. L'Organisation pour l'Harmonisation en Afrique du Droit des Affaires (OHADA) a ainsi élaboré un Acte uniforme relatif au droit des sociétés commerciales et aux groupements d'intérêt économique qui est entré en vigueur dans tous les États membres le 1er janvier 1998[133]. L'acte uniforme cherche à faciliter les fusions transfrontalières au sein de la zone OHADA et à éviter tout obstacle à la réalisation d'une fusion entre des sociétés relavant de différents États membres de cette organisation[134]. Il reprend à peu près les mêmes solutions que celles de la dixième directive européenne sur la définition de la fusion et ses effets légaux[135]. Par ailleurs, l'acte uniforme exige l'élaboration d'un projet commun de fusion par les sociétés en cause préalablement à la réalisation de l'opération dans les mêmes conditions de forme et fond que celles requises par les directives européennes[136]. La cohérence entre les dispositions de ces textes doit permettre de faciliter la réalisation de fusions transfrontalières entre une société relevant de l'espace européen et une autre

---

[133] L'acte uniforme a été modifié le 30 janvier 2014 sans qu'il n'y ait de changement dans les articles relatifs à la fusion des sociétres. Sur le sujet, v. MARTOR (B.), *Organisation pour l'Harmonisation en Afrique du Droit des Affaires (OHADA)*, J.-Cl. Droit comparé, fasc. n°2 ; MBAYE (M.-N.), *Fusion, scissions et apports partiels d'actif transfrontaliers en Afrique*, th. Paris X, 2006.

[134] Art. 199 Acte uniforme : « *La fusion, la scission et l'apport partiel d'actifs peuvent concerner des sociétés dont le siège social n'est pas situé sur le territoire d'un même État-partie. Dans ce cas, chaque société concernée est soumise aux dispositions du présent Acte uniforme dans l'État-partie de son siège social* ».

[135] Art. 191 Acte uniforme : « *La fusion ou la scission entraîne la dissolution sans liquidation des sociétés qui disparaissent et la transmission universelle de leur patrimoine aux sociétés bénéficiaires, dans l'état où il se trouve à la date de réalisation définitive de l'opération. Elle entraîne, simultanément, l'acquisition par les associés des sociétés qui disparaissent, de la qualité d'associés des sociétés bénéficiaires dans les conditions déterminées par le contrat de fusion ou de scission* ».

[136] Art. 193 Acte uniforme : « *Toutes les sociétés qui participent à une opération de fusion ou de scission établissent un projet de fusion ou de scission arrêté, selon le cas, par le conseil d'administration, l'administrateur général, le ou les gérants de chacune des sociétés participant à l'opération* ».

issue de l'espace OHADA[137]. Nous pouvons ainsi espérer le développement d'opérations de fusion et donc l'augmentation du flux réciproque d'établissement de sociétés entre ces deux espaces économiques.

Paragraphe 2 : Les effets de la règlementation

32. **L'instauration d'un équilibre entre les intérêts contradictoires.** La difficulté principale dans la règlementation de la fusion, comme le relève le Professeur HOUIN dans son rapport général lors du VIe Congrès international de Hambourg, « *est d'assurer un équilibre entre des besoins et des intérêts qui peuvent paraître parfois opposés : tous les problèmes juridiques impliquent d'ailleurs un tel conflit d'intérêts et une telle recherche d'équilibre et de conciliation* »[138]. La fusion qui contribue de manière directe à la croissance et la restructuration des entreprises, représente une grande utilité pour le développement de l'économie nationale. Le législateur s'intéresse alors de lui prévoir une règlementation ayant pour objectif de favoriser ces opérations, voire de les accélérer. Toutefois, encore faut-il que cette règlementation prenne en compte les intérêts catégoriels, notamment les créanciers, les associés minoritaires et les salariés. Une protection trop faible risquerait de transformer la fusion en une opération inéquitable. Inversement, une protection trop forte pourrait aboutir à un excès de formalisme et alourdir considérablement le processus de réalisation de l'opération[139]. La règlementation de la fusion ne peut prétendre à l'efficacité que si elle réussit à trouver un équilibre entre deux séries d'intérêts qui sont souvent contradictoires[140]. Il semble que le dispositif

---

137 Par ailleurs, on considère que les dispositions de l'Acte uniforme ont vocation à s'appliquer pour des opérations de fusion extracommunautaires, sous réserve de l'application des dispositions d'ordre public de la loi de l'État tiers (en ce sens : MARTOR (B.), *op. cit*, fasc. n°313).

138 HOUIN (R.), *La fusion des sociétés in. Rapports généraux du VIe Congrès international de droit comparé de Hambourg*, juill.-août 1962, éd. Bruylant, 1964, p. 556.

139 En ce sens, v. MBAYE (M.-N.), *th. préc.*, n°964. L'auteur se prononce sur la règlementation de la fusion transfrontalière. Il constate qu'« *une règlementation trop rigide et trop protectrice réduirait l'accessibilité de la technique des fusions transfrontalières et équivaudrait à une interdiction implicite de son utilisation* ». La même logique s'applique également aux fusions internes.

140 Le législateur européen a eu la tendance en matière d'harmonisation du droit des sociétés à perdre de vue la nécessité de sauvegarder l'équilibre entre les intérêts en jeu. Il a nettement préféré sacrifier la préoccupation économique au bénéfice de la préoccupation d'assurer la protection des associés et des tiers. La priorité étatique est attribuée au respect de dispositions de l'article 50-2-g du TFUE qui exige une coordination « *en vue de les rendre équivalentes, les garanties qui sont exigées, dans les États membres, des sociétés (...), pour protéger les intérêts tant des associés que des tiers* ». Dans la première directive de 1968, on a reproché au législateur européen son rattachement excessif à l'objectif de protection des associés et des créanciers au détriment de la simplicité du montage juridique. À cet égard, un auteur constate que « *chargé, dans un but général de sécurité des relations juridiques, de garantir la*

législatif français actuel de la fusion soit parvenu en quelque sorte à concilier les intérêts divergents.

33. D'une part, la réglementation prend en considération le choix étatique d'encourager le recours des sociétés nationales à ce genre d'opération. Grâce à cette réglementation, les praticiens n'ont plus l'impression de s'aventurer dans une opération mystérieuse dont l'aboutissement serait aléatoire. Ils disposent désormais d'un « *mode d'emploi* » constitué par un corps de règles suffisamment détaillé du processus de réalisation de la fusion qui va leur permettre de surmonter toutes les difficultés techniques et juridiques éventuelles. Les hésitations de recours à la fusion, découlant principalement du sentiment d'insécurité dû à l'imprécision du régime juridique de l'opération, sont ainsi estompées. Par ailleurs, la reconnaissance légale de la transmission universelle de patrimoine et la dissolution sans liquidation – qui sont les effets caractéristiques de la fusion – a considérablement allégé le processus de réalisation de l'opération de fusion. La transmission universelle de patrimoine est perçue comme un mode de transfert simplifié de l'ensemble des créances et des dettes[141]. Ce mécanisme exempt en effet les sociétés fusionnantes de l'accomplissement des formalités et de la réception des agréments normalement prévus pour les modes de transfert *ut singuli*[142]. La dissolution sans liquidation permet quant à elle d'éviter la lourdeur de la procédure de droit commun de liquidation de la société. La société dissoute n'a plus l'obligation de libérer ses créanciers avant de disparaître.

34. D'autre part, une protection des différents intérêts catégoriels a été mise en place. Elle est principalement assurée par l'amélioration de la transparence des opérations de fusion. Un ensemble de documents permet de fournir suffisamment d'informations aux différentes catégories concernées afin de leur permettre de réagir et d'utiliser les moyens de défense mis à leur disposition en connaissance de cause. Le projet de fusion élaboré

---

protection des intérêts des associés et des tiers, le législateur européen a perdu de vue la préoccupation qui lui est corollaire dans tout droit des sociétés, de ne pas surcharger les entreprises d'obligations qui ne soient pas indispensables et de leur fournir les outils juridiques appropriés à leur organisation interne et à leur action ». (BOUCOURECHLIEV (J.), *Les voies de l'Europe des sociétés*, JCP E 1996, 560, p. 225 et s., spéc. p. 227).

[141] En ce sens, v. JEANTIN (M.), *La transmission universelle de patrimoine d'une société, in. Mélanges DERRUPPÉ (J.)*, GLN Joly, Litec, 1991, p. 287 et s., spéc. n^{os}24 et s.

[142] Le droit français soumet la cession d'une dette au consentement du créancier. À défaut, la cession sera considérée comme inopposable au créancier. La consécration de la transmission universelle de patrimoine par fusion va permettre de contourner cet obstacle. Le passif de la société absorbée va se transmettre à la société absorbante sans avoir à obtenir le consentement des créanciers. Par ailleurs, le droit français exige pour la cession d'une créance l'accomplissement des formalités de l'article 1690 du Code civil (la notification du débiteur, *etc.*). La transmission universelle de patrimoine permet de déroger à cette exigence. Ainsi, la fusion permet le transfert simplifié des créances de la société dissoute à la société absorbante.

préalablement à la réalisation de la fusion ainsi que les rapports des experts indépendants chargés de contrôler l'opération sont les principaux outils de cette information. Par ailleurs, plusieurs dispositifs de protection sont prévus par la règlementation de la fusion. Par exemple, les créanciers bénéficient d'un droit d'opposition à l'opération de fusion sans toutefois que ce droit puisse bloquer l'opération. Quant aux salariés, ils bénéficient de la continuation automatique de leurs contrats de travail au sein de la société absorbante[143]. Ils conservent ainsi leur poste et demeurent soumis aux mêmes conditions que celles prévues dans leur contrat de travail initial[144]. Seuls les associés minoritaires n'ont pas bénéficié d'un droit de retrait, car le législateur français a considéré que ce mécanisme de protection était susceptible d'entraver les opérations de fusion[145].

35. **Le rétrécissement du rôle de la volonté contractuelle.** Le souci d'établir l'équilibre entre les intérêts contradictoires va aboutir à une intervention répétitive du législateur européen et national. La règlementation rigoureuse et détaillée de la fusion s'opère au détriment de la liberté contractuelle des sociétés[146]. Les jurisconsultes n'ont plus la possibilité de procéder comme auparavant à une juxtaposition d'opérations distinctes afin de réaliser la fusion de manière analytique. En effet, « *l'évolution allait (...) fusionner en une seule ces opérations diverses* »[147]. La fusion est dorénavant une seule opération qui réalise *uno acto* la transmission universelle, au bénéfice de la société absorbante, de la totalité du patrimoine de la société absorbée qui va simultanément se dissoudre sans liquidation. Quant à ses associés, ils vont acquérir automatiquement la qualité d'associé au sein de la société absorbante.

36. Une partie de la doctrine regrette cette intervention du législateur en insistant sur le rôle primordial et l'utilité de la liberté contractuelle dans les opérations de fusion. On redoute un accroissement de la rigidité de la

---

[143] Art. L. 1224-1 C. trav. : « *Lorsque survient une modification dans la situation juridique de l'employeur, notamment par succession, vente, fusion, transformation du fonds, mise en société de l'entreprise, tous les contrats de travail en cours au jour de la modification subsistent entre le nouvel employeur et le personnel de l'entreprise* ». Sur le sujet : SAVATIER (J.), *Les fusions de sociétés et le droit du travail in. Mélanges BRÈTHE DE LA GRESSAYE (J.)*, éd. Bière, 1967, p. 721 et s. ; VACARIE (I.), *Transfert de l'entreprise et maintien du contrat de travail*, JCP CI 1974, 11595.

[144] Par exemple, le maintien des conditions relatives aux indemnités de licenciement, les conditions de la retraite, l'ancienneté du salarié dans la société absorbante remonte à la date du contrat passé avec la société absorbée, *etc.*

[145] Sur les droits des associés minoritaires, cf. *infra*, n°1110 et s.

[146] MOULIN (J.-M.), *La fusion à l'épreuve de la liberté contractuelle in. Mélanges LE CANNU (P.)*, Dalloz, 2014, p. 741 et s., spéc. p. 742 : « *au terme de ce processus législatif la liberté contractuelle et l'autonomie de la volonté se trouvent réduites à la portion congrue* ».

[147] DIDIER (P.) et DIDIER (Ph.), *Droit commercial, t. 2, Les sociétés commerciales*, Economica, 2011, n 1422.

réglementation qui desservirait les objectifs initialement fixés par le législateur[148]. On a ainsi proposé de « *laisser jouer, autant que faire se peut, la liberté contractuelle et ses solutions souples qui, après tout, sont à l'origine de la prospérité actuelle des entreprises industrielles et commerciales de nos pays* »[149]. En conséquence, les adeptes de cette position considèrent que « *pour rendre son sens à l'opération et lui permettre de retrouver sa place, il faut accepter de rompre avec les habitudes prises (...) en revenant aux sources et en redonnant vie au caractère contractuel de la fusion* »[150]. Il semble en effet nécessaire que l'intervention du législateur ne soit pas excessive et laisse une part de liberté contractuelle aux sociétés fusionnantes pour maintenir ou même accroître l'attractivité de l'opération de fusion.

Section 2 : La règlementation incomplète de la fusion

37. **La genèse de la définition légale de la fusion.** Avant la loi du 24 juillet 1966, il n'existait aucune définition légale de la fusion. La jurisprudence s'efforçait vainement de lever l'imprécision concernant la notion de fusion et de parvenir à une solution unifiée en la matière. Les décisions largement contradictoires des tribunaux prouvaient l'ampleur de la confusion[151]. Le tribunal de commerce de la Seine, dans un arrêt rendu le 12 novembre 1883, avait évoqué l'existence d'un contrat synallagmatique de fusion sans pouvoir fournir plus de précisions sur les éléments caractéristiques de ce contrat[152]. Le 24 juin 1884, la cour d'appel de Paris avait même reconnu aux parties le droit de définir librement la fusion[153]. Les juges du fond affirmaient qu'« *à défaut d'une définition spéciale et*

---

[148] ROUTIER (R.), *Les fusions de sociétés commerciales, prolégomènes pour un nouveau droit des rapprochements*, LGDJ, 1994, p. 18 : « *au fil des ans ces apports successifs au volume de la norme n'ont cependant toujours pas permis, ni d'aboutir à une protection efficace des catégories menacées, ni de conduire la concentration au niveau requis par la construction européenne* ».

[149] HUBERT (A.), *Colloque organisé par le centre universitaire d'études des communautés européennes de la faculté de droit et sciences économiques de Paris : coopération, concentrations, fusions d'entreprises dans la CEE*, RMC 1968, p. 432. ; *Contra.* MBAYE (M.-N.), *th. préc.*, n°964. L'auteur considère qu' « *il ne fait aucun doute que pour assurer la liberté il faut règlementer. Ceci ne constitue aucunement un paradoxe. La non règlementation ou la dérèglementation totale entraîne un vide juridique propice à l'application de la loi de la jungle. Par conséquent, la fusion étant une opération à la fois bénéfique et dangereuse pour l'économie des États, les sociétés participantes ne devraient pas bénéficier d'une liberté totale dans la réalisation de l'opération* ».

[150] MARTIN (G.-J.), Préface, p. XV *in.* ROUTIER (R.), *Les fusions de sociétés commerciales, prolégomènes pour un nouveau droit des rapprochements*, LGDJ, 1994.

[151] Sur le sujet, v. MESTDAGH (H.), *La fusion des sociétés commerciales, au point de vue juridique et fiscal*, th. Lille, 1930, p. 24.

[152] T. com. Seine, 12 nov. 1883, Rev. soc. 1884, p. 43.

[153] CA Paris., 24 juin 1884, J. soc. 1885, p. 720 et s., spéc. p. 727.

restrictive convenue entre les parties, le mot de fusion implique dans la pensée des contractants l'intention d'une mise en commun de la totalité des actifs et passifs à fusionner ». Le manque de définition légale entraîna la prolifération dans la doctrine de deux conceptions de l'opération, l'une économique et l'autre juridique[154]. L'utilisation du terme « *fusion* » dans le langage économique impliquait toutes les techniques contractuelles et structurelles de concentration des entreprises[155]. La fusion désignait ainsi indifféremment : les pools, les *trusts*, les cartels, les *joint ventures*, les acquisitions, *etc.* Toutefois, dans le langage juridique, le terme « *fusion* » est nécessairement moins compréhensif. De nombreux auteurs ont souhaité proposer une définition plus précise de la fusion[156]. Ils ont voulu rechercher le trait caractéristique – le « *criterium de distinction* »[157] – susceptible de distinguer la fusion d'autres opérations de concentration. La fusion était alors comprise comme la réunion de deux ou plusieurs sociétés, de sorte qu'il n'en subsiste finalement plus qu'une seule[158]. La fusion était essentiellement caractérisée par la disparition d'au moins une des sociétés concernées par l'opération[159].

38. Par la suite, la loi du 24 juillet 1966 est venue consacrée une première définition légale de la fusion dans le droit français[160]. L'article L. 371 de la loi disposait qu'« *une société, même en liquidation, peut être absorbée par*

---

[154] Sur les conceptions économiques et juridiques de la fusion, v. GOMPEL (R.) *De la fusion de sociétés anonymes*, th. Paris, 1908, p. 29.

[155] Sur la distinction entre les méthodes de rapprochements structurelles et contractuelles, v. LATSCHA (J.), *Fusions, scissions et apports partiels d'actifs*, Delmas, 1965, A, p. 3. L'auteur compare, d'une part, les rapprochements contractuels, qui ne portent pas atteinte à l'indépendance juridique des entreprises (ententes, associations en participation, filiales communes) et, d'autre part, les rapprochements structurels qui portent atteinte à l'indépendance juridique de l'entreprise (les fusions, scissions et apports partiels d'actifs). .

[156] COPPER-ROYER (J.), *op. cit.*, t. 3, n°576 ; HAMEL (J.) et LAGARDE (G.), *Traité droit commercial*, t. 2, Dalloz, 1980, 2eme éd., n°765; RIPERT (G.) et ROBLOT (R.), *Traité élémentaire de droit commercial*, t. 1, LGDJ, 1984, n°1590.

[157] GOMPEL (R.) *De la fusion de sociétés anonymes*, th. Paris, 1908, p. 39.

[158] T. com. Seine, 20 janv. 1923, J. soc. 1926, p. 562, Rev. soc. 1927, p. 316.

[159] En ce sens : LYON-CAEN (Ch.) et RENAULT (L.), *Traité de droit commercial*, t. 2, LGDJ, 5eme éd., 1926, n° 338 : « *la fusion est une convention qui met fin à une société avant le terme fixé pour sa durée* » ; GOMPEL (R.) *De la fusion de sociétés anonymes*, th. Paris, 1908, p. 83 : « *La fusion implique une convention passée entre deux ou plusieurs personnes morales, mettant fin avant le terme fixé à l'existence d'une société au moins et impliquant l'échange des titres de la société qui disparaît contre ceux de la société absorbante* » ; ROUSSEAU (R.), *Des sociétés commerciales françaises et étrangères*, t. 2, éd. Librairie nouvelle de droit et de jurisprudence, 4eme éd.,1912, n°2622 : « *on entend par ce mot la réunion de deux ou plusieurs sociétés ayant eu jusqu'alors une existence distincte, de façon à ce qu'elles n'en forment plus qu'une seule* » ; PIC (P.), *Des fusions de sociétés*, Rev. soc. 1923, p. 447 : « *la fusion proprement dite consiste dans la réunion, en une seule, de deux ou de plusieurs sociétés préexistantes qui viennent se fondre dans un organisme nouveau, synthèse des unités antérieures* ».

[160] Loi n°66-537 du 24 juillet 1966 sur les sociétés commerciales (JO, 26 juill. 1966, p. 6402).

une autre société ou participer à la constitution d'une société nouvelle, par voie de fusion. Elle peut aussi faire apport de son patrimoine à des sociétés existantes ou participer avec celles-ci à la constitution de sociétés nouvelles, par voie de fusion-scission. Elle peut enfin faire apport de son patrimoine à des sociétés nouvelles, par voie de scission ». Le texte se contentait d'énumérer les opérations susceptibles d'être soumises au régime de la fusion en faisant une vague référence à l'apport de patrimoine entre les sociétés fusionnantes. Sa rédaction ne faisait pas ressortir clairement les éléments caractéristiques de la fusion[161]. Autrement dit, il ne s'agissait pas d'une définition « *conceptualisée* »[162] de la fusion. Si une partie de la doctrine critiquait le caractère vague et incomplet de cette définition[163], une autre soulignait au contraire la grande sagesse du législateur qui, à l'instar de l'empereur Justinien, s'était abstenu *« de donner des définitions, lorsqu'elles ne sont pas indispensables, plutôt que d'en donner de mauvaises »*[164].

39. Lors de la rédaction de la troisième directive, le législateur européen établit une définition légale de la fusion[165]. D'une part, il assimila à la fusion par absorption « *l'opération par laquelle une ou plusieurs sociétés transfèrent à une autre, par suite d'une dissolution sans liquidation, l'ensemble de leur patrimoine activement et passivement moyennant l'attribution aux actionnaires de la ou des sociétés absorbées d'actions de la société absorbante et, éventuellement, d'une soulte en espèces ne dépassant pas 10 % de la valeur nominale des actions attribuées ou, à défaut de valeur nominale, de leur pair comptable »*[166]. D'autre part, il affirma que la fusion par constitution d'une nouvelle société est « *l'opération par laquelle plusieurs sociétés transfèrent à une société qu'elles constituent, par suite de leur dissolution sans liquidation, l'ensemble de leur patrimoine activement et passivement moyennant l'attribution à leurs actionnaires d'actions de la*

---

[161] Sur les critiques adressées à la définition de la loi du 24 juillet 1966, v. BAUDEU (G.) et BELLARGENT (G.), *op. cit.*, n°17. Les auteurs considèrent que « *ces définitions, si intéressantes qu'elles soient, n'ont qu'une portée très réduite. En effet, après les avoir posées, le législateur ne s'y est plus référé et en particulier n'a défini aucun régime juridique qui serait propre soit aux fusions, soit aux fusions-scissions, soit aux scissions. Au contraire, les textes se réfèrent aux distinctions classiques, c'est-à-dire à la fusion par absorption ou par création de société nouvelle, et à la scission avec apport soit à des sociétés existantes, soit à des sociétés nouvelles. Le législateur paraît même considérer comme connus a priori les termes de fusion et de scission* ».

[162] DUCOULOUX-FAVARD (C.), *La réforme française des fusions et l'harmonisation des législations européennes*, D. 1990, chron. p. 242.

[163] En ce sens, v. HOUIN (R.) et GORÉ (F.), *La réforme des sociétés commerciales*, D. 1967, p. 169, n°142.

[164] HÉMARD (J.), TERRÉ (Fr.) et MABILAT (P.), *Les sociétés commerciales*, Dalloz, 1978, t. 3, n° 771.

[165] Une définition identique a été reprise ensuite dans la dixième directive relative aux fusions transfrontalières.

[166] Art. 3 Dir. 78/855/CEE.

nouvelle société et, éventuellement, d'une soulte en espèces ne dépassant pas 10 % de la valeur nominale des actions attribuées ou, à défaut de valeur nominale, de leur pair comptable »[167].

40. Le législateur français, qui a scrupuleusement transposé la troisième directive par la loi du 5 janvier 1988 relative aux fusions et aux scissions de sociétés commerciales[168], a repris la même définition que celle de son homologue européen[169]. L'ancienne définition légale de la fusion fut ainsi largement modifiée. Le droit français qualifie désormais de fusion toute opération qui constate la dissolution sans liquidation d'une ou de plusieurs sociétés, accompagnées par la transmission de leur patrimoine à une société préexistante ou bien nouvelle, suivie par l'échange de parts ou d'actions de la société qui disparaît contre des actions de la société préexistante ou nouvelle. Contrairement à ce qui était reproché à l'ancienne définition, le texte fait clairement ressortir les éléments caractéristiques de la fusion. L'opération se caractérise par trois éléments principaux : une transmission universelle de patrimoine ; une dissolution sans liquidation ; enfin une distribution de parts sociales aux associés de la société dissoute. L'absence d'un de ces éléments caractéristiques écarte définitivement la qualification de fusion.

41. **Une définition légale insuffisante ?** Il est généralement enseigné que la définition juridique doit permettre de qualifier – saisir la nature juridique – l'institution concernée. En effet, la définition légale « *fait apparaître la catégorie préexistante dans laquelle l'opération de qualification fera entrer le fait ou l'acte examiné* »[170]. Elle constitue l'appui sur lequel le juge se fonde pour qualifier convenablement l'institution et la classer dans une des catégories juridiques préexistantes[171]. Le Code civil illustre clairement ces

---

[167] Art. 4 Dir. 78/855/CEE.

[168] Sur la loi du 5 janvier 1988 relative aux fusions et aux scissions de sociétés commerciales : JEANTIN (M.), *Le nouveau régime des fusions et scissions de sociétés*, JCP E 1988, II, 15169 ; JEANTIN (M.) et VIANDIER (A.), *La réforme du droit des fusions et scissions*, RD bancaire et bourse 1988, p. 65 ; LE FÈVRE (A.), *Le nouveau régime des fusions et des scissions de sociétés commerciales institué par la loi n° 88-17 du 5 janvier 1988 et le décret n° 88-418 du 22 avril 1988*, Rev. soc. 1988, p. 207 ; DUCOULOUX-FAVARD (C.), *La réforme française des fusions et l'harmonisation des législations européennes*, D. 1990, chron. p. 242.

[169] Art. L. 236- 1 et L. 236-3 C. com.

[170] DANIS-FÂTOME (A.), *La définition légale in. Mélanges VINEY (G.)*, LGDJ, 2008, p. 275 et s., spéc. p. 286 ; en ce sens. aussi : BALIAN (S.), *Essai sur la définition dans la loi*, th. Paris II, 1986, n°219 et s.

[171] En ce sens : CORNU (G.), *Les définitions dans la loi in. Mélanges VINVENT (J.)*, Dalloz, 1981, p. 77 et s., spéc. p. 88. « *Mouvement de l'esprit qui saute du concret à l'abstrait – pour faire qu'un donné brut devienne un donné qualifié – la qualification ne peut s'opérer qui si elle se réfère à des donnée juridiques préalablement élaborés, à partir desquelles elle ordonne la réalité. La définition légale appartient à ces données de base - statique et*

enseignements dans les dispositions qu'il adopte pour définir la plupart des concepts juridiques. Par exemple, l'article 1582 du Code civil définit la vente comme « *une convention par laquelle l'un s'oblige à livrer une chose, et l'autre à la payer* ». La nature contractuelle de la vente est ainsi mise en relief. Il en va de même pour le gage défini à l'article 2333 du Code civil comme « *une convention par laquelle le constituant accorde à un créancier le droit de se faire payer par préférence à ses autres créanciers sur un bien mobilier ou un ensemble de biens mobiliers corporels, présents ou futurs* ». Le texte précise ainsi la nature conventionnelle du gage, ce qui le distingue, notamment des privilèges dont la nature est exclusivement légale. Ces définitions légales semblent alors complètes dans la mesure où elles mettent en relief la nature juridique du concept juridique concerné avant de relever ses traits caractéristiques[172].

42. En suivant ce raisonnement, la définition légale de la fusion peut paraître incomplète. Le législateur français, à l'instar de son homologue européen, l'a défini sans toutefois lui attribuer de nature juridique. De même, les textes européens assimilent la fusion à une « *opération* »[173] sans apporter plus de précision sur sa nature. S'agit-il d'une opération conventionnelle, d'une opération découlant d'actes de volonté unilatéraux, ou d'une opération d'origine légale qui se réalise sur ordre d'une autorité publique en dehors de la volonté des parties ? Quant aux textes français, ils se contentent de décrire le processus de réalisation de la fusion. L'article L. 236-1 du Code de commerce dispose qu' « *une ou plusieurs sociétés peuvent, par voie de fusion, transmettre leur patrimoine à une société existante ou à une nouvelle société qu'elles constituent* ». L'article L. 236-3 du même code précise que « *la fusion entraîne la dissolution sans liquidation des sociétés qui disparaissent et la transmission de leur patrimoine aux sociétés bénéficiaires* ». La fusion est ainsi définie strictement par rapport aux effets légaux qu'elle entraîne sur les sociétés fusionnantes, c'est-à-dire la transmission universelle de patrimoine et la dissolution sans liquidation. MM. LE CANNU et DONDERO n'ont pas hésité à critiquer la définition légale de la fusion en relevant que « *sur le plan méthodologique, il peut*

---

potentielles- par référence auxquelles la qualification – dynamique et opérationnelle – accomplit dans chaque cas, son travail de rattachement ».

[172] L'exemple de la fiducie est également intéressant à étudier. Le Code civil définit dans son article 2011 la fiducie comme « *l'opération par laquelle un ou plusieurs constituants transfèrent des biens, des droits ou des sûretés, ou un ensemble de biens, de droits ou de sûretés, présents ou futurs, à un ou plusieurs fiduciaires qui, les tenant séparés de leur patrimoine propre, agissent dans un but déterminé au profit d'un ou plusieurs bénéficiaires* ». Il précise la nature juridique de la fiducie dans l'art. 2012 C. civ. qui dispose que « *la fiducie est établie par la loi ou par contrat* ». Ainsi, la définition légale de la fiducie est complétée par la fixation de sa nature juridique qui peut être soit conventionnelle soit légale.

[173] Art 3 et 4 Dir. 78/855/CEE ; art. 2 Dir. 2005/56/CE

sembler peu satisfaisant de définir une institution [la fusion] uniquement par ses effets »[174].

43. **Plan.** Il est sans doute peu utile de s'attarder sur le silence du législateur au regard de la nature juridique de la fusion. La question intéressante serait plutôt d'essayer de lever l'imprécision en procédant à l'établissement de la nature juridique adéquate de l'opération. La qualification de la fusion est un préalable nécessaire pour traiter convenablement la fusion tant en droit interne qu'international **(Paragr. 1)**. Le recours à la notion de contrat-organisation s'avérera alors fécond en la matière **(Paragr. 2)**.

Paragraphe 1 : L'intérêt de la qualification de la fusion

44. **La qualification de la fusion en droit interne.** La qualification juridique consiste à déterminer « *la nature d'un bien ou d'un rapport de droit à l'effet de le classer dans l'une des catégories juridiques existantes* »[175]. Ces dernières permettront à leur tour d'établir « *une relation d'ordre logique entre la détermination de ce qu'on appelle la nature juridique (...) et le régime juridique qui en découle* »[176]. La qualification juridique de la fusion suppose ainsi l'identification de sa nature juridique afin de la classer dans une des catégories juridiques du droit français[177]. Le succès de cette opération intellectuelle permet d'attribuer à la fusion un régime juridique adéquat.

45. Le silence du législateur au sujet de la nature juridique de la fusion peut être une source de difficultés dans la détermination du régime applicable à l'opération. Les répercussions préjudiciables du défaut de qualification ont toutefois été fortement atténuées par la règlementation

---

[174] LE CANNU (P.) et DONDERO (B.), *Droit des sociétés*, Montchrestien, 6ème éd., 2015, n°1609.

[175] TERRÉ (Fr.), *Introduction générale au droit*, 10ème éd., Dalloz, 2015, n°405 v. égal. : *Lexique de termes juridiques*, 10ème éd., Dalloz, p. 447 *v°* qualification : « *opération intellectuelle consistant à préciser la nature juridique d'une institution* » ; LARROUMET (Ch.) et AYNÈS (A.), *Introduction à l'étude du droit*, Ecnomica, 6eme éd., 2013, n°146 : « *déterminer la nature juridique d'une situation consiste à la faire entrer dans une catégorie juridique dont elle doit avoir les éléments qui la caractérisent* ». Sur la méthode scientifique de qualification juridique, v. BONNECASE (J.) et BAUDRY-LACANTINERIE (G.), *Supplément au traité de droit civil,* t. 1Sirey, , 1924, p. 557.

[176] TERRÉ (Fr.), *op. cit.*, n°405.

[177] La nature juridique n'est autre qu'« *un moyen de trouver la concorde, d'apaiser les tensions, d'une certaine manière de faire ressortir l'évidence, une définition, une identité propre qui différencie une institution juridique de toutes les autres, car il en va de la nature des choses* » (PELLETIER (D.), *La nature juridique: référence, fondement...?*, PUAM, 2003, p. 25).

rigoureuse de la fusion. Le législateur a mis en place un régime de l'opération relativement complet. Les principales questions soulevées par l'opération semblent être exhaustivement traitées par des dispositions du Code de commerce. Pourtant, la qualification de la fusion reste importante puisqu'elle permet d'établir un régime juridique de droit commun auquel les jurisconsultes peuvent se référer lorsque les textes spéciaux apparaissent insuffisants. Le régime juridique relevant du droit commun des sociétés et des contrats interviendrait lorsque les règles spéciales n'auraient pas vocation à le faire. Il en va ainsi notamment des opérations de fusion exclues du champ d'application *ratione personae* des dispositions du Code de commerce, notamment les fusions intervenant entre des sociétés civiles ou des associations. Par ailleurs, le régime de droit commun permettrait de fournir des solutions aux questions qui n'ont pas été directement traitées par le Code de commerce. On pense notamment à la détermination de la nature juridique du projet de fusion et du régime de responsabilité applicable aux sociétés fusionnantes. Au surplus, la qualification juridique est susceptible d'apporter des clarifications sur la marge de liberté dont disposent les sociétés fusionnantes dans la fixation des conditions de réalisation de la fusion et les possibilités d'aménagements au niveau des effets légaux de la fusion. Elle fournit des indices sur la validité et l'opposabilité de la soustraction de certaines dettes ou créances à l'effet de la transmission de patrimoine, ou sur la possibilité d'apporter des modifications à la nature et aux modalités de distribution de la rémunération des associés de la société dissoute. Le défaut de détermination de la nature juridique de la fusion contribue à la subsistance d'un certain nombre de zones d'ombre dans le régime juridique applicable à l'opération. Une qualification objective semble alors nécessaire.

46. **La qualification de la fusion en droit international privé.** La fusion transfrontalière soulève nécessairement un problème de conflit de lois dans la mesure où les sociétés participant à l'opération sont soumises à des lois différentes. Le traitement convenable du conflit de lois par le truchement de la méthode conflictualiste classique du droit international privé français suppose que soit connue la qualification de l'opération. Il y aura ainsi un classement de l'opération dans une des catégories juridiques préexistantes du droit français afin de déterminer la règle de conflit qui lui est applicable[178]. Il faut par ailleurs préciser que la qualification *lege fori* est la solution

---

[178] Sur la méthode classique, v. NIBOYET (J.-P.), *Traité de droit international privé français*, t. 3, Sirey, 2eme éd., 1951, n°952 ; NIBOYET (M.-L.) et DE GEOUFFRE DE LA PRADELLE (G.), *Droit international privé*, LGDJ, 4eme éd., 2013, n°302 et s. ; LOUSSOUARN (Y.), BOUREL (P.) et DE VAREILLES-SOMMIÈRES (P.), *Droit international privé*, Dalloz, 10eme éd. 2013, n°259 et s. ; BUREAU (D.) et MUIR WATT (H.), *Droit international privé*, t. 1, PUF, 2eme éd., 2010, n°379 et s. ; AUDIT (B.) et D'AVOUT (L.), *Droit international privé*, Economica, 7eme éd., 2013, n°258 et s.

traditionnellement adoptée dans le droit international privé français[179]. Par conséquent, le juge français procédera de la même manière pour la qualification de la fusion transfrontalière, c'est-à-dire qu'il se conformera à la qualification de l'opération telle qu'elle est adoptée par le droit positif français[180].

---

[179] BARTIN (E.), *art. préc.*, p. 245 ; MAURY (J.), *Règles des conflits de lois*, RCADI 1936, III, p. 325 et s., spéc. p. 458 et s. L'auteur considère qu' « *il convient de voir essentiellement dans le problème des qualifications une question d'interprétation de la règle de conflit* » ; MAYER (P.) et HEUZÉ (V.), *Droit international privé*, Lextenso, 11eme éd., 2014, n°156. Les auteurs relèvent que « *la qualification lege fori est seule défendable. Le problème de la qualification s'analyse en un problème d'interprétation de la volonté de l'auteur des règles de conflit ; en conséquence, puisqu'il est admis que c'est la règle de conflit de for qui s'applique [...], il faut la prendre avec le sens qu'elle a dans l'esprit du législateur du for : Ejus est interprerati cujus est condere* ». La jurisprudence a adopté depuis longtemps le principe de qualification *lege fori*. Le célèbre arrêt « *Caraslanis* » du 22 juin 1955 (Cass. 1re civ., 22 juin 1955, RCDIP 1955, p. 723, note BATIFFOL (H.) ; D. 1956, p. 73, note CHAVRIER (M.)) est venu consacrer cette solution. La Cour de cassation qui avait à se prononcer sur la nullité d'un mariage intervenu entre une Française et un Grec avait décidé que « *la question de savoir si un élément de la célébration du mariage appartient à la catégorie des règles de forme ou à celle des règles de fond doit être tranchée par les juges français suivant les conceptions du droit français* ».

[180] Une question de qualification en matière de fusion a été déjà posée devant les tribunaux français. Le 22 avril 1975, la Chambre civile de la Cour de cassation (Cass. Civ., 22 avr. 1975, JCP 1975, IV, p. 183), avait tranché la question de savoir si une possession par une société, ayant un siège dans l'État du New-Jersey, de la majorité des actions d'une autre société, dont le siège était situé dans l'État du Michigan, pouvait être qualifiée de fusion entre les deux sociétés. Elle reprit la solution des juges d'appel qui s'étaient uniquement référés au droit français, sans rechercher le contenu de la loi étrangère, pour estimer que la possession par une société de la majorité des actions d'une autre société n'est pas assimilable à une fusion des deux sociétés. La décision est justifiée par le défaut de preuve que l'opération impliquait un transfert de l'actif et du passif de la société dont le siège était au New-Jersey, vers la société dont le siège était au Michigan. Ainsi, la qualification de l'opération était-elle réalisée selon les conceptions du *for* et indépendamment de la qualification retenue par la loi applicable aux sociétés fusionnantes. Dans un autre arrêt, la Cour de cassation (Cass. 1re civ. 7 juin 1977, Bull. civ. I, n°267, RCDIP 1978, p. 119, note BATIFFOL (H.)) allait adopter une position différente en ayant recours à une qualification *lege causae* de la fusion. Elle a censuré l'arrêt de la cour d'appel qui n'avait pas répondu à des conclusions faisant valoir que les deux sociétés italiennes n'avaient pas fusionné, mais que l'une avait seulement consenti un apport à l'autre, sans libération de l'apporteur pour ses dettes antérieures au transfert. Dans son commentaire de l'arrêt de la Cour de cassation, le doyen BATIFFOL en déduisit que l'appréciation de l'existence d'une fusion entre les deux sociétés italiennes relèvait nécessairement de la loi italienne. Ainsi, le juge français devait-il qualifier l'opération litigieuse *lege causae*. Afin de lever toute confusion, il faut préciser que les questions soulevées dans ces deux arrêts ne consistaient pas à déterminer la nature juridique de la fusion pour déterminer la loi applicable, mais plutôt de savoir si une opération sociétaire réalisée par deux sociétés étrangères constituait une fusion d'après la conception du droit français. Les opérations en cause n'étaient guère des fusions transfrontalières, mais de simples fusions internes réalisées au sein d'un État différent de celui du *for*. La finalité du juge français était de traiter d'une question propre au régime juridique supposé être applicable à ces opérations.

47. La qualification de la fusion retenue en droit interne représente un intérêt pratique considérable pour la détermination de la règle de conflit applicable aux fusions transfrontalières. En effet, la qualification, qu'elle soit de droit international privé ou de droit interne, consiste toujours à s'interroger sur la « *nature juridique dominante* »[181] d'une situation. Les deux opérations permettent d'apposer une « *étiquette juridique « sur un rapport de droit » en fonction de sa nature juridique* »[182]. Même si l'on admet que le juge n'est pas tenu de se limiter aux concepts de droit interne pour qualifier une situation internationale, ces concepts maintiennent tout de même un rôle primordial dans la détermination de la règle de conflit applicable[183]. La qualification de droit interne constitue une présomption simple pour la qualification de droit international privé[184]. En pratique, le juge n'est que très rarement contraint de se détacher des catégories établies par le droit interne[185]. Le doyen BATIFFOL précise que « *les catégories du droit interne valent, sauf indication contraire, pour l'application des règles de conflit* »[186]. On peut en déduire que « *les divisions du droit interne, même si elles n'empruntent pas toujours les mêmes termes que le conflit de lois,*

---

[181] AUDIT (B.) et D'AVOUT (L.), *op. cit.*, n°260.

[182] LOUSSOUARN (Y.), BOUREL (P.) et DE VAREILLES-SOMMIÈRES (P.), *op. cit.*, n°259.

[183] Un ancien courant doctrinal représenté principalement par Étienne BARTIN considérait que le juge devait se référer strictement aux concepts de droit interne pour qualifier une situation juridique : BARTIN (E.), *De l'impossibilité d'arriver à la solution définitive des conflits de lois*, JDI 1897, p. 225 et s.; *Principes de droit international privé*, t.1, éd. Domat-Montchrestien, 1930, n°85 et s. ; ARMINJON (P.), *Précis de droit international privé*, t. 1, Dalloz, 3eme éd., 1947, p. 309 et s. ; NIBOYET (J.-P.), *op. cit.*, t. 3, n°953. L'auteur défend expressément la position particulariste de BARTIN. Il affirme que « *la qualification est, en quelque sorte, la clef du système français de solution des conflits ; elle en commande l'entrée. C'est le secret du coffre. [...] C'est le souverain territorial qui détient le moyen de l'ouvrir, et il n'est pas bien difficile de justifier son rôle. [...]. Puisqu'il est souverain pour élaborer ses règles de solution des conflits, il ne l'est pas moins pour les définir : l'un implique nécessairement l'autre* ». La doctrine moderne adopte une position beaucoup plus nuancée. Elle considère que le juge n'est pas obligé de se limiter aux catégories du droit interne. Les catégories de rattachement des règles de conflit « *ne peuvent pas être purement et simplement calquées sur les concepts du droit interne. Elles reposent sur des notions plus souples et plus synthétiques qui leur permettent d'incorporer des situations corrélés à des institutions étrangères* » (NIBOYET (M.-L.) et DE GEOUFFRE DE LA PRADELLE (G.), *op. cit.*, n°309 et s.). Toutefois, les tenants de cette position ne nient point l'importance des catégories du droit interne dans la qualification des situations internationales V. BUREAU (D.) et MUIR WATT (H.), *op. cit.*, n°380 : « *s'agissant de qualification, chacun sait que déterminer la nature juridique de la cause de la demande pour définir le corps de droit applicable représente une opération juridique récurrente en droit interne* ».

[184] En ce sens : FOHRER-DEDEURWAERDER (E.), *Qualification en droit international privé*, J.-Cl. droit international, 2012, fasc. 531, n°57.

[185] *Id, op. cit.*, n°59.

[186] BATIFFOL (H.) et LAGARDE (P.), *Traité de droit international privé*, t. 1, LGDJ, 8eme éd. 1993, spéc. n°296

fournissent un premier élément de solution»[187]. Par conséquent, la qualification de la fusion suppose en principe un retour à son acceptation de droit interne. La nature juridique retenue pour la fusion interne est en principe susceptible d'être transposée en droit international privé pour déterminer la règle de conflit applicable aux fusions transfrontalières.

48. Quelle est la qualification de la fusion retenue par le droit international privé français ? Le droit français s'est contenté de transposer la méthode conflictualiste utilisée par le droit international privé allemand qui se prononce en faveur d'une assimilation de la fusion à la catégorie juridique de société[188]. La fusion transfrontalière a longtemps été régie par une règle de conflit qui repose uniquement sur l'articulation des *leges societatis* des sociétés fusionnantes. La position du droit français présente des limites dans le traitement de certaines questions fréquemment soulevées lors de la réalisation d'une fusion transfrontalière. Il en va ainsi de la détermination de la loi applicable à la date de prise d'effet de la fusion, de la fixation de la parité d'échange, ainsi que des différentes clauses régulièrement insérées dans les projets de fusion comme la clause de garantie, la clause limitative de responsabilité, la clause d'*electio juris*, la clause d'imprévision, *etc.* Les carences avérées de la règle de conflit du droit français tiennent essentiellement à son inadaptation à la nature juridique réelle de la fusion. Il faut d'abord lui attribuer une qualification convenable pour déterminer ensuite la règle de conflit la plus adéquate.

Paragraphe 2 : La contribution de la notion de contrat-organisation

49. **La définition de la notion de « *contrat-organisation* ».** Le Professeur Paul DIDIER a introduit la catégorie du contrat-organisation dans le droit français en proposant de la distinguer de la catégorie de contrat-échange[189]. Cette nouvelle distinction « *trouve son origine dans le malaise que la doctrine a toujours ressenti devant le contrat de société* »[190].

---

[187] AUDIT (B.) et D'AVOUT (L.), *op. cit.*, n°261.

[188] BODE (M.), *Le groupe international de sociétés, le système de conflit de lois en droit comparé français et allemand*, PUE, 2010, p. 328, note 105 . La doctrine française a adopté la méthode conflictualiste du droit allemand sans pour autant s'attarder sur la détermination de la qualification de la fusion en droit international privé. Aucun auteur français se prononce sur le sujet. Les travaux et études se limitent en effet à la détermination de la nature juridique de la fusion à l'échelon national. Cf. LAGRANGE (F.), *th. préc.* ; CHEMINADE (Y.), *art. préc.* ; COQUELET (M.-L.), *La transmission universelle de patrimoine en droit des sociétés*, th. Paris X, 1994 ; MARTIN (G.-J.), *La notion de fusion*, RTD com. 1978, p. 269 et s.).

[189] DIDIER (P.), *Brèves notes sur le contrat-organisation, in. Mélanges TERRÉ (F.)*, Dalloz/PUF, 1999, p. 635 ; *Le consentement sans l'échange : contrat de société*, RJ com. 1995, n° spécial sur l'échange des consentements, p. 74.

[190] *Id., Brèves notes sur le contrat-organisation, préc.*, p. 635.

50. La différence de structure entre les contrats-échange et les contrats-organisation tient tant à leurs conditions de formation et qu'à leurs effets. Le contrat-échange constitue le « *modèle contractuel dominant* »[191]. Il renvoie à l'ensemble des contrats synallagmatiques traditionnellement envisagés par le Code civil, notamment la vente, le bail, le contrat d'entreprise, l'échange, *etc*. Ces contrats se forment normalement par le « *verrouillage mutuel d'une offre et d'une acceptation et se renferme sur les parties* »[192]. L'objet des contrats-échange est de réaliser « *une permutation au terme de laquelle le bien de A se trouve entre les mains de B et le bien de B entre les mains de A* »[193]. Les contractants vont ainsi s'échanger des biens. Il est établi entre eux « *un jeu à somme nulle, en ceci que l'un des contractant gagne nécessairement ce que l'autre gagne et les intérêts des contractants y sont donc largement divergents, même s'ils peuvent ponctuellement converger* »[194]. En revanche, les contrats-organisation « *instituent une coopération entre A et B, lesquels mettent en commun des choses qui jusque-là leur étaient propres et les emploient à une activité conjointe* »[195]. Ils créent ainsi entre les contractants « *les conditions d'un jeu de coopération où les deux parties peuvent gagner ou perdre conjointement, et leurs intérêts sont donc structurellement convergents, même si cela n'exclut pas des situations de divergence* »[196]. On pense alors au contrat de société, au contrat d'association, à la convention d'indivision ou encore au contrat de mariage.

51. **Les contributions à la notion de contrat-organisation.** La notion de contrat-organisation a été utilement complétée par d'autres notions, théorisées par la doctrine, afin de remédier aux multiples failles qu'on pouvait reprocher à l'approche originelle[197]. On peut penser à cet égard à la

[191] LATINA (M.), *Contrat (Généralités)*, Encyc. Dalloz, 2013, n°232

[192] DIDIER (P.), *Brèves notes sur le contrat-organisation, préc.*, p. 641.

[193] *Id., ibid.*, p. 636.

[194] *Id., ibid.*

[195] *Id., ibid.*

[196] *Id., ibid.*

[197] Pour la notion de « *contrat de type synergétique* », v. BERGMANS (B.), *Essai de systématisation nouvelle des contrats de droit privé, Contribution à une théorie générale des contrats*, RRJ 1990, p. 413 et s. Dans ce genre de contrat, « *les prestations des parties vont dans le même sens pour atteindre un but commun, dont la réalisation constitue la raison d'être des actions de chacun* ». Quant à la notion de « *contrats associatifs* », v. ANCEL (M.-E.), *La prestation caractéristique du contrat*, Economica, 2002, p. 140. Cet auteur s'inspire de la formulation doctrinale italienne (not. FERRO-LUZZI (P.), *I contratti associativi*, Giuffrè, 1971) pour envisager les « *contrats associatifs* ». La définition de ces contrats insiste sur la mise en commun des prestations. – *Adde*, ROUHETTE (G.), *Contrat in. Encycl. Universalis*, p. 471. Selon cet auteur « *la caractéristique essentielle du contrat associatif- au sens technique, prenant pour paradigme le contrat d'association stricto sensu, ou le contrat de société- serait que les parties y poursuivent non plus des fins personnelles, mais un but identique : la réalisation d'une même œuvre* ». Pour la notion « *contrat-unisson* », v.

thèse récente de Mme LEQUETTE dans laquelle elle requalifie le contrat-organisation de « *contrat-concentration* »[198]. La nouvelle appellation a pour objectif de refléter la dimension économique du contrat-organisation[199] mettant ainsi en évidence l' « *effet de synergie* »[200] recherché par les contractants. Par ailleurs, l'utilisation de la notion de « *concentration* » paraît pertinente pour notre étude dans la mesure où elle cible plus spécifiquement le mécanisme de fusion[201] qui représente le « *moyen de droit* »[202] permettant d'organiser « *la forme la plus achevée, la technique la plus parfaite des formes de concentrations* »[203].

52. De son côté, M. CHÉNEDÉ[204] envisage une relecture du droit des obligations en distinguant les contrats en fonction de leur objet économique. D'une part, il maintient la catégorie des contrats-échange obéissant à la justice commutative, c'est-à-dire les contrats caractérisés par un transfert de valeurs économiques. D'autre part, il propose une nouvelle catégorie sous l'appellation de « *contrat-partage* », plus large que celle de « *contrat-organisation* ». S'il évite le terme organisation, c'est parce qu'il « *n'est qu'un moyen au service de l'opération économique poursuivie par les parties* »[205]. Cette nouvelle version du contrat-organisation se caractérise par la réalisation d'une distribution, c'est-à-dire d'un partage de valeurs n'entraînant pas nécessairement la création d'une nouvelle organisation[206].

53. Par ailleurs, une autre forme dérivée du contrat-organisation a été proposée sous le nom de « *contrat-alliance* »[207]. M. HAMELIN critique le

---

MICHALAUSKAS (M.), *th. préc.*, p. 215 et s. Qui fait la distinction entre le « *contrat-duel* » et le « *contrat-unisson* ».

[198] LEQUETTE (S.), *th. préc.*, n°20 ; LIBCHABER (R.), *Suzanne LEQUETTE, Le contrat-coopération. Contribution à la théorie générale du contrat*, RTD civ. 2012, p. 588.

[199] Le contrat-organisation englobe, d'une part, les actes à titres onéreux (*contrat de société)* et, d'autre part, les actes à titre gratuit (*contrat d'association).*

[200] LEQUETTE (S.), *th. préc.*, n°20.

[201] En ce sens : CHAMPAUD (C.), *th. préc.*, p. 167.

[202] COPPER-ROYER (J.), *th. préc.*, p. 8.

[203] BEGUIN (J.), *art. préc.*, p. 19.

[204] CHÉNEDÉ (Fr.), *Les commutations en droit privé, contribution à la théorie générale des obligations*, Economica, 2008.

[205] CHÉNEDÉ (Fr.), *th. préc.*, p. 115.

[206] *Id., ibid.*

[207] HAMELIN (J.- F.), *Le contrat-alliance*, th. Paris II, 2010. – *Adde*, v. égal. pour la distinction « *contrat d'échange* » et « *contrat d'alliance* » : SÉRIAUX (A.), *Contrats civils*, PUF, coll. Droit fondamental, 2001, p. 15 ; *Le droit. Une introduction*, éd. Ellipses, 1997, n°125, p. 110 ; SÉRIAUX (A.), *La notion de contrat synallagmatique, in. Mélanges GHESTIN (J.)*, LGDJ, 2001, p. 777 et s., spéc. n°5. Selon l'auteur, il y a deux sortes de prestations réciproques : les alliances et ce que les Grecs nommaient les *« synallagma »*, qu'il appelle les échanges. Les alliances sont des prestations réciproques totales selon lesquelles « *les alliés se donnent mutuellement l'un à l'autre, ils s'engagent réciproquement à s'unir pour le meilleur et pour le pire* ».

recours à l'appellation de « *contrat-organisation* » en raison tout d'abord de la difficulté de définir la notion d'« *organisation* » qui demeure une notion vague. Ensuite, l'utilisation du terme organisation peut être source de confusion dans le classement de certains contrats qui sont par nature des contrats-échange, mais qui reposent sur une organisation complexe des relations entre les parties. Il en va ainsi du contrat de distribution qui peut créer de véritables réseaux ou encore des contrats de construction qui reposent sur une coordination complexe des travaux. Enfin, le terme organisation renvoie à l'idée d'un contrat instaurant des organes, ce qui pourrait aboutir à l'exclusion de certains contrats comme la société en participation qui repose sur une mise en commun sans création d'organes. L'appellation de contrat-alliance semble à cet égard plus pertinente. Elle désigne l'ensemble des contrats par lesquels les alliés décident de mettre en commun des prestations, c'est-à-dire d'exercer une activité commune. L'expression d' « *alliance* » qui évoque étymologiquement le fait de lier étroitement[208] et d'unir deux entités distinctes rejoint ainsi la finalité du contrat de fusion, qui cherche précisément à unir deux ou plusieurs sociétés au sein d'une seule société.

54. Notons que « *cette effervescence a néanmoins un inconvénient : la multiplication si ce n'est la prolifération d'expressions différentes désignant pourtant des réalités la plupart du temps identiques* »[209]. Il s'agit en réalité d'une variété de déclinaisons de la même notion de « *contrat-organisation* », qui demeure incontestablement la plus reconnue. L'expression « *organisation* » s'impose comme la plus judicieuse pour décrire la fusion, car elle fait mieux ressortir les effets structurels qu'emporte ce genre d'opération sur l'organisation des sociétés concernées. Une étude du droit comparé confirme ce choix terminologique, puisque ce dernier s'inspire directement du droit allemand[210]. C'est donc cette appellation que nous allons adopter dans la suite de notre étude.

55. **Plan.** La fusion est-elle susceptible d'être qualifiée de contrat-organisation ? Le cas échéant, quelles en seraient les conséquences en droit interne et international ? Afin de répondre à ces interrogations, nous allons nous concentrer dans un premier temps sur la qualification de la fusion, c'est-à-dire la détermination de la nature juridique de l'opération (**PREMIÈRE PARTIE**). La transposition de cette qualification dans le droit

---

[208] Origine du mot vient du latin: *alligare* qui veut dire « *lier et obliger* ». cf. v° allier *in.* CORNU (G.), *Vocabulaire juridique CAPITANT (H.)*, PUF., 8eme éd., 2007.
[209] HAMELIN (J.-F.), *th. préc.*, spéc. n° 7
[210] Cf. *infra*, n°s453 et s. ; v. égal. DUCOULOUX-FAVARD (Cl.), *Nature juridique du contrat de société, un exemple d'écueil possible pour le comparatiste*, Rev. soc. 1966, p. 1 et s., spéc. p. 12.

international privé va permettre dans un second temps de déterminer la règle de conflit applicable aux fusions transfrontalières (**DEUXIÈME PARTIE**).

PREMIÈRE PARTIE : La qualification juridique de la fusion
DEUXIÈME PARTIE : La règle de conflit applicable à la fusion

PREMIERE PARTIE : LA QUALIFICATION JURIDIQUE DE LA FUSION

56. **L'objectif de la qualification.** Il est incontestable que « *l'intérêt majeur de la qualification est de permettre de préciser le régime juridique auquel sera soumise la situation que l'on qualifie, le régime n'étant pas le même selon qu'elle appartient à telle catégorie ou à l'autre* »[211]. La détermination de la nature juridique de la fusion est ainsi primordiale pour lui établir le régime convenable qui se distingue de celui des opérations voisines. Pourtant, le législateur français à l'instar de son homologue européen a défini l'opération sans prendre le soin de saisir sa nature juridique. L'on considère comme fusion toute opération qui constate la dissolution sans liquidation d'une ou de plusieurs sociétés, accompagnée par la transmission de leur patrimoine à une société préexistante ou bien nouvelle, suivie par l'échange de parts ou d'actions de la société qui disparaît contre des actions de la société préexistante ou nouvelle. La fusion est ainsi définie uniquement par rapport aux effets légaux qu'elle entraîne sur les sociétés fusionnantes. À cet égard, la définition légale semble plutôt descriptive.

57. **Plan.** Pour combler le silence de la législation, nous tenterons dans un premier temps de qualifier la fusion en prouvant que la réalisation de l'opération dépend de l'existence d'un contrat **(TITRE 1)**. Ensuite, dans un second temps, nous nous attarderons à identifier la nature de ce contrat **(TITRE 2).**

---

[211] LARROUMET (Ch.) et AYNÈS (A.), *Traité de droit civil*, t. 1, Economica, 6eme éd., 2013, n°146.

TITRE 1 : LA NÉCESSITÉ D'UN CONTRAT

58. **La référence au contrat de fusion dans le droit français.** Le législateur français sans jamais clairement affirmer l'existence du contrat de fusion, y fait pourtant parfois allusion. Ainsi, dans l'article L. 236-3 du Code de commerce, il se réfère expressément au contrat de fusion pour la fixation des conditions d'acquisition de la qualité d'associé dans les sociétés issues de la fusion. Il en va de même à l'article L. 236- 4 du Code de commerce relatif à la fixation de la date de prise d'effet de la fusion. De plus, pour fixer la qualité d'obligataire, l'article L. 236-13 alinéa 3 du Code de commerce renvoie également au contrat de fusion. Ces références répétitives démontrent le caractère indispensable du contrat de fusion au sein de l'opération.

59. **La référence au contrat de fusion dans le droit européen.** Les textes européens mettent en évidence la nécessité d'un contrat pour la réalisation d'une fusion. Selon les dispositions de l'article 16 de la nouvelle directive de 2011/35/UE concernant la fusion des sociétés anonymes « *si la législation d'un État membre ne prévoit pas pour les fusions un contrôle préventif judiciaire ou administratif de légalité, ou que ce contrôle ne porte pas sur tous les actes nécessaires à la fusion, les procès-verbaux des assemblées générales qui décident de la fusion et, le cas échéant, le contrat de fusion postérieur à ces assemblées générales sont établis par acte*

authentique »[212]. Ainsi, le contrat de fusion ne sera formé qu'après l'approbation de l'opération par les assemblées générales des sociétés en cause.

60. **Plan.** Dès lors, le contrat de fusion innerve l'ensemble du processus de la fusion. Il s'agit d'un contrat à « *formation successive* »[213] dont la conclusion passe nécessairement par une phase précontractuelle concrétisée par l'élaboration du projet de fusion **(Chapitre 1)**. L'approbation ultérieure du projet par les assemblées générales des sociétés concernées marquera officiellement le passage à la phase contractuelle de l'opération **(Chapitre 2)**.

---

[212] Anc. art. 16 Dir. 78/ 855/ CEE.
[213] En ce sens : MARTIN (G.-J.), *art. préc.*, p. 277.

Chapitre 1 : La phase précontractuelle

61. **Un contrat à formation successive.** De par sa nature, le contrat de fusion est un acte nécessairement négocié. La phase précontractuelle de l'opération est composée de deux parties. La première, bien qu'occultée par les textes, s'impose du fait de considérations éminemment pratiques et aboutit à la rédaction d'un « *protocole de fusion* ». La seconde bien encadrée par les textes, consiste en l'élaboration d'un « *projet de fusion* ». L'étude des étapes successives de l'opération de fusion est indispensable pour dissiper toute confusion terminologique entre les différents actes conclus pendant la phase précontractuelle de l'opération. Une distinction s'impose alors entre le projet de fusion – communément appelé traité de fusion – et le protocole de fusion.

62. **Plan.** L'aspect contractuel de l'opération de fusion est donc mis en avant par l'élaboration de ce qu'on appelle un « *projet de fusion ».* La phase précontractuelle de l'opération de fusion comporte deux phases consécutives : la phase préparatoire de négociation **(Section 1)** et la phase d'élaboration du projet de fusion **(Section 2)**.

Section 1 : La négociation du projet de fusion

63. **Un indice sur la nature contractuelle de la fusion.** L'importance de la phase de négociation précontractuelle dans la fusion est un indicateur important de la nature contractuelle de cette opération. La possibilité de négociation des termes d'un accord entre des personnes différentes a longtemps permis de faire le départ entre, d'un côté, les techniques contractuelles et, de l'autre, les techniques réglementaires ou institutionnelles[214]. En effet, « *c'est l'absence ou l'existence d'une négociation de la règle qui permet de faire le départ entre le droit imposé et le droit autonome, la régulation contraignante et la régulation contractuelle* »[215]. Faisant pièce à cette affirmation, M. GHESTIN considère au contraire que l'existence de négociation ne relève pas de l'essence même

[214] En ce sens : COHEN-TANUGI (L.), *Le droit sans l'état : sur la démocratie en France et en Amérique*, PUF, 1985, p. 144 et s. ; CADIET (L.), *Interrogations sur le droit contemporain des contrats in. Le droit contemporain des contrats*, Trav. de la fac. des sciences jur. de Rennes, 1987, p. 10 et s., spéc. p. 17.
[215] CADIET (L.), *ibid.*

du contrat et que « *l'absence de négociation ne suffit pas pour écarter la qualification de contrat. Réciproquement l'existence d'une négociation ne suffit pas à justifier cette qualification* »[216]. Si cette critique conduit à rejeter le critère de la négociation pour qualifier le contrat, il n'en reste pas moins vrai que celle-ci présume la nature contractuelle d'une opération. Par conséquent, les négociations entreprises par les sociétés pour réaliser la fusion constituent un important indicateur de la nature contractuelle de l'opération.

64. **La durée des négociations.** La phase de négociations, aussi connue sous le nom de phase de « *rapprochement* » entre les sociétés, ressemble plutôt à un jeu de « *séduction* »[217] dans lequel les partenaires cherchent d'abord à se connaître et à s'apprécier avant d'entamer toute démarche officielle dans leur vie conjugale future. Des négociations dont « *la longueur et la complexité sont bien souvent proportionnelles à l'importance du contrat projeté* »[218], deviennent alors nécessaires. La phase des négociations est bien souvent longue et parsemée d'obstacles, compte tenu de l'importance des effets du contrat de fusion à l'égard des sociétés fusionnantes et des tiers intéressés par l'opération. La durée et le contenu des négociations dépendent aussi du degré de connaissance préalable entre les sociétés voulant fusionner. Tandis que, dans le cas d'une fusion entre des sociétés totalement indépendantes, il est indispensable de prendre contact et de s'informer mutuellement au préalable, dans le cas d'une fusion entre des filiales d'un même groupe, il est envisageable d'aboutir assez rapidement au projet de fusion.

65. **Plan.** La phase des négociations débute par les premiers contacts entre les parties négociantes sous forme de pourparlers **(Ss-section 1)**. Ces discussions informelles sont souvent mises au point pour des raisons de commodité dans un acte écrit : le protocole de fusion **(Ss-section 2)**.

Ss-section1 : Les pourparlers

66. **Plan.** L'étape des pourparlers constitue « *l'entonnoir dans lequel vont s'entrechoquer et se fondre les propositions, les préoccupations des différents partenaires* »[219] et c'est dans ce cadre que seront discutées les conditions et les modalités de l'opération. Les négociateurs peuvent alors décider d'élaborer un protocole de fusion ou de passer directement à l'étape officielle de l'opération par la rédaction d'un projet de fusion. Ils jouissent

---

[216] GHESTIN (J.), *La notion de contrat*, D. 1990, chron., p. 147 et s., spéc. p. 151.
[217] COZIAN (M.), VIANDIER (A.) et DEBOISSY (F.), *op. cit.*, n°1752.
[218] TERRÉ (Fr.), SIMLER (P.) et LEQUETTE (Y.), *Droit civil, Les obligations*, Précis Dalloz, 11eme éd., 2013, n°183..
[219] MOUSSERON (J.-M.), *Technique contractuelle*, Francis Lefebvre, 1988, p. 33.

en principe d'une liberté importante dans le déroulement et la rupture des pourparlers **(Paragr. 1)**. Cette liberté n'exclut cependant pas l'existence de certaines obligations et devoirs auxquels sont soumis les négociateurs **(Paragr. 2)**.

Paragraphe 1 : Le déroulement des pourparlers

67. **Les parties aux pourparlers.** Les négociations s'assimilent à ce stade à des pourparlers informels, hors de tout cadre contractuel, qui peuvent se prolonger et requérir l'intervention de spécialistes, notamment des avocats, des experts financiers, des dirigeants des sociétés et parfois de certains associés.

68. Les négociations ne sont pas nécessairement directement engagées par les sociétés cherchant à fusionner. Il est généralement admis que « *les parties à la négociation ne sont pas nécessairement les personnes qui seront parties au contrat. Ces dernières peuvent en effet donner à des tiers, mandat de négocier pour elles* »[220]. Des établissements financiers, dans leur métier de banques d'affaires, prennent ainsi souvent l'initiative de déclencher des négociations en vue de la fusion entre des sociétés. Mandatée par une société, la banque d'affaires étudie les profils de sociétés susceptibles de fusionner avec la société mandante. Le choix définitif du partenaire dans la fusion est délicat et « *aucun consentement n'est irréfléchi, il est en la matière la résultante d'une sélection rigoureuse des partenaires potentiels du rapprochement ; le coup de foudre contractuel n'existe pas en droit des affaires, et à bien des égards il vaut mieux s'en réjouir* »[221]. Par conséquent, plusieurs négociations peuvent être concomitamment ouvertes par la banque en vue de la fusion.

69. **L'audit juridique.** La phase des pourparlers est connue des praticiens comme une phase de « *due diligence* » dans laquelle doit se réaliser, en plus d'un audit comptable et financier, un audit juridique consistant en une opération d'investigation détaillée afin de s'assurer de la régularité des procédures juridiques et de mesurer l'efficacité du choix des sociétés cibles[222]. L'audit juridique, entendu dans un sens large, englobe une

---

[220] FABRE-MAGNAN (M.), *Les obligations*, PUF, 2004, n° 83.

[221] TROCHON (J-.Y) et LONCLE (J.-M.), *Les risques juridiques inhérents aux pourparlers dans les rapprochements d'entreprises*, LPA, 2 sept. 1996, n°160, p. 4 et s.

[222] L'*Encyclopedia Universalis* définit l'audit comme « *un travail d'investigation permettant d'évaluer les procédures comptables, administratives ou autres en vigueur dans une entreprise afin de garantir la régularité et la sincérité des informations relatives à la marche de l'entreprise* » ; COURET (A.), *L'audit juridique*, Cah. dr. entreprise 1985, 4, p. 34 : L'auteur définit l'audit juridique comme le « *contrôle de la régularité des procédures juridiques et de l'efficacité des choix de nature juridique* ».

myriade d'aspects à examiner sous l'angle fiscal[223], social[224], de la propriété industrielle et intellectuelle[225], contractuel[226], *etc.* Il implique une étude approfondie du contenu du patrimoine de chacune des sociétés voulant fusionner. Afin de s'engager en pleine connaissance de cause, une société souhaite en effet connaître avec précision l'actif et le passif du patrimoine de ses homologues. À cette fin, chaque société doit fournir à ses éventuelles cocontractantes l'ensemble de ses documents comptables, tels que le compte d'exploitation générale, le compte des pertes et des profits, ainsi que ses documents contractuels, tels que les contrats commerciaux, les contrats de travail, les conventions collectives, les autorisations administratives, *etc.* La phase « *due diligence* » constitue donc un préalable nécessaire à l'élaboration du projet de fusion puisqu'elle permet, d'une part, la valorisation des sociétés fusionnantes et, d'autre part, l'évaluation des risques encourus dans la réalisation de l'opération de fusion.

Paragraphe 2 : La rupture des pourparlers

70. **La liberté de rupture.** La rupture des pourparlers entre les représentants des sociétés peut en principe intervenir à tout moment, par décision unilatérale d'une des parties. La liberté de négociation reste le principe fondamental comme le constate justement M. FONTAINE : « *ce principe repose sur une justification économique, liée au régime de libre concurrence. Il est bon que l'on garde les mains libres jusqu'au bout, afin de pouvoir faire jouer au maximum la concurrence tant que l'on n'a pas choisi de conclure avec un partenaire déterminé. Il faut pouvoir discuter,*

---

[223] Sur l'audit fiscal, v. : CHADEFAUX (M.), *L'audit fiscal*, Litec 1987 ; ROUTIER (R.), *th. préc.*, p. 236 : l'audit fiscal permet de « *chiffrer l'incidence fiscale de l'opération sur les comptes des sociétés qui fusionnent, et obtenir une image suffisamment fidèle de la situation fiscale des sociétés [...] pour alerter éventuellement le partenaire du risque fiscal encouru* ».

[224] L'audit social consiste à vérifier l'organisation de la société, les conventions collectives, les contrats de travail, les indemnités de départ à la retraite, *etc.*

[225] Sur l'audit propriété industrielle et intellectuelle, v. : MOUSSERON (J.-M.), *L'audit de propriété industrielle*, LPA, 9 sept. 1985, n° spéc., p. 15 et s.

[226] L'audit contractuel doit aboutir à la mise en place d'une *check-list* de l'ensemble des contrats conclus par les sociétés en cause ainsi que ceux en cours de négociation, voire de ceux récemment expirés. MOUSSERON (F.). *L'audit contractuel*, JCP E 1985, 14710, n°3, comme le soulève l'auteur, « *une analyse méthodique de ces différents documents devra être entreprise méticuleusement et permettra de relever des incompatibilités, des antinomies ou au contraire la présence de compléments bénéfiques aux accords qui lient l'entreprise en développement : clauses d'exclusivité compatibles ou non, division territoriale d'un marché prohibée ou non par la législation communautaire ou nationale, abus de position dominante constitué ou prise de contrôle tolérée, pratiques discriminatoires révélées ou homogénéisation des relations contractuelles souscrites avec différents partenaires...* ».

comparer, opposer, et par conséquent, rompre avec certains. Le droit ne doit pas gêner cette liberté de manœuvre »[227].

71. **Plan.** Toutefois, cette liberté qu'impose l'autonomie de la volonté n'autorise pas la légèreté et la mauvaise foi. Les négociateurs doivent en effet respecter une certaine « *déontologie* » tout au long des pourparlers. Ils sont ainsi tenus d'une obligation de loyauté et de collaboration et peuvent voir leur responsabilité délictuelle **(Ss-paragr. 2)** engagée en cas de rupture abusive des négociations **(Ss-paragr. 1)**.

Ss-paragraphe 1 : La rupture abusive des pourparlers

72. **L'obligation générale de bonne foi[228].** Les représentants des sociétés souhaitant fusionner sont tenus d'une obligation générale de bonne foi. Ils commettent une faute lorsque la rupture est brutale et dépourvue de toute raison légitime sans pour autant qu'elle ne soit nécessairement entachée d'une intention de nuire ou d'une mauvaise foi. On peut ainsi relever que l'obligation de bonne foi « *n'impose point de ne pas rompre les pourparlers, mais commande de ne pas y mettre fin alors que l'on a suscité chez le partenaire une confiance légitime dans la conclusion du contrat* »[229]. Ainsi, le fait de prolonger artificiellement les pourparlers sans intention réelle de contracter est considéré comme fautif, notamment lorsque le but non avoué est d'obtenir des renseignements confidentiels sur l'autre société.

73. Depuis 2003, la jurisprudence constate l'abus dès lors que l'auteur de la rupture a « *rompu brutalement et unilatéralement des négociations très engagées et (...) manqué aux règles de bonne foi dans les relations commerciales* »[230]. Cette formulation ambiguë de la notion d'abus donne lieu à diverses interprétations. Certaines décisions insistent sur la présence de la mauvaise foi pour caractériser l'abus[231], alors que d'autres se réfèrent simplement à la légèreté blâmable[232], à une faute quelconque ou encore, à un simple comportement différent de celui d'un bon père de famille ou d'un

[227] FONTAINE (M.), *Rapport de synthèse in. Formation of contracts and precontractual liability*, éd. ICC, 1990, p. 323 et s., spéc. p. 326.
[228] Le nouvel article 1112 C. civ. (après la réforme de l'ord. n°2016-131, 10 févr. 2016) a consacré l'obligation générale de bonne foi à la charge des parties lors des pourpalrers. De plus, l'article 112-1 C. civ. prévoit une obligation d'information à la charge du négociateur dès lors qu'il a connaissance d'une inforlmation dont l'importance est déterminante pour le consentement de l'autre.
[229] SCHMIDT (J.), *Négociation et conclusion de contrat*, Dalloz, 1982, n°219.
[230] Cass. com., 26 nov. 2003, Bull. civ. 2003, IV, n°186 ; D. 2004, p. 869, note DUPRÉ-DALLEMAGNE (A.-S.) ; RTD civ. 2004, p. 80, obs. MESTRE (J.) et FAGES (B.).
[231] Cass. 1re civ., 12 avr. 1976, Bull. civ. 1976, I, n°122.
[232] Cass. com., 22 févr. 1994, Bull. civ. 1994, IV, n°79; RTD civ. 1994, p. 848, obs. MESTRE (J.).

bon professionnel[233]. En toute hypothèse, l'abus ne nécessite pas de preuve d'intention de nuire[234]. La qualification de la rupture fautive des pourparlers n'étant pas clairement définie par la jurisprudence, les négociateurs ont tendance à encadrer contractuellement leurs discussions.

74. **L'obligation de confidentialité.** L'obligation générale de bonne foi au cours des négociations engendre une obligation de confidentialité indépendamment de toute stipulation contractuelle[235]. Cette obligation ne porte en principe que sur des informations secrètes et originales[236]. Toutefois, certaines décisions laissent entendre que le défaut du caractère original des informations ne fait pas échec au constat de la responsabilité délictuelle[237]. Par conséquent, lors des négociations de l'opération de fusion, les représentants des sociétés sont tenus d'un devoir de confidentialité et ne peuvent divulguer les informations qui leur sont révélées par les représentants des autres sociétés. La responsabilité des dirigeants peut être retenue, quand bien même les informations divulguées ne présenteraient pas un caractère nécessairement original.

75. **L'obligation d'exclusivité.** Certains auteurs considèrent que l'obligation générale de bonne foi dans les négociations suppose aussi une obligation d'exclusivité[238]. Selon eux, il n'est pas nécessaire de conclure un accord spécial prévoyant l'obligation de s'abstenir de négocier avec un tiers, car cette obligation existerait déjà de manière implicite. Cependant, la jurisprudence n'a pas retenu cette opinion et continue de faire prévaloir la liberté des négociations[239]. Ainsi, le négociateur qui souhaite une exclusivité dans les négociations doit mettre en place « *un dispositif contractuel* »[240]. À défaut d'une clause pareille, les représentants d'une société jouissent de la liberté de négocier la fusion avec les représentants de plusieurs sociétés à la fois. Il est ainsi dans l'intérêt de la société souhaitant fusionner de prévoir un accord d'exclusivité pour interdire aux autres sociétés toute possibilité de négociations parallèles.

---

233 SCHMIDT (J.), *La sanction de la faute précontractuelle*, RTD civ. 1974, p. 57.

234 Cass. 3e civ., 3 oct. 1972, Bull. civ. 1972, III, n°491.

235 Sur le sujet, voir : TOURNEAU (Ph.) et POUMARÈDE (M.), *Bonne foi*, Encylc. Dalloz droit civil, 2014, n°38 et s.

236 En ce sens : HUET (J.) et DUPUIS-TOUBOL (F.), *Violation de la confidentialité des négociations in. Formation of contracts and precontractual liability*, éd. ICC, 1990, p. 239 et s.

237 Cass. com., 3 oct. 1978, D. 1980, p. 55, note SHMIDT (J.).

238 FONTAINE (M.), *Les lettres d'intention dans la négociation des contrats internationaux*, DPCI 1977, p. 95.

239 CA Bordeaux, 11 juin 1996, JCP E 1997, I, chron. 617, obs. MOUSSERON (P.) ; v. égal. : MESTRE (J.), *Des négociations parallèles au projet commun*, RTD civ. 1992, p. 752.

240 MOUSSERON (P.), *Conduite des négociations contractuelles et responsabilité civile délictuelle*, RTD com. 1998, p. 243.

Ss-paragraphe 2 : La responsabilité délictuelle du fait de la rupture

76. **La nature des réparations.** La rupture abusive est sanctionnée par une responsabilité délictuelle de l'initiateur de la rupture dans la mesure où aucun contrat n'a encore été conclu par les parties[241]. Le droit français condamne de longue date le recours à la théorie de la « *culpa in contrahendo* »[242] pour régir la responsabilité de la rupture des pourparlers. La réparation ne peut donc aboutir qu'à des dommages-intérêts et non à la conclusion du contrat. Il faut signaler qu'en cas de rupture abusive des négociations, le représentant qui agit dans le cadre de ses fonctions engage la responsabilité de la société représentée[243]. Par ailleurs, il faut relever que la reponsabilité délictuelle ne pèse que sur l'auteur de la rupture et non sur le tiers qui, malgré sa connaissance de l'existence des pourparlers, accepte de contracter avec lui[244]. Une société peut ainsi valablement entamer des négociations et même accepter de fusionner avec une autre société tout en étant consciente des pourparlers déjà entamés entre cette dernière et une tierce société. Sa responsabilité ne peut être engagée sauf si elle était munie d'une intention de nuire ou que son agissement était accomagné de manœuvres frauduleuses.

77. **L'assiette des réparations.** La jurisprudence a énormément évolué en matière de réparation du dommage subi du fait de la rupture abusive des pourparlers. La doctrine française décomposait ce dommage en deux catégories distinctes, d'une part, la perte subie et, d'autre part, le gain manqué. La réparation incluait aussi la perte d'une chance de réaliser les bénéfices attendus du contrat[245]. La Cour de cassation est toutefois revenue sur cette distinction en affirmant que la rupture abusive des pourparlers n'est pas « *la cause du préjudice consistant dans la perte d'une chance de réaliser les gains que permettait d'espérer la conclusion du contrat* ». Le préjudice n'incluait donc que « *les frais occasionnés par la négociation et les études préalables auxquelles elle avait fait procéder et non les gains qu'elle pouvait, en cas de conclusion du contrat, espérer tirer de ce contrat ni même la perte d'une chance d'obtenir ces gains* »[246]. Aujourd'hui, les solutions prétoriennes ont été reprises à l'alinéa 2 de l'article 1112 du Code civil qui

---

[241] Cass. com., 11 janv. 1984, Bull. civ. 1984, IV, n°16.

[242] Théorie présentée par : VON JHERING (R.), *Œuvres Choisies,* t. 2, trad. par DE MEULENAERE (O.), 1893, p. 23. Selon cet auteur au début de chaque négociation, il y a une conclusion tacite par les parties d'une convention de « *diligentia in contrahendo* ». C'est cette convention tacite qui justifie la sanction par la responsabilité contractuelle de la « *culpa in contrahendo* ».

[243] Exception : la faute détachable cf. *infra,* n^{os}210 et s.

[244] Sur le sujet, voir: BRUNO (P.) et ROUXEL (S.), *Consentement*, J.-Cl. droit civil, fasc. unique, n°56.

[245] Cass. com., 25 févr. 2003, n°01-12. 660, inédit.

[246] Cass. com., 26 nov. 2003, *arrêt préc.*.

prévoit qu' « en cas de faute commise dans les négociations, la réparation du préjudice qui en résulte ne peut avoir pour objet de compenser la perte des avantages attendus du contrat non conclu ». Le dommage réparable consiste désormais en les pertes subies, soit principalement les frais engagés. Ces derniers sont classés en deux catégories différentes : d'abord ceux inhérents à la négociation et ensuite ceux liés à la rupture des négociations, c'est-à-dire les pertes subies à la suite de la rupture, notamment les frais financiers engagés par la société ayant eu recours à des emprunts suite à l'échec des négociations[247].

78. Les pertes subies peuvent être importantes au cours de la négociation d'une opération de fusion. L'assiette de ces pertes dépend de la diversité des frais engagés pendant la phase de négociation dont la durée est bien souvent incertaine. Il est impossible de dresser une liste exhaustive de ces frais qui englobe tout à la fois les dépenses de déplacement, les aménagements des locaux où se tiennent les négociations, les coûts de l'intervention de tiers spécialisés comme des avocats, des auditeurs, des experts financiers, des comptables, *etc*. Il s'agit finalement des sommes dépensées par la victime que la rupture abusive des négociations a rendu inutile.

79. **La difficulté d'obtention de réparation.** Les réparations ne comprennent que les frais engagés pour les négociations sans tenir compte du gain espéré de l'exécution du contrat de fusion. De plus, en pratique, l'obtention des dommages-intérêts « *n'est pas aisée* »[248], tant il est difficile de rapporter la preuve d'une faute dans le cadre d'une négociation en vue d'une fusion. Afin de remédier à l'incertitude entourant la détermination de l'assiette des réparations, la preuve du caractère fautif de la rupture et la durée indéterminable des négociations, il est nécessaire de rédiger une série d'actes et d'accords qui organise les négociations.

Ss-section 2 : Le protocole de fusion

80. **L'intérêt pratique du protocole de fusion.** Les négociations entre les représentants des sociétés sont susceptibles de s'étaler sur un laps de temps indéfini et présentent parfois une difficulté au moins aussi grande que celle de l'opération projetée. Il est alors risqué de rester sur un terrain informel où les négociateurs doivent se contenter de la seule parole et de la bonne foi de l'autre. Bien souvent, ils vont organiser contractuellement les négociations, la stipulation de certaines obligations à la charge des négociateurs rendant meilleure la tenue des discussions. Une grande variété de documents préalables au contrat de fusion est ainsi rédigée. Les

[247] En ce sens : DESHAYES (O.), *Le dommage précontractuel*, RTD com. 2004, p. 187.
[248] BÉNABENT (A.), *Les obligations*, Montchrestien, 15eme éd., 2016, n°81.

principaux contrats préparatoires sont généralement des lettres d'intention, des protocoles d'accord, des accords de confidentialité et des accords d'exclusivité. Parmi ces actes, nous nous intéresserons particulièrement à celui que les praticiens nomment le « *protocole de fusion* » qui précède la signature du projet de fusion.

81. **Plan.** Le protocole de fusion ne doit pas être confondu avec le projet de fusion dont il constitue souvent le préambule. La fixation des caractéristiques propres au protocole de fusion **(Paragr. 1)** permet de le distinguer du projet de fusion tout en déterminant sa nature juridique **(Paragr. 2)**.

Paragraphe 1 : Caractéristiques du protocole de fusion

82. **Plan.** Le protocole de fusion est un document préparatoire à la mise en place du projet de fusion et il ne peut s'y substituer. Il a été défini comme un « *document ignoré du législateur, de la doctrine et de la jurisprudence, document non obligatoire mais utile, de caractère officieux, voire secret, passé dans la phase préparatoire entre les promoteurs de la fusion ; il a pour objet de manifester la volonté d'union des parties en présence et de réaliser leur accord sur les bases essentielles de l'opération* »[249]. En retenant cette définition descriptive, on peut déduire les principales caractéristiques de ce document dont l'élaboration est juridiquement facultative **(Ss-paragr. 1)** et qui n'est soumis à aucune procédure de contrôle **(Ss-paragr. 2)**.

Ss-paragraphe 1 : Un acte facultatif

83. **Le défaut de texte.** L'élaboration d'un protocole de fusion n'est pas prévue par les textes. Les sociétés fusionnantes ne sont pas dans l'obligation d'établir ce document en vue de l'accomplissement de l'opération projetée et peuvent donc valablement décider de mettre directement au point un projet de fusion. Malgré son caractère facultatif, le protocole de fusion présente une utilité incontestable. On peut même se laisser à penser qu'il s'agit d'un acte rendu obligatoire en fait, pour des considérations pratiques. Cette affirmation paraît justifiée dans le cas d'une fusion entre des sociétés indépendantes l'une de l'autre.

84. **Les conséquences du défaut de texte.** En raison de son caractère facultatif, le protocole de fusion peut revêtir plusieurs formes. Les négociateurs peuvent ainsi décider d'émettre un ou plusieurs protocoles de fusion. Dans certains cas, ce protocole constitue un document unique concrétisant l'ensemble des engagements sur lesquels les négociateurs se

[249] BAUDEU (G.) et BELLARGENT (G.), *op. cit.*, fasc. 164. B, p. 19.

sont mis d'accord. Dans d'autres cas, les négociateurs émettent une multitude de protocoles, chacun contenant un engagement particulier.

85. Par ailleurs, le caractère facultatif du protocole de fusion suppose que les négociateurs disposent d'une large liberté contractuelle quant à la détermination de son contenu. Certains auteurs ont proposé des protocoles types[250]. Toutefois, ces tentatives ont échoué à cause de la multitude d'engagements qui peuvent être prévus dans ce genre de document. D'autres se sont contentés d'établir une classification des clauses insérées dans le protocole de fusion[251].

86. **Plan.** En s'inspirant de ces classifications, il est intéressant de distinguer deux catégories principales de clauses généralement insérées dans le protocole de fusion : les clauses ayant trait aux conditions financières et économiques de la fusion **(A)** et les clauses relatives aux personnes **(B)**.

A- Les clauses financières et économiques

87. **Plan.** L'objet principal des négociations consiste à déterminer les conditions financières et économiques de la fusion projetée[252]. L'approbation des assemblées générales des sociétés à la réalisation de l'opération est souvent accordée en fonction de ces considérations. Les négociateurs tentent de les déterminer avant de les arrêter dans le projet de fusion. Le protocole de fusion sert ainsi à mettre au point les conditions financières et économiques de réalisation de l'opération. Le rapport d'échange des parts sociales constitue « *la base financière sur laquelle l'opération sera réalisée* »[253]. De ce fait, les clauses financières du protocole de fusion servent principalement à déterminer ce rapport d'échange. Il est primordial de procéder à une évaluation des sociétés fusionnantes **(1)** avant de pouvoir fixer ce rapport d'échange **(2)**.

---

[250] CAILLAUX (B.) et DURAND (P.), *Fusions, Scissions et apports partiels*, Delmas, 1985.

[251] BAUDEU (G.), *Protocoles et traités de fusion*, Litec, 1968, p. 36 et s. ; BAUDEU (G.) et BELLARGENT (G.), *op. cit.*, fasc. 164 B, n°88 et s. ; HÉMARD (J.), TERRÉ (Fr.) et MABILLAT (P.), *op. cit.*, p. 615. Selon ces auteurs, les clauses qui sont insérées dans le protocole de fusion peuvent être divisées en trois catégories : les clauses financières et économiques, les clauses relatives aux personnes et les clauses relatives aux tiers.

[252] En ce sens : BURGARD (J.), *Les fusions et la réforme du droit des sociétés*, Rev. soc. 1965, p. 127. L'auteur considère que « *le schéma d'une absorption est bien connu. Les dirigeants des deux sociétés appelées à s'unir se rapprochent. Ils procèdent à une estimation officieuse de la valeur respective des deux entreprises. Une discussion s'instaure, toujours âpre. Son issue est, soit l'échec des pourparlers, soit un accord sur la parité de fusion, c'est-à-dire sur le nombre d'actions que la société absorbante créera en contrepartie de l'apport de l'actif net de la société absorbée* ».

[253] HÉMARD (J.), TERRÉ (Fr.) et MABILLAT (P.), *op. cit.*, p. 626.

1- Le préalable de l'évaluation des sociétés

88. **Les diverses méthodes d'évaluation.** L'évaluation des sociétés fusionnantes est certainement l'un des problèmes les plus délicats à résoudre en matière de fusion. L'évaluation consiste à « *déterminer le poids respectif de chaque société* »[254] et ne peut se limiter à la valorisation de l'ensemble des éléments actifs et passifs constituant leur patrimoine. En effet, d'autres éléments de nature économique et financière doivent être pris en considération afin de déterminer la valeur économique exacte de chaque société. De nombreuses méthodes d'évaluation existent[255]. Certaines reposent sur la détermination de la valeur comptable de la société et d'autres sur sa valeur boursière. D'aucunes apprécient la société à partir des *cash flows*[256], tandis que d'autres se réfèrent à la valeur mathématique de la société ainsi qu'à son actif net corrigé[257]. Ces méthodes reposant sur des critères objectifs d'évaluation sont souvent complétées par des critères subjectifs basés sur les perspectives d'avenir de la société. Comme le législateur n'a fixé aucune règle pour régir les méthodes d'évaluation, les sociétés fusionnantes disposent d'une liberté de choix de la méthode d'évaluation.

89. Le silence du législateur se justifie en réalité par la difficulté d'adopter une méthode spécifique et unique d'évaluation des sociétés. Ce souci a été exprimé à l'occasion d'une réponse ministérielle affirmant clairement qu' « *il paraît difficile de fixer dans la loi des règles trop rigides et des méthodes uniformes d'évaluation qui seraient, dans certains cas, difficiles à appliquer ou qui pourraient aller à l'encontre du but de protection recherché* »[258]. Cette position a été reprise dans une recommandation de la COB servant toujours de référence en matière d'évaluation des sociétés en vue de fusion[259]. Selon cette recommandation, « *il n'est ni dans la compétence, ni dans les intentions de la Commission d'intervenir de façon normative pour définir les méthodes suivantes, lesquelles devraient être évaluées les apports et calculer leur rémunération et, à plus forte raison, d'approuver l'application qui en serait faite dans*

[254] CHADEFAUX (M.), *Les fusions de sociétés : régime juridique et fiscal*, Groupe revue fiduciaire, 6ème éd., 2008, p. 42.

[255] MESTRE (J.) et VELARDOCCHIO (D.), *Lamy sociétés commerciales*, 2016, n°1949 et s. ; DELESALLE (E.), *Fusions de société : analyse comparée des méthodes de valorisation*, RF compt. juin 1991, p. 29.

[256] En français : la marge brute d'autofinancement. Cette méthode consiste à apprécier la capacité bénéficiaire d'une entreprise.

[257] La méthode de l'actif net corrigé consiste à calculer la valeur d'une société en diminuant la somme des valeurs vénales de tous ses éléments de l'actif de la société, par la somme des valeurs vénales de ses éléments du passif réel.

[258] JO, 5 avril 1975, AN, p. 1080; Rev. soc. 1975, p. 333.

[259] Bull. COB, juillet- août, 1977, n°95, p. 3.

chaque cas particulier ». La Commission a ainsi adopté une attitude plutôt libérale en refusant l'adoption d'une méthode unique d'évaluation des sociétés fusionnantes. De manière générale, les autorités publiques évitent d'adopter une méthode spécifique d'évaluation ou d'imposer aux sociétés des normes et des critères d'évaluation trop rigides.

90. **La méthode d'évaluation « *multicritères* ».** La Commission a toutefois posé dans sa recommandation certaines conditions impératives devant servir de référentiel dans l'opération d'évaluation des sociétés fusionnantes et dont la principale consiste en une « *évaluation multicritères* » des sociétés. En effet, en dehors des cas exceptionnels, l'évaluation d'une société passe nécessairement par l'intermédiaire d'une multitude de critères tels que la valeur intrinsèque réévaluée, la rentabilité et le cours de bourse. Depuis cette recommandation, les dirigeants et les experts ne peuvent plus, pour évaluer une société en vue de fusionner, se satisfaire d'un unique critère.

91. La Commission précise cependant que l'adoption d'une méthode d'évaluation reposant sur une multitude de critères ne doit pas sombrer dans l'excès. En d'autres termes, le nombre de critères adopté ne doit pas compliquer le calcul du rapport d'échange ou son appréciation par les associés. Cette limite apportée à la méthode multicritères se justifie par la priorité accordée à une bonne information des associés d'une société. Ces derniers doivent être clairement informés des conditions financières et économiques de l'opération afin de décider en toute connaissance de cause.

92. Une autre condition impérative établie par la Commission précise que les méthodes employées dans l'évaluation des sociétés fusionnantes doivent être homogènes et appliquées de manière identique aux différentes sociétés fusionnantes. La condition d'identité des méthodes d'évaluation dans une opération de fusion est une source de complication dans les opérations de fusions transfrontalières dans la mesure où chaque État dispose de sa propre méthode[260].

93. **L'obligation d'informer les associés.** La Commission ne s'intéresse pas uniquement à l'établissement des conditions auxquelles doivent se soumettre les dirigeants et les experts dans l'opération d'évaluation des sociétés. Elle attache également une grande importance à l'information des associés des sociétés concernées à propos des critères réellement retenus dans l'opération d'évaluation. Ce souci de la Commission est rappelé plusieurs fois dans la recommandation. Il est nécessaire de fixer les conditions de la rémunération des apports selon des « *critères de base*

---

[260] Le problème sera traité dans la deuxième partie. Cf. *infra*, n°986 et s.

déterminant une fourchette à l'intérieur de laquelle la rémunération des apports ou la parité d'échange a été fixée par un choix qui doit être si possible motivé »[261].

94. **Le contrôle effectué par les tribunaux.** La recommandation de la COB a été à l'origine de nombreux litiges entre associés minoritaires et associés majoritaires. Les tribunaux français ont toujours veillé au respect des principes imposés par cette recommandation et notamment à la bonne information des associés ainsi que la diversité des critères d'évaluation. La Cour d'appel de Paris a ainsi jugé insuffisante la méthode d'évaluation de la société absorbée uniquement fondée sur les cours de la bourse et qui n'intègre ni la valeur vénale des immeubles apportés, ni le profit attendu par la société absorbante de l'opération engagée[262]. Cette position a été également rappelée, en 1994, dans une décision rendue par la Cour d'appel de Douai[263]. Les juges du fond avaient alors décidé qu'il serait économiquement irrationnel de déterminer le rapport d'échange sur le critère unique du cours de la bourse, parce que cela reviendrait à méconnaître les intérêts des sociétés concernées dans la mesure où le cours de bourse est toujours critiquable en raison des anticipations et des spéculations des opérateurs et qu'il valait mieux une évaluation multicritères.

2- La détermination du rapport d'échange

95. **La définition du rapport d'échange[264].** Le rapport d'échange est défini comme « *le nombre d'actions de la société bénéficiaire des apports auxquels donneront droit une ou plusieurs actions de la société apporteuse* »[265]. C'est grâce au rapport d'échange qu'est, par la suite, déduite la rémunération des associés de la société absorbée. Il va en effet déterminer le nombre de titres que la société absorbante doit émettre aux associés ou actionnaires de la société absorbée en contrepartie de l'annulation de leurs anciennes actions ou parts sociales.

96. **La fixation du rapport d'échange.** La détermination du rapport d'échange constitue l'objet de l'évaluation des sociétés selon les méthodes exposées précédemment. La valeur attribuée à chacune des sociétés fusionnantes doit être divisée par le nombre de parts sociales ou actions émises par chacune d'elles. Le résultat de cette division détermine alors la valeur unitaire du titre de chacune des sociétés. Le rapport d'échange peut

---

261 Bull. COB, juillet- août, 1977, n° 95, p. 5.
262 CA Paris, 1er ch. A, 14 juin 1988, D. 1988, jur., p. 505, note VIANDIER (A.).
263 CA Douai, 2eme ch., 7 juill. 1994, Bull. Joly Sociétés 1994, p. 994, note LE CANNU (P.).
264 Le terme rapport d'échange a supplanté celui de « *parité d'échange* », v. CNCC, *Études juridiques*, Étude n°20 : *Fusions et opérations assimilées*, 1988, p. 39.
265 BAUDEU (G.) et BELLARGENT (G.), *Fusion de sociétés*, J.-Cl. sociétés, 164 H, 1970.

ensuite être déterminé grâce à la comparaison entre les valeurs unitaires des sociétés. Il faut toutefois noter qu' « *il est fréquent, à l'occasion de la détermination de la parité d'échange, de retoucher très légèrement les évaluations de chacune des sociétés. Ces corrections, qui ne sont légitimes que si elles sont légères, ont pour but d'éviter l'apparition d'une parité trop complexe* »[266].

97. La fixation définitive du rapport d'échange relève principalement de la liberté des contractants et des évaluateurs qui peuvent se mettre d'accord sur une valeur déterminée. Conscient des dangers de cette liberté, le législateur décide de leur confier une « *liberté surveillée* »[267]. C'est précisément la mission du commissaire à la fusion qui vérifie la pertinence des valeurs relatives attribuées aux parts sociales des sociétés participant à la fusion ainsi que l'équité du rapport d'échange[268]. Pour ce faire, la valeur indiquée des parts sociales doit être aussi proche que possible de la valeur réelle des apports de la société absorbée. Cette mission s'avère délicate quand on sait que la valorisation des sociétés en cause se base sur les comptes arrêtés. La liberté des contractants n'est finalement limitée que dans le cadre du respect de l'équité. Ces comptes peuvent subir des augmentations de valeur ou au contraire subir des dévalorisations pendant la période intercalaire[269].

98. **Le cas des rompus.** La fixation du rapport d'échange peut entraîner des difficultés comme dans le cas d'apparition des rompus. Une telle situation survient lorsque ce rapport n'aboutit pas à l'attribution d'un nombre entier d'actions à chaque associé ou actionnaire de la société absorbée. Il existe alors plusieurs solutions pour résoudre ces problèmes propres aux opérations de fusion. Les actionnaires peuvent d'abord décider de renoncer aux rompus en contrepartie d'une rémunération en espèces[270]. Ils peuvent également choisir de se procurer une action entière en payant le reste de la part rompue. En outre, la société absorbée peut décider de racheter un petit nombre de ses actions[271] en vue de leur annulation préalablement à l'opération de fusion, évitant ainsi les rompus[272]. Pour les sociétés cotées, l'assemblée générale extraordinaire qui approuve le projet de

---

[266] BERTREL (J.-P.) et JEANTIN (M.), *Acquisitions et fusions des sociétés commerciales*, Litec, 2eme éd., 1991, p. 365.
[267] DAIGRE (J.-J.), TUROT (J.) et AIME (M.), *L'évaluation des apports en nature à une société de capitaux*, Revue de droit fiscal 1995, n°38.
[268] Art. L. 236-10 C. com.
[269] La période comprise entre l'arrêté des comptes qui sont pris en considération dans l'évaluation de la société et celle de la réalisation définitive de la fusion.
[270] Cette rémunération est généralement versée dans le cadre de la soulte en espèces (art. L. 236-1 C. com.) qui ne doit pas dépasser le 10% de la valeur nominale de l'action.
[271] À savoir 0, 25% au plus au cours de l'exercice.
[272] Art. R. 225-156 C. com.

fusion peut décider une vente globale des parts sociales correspondant aux droits formant rompus. Les fonds reçus sont alors répartis entre les associés intéressés[273].

99. **La divergence entre la valeur nominale et la valeur réelle de l'action.** Le rapport d'échange peut aboutir à des résultats inéquitables à l'égard des associés des sociétés fusionnantes qui risquent de subir un préjudice. Il est en effet fréquent que la valeur réelle des titres émis par la société absorbante ne corresponde pas à leur valeur nominale. Deux hypothèses sont alors envisageables. En premier lieu, la valeur réelle des titres émis peut être supérieure à leur valeur nominale. Dans ce cas, l'apport de la société absorbée est rémunéré par des titres de la société absorbante, évalués selon leur valeur nominale. Comme ces titres ont une valeur réelle supérieure à leur valeur nominale, les associés de la société absorbante risquent d'être lésés si une prime de fusion n'est pas versée à la société absorbante par les associés de la société absorbée[274]. Il s'agit en quelque sorte d'un « *droit d'entrée* »[275] à la société absorbante. En second lieu, la valeur réelle des actions émises par la société absorbante est inférieure à leur valeur nominale et les associés ou actionnaires de la société absorbée risquent d'être lésés dans leurs droits. Ils reçoivent donc des titres dont la valeur réelle est inférieure à l'apport réalisé par leur société. Plusieurs solutions sont en pratique envisageables pour remédier à cette différence. Les sociétés peuvent opter pour un changement de sens de l'opération. La société absorbante, dont la valeur des titres est insuffisante, sera ainsi considérée comme l'absorbée et vice-versa. Toutefois, cette solution n'est pas toujours praticable. Il reste alors possible de recourir à une réduction du capital social de la société absorbante avant l'opération de fusion afin de combler cette différence de valeur. Ainsi, la valeur nominale des actions de la société se rapproche de leur valeur réelle. La société absorbante peut sinon distribuer des actions ou parts de priorité aux actionnaires de la société absorbée.

B- Les clauses relatives aux personnes

100. **L'objet des clauses relatives aux personnes.** Comme leur nom l'indique, ce genre de clauses vise, au sein de la société, un groupe restreint de personnes ayant un rôle influent dans la réalisation de l'opération projetée. L'absence de ces clauses dans le protocole de fusion est susceptible de condamner l'opération à l'échec. Ces clauses risquent toutefois d'être

---

[273] Art. L. 228-6-1 C. com.

[274] Le régime juridique de la prime de fusion est calqué sur celui de la prime d'émission exigée en cas d'augmentation de capital de la société.

[275] CHADEFAUX (M.), *op. cit.*, p. 52.

détournées de leur but initial vers d'autres finalités moins avouables, en fournissant notamment des avantages particuliers au bénéfice de certaines personnes et au détriment de l'intérêt social.

101. **Plan.** Il est de bon conseil pour les négociateurs de rédiger soigneusement les clauses insérées dans le protocole de fusion. Parmi ces stipulations, nous allons exposer celles qui sont susceptibles de soulever des doutes quant à leur licéité. Nous envisagerons d'une part, les clauses ayant pour objet l'organisation du conseil d'administration de la société **(1)** et, d'autre part, celles qui contiennent des engagements de vote **(2)**.

1- L'organisation du conseil d'administration

102. **Les avantages de l'organisation du conseil d'administration.** En principe, la fusion entraîne automatiquement la cessation des fonctions des dirigeants de la société absorbée. Les sociétés fusionnantes peuvent toutefois prévoir dans l'accord le maintien des fonctions des dirigeants de la société absorbée dans la société absorbante. Pour simplifier le processus, les textes admettent qu'en cas de fusion le nombre maximum de sièges composant les organes de direction soit exceptionnellement dépassé afin de recevoir ces dirigeants [276]. Cette sauvegarde est cependant provisoire. Les organes de direction ne peuvent maintenir une composition élargie que pour une durée maximale de trois ans à partir de la prise d'effet de la fusion. Par conséquent, les dirigeants promoteurs de l'opération projetée cherchent souvent à stipuler dans le protocole de fusion des clauses garantissant leur non-éviction.

103. Diverses causes juridiques justifient l'insertion de ce type de clauses dans le protocole de fusion. En général, la société absorbée se préoccupe d'assurer une présence effective et un rôle influant de ses organes sociaux au sein de la société absorbante [277]. Cela passe par le maintien des dirigeants sociaux de la société absorbée dans leurs fonctions après la fusion. La clause de garantie insérée dans le protocole de fusion s'inscrit alors dans l'optique plus large d'un accord sur l'organisation du conseil d'administration de la société absorbante préalablement à la fusion. Notons cependant que l'insertion de cette clause de garantie n'est pas nécessairement guidée par l'intérêt général de la société absorbée. Bien souvent, les dirigeants

---

[276] Selon les dispositions de l'art. L. 225- 95 C. com. « *En cas de fusion de sociétés anonymes, le nombre de membres du conseil d'administration ou du conseil de surveillance, selon le cas, peut dépasser le nombre de (L. n° 2001-420 du 15 mai 2001) «dix-huit», prévu aux articles L. 225-17 et L. 225-69, pendant un délai de trois ans à compter de la date de la fusion fixée à l'article L. 236-4, sans pouvoir être supérieur à « vingt-quatre » (L. n° 2001-420 du 15 mai 2001)* ».

[277] Plusieurs auteurs ont pu constater une survivance de la société absorbée ainsi que de ces organes sociaux au sein de la société absorbante : CHEMINADE (Y.), *art. préc.*, p. 20.

saisissent cette opportunité pour se garantir des avantages personnels. Ils profitent de leur rôle prépondérant dans la négociation de la fusion projetée pour insérer dans le protocole des engagements qui leur profitent personnellement. Les dirigeants peuvent ainsi prévoir une rémunération plus importante au sein de la société absorbante que celle perçue dans la société absorbée[278]. Ils peuvent aussi négocier avec les dirigeants de l'autre société la possibilité d'une augmentation de la valeur de leurs jetons de présence.

104. Ils négocient parfois même la possibilité d'améliorer les conditions de leur contrat de travail lorsqu'ils sont également salariés[279]. Une augmentation de leur salaire et un aménagement des conditions de rupture de leur contrat de travail sont alors stipulés[280]. Les dirigeants ont le pouvoir de conclure des engagements prévoyant à leur profit le versement d'indemnités considérables en cas de licenciement suite à la réalisation de l'opération projetée. Il arrive également qu'ils stipulent à leur bénéfice une pension de retraite considérée comme un complément de rémunération. Ce dernier est valable sous trois conditions[281]. D'abord, il doit être la contrepartie de services particuliers rendus à la société par le dirigeant dans l'exercice de ses fonctions. Ensuite, le montant doit être proportionné à ces services. Enfin, il ne doit pas constituer une charge excessive pour la société. Dans certains cas, les indemnités de licenciement[282] et les compléments de retraite[283], prévus dans le protocole de fusion sont tellement élevés qu'ils peuvent être considérés comme attentatoires au principe de la libre révocabilité des dirigeants sociaux. Dans ce cas, ces clauses du protocole de fusion sont considérées comme nulles[284]. Il faut aussi signaler que les indemnités de

---

[278] Sur les modes de rémunération des dirigeants, v. CASIMIR (J.-P.) et GERMAIN (M.), *Dirigeants des sociétés*, Groupe revue fiduciaire, 2007, p. 186.

[279] Les contrats de travail sont automatiquement transmis à la société absorbante ou à celle issue de l'opération de fusion. (art. L. 122-12, al. 2 C. trav.) Donc les dirigeants de la société absorbée maintiennent leurs contrats de travail au sein de la société absorbante.

[280] Il faut noter que le dirigeant d'une société ne pourrait pas se procurer un contrat de travail à la suite d'une fusion et se maintenir dans ses fonctions de dirigeant au sein de la société absorbante ou de celle issue de la fusion. Le contrat de travail doit nécessairement être antérieur à son mandat social. Il faut donc que ce dirigeant ait acquis sa qualité de salarié au sein de sa propre société préalablement à la fusion. (Art. L. 225-22, al. 4 C. com.).

[281] Les conditions ont été établies par la jurisprudence. V. l'arrêt de principe : Cass. com., 3 mars 1987, Bull. civ. 1987, IV, n°64, p. 49 ; Rev. soc. 1987, p. 266, note GUYON (Y.).

[282] Il a ainsi été jugé qu'une indemnité de licenciement d'un montant élevé qui aurait pour effet de dissuader les actionnaires d'exercer leur droit de révocation, porterait atteinte à la libre révocabilité d'un dirigeant : Cass. com., 26 mai 2004, JCP E 2004, 1344, note VIANDIER (A.) ; Cass. com., 14 juin 2005, Bull. Joly 2006, p. 98, note VIDAL (D.).

[283] Cass. com., 15 juill. 1987, n°84- 16. 222, Bull. civ. IV, n°194, D. 1987, I. R., p. 202. Il a été jugé qu'une décision d'octroyer à un dirigeant d'une société un complément de retraite que la situation de la société concernée ne lui permettait pas de supporter, était contraire au principe de la révocabilité *ad nutum* des mandataires sociaux.

[284] CA Paris, 3 mai 1978, Bull. Joly 1978, § 233, p. 556; CA Paris, 28 fév. 1985, Bull. Joly 1985, § 319, p. 964. La nullité absolue est la sanction de la violation du principe d'ordre

licenciement[285] et les compléments de retraite s'assimilant à des rémunérations supplémentaires des dirigeants ne sont décidés que par le conseil d'administration ou de surveillance dans les sociétés anonymes. Les clauses insérées dans le protocole de fusion concernant ces rémunérations ne sont efficaces que si elles sont acceptées par les organes de direction de ces sociétés ou si elles sont reprises dans le projet de fusion arrêté par ces mêmes organes. À défaut, le seul fait de stipuler ces rémunérations dans le protocole de fusion est insuffisant pour engager la société absorbante ou celle issue de l'opération.

105. **Les risques de l'organisation du conseil d'administration.** La stipulation de clauses de garantie dans le protocole de fusion comporte des risques sachant qu'« *il est peu probable (...) que les dirigeants acceptent de perdre les attributs de leur pouvoir, comme il est peu vraisemblable à l'inverse, qu'ils les conservent dans la nouvelle entité sans contrepartie !* »[286]. En effet, les dirigeants qui espèrent profiter de la fusion pour se fournir des avantages personnels sont parfois tentés de sacrifier l'intérêt social pour atteindre leur intérêt personnel. Ils chercheront alors à faire aboutir coûte que coûte l'opération et cela même au détriment de l'avenir de leur société.

106. Dans ce cas, la stipulation d'avantages particuliers au profit des dirigeants est susceptible d'être qualifiée d'abusive et les dirigeants en cause risquent d'être poursuivis pénalement[287] pour délit d'abus de biens sociaux[288] ou pour délit d'abus des pouvoirs et des voix. Pour que la poursuite aboutisse, il faut prouver que le dirigeant est de mauvaise foi et qu'il a agi contrairement à l'intérêt social pour se procurer des avantages personnels.

107. Le délit d'abus de biens sociaux est retenu lorsque le dirigeant a fait usage des biens ou crédits de sa société au détriment de l'intérêt de celle-

---

public de la libre révocabilité des mandataires sociaux. – *Adde*, SORDINO (M.-Ch.), *Aménagements conventionnels et révocation ad nutum des dirigeants de société anonyme in. Mélanges MOULY (Ch.)*, t. 2, Litec, 1998, p. 245 et s.

[285] Les indemnités de licenciement sont considérées comme des rémunérations supplémentaires lorsqu'elles sont décidées avant le départ du dirigeant. C'est le cas lorsque ces indemnités sont fixées dans le protocole de fusion et qui constituent souvent un élément déterminant de signature de cet acte par le dirigeant concerné (En ce sens, v. : CASIMIR (J.-P.) et GERMAIN (M.), *op. cit.*, p. 203).

[286] ROUTIER (R.), *th. préc.*, p. 86.

[287] Art. L. 241- 3, al. 1 et L. 242- 6, al. 1 C. com. Ces dirigeants « *seront punis d'un emprisonnement de cinq ans au plus et d'une amende maximale de 375 000 euros* ».

[288] Sur la notion générale d'abus de biens sociaux, v. : MATHIEU (G.), *L'acte contraire à l'intérêt social en matière d'abus de biens sociaux*, Gaz. Pal. Juin/juill. 2002, p. 7 ; ROSENFELD (E.), *L'abus des biens sociaux*, Dr. et patrimoine 1995, n°31, p. 29.

ci[289]. Ce sont en général les dirigeants de la société absorbante qui risquent la poursuite s'ils acceptent de faire usage du crédit de leur société pour accorder aux dirigeants de la société absorbée des avantages excessifs. Les dirigeants de la société absorbée encourent également le chef d'inculpation d'abus de biens sociaux. Plusieurs cas peuvent être cités. Par exemple, le dirigeant motivé par la promesse d'obtenir des avantages particuliers n'hésitera parfois pas à inciter sa propre société à accomplir une opération de fusion dans des conditions défavorables. Il peut même procéder à plusieurs opérations tendant à sous-évaluer les biens apportés par sa propre société afin d'obtenir un rapport d'échange favorable à l'autre société. En termes généraux, le dirigeant de la société peut parfois abuser du crédit et des biens de sa société pour faire aboutir la fusion quelles que soient les conséquences de cette opération, dans le seul but de percevoir des avantages particuliers.

108. Le délit d'abus des pouvoirs et des voix est retenu lorsque les dirigeants abusent leurs pouvoirs ou des voix qu'ils possèdent au sein de l'assemblée générale[290]. En cas de fusion, les dirigeants promoteurs de l'opération profitent de leurs pouvoirs pour insérer dans le protocole de fusion des clauses d'avantages personnels. Ce phénomène est amplifié lorsqu'ils détiennent la majorité des voix à l'assemblée générale. Dans ce cas, les dirigeants peuvent conclure un engagement pour assurer la réalisation de la fusion, en contrepartie des avantages particuliers dont ils bénéficieront dans la société absorbante. Comme la tentative dans le délit d'abus n'est pas punissable, les poursuites pénales ne sont possibles que si la fusion est définitivement réalisée[291].

109. Pour éviter les poursuites, les dirigeants des sociétés insèrent les clauses prévoyant les avantages particuliers dans le protocole de fusion. Ils profitent du caractère officieux et souvent secret de ce document pour conclure leurs accords à l'insu des organes délibérants. Ils redoutent en effet la reprise de ces clauses dans le projet de fusion qui, contrairement au protocole, est soumis au contrôle strict des autorités publiques et à une procédure de publicité rigoureuse. Par conséquent, le protocole de fusion

---

[289] Art. L. 241- 3, 4° et L. 242-6, 3° C. com. : Le délit d'abus de biens sociaux se définit par « *le fait, pour les gérants, de faire, de mauvaise foi, des biens ou du crédit de la société, un usage qu'ils savaient contraire à l'intérêt de celle-ci, à des fins personnelles ou pour favoriser une autre société ou entreprise dans laquelle ils sont intéressés directement ou indirectement* ».

[290] Art. L. 241-3, 5° et L. 242-6, 4° C. com. : le délit d'abus des pouvoirs et des voix se définit par « *Le fait, pour les gérants, de faire, de mauvaise foi, des pouvoirs qu'ils possèdent ou des voix dont ils disposent, en cette qualité, un usage qu'ils savent contraire aux intérêts de la société, à des fins personnelles ou pour favoriser une autre société ou une autre entreprise dans laquelle ils sont intéressés directement ou indirectement* ».

[291] Cass. crim., 7 avr. 1998, n°97-83. 801, Rev. soc. 1998, p. 624, note BOULOC (B.).

constitue l'acte de prédilection des dirigeants pour insérer les avantages particuliers qui passeront inaperçu lors de la réalisation de l'opération.

2- Les engagements de vote

110. **Les avantages des engagements de vote.** Pour garantir la réalisation de l'opération de fusion, les négociateurs insèrent dans le protocole de fusion des clauses d'engagement de vote obligeant un associé ou un administrateur, à l'avance, à voter dans un sens déterminé au sein de leur organe collégial[292]. Plusieurs genres d'engagements de vote sont envisageables. Le négociateur signataire du protocole et membre de l'organe de direction de sa société peut s'engager à voter favorablement à l'adoption du protocole de fusion. Dans le cas d'une société anonyme, un administrateur peut s'engager à approuver le protocole de fusion lorsque celui-ci sera soumis au vote devant le conseil d'administration[293]. L'engagement de vote au sein du conseil d'administration est en principe permis, à condition toutefois de ne pas être conclu « *au mépris des intérêts sociaux et dans l'ignorance des événements futurs soit préjudiciable à la société* »[294]. Par ailleurs, un associé signataire du protocole de fusion peut s'engager à un vote positif pour la réalisation de l'opération lors de la délibération de l'assemblée générale.

111. **Les risques des engagements de vote.** Le premier problème susceptible de se poser concerne essentiellement la validité des engagements de vote. Plusieurs raisons ont longtemps remis en cause cette validité. L'engagement de vote peut, d'une part, porter atteinte au droit de vote de l'associé. S'agissant d'un droit d'ordre public, aucun associé ne peut y renoncer ou y porter atteinte. En effet, l'engagement de voter dans un sens déterminé est considéré dans certains cas comme une aliénation de la liberté de vote[295]. De ce fait, la clause du protocole de fusion engageant l'associé

---

292 Sur les conventions de vote, v. : DIDIER (P.), *Les conventions de vote, in. Mélanges FOYER (J.),* PUF, 1997, p. 341 ; DOHM (J.), *Les accords sur l'exercice du droit de vote de l'actionnaire : Étude de droit suisse et allemand,* Th. Genève, 1971 ; PENNEAU (J.), *De l'irrégularité des conventions de vote dans le droit des sociétés,* JCP CI 1975, I, 17776 ; CONSTANTIN (A.), *Réflexions sur la validité des conventions de vote in. Mélanges GHESTIN (J.),* LGDJ, 2001, p. 253 et s. ; VIANDIER (A.), *Observations sur les conventions de vote,* JCP E 1986, 15405 ; *Après l'article de Michel Jeantin sur les conventions de vote, in. Mélanges JEANTIN (M.),* Dalloz 1999, p. 311.

293 Le conseil d'administration délibère pour arrêter les termes définitifs du projet de fusion avant de le soumettre à l'approbation de l'assemblée générale.

294 T. com. Seine, 5e ch., 9 janv. 1961, JCP CI 1961, n°68873.

295 Le droit de vote est d'ordre public. V. Cass. com., 9 févr. 1999, n°96-17. 661, Bull. Joly sociétés 1999, p. 566, note DAIGRE (J.) ; Rev. soc. 1999, p. 81, note LE CANNU (P.) ; Dr. soc. 1999, n°67, note BONNEAU (Th.). Dans ce célèbre arrêt de *Château D'Yquem*, la Cour de cassation, en statuant sous le visa de l'article 1844, al. 1er du Code civil, affirme que « *tout associé à le droit de participer aux décisions collectives et de voter et que les statuts ne peuvent déroger à ces dispositions* ».

d'une société à voter en faveur de la réalisation de la fusion peut sembler attentatoire à son droit de vote. D'autre part, cet engagement n'informe pas suffisamment l'associé sur la portée de son vote. Lorsqu'il s'engage dans le protocole à approuver la fusion, il n'a pas effectivement pris connaissance des conditions et des modalités essentielles de la réalisation de l'opération. Il peut ainsi s'aventurer dans une opération qui peut lui être totalement défavorable. De plus, même si le protocole de fusion mentionne les conditions et modalités de l'opération, le problème subsiste du fait qu'elles demeurent sujettes à des modifications. Au vu de ces constatations, les engagements de vote sont en principe nuls.

112. La jurisprudence ne réfute pas pourtant catégoriquement la validité de ces engagements et les considère même valables lorsqu'ils paraissent conformes à l'intérêt social[296]. Un arrêt de principe rendu par le tribunal de commerce de Paris, le 4 mai 1981, fixe les critères de validité d'un engagement de vote[297]. La décision affirme que *« les engagements, à tout le moins individuels, de vote qui ne comportent pas un avantage consenti pour voter dans un certain sens, ne sont pas prohibés par le droit positif (...) il convient de les déclarer licites dans leur principe, sous réserve que l'actionnaire soit pleinement informé de son engagement et à égalité avec les autres votants à l'assemblée générale »*. Depuis, les engagements de vote sont licites s'ils respectent certaines conditions : ils ne doivent pas être contraires à l'intérêt social, ni porter atteinte au droit de participation des actionnaires ou associés. Enfin, l'engagement ne doit comporter aucun avantage particulier en contrepartie. En application de cet arrêt, les clauses du protocole de fusion comportant des engagements de vote sont licites si elles respectent les conditions précitées.

113. Les signataires d'un engagement de vote sont susceptibles de poursuites pénales lorsqu'ils acceptent de s'engager en contrepartie d'avantages personnels[298]. Les administrateurs et les associés peuvent en effet accepter de voter en faveur de la fusion dans le but de percevoir certains avantages particuliers. Ces derniers sont soit de nature pécuniaire, soit des privilèges quelconques au sein des organes sociaux. Par exemple, un associé peut s'engager à approuver la fusion en contrepartie de sa nomination de dirigeant au sein de la société absorbante ou au sein de celle issue de la fusion.

---

[296] T. com. Paris, 1 août 1974, Rev. soc. 1974, p. 685, note OPPETIT (B.) ; RTD com. 1974, p. 130, obs. HOUIN (R.).

[297] T. com. Paris, 4 mai 1981, RJ com. 1982, p. 7, note DE FONTBRESSIN (P.).

[298] Art. L. 242-9 C. com. : « *Est puni d'un emprisonnement de deux ans et d'une amende de 9 000 € : [...] 3° Le fait de se faire accorder, garantir ou promettre des avantages pour voter dans un certain sens ou pour ne pas participer au vote, ainsi que le fait d'accorder, garantir ou promettre ces* avantages».

114. Le second problème concerne la sanction applicable en cas d'inexécution d'un engagement de vote licite. Si l'actionnaire manque à son engagement de vote inséré dans le protocole de fusion[299], le juge peut-il ordonner l'exécution en nature de cet engagement ? De manière générale, la doctrine considère qu'une exécution forcée de l'engagement n'est pas envisageable[300]. Cette position est confortée par la jurisprudence qui sous couvert du libre exercice du droit de vote rejette toute exécution forcée d'une convention de vote[301]. Une réparation par l'allocation de dommages-intérêts est donc privilégiée. Notons toutefois l'existence d'un arrêt isolé qui opte pour une position contraire[302]. En l'espèce, les juges du fond ordonnent l'exécution forcée d'une convention de vote. L'application de cette décision entraînera des conséquences considérables sur les modalités de réalisation de la fusion. Un protocole de fusion contenant une convention de vote permettra en quelque sorte aux signataires de garantir *de facto* la réalisation de la fusion.

Ss-paragraphe 2 : Un acte non soumis à un contrôle

115. **Plan.** Le protocole de fusion est un document officieux, voire secret. Ignoré par les textes, il n'est soumis à aucun contrôle des autorités publiques, ni à une quelconque publicité. Ceci n'exclut pas pour autant toute utilité à ce document. Les négociateurs peuvent choisir de le divulguer et même le communiquer à toute personne intéressée. Le protocole de fusion assure un rôle informatif considérable, surtout auprès des comités d'entreprise des sociétés fusionnantes **(A)** et des commissaires à la fusion **(B)**.

A- La mise à la disposition du comité d'entreprise

116. **Les conditions de consultation du comité d'entreprise.** Lorsqu'une société dispose d'un comité d'entreprise[303], celui-ci doit être informé et

---

[299] Nous supposons que la clause d'engagement de vote, contenue dans le protocole de fusion, a une valeur juridique contractuelle à l'égard des signataires. Sur la possibilité de prévoir des clauses obligatoires dans le protocole de fusion, cf. *infra*, n°s139 et s.

[300] MESTRE (J.) et VELARDOCCHIO (D.), *op. cit.*, n°843. – *Adde*, MIGNON-COLOMBET (A.), *L'exécution forcée en droit des sociétés*, Economica, 2004.

[301] T. com. Paris, 12 févr. 1991, Bull. Joly. 1991, p. 592, note JEANTIN (M.).

[302] CA. Paris, 30 juin 1995, *Sté Metaleurop c./ Sté Financière Delot et Cie*, Dr. Sociétés 1995, n°198 ; JCP E 1996, II, 795, note DAIGRE (J.-J.).

[303] Sur la mission générale du comité d'entreprise au sein d'une société, v. art. L. 2323-1, al. 1 C. trav. : « *Le comité d'entreprise a pour objet d'assurer une expression collective des salariés permettant la prise en compte permanente de leurs intérêts dans les décisions relatives à la gestion et à l'évolution économique et financière de l'entreprise, à l'organisation du travail, à la formation professionnelle et aux techniques de production* ». – *Adee,* sur le rôle du comité d'entreprise, v, : COMBES (A.-E.), *Information et consultation préalable du*

consulté en cas de modifications de l'organisation économique ou juridique de l'entreprise, et notamment en cas de fusion[304]. Les dirigeants de la société doivent indiquer au comité les motifs de la fusion et les mesures envisagées pour les modifications prévues. Il n'est consulté que lorsque la fusion est susceptible d'avoir des conséquences sur la situation des salariés de la société concernée. Le comité doit ensuite émettre un avis motivé sur la fusion qui ne lie pas les dirigeants de la société. Il faut toutefois noter que l'avis rendu par le comité est communiqué à l'assemblée générale appelée à délibérer sur la fusion[305]. En cas de violation de cette disposition, la délibération de l'assemblée est nulle[306].

117. **La procédure de consultation du comité d'entreprise.** Le comité doit être consulté avant la prise de décision sur la fusion par l'assemblée générale de la société. Les dirigeants doivent mettre à disposition du comité des informations précises et écrites sur l'opération projetée, pour que celui-ci puisse émettre convenablement son avis. Il est toutefois recommandé, pour des considérations pratiques, que le comité, dont l'avis devrait être pris en compte par le conseil d'administration, soit informé de l'opération avant même que le conseil ne délibère sur le projet de fusion. De plus, il doit disposer d'un délai suffisant pour examiner les informations concernant la fusion. Par conséquent, le protocole de fusion constitue le document le plus commode pour être mis à la disposition de ce comité. Il sert de base de données à l'avis qui doit être rendu. Les rédacteurs de ce document doivent alors détailler et élaborer au mieux le texte afin de fournir les informations utiles au comité d'entreprise. Le défaut de communication du protocole de fusion ainsi que le manque d'informations peuvent s'analyser comme une entrave au fonctionnement du comité d'entreprise, ce qui expose le dirigeant de la société à une poursuite pénale pour délit d'entrave[307].

---

comité d'entreprise dans les opérations d'acquisition-cession et réorganisation juridiques d'entreprises in. Mélanges JEANTET (F.-Ch.), Lexisnexis, 2012, p. 107 et s.

[304] Art. L. 2323-19, al. 1er C. trav. : « *Le comité d'entreprise est informé et consulté sur les modifications de l'organisation économique ou juridique de l'entreprise, notamment en cas de fusion, de cession, de modification importante des structures de production de l'entreprise ainsi que lors de l'acquisition ou de la cession de filiales au sens de l'article L. 233-1 du code de commerce* ».

[305] Art. L. 225-105, al. 5 C. com. : « *Lorsque l'assemblée est appelée à délibérer sur des modifications de l'organisation économique ou juridique de l'entreprise sur lesquelles le comité d'entreprise a été consulté en application de l'article L. 432-1 du code du travail, l'avis de celui-ci lui est communiqué* »

[306] Art. L. 225-121 C. com. : « *Les délibérations prises par les assemblées en violation des articles L. 225-96, L. 225-97, L. 225-98, des troisième et quatrième alinéas de l'article L. 225-99, du deuxième alinéa de l'article L. 225-100 et de l'article L. 225-105 sont nulles*».

[307] Art. L. 2328-1 C. trav. : « *Le fait d'apporter une entrave soit à la constitution d'un comité d'entreprise, d'un comité d'établissement ou d'un comité central d'entreprise, soit à la libre désignation de leurs membres, soit à leur fonctionnement régulier, notamment par la*

B- La mise à la disposition des commissaires à la fusion

118. **Les conditions de la mise à la disposition du commissaire à la fusion.** En règle générale, le protocole de fusion n'est pas soumis au contrôle des commissaires à la fusion[308]. Toutefois, dans une optique de prévention, la Compagnie Nationale des Commissaires aux Comptes estime que la communication du protocole de fusion est opportune[309]. Selon la Compagnie, la communication du protocole de fusion permet *« de mieux appréhender les objectifs et motifs profonds de la fusion, en particulier si des conditions figurant dans un protocole n'étaient pas reprises dans le projet de fusion ou étaient en contradiction avec ce dernier »*.

119. **La procédure de la mise à la disposition du commissaire à la fusion**. Le commissaire à la fusion doit alors s'assurer de l'existence du protocole de fusion et vérifier que le document ne contient pas de dispositions répréhensibles ou illicites. À titre d'exemple, il vérifie que le protocole de fusion ne contient pas de clauses d'avantages particuliers constitutifs d'infractions susceptibles de poursuites pénales au regard de l'abus de crédit et des biens ou d'abus de pouvoirs et de voix[310]. De plus, le commissaire contrôle les engagements de vote stipulés dans le protocole de fusion et s'assure qu'ils soient bien licites et non susceptibles de poursuites pénales.

120. En cas de présence de clauses litigieuses, le commissaire à la fusion le notifie aux associés des sociétés concernées. En revanche, il n'est pas tenu de révéler au Procureur de la République l'existence de telles clauses en raison de l'absence de dispositions légales le contraignant à le faire.

---

méconnaissance des dispositions des articles L. 2324-3 à L. 2324-5 et L. 2324-8, est puni d'un emprisonnement d'un an et d'une amende de 3 750 € ».

[308] Sur le rôle des commissaires à la fusion, cf. *infra*, n°184 et s.

[309] CNCC, *Études juridiques*, Étude n° 20 : Fusions et opérations assimilées, 1988, p. 83 et s. Le protocole de fusion a pu être qualifié par les tribunaux comme contenant de véritables conventions d'où l'importance de sa communication.

[310] Sur les clauses d'avantages particuliers, cf. *infra*, n^os^105 et s. Le commissaire à la fusion doit révéler au procureur de la République les fait délictueux contenus dans le protocole de fusion et dont il a eu la connaissance (En ce sens : art. L. 823-12 C. com.). L'article L. 820-7 C. com. : la non révélation de l'existence de ces faits délictueux engage la responsabilité pénale du commissaire à la fusion. Est en effet « *puni d'un emprisonnement de cinq ans et d'une amende de 75 000 euros le fait, pour toute personne exerçant les fonctions de commissaire aux comptes, de donner ou confirmer des informations mensongères sur la situation de la personne morale ou de ne pas révéler au procureur de la République les faits délictueux dont elle a eu connaissance* ».

Paragraphe 2 : Qualification juridique du protocole de fusion

121. **Distinction du contrat définitif de fusion.** Le protocole de fusion ne peut être qualifié de contrat définitif de fusion. Il est primordial de confirmer cette affirmation avant d'étudier les possibilités de qualification de cet acte. En effet, l'élaboration du projet de fusion est un préalable incontournable à la conclusion du contrat définitif de fusion. Le protocole de fusion ne peut ainsi aboutir qu'à l'élaboration de ce projet par les organes d'administration. Pour ces raisons, l'engagement des signataires du protocole « *doit donc porter sur l'élaboration du projet, non sur la fusion elle-même* »[311]. Il paraît alors inutile de s'attarder dans notre étude sur la possibilité de qualifier le protocole de fusion de contrat définitif.

122. La jurisprudence s'est déjà prononcée sur le sujet. Le 31 janvier 1974, le tribunal de Nantes a considéré que le protocole de fusion « *ne saurait constituer qu'un simple accord d'intention dans le cadre général de la fusion projetée ; que cette convention n'oblige que les cocontractants et que la méconnaissance et le non-respect de ces clauses ne peut engager que la responsabilité des parties signataires* »[312]. Il a statué de la sorte afin d'écarter toute obligation de reprendre les engagements stipulés dans le protocole par les signataires à la charge de la société absorbante. Non sans équivoque, le tribunal considère que le protocole de fusion est un contrat parfaitement formé, obligeant uniquement les signataires et non la nouvelle société. Il ne serait donc générateur d'obligations vis-à-vis des sociétés en cause. Seule la responsabilité des contractants est engagée au cas où les clauses de ce protocole ne seraient pas respectées. On le voit, cette décision ne manque pas d'ambigüité.

123. **La définition du protocole de fusion.** De ce fait, nous proposons d'étudier la nature juridique du protocole de fusion à partir de la définition qu'en donne la doctrine. Un auteur décrit le protocole comme « *un document (...) sans valeur juridique, destiné surtout à exprimer les intentions, d'où son nom et à définir les méthodes de travail* »[313]. Par la suite, M. JEANTIN reprend une définition qui se rapproche de la première, en se montrant plus explicite quant à la nature juridique du protocole de fusion. Selon lui, le protocole de fusion est « *un simple document préparatoire* »[314]. Cette

---

[311] ROUTIER (R.), *th. préc.*, p. 445.

[312] T. com. Nantes, 31 janv. 1974, Rev. soc. 1974, p. 727, note BURST (J.-J.) ; Gaz. Pal. 1974, p. 433, note A.P.S.

[313] LATSCHA (J.), *Fusions, scissions, apports partiels d'actifs. Les nouvelles procédures*, JCP CI 1967, n°82331.

[314] JEANTIN (M.), *Fusion*, J.-Cl. sociétés, fasc. 164 B, 1967, n°1 ; BERTREL (J.-P.) et JEANTIN (M.), *op. cit.*, p. 355.

acceptation, qui rejoint la notion générale de document préparatoire[315], a le mérite de faire ressortir les caractéristiques précédemment exposées du protocole de fusion ainsi que son objet. Comme son nom l'indique, ce genre de document sert à préparer le contrat et se situe dans une phase précontractuelle.

124. **Plan.** Pour pouvoir qualifier le protocole de fusion de document préparatoire, il faut d'abord exposer cette notion **(Ss-paragr. 1)** et, ensuite, étudier la valeur juridique de ce document préparatoire **(Ss-paragr. 2)**.

Ss-paragraphe 1 : Notion de document préparatoire

125. **Plan.** La notion de document préparatoire désigne une série d'actes dont la nature juridique reste indéterminée[316]. Il s'agit principalement de l'engagement d'honneur, du protocole d'accord ainsi que de la lettre d'intention. Il est intéressant de qualifier le protocole de fusion en le comparant respectivement à chacun de ces actes. Ce protocole est-il un engagement d'honneur **(A)**, une lettre d'intention **(B)** ou bien un protocole d'accord **(C)** ?

A- Un engagement d'honneur

126. **L'exposé de la qualification.** L'engagement d'honneur[317] est « *une proposition par laquelle son auteur entend exprimer sa volonté d'assumer un engagement sans pour autant que cet engagement soit pourvu d'effets juridiques* »[318]. Selon cette définition, les parties souhaitent garder leur acte en dehors du droit et elles n'entendent pas être sanctionnées par les juridictions étatiques ou la justice arbitrale[319]. Par conséquent, l'engagement d'honneur ne crée pas d'obligations.

127. Une partie de la doctrine assimile le protocole de fusion à un engagement d'honneur. Les protocoles ne constituent alors que « *de simples engagements d'honneur, aucune obligation n'incombant à l'une ou l'autre des parties qui ont voulu rester sur le terrain des intentions et non sur celui des réalisations* »[320]. Les parties signataires ne s'engagent pas

---

315 Sur la notion de documents préparatoires, v. LABARTHE (F.), *La notion de document contractuel*, LGDJ, 1994, p. 127 et s.; MOUSSERON (J.-M.), *op. cit.*, p. 34 et s.

316 Sur cette classification des documents préparatoires, v. MOUSSERON (J.-M.), GUIBAL (M.) et MAINGUY (D.), *L'avant-contrat*, Francis Lefebvre, 2001, p. 227.

317 En anglais « *gentelmen's agreement* ».

318 MOUSSERON (J.-M.), GUIBAL (M.) et MAINGUY (D.), *op. cit.*, p. 227.

319 AMMAR (D.), *Essai sur le rôle de l'engagement d'honneur*, th. Paris I, 1990, p. 10 et s. ; NAJJAR (I.), *L'accord de principe*, D. 1991, chr. p. 57.

320 BAUDEU (G.) et BELLARGENT (G.), *op. cit.*, p. 133.

contractuellement à ce stade précoce de l'opération, mais cherchent simplement à mettre au point les négociations dans un but indicatif et non pas dans celui de s'engager. Aucune responsabilité contractuelle ne s'ensuit. Seule une responsabilité délictuelle de l'une des parties peut être engagée pour rupture abusive des négociations. En effet, « *le partenaire qui changerait brutalement et légèrement (sans motifs sérieux) d'avis, verrait sa responsabilité civile (délictuelle) engagée au profit de la société éconduite* »[321].

128. Par ailleurs, M. OPPETIT constate que « *toute l'opération est en germe dans ces documents, qui sont utiles mais pas obligatoires, et ont par conséquent un caractère officieux et sont, le plus souvent, tenus secrets par les intéressés* »[322]. Cette description de l'engagement d'honneur reprend les mêmes caractéristiques développées auparavant concernant le protocole de fusion[323]. Ce dernier est un document utile dont l'élaboration n'est pas obligatoire. Il a généralement un caractère officieux et les dirigeants des sociétés préfèrent le garder secret pour ne pas perturber les organes sociaux et le marché.

129. **Les critiques de la qualification.** La qualification du protocole de fusion d'engagement d'honneur n'est pas convaincante. Les parties peuvent se mettre d'accord de ne pas s'engager contractuellement à ce stade de l'opération. Dans ce cas, le protocole de fusion s'assimile plutôt un simple « *document de secrétariat* »[324] qui n'a aucune valeur juridique. Cependant, la seule volonté des parties n'apparaît plus aujourd'hui suffisante pour soustraire l'acte à l'emprise du droit. La tendance actuelle de la jurisprudence consiste plutôt à réintégrer l'engagement d'honneur dans l'orbite du droit[325]. Les juges sont de plus en plus favorables à la requalification des engagements d'honneur d'actes ayant une valeur juridique et créateurs d'obligations.

130. De plus, la qualification du protocole de fusion comme un simple engagement d'honneur semble souvent inopportune pour les parties signataires. Il est en effet rare que les parties se fient uniquement à l'honneur, surtout dans le domaine des affaires. Les dirigeants signataires du protocole de fusion prévoient des obligations afin de faire progresser les

---

[321] COZIAN (M.), VIANDIER (A.) et DEBOISSY (F.), *op. cit.*, n°1753.
[322] OPPETIT (B.), *L'engagement d'honneur*, D. 1979, chr., p. 107.
[323] Sur les caractéristiques du protocole de fusion, cf. *supra*, n°82 et s.
[324] MOUSSERON (J.-M.), *op. cit.*, p. 34.
[325] PETIT (B.), *Contrats et obligations, définition et classification des contrats*, J.- Cl. Civile Code, fasc. unique, n° 21 ; TERRÉ (Fr.), SIMLER (P.) et LEQUETTE (Y.), *op. cit.*, p. 69 ; MALAURIE (Ph.), AYNÈS (L.) et STOFFEL-MUNCK (P.), *Droit des obligations*, Lextenso, 7ème éd., 2015, n°444.

négociations et maintenir certains droits. Ils s'évertuent à affermir leurs volontés réciproques par la stipulation d'obligations particulières, attribuant de la sorte une force juridique au protocole de fusion.

B- Une lettre d'intention

131. **La nature des lettres d'intention.** La lettre d'intention[326] reste difficile à définir sachant que cette appellation peut désigner deux sortes d'actes totalement différents[327]. Le premier genre de lettre, également appelé lettre de patronage ou lettre de confort, représente une sûreté personnelle donnée à une personne envers son créancier comme le définit l'article 2322 du Code civil, soit « *l'engagement de faire ou de ne pas faire ayant pour objet le soutien apporté à un débiteur dans l'exécution de son obligation envers son créancier* ». Le second genre est le document préparatoire qui intervient à l'occasion de la négociation d'un contrat dans lequel une partie manifeste son intérêt de conclure un contrat. C'est à ce genre de lettre d'intention qu'il faut se limiter pour pouvoir qualifier le protocole de fusion.

132. Ce document préparatoire a longtemps été associé à la négociation des contrats internationaux[328]. Le processus d'élaboration de ce type de contrat est souvent lent et complexe. Les négociations peuvent se dérouler sur une durée indéterminée. Les négociateurs ont alors recours à des documents préparatoires pour organiser leurs négociations. Ces actes d'une grande utilité servent généralement à « *annoncer les objectifs des pourparlers entrepris, pour faire en cours de route le bilan des résultats déjà acquis, pour préciser certains aspects de la procédure de négociation, pour consacrer l'accord sur l'essentiel une fois qu'il est obtenu, certains détails restant à régler, pour faire savoir à des tiers dont le concours est sollicité quels sont l'objet et les perspectives de la négociation en cours, etc.* »[329]. La lettre d'intention peut alors être définie comme un ensemble d'actes juridiques unilatéraux ayant pour objet de fixer le cadre de la négociation[330].

---

[326] En anglais: « *Letter of understanding* ».

[327] Sur la distinction entre les deux actes, v. : JAMBORT (S.), *Les lettres d'intention sont-elles mortes*, Bull. Joly 2007, p. 668, MOUSSERON (J.-M.), GUIBAL (M.) et MAINGUY (D.), *op. cit.*, p. 237.

[328] Sur la lettre d'intention en générale, v. : BARRE (X.), *La lettre d'intention : technique contractuelle et pratique bancaire*, Economica, 1995. Sur la lettre d'intention dans la négociation des contrats internationaux, v. : FONTAINE (M.), *art. préc.*, p. 73 ; PEVTCHIN (G.), *La lettre d'intention*, DPCI 1979, p. 49 et s. Sur la lettre d'intention en matière de fusion, v. : DRAETTA (U.), *Les documents précontractuels dans les négociations d'acquisition ou de fusion. Vue d'ensemble de la pratique internationale*, RDAI 1991, n° 2, p. 229.

[329] PEVTCHIN (G.), *art. préc.*, p. 50.

[330] MOUSSERON (J.-M.), GUIBAL (M.) et MAINGUY (D.), *op. cit.*, p. 240.

133. **L'utilisation de la lettre d'intention dans la fusion.** De même que pour la fusion, le processus de conclusion du contrat définitif est incontestablement complexe. Une longue phase de négociations le précède. Les négociateurs ont alors logiquement recours à des lettres d'intention ayant pour objet de montrer le bilan et l'avancée des négociations. Le protocole de fusion, qui a le même objet, peut être considéré comme une lettre d'intention. Il n'est cependant pas nécessairement émis de manière unilatérale. C'est pourquoi cet acte se rapproche plutôt du protocole d'accord.

C- Un protocole d'accord

134. **La définition du protocole d'accord.** Le protocole d'accord peut avoir une multitude de définitions suivant les domaines dans lesquels il intervient[331]. Le vocabulaire juridique d'Henri CAPITANT indique qu'il s'agit d'un « *document établi par deux ou plusieurs entreprises qui constate soit les bases d'une opération complexe, encore à l'état de projet, qu'elles se proposent de réaliser (exemple : protocole de fusion des sociétés), soit un contrat préparatoire à la conclusion d'un contrat important ou d'un groupe de contrats (exemple : protocole de crédit-bail immobilier)* »[332]. Selon d'autres auteurs, c'est « *la formalisation par écrit du projet de contrat que les parties envisagent de conclure dans un document que les parties nomment parfois protocole d'accord* »[333]. La définition du protocole d'accord se réfère principalement à son contenu consistant à visualiser le contrat projeté.

135. **Le protocole de fusion : un protocole d'accord.** En matière de fusion, les praticiens ont donné un nom au document précédant l'élaboration du projet de fusion, en faisant référence à la notion de protocole d'accord. La qualification de cet acte de protocole d'accord n'exclut pas celle de la lettre d'intention. Une large majorité de la doctrine considère d'ailleurs que les deux actes se « *confondent* »[334]. M. PEVTCHIN affirme ainsi qu'il importe peu « *qu'on l'appelle protocole ou lettre d'intention, c'est chou vert et vert chou (...) La différence est dans la forme et pas dans le titre* »[335]. Un auteur considère même que la « *dénomination [protocole d'accord] ne présente aucun intérêt particulier en règle générale ; il s'agit même d'une dénomination de fantaisie pour identifier [...] une lettre d'intention* »[336].

---

[331] En anglais : « *Draft agreement* ».
[332] CORNU (G.), *Vocabulaire juridique de l'Association CAPITANT (H.)*, PUF, 2011, *v°* Protocole.
[333] MOUSSERON (J.-M.), GUIBAL (M.) et MAINGUY (D.), *op. cit.*, p. 246.
[334] LABARTHE (F.), *th. préc.*, p. 146 ; PEVTCHIN (G.), *art. préc.*, p. 49
[335] PEVTCHIN (G.), *ibid.*
[336] MOUSSERON (J.-M.), GUIBAL (M.) et MAINGUY (D.), *ibid.*

L'assimilation des deux actes est également valable en matière de fusion. On se réfère ainsi volontiers au protocole d'accord ou à la lettre d'intention pour désigner le protocole de fusion[337].

136. **Un protocole d'accord ou une lettre d'intention ?** Une différence minime a toutefois pu être décelée entre les deux actes[338]. Le protocole d'accord présente un caractère synallagmatique tandis que la lettre d'intention est l'expression d'une seule partie et présente un caractère unilatéral. Le protocole d'accord constitue en effet la « *version bilatérale* »[339] d'une lettre d'intention. Il est la mise en commun dans un seul *instrumentum* de l'ensemble des lettres d'intentions échangées par les négociateurs. La différence réside alors dans la modalité d'élaboration des deux actes et s'avère plus formelle que substantielle. Le protocole de fusion est ainsi qualifié de protocole d'accord ou de lettre d'intention, selon son mode d'élaboration. Cette distinction formelle entre les deux actes pour la qualification du protocole de fusion est cependant inutile car ils ont strictement la même valeur juridique.

Ss- paragraphe 2 : Valeur juridique du document préparatoire

137. **L'identité de la valeur juridique.** La confusion entre le protocole d'accord et la lettre d'intention suppose qu'ils aient la même valeur juridique. Les deux types de documents préparatoires peuvent contenir des clauses génératrices d'engagements contractuels. Le débat concernant ce genre de documents porte sur la difficulté de distinguer les cas où ils ont une force obligatoire des cas où ils n'en sont pas dotés[340].

138. **Plan.** Le protocole de fusion peut contenir des engagements contractuels à la charge des parties signataires **(A)**. Cette possibilité offre d'importantes opportunités aux signataires du document et notamment de prévoir une diversité d'engagements **(B)**.

A- La possibilité de prévoir des engagements

139. **La valeur variable des documents préparatoires.** Rappelons qu'en principe les documents préparatoires n'ont pas de valeur contractuelle[341]

---

[337] CHADEFAUX (M.), *op. cit.*, p. 43 ; COZIAN (M.), VIANDIER (A.) et DEBOISSY (F.), *op. cit.*, n°1753.
[338] En ce sens: NAJJAR (I.), *art. préc.*, p. 57.
[339] FAGES (B.), PAULIN (A.), *Lamy droit du contrat*, éd. Lamy, 2011, paragr. 115-22.
[340] LABARTHE (F.), *th. préc.*, p. 142 : dans le cas où les documents ont une valeur obligatoire, ils seront qualifiés de « *documents contractuels* ».
[341] À titre d'exemple, v. CA Paris, 1er déc. 2000, RTD civ. 2001, p. 127, obs. MESTRE (J.) et FAGES (B.).

alors que l'analyse de leur contenu conduit parfois à conclure le contraire. Cette affirmation est corroborée par la capacité de la lettre d'intention et du protocole d'accord à contenir des engagements contractuels. Une partie infime de la doctrine estime que le protocole d'accord ne peut contenir d'engagements pour les parties[342]. Cependant, la grande majorité de la doctrine suggère au contraire que la valeur juridique du protocole d'accord dépend de son contenu[343]. Cet acte peut contenir des clauses ayant valeur d'engagements contractuels à la charge des signataires. Cette position a été à plusieurs reprises confirmée par la jurisprudence, notamment en matière de protocole d'accord relatif à une cession de contrôle entre sociétés. La Cour de cassation affirme ainsi que, dans un protocole d'accord, les clauses *« ne sont pas nécessairement indivisibles»*[344]. Cette décision reconnaît la possibilité de distinguer, dans un même protocole d'accord, des clauses ayant valeur contractuelle et d'autres qui en sont dépourvues. Une autre décision ultérieure de la Chambre commerciale a reconnu une valeur juridique au protocole d'accord relatif à une cession de contrôle[345].

140. **Le critère de variation de la valeur des documents préparatoires.** De la même façon que pour le protocole d'accord, la valeur juridique de la lettre d'intention varie selon son contenu[346]. Comme l'indique un auteur : « *le clivage le plus apparent semble s'établir en fonction de la portée de l'engagement éventuellement souscrit par le signataire de la lettre : certaines lettres d'intention restent en marge du droit, d'autres au contraire accèdent incontestablement au plan juridique* »[347]. La doctrine a proposé une échelle de valeurs de la lettre d'intention suivant le degré de force contraignante des engagements qu'elle contient [348]. On distingue ainsi les lettres qui ne contiennent aucun engagement juridique de celles qui en

---

[342] CEDRAS (J.), *L'obligation de négocier*, RTD. com. 1985, p. 265.

[343] FAGES (B.) et PAULIN (A.), *op. cit.*, paragr. 115-36. Ces auteurs comparent le protocole d'accord au « *Term sheet* » issu de la pratique anglo-américaine des affaires. Cet acte n'est pas en principe créateur d'obligations pour les parties, peut tout de même prévoir certaines obligations nécessaires aux négociations ; MESTRE (J.) et FAGES (B.), *Start-up, start-down : de quelques protocoles préparatoires à la constitution de sociétés qui ne virent jamais le jour, et de leurs effets juridiques...*, RTD civ 2001, p. 127.

[344] Cass. Com. 7 avril 1987, Bull. Joly 1987, § 132, p. 277 ; JCP E, 16959, 11.

[345] Cass. com., 26 janvier 1999, n° 97-10018, RJDA 1999, n° 565 ; RTD civ. 1999, p. 831, obs. MESTRE (J.).

[346] FONTAINE (M.), *Le processus de formation du contrat : contributions comparatives et interdisciplinaires à l'harmonisation du droit européen*, Bruylant, LGDJ, 2002, p. 63 ; FAGES (B.), PAULIN (A.), *op. cit.*, paragr. 115-22.

[347] BAILLOD (R.), *Les lettres d'intention*, RTD com. 1992, p. 547.

[348] Sur la classification entre la lettre la moins juridique et la lettre la plus juridique, v. BERTEREL (J.-P.), *Les lettres d'intention,* Rev. Banque, oct. 1986, p. 895. Sur la classification : engagement moral, engagement inconditionnel et obligation de résultat, v. DE JUGLART (M.) et IPPOLITO (B.), *Traité de droit commercial*, t. 7, éd. Banques et Bourse, 1991, p. 291.

contiennent[349]. En règle générale, la lettre d'intention n'oblige pas ses signataires, elle est dépourvue de valeur juridique. Cependant, elle peut devenir contraignante lorsque les signataires sont à la fois précis et fermes dans sa rédaction.

141. **L'application au protocole de fusion.** Le protocole de fusion, en tant que document préparatoire, n'a pas en principe de valeur obligatoire pour les signataires. Ces derniers assument simplement une obligation extracontractuelle de bonne foi. Il s'agit d'une obligation de moyen imposant aux signataires d'accomplir toutes les diligences nécessaires pour faire aboutir le protocole de fusion[350]. Ils doivent ainsi défendre le texte du protocole devant les organes de leur société, notamment le conseil d'administration et l'assemblée générale.

142. Le protocole de fusion peut néanmoins avoir une valeur contractuelle et contenir des clauses créatrices d'engagements à la charge des signataires. Selon certains auteurs « *le protocole a valeur conventionnelle ; c'est un avant-contrat qui n'engage que ceux qui l'ont signé. On ne saurait considérer qu'il lie la société nouvelle qui n'est pas encore constituée. Sous cette importante réserve, la violation des engagements souscrits dans un protocole de fusion ou de scission est susceptible d'entrainer la responsabilité de celui des signataires qui n'en respecte pas les termes* »[351]. Cette qualification du protocole d'accord n'est pas totalement correcte. Il semble juste d'opter pour une position plus nuancée qui prend en compte le contenu du protocole. De façon plus adéquate, on peut affirmer que « *dans le même document certaines clauses pourront s'analyser comme de simples engagements d'honneur (accords sur la composition du conseil par exemple) alors que d'autres auront une portée juridique (engagement de faire des efforts pour obtenir la signature du traité qui suivra, partage des frais d'étude entre les sociétés, etc.)»*[352]. Le protocole de fusion n'est pas en principe créateur d'obligations ; mais il peut contenir certaines clauses renfermant des engagements contractuels à la charge des signataires.

B- La diversité des engagements

143. **La forme des engagements.** La force obligatoire du protocole de fusion est variable. La liberté contractuelle des parties leur permet de stipuler une multitude d'obligations et d'engagements. Ces obligations dites

---

[349] Sur cette classification, v. NAJJAR (I.), *L'autonomie de la lettre de confort*, D. 1989, chron. p. 217.

[350] Les signataires ne garantissent pas que le protocole de fusion soit adopté par le conseil d'administration en tant que projet de fusion.

[351] BERTREL (J.-P.) et JEANTIN (M.), *op. cit.*, p. 355.

[352] BAUDEU (G.) et BELLAGRENT (G.), *op. cit.*, n° 93.

« *accessoires*»[353], prennent souvent la forme de clauses insérées dans le protocole de fusion qui précisent le cadre des négociations entamées par les organes représentatifs des sociétés en cause.

144. **Plan.** Il n'est pas possible de dresser une liste exhaustive des engagements que les signataires peuvent prévoir. Nous nous limiterons donc à une énumération des engagements les plus fréquents dans le protocole de fusion, en distinguant ceux qui engendrent une obligation de résultat **(1)** de ceux entraînant une obligation de moyen **(2)**.

1- Engagement impliquant une obligation de résultat

145. **Clause de confidentialité.** Le protocole peut prévoir une clause de confidentialité engageant ses signataires à une obligation générale de garder les négociations secrètes, dans le but recherché d'éviter toute répercussion négative au cas où les négociations n'aboutiraient pas à la réalisation de l'opération projetée[354]. Les dirigeants cherchent ainsi à éviter la propagation de rumeurs concernant le rapprochement de leur société avec une autre, cela afin de ne pas troubler les organes sociaux de leur société. Cette clause peut avoir aussi un objet plus restreint et se limiter à un nombre défini d'informations échangées pendant les négociations. Il s'agit surtout d'informations importantes pour les sociétés, notamment celles à caractère comptable et financier. La clause de confidentialité impose aux parties une obligation de ne pas faire, soit l'obligation d'adopter une attitude négative de non-divulgation des informations échangées entre les sociétés[355]. Elle impose également aux parties une obligation de faire, soit l'obligation de protéger les informations échangées. Le protocole de fusion peut aussi fixer le montant de la réparation en cas de violation de l'obligation de confidentialité. Il s'agit d'une clause pénale permettant d'éviter toute sorte de complications susceptibles de surgir entre les parties quant à la détermination de la nature et du *quantum* des réparations.

146. **Clause d'exclusivité.** Le protocole de fusion peut stipuler une clause d'exclusivité ou de « *statu quo* » qui engage les parties, pendant une période

[353] TERRÉ (Fr.), SIMLER (P.) et LEQUETTE (Y.), *op. cit.*, p. 193.

[354] Sur les clauses de confidentialité dans les opérations sociétaires, v. AMBROSI (J.-M.), LONCLE (J.-M.) et TROCHON (J.-Y.), *Pratique des négociations dans les rapprochements d'entreprises*, EFE, 2010, p. 73 et s. ; DUBOUT (H.), *Les engagements de confidentialité dans les opérations d'acquisition d'entreprises*, Bull. Joly, juill. 1992, p. 726.

[355] Il faut relever que l'obligation de non-divulgation est souvent contractée pour une durée indéterminée. Il appartient aux tribunaux compétents de fixer cette durée en prenant en considération la loi applicable à l'accord. DRAETTA (U.), *art. préc.*, p. 229 : l'auteur constate que « *le propriétaire de l'information finira en général par être protégé uniquement s'il peut démontrer qu'il a intérêt continu et actuel à préserver sa nature confidentielle* »..

déterminée, à entamer des négociations exclusives[356]. La clause contient un engagement réciproque des parties à une obligation de ne pas faire. Cette dernière interdit aux parties de s'engager dans des négociations parallèles ayant le même objet avec un tiers. Par conséquent, la clause d'exclusivité peut se restreindre aux négociations en vue d'une fusion, ou bien s'étendre au contraire à toute négociation entreprise avec un tiers dans le but d'aboutir à toute forme de rapprochement. La clause d'exclusivité comprend également l'obligation de faire, c'est-à-dire de négocier ensemble pendant cette même période.

147. **Clause de renseignement.** La communication de certaines informations entre les représentants des sociétés concernées est nécessaire en vue de l'élaboration du projet de fusion. L'insertion d'une clause de renseignement dans le protocole de fusion peut s'avérer opportune. Cette clause a pour but de renforcer le devoir réciproque de renseignement qui incombe généralement aux parties négociantes. Les signataires du protocole de fusion sont alors tenus d'une obligation de faire parvenir à l'autre partie les informations nécessaires et utiles en vue de l'avancée des négociations. La violation de cette obligation est susceptible d'une sanction contractuelle pouvant se résoudre en dommages-intérêts.

148. **Clause d'indemnisation.** Le protocole de fusion peut prévoir l'indemnisation d'une société en cas de non-approbation du projet de fusion par l'assemblée générale de l'autre société. Cette stipulation repose sur une indemnisation sans faute. Lorsqu'elle fixe le montant de la réparation, la clause d'indemnisation obéit au régime de la clause pénale. Le juge français peut alors réduire ou augmenter le montant de la clause pénale[357] s'il l'estime manifestement excessif ou dérisoire[358].

149. **Clause de partage des frais.** La négociation de l'opération de fusion peut engendrer des dépenses et des frais non négligeables. La totalité des frais de négociations est longue à énumérer. Il s'agit en général de frais d'experts financiers et juridiques, désignés par les négociateurs pour mener certaines études sur la réalisation de la fusion. Il peut également s'agir de leurs frais de déplacement, surtout quand ils ne résident pas dans le pays où

---

[356] Sur la clause d'exclusivité : AMBROSI (J.-M.), LONCLE (J.-M.) et TROCHON (J.-Y.), *op. cit.*, p. 77 et s. ; ROUTIER (R.), *th. préc.*, p. 250.

[357] Art. 1152 C. civ. « *Lorsque la convention porte que celui qui manquera de l'exécuter payera une certaine somme à titre de dommages-intérêts, il ne peut être alloué à l'autre partie une somme plus forte, ni moindre. Néanmoins, le juge peut même d'office modérer ou augmenter la peine qui avait été convenue, si elle est manifestement excessive ou dérisoire. Toute stipulation contraire sera réputée non écrite* ».

[358] Cass. com., 11 févr. 1997, D. affaires, n°12, 1997, 5-1.

se négocie l'opération. Les négociateurs peuvent alors choisir d'insérer dans le protocole de fusion une clause de partage des frais.

2- Engagement impliquant une obligation de moyen

150. De manière générale, l'accord de principe est exclu de la catégorie des documents préparatoires[359]. Cet acte constitue plutôt un contrat préparatoire qui engendre une obligation contractuelle de poursuivre les négociations[360]. Cela est d'autant plus vrai que « *lorsqu'on parle d'accord de principe, on pense « engagement ». En revanche, l'assimilation contrat, document préparatoire n'est pas directe. Il faut s'interroger à propos de chaque document pour déterminer s'il est contractuel ou non* »[361]. Un document préparatoire peut en revanche contenir un accord de principe, c'est le cas lorsque les parties signataires insèrent une clause stipulant l'obligation de poursuivre les négociations. Elle se traduit par une obligation de moyen de faire toutes les diligences nécessaires à l'aboutissement du document préparatoire.

151. Le protocole de fusion ne constitue généralement pas un accord de principe. Ce protocole d'accord peut, le cas échéant, contenir un accord de principe sans que sa nature juridique s'en trouve modifiée. Les parties signataires peuvent ainsi insérer dans le protocole de fusion une clause prévoyant l'obligation de négociation de bonne foi. Cette obligation a pour objet d'aboutir à l'élaboration du projet de fusion. Les signataires doivent accomplir toutes les diligences nécessaires pour atteindre cet objectif. En cas de manquement, la responsabilité contractuelle des signataires est engagée.

Section 2 : L'élaboration du projet de fusion

152. **Le point de départ officiel de la fusion.** Les conditions d'élaboration, de forme et de publicité, du projet de fusion sont largement réglementées par la loi et contrôlées par les autorités publiques. L'élaboration de ce document constitue ainsi le point de départ officiel de la fusion et l'« *acte-charnière* »[362] marquant le passage de la phase de préparation de l'opération à celle de sa réalisation. Le projet de fusion est, en outre, considéré comme le « *document clé* »[363] de l'opération dont l'élaboration est imposée par les textes. Il remplit une double mission

---

[359] Sur la notion d'accord de principe, cf. *infra*, n°s220 et s.

[360] NAJJAR (I.), *L'accord de principe*, D. 1991, chron. p. 57. Selon cet auteur, « *l'accord sur le principe [...] est déjà un engagement qui peut éventuellement y aboutir* ».

[361] LABARTHE (F.), *th. préc.*, p. 137.

[362] CHAMPAUD (Cl.), *th. préc.*, n°208.

[363] TILQUIN (T.), *Traité des fusions et de scissions*, Kluwer, éditions juridiques, Belgique, 1993, p. 157.

puisqu'il se présente, d'une part, comme un instrument d'information pour toutes les personnes intéressées par l'opération et il concrétise, d'autre part, le rapprochement des dirigeants sociaux sur les modalités essentielles de réalisation de l'opération projetée[364].

153. **Plan.** Préoccupé par le rôle informatif de cet acte, le législateur s'est contenté d'en réglementer l'élaboration, en évitant de se prononcer de manière explicite sur sa nature juridique. Il semble alors nécessaire de cerner les caractéristiques attribuées par les textes au projet de fusion **(Ss-section 1)** afin d'en déduire sa nature juridique **(Ss-section 2)**.

Ss-section1 : Caractéristiques du projet de fusion

154. **Un outil de transparence.** La fusion entraîne des modifications importantes dans l'organisation des sociétés participantes à l'opération et bouleverse des intérêts largement contradictoires. L'opération doit, en conséquence, être effectuée dans la plus grande transparence et dans le respect des droits des actionnaires et des tiers. Cette exigence de transparence dans l'opération a été consacrée par les textes européens. La transparence exige, d'une part, « *d'assurer une information adéquate et aussi objective que possible des actionnaires des sociétés qui fusionnent et de garantir une protection appropriée de leurs droits* »[365] et, d'autre part, « *la publicité [...] doit être étendue aux opérations relatives à la fusion afin que les tiers en soient suffisamment informés* »[366]. Le législateur a voulu assurer cette transparence grâce à un instrument d'information efficace au profit de tout intéressé dans l'opération[367] : le projet de fusion doit fournir des informations utiles très tôt et en abondance[368]. L'efficacité du projet de fusion s'explique par son intervention avant la fusion. Elle permet, d'abord, aux actionnaires de mieux exercer leur droit de vote et, ensuite, aux tiers d'exercer à bon escient leur droit d'opposition.

155. **Plan.** Le projet de fusion est un acte obligatoire dont l'élaboration est imposée antérieurement à la réalisation de la fusion **(Paragr. 1)**. En outre, il est soumis à un contrôle considérablement strict **(Paragr. 2)**.

---

[364] Le projet de fusion constitue un acte commun signé par les directeurs des sociétés concernées. Il découle de la formulation de l'article L. 236-6 C. com. qu'il doit être élaboré un seul et unique projet de fusion. Cette exigence est reprise de manière plus explicite par l'article 5 de la dixième directive relative aux fusions transfrontalières.
[365] Cons. 5 Dir. 2011/ 35/UE.
[366] Cons. 8 Dir. 2011/ 35/UE.
[367] Sur le rôle informatif du projet de fusion, v. : BERLIOZ (G.), *Le droit à l'information en matière de fusions in. L'information en droit privé*, LGDJ, 1978, p. 261.
[368] BERLIOZ (G.), *art. préc.*, p. 268.

Paragraphe 1 : Un acte obligatoire

156. **Le fondement de l'obligation d'élaboration d'un projet de fusion.** Les textes imposent l'élaboration d'un projet commun de fusion préalable à la réalisation de l'opération. Selon l'article L. 236-6, alinéa 1er du Code de commerce, « *toutes les sociétés qui participent à l'une des opérations mentionnées [...] établissent un projet de fusion ou de scission* ». Cette obligation légale d'élaboration d'un projet de fusion a été reprise par les textes européens relatifs aux opérations de fusions transfrontalières[369].

157. **L'obligation d'élaboration d'un projet en droit des sociétés.** Il n'est pas étonnant que les textes imposent l'établissement d'un projet préalable à la conclusion du contrat définitif. Le but recherché est en effet d'assurer une bonne information des cocontractants, des organes compétents pour décider l'opération, ainsi que des tiers dont les intérêts sont en cause. Cette tendance a connu un essor considérable en droit des sociétés. Par exemple, lors de la constitution d'une société faisant publiquement appel à l'épargne, son projet de statuts doit être déposé au greffe du tribunal de commerce[370]. Il en va de même en cas de cession de parts sociales d'une société à responsabilité limitée à un tiers étranger à celle-ci. L'associé qui envisage de céder ses parts sociales est obligé de notifier le projet de cession à la société et à tous les associés[371]. Une telle publicité est nécessaire pour obtenir l'agrément impératif du tiers cessionnaire par les associés de la société[372]. Ces derniers doivent être informés suffisamment à l'avance pour décider en toute connaissance de cause. Relevons également le cas du projet de cession de parts sociales des sociétés civiles qui doit être notifié à tous les associés afin que le tiers cessionnaire puisse obtenir leur agrément[373]. En outre, l'accord de cautions, d'avals et de garanties par une société par actions à un tiers, est subordonné à l'autorisation préalable du Conseil d'administration ou du Conseil de surveillance[374]. Le directeur doit alors fournir aux conseils les documents nécessaires pour obtenir l'autorisation avant l'accord des cautions, avals et garanties.

---

369 Art. 5, al. 1 Dir. 2005/56/CE : « *les organes de direction ou d'administration de chacune des sociétés qui fusionnent établissent un projet commun de fusion transfrontalière* ».

370 Art. L. 225-2, al. 1 C. com. « *Le projet de statuts est établi et signé par un ou plusieurs fondateurs, qui déposent un exemplaire au greffe du tribunal de commerce du lieu du siège social* » et art. R. 225-2 pour les sociétés anonymes et R. 226-1 pour les sociétés en commandite par actions.

371 Art. L. 223- 14, al. 2 C. com.

372 Sur le caractère impératif de la procédure d'agrément du cessionnaire étranger, v. Art. L. 223-14, al. 7 et L. 235-1 C. com.

373 Art. 1861, al. 3 du C. civ. et art. 49 et 50 du décret du 3 juillet 1978. Le régime de cession est emprunté de celui de la société à responsabilité limitée.

374 Ceci s'applique pour les sociétés autres que celles qui exploitent des établissements bancaires et financiers (art. L. 225- 35, al. 4 C. com. ; art. L. 225-68, al. 2 C. com.).

158. **L'obligation d'élaboration d'un projet dans d'autres domaines du droit.** L'obligation d'élaborer un projet avant la conclusion du contrat définitif s'est développée dans d'autres domaines que celui du droit des sociétés. En droit de la consommation, l'élaboration d'un projet s'impose lorsque le contrat contient des clauses susceptibles d'être jugées abusives à l'égard du consommateur[375]. De même en matière d'assurance, l'assureur est obligé de remettre à l'assuré un exemplaire du projet de contrat sachant que celui-ci n'engage nullement les parties[376]. Dans ces deux cas, le législateur impose l'établissement préalable d'un projet de contrat afin de protéger la partie considérée faible.

159. **Plan.** Les textes ne se sont pas contentés d'imposer aux sociétés l'élaboration du projet de fusion, mais ils ont également cherché à réglementer le contenu de cet acte **(Ss-paragr. 1)** et les modalités de son élaboration **(Ss-paragr. 2)**.

Ss-paragraphe 1 : Contenu et forme du projet de fusion

160. **Plan.** Les intéressés doivent non seulement être informés de la volonté des sociétés de réaliser une fusion mais doivent également connaître les conditions et les modalités essentielles de l'opération. Le projet de fusion, auquel incombe cette tâche, doit donc être suffisamment clair et précis dans son contenu. Alors que les textes ne se préoccupent pas de sa forme **(A)**, son contenu fait au contraire l'objet d'une réglementation stricte **(B)**.

A- La forme du projet de fusion

161. **Le défaut de texte.** Les textes ne posent pas d'exigences quant à la forme, authentique ou sous seing privé que doit prendre le projet de fusion[377]. Nous pouvons en conclure qu'il peut être établi par un simple acte

---

[375] Annexe de l'art. L. 134-1 C. cons. « *Les professionnels vendeurs ou prestataires de services doivent remettre à toute personne intéressée qui en fait la demande un exemplaire des conventions qu'ils proposent habituellement* ».

[376] Art. L. 112-1 al. 4 C. ass. « *Avant la conclusion du contrat, l'assureur remet à l'assuré un exemplaire du projet de contrat et de ses pièces annexes ou une notice d'information sur le contrat qui décrit précisément les garanties assorties des exclusions, ainsi que des obligations de l'assuré* ».

[377] L'art. 16 de la Dir. 2011/ 35/UE impose la forme authentique du projet de fusion lorsque l'opération ne doit pas être approuvée par les assemblées générales de toutes les sociétés qui fusionnent. Ceci s'applique à l'opération de fusion, dite simplifiée, lorsque la société absorbante détient la totalité des actions ou parts sociales de la société absorbée. Dans ce cas l'assemblée générale de la société absorbée n'est pas tenue d'approuver la fusion. Nous pouvons déduire que le projet de fusion doit revêtir la forme authentique dans ce genre de fusion. Notons néanmoins cet article n'a pas été repris par les textes français.

sous seing privé, sauf dans le cas où le patrimoine de la société absorbée contient des biens et des droits immobiliers. Dans cette hypothèse, le projet revêt la forme authentique afin d'accomplir les formalités d'enregistrement et de publicité foncière. Par ailleurs, la forme authentique du projet de fusion est fortement conseillée pour les fusions par création d'une nouvelle société, lorsque cette dernière ne peut être constituée que par acte authentique[378].

162. **Un acte nécessairement écrit.** Malgré l'absence d'exigences législatives expresses quant à la forme du projet de fusion, la présence d'un écrit paraît obligatoire au regard de la procédure de publicité[379] à laquelle est soumis le projet dans le but d'informer toute personne intéressée par la fusion.

B- Le contenu du projet de fusion

163. **Les mentions obligatoires.** Le contenu du projet de fusion est précisé par la directive 2011/35/UE[380]. Cet acte doit ainsi comporter un nombre minimal d'informations obligatoires. On retrouve cette exigence dans le droit positif français[381]. Les informations mentionnées dans le projet de fusion peuvent être divisées en deux genres principaux. Le premier genre d'informations concerne principalement l'identification des sociétés participant à la fusion. Le projet indique la forme, la dénomination et le siège social de toutes les sociétés participantes.

164. Le second genre d'informations concerne les conditions et les modalités essentielles de la fusion. Le projet précise d'abord les motifs, buts et conditions de la fusion. Les dirigeants doivent alors exposer l'opportunité économique de l'opération projetée[382]. La formulation très large employée s'explique sans doute parce qu'« *il est à craindre qu'au vœu du législateur, il ne soit répondu que par des phrases stéréotypées surtout qu'il s'agit d'un domaine où les arrière-pensées occupent une large place* »[383]. En outre, le projet de fusion indique la désignation et l'évaluation de l'actif et du passif

---

[378] C'est le cas d'une constitution d'une société contenant un apport en nature d'un droit immobilier assujettie à la publicité foncière.
[379] Cf. *infra*, n°s176 et s. Dépôt au greffe du tribunal de commerce dans le ressort duquel se situe le siège social de la société, l'insertion d'un avis dans le journal officiel, et le dépôt du projet au siège social de la société pour informer les associés.
[380] Art. 5 Dir. 2011/ 35/UE.
[381] Art. R. 236-1 C. com.
[382] CHADEFAUX (M.), *op. cit.*, p. 51 : « *Les rédacteurs du projet doivent tout d'abord se livrer à un exposé de politique générale afin d'expliquer aux associés et aux actionnaires la raison d'être économique de la fusion et sa justification par rapport aux objectifs et à la stratégie des entreprises en présence. La description des conditions renvoie aux aspects techniques de la fusion : type de fusion retenu, sens de la fusion...* ».
[383] BURGARD (J.), *Fusion et management*, Rev. soc. 1969, p. 113.

dont la transmission, aux sociétés absorbantes ou nouvelles, est prévue[384]. Il faut ensuite fixer les modalités de remise des parts ou actions, la date à partir de laquelle ces parts ou actions donnent droit aux bénéfices ainsi que toute modalité particulière relative à ce droit. Il faut également préciser la date à partir de laquelle les opérations de la société absorbée ou scindée seront, au point de vue comptable, considérées comme accomplies par la ou les sociétés bénéficiaires des apports. Enfin, le projet de fusion doit mentionner le rapport d'échange[385] des droits sociaux et, le cas échéant, le montant de la soulte et le montant prévu de la prime de fusion ainsi que les droits accordés aux associés titulaires de droits spéciaux et aux porteurs de titres autres que des actions ainsi que tous les avantages particuliers s'il y en a.

165. **La sanction de l'absence d'une mention obligatoire.** Les textes ne se prononcent pas expressément sur la sanction du défaut de mention d'une information obligatoire. Toutefois, les administrateurs des sociétés sont tenus de déposer au greffe du tribunal une déclaration de conformité du projet aux exigences de la loi[386]. En cas de non-conformité, l'attestation de conformité ne peut être livrée aux sociétés et les administrateurs risquent d'engager leur responsabilité personnelle[387].

Ss- paragraphe 2 : Mode d'élaboration

166. **Plan.** L'étude du mode d'élaboration du projet de fusion est utile à sa qualification. Pour cela, il faut d'abord déterminer l'organe sociétaire d'élaboration compétent **(A)**. Ensuite, les limites apportées à cette compétence par le droit des sociétés permettront d'appréhender la valeur juridique du projet de fusion **(B)**.

A- L'organe compétent

167. **La compétence du conseil d'administration.** L'organe social compétent pour l'élaboration du projet de fusion est fixé par l'article R. 236-1 du Code de commerce. Selon les dispositions de ce texte, « *le projet de fusion ou de scission est arrêté par le conseil d'administration, le directoire, le ou les gérants de chacune des sociétés participant à l'opération de fusion ou de scission projetées* ». Cet acte doit alors être rédigé par les organes d'administration des sociétés cherchant à fusionner. L'un des cas les plus

---

384 MESTRE (J.) et VELARDOCCHIO (D.), *op. cit.*, n°1981. Cette évaluation, des actifs et passifs apportés par la société absorbée à celle absorbante, se distingue de l'évaluation multicritère utilisée pour la détermination du rapport d'échange. Il est ainsi adopté une présentation par grandes masses tant pour l'actif que pour le passif de la société absorbée.

385 Sur le rapport d'échange cf. *supra*, n°95 et s.

386 Sur la déclaration de conformité, cf. *infra*, n°s191 et s.

387 BERLIOZ (G.), *art. préc.*, p. 273.

classiques est celui d'une société anonyme gérée par un conseil d'administration[388] et un président[389]. Le conseil d'administration délibère sur le projet de fusion arrêtant ses termes définitifs. Après sa délibération, il habilite le directeur général ou le président du directoire de la société à signer le projet. Le président du conseil d'administration ou du directoire de la société concernée est donc tenu d'attendre la délibération du conseil avant de signer le projet de fusion.

168. L'élaboration du projet de fusion s'insère dans la compétence générale reconnue au conseil d'administration pour déterminer l'orientation de l'activité de la société[390]. Cet organe social ne se contente pas seulement d'approuver les orientations choisies par la direction générale, en tant qu'organe collégial il délibère sur le contenu même du projet de fusion. Il pourrait donc, le cas échéant, rejeter cet acte. Toutefois, le conseil ne décide pas la réalisation de ce projet car cette décision relève de la compétence de la direction générale. Le conseil se contente donc d'habiliter le dirigeant de la société à signer le projet. Ce dernier est signé par les dirigeants des sociétés en cause dûment habilités par leurs conseils d'administration respectifs.

169. **Les conséquences de la compétence du conseil d'administration.** Le projet de fusion paraît être plutôt l'œuvre du conseil d'administration que du directeur général. Il semble donc étrange que l'absence d'aboutissement de cet acte n'engage, à l'égard des tiers, que la responsabilité personnelle du dirigeant. La responsabilité de la société devrait être également engagée. Cette solution est étayée par le dispositif de l'article L. 225- 35, alinéa 2 du Code de commerce, en vertu duquel, « *dans les rapports avec les tiers, la société est engagée même par les actes du conseil d'administration qui ne relèvent pas de l'objet social* ». L'application de ce texte emporte l'engagement de la responsabilité de la société à l'égard de l'autre société, lorsque le projet de fusion n'aboutit pas. Le dirigeant agissant en tant que représentant légal de la société, le fait dommageable est donc imputable au représenté[391]. Sa responsabilité personnelle ne peut être engagée qu'en cas de faute détachable[392]. Cette solution a des conséquences considérables sur la qualification du projet de fusion.

---

388 Art. L. 225-57 et s. C. com. Une société anonyme peut aussi être dirigée par un directoire ou conseil de surveillance.

389 Art. L. 225-17 et s. C. com.

390 Art. L. 225-35 C. com.

391 En ce sens : MESSAI (S.), *La responsabilité civile des dirigeants sociaux,* th. Paris I, 2005.

392 La responsabilité personnelle d'un dirigeant à l'égard des tiers ne peut être retenue que s'il a commis une faute séparable de ses fonctions. Il est ainsi lorsque le dirigeant commet intentionnellement une faute d'une particulière gravité incompatible avec l'exercice normal des fonctions sociales. V. en ce sens : Cass. com., 20 mai 2003, n°99-17.092, Bull. civ. 2003,

B- Les limites de compétence de l'organe

170. **Inopportunité de la conclusion du contrat définitif de fusion.** Certains auteurs ont envisagé la possibilité de donner à l'assemblée générale d'une société le pouvoir de mandater le conseil d'administration afin de conclure directement le contrat de fusion[393]. Expressément mandatés par leurs assemblées générales respectives, les représentants ont ainsi toute latitude pour rendre le projet de fusion immédiatement effectif. Ce dernier peut alors produire tous les effets juridiques de la fusion dès sa signature. Les mêmes auteurs émettent toutefois un doute sur cette procédure car le mandat risquerait d'être perpétuellement remis en cause soulevant ainsi l'épineuse question des limites du pouvoir accordé au mandataire et de l'interprétation du mandat[394].

171. **Impossibilité de conclure le contrat définitif de fusion.** La faculté de mandater les dirigeants pour conclure le contrat de fusion doit non seulement être repoussée pour des raisons d'inopportunité, mais également pour des raisons juridiques. Le mandat donné aux dirigeants s'oppose au principe de la hiérarchie des organes établi par la jurisprudence du fameux arrêt Motte[395]. Ce principe trouve son application dans l'article L. 225-35 du Code de commerce, selon lequel le conseil d'administration agit « *sous réserve des pouvoirs expressément attribués aux assemblées d'actionnaires*». Ce texte trace clairement la limite du pouvoir du conseil d'administration qui ne peut empiéter sur ceux expressément attribués par la loi aux assemblées générales.

172. Parmi les pouvoirs expressément reconnus aux assemblées générales, on relève celui énoncé par l'article L. 225-96 du Code de commerce, concernant la modification des statuts de la société[396]. Selon ce texte, les assemblées générales extraordinaires ont une compétence exclusive en matière de modification des statuts. Cette compétence ne peut être déléguée à aucun autre organe de la société. La fusion entraîne des effets structurels assimilables à la modification des statuts des sociétés fusionnantes. Pour la société absorbée, le contrat de fusion aboutit à une dissolution sans liquidation et au transfert universel de son patrimoine. Pour la société absorbante, il est classiquement retenu que le contrat de fusion engendre une augmentation de son capital afin de recevoir l'apport de la société absorbée.

IV, n°84 ; Dr. sociétés 2003, comm. 148, note MONNET (J.) ; JCP G 2003, II, 10178, note REIFERGEISSTE (S.).

[393] DE NOAILLAT (G.), *th. préc.*, p. 28 ; GOMPEL (R.), *th. préc.*, p. 102.

[394] Art. 1998 C. civ. « *le mandant est tenu d'exécuter les engagements contractés par le mandataire, conformément au pouvoir qui a été donné* ».

[395] Cass. civ. 4 juin 1946, JCP 1947, II, 3518, note BASTIAN (D.).

[396] « *L'assemblée générale extraordinaire est seule habilitée à modifier les statuts dans toutes leurs dispositions* ».

Toutefois, ce n'est pas seulement l'augmentation de capital qui justifie l'intervention de l'assemblée générale extraordinaire de la société absorbante[397]. Cette exigence provient plutôt de l'effet organisationnel qu'emporte la fusion sur la société absorbante. Cette dernière reçoit l'entreprise de la société absorbée. En somme, qu'il s'agisse de la société absorbée ou absorbante, la fusion relève nécessairement de la compétence exclusive des assemblées générales.

173. Selon le principe de hiérarchisation des organes sociaux, le conseil d'administration ne peut pas être l'organe compétent pour conclure le contrat de fusion et cela, nonobstant l'habilitation préalable de l'assemblée générale. La réalisation de la fusion relève de la compétence exclusive de cette dernière. Celle du conseil d'administration se limite alors à arrêter le projet de fusion qui doit, par la suite, obtenir l'approbation de l'assemblée générale extraordinaire de la société.

Paragraphe 2 : Un acte soumis à un contrôle strict

174. **La nécessité du contrôle.** La conclusion du contrat de fusion a des effets importants sur les structures des sociétés contractantes, raison pour laquelle leurs associés et créanciers sont directement touchés par cette opération. Par conséquent, un contrôle de la mise en place du contrat afin d'assurer la transparence de l'opération est nécessaire. Ce contrôle intervient de manière prophylactique, pendant la phase préparatoire de l'élaboration du contrat définitif.

175. **Plan.** Le projet de fusion devient alors le centre d'attention du législateur. Ce dernier le soumettra à un système de formalisme et de contrôle rigoureux pour aboutir à la conclusion d'un contrat bien encadré. Le projet de fusion est l'objet d'une large procédure de publicité[398] **(Ss-paragr. 1)** ainsi que d'un contrôle exercé par diverses autorités publiques **(Ss-paragr. 2)**.

Ss-paragraphe 1 : La publicité du projet de fusion

176. **Plan.** Un nombre important de personnes est intéressé par l'opération de fusion. Leur notification individuelle est une formalité trop lourde susceptible de paralyser l'opération. Reste donc la publicité du projet de fusion[399]. Les procédés de publicité du projet de fusion ont, d'une part, une

---

[397] Il en est ainsi puisque la compétence de l'assemblée générale extraordinaire de la société absorbante est également retenue dans les fusions simplifiées qui n'exigent naturellement aucune augmentation de capital.

[398] Art. 6 Dir. 2011/ 35/UE.

[399] En ce sens : BERLIOZ (G.), *art. préc.*, p. 268.

vocation « *interne* » en visant les organes sociétaires **(B)** et, d'autre part, une vocation « *externe* » en s'adressant aux tiers intéressés par l'opération **(A)**.

A- Publicité aux tiers intéressés

177. Le projet de fusion doit être déposé au greffe du tribunal de commerce du lieu du siège social de chacune des sociétés participant à l'opération envisagée, au moins un mois avant la date de la première assemblée générale appelée à statuer sur l'opération[400].

178. Ce projet fait aussi l'objet d'un avis inséré, par chacune des sociétés intéressées, dans un Journal d'annonces légales (J.A.L) du département du siège social dans les mêmes conditions de délai[401]. L'avis doit contenir un certain nombre de mentions obligatoires figurant aussi dans le projet de fusion qui se divisent en deux catégories distinctes. La première sert à l'identification des sociétés participant à l'opération de fusion, notamment leur raison sociale ou dénomination sociale suivie, le cas échéant, de leur sigle, l'adresse du siège, du montant du capital et des numéros d'immatriculation au registre de commerce et à l'INSEE, *etc.* La seconde définit plutôt les conditions financières et juridiques de la fusion, à savoir le rapport d'échange des droits sociaux, l'évaluation de l'actif et du passif transmise aux sociétés absorbantes, le montant prévu de la prime de fusion, la date du projet, *etc.*

179. Enfin, lorsqu'une ou plusieurs des sociétés participant à l'opération de fusion font publiquement appel à l'épargne, les mesures de publicité mentionnées auparavant doivent être complétées par une insertion d'un avis au BALO[402]. Cet avis doit contenir les mêmes informations que celles de l'avis inséré dans le JAL et dans les mêmes conditions de délai[403].

B- Publicité au sein de la société

180. La publicité au sein de la société est dirigée vers les organes légaux des sociétés concernées et plus spécifiquement aux actionnaires ou associés de ces sociétés. Le conseil d'administration doit déposer le projet de fusion au siège social de sa société afin d'être à la disposition des actionnaires, un mois au moins avant la date de l'assemblée générale appelée à se prononcer sur le projet[404].

---

[400] Art. L. 236-6 et R. 236-2 C. com.
[401] Art. R. 236-2, al. 3 C. com.
[402] Bulletin des annonces légales obligatoires.
[403] Art. L. 236-6 et R. 236-2 C. com.
[404] Art. R. 236-3 C. com.

181. Outre le projet de fusion, le conseil d'administration doit mettre à la disposition des actionnaires un rapport écrit[405]. Ce dernier explique et justifie le projet de fusion de manière détaillée, du point de vue juridique et économique, notamment en ce qui concerne le rapport d'échange et les méthodes d'évaluation utilisées.

Ss-paragraphe 2 : Le contrôle du projet de fusion par les autorités publiques

182. **Plan.** Dans le but de protéger les intérêts des personnes touchées par la fusion, notamment les créanciers et les associés, les textes font intervenir des organismes publics et des experts désignés par des autorités publiques. Leurs missions sont diverses, mais ils doivent toujours agir dans un souci de transparence de l'opération. Le projet passe ainsi entre les mains de ces autorités publiques. Il subit le contrôle des commissaires **(A)** et du greffier du tribunal de commerce **(B)**.

A- Le contrôle par les commissaires

183. **Plan.** L'importance du projet de fusion dans la réalisation de l'opération de fusion rend indispensable la soumission de ce document au contrôle d'un ou plusieurs experts indépendants des sociétés fusionnantes. Le contrôle du projet de fusion est alors principalement confié à un commissaire à la fusion **(1)**, qui relègue le commissaire aux apports à un rôle subsidiaire **(2)**.

1- Le contrôle principal des commissaires à la fusion

184. **La règlementation du rôle du commissaire à la fusion.** La mission de contrôle du commissaire à la fusion lui est confiée dans le cadre de la transposition de la troisième directive. Selon les termes de l'article 10 de cette directive[406], « *chaque société qui fusionne, un ou plusieurs experts indépendants de celles-ci, désignés ou agréés par une autorité judiciaire ou administrative, examinent le projet de fusion et établissent un rapport écrit destiné aux actionnaires* ». C'est en reprenant les termes de cet article que l'expert indépendant a été reconnu dans le droit français sous la nomination du commissaire à la fusion. Le projet de fusion doit en principe être soumis au contrôle d'un ou plusieurs commissaires à la fusion. Cependant, par une décision unanime au sein de l'assemblée générale, les associés disposent de la possibilité de repousser l'intervention du commissaire à la fusion. Cette faculté, qui n'était pas prévue par la troisième directive, a été explicitement

[405] Art. L. 236-9, al. 4 C. com.
[406] Actuellement art. 10 Dir. 2011/35/UE.

ajoutée à l'article 10 de la directive 2011/35/UE sur la fusion des sociétés anonymes.

185. La désignation d'un commissaire à la fusion est soumise à une procédure déterminée et elle intervient dans certaines conditions précises. Une fois désigné, ce dernier a pour mission de faire parvenir à la connaissance des associés les méthodes effectivement employées par les dirigeants pour adopter la parité d'échange, afin que le vote en assemblée générale soit fait en toute connaissance de cause.

186. **La désignation du commissaire à la fusion.** Les commissaires à la fusion sont désignés par le président du tribunal de commerce du lieu de siège de chaque société participant à l'opération de fusion, parmi les commissaires aux comptes ou parmi les experts, selon une des listes établies par les cours et tribunaux[407] . Cette désignation intervient sur requête des dirigeants des sociétés parties à la fusion.

187. Notons que l'intervention du commissaire n'est requise que dans le cas de fusion entre des sociétés anonymes et des SARL[408]. *A contrario*, elle ne s'impose pas si une société autre qu'une SA ou SARL participe à l'opération. De même, la désignation d'un commissaire n'est pas nécessaire lors d'une absorption par une société d'une filiale détenue à 100%[409].

188. **La mission du commissaire à la fusion.** La mission du commissaire à la fusion est définie par l'article L. 236-10 du Code de commerce. Selon les dispositions de cet article, les commissaires à la fusion doivent, sous leur responsabilité, établir et présenter aux actionnaires et associés des sociétés participantes deux rapports. Le premier porte sur les modalités de la fusion[410]. Les commissaires y vérifient que les valeurs relatives attribuées aux actions des sociétés participant à la fusion sont pertinentes et que le rapport d'échange est équitable. Ce n'est cependant pas au commissaire de déterminer la parité de la fusion[411]. Le second a trait à la valeur des apports en nature et avantages particuliers au sens de l'article L. 225-147 du Code de commerce[412]. Le commissaire à la fusion empiète ainsi sur le rôle traditionnellement dévolu au commissaire aux apports. L'opération s'en trouve simplifiée puisqu'il n'est plus nécessaire d'avoir recours à deux commissaires différents.

---

[407] Art. R. 225-7 C. com.
[408] Art. L. 236-1 C. com.
[409] Art. L. 236-11 C. com.
[410] Art. L. 236-10, al. 2 C. com.
[411] CA Paris, 1ere ch. A, 12 mai 1998, Rev. soc. 1999, n°2, obs. VIDAL (D.).
[412] Art. L. 236-10, III C. com.

189. Pour mettre en place ces rapports, les commissaires peuvent obtenir auprès de chaque société la communication de tout document utile et procéder à toute vérification nécessaire[413]. Les deux rapports doivent être déposés au siège social de la société concernée un mois au moins avant l'assemblée générale statuant sur le projet de fusion. L'intervention du commissaire à la fusion apparaît plutôt comme un moyen de protection des intérêts des actionnaires des sociétés voulant fusionner, notamment dans les cas où la fusion peut être imposée aux associés minoritaires par la loi de la majorité. Le rapport remis sert alors de moyen d'information et influence éventuellement les actionnaires quant à la modification du projet de fusion. Ceci étant, les actionnaires peuvent décider à l'unanimité de ne pas désigner de commissaire à la fusion, et se démunir ainsi d'un moyen de protection et d'information[414]. Cependant, lorsque la fusion comporte des apports en nature, l'intervention d'un commissaire aux apports est prévue, combien même les associés auraient-ils décidé de se passer de l'intervention du commissaire à la fusion[415].

2- Le contrôle subsidiaire du commissaire aux apports

190. Lorsque la fusion comporte des apports en nature ou des avantages particuliers, un commissaire aux apports doit être désigné même si les associés décident unanimement de ne pas nommer un commissaire à la fusion. Il intervient auprès de la société absorbante pour vérifier l'opération d'augmentation du capital inhérente à la réception des apports en nature de la société absorbée. Le commissaire aux apports obéit aux mêmes conditions de désignation que le commissaire à la fusion et accomplit la même mission à savoir, la mise en place d'un rapport unique sur la valeur des apports en nature et des avantages particuliers[416].

B- Le contrôle par le greffier du tribunal

191. **L'objet du contrôle : la déclaration de conformité.** Le dépôt du projet de fusion au greffe du tribunal de commerce du lieu du siège social de

[413] Le défaut de communication des documents nécessaires pour l'accomplissement de la mission de contrôle du commissaire à la fusion est assimilable à une obstruction aux fonctions du commissaire et qui est pénalement sanctionné. V. art. L. 820-4. 2° « *Est puni d'un emprisonnement de cinq ans et d'une amende de 75 000 euros le fait, pour les dirigeants d'une personne morale ou toute personne ou entité au service d'une personne ou entité ayant un commissaire aux comptes, de mettre obstacle aux vérifications ou contrôles des commissaires aux comptes ou des experts nommés en exécution des articles L. 223-37 et L. 225-231, ou de leur refuser la communication sur place de toutes les pièces utiles à l'exercice de leur mission et, notamment, de tous contrats, livres, documents comptables et registres de procès-verbaux* ».

[414] Art. L. 236-10, II C. com.

[415] Art. L. 236-6, III C. com.

[416] Art. L. 225-147 C. com.

chaque société concernée doit être joint par le dépôt d'une déclaration de conformité[417]. Comme son nom l'indique, cet acte relate l'ensemble des actes effectués en vue de procéder à la fusion et affirme que l'opération de fusion est réalisée en conformité avec la loi et les règlements en vigueur.

192. **La vérification de la déclaration de conformité.** Le greffier vérifie, sous sa propre responsabilité, que la déclaration est conforme aux exigences légales. Son rôle se limite à un contrôle strictement formel de cette déclaration sans avoir l'obligation de vérifier la véracité de son contenu. Néanmoins, malgré l'absence d'un contrôle de fond de cette déclaration, le législateur attache à cette déclaration une importance majeure puisque le défaut de dépôt[418] de cet acte est une cause de nullité de la fusion.

Ss-section 2 : Qualification juridique du projet de fusion

193. **L'évolution législative.** Jusqu'à la loi du 24 juillet 1966, aucun texte ne déterminait de manière explicite la nature juridique du projet de fusion. Le silence des textes a laissé place à une profonde divergence au sein de la doctrine qu'est venue apaiser la loi de 1966 en qualifiant expressément cet acte de « *projet de contrat* » de fusion. Le législateur a toutefois modifié ce texte en revenant à la terminologie moins tranchée de « *projet de fusion* », revivant ainsi la controverse doctrinale.

194. **Plan.** Nous devons donc étudier toutes les qualifications doctrinales qui ont été attribuées au projet de fusion. Cette étude doit aboutir dans un premier temps au rejet de la qualification du projet comme contrat créateur d'obligations **(Paragr. 1)**. De même, la qualification de cet acte comme contrat préparatoire au contrat définitif de fusion doit être écartée **(Paragr. 2)**. Qualifier le projet de fusion de projet de contrat s'impose comme la meilleure définition juridique de cet acte **(Paragr. 3)**.

Paragraphe 1 : Le rejet de la qualification du projet en un contrat

195. **L'éventuelle confusion entre le projet de fusion et le contrat définitif.** Le projet de fusion est le seul *instrumentum* constatant l'accord de volonté des sociétés fusionnantes. Cet acte contient toutes les mentions requises relatives aux conditions et aux modalités essentielles à l'accomplissement de l'opération de fusion. Ceci étant, le projet de fusion finalise l'accord entre les organes de direction des sociétés sur les points essentiels de l'opération, lui permettant ainsi de se transformer, tel qu'il est arrêté, en contrat de fusion. Par ailleurs, le droit positif accorde une grande

---

[417] Art. L. 236-6, al. 3 C. com.
[418] En cas de déclaration inexacte seule la responsabilité des signataires est engagée.

importance à cet acte qu'il soumet à un rigoureux contrôle de la part de plusieurs autorités publiques ainsi que des experts indépendants.

196. Cela laisse parfois croire que le terme de « *projet* » employé par les textes pour désigner cet acte cache mal sa valeur réelle. Il semble alors plus juste de le considérer comme un contrat complet. Une décision rendue le 3 janvier 1974 par la Cour de cassation, qui a donné effet à un projet de fusion non encore ratifié par les assemblées générales renforce cette idée[419]. La Haute juridiction considère que le projet de fusion a déjà été dûment complété et qu'il produit ses effets dès sa signature par les dirigeants sociaux. Il emporte donc transmission universelle du patrimoine et dissolution sans liquidation de la société absorbée au moment de la signature du projet de fusion. Selon cette logique, le projet de fusion constitue le contrat définitif de fusion.

197. **Plan.** Suivant ce raisonnement, le projet de fusion peut être assimilé à un contrat conclu sous la condition suspensive de son approbation par les assemblées générales **(Ss-paragr. 1)** ou à un contrat conclu pour autrui **(Ss-paragr. 2)**.

Ss-paragraphe 1 : La qualification de contrat conclu sous condition

198. **L'utilisation des conditions suspensives dans les fusions.** Il n'est point étonnant que la conclusion du contrat de fusion soit soumise à une condition suspensive. Cette dernière tient soit à l'intervention d'un ou plusieurs événements extérieurs, tels que l'obtention d'une autorisation de l'autorité de la concurrence ou d'une lettre de garantie émise par un établissement de crédit, soit à l'intercession d'un évènement extérieur aux négociateurs, mais pas aux sociétés fusionnantes, tels que l'obtention de l'autorisation du conseil représentatif des salariés ou l'approbation de l'assemblée générale.

199. **Plan.** À cet égard, il semble intéressant de qualifier le projet de fusion en un contrat dont la réalisation des effets dépend de son approbation par les assemblées générales des sociétés fusionnantes **(A)**. Cependant, cette qualification doit être repoussée pour plusieurs raisons rendant la notion de projet de fusion inconciliable avec le régime de la condition suspensive **(B)**.

A- L'exposé de la qualification

200. **Les arguments soutenant la qualification.** La qualification du projet de fusion comme contrat conclu sous la condition suspensive de son

[419] Cass. com., 3 janvier 1974, D.1974, somm. Juris., p. 84.

approbation par les assemblées générales des sociétés fusionnantes a été soutenue par une partie importante de la doctrine[420]. Le Professeur MOUSSERON propose de qualifier le projet de fusion de contrat « *privé d'effet en application d'une condition suspensive expresse* »[421]. Selon lui, le contrat de fusion est conclu dès sa signature par les représentants sociaux. Cependant, il ne produit la plénitude de ses effets juridiques qu'après son approbation par les assemblées générales. Le projet de fusion scelle ainsi la formation du contrat en matérialisant la rencontre des consentements sur les éléments essentiels de ce dernier : la parité d'échange, le montant de la soulte, les modalités d'échanges de droits sociaux, le sens de la fusion et ses effets juridiques, *etc.*[422]

201. La différence entre le projet et le contrat définitif de fusion s'avère ainsi plus « *formelle que réelle* »[423] et l'approbation des assemblées générales n'est alors qu'une « *formalité* » supplémentaire dans la conclusion du contrat[424]. Cette acceptation relève d'un courant doctrinal plus profond qui remet en cause le rôle décisionnel des assemblées générales[425]. Selon cette doctrine, les assemblées sont identifiables à un regroupement d'associés profanes, indifférents à la gestion de la société et concernés uniquement par la recherche d'un gain financier. En revanche, le conseil d'administration est présenté comme l'organe le plus sûr et le plus efficace dans la détermination des conditions et des modalités des opérations de concentration envisagées. Cette efficacité s'explique par la composition du conseil d'administration. Cet organe collégial, plus soudé que l'assemblée des actionnaires regroupe souvent des professionnels expérimentés dans le domaine sociétaire.

202. **Les conséquences de la qualification.** Selon cette qualification, les sociétés sont liées par le projet de fusion. Chacune peut cependant se rétracter si son assemblée générale refuse de l'approuver. Le droit conditionnel existe en germe[426]. Par conséquent, celui qui s'est engagé ne

---

420 En ce sens : HAMEL (J.) et LAGARDE (G.), *Traité de droit commercial*, t. 1, Dalloz, 1954, n°766 : « *le traité étant conclu entre les représentants légaux de deux sociétés, sous condition suspensive d'approbation par les deux assemblées extraordinaires* » ; MOUSSERON (P.), *Les conventions sociétaires*, LGDJ, 2010, p. 12.
421 MOUSSERON (P.), *ibid.*
422 V. les mentions obligatoires que doit contenir le projet de fusion : art. R. 236-1 C. com.
423 GOLDMAN (B.) et LYON-CAEN (A.), *Droit commercial européen*, précis Dalloz, 4eme éd., 1983, p. 249.
424 En ce sens : CHAMPAUD (Cl.), *th. préc.*, p. 176 et s.
425 En ce sens : PERROUD (J.), *La condition de l'actionnaire in. Mélanges RIPERT (G.)*, t. 2, éd. LGDJ, 1950, p. 319 et s. ; TUNC (A.), *L'effacement des organes légaux de la société anonyme*, D. 1952, chron. p.73.
426 MALAURIE (Ph.), AYNÈS (L.) et STOFFEL-MUNCK (P.), *Droit des obligations*, Lextenso, 7eme éd., 2015, n°1320.

peut plus se rétracter unilatéralement pendant la période où la condition est encore pendante. La société qui se rétracterait, alors que la condition est encore pendante ou bien encore, sans avoir soumis le projet au vote de son assemblée, engagerait vraisemblablement sa responsabilité contractuelle[427]. Par ailleurs, cette qualification présente des intérêts pratiques considérables à l'égard des sociétés contractantes. Les parties au contrat de fusion peuvent notamment profiter de la rétroactivité de la condition pour considérer que le patrimoine de la société absorbée est transmis dès la signature du projet de fusion[428]. Ceci permet d'éviter le problème de la période intermédiaire entre la date de la signature du projet de fusion et celle de son approbation par les assemblées générales des sociétés contractantes. Les engagements contractés par la société absorbée pendant cette période sont tout simplement présumés conclus pour le compte de la société absorbante.

B- Le rejet de la qualification

203. **Incompatibilité avec le régime de droit commun de la condition suspensive.** La qualification du projet de fusion comme contrat conclu sous condition suspensive n'emporte pas totalement la conviction[429]. Le projet de fusion s'adapte mal aux dispositions de droit commun du contrat conditionnel. De *prima facie,* la condition à laquelle est soumis le contrat de fusion apparaît potestative étant donné qu'elle dépend de la volonté des assemblées générales des sociétés contractantes. Elle encourt ainsi la sanction prévue par l'article 1304-2 du Code civil précisant qu' « *est nulle l'obligation contractée sous une condition dont la réalisation dépend de la seule volonté du débiteur* ». Une autre critique adressée à cette qualification s'appuie sur les dispositions de l'article 1304-3 du Code civil : « *la condition suspensive est réputée accomplie si celui qui y avait intérêt en a empêché*

---

[427] Sur l'engagement conditionnel : TAISNE (J.-J.), *Obligations conditionnelles ; effets de la condition suspensive*, J.-Cl. Civile Code, fasc. unique, n°20.

[428] Sur la rétroactivité de la condition, v. art. 1304-6 C. civ. « *L'obligation devient pure et simple à compter de l'accomplissement de la condition suspensive. Toutefois, les parties peuvent prévoir que l'accomplissement de la condition rétrogira au jour du contrat*». – *Adde*, FLOUR (J.), AUBERT (J.-L.) et SAVAUX (E.), *op. cit.*, t. 3, n°303.

[429] En ce sens: Instruction du 3 nov. 2003, *Régime applicable aux projets de fusion de sociétés établis par actes notariés. Exclusion de la formalité fusionnée,* BOI 7 A-2-03 *Droit de la publicité foncière.* Selon cette instruction, le projet n'est pas un acte sous condition suspensive puisqu'il ne constitue pas une obligation entre les parties lors de son établissement. Il en est ainsi vu que la réalisation de la fusion relève de la seule volonté des parties représentées par les associés et actionnaires réunis en assemblées générales. Par ailleurs, l'instruction relève que la clause de rétroactivité insérée dans le projet de fusion n'a d'effets qu'entre les parties et non à l'égard des tiers. Ainsi, l'approbation du projet de fusion par les assemblées générales des sociétés ne peut se définir comme la réalisation d'une condition suspensive qui transformerait une obligation conditionnelle en obligation pure et simple rétroactivement à la date de l'acte et rendrait parfait le projet de fusion dès la date de sa conclusion.

l'accomplissement ». En vertu de ce texte, la société dont l'assemblée générale refuse l'opération empêche l'accomplissement de la condition et entraîne l'accomplissement de la condition. Le contrat de fusion produit alors la plénitude de ses effets juridiques. Le résultat est le même dans l'hypothèse où l'organe de direction d'une société ne soumet pas le projet de fusion à l'approbation de l'assemblée générale. La qualification de condition suspensive revient donc à ôter la liberté des assemblées générales de désapprouver le projet de fusion. Elle doit donc être écartée.

204. **Incompatibilité avec les dispositions du droit des sociétés.** Le droit positif va à l'encontre de l'assimilation de l'approbation des assemblées générales à une simple formalité. L'article L. 236-2 du Code de commerce qui indique que les fusions « *sont décidées* » par ces assemblées pousse, en effet, à accorder bien plus d'importance à cette approbation. Des auteurs relèvent à ce propos qu'il manque au projet de fusion un « *élément essentiel, à savoir le consentement de sociétés intéressées qui ne peut être donné que par les assemblées générales* »[430]. De son côté, la jurisprudence a déjà rejeté les tentatives de qualification du projet de fusion de contrat conclu sous condition suspensive. Dès 1988, la Cour d'appel de Paris a clairement affirmé que l'approbation de la fusion par l'assemblée générale d'une société ne peut pas être réduite à une simple condition suspensive[431]. L'approbation par les assemblées générales constitue donc « *un élément essentiel de la décision de fusion* »[432]. Cette position a récemment été réaffirmée par la Cour d'appel de Versailles[433].

Ss-paragraphe 2 : Le rejet de la qualification du projet de fusion en un contrat pour autrui

205. **Les dérogations au principe de l'effet relatif des contrats.** Un contrat ne produit, en principe, d'effets qu'à l'égard des parties[434]. Le contrat pour autrui en constitue la principale exception légale[435]. Le droit positif envisage deux cas de contrats pour autrui : la promesse de porte-fort et la stipulation pour autrui.

206. **Plan.** Le projet de fusion est un acte signé par les dirigeants des sociétés mais qui produit des effets sur les sociétés elles-mêmes. Doit-on

---

[430] BAUDEU (G.) et BELLARGENT (G.), *Fusion de sociétés*, J.- Cl. sociétés, 1970, fasc. 164 C, n° 40.
[431] CA Paris, 13 juillet 1988, D. 1989, p. 160, note LE CANNU (P.).
[432] *ibid.*
[433] CA Versailles, 12 mars 2009, RJDA 6/09, p. 512, n°545.
[434] Art. 1199 C.civ. « *Le contrat ne crée d'obligations qu'entre les parties* ».
[435] Sur les contrats pour autrui: MALAURIE (Ph.), AYNÈS (L.) et STOFFEL-MUNCK (Ph.), *op. cit.*, n°802 et s..

alors considérer le projet de fusion comme une promesse de porte-fort **(A)** ou comme une stipulation pour autrui **(B)** ?

A- La promesse de porte-fort

207. **L'exposé de la qualification de promesse de porte-fort.** Selon l'article 1204 du Code civil, dans un contrat de porte-fort « *on peut se porter fort en promettant le fait d'un tiers. Le promettant est libéré de toute obligation si le tiers accomplit le fait promis. Dans le cas contraire, il peut être condamné à des dommages et intérêts* ». Un porte-fort est donc une personne qui promet à un bénéficiaire l'engagement d'une tierce personne, sans que cette dernière soit engagée par le contrat[436]. De ce fait, la promesse de porte-fort est essentiellement une opération juridique à trois personnes : le promettant, le bénéficiaire, et le tiers. En vertu de ce contrat, le porte-fort souscrit une obligation de faire, qui est de convaincre le tiers de réaliser ou d'exécuter un engagement. La qualification du projet de fusion comme promesse de porte-fort engage le dirigeant signataire du projet, en tant que porte fort, à une obligation de convaincre sa société et, plus précisément, l'assemblée générale extraordinaire d'approuver le contrat de fusion. Il y a donc autant de promesses de porte-fort dans le projet de fusion qu'il y a de sociétés fusionnantes.

208. L'engagement du promettant à une obligation de « *résultat* » caractérise la promesse de porte-fort[437]. Ceci étant, si le tiers réalise le fait promis, le promettant est libéré à l'égard du bénéficiaire. Dans le cas contraire, le promettant engage sa responsabilité contractuelle pour inexécution de son obligation. Le dirigeant promettant engage sa responsabilité du fait du manquement à son obligation lorsque son assemblée générale n'approuve pas le projet de fusion.

209. **Les critiques à la qualification de promesse porte-fort.** Une telle analyse n'est cependant pas convaincante, et cela pour plusieurs raisons. Il n'est d'abord pas possible d'envisager l'existence d'une promesse de porte-fort parce qu'en signant le projet de fusion, le dirigeant le fait au nom de la personne morale qu'il représente. Dans le cas d'une promesse de porte-fort, le promettant signe uniquement en son nom propre. Le projet de fusion est un acte conclu par les sociétés fusionnantes, représentées par leurs dirigeants sociaux. Nous sommes donc en présence d'une relation bilatérale et non tripartite dans le projet de fusion.

[436] TERRÉ (Fr.), SIMLER (P.) et LEQUETTE (Y.), *op. cit.*, n°509.
[437] *Id.*, *op. cit.*, n°509..

210. Par ailleurs, le dirigeant ne peut pas être tenu responsable dans l'hypothèse où il accomplit toutes les diligences requises, mais que les assemblées n'approuvent pas le projet de fusion. Il est donc davantage tenu d'une obligation de moyen que d'une obligation de résultat. Le dirigeant a uniquement pour obligation de soumettre le projet de fusion à l'assemblée générale et de plaider en faveur de son adoption auprès d'elle. La responsabilité personnelle des dirigeants ne peut de toute façon être engagée en l'absence de faute détachable. La jurisprudence définit cette dernière comme une faute commise intentionnellement et revêtue d'une particulière gravité incompatible avec l'exercice normal des fonctions sociales[438]. Ainsi, même lorsque le dirigeant ne soumet pas le projet de fusion à l'assemblée générale, l'existence d'une telle faute est difficilement soutenable, car elle est commise dans le cadre normal des fonctions du dirigeant. Partant de cette hypothèse, c'est à la société qu'il revient de répondre des fautes commises par son dirigeant.

211. Enfin, le régime de la rétroactivité relatif à la promesse de porte-fort ne peut pas être appliqué au projet de fusion. La jurisprudence considère en effet que la ratification par le tiers de la promesse de porte-fort produit ses effets rétroactivement au jour de la conclusion de cette promesse[439]. Cela revient à considérer que la ratification du projet de fusion par les assemblées générales des sociétés en cause rétroagit à la date de la signature du projet. Suivant cette logique, le contrat de fusion est réputé conclu et produire ses effets à la date de conclusion du projet de fusion. Cette solution ne peut pas être transposée à l'opération de fusion, car les textes ont reconnu aux sociétés fusionnantes la possibilité de choisir contractuellement une date de prise d'effet de la fusion autre que celle de la signature du projet de fusion.

212. **L'existence éventuelle d'une promesse de porte-fort.** Dans certains cas bien particuliers, et malgré les nombreux obstacles à la qualification du projet de fusion en promesse de porte-fort, un recours « *ponctuel* »[440] à cette qualification reste envisageable. Ainsi, un dirigeant social qui est en même temps associé majoritaire de sa société peut se porter fort de faire ratifier le projet de fusion par l'assemblée générale. Un tel engagement doit être

---

[438] Sur la définition de la faute détachable, v. Cass com., 20 mai 2003, RJDA 8-9/2003, n°842, concl. VIRICELLE (R.) ; D. 2003, p. 1502, obs. LIENHARD (A.) ; JCP E 2003, n°1203, p. 1331, obs. CAUSSAIN (J.-J.), DEBOISSY (Fr.) et WICKER (G.) ; Bull. Joly sociétés 2003, p. 786, note LE NABASQUE (H.) ; RTD com. 2003, p. 523, obs. CHAZAL (J.-P.) et REINHARD (Y.).- *Adde*, WESTER-OUISSE (V.), *Critique d'une notion imprécise : la faute du dirigeant de société séparable de ses fonctions*, Drt. affaires 1999, p. 782 ; BESNARD GOUDET (R.), *La faute détachable commise par un dirigeant social engage sa responsabilité à l'égard des tiers*, Drt. affaires 2002, p. 1821.
[439] Cass. 1re civ., 30 janv. 1957, JCP G 1957, IV, 38 ; D. 1957, jurispr. p. 182 ; Cass. 1re civ., 8 juill. 1964, JCP G 1964, IV, 123 ; D. 1964, jurispr., p. 560, obs. CHEVALLIER (J.).
[440] ROUTIER (R.), *th. préc.*, p. 68.

expressément stipulé dans le projet de fusion ou dans un document annexé. Cependant, force est de constater que nous sommes plutôt en présence d'un engagement de vote[441] que d'une promesse de porte-fort, puisque le dirigeant promet son propre fait et non celui d'un tiers. Il s'agit donc d'un contrat bipartite, inconciliable avec la promesse de porte-fort.

B- La stipulation pour autrui

213. **L'exposé de la qualification de stipulation pour autrui.** En qualifiant le projet de fusion de stipulation pour autrui on considère que les dirigeants de chaque société, agissant en tant que stipulants, obtiennent de l'autre dirigeant, agissant en tant que promettant, l'engagement d'accomplir la fusion au profit du bénéficiaire, en l'occurrence la société du stipulant[442]. Cette dernière devient ainsi automatiquement créancière du promettant sans avoir été partie signataire au projet de fusion.

214. L'acceptation de la société bénéficiaire de la stipulation se manifesterait par l'approbation du projet de fusion par son assemblée générale. Cette acceptation scellerait le contrat, ôtant au stipulant toute faculté de révocation du projet de fusion. Les dirigeants promettants sont alors obligés, non seulement de soumettre le projet à l'assemblée générale de leur propre société, mais aussi de le faire approuver, sous peine de voir leur responsabilité contractuelle engagée. De plus, selon le droit commun de la stipulation pour autrui, le bénéficiaire possède une action directe contre le promettant avant même son acceptation. Cette action directe lui donne le droit d'exiger du promettant l'exécution de la stipulation.

215. **Les critiques à la qualification de stipulation pour autrui.** La qualification du projet de fusion de stipulation pour autrui au profit de la société pose néanmoins plusieurs problèmes. Ces derniers sont identiques à ceux exposés précédemment pour réfuter la qualification du projet de fusion en promesse de porte-fort[443]. En effet, le dirigeant n'agit pas en son nom personnel, mais en sa qualité de représentant de la société. Par conséquent, il est impossible d'envisager, d'une part, une structure tripartite dans le projet de fusion et, d'autre part, un recours personnel contre le dirigeant agissant dans le cadre de ses fonctions.

---

[441] Sur l'engagement de vote. Cf. *supra*, n^{os}110 et s.

[442] Art. 1205 C. civ. « *On peut stipuler pour autrui. L'un des contractants, le stipulant, peut faire promettre à l'autre, le promettant, d'accomplir une prestation au profit d'un tiers, le bénéficiaire. Ce dernier peut être une personne future mais doit être précisément désigné ou pouvoir être déterminé lors de l'exécution de la promesse* ».

[443] Cf. *supra*, n°209.

Paragraphe 2 : Le rejet de la qualification du projet en un contrat préparatoire

216. **Le projet de fusion et la notion de contrat préparatoire.** Le projet de fusion ne peut pas être réduit à un simple engagement d'honneur ou « *gentleman's agreement* » comme dans le cas du « *protocole de fusion* »[444]. Cette position a été soutenue par un auteur qui considère cet acte « *trop formaliste pour ne relever que de la conscience* »[445]. Dans la pratique, l'engagement d'honneur résulte de la volonté des parties de « *laisser l'État en dehors de leurs affaires* »[446]. Ceci n'est pas concevable pour le projet de fusion car l'État est omniprésent lors de son élaboration en le soumettant à des procédures de contrôle et de publicité. Plus qu'un simple engagement d'honneur, moins qu'un contrat définitif, le projet de fusion doit être qualifié de contrat préparatoire[447]. Le projet de fusion contient une obligation de préparer la conclusion du contrat définitif de fusion. La nature de cette obligation est d'intensité et d'autorité variables[448].

217. **Plan.** Optant pour un ordre croissant d'intensité, nous allons d'abord étudier l'opportunité de qualifier le projet de fusion d'accord de principe **(Ss-paragr. 1)** puis la pertinence de le rattacher à une promesse synallagmatique de contracter **(Ss-paragr. 2)**.

Ss-paragraphe 1 : Le projet de fusion comme accord de principe

218. **La théorie allemande de « *punctation* ».** En droit allemand, le projet de fusion nommé le *Verschmelzungs-vertrag* est considéré comme un véritable contrat de fusion. Il est qualifié ainsi avant même d'être approuvé par les assemblées générales des sociétés fusionnantes. Malgré la valeur contractuelle attachée au projet de fusion, l'acte ne devient opposable aux sociétés en cause qu'après son approbation par les assemblées générales.

---

[444] Cf. *supra*, n^os^126 et s.
[445] ROUTIER (R.), *th. préc.*, p. 412.
[446] OPPETIT (B.), *art. préc.*, p. 107.
[447] Le terme « *contrat préparatoire* » est utilisé par différents auteurs. V. not. : COLLART DUTILLEUL (F.), *Les contrats préparatoires à la vente d'immeuble*, Sirey, 1988, p. 6. Cet auteur préfère l'appellation de « *contrat préparatoire* » à celle d' « *avant-contrat* » qui lui paraît difficile à cerner ; GHESTIN (J.), *Traité de droit civil, La formation du contrat*, LGDJ, 3ème éd., 1993, p. 315 ; MOUSSERON (J.-M.), GUIBAL (M.) et MAINGUY (D.), *op. cit.*, p. 442 ; FLOUR (J.), AUBERT (J.-L.) et SAVAUX (E.), *op. cit.*, *t. 1*, n°148. Le terme « *contrats préliminaires* » existe également voir : SCHMIDT (J.), *Négociation et conclusion de contrats*, Dalloz, 1982, p. 199 ; et en matière de cession de droits sociaux : COURET (A.), PEYRAMAURE (P.), ROSENPICK (P.) et LAUDE (A.), *Les accords préliminaires dans les cessions de droits sociaux*, Actes pratiques et ingénierie sociétaire, sept.-déc. 1998, p. 4. V. enfin le « *contrat de négociation* » : LABARTHE (F.), *th. préc.*, p. 136.
[448] En ce sens : MOUSSERON (J.-M.), GUIBAL (M.) et MAINGUY (D.), *op. cit.*, p. 269.

Cette qualification contractuelle du projet de fusion résulte de la théorie allemande classique de « *Punctation* » qui dote la période précédant la formation définitive du contrat d'une valeur contractuelle. Certains auteurs français s'en sont inspirés pour assimiler le projet de fusion à l'accord de « *Punctation* »[449].

219. **Plan.** La notion d'origine germanique de l'accord du « *Punctation* » serait, selon certains auteurs, directement transposable dans le droit français[450]. D'autres préfèrent au contraire l'assimiler à la notion française d'« *accord de principe* »[451]. Ces derniers fondent leurs propos sur un arrêt célèbre de la Haute juridiction du 24 mars 1958[452]. Il est alors intéressant d'étudier la possibilité de qualifier le projet de fusion d'accord de principe **(A)**, même si cette qualification se heurte à plusieurs difficultés **(B)**.

A- Notion d'accord de principe

220. **Les définitions de l'accord de principe.** Plusieurs définitions existent[453]. En faisant la synthèse, on peut considérer cet acte comme le contrat par lequel les parties s'obligent à engager ou à continuer, de bonne foi, la négociation des conditions d'un contrat futur. L'objet d'un accord de principe ne porte pas sur la réalisation effective de l'opération mais se limite à fixer les points essentiels sur lesquels les parties envisagent de contracter. L'accord décrit le processus de négociation et engage chaque partie à le suivre de bonne foi.

221. **L'obligation de bonne foi.** L'accord de principe crée une obligation contractuelle de négocier de bonne foi à la charge des parties[454]. Il ne s'agit pas d'une obligation de résultat à la conclusion du contrat, mais uniquement

---

[449] BENSADOUN (M.), *La nature juridique des actes préparatoires à la fusion des sociétés*, Mémoire, DEA Nice, 1978, cité par MARTIN (J.), *La fusion des sociétés par actions*, th. Paris, 1950, p. 277.

[450] CARBONNIER (J.), *Droit civil, les obligations*, PUF, 22eme éd., 2000, n°17.

[451] RIEG (A.), *La punctation, contribution à l'étude de la formation successive du contrat, in. Mélanges JAUFFRET (A.)*, Faculté de droit et de science politique d'Aix-Marseille, 1974, p. 593 et s.; GENINET (M.), *Théorie générale des avant-contrats en droit privé*, th. Paris II, 1985, p. 297 et s. ; d'autres auteurs refusent cette assimilation : NAJJAR (I.), *L'accord de principe*, D. 1991, chron. p. 57 : l'accord de principe paraît plus important qu'une quelconque « *punctation* » formelle.

[452] Cass. soc., 24 mars 1958, JCP G 1958, II, 10868, note CARBONNIER (J.) ; RTD civ. 1958, p. 624, n°1.

[453] Sur l'accord de principe, v. MALAURIE (P.), AYNÈS (L.) et STOFFEL-MUNCK (P.), *op. cit.*,n°445; FLOUR (J.), AUBERT (J.-L), et SAVAUX (E.), *Les Obligations, 1. L'acte juridique*, Sirey, 15eme éd., 2012, n°149, p. 127 et s.; MOUSSERON (J.-M.), *La durée dans la formation du contrat, in. Mélanges JAUFFRET (A.)*, Faculté de droit et de science politique d'Aix-Marseille, 1974, p. 509.

[454] Cass. com., 2 juill. 2002, RTD civ. 2003, p. 76, note MESTRE (J.) et FAGES (B.).

d'une obligation de moyen. En cas de qualification du projet de fusion d'accord de principe, les dirigeants signataires de l'acte sont donc tenus d'agir avec diligence pour conclure le contrat définitif. Le projet de fusion contient souvent une stipulation en vertu de laquelle le dirigeant qui agit au nom et pour le compte de sa société s'oblige à fournir à l'autre société tous les renseignements dont elle pourrait avoir besoin et à lui apporter tous concours utiles à la réalisation de l'opération. Il incombe alors aux dirigeants de faire toutes les diligences nécessaires auprès de leur société afin d'obtenir l'approbation du projet par l'assemblée générale. Le projet de fusion n'engage donc les dirigeants qu'en cas de non-respect de leur obligation de moyen. Cette affirmation rejoint celle de M. MARITN qui définit cet acte comme « *un accord qui n'engage ni les associés ni les sociétés mais seulement les dirigeants de ces sociétés ès qualité* »[455].

222. **La violation de l'obligation de bonne foi.** Le manquement à cette obligation entraîne la résolution de l'accord de principe et l'allocation de dommages-intérêts de nature contractuelle. La partie responsable ne peut néanmoins être forcée à conclure le contrat[456]. La nature contractuelle de la responsabilité a d'importantes conséquences sur la valorisation du montant des dommages-intérêts. L'évaluation du préjudice prend en compte la perte de chance qu'avait la victime de voir aboutir les pourparlers[457]. Le non-respect par les dirigeants de leur obligation contractuelle de bonne foi peut lourdement peser sur leur société qui peut être condamnée au versement d'un montant élevé de dommages et intérêts afin de réparer le préjudice résultant de la perte de la chance de voir aboutir le projet de fusion.

B- Difficultés de qualification du projet de fusion en un accord de principe

223. **Une différence de contenu.** La qualification du projet de fusion d'accord de principe se heurte à des obstacles considérables. La difficulté d'assimilation des deux actes se manifeste tout d'abord dans leur contenu. Selon la définition donnée par M. MOUSSERON l'accord de principe est celui « *par lequel deux parties s'engagent, l'une envers l'autre, non point à conclure mais à négocier un second contrat dont il ne précise ni les clauses accessoires, ni les clauses essentielles* »[458]. Il manque à cet accord les éléments essentiels pour considérer le contrat préparé comme déjà conclu. Selon cette acceptation, l'accord de principe peut être qualifié de contrat

---

[455] MARTIN (J.), *th. préc.*, p. 278.
[456] V. MALAURIE (P.), AYNÈS (L.), et STOFFEL-MUNCK (P.), *op. cit.*, n°445.
[457] Civ. 1re, 8 oct. 1963, *Bull. civ.* I, n°419, p. 359, cité par ROZES (L.), *Projets et accords de principe*, RTD com. 1998, p. 501.
[458] MOUSSERON (J.-M.), *art. préc.*, p. 513.

définitif si les parties se sont mises d'accord sur les conditions essentielles[459].

224. Contrairement à l'accord de principe, le projet de fusion doit comporter toutes les conditions nécessaires à la conclusion du contrat définitif de fusion. C'est ce qui ressort de l'article R. 236-1 du Code de commerce qui fixe les mentions que doit contenir cet acte. Pour autant, il reste inconcevable de qualifier le projet de fusion de contrat définitif de fusion, car il lui manque toujours un élément essentiel : l'approbation des assemblées générales. Quoi qu'il en soit, qualifier le projet de fusion d'accord de principe est incorrect.

225. **Une différence de valeur juridique.** L'accord de principe comporte un véritable engagement contractuel sur les clauses déjà acquises. Seuls les points non traités dans l'accord de principe échappent encore au contrat. Il en résulte que les parties à cet accord ne peuvent pas revenir sur les points stipulés dans l'acte, sous peine de voir leur responsabilité contractuelle engagée. Par conséquent, il semble mal adapté d'assimiler le projet de fusion à un accord de principe puisque précisément, les assemblées générales demeurent libres de modifier les points et les conditions contenues dans cet acte[460].

Ss-paragraphe 2 : Promesse synallagmatique de contracter

226. **L'exposé de la qualification.** La promesse synallagmatique de contracter advient lorsque deux personnes s'engagent réciproquement à conclure un contrat[461]. C'est un contrat préparatoire ayant pour objet une obligation de contracter. Les parties à cet acte donnent leurs consentements au contrat définitif tout en prévoyant une formalité supplémentaire à accomplir à l'avenir. La promesse synallagmatique ne se distingue pas en principe du contrat lui-même[462]. Les éléments essentiels du contrat y sont d'ores et déjà fixés. Ce type de contrat préparatoire est donc celui qui se rapproche le plus du contrat définitif.

---

[459] En ce sens : Cass. com. 28 févr. 2006, RTD civ. 2006, p. 755, note MESTRE (J.) et FAGES (B.).

[460] Sur le pouvoir décisionnel des assemblées générales. Cf. *supra*, n^{os}267 et s.

[461] Sur la promesse synallagmatique de contracter v. MALAURIE (Ph.), AYNÈS (L.) et STOFFEL-MUNCK (Ph.), *op. cit.*, n°450 ; MOUSSERON (J.-M.), GUIBAL (M.) et MAINGUY (D.), *op. cit.*, p. 359.

[462] Art. 1589 C. civ. « *La promesse de vente vaut vente, lorsqu'il y a consentement réciproque des deux parties sur la chose et sur le prix* ». En matière d'acquisition de droits sociaux, v. SCHLUMBERGER (E.), *Les contrats préparatoires à l'acquisition de droits sociaux*, th. Paris I, 2011, p. 14. L'auteur ne traite pas dans sa thèse des promesses synallagmatiques des cessions de droits sociaux car il considère que celle-ci relève plutôt de la cession de droit sociaux en tant que telle puisque l'accord sur la chose et le prix est déjà réalisé.

227. Selon cette approche, le projet de fusion constituerait une sorte de promesse synallagmatique de contracter. Les sociétés concernées s'engagent, par l'intermédiaire de leurs dirigeants, à conclure réciproquement le contrat de fusion. Le projet de fusion vaut ainsi comme contrat engageant les sociétés en cause à la fusion. L'approbation du projet de fusion par les assemblées générales des sociétés ne constituerait alors qu'une simple formalité. Cette qualification du projet de fusion est retenue par une partie de la doctrine qui considère « *bien qu'il soit qualifié d'avant-contrat, le traité de fusion est en réalité un véritable contrat intervenant entre les contrôlaires des sociétés appelées à fusionner* »[463]. La décision des assemblées générales extraordinaires constitue alors une simple formalité et non un élément constitutif du contrat de fusion.

228. **Les critiques de la qualification.** Cette qualification ne doit cependant pas prospérer, car l'approbation du projet de fusion ne peut être réduite à une simple formalité. Certes, force est de constater l'affaiblissement de l'efficacité du rôle des assemblées générales au sein de la société. Certains auteurs en viennent même à considérer que « *la souveraineté des associés n'est plus qu'un mythe* »[464]. Toutefois, malgré cet affaiblissement du rôle de l'assemblée générale face au rôle accru des représentants légaux des sociétés, l'approbation des associés reste l'émanation de la « *volonté sociétaire authentique* »[465]. En effet, l'assemblée générale détient exclusivement le pouvoir d'engager la société dans un contrat de fusion. Par ailleurs, dans la promesse synallagmatique de contracter, s'il y a accord de volonté des parties sur les éléments essentiels du contrat, celui-ci est considéré comme déjà formé. La réitération du consentement par la formalité ultérieure ne constitue alors qu'une simple modalité d'exécution du contrat. Or, ce schéma est inconcevable dans l'hypothèse d'une fusion, car si le projet de fusion contient bien tous les éléments essentiels à la formation du contrat définitif, il ne peut pour autant prétendre à la qualité de contrat puisque les négociateurs n'ont pas le pouvoir d'engager leur société dans une opération de fusion.

229. Enfin, notons que l'exécution forcée constitue l'une des particularités de la promesse synallagmatique [466]. C'est le cas, par exemple, d'une promesse synallagmatique de vente d'immeuble. Si la promesse contient une obligation de signer l'acte sous forme authentique et que le contractant refuse de s'y soumettre, l'exécution forcée se traduit alors par une injonction sous astreinte. Transposer cette solution au projet de fusion aboutit à une

[463] CHAMPAUD (Cl.), *th. préc.*, p. 176 et s.
[464] MARTIN (G.), *La représentation des sociétés par leurs organes*, th. Nancy, 1977, p. 132.
[465] PIERTO (C.), *La société contractante*, PUAM, 1994, p. 177.
[466] MOUSSERON (J.-M.), GUIBAL (M.) et MAINGUY (D.), *op. cit.*, p. 360.

solution complètement aberrante. En effet, l'approbation des assemblées générales du projet de fusion ne saurait soumise à une exécution forcée. Ces assemblées sont libres de modifier et même de refuser l'approbation du projet de fusion.

Paragraphe 3 : Le projet de fusion : un projet de contrat

230. **Plus qu'une ressemblance terminologique.** Le droit positif a mis fin à la controverse terminologique de la désignation de l'acte arrêté par le conseil d'administration en vue d'une fusion. Dorénavant, cet acte est connu sous la dénomination de projet de fusion[467]. La ressemblance terminologique nous ramène logiquement à qualifier cet acte de projet de contrat.

231. Cette qualification du projet de fusion a été retenue par de nombreux auteurs[468]. L'un d'entre eux considérait que cet acte « *ne constitue encore qu'un projet : il ne lie aucune des deux sociétés et ne leur confère le droit ni d'en exiger l'accomplissement ni de réclamer des dommages-intérêts en cas d'inexécution* »[469]. Un autre auteur identifie dans cet acte « *un projet sans valeur intrinsèque* » dans la mesure où il ne crée aucune obligation à la charge des parties[470].

232. **Plan.** Toutefois, cette qualification ne convainc pas la totalité de la doctrine. De nombreux auteurs sont réticents à assimiler de cet acte à un simple projet[471]. Il semble alors indispensable de vérifier que celui-ci relève véritablement de la notion générale de projet de contrat **(Ss-paragr.1)** et qu'il a la même valeur juridique **(Ss-paragr. 2)**.

---

[467] V. l'ancien art. 374 de la loi du 24 juillet 1966 faisait référence express au « *projet de contrat* ». Au contraire, la loi du 5 mars 1988 employait le terme de « *projet de fusion* ».
[468] DALSACE (A.), *Fusion et scission*, Encycl. Dalloz sociétés, 1967 ; BASTIAN (D.), *Fusions de sociétés*, J.- Cl. Sociétés, fasc. 164, 1967, n°37 et s. ; AUGER (B.), *art. préc.*, p. 58.
[469] BASTIAN (D.), *op. cit.*, n°37 et s.
[470] DALSACE (A.), *op. cit.*, 1967.
[471] En ce sens : BAUDEU (G.) et BELLARGENT (G.), *Protocoles et traités de fusion*, *préc.*, p.130 ; CHADEFAUX (M.), *op. cit.*, p.5. Cet auteur considère que cet acte ne peut être réduit à un simple projet. Il fonde son affirmation sur l'importance que les textes lui confèrent et qui définissent de manière très précise son contenu ainsi que la publicité qui l'entoure.

Ss-paragraphe 1 : La notion de projet de contrat

233. **La définition.** Si le terme « *projet* » est couramment utilisé par le législateur, sa définition reste ambigüe. Selon le vocabulaire juridique d'Henri CAPITANT le projet de contrat est un « *acte régissant l'avenir élaboré par un organe ou une personne et soumis, pour adoption ou homologation, au contrôle d'un autre organe ou d'une autorité ou même à l'acceptation d'un éventuel cocontractant* »[472]. Cette vision du projet de contrat s'applique naturellement au projet de fusion, qui régit une opération projetée dans l'avenir. Il élabore les modalités essentielles à la réalisation de cette opération. Par la suite, il est soumis à l'acceptation de l'assemblée générale des sociétés qui opère ainsi sa novation en un contrat de fusion.

234. **Les caractéristiques communes.** Un projet de contrat se caractérise principalement par l'absence de volonté de contracter[473]. En aucun cas, il ne doit y avoir confusion entre le projet et le contrat définitif. Il y a une sorte d'antinomie entre ces deux actes. Il en va de même en matière de fusion, où le projet arrêté par le conseil d'administration des sociétés ne peut être assimilé au contrat définitif de fusion. Cela s'explique par le fait que le conseil ne possède pas la capacité juridique de conclure ce genre de contrat. Seule l'assemblée générale de la société dispose souverainement de cette compétence. La qualification du projet de fusion en projet de contrat démontre ainsi que cet acte est l'œuvre de personnes n'ayant pas la capacité d'engager définitivement leurs sociétés[474].

235. Par ailleurs, un projet de contrat se caractérise par son contenu détaillé, véritable corollaire de son rôle informatif. Cela se justifie par l'intervention fréquente du projet de contrat dans la réalisation d'opérations juridiques présentant une certaine complexité. Cet acte indique les points essentiels sur lesquels doit porter le contrat définitif. Il constitue ainsi, « *une esquisse ou une ébauche* »[475] du contrat à venir. Après avoir pris connaissance de cet acte, les parties pourront exprimer leur volonté de façon éclairée.

236. Le projet de fusion se caractérise également par son rôle essentiellement informatif. À cette fin, son contenu est rigoureusement réglementé par le législateur. Il doit comporter un certain nombre de mentions obligatoires portant principalement sur les conditions essentielles

---

[472] CORNU (G.), *Vocabulaire juridique de l'Association CAPITANT (H.)*, PUF, 2011, *v°* Projet.

[473] En ce sens : ROZÈS (L.), *Le projet de contrat, in. Mélanges BOYER (L.)*, éd. Université des sciences sociales de Toulouse, 1996, p. 651 et s.

[474] BAUDEU (G.) et BELLARGENT (G.), *op. cit.*, p. 130.

[475] ROZÈS (L.), *art. préc.*, p. 501.

de l'opération de fusion[476]. En outre, il est obligatoirement soumis aux assemblées générales des sociétés concernées afin que celles-ci puissent statuer sur la fusion en connaissance de cause[477].

237. Il faut signaler que l'assimilation du projet de fusion à un projet de contrat permet de mieux comprendre la nature juridique du protocole de fusion. Ce dernier est ainsi appréhendé comme un avant-projet. L'avant-projet est un « *document préparatoire par lequel peut commencer l'élaboration d'un texte et qui sera lui-même déjà objet d'une discussion avant de devenir projet* »[478]. Cette qualification a le mérite de bien souligner la succession chronologique de l'établissement des actes préparatoires à la conclusion du contrat de fusion. Le protocole de fusion qui précède naturellement l'élaboration du projet de fusion est assimilable à un avant-projet. En outre, cette qualification suppose que les deux actes n'engendrent pas d'obligations contractuelles.

Ss-paragraphe 2 : La valeur juridique du projet de contrat

238. **L'absence d'obligations contractuelles.** La valeur juridique d'un acte se déduit des obligations qu'il est susceptible d'engendrer à la charge des parties. Le terme projet suppose un acte à valeur éphémère qui ne crée pas d'obligations contractuelles en raison de l'absence d'une volonté des parties allant en ce sens[479]. Cet acte ne constitue qu'une « *manifestation d'intention concrétisée dans un écrit dépourvu de toute valeur juridique dans l'attente des consentements nécessaires à la formation du contrat* »[480]. Dans le cadre de l'exercice de leur liberté contractuelle, les parties sont libres d'abandonner le projet de contrat et de ne pas lui donner suite[481]. Le projet de contrat se situe donc dans le cadre des pourparlers. Il en résulte que la responsabilité des parties en cas d'abandon du projet de contrat ne peut être engagée que pour rupture fautive des pourparlers. Il ne peut bien évidemment s'agir que d'une responsabilité délictuelle issue du manquement au devoir général de bonne foi.

---

[476] Art. R. 236-1 C. com.

[477] Art. R. 236-3 C. com.

[478] CORNU (G.), *Vocabulaire juridique de l'Association CAPITANT (H.)*, PUF, 2011. Voir. Avant-projet

[479] En ce sens: ROZES (L.), *art. préc.*, p. 651 et s.

[480] *Ibid.*, p. 651.

[481] Sur les projets de société, v. Cass. 1er civ., 16 févr. 1977, Rev. soc. 1977, p. 681, note GUYON (Y.) ; Cass. com., 9 avr. 1996, Rev. soc. 1997, p. 81, note BENAC-SCHMIDT (F.) ; Cass. civ., 5 nov. 1996, D. 1997, p. 551, note MATSOPOULOU (H.). Dans ces décisions les juges considèrent de manière unanime que le projet de société n'engendre aucune obligation précise à la charge des parties et que celles-ci restent libres d'y donner suite ou de l'abandonner dans les conditions de droit commun relatives aux pourparlers.

239. L'assimilation du projet de fusion à un projet de contrat implique de n'engager les sociétés à aucune obligation contractuelle. Les parties sont libres de rompre les pourparlers à tout moment à moins que cette rupture soit qualifiée d'abusive. Cette position a été adoptée dans un arrêt de la Chambre commerciale de la Cour de cassation dans lequel le refus d'approbation d'un projet de fusion par l'assemblée générale d'une société est sanctionné sur le fondement de la responsabilité délictuelle[482]. La responsabilité de la société est engagée pour rupture abusive des pourparlers tenant au refus d'approuver le projet de fusion. Ce dernier n'est donc pas un acte créateur d'obligation contractuelle à la charge des sociétés.

240. **L'existence d'un devoir de négociation de bonne foi.** Un ancien arrêt, rendu le 23 mars 1909 par le tribunal de commerce de Lyon[483], a rejeté une demande en dommages-intérêts basée sur le préjudice résultant de fait qu'un projet de fusion établi par les administrateurs a été retiré par eux avant d'être soumis aux assemblées générales. Le tribunal a statué de la sorte en arguant que le projet de fusion jusqu'à sa ratification par les assemblées générales ne donne aucun droit acquis à une société contre une autre. Les administrateurs disposent ainsi d'une grande liberté de ne pas donner suite au projet de fusion.

241. Cependant, cette solution mérite d'être clarifiée. La liberté des administrateurs ne peut pas être absolue. Les administrateurs sont tenus d'un devoir de négociation de bonne foi et doivent ainsi accomplir toutes les diligences nécessaires à l'aboutissement du projet de fusion[484]. Sans justification valable, un administrateur ne peut donc refuser de soumettre le projet de fusion à l'assemblée générale de sa société. À cet égard, un auteur[485] constate que « *les deux conseils d'administration établissent les bases de la fusion ou de l'absorption et s'engagent à convoquer une assemblée générale extraordinaire pour statuer sur le projet de contrat. Cet avant-acte ne confère pas aux sociétés le droit actuel d'exiger l'une de*

---

[482] Cass. com., 15 sept. 2009, *Société Mongoual c./ Société Axa France Vie*, n°08- 11.627, jurisdata n°2009- 051606.

[483] T. com. Lyon, 23 mars 1909, J. soc. 1910, p. 5.

[484] La loi espagnole a même prévu expressément l'obligation des administrateurs de faire aboutir le projet de fusion. L'article 30 de la Lfus espagnole dispose qu'« *une fois que le projet commun de fusion aura été souscrit, les administrateurs des sociétés qui fusionnent s'abstiendront de réaliser n'importe quel acte ou de conclure n'importe quel contrat qui pourrait compromettre l'approbation du projet ou modifier de façon substantielle le rapport d'échange des titres ou des parts* ».

[485] AUGER (B.), *art. préc.*, p. 58. – *Adde*, KEUTGEN (G.), *Le nouveau régime des directives européennes en matière de fusion et opérations assimilées in. Modes de rapprochement structurels des entreprises*, Bruxelles, 1988, p. 97. L'auteur belge considère que le projet de fusion « *n'est générateur par lui-même d'autres effets juridiques que d'obliger les organes d'administration qui l'ont mis au point à le soumettre à leur assemblée respective* ».

l'autre l'accomplissement du projet ; elles n'ont d'action que pour forcer les conseils d'administration à saisir l'assemblée générale ; s'ils manquaient à cet engagement, ils s'exposeraient à devoir indemniser l'une et l'autre société du préjudice causé ». Il existe toutefois des hypothèses qui peuvent exonérer les administrateurs de leur obligation de soumettre le projet aux assemblées générales. Nous rejoignons ici la position d'un auteur, selon lequel, « *l'obligation qui pèse sur l'administration de soumettre (le projet) à l'assemblée n'est pas absolue* »[486]. Un changement de circonstances est susceptible en effet de rendre l'opération de fusion défavorable à la société. Dans cette hypothèse, le conseil d'administration n'a pas vraiment le choix, mais le devoir de ne pas soumettre le projet à l'approbation de l'assemblée générale. Il est toutefois plus prudent pour le conseil d'administration de présenter le projet de fusion à l'assemblée tout en l'accompagnant d'un avis défavorable à l'approbation de l'opération.

242. La question qui se pose est de savoir si la société sera tenue responsable de la violation de l'obligation de négociation de bonne foi commise par son représentant ? Une partie de la doctrine considère qu'il n'est possible que d'engager la responsabilité personnelle des représentants[487]. On considère à cet égard que le projet de fusion n'engage point les sociétés à la réalisation définitive de l'opération mais reste tout de même créateur d'obligations à la charge des signataires et, plus particulièrement, des représentants des sociétés. Il s'agirait d'une obligation de tout mettre en œuvre pour faire aboutir la fusion[488]. Un auteur justifie cette solution en affirmant que « *la société à laquelle ils appartiennent n'en serait responsable, car il s'agit d'actes accomplies en dehors du mandat conféré au conseil d'administration* »[489]. Cette affirmation n'est pas convaincante. Le Code de commerce attribut expressément au conseil d'administration la compétence d'établir le projet de fusion. Il semble alors inconcevable d'admettre que le conseil d'administration agit en dehors de son mandat social. La société est ainsi tenue responsable envers l'autre société de la violation de son obligation de bonne foi par son conseil d'administration.

---

[486] RECORDON (P.-A.), *th. préc.*, p. 166.

[487] AUGER (B.), *art. préc.*, p. 58 ; BAUDEU (G.), *Protocoles et traités de fusion, préc.*, p. 130.

[488] En ce sens : BAUDEU (G.), *Protocoles et traités de fusion, préc.*, p. 130.

[489] AUGER (B.), *art. préc.*, p. 58.

Chapitre 2 : La phase contractuelle

243. **Un élément caractéristique de la fusion.** L'exigence d'un contrat pour la réalisation de la fusion est évidente pour la quasi-unanimité des auteurs français. Le contrat de fusion serait même un des éléments caractéristiques de l'opération[490]. D'autres affirment clairement qu'il « *n'y a pas fusion faute de contrat* »[491]. À la source de cette opinion, on trouve un ancien arrêt du tribunal de commerce de la Seine d'après lequel il ne peut y avoir de fusion lorsqu'une société achète au fur et à mesure toutes les actions de l'autre au point d'en devenir l'associé unique[492]. Cette solution trouverait sa justification dans l'absence de contrat[493]. Cependant, la jurisprudence n'a depuis fourni aucune autre clarification quant à la nécessité ou non de l'existence d'un contrat pour la réalisation d'une fusion.

244. **Un arrêt en sens contraire : pas de nécessité d'un contrat.** Nous pouvons toutefois citer un arrêt inédit qui a pu relever l'existence d'une fusion nonobstant l'absence de tout contrat[494]. En l'espèce, la fusion d'associations s'opère du seul fait que ses éléments constitutifs sont réunis. Il s'agit de la disparition de l'une des associations en cause suivie par l'accueil de ses membres au sein de l'association survivante. S'il n'était pas esseulé, cet arrêt permettrait de conclure que la fusion ne découle pas nécessairement d'un contrat. Il renforcerait ainsi la conception institutionnelle de l'opération, celle-ci étant alors uniquement définie par ses effets juridiques. Cette décision semble pourtant être une « *erreur de parcours* » de la cour d'appel Douai et il faut minimiser sa portée.

---

[490] En ce sens : AUGER (B.), *art. préc.*, p. 50 ; BAUDEU (G.) et BELLARGENT (G.), *Fusion de sociétés*, J.-Cl. des sociétés, 1970, fasc. 164 A, p. 7.

[491] BASTIAN (D.), *Fusions de sociétés*, J. -Cl. Sociétés, fasc. 164, n°10 ; COPPER-ROYER (J.), *th, préc.*, n°2 et 8 ; WAREMBOURG-AUQUE (F.), *La succession aux biens d'une personne morale de droit privé*, th. Lille, 1977, p. 57. ; HÉMARD (J.), TERRÉ (Fr.) et MABILAT (P.), *Les sociétés commerciales*, t. 3, Dalloz, 1978, n° 780.

[492] T. com. Seine, 20 janv. 1923, J. soc. 1926, p. 562 ; Rev. soc. 1927, p. 315.

[493] Certes, l'intérêt d'une telle décision est à relativiser, du fait de la différence notable entre le contrat d'acquisition et le contrat de fusion. En effet, l'acquisition des actions d'une société par l'intermédiaire d'un contrat d'acquisition, même opérée d'un seul coup, ne constitue certainement pas une fusion.

[494] Affaire, Société hippique rurale de Cysoing c./ Société civile d'exploitation agricole et d'élevage « *Élevage du Vertain* », CA Douai, 28 mai 1970, inédit, cité par WAREMBOURG-AUQUE (F.), *th. préc.*, n° 216.

245. **Plan.** Toute opération de fusion est en réalité un contrat. Le fait que la fusion obéisse à un véritable régime contractuel confirme cette affirmation **(Section 1)**. Par ailleurs, ce caractère contractuel nous permet de réfuter, d'une part, toutes les conceptions de l'opération qui ne tiennent pas compte de l'existence du contrat **(Section 2)** et, d'autre part, de distinguer la fusion d'autres opérations voisines **(Section 3)**.

Section 1 : Le régime juridique de la fusion : un régime principalement contractuel

246. **Le recours à une « *méthode inductive* ».** On enseigne généralement qu'il faut établir en premier lieu la nature juridique d'une opération pour lui appliquer ensuite le régime juridique correspondant. En d'autres termes, le régime juridique adéquat s'applique en fonction de la nature juridique de la situation.

247. Cette affirmation doit toutefois être nuancée. Certains auteurs envisagent la possibilité de déduire la nature juridique d'une opération en partant du régime qui lui est applicable. D'autres, tout en envisageant cette méthode, la soumettent à une condition rigoureuse. Selon eux, l'inversion de la méthode classique n'est possible que «*lorsque la nature commande l'application de l'intégralité du régime en toute circonstance et que seule cette nature permet d'obtenir les résultats produits par le régime*»[495]. Des adeptes de cette théorie considèrent également que l'inversion est envisageable lorsque la loi est silencieuse sur la nature juridique d'une opération. Dans ce cas, « *au lieu de déduire de la nature juridique, le régime juridique, on va l'induire* »[496] en appliquant un certain «*jeu de miroirs entre nature juridique et régime juridique* »[497].

248. En matière de fusion, force est de constater le silence des textes européens et nationaux relativement à la nature juridique de cette opération. Les législateurs se sont cantonnés à l'élaboration du régime juridique de l'opération. Il est donc pertinent de mettre en œuvre la méthode inductive pour établir la nature juridique de la fusion.

---

[495] JUILLET (C.), *Les accessoires de la créance*, Defrénois- Lextenso, Tome 37, 2009, p. 8.
[496] PELLETIER (D.), *La nature juridique : référence, fondement... ?*, PUAM, 2003, p. 87.
[497] TERRÉ (Fr.), *Introduction générale au droit*, Dalloz, 10eme éd., 2015, n°406. V. POUPLIER (F.), *La nature juridique des créneaux horaires d'après l'étude de leur régime et leur mode de cession*, Mémoire de DESS de Transports Aérien, IFURTA, Faculté de droit d'Aix-en-Provence, 1998, p. 8. Le législateur et la jurisprudence européens n'ont pas pris position quant à la nature juridique de ces créneaux horaires. Il a alors fallu s'appuyer sur leur régime juridique afin d'en déduire leur nature juridique.

249. **Plan.** La méthode suivie consiste à déterminer la nature juridique de la fusion à partir du régime juridique qui lui est applicable. Ce dernier est d'abord déterminé grâce aux conditions de réalisation de la fusion **(Ss-section 1)** et de sa nullité **(Ss-section 2)**, ainsi que la date de prise d'effet de l'opération **(Ss-section 3)**.

Ss-section 1 : Les conditions de réalisation de l'opération de fusion

250. **Plan.** La formation de tout contrat nécessite le consentement des parties en cause qui se manifeste par un accord de volontés d'au moins deux personnes[498]. Par conséquent, un contrat n'est conclu que lorsque deux conditions essentielles sont réunies : la présence d'au moins deux personnes **(Paragr. 1)** et l'existence d'un accord de leurs volontés **(Paragr. 2)**.

Paragraphe 1 : La nécessité de préexistence d'au moins deux sociétés

251. **La capacité contractuelle des sociétés.** Si la fusion est, comme nous l'avançons, une opération contractuelle, sa réalisation suppose alors l'accord de plusieurs personnes juridiques préexistantes[499]. La capacité contractuelle d'une société est déterminée par sa personnalité morale. Autrement dit, seule une société personne morale peut participer à la fusion[500]. Cette condition a été imposée par un arrêt célèbre de la Cour de cassation affirmant que la fusion suppose la « *réunion d'au moins deux sociétés préexistantes* »[501]. Cet arrêt refuse la qualification de fusion à une opération dans laquelle une société nouvelle est issue de la reprise d'une part de l'actif d'une seule société ancienne[502]. Cette solution a été confirmée par le législateur puisque la définition légale de la fusion dispose qu' « *une ou plusieurs sociétés peuvent par voie de fusion, transmettre leur patrimoine à une société existante ou à une nouvelle société qu'elles constituent* »[503]. De manière implicite, ce texte impose la préexistence d'au moins deux sociétés. L'apport

---

[498] FLOUR (J.), AUBERT (J.-L.), et SAVAUX (E.), *op. cit.*, *t. 1*, n°122.

[499] En ce sens : PÈNE (H.), *th. préc.*, p. 37 ; MESTDAGH (H.), *th. préc.*, p. 29 ; MARTIN (J.), *th. préc.*, p. 7.

[500] GRIDEL (J.-P.), *La personne morale en droit français*, RIDC 1990, n°2, p. 495 et s., spéc. p. 505.

[501] Cass. Civ., 28 janv. 1946, JCP G 1946, II, 3102; D. 1946, p. 168 ; S. 1949, I, p. 17, note TIRLEMONT (P.).

[502] L'exigence de présence d'au moins deux sociétés, et non d'une seule, pour la réalisation de la fusion a été critiquée (en ce sens, v. HOUIN (R.), *Les fusions de sociétés en droit français, in. Études de droit contemporain*, Travaux et recherches de l'Institut de droit comparé de l'Université de Paris, 1962, p. 268 ; THALLER (E.-E.), *Traité élémentaire de droit commercial*, Paris, 8ème éd., 1931, n°702).

[503] Art. 236- 1, al. 1 C. com. qui transpose la définition de la fusion donnée par l'art. 3 de la troisième directive.

d'une société préexistante à une société nouvelle qui naît de cette seule circonstance n'est donc pas considéré comme fusion[504].

252. **Plan.** La nécessité de la préexistence d'au moins deux sociétés dotées de la personnalité morale pour la réalisation de la fusion est un puissant indice quant à son caractère contractuel **(Ss-paragr. 1)**. Cependant, il existe une exception à ce principe. Il s'agit d'une hypothèse consacrée par le législateur relativement aux fonds communs de placement qui peuvent participer à une fusion, en tant qu'absorbées ou bien en tant qu'entités absorbantes, nonobstant le fait qu'ils soient dénués de personnalité juridique. Cette exception n'est pas pour autant suffisante pour évincer l'aspect contractuel de l'opération de fusion **(Ss-paragr. 2)**.

Ss-paragraphe 1 : Le principe de disposition de la personnalité morale

253. **La consécration de la condition d'existence d'une personnalité morale.** La fusion nécessite que toutes les sociétés en cause jouissent de la personnalité morale, c'est une condition *sine qua non* d'une transmission de patrimoine[505]. Cette condition trouve son fondement dans la théorie de l'unité de patrimoine selon laquelle le patrimoine constitue un attribut de la personne. Il en résulte que seules les personnes physiques ou morales peuvent avoir un patrimoine et la même personne ne peut avoir qu'un seul patrimoine. Ce raisonnement a été consacré à propos d'une fusion par absorption dans un arrêt de la Chambre commerciale du 12 juillet 2004[506]. Après avoir rappelé que « *le patrimoine est indissociablement lié à la personne* », l'arrêt affirme que la transmission du patrimoine de la société absorbée entraîne nécessairement sa dissolution. Autrement dit, une société dépourvue de personnalité morale ne peut être partie à une fusion qui présuppose l'existence d'un patrimoine.

254. **Les conséquences de la condition d'existence de personnalité morale.** La condition de l'existence de personnalité juridique n'interdit pas qu'une société en liquidation puisse y participer[507]. Cette possibilité est justifiée par le fait que la personnalité juridique de cette société survit pour

---

[504] DAUBLON (G.), *Le statut juridique des fusions et scissions de sociétés*, Defrénois, 1988, p. 433, spéc. p. 435.

[505] VASSEUR (M.), *art. préc.*, p. 112, note 7. Selon cet auteur, la fusion suppose la disparition d'un patrimoine au moins et cette condition ne serait être remplie par la disparition d'une entreprise dénuée d'autonomie patrimoniale.

[506] Cass. com., 12 juill. 2004, n°03-12672, Bull. 2004 IV, n°161, p. 174 ; Dr. Sociétés 2004, n°205, note TREBULLE (Fr. G.).

[507] CA Paris, 10 avr. 1986, Rev. soc. 1986, p. 428, note DAIGRE (J.-J.).

les besoins de sa liquidation[508]. Certaines restrictions quadrillent cependant cette participation. Par exemple, la société ne peut être que l'absorbée dans la fusion. Admettre le contraire reviendrait à l'autoriser à exercer de nouvelles activités, ce qui contrevient au principe de la survie de la personnalité morale réduit aux besoins de la liquidation[509]. De plus, la société en liquidation ne peut plus participer à une fusion lorsque la répartition de son actif entre ses associés a fait l'objet d'un commencement d'exécution[510]. Cette solution a pour but d'empêcher les associés de s'approprier l'actif de leur société en réduisant ainsi le transfert de son patrimoine à la société absorbante au seul passif.

255. Le principe de la jouissance de la personnalité morale interdit également que les sociétés en participation[511] prennent part à l'opération[512]. Ce type de société n'ayant pas la personnalité morale, il n'a pas de patrimoine propre distinct de celui de chacun des associés[513]. Toute transmission de patrimoine devient alors inconcevable car les biens apportés en société par les associés sont considérés comme la propriété propre de chaque apporteur[514]. Ils peuvent seulement être mis en indivision[515]. Il en va de même pour les sociétés créées de fait soumises à un régime semblable à celui de la société en participation[516].

256. **La condition de l'indépendance des sociétés fusionnantes.** Il a longtemps été affirmé que l'aspect contractuel de la fusion supposant un

---

[508] MARTIN (G.-J.), *art. préc.*, spéc. p. 285 : dans le silence de la loi quant à savoir si la fusion constitue un besoin de liquidation qui permettrait la survie de la personnalité morale de la société, il paraît y avoir une présomption irréfragable de la survie de celle-ci. La société dissoute survit ainsi pour participer à la fusion définie comme une forme de liquidation.

[509] Cette restriction qui n'a pas été reprise expressément dans le droit français figure aux art. 3.2 et art. 4.2 dir. 2011/35/UE.

[510] Art. 1844-4, al. 1 C. civ. et art. L. 236- 1, al. 3 C. com.

[511] Art. 1871, al. 1 C. civ. : la société en participation « *n'est pas une personne morale et n'est pas soumise à publicité* » pour défaut d'immatriculation.

[512] *Contra*, BONNASSE (A.), *Fusions-scissions.-Principes généraux*, J.-Cl. Sociétés Traité, fasc. 161- 10, n° 62. Selon cet auteur, une société en participation peut, à défaut d'un texte l'interdisant, participer à une fusion puisque l'absence de personnalité morale ne l'empêche pas qu'elle reçoive des apports et fasse l'objet de dissolution (art. 1872- 2 C. civ.).

[513] Cass. civ., 28 oct. 1940, J. soc. 1944, p. 104 ; CA Lyon, 14 oct. 1946, JCP 1947, II, 3858, note BASTIAN (D.).

[514] Art. 1872, al. 1er C. civ. : « *À l'égard des tiers, chaque associé reste propriétaire des biens qu'il met à la disposition de la société*».

[515] Art. 1872, al. 2 et s. C. civ. : « *Sont réputés indivis entre les associés les biens acquis par emploi ou remploi de deniers indivis pendant la durée de la société et ceux qui se trouvaient indivis avant d'être mis à la disposition de la société. Il en est de même de ceux que les associés auraient convenu de mettre en indivision. Il peut en outre être convenu que l'un des associés est, à l'égard des tiers, propriétaire de tout ou partie des biens qu'il acquiert en vue de la réalisation de l'objet social* »

[516] Art. 1873 C. civ.

consentement des sociétés en cause, il ne pouvait prospérer que dans les cas où celles-ci étaient « *véritablement indépendantes l'une de l'autre* »[517]. L'indépendance d'une société ne pose pas problème lorsqu'une partie de ses parts sociales est détenue par une autre. Ce n'est que lorsque la totalité des parts est concernée que le caractère contractuel de l'opération peut être remis en cause. À cet égard, M. DE NOAILLAT a formulé l'interrogation suivante : « *pourrait-on dès lors parler d'un contrat de fusion ? Où seraient les deux contractants, puisqu'il n'y aurait plus qu'une seule volonté, celle de la société acquéreuse, celle-ci faisant la majorité dans les assemblées de l'autre ?* »[518]. Il semble ainsi difficile d'admettre qu'une société totalement détenue par une autre ait une volonté propre lui permettant de contracter avec celle qui la détient. Dans ce cas, il semble plus adéquat de constater une dissolution par « *confusion de patrimoine* »[519] entre les sociétés plutôt qu'une fusion. Cependant, le droit positif a reconnu que l'opération dans laquelle une société en absorbe une autre qu'elle détient en totalité constitue juridiquement une fusion dite simplifiée. L'admission de ce genre de fusion met en doute l'aspect nécessairement contractuel de l'opération au regard de la difficulté de distinguer deux volontés distinctes entre l'associé unique et la société contrôlée à 100%.

257. Il faut cependant admettre qu'une société dont les parts sociales ou actions sont entièrement détenues par une autre conserve sa personnalité morale[520]. La société totalement contrôlée par une autre garde donc une volonté sociétaire autonome qui s'exprime au-delà de la volonté individuelle de son associé unique[521]. C'est parce que la société est « *une personne morale dégagée dans une large mesure de la personne de ses membres et supérieure à elles* »[522], qu'elle peut disposer d'une volonté sociétaire qui lui est propre. Ceci implique que la volonté sociétaire de la filiale détenue en totalité doit être distinguée de la volonté sociétaire de son associé unique. Il faut alors admettre que la fusion entre une société mère et sa filiale détenue en totalité maintient son aspect contractuel puisque chacune de ces sociétés a une volonté sociétaire distincte de l'autre.

258. **Illustration : l'EIRL et la fusion.** La condition *sine qua non* de la préexistence de la personnalité morale afin de réaliser une transmission de patrimoine est mise au défi par les larges brèches ouvertes dans la théorie

---

[517] T. com. Seine, 20 janv. 1923, *préc.* ; en ce sens : MARTIN (J.), *th. préc.*, p. 7.

[518] DE NOAILLAT (G.), *th. préc.*, p. 53.

[519] Art. 1844-5 C. civ.

[520] En ce sens : Cass. com., 21 janv. 1970, Rev. soc. 1970, p. 292.

[521] PRIETO (C.), *th. préc.*, n° 49 .

[522] TERRÉ (Fr.), *Fondements historiques et philosophiques de la loi de la majorité, in. La loi de la majorité, Colloque de Deauville,* juin 1990, RJ com. 1990, n° spéc., p. 9 et s., spéc. p. 21.

classique de l'unité du patrimoine[523]. Plus précisément, le principe d'unité et d'unicité du patrimoine a été ébranlé par la création de l'entrepreneur individuel à responsabilité limitée (EIRL)[524]. Dorénavant, en application des dispositions du premier alinéa de l'article L. 526-6 du Code de commerce, tout entrepreneur peut affecter à son activité professionnelle un patrimoine autre que son patrimoine personnel, sans avoir besoin de créer une personne morale. L'EIRL constitue ainsi une consécration de la théorie du patrimoine d'affectation en droit positif français[525]. La création d'un patrimoine indépendamment de toute personnalité juridique permet d'affirmer que sa transmission peut intervenir sans qu'il soit nécessairement doté de la personnalité juridique. Ainsi se pose la question de savoir si l'opération de transmission du patrimoine d'un EIRL à une autre personne morale est constitutive d'une fusion. En d'autres termes, l'EIRL peut-il prendre part à une opération de fusion ? Répondre par l'affirmative aboutit à un infléchissement considérable de l'aspect conventionnel de la fusion puisqu'il n'est plus nécessaire que préexistent au moins deux personnes morales distinctes pour réaliser l'opération.

259. Il est vrai que les effets juridiques de la cession de l'EIRL s'apparentent à ceux de la fusion, puisque celle-ci suppose la transmission universelle d'un patrimoine. Le législateur ne semble cependant pas envisager la participation de l'EIRL à une fusion. L'article L. 526-17 du Code de commerce énumère exhaustivement les modalités de cession du patrimoine d'affectation, sans prévoir la fusion. L'article précise que la cession du patrimoine de l'EIRL à une personne morale doit être qualifiée d'apport en société. Ainsi, l'exigence de préexistence d'au moins deux personnalités juridiques persiste et reste une condition nécessaire pour qu'un transfert de patrimoine soit qualifié de fusion.

---

[523] AUBRY (C.) et RAU (C.), *Cours de droit civil français d'après la méthode de Zachariae*, t. 4, 4eme éd., 1873, § 573 et s., p. 229 et s. – *Adde*, THOMAT-RAYNAUD (A.-L.), *L'unité du patrimoine : essai critique*, Defrénois, 2007, n°5.

[524] L'EIRL est mise en place par la loi n°2010-658 du 15 juin 2010 (JORF n°0137 du 16 juin 2010 p. 10984)

[525] Le patrimoine d'affectation selon la définition de l'association Henri Capitant est « un ensemble de biens répondant à la même finalité, notamment biens réunis pour servir à une activité déterminée » : CORNU (G.), Vocabulaire juridique de l'Association CAPITANT (H.), PUF, 2011, v° patrimoine d'affectation) ; vois aussi : HOIR-LAUPRÊTRE (C.), *L'EIRL, un patrimoine affecté voué à... une désaffection certaine !* , LPA, 14 janv. 2011, n°10, p. 3 ; CHÉNEDÉ (F.), *La mutation du patrimoine*, Gaz. Pal., 19 mai 2011, n°139, p. 19 ; MOLFESSIS (N.), *Entreprise et patrimoine : évolution ou révolution ?*, Gaz. Pal., 19 mai 2011, n°139, p. 63.

Ss-paragraphe 2 : L'exception critiquée : Les fonds communs de placement

260. **La fusion des fonds communs de placement.** Paradoxalement, ce qui n'a pas été permis à l'entrepreneur individuel (EIRL) pour défaut de personnalité morale a été expressément organisé pour les fonds communs de placement (FCP). Le FCP n'étant pas doté d'une personne morale[526], il ne devrait pas être habilité à participer à une fusion[527]. Ce n'est pourtant pas la position retenue par le législateur qui a consacré le principe de la fusion des FCP à l'article L. 214-15 du CMF dans les dispositions communes aux OPCVM, complété par l'article 411-19 du règlement général de l'AMF[528]. Selon ce règlement, il est permis à un FCP[529] d'absorber soit un autre fonds commun de placement de même nature, soit une société d'investissement à capital variable (SICAV)[530] qui est elle en revanche dotée de la personnalité morale[531]. Un fonds commun de placement peut participer à une fusion en tant qu'absorbée et même en tant qu'absorbant, et cela nonobstant son défaut de personnalité morale. Le législateur européen a aussi consacré cette possibilité de fusion des FCP dans la directive OPCVM IV du 13 juillet 2009 sur la fusion transfrontalière des OPCVM[532]. Cette exception au principe de la jouissance de la personnalité morale pour participer à une fusion semble faire pièce à l'aspect contractuel de l'opération.

261. **Une exception n'excluant pas la nature contractuelle de la fusion.** Cependant, cette exception prévue par le législateur n'exclut pas le caractère contractuel de la fusion, tant la privation du FCP de la personnalité morale reste « *très artificielle* »[533]. Cet artifice se manifeste par la référence, elle-même empreinte d'artificialité, à la théorie du patrimoine d'affectation[534]

---

[526] Art. L. 214- 20 CMF « *Le fonds commun de placement, qui n'a pas la personnalité morale, est une copropriété de valeurs mobilières dont les parts sont émises et rachetées à la demande des porteurs à la valeur liquidative majorée ou diminuée, selon les cas, des frais et commissions* ».

[527] DRAIN (A.), *Les organismes de placement collectif en valeurs mobilières (OPCVM), réflexions sur les relations entre droit commun et droit financier*, th. Paris I, 2006 , p. 179 et s.

[528] Ancien art. 13 du règlement n°89-02 de la COB modifié par le règlement n°98-04 de la COB devenu l'art. 411- 17 du règlement général de l'AMF.

[529] À l'exception des fonds communs de placement d'entreprise, des fonds communs de placement à risques et des fonds communs d'intervention sur les marchés à terme.

[530] Art. L. 214- 15, al. 1er CMF « *La société d'investissement à capital variable, dite « SICAV » est une société anonyme qui a pour objet la gestion d'un portefeuille* ».

[531] En ce sens : ANSA, *Droit des sociétés, Absorption d'une SICAV par un FCP. L'article L. 371 et les fusions d'OPCVM*, Comité juridique, Juill./août 1991, n° 2554.

[532] Dir. 2009/65/CE, JOUE n° L 302, 17 nov. 2009, p. 32.

[533] LE CANNU (P.) et DONDERO (B.), *Droit des sociétés*, Montchrestien, 6eme éd., 2015, n°1614.

[534] Sur les limites à qualification du FCP en un patrimoine d'affectation : DRAIN (A.), *th. préc.*, spéc. p. 45 et s.

pour concevoir le FCP comme un patrimoine dépourvu de personnalité juridique. La théorie du patrimoine d'affectation n'est que très ponctuellement reconnue dans le droit positif français qui reste largement influencé par la théorie classique de l'unité du patrimoine. Elle n'est donc pas une justification convaincante de la nature juridique du FCP.

262. En outre, l'aspect contractuel de la fusion des FCP s'impose du fait de l'obligation de mettre en place un projet commun de fusion arrêté par le conseil d'administration ou le directoire de la société de gestion du fonds[535]. La loi ne dispose pas que le projet de fusion soit soumis à l'approbation des porteurs de parts du fonds commun de placement. Ces derniers n'ont pas de rôle décisionnel comparable à celui des assemblées générales des sociétés commerciales voulant fusionner[536]. La décision de fusionner revient donc à la société de gestion des fonds[537]. Ainsi, le contrat de fusion est conclu par les sociétés de gestion dotées de la personnalité morale qui s'engagent à mettre en commun les fonds communs de placement. Le principe selon lequel la jouissance de la personne morale est nécessaire pour participer à une fusion n'est donc pas totalement écarté dans l'hypothèse d'une fusion entre des FCP. Simplement, ce sont les sociétés de gestion, dotées de la personne morale, qui contractent l'opération.

Paragraphe 2 : Le consentement des sociétés fusionnantes

263. **La compétence des représentants légaux pour engager la société.** Pour constater la formation d'un contrat de fusion, il doit y avoir un consentement qui se manifeste par l'accord de volontés des sociétés en cause. La volonté de contracter émane de l'organe social compétent pour engager la société. Le pouvoir de contracter avec des tiers, qu'il s'agisse de personnes morales ou physiques, est généralement dévolu aux représentants légaux de la société. Tout contrat signé par ces représentants dans le cadre de leurs fonctions engage la société représentée. Devant le recul considérable du rôle de l'assemblée générale, souvent décrite comme l' « *organe le plus inefficace* »[538] au sein de la société, le pouvoir des représentants légaux est devenu prépondérant.

---

535 Art. 411- 20 du règlement général de l'AMF (anc. art. 14 du règlement n°89-02 de la COB).

536 Sur l'absence de pouvoir décisionnel des souscripteurs, v. DRAIN (A.), *th. préc.*, spéc, p. 184.

537 Art. 411-21 du règlement général de l'AMF. Cependant, selon les dispositions de l'art. 44 de la directive 2009/65/CE, dans le cas des fusions transfrontalières de fonds communs de placement, le vote de la fusion par les porteurs de parts peut être permis par certains États membres.

538 TUNC (A.), *L'effacement des organes légaux de la société anonyme*, D. 1952, chron. p.73.

264. **L'affaiblissement de la compétence des représentants légaux justifié par les effets structurels de la fusion.** Le pouvoir des représentants légaux est cependant affaibli lorsque le contrat emporte des effets structurels sur la société contractante. Dans ce cas, le pouvoir de contracter des représentants légaux n'est plus suffisant pour engager la société. Il devient alors indispensable de solliciter les assemblées générales. Cette distribution des compétences entre les différents organes sociaux a été décrite par Mme PRIETO, qui constate que «*les contrats appellent une vigilance particulière dès lors qu'ils entraînent de lourdes contraintes institutionnelles. On conçoit que le pouvoir de contracter soit retiré aux représentants légaux pour être confié à l'assemblée des associés dont émane la volonté sociétaire la plus autonome*»[539].

265. Cette hiérarchisation des pouvoirs entre les organes sociaux pour engager la société contractante s'applique avec force au contrat de fusion. Cette opération entraîne des effets institutionnels considérables sur la structure même des sociétés contractantes. La société absorbée disparaît alors par dissolution sans liquidation tandis que l'absorbante, qui reçoit le patrimoine de l'autre, procède généralement à une augmentation de capital social. Au regard de leurs incidences institutionnelles, les contrats de fusion « *doivent inspirer un [...] respect du pouvoir spécial de contracter dévolu aux assemblées d'associés* »[540].

266. **Plan.** En tenant compte des effets institutionnels de la fusion sur les sociétés fusionnantes, les textes ont attribué un large pouvoir décisionnel aux assemblées générales des associés. Ce sont elles seules qui décident la fusion **(Ss-paragr.1)**. Cette compétence peut néanmoins être contrecarrée par les assemblées spéciales qui détiennent désormais le pouvoir de ratifier l'opération **(Ss-paragr.2)**.

Ss-paragraphe 1 : La compétence décisionnelle des assemblées générales

267. **Plan.** La compétence décisionnelle de l'assemblée générale résulte de l'article L. 236-2, alinéa 2 du Code de commerce qui dispose que « *la fusion est décidée par chacune des sociétés intéressées, dans les conditions requises pour la modification de ses statuts*». On s'intéresse, d'une part, à l'étendue du pouvoir décisionnel reconnu aux assemblées générales des sociétés **(A)** et, d'autre part, aux conditions requises pour l'exercice de ce pouvoir **(B)**.

---

539 PRIETO (C.), *th. préc.*, p. 177.
540 *ibid*, p. 187.

A- Étendue du pouvoir décisionnel

268. **La transformation du projet de fusion en contrat définitif.** Les délibérations des assemblées générales des sociétés portent normalement sur les conditions juridiques et financières arrêtées dans le projet de fusion. La réalisation de la fusion advient après l'approbation par les assemblées générales du projet de fusion qui se transforme en contrat définitif de fusion.

269. **Le pouvoir souverain de modification du projet de fusion.** Les assemblées générales des sociétés disposent non seulement d'un pouvoir d'approbation ou de rejet du projet de fusion, mais aussi d'un pouvoir décisionnel. En d'autres termes, l'assemblée générale de chaque société peut souverainement modifier les conditions de l'opération telles qu'elles figurent dans le projet de fusion[541]. Cette possibilité de modification du projet de fusion se justifie davantage eu égard à la nature juridique éphémère de cet acte.

270. Il faut cependant noter que les assemblées générales des sociétés souvent constituées d'un ensemble de profanes et non de professionnels, ont souvent du mal à entreprendre des modifications des conditions de l'opération. Ainsi, les assemblées générales n'entament généralement de modifications du projet de fusion que sur proposition du commissaire à la fusion. Ces modifications doivent ensuite être notifiées aux assemblées générales des autres sociétés contractantes pour qu'elles puissent statuer sur le nouveau projet. Par conséquent, les modifications apportées au projet de fusion initial et les navettes qu'elles impliquent sont source d'importantes complications. Il est notamment nécessaire de reprendre toutes les mesures de publicité et de dépôt au greffe du Tribunal de commerce[542]. La publication des modifications et du projet à jour doit avoir lieu un mois avant la tenue de l'assemblée générale de l'autre société qui statuera sur les modifications suggérées.

271. Un autre problème risque de surgir conséquemment à la modification du projet de fusion décidée en assemblée générale. Quelle est la valeur juridique de cette modification unilatérale par l'assemblée d'actionnaires ? Selon le droit commun des contrats, cet acte unilatéral émis par l'organe social compétent pour décider la fusion est constitutif d'une offre de contracter, à condition d'être suffisamment précis et ferme, de sorte que la seule acceptation de l'autre société suffise à former le contrat[543]. Une telle

[541] En ce sens : CHADEFAUX (M.), *op. cit.*, p. 73 ; BONNASSE (A.), *Fusions-scissions.- Réalisation de fusions et scissions*, J.- Cl. Sociétés Traité, fasc. 162- 10, n°98.
[542] Art. L. 236- 6 C. com.
[543] TERRÉ (Fr.), SIMLER (P.) et LEQUETTE (Y.), *op. cit.*, n°109 et s.

offre de contracter engage généralement la société qui l'émet. Dans l'attente de l'acceptation de l'autre société l'offre ne peut plus être retirée[544]. En cas d'acceptation, le contrat de fusion est définitivement formé. En revanche, l'assemblée générale de la société à qui l'offre de contracter est présentée peut faire une contre-proposition en modifiant à son tour le projet de fusion.

272. **L'exclusion du régime des conventions règlementées.** La consécration du rôle décisionnel des assemblées générales n'est pas sans conséquence pratique lorsque les sociétés fusionnantes ont des administrateurs en commun. Les conventions qu'elles passent relèvent alors en principe du régime des conventions réglementées[545] et sont soumises à une procédure de contrôle[546]. Pour être valables, ces conventions doivent recevoir l'autorisation préalable du conseil d'administration, sans que les administrateurs communs puissent prendre part au vote[547]. Par la suite, elles doivent être approuvées par l'assemblée générale qui statue à la lumière d'un rapport spécial rédigé par les commissaires aux comptes de la société[548]. Toutefois, les conventions qui relèvent de la compétence exclusive des assemblées générales extraordinaires sont exemptes du régime des conventions réglementées. Cette position est depuis longtemps retenue par le droit positif français en matière de fusion[549]. Elle se justifie par le fait que « *la fusion n'est pas un simple contrat conclu par la société, mais une modification de sa structure et que, par suite, les formalités prévues pour les contrats conclus entre la société et un de ses administrateurs, n'ont pas à*

[544] Sur la possibilité de révocation de l'offre, v. FLOUR (J.), AUBERT (J.-L.) et SAVAUX (E.), *op. cit., t. 1*, n°139 et s.

[545] À propos des conventions règlementées, v. CHAMPAUD (Cl.) et DANET (D.), *Conventions réglementées*, RTD com. 2002, p. 98 ; LE CANNU (P.), *Les conventions réglementées après la loi n°2001-420 du 15 mai 2001*, Bull. Joly 2001, § 165, p. 720 ; MERLE (Ph.), *Les conventions au sein des groupes*, LPA, 4 mai 2001, n°89 et s., spéc. n°399.

[546] Art. L. 225-38, al. 1er C. com. « *Toute convention intervenant directement ou par personne interposée entre la société et son directeur général, l'un de ses directeurs généraux délégués, l'un de ses administrateurs, l'un de ses actionnaires disposant d'une fraction des droits de vote supérieure à 10 % ou, s'il s'agit d'une société actionnaire, la société la contrôlant au sens de l'article L. 233-3, doit être soumise à l'autorisation préalable du conseil d'administration* ». Et plus précisément l'alinéa 3 de cet article qui dispose que « *sont également soumises à autorisation préalable les conventions intervenant entre la société et une entreprise, si le directeur général, l'un des directeurs généraux délégués ou l'un des administrateurs de la société est propriétaire, associé indéfiniment responsable, gérant, administrateur, membre du conseil de surveillance ou, de façon générale, dirigeant de cette entreprise* ». La procédure de contrôle propre aux conventions réglementées s'applique aux groupes de sociétés ayant des administrateurs communs.

[547] Art. L. 225-40, al. 4 C. com. « *L'intéressé ne peut pas prendre part au vote et ses actions ne sont pas prises en compte pour le calcul du quorum et de la majorité* ».

[548] Art. L. 225-40, al. 3 C. com. « *Les commissaires aux comptes présentent, sur ces conventions, un rapport spécial à l'assemblée, qui statue sur ce rapport* ».

[549] En ce sens : Cass. com., 7 juin 1963, D. 1964, p. 308, note DALSACE (A.).

être observées »[550]. Le contrat de fusion qui emporte des effets structurels sur les sociétés fusionnantes relève exclusivement de la compétence des assemblées générales extraordinaires. Par conséquent, il n'y a pas lieu de lui appliquer le régime des conventions réglementées.

B- Conditions d'exercice du pouvoir décisionnel

273. **Plan.** La fusion est en principe décidée suivant la procédure propre à la modification des statuts des sociétés en cause. Plus précisément, la fusion relève de la compétence des assemblées générales extraordinaires qui statuent dans les conditions de la modification des statuts **(1)**. Il se présente parfois des cas particuliers qui viennent alourdir un peu plus la procédure de décision ou, au contraire, la simplifier **(2)**.

1- Assemblées générales extraordinaires des sociétés

274. **La convocation des assemblées générales.** L'assemblée générale extraordinaire de chaque société a la compétence de décider l'opération[551]. La convocation de cette assemblée signalée précédemment est initiée par le conseil d'administration ou le directoire. Elle obéit aux règles générales de convocation des assemblées générales extraordinaires.

275. La fusion entraîne la dissolution anticipée de la société absorbée et la transmission universelle de son patrimoine à la société absorbante. Pour cela, l'approbation de la fusion doit être soumise aux mêmes conditions que celles requises pour la dissolution de la société. Pour la société absorbante, la fusion entraîne généralement l'augmentation de son capital par l'émission d'actions ou de parts destinées à rémunérer l'apport de l'actif net de la société absorbée. Dès lors, l'approbation de la fusion par la société absorbante est soumise aux conditions requises pour une augmentation du capital. La fusion n'entraîne cependant pas toujours l'augmentation du capital de la société absorbante. La décision demeure néanmoins soumise à la compétence de l'assemblée générale extraordinaire, car la société en cause subit des modifications structurelles et organisationnelles importantes. Ces

---

[550] HOUIN (R.), *La fusion des sociétés in. Rapports généraux du VIe Congrès international de droit comparé de Hambourg*, juill.-août 1962, éd. Bruylant, 1964, p. 567.

[551] Pour les SAS, v. art. L. 227- 9, al. 2 C. com. « *Toutefois, les attributions dévolues aux assemblées générales extraordinaires et ordinaires des sociétés anonymes, en matière d'augmentation, d'amortissement ou de réduction de capital, de fusion, de scission, de dissolution, de transformation en une société d'une autre forme, de nomination de commissaires aux comptes, de comptes annuels et de bénéfices sont, dans les conditions prévues par les statuts, exercées collectivement par les associés* » ; pour les SA, v. art. L. 236-9, al. 1 C. com. « *La fusion est décidée par l'assemblée générale extraordinaire de chacune des sociétés qui participent à l'opération* ».

dernières concernent, d'une part, la composition de son assemblée générale qui sera remaniée par l'intégration des associés de la société absorbée et, d'autre part, la composition de son conseil d'administration ou de son conseil de surveillance par l'union des directions des sociétés fusionnantes. En outre, si l'entreprise de la société absorbée a des activités différentes de la société absorbante, la fusion peut entraîner la modification de son objet social.

276. **Les conditions de majorité et de *quorum*.** Les assemblées générales extraordinaires des sociétés en cause devront délibérer dans les conditions de majorité et de *quorum* requises pour la modification des statuts[552]. Le *quorum* des assemblées générales extraordinaires est, sur première convocation, du quart des actions ayant le droit de vote et, sur seconde convocation, le cinquième desdites actions. Si le *quorum* n'est pas atteint lors de la seconde convocation, l'assemblée peut être prorogée à une date ultérieure de deux mois, tout au plus, à partir de la dernière assemblée. Quant aux conditions de majorité, le projet de fusion doit être approuvé par les deux tiers des voix dont disposent les actionnaires présents ou représentés.

2- Cas particuliers

277. **L'alourdissement des conditions de prise de décision.** Plusieurs cas particuliers peuvent se présenter ayant pour conséquence l'alourdissement de la procédure de prise de décision de la fusion. Lorsque la fusion entraîne l'augmentation des engagements des associés la décision d'approbation de la fusion ne peut être prise qu'à l'unanimité [553]. C'est le cas, par exemple, lors de l'absorption d'une société de capital par une société en nom collectif[554]. En effet, cette opération entraîne nécessairement l'augmentation de l'engagement des actionnaires de la société absorbée. Ceux-ci seront

---

[552] Art. L. 225-96 C. com. « *L'assemblée générale extraordinaire est seule habilitée à modifier les statuts dans toutes leurs dispositions. Toute clause contraire est réputée non écrite. Elle ne peut, toutefois, augmenter les engagements des actionnaires, sous réserve des opérations résultant d'un regroupement d'actions régulièrement effectué. Elle ne délibère valablement que si les actionnaires présents ou représentés possèdent au moins, sur première convocation, le quart et, sur deuxième convocation, le cinquième des actions ayant le droit de vote. A défaut, la deuxième assemblée peut être prorogée à une date postérieure de deux mois au plus à celle à laquelle elle avait été convoquée. Dans les sociétés dont les actions ne sont pas admises aux négociations sur un marché réglementé, les statuts peuvent prévoir des quorums plus élevés. Elle statue à la majorité des deux tiers des voix dont disposent les actionnaires présents ou représentés* ».

[553] Art. 1836 C. civ et art. L. 236- 5 C. com. « *Par dérogation aux dispositions du deuxième alinéa de l'article L. 236-2, si l'opération projetée a pour effet d'augmenter les engagement d'associés ou d'actionnaires de l'une ou de plusieurs sociétés en cause, elle ne peut être décidée qu'à l'unanimité desdits associés ou actionnaires* ».

[554] Une société anonyme (SA), ou bien une société à responsabilité limitée (SARL).

désormais tenus d'une responsabilité indéfinie et solidaire des dettes de la société. De même, l'absorption d'une société par une société par actions simplifiées (SAS)[555] exige l'approbation unanime des associés de la société absorbée[556].

278. **L'allègement des conditions de prise de décision.** En revanche, il est prévu un cas particulier qui aura pour conséquence d'alléger la procédure de prise de décision de la fusion. Cette situation se présente lorsque la société absorbante détient la totalité des titres de l'absorbée depuis le dépôt au greffe du projet de fusion et jusqu'à la réalisation définitive de l'opération. Dans ce cas, l'article L. 236-11 du Code de commerce prévoit la possibilité de fusion sans qu'il y ait lieu de réunir l'assemblée générale extraordinaire de la société absorbée. Cette simplification de la procédure de prise de décision est justifiée dans cette hypothèse, car il n'y a pas d'associés minoritaires et, par conséquent, pas lieu d'exiger les formalités propres à leur protection.

Ss-paragraphe 2 : Le pouvoir de ratification des assemblées spéciales

279. **La compétence des assemblées spéciales.** Selon l'alinéa 2 de l'article L. 236-9 du Code de commerce, « *la fusion est soumise, le cas échéant, dans chacune des sociétés qui participent à l'opération, à la ratification des assemblées spéciales d'actionnaires* ». Lorsque la société concernée comporte des actions de diverses catégories, l'approbation par l'assemblée générale extraordinaire n'est pas suffisante pour former le contrat de fusion. Le consentement de la société à l'opération de fusion n'est acquis qu'après l'approbation des assemblées spéciales qui réunissent les titulaires de chaque catégorie d'actions et de certificats.

280. **Plan.** L'intervention des assemblées spéciales dans une opération de fusion reste largement subsidiaire à celle de l'assemblée générale. Ceci s'explique, d'une part, par les conditions de l'intervention des assemblées spéciales **(A)** et, d'autre part, par le pouvoir relativement limité du pouvoir de ces assemblées **(B)**.

---

[555] En ce sens : LE CANNU (P.), *De la SA a la SAS : pourquoi transformer à l'unanimité si l'on peut absorber à la majorité ?*, Bull. Joly 1973, p. 324

[556] Dans cette hypothèse, l'opération de fusion est soumise aux exigences de l'article L. 227-3 du Code de commerce relatif à la transformation d'une société en une société par actions simplifiées. Cet article dispose que « *la décision de transformation en société par actions simplifiée est prise à l'unanimité des associés* ».- *Adde*, Cass. Com., 19 déc. 2006, n°05-17.802, JCP E 2007, note VIANDIER (A.).

A- Les conditions d'intervention des assemblées spéciales

281. **L'existence de plusieurs catégories d'actions.** Lorsqu'il existe plusieurs catégories d'actions de préférence[557] assorties de prérogatives différentes[558], le projet de fusion doit en principe être soumis à la ratification des assemblées spéciales de l'article L. 225-99 du Code de commerce[559]. De même, si la société a émis des actions à dividende prioritaire sans droit de vote, la fusion est soumise aux conditions d'approbation de l'assemblée spéciale prévues à l'article L. 228-35-6 du Code de commerce[560]. La convocation des assemblées spéciales répond aux mêmes exigences que celles des assemblées générales extraordinaires. Quant au *quorum* requis

---

[557] Créées par l'ordonnance n°2004-604 du 24 juin 2004 (JORF n°175 du 30 juillet 2004, p. 13577).

[558] Par exemple : actions de priorité, actions partiellement amorties, action de droit de vote double. Sur les différentes catégories d'actions, v. CORDONNIER (P.), *L'égalité des actionnaires avant et après la loi du 22 nov. 1913*, J. soc. 1924, p. 417 ; JEANTIN (M.), *Observations sur la notion de catégorie d'actions*, D. 1995, chron. p. 88.

[559] Selon les dispositions dudit article : « *Les assemblées spéciales réunissent les titulaires d'actions d'une catégorie déterminée. La décision d'une assemblée générale de modifier les droits relatifs à une catégorie d'actions n'est définitive qu'après approbation par l'assemblée spéciale des actionnaires de cette catégorie. Les assemblées spéciales ne délibèrent valablement que si les actionnaires présents ou représentés possèdent au moins, sur première convocation, le tiers et, sur deuxième convocation, le cinquième des actions ayant le droit de vote et dont il est envisagé de modifier les droits. À défaut, la deuxième assemblée peut être prorogée à une date postérieure de deux mois au plus à celle à laquelle elle avait été convoquée. Dans les sociétés dont les actions ne sont pas admises aux négociations sur un marché réglementé, les statuts peuvent prévoir des quorums plus élevés. Elles statuent dans les conditions prévues au troisième alinéa de l'article L. 225-96* ».

[560] Selon les dispositions dudit article :« *Les titulaires d'actions à dividende prioritaire sans droit de vote sont réunis en assemblée spéciale dans des conditions fixées par décret en Conseil d'État.*

Tout actionnaire possédant des actions à dividende prioritaire sans droit de vote peut participer à l'assemblée spéciale. Toute clause contraire est réputée non écrite.

L'assemblée spéciale des actionnaires à dividende prioritaire sans droit de vote peut émettre un avis avant toute décision de l'assemblée générale. Elle statue alors à la majorité des voix exprimées par les actionnaires présents ou représentés. Dans le cas où il est procédé à un scrutin, il n'est pas tenu compte des bulletins blancs. L'avis est transmis à la société. Il est porté à la connaissance de l'assemblée générale et consigné à son procès-verbal.

L'assemblée spéciale peut désigner un ou, si les statuts le prévoient, plusieurs mandataires chargés de représenter les actionnaires à dividende prioritaire sans droit de vote à l'assemblée générale des actionnaires et, le cas échéant, d'y exposer leur avis avant tout vote de cette dernière. Cet avis est consigné au procès-verbal de l'assemblée générale.

Sous réserve de l'article L. 228-35-7, toute décision modifiant les droits des titulaires d'actions à dividende prioritaire sans droit de vote n'est définitive qu'après approbation par l'assemblée spéciale visée au premier alinéa du présent article, statuant selon les conditions de quorum et de majorité prévues à l'article L. 225-99.

S'il est fait obstacle à la désignation des mandataires chargés de représenter les actionnaires à dividende prioritaire sans droit de vote à l'assemblée générale des actionnaires, le président du tribunal, statuant en référé, peut à la demande de tout actionnaire désigner un mandataire chargé de cette fonction ».

pour la validité des décisions de l'assemblée spéciale, il est du tiers des actions ayant droit de vote, sur première convocation, et du cinquième sur seconde convocation. Si au terme de cette dernière le *quorum* du cinquième n'est toujours pas atteint, la seconde assemblée peut alors être prorogée de deux mois tout au plus. Les assemblées spéciales doivent approuver le projet de fusion à la majorité des deux tiers des voix dont disposent les actionnaires présents ou représentés.

282. **Les cas de dispense de l'approbation des assemblées spéciales.** La soumission de la fusion à l'approbation des assemblées spéciales n'est pas toujours obligatoire. L'intervention des assemblées spéciales n'est requise que lorsque la fusion entraîne des modifications des droits des titulaires des actions au sens de l'article L. 225-99 du Code de commerce. Il s'agit d'une transposition en droit interne de l'article 7 de la troisième directive indiquant que « *la décision sur la fusion est subordonnée à un vote séparé au moins pour chaque catégorie d'actionnaires aux droits desquels la fusion porte atteinte* ». Cette modification doit viser la consistance juridique des droits des titulaires des titres de préférence et pas seulement l'appréciation de leur valeur économique[561].

283. Par ailleurs, l'approbation des assemblées spéciales pourrait également être contourné en application de l'article L. 228-17 du Code de commerce. Selon ce texte, les actions de préférence peuvent être échangées contre des actions de la société absorbante contenant des droits particuliers équivalents ou, selon une parité d'échange spécifique tenant compte des droits particuliers abandonnés. Ce n'est que lorsque le projet de fusion ne prévoit pas cette possibilité d'échange que l'opération est alors soumise à l'assemblée spéciale.

B- L'étendue du pouvoir des assemblées spéciales

284. **Le « *droit de veto* » des assemblées spéciales.** Il ne s'agit pas d'une simple consultation des assemblées spéciales comme dans le cas de l'assemblée des créanciers obligataires. Ces assemblées disposent d'un véritable « *droit de veto* » leur permettant de s'opposer à la fusion, en refusant la ratification. La désapprobation empêche alors la réalisation de la fusion. Les sociétés en cause doivent alors modifier les conditions contenues dans le projet de fusion, afin d'obtenir l'assentiment des assemblées spéciales à l'occasion d'une nouvelle convocation, ou bien prévoir la

---

[561] BONNASSE (A.), *Fusions-scissions.- Réalisation des fusions et scissions*, J.-Cl. Sociétés Traités, fasc. 162-10, n° 99. Il faut cependant signaler que généralement, la fusion n'entraîne pas des modifications aux droits des titulaires d'actions de préférence, ce qui rend exceptionnelle l'intervention des assemblées spéciales dans l'opération.

possibilité d'échange des actions prioritaires au sens de l'article L. 228-17 du Code de commerce. La décision des assemblées spéciales ne doit cependant pas, selon les termes de l'article L. 236-9 du Code de commerce, bénéficier de la même portée que la décision des assemblées générales extraordinaires. Il en résulte que leur pouvoir décisionnaire se limite à la ratification ou non du projet de fusion sans qu'elles puissent prétendre à une quelconque modification de l'acte.

285. **L'ordre d'intervention des assemblées.** L'approbation de l'assemblée spéciale doit-elle précéder ou plutôt suivre la décision de l'assemblée générale de la société fusionnante ? Selon les dispositions du deuxième alinéa de l'article L.225-99 du Code de commerce « *la décision d'une assemblée générale de modifier les droits relatifs à une catégorie d'actions n'est définitive qu'après approbation par l'assemblée spéciale des actionnaires de cette catégorie* ». Suivant la formulation de ce texte, l'approbation du projet de fusion par les assemblées générales précède celle des assemblées spéciales. Ces dernières statuent alors sur la décision des assemblées générales qui peut emporter des modifications de leurs droits. La réunion de l'assemblée spéciale n'intervient donc qu'après l'approbation du projet par l'assemblée générale. Cependant, selon la grande majorité de la doctrine[562], il est en pratique indispensable que l'assemblée spéciale ratifie le projet avant que ne se réunisse l'assemblée générale extraordinaire, du fait du « *droit de veto* » dont dispose la première.

286. **L'annulation de la délibération de l'assemblée spéciale.** Un autre problème peut se poser en cas d'annulation de la délibération de l'assemblée spéciale ayant approuvé la fusion. Cette annulation entraîne-t-elle la nullité du contrat de fusion ? Il nous semble que la nullité de la délibération d'une assemblée spéciale n'est pas une cause de nullité de l'opération de fusion. Ceci découle des dispositions de l'article L. 235-8 du Code de commerce qui au titre de causes de nullité de la fusion, prévoit seulement « *la nullité de la délibération de l'une des assemblées qui ont décidé l'opération* ». Le contrat de fusion n'est conclu qu'au moment de son approbation par l'assemblée générale extraordinaire ayant régulièrement délibéré. Elle seule détient le pouvoir décisionnel de réaliser la fusion. À cet égard, l'assemblée spéciale ne dispose que d'un droit de ratification de la fusion apparenté à un droit de veto. La nullité de la délibération de celle-ci ne doit donc pas entraîner la nullité de la fusion.

---

[562] En ce sens : BERTEL (J.-P.) et JEANTIN (M.), *op. cit.*, p. 394 ; MESTRE (J.), et VELARDOCCHIO (D.), *op. cit.*, n° 2001 ; MOULIN (J.-M.), *Fusion, scission et apport partiel d'actif*, Encycl. Dalloz droit des sociétés 2011, n° 98.

Ss-section 2 : La nullité de l'opération de fusion

287. **Plan.** Le système de nullité applicable à la fusion, calqué sur le régime de droit commun des contrats, conforte la qualification contractuelle de cette opération[563]. Ce n'est que dans certains cas particuliers justifiés par le souci de protéger les tiers et les associés, que le législateur déroge à ce système de nullité[564]. De manière générale, les causes de nullité de la fusion **(Paragr.1)** font largement prévaloir la nature contractuelle de l'opération, en dépit du régime juridique spécial de cette nullité **(Paragr. 2)** qui semble dérogatoire à celui du droit commun des contrats.

Paragraphe 1 : Les causes de nullité du contrat de fusion

288. **Les causes de nullité prévues par les textes.** Selon les dispositions de l'article L. 235-8 du Code de commerce « *la nullité d'une opération de fusion ou de scission ne peut résulter que de la nullité d'une délibération de l'une des assemblées qui ont décidé l'opération ou du défaut de dépôt de la déclaration de conformité mentionnée au troisième alinéa de l'article L. 236-6* ». Ce texte énumère limitativement les causes de nullité de la fusion[565]. Le législateur cherche ainsi à limiter autant que possible les causes de nullité de cette opération afin de protéger les tiers.

---

[563] En ce sens : CHEMINADE (Y.), *art. préc.*, p. 34.

[564] La sanction de nullité est largement redoutée en droit des sociétés à cause de ses effets néfastes sur les associés et les tiers. Dans un souci de protection de ces derniers et conformément aux dispositions de la Première directive n° 68/ 151/ CEE du 9 mars 1968, JOCE, n° L. 65, 14 mars 1968, la loi du 24 juillet 1966 a considérablement réduit le domaine des nullités en droit des sociétés que ce soit pour la nullité de la constitution d'une société ou bien pour la nullité des décisions des organes sociaux. Sur ce sujet, v. GRILLET-PONTON (D.), *La méconnaissance d'une règle impérative de la loi, cause de nullité des actes et délibérations des organes de la société*, Rev. soc. 1984, p. 259 et s. ; LEGROS (J.-P.), *La nullité des décisions de sociétés*, Rev. soc. 1991, p. 275 et s. ; GROSCLAUDE (L.), *Le renouvellement des sanctions en droit des sociétés*, th. Paris I, 1997 ; ROBERT-CADET (I.), *Les nullités en droit des sociétés*, th. Lyon III, 2000. Cependant, la loi n°2003-706 du 1er aout 2003 sur la sécurité financière (JORF n°177, 2 août 2003, p. 13220), et plus spécialement son article 134, a ajouté de nouveaux cas de nullités en droit des sociétés.- *Adde*, comm. COURET (A.), *Les dispositions de la loi de sécurité financière intéressant le droit des sociétés*, JCP E 2003, I, 1290, n°45 ; LE NABASQUE (H.), *Commentaire des principales dispositions de la loi n°2003-706 du 1er aout 2003 sur la sécurité financière intéressant le droit des sociétés*, Bull. Joly 2003, § 185, p. 859 et s.).

[565] En ce sens : CA Rouen, 2e Ch., 6 juill. 2004, RJDA 2005, n° 146 : « *n'a pas été admise la demande de nullité, pour défaut de disposition expresse de la loi , du contrat de fusion qui prévoit seulement le versement d'une soulte en espèces pour certains associés contrairement aux dispositions de l'at. L. 236- 1 C. com.* ».

289. **Le défaut de dépôt d'une déclaration de conformité.** La première cause de nullité de la fusion est le défaut de dépôt[566] d'une déclaration de conformité[567] au greffe du tribunal de commerce du siège social de la société en cause. Il s'agit d'une cause de nullité « *spécifique* »[568] à la fusion, prévue pour renforcer le contrôle préventif de la légalité de l'opération par les autorités administratives et judicaires[569]. Cette cause de nullité exorbitante du droit commun des contrats n'exclue pas pour autant le caractère contractuel de l'opération. Il s'agit simplement d'un aménagement spécial de la part du législateur qui prend en compte l'importance des effets que pourrait entraîner ce contrat sur les sociétés fusionnantes ainsi que les tiers.

290. **L'annulation de l'une des décisions des assemblées générales.** La seconde cause de nullité de l'opération de fusion résulte de l'annulation de l'une des délibérations des assemblées ayant approuvé la fusion. L'aspect contractuel de l'opération ressort alors clairement. Il est tout à fait justifié que l'annulation d'une délibération de l'assemblée générale emporte la nullité du contrat de fusion, car cette délibération manifeste la volonté de la société de s'engager dans le contrat de fusion[570]. Par conséquent, la nullité de la délibération de cette assemblée, quelle qu'en soit la cause, entraîne nécessairement l'annulation du contrat de fusion pour défaut de rencontre des volontés des sociétés en cause. Si l'on se réfère aux dispositions générales de l'article L. 235-1 du Code de commerce, la nullité de toute assemblée générale peut être demandée pour violation d'une disposition impérative de la loi[571] ou pour violation des dispositions applicables aux contrats.

---

[566] C'est seulement le défaut de dépôt de la déclaration qui est cause de nullité et non pas le caractère inexact ou incomplet de ce dépôt.

[567] Art. L. 236- 6 C. com. « *à peine de nullité, les sociétés participant à l'une des opérations mentionnées [...] sont tenues de déposer au greffe une déclaration dans laquelle elles relatent tous les actes effectués en vue d'y procéder et par laquelle elles affirment que l'opération a été réalisée en conformité des lois et règlements. Le greffier, sous sa responsabilité, s'assure de la conformité de la déclaration aux dispositions du présent article* ».

[568] MESTRE (J.) et VELARDOCCHIO (D.), *op. cit.*, n°1972 : « *la déclaration de conformité est spécifique à la fusion ; elle n'a jamais fait double emploi avec celle prévue par l'art. L. 270- 7 du Code de commerce en cas de modification des statuts ou de création d'une société nouvelle, et a survécu à l'abrogation de cette dernière par la loi n° 94- 126 du 11 février 1994 dite loi Madelin* ».

[569] En conformité avec la directive 2011/35/UE, art. 22. 1. b « *la nullité d'une fusion qui a pris effet [...] ne peut être prononcée si ce n'est pour défaut soit de contrôle préventif judiciaire ou administratif de légalité, soit d'acte authentique, ou bien s'il est établi que la décision de l'assemblée générale est nulle ou annulable en vertu du droit national* ».

[570] Cf. *supra*, n^os^263 et s. Le consentement des sociétés fusionnantes.

[571] Art. L. 235- 1 C. com. Selon cet article, la nullité d'une délibération peut résulter de la violation d'une disposition impérative de la loi. Par exemple, la violation des règles de quorum et de majorité. Une fusion a ainsi pu être annulée pour incompétence de l'assemblée générale ordinaire : Cass. com., 23 avr. 1958, Bull., 1958. III. 136. V. égal. le manquement à un principe général du droit. Sur la fraude, v. Cass. com., 6 juill. 1983, Bull. civ. IV, n°206, p.

291. **Plan.** Les causes générales de nullité des délibérations des assemblées prévues par l'article L. 235- 1 du Code de commerce sont parfaitement compatibles avec la conception contractuelle de l'opération de fusion. C'est même à partir de l'étude des causes de nullité des délibérations des assemblées générales pour manquement aux dispositions du droit commun des contrats, que la nature contractuelle de l'opération ressort avec clarté[572]. La nullité du contrat de fusion résulte, d'une part, du consentement vicié des sociétés contractantes **(Ss-paragr. 1)** et, d'autre part, de l'illicéité du contenu du contrat **(Ss-paragr. 2)**.

Ss-paragraphe 1 : La nullité pour vice de consentement

292. **Plan.** Comme tout acte volontaire, la décision prise par les assemblées générales des sociétés fusionnantes de contracter doit être « *éclairée et libre* »[573] c'est-à-dire exempte de tout vice de consentement[574]. Pour cela, le consentement des assemblées ne doit pas être donné par erreur, que celle-ci soit fortuite **(A)**, ou bien, causée par des manœuvres frauduleuses[575] **(B)**. Enfin, cette décision ne doit être sujette à aucune violence **(C)**.

A- Nullité pour erreur

293. **Une erreur sur la substance du contrat de fusion.** Une action en nullité du contrat de fusion peut être fondée sur l'erreur viciant le consentement des parties contractantes. Pour que cette action de nullité aboutisse, les conditions de l'article 1132 du Code civil doivent être réunies. L'erreur doit donc porter sur une qualité substantielle du contrat en considération de laquelle les parties se sont engagées[576]. Dans le cas de la fusion, il faut pouvoir démontrer que l'assemblée générale en cause a

---

180, Rev. soc. 1984, p. 76, note GUYON (Y.) ; CA Grenoble, 3 juin 1988, JCP 1989, II, 21238, note OPPETIT (B.); v. égal. un d'abus de majorité : Cass. com., 11 oct. 1967, RTD com. 1968, p. 94, obs. HOUIN (R.).

[572] Art. L. 235 -1 C. com. : la nullité des délibérations peut résulter de la violation de la loi régissant les contrats.

[573] FLOUR (J.), AUBERT (J.-L.) et SAVAUX (E.), *op. cit., t. 1*, n°190.

[574] Art 1109 C. civ. : « *Il n'y a point de consentement valable, si le consentement n'a été donné par erreur, ou s'il a été extorqué par violence ou surpris par dol* ». En revanche, la lésion ne sera pas étudiée comme cause de nullité de la fusion, car le droit français l'applique dans des hypothèses particulières et que la jurisprudence a écarté son application en matière d'apport en société. En ce sens : TGI Grenoble, 7 juill. 1943, JCP 1943, II, 2416.

[575] TERRÉ (Fr.), SIMLER (P.) et LEQUETTE (Y.), *op. cit.*, n°228 : « *Le dol agit sur le consentement au moyen de l'erreur qu'il engendre, il n'est pas, à proprement parler un vice de consentement mais la cause d'un tel vice* ».

[576] En ce sens : Cass. com., 20 oct. 1970, JCP 1971, II, 16916, note GHESTIN (J.) ; Cass. 1erciv., 1 mars 1988, Bull. civ. I, n°56, p. 37.

consenti à l'opération à la suite d'une erreur sur la substance du contrat de fusion.

294. **La difficulté d'aboutissement de l'action en nullité pour erreur.** Un problème pratique se pose alors : l'erreur sur la composition réelle du patrimoine de la société absorbée peut-elle être qualifiée d'erreur sur la substance du contrat de fusion[577] ? Cette hypothèse advient par exemple en cas d'apparition d'un passif occulte qui n'a pas été pris en considération lors du calcul du rapport d'échange. La mise en œuvre de l'action en nullité pour erreur se conçoit assez mal en la matière. L'obstacle principal résulte de l'*«aléa inhérent à la réception d'une universalité [qui] pourrait suffire à rejeter cette demande»*[578]. L'apparition d'un passif occulte est donc un risque à envisager au préalable par la société absorbante. Par ailleurs, on peut aisément exciper du caractère inexcusable de l'erreur, car l'*errans* aurait pu mettre en œuvre un « *audit externe* » du patrimoine transmis[579]. La possibilité que l'action en nullité pour erreur puisse aboutir est donc faible, voire nulle. Il semble alors préférable d'agir en nullité de la fusion sur le fondement du dol.

B- Nullité pour dol

295. **Les conditions de mises en œuvre de l'action en nullité pour dol.** La nullité du contrat de fusion peut être prononcée sur le fondement du dol[580]. Les conditions de mise en œuvre de cette action semblent moins rigoureuses que celles de l'article 1132 du Code civil. il incombe à la charge de celui qui intente une action en nullité pour dol de prouver l'existence de « *manœuvres* »[581] destinées à le tromper. De plus, pour que la nullité soit prononcée, il faut que les manœuvres aient entraîné une « *erreur déterminante* », sans laquelle la victime n'aurait pas contracté[582].

296. **La consécration jurisprudentielle.** L'action en nullité du contrat de fusion pour dol a longtemps été reconnue par la jurisprudence. La première décision en la matière est celle du tribunal de commerce de la Seine[583] ayant annulé un contrat de fusion après avoir constaté que l'une des sociétés contractantes avait eu recours à des moyens dolosifs pour dissimuler le

---

577 V. COQUELET (M.-L.), *th. préc.*, p. 184 ; RAFFRAY (R.), *La transmission universelle du patrimoine des personnes morales*, Dalloz, 2011, n°95.

578 RAFFRAY (R.), *ibid.*

579 Sur l'audit, v. *supra*, n°69.

580 FLOUR (J.), AUBERT (J.-L.) et SAVAUX (E.), *op. cit., t. 1*, n°211 : « *le dol désigne un comportement destiné à induire une personne en erreur pour la décider à conclure un contrat* ».

581 Cass. civ. 1re, 13 févr. 1996, Bull. civ. I, n°78.

582 En ce sens : TERRÉ (Fr.), SIMLER (P.) et LEQUETTE (Y.), *op. cit.*, n°238.

583 T. com. Seine, 1 mars 1888, J. soc. 1889, p. 289.

véritable état de ses affaires. Cette décision rappelle que « *les manœuvres pratiquées par l'une des parties sont une cause de nullité, lorsqu'elles sont telles qu'il est évident que, sans ses manœuvres, l'autre partie n'aurait pas contracté* ». En outre, la nullité du contrat de fusion est prononcée, car « *les actionnaires n'auraient pas voté cette fusion, si la situation véritable de l'une des sociétés avait été connue d'eux* ».

297. **L'appréciation rigoureuse du dol.** Les tribunaux deviennent cependant de plus en plus rigoureux dans l'appréciation du dol qui doit être suffisamment caractérisé pour justifier la nullité du contrat de fusion. C'est ce qui ressort de la célèbre affaire de la société Matra et Hachette[584]. Les actionnaires de cette société ont estimé que leur consentement était vicié car un contrat classé « *secret défense* » ne leur avait pas été révélé au moment de l'approbation du projet de fusion. Il y aurait ainsi un dol par « *réticence* »[585]. Toutefois, cet argument n'a pas été retenu par les juges selon lesquels la réticence du conseil d'administration de la société est légitime et qui constatent que le contrat litigieux avait été auparavant pris en compte dans l'évaluation de la société absorbée.

298. **La preuve de l'intention dolosive.** Outre la preuve d'une manœuvre dolosive, les juges exigent celle d'une intention dolosive. La Cour d'appel de Versailles a ainsi décidé d'exclure le dol en considérant que « *même si la parité d'échange des actions de la société absorbée contre celles de la société absorbante est un peu défavorable aux actionnaires de la société absorbée, l'écart est assurément si minime qu'il exclut toute intention dolosive, et en tout cas trop peu significatif pour entrainer pour cette seule raison l'annulation de l'opération* »[586]. En l'occurrence, la Cour refuse d'annuler le contrat de fusion, car la preuve de l'intention dolosive n'était point rapportée.

C- Nullité pour violence

299. **Le principe.** Malgré la rareté des cas rapportés aux prétoires, la violence subie par les associés d'une société contractante peut bel et bien constituer une cause de nullité du contrat de fusion. Pour cela, les associés victimes de la violence doivent prouver qu'ils ont approuvé l'opération de

---

[584] Cass. com., 3 juin 1998, n°96-13.891; Bull. Joly sociétés 1998, p. 921, note A. C. ; V. égal. GROSSI (I.), *Vices du consentement et opérations sociétaires*, RLDA janv. 1999, p. 8.

[585] Au départ, la réticence consistant à ne rien dire et à ne pas renseigner son cocontractant sur certains éléments du contrat envisagé ne constituait pas un dol, v. Cass. civ., 30 mai 1927, S. 1928. 1. 105, note BRETON (A.). Par la suite, il a été admis que le dol puisse résulter d'un simple silence, v. Cass. 3e civ., 15 janv. 1971, Bull. civ. 1971, III, n°38 ; RTD civ. 1971, p. 839, obs. LOUSSOUARN (Y.).

[586] CA Versailles, 1 oct. 1986, Bull. Joly sociétés 1987, p. 28, note LE CANNU (P.).

fusion sous la contrainte d'une violence morale ou physique. La violence étant un fait « *dangereux* »[587] peu importe qu'elle émane de la société cocontractante ou d'un tiers[588].

300. **Illustrations.** Des cas de violence peuvent consister en l'abus de l' « *état de nécessité* »[589] dans lequel le cocontractant se trouve. Un pareil cas s'est présenté devant la Cour d'appel de Paris[590] qui s'est prononcée sur une demande d'annulation d'une décision de l'assemblée générale extraordinaire ayant approuvé une fusion. Il était alors question d'une violence effectuée par les banques qui soutenaient le crédit de la société en cause. Les associés leur ont reproché d'avoir profité de la situation financière difficile de leur société pour imposer la fusion. La violence peut également résulter de la menace, de la part d'une société créancière, de faire déclarer la société débitrice en faillite si elle ne consent pas à la fusion[591].

Ss-paragraphe 2 : La nullité pour illicéité du contenu

301. **L'application de la notion de la cause.** Un contrat de fusion, comme tout autre contrat, est susceptible d'annulation, sur le fondement des articles 1162 et s du Code civil, au cas où on contenu s'avérerait illicite[592]. Le contenu est illicite lorsqu'il est prohibé par la loi ou bien lorsqu'elle est contraire aux bonnes mœurs ou à l'ordre public. Les exemples ne manquent pas à cet égard.

302. **Les hypothèses d'un contrat de fusion ayant une cause illicite.** Un contrat de fusion a un contenu illicite lorsqu'il a pour but de renforcer une position dominante de la société absorbante, portant ainsi atteinte au jeu de la libre concurrence. Dans ce cas, les autorités de la concurrence peuvent prononcer l'annulation de l'opération[593]. De même, le contrat de fusion peut

---

587 TERRÉ (Fr.), SIMLER (P.) et LEQUETTE (Y.), *op. cit.*, n°246.

588 Art. 1111 C. civ. « *La violence exercée contre celui qui a contracté l'obligation, est une cause de nullité, encore qu'elle ait été exercée par un tiers autre que celui au profit duquel la convention a été faite* ».

589 TERRÉ (Fr.), SIMLER (P.) et LEQUETTE (Y.), *op. cit.*, n°247.

590 CA Paris, 19 mars 1981, D. 1981, p. 405, concl. JEOL (M.) ; JCP G 1982, II, 19720, note GUYON (Y.).

591 Cass. civ., 9 avr. 1913, D.P. 1917, 1, 103 ; Cass. civ., 31 déc. 1913, D.P., 1913. 1. 143.

592 Les notions de cause et d'objet du contrat sont supprimées par la nouvelle réforme du droit des contrats, mais leurs fonctions sont conservées à travers la notion de contenu du contrat.

593 Le projet de fusion est soumis au contrôle de l'Autorité de la concurrence lorsque l'opération projetée met en cause des sociétés d'une certaine importance. Le projet de fusion doit ainsi être notifié à cette commission qui l'examine et décide selon les procédures prévues (art. L. 430-4 et s. C. com.), l'autorisation de l'opération en la subordonnant au respect, par les parties, des engagements stipulés. La commission peut aussi interdire l'opération de fusion si celle-ci porte atteinte à la concurrence, notamment par la création ou renforcement d'une position dominante ou par la création ou le renforcement d'une puissance d'achat qui place

être annulé pour contenu illicite lorsqu'il est conclu dans le but de dissimuler un blanchiment d'argent[594]. Une opération de fusion peut, en effet, avoir pour objectif de dissimuler le financement illégal d'une société en la faisant absorber par une autre société légalement financée. Inversement, une société financée par des opérations de blanchiment d'argent peut investir dans des opérations d'absorption d'autres sociétés[595].

303. **Un motif déterminant illicite.** Pour que l'action en nullité de la fusion aboutisse, il faut prouver que le contenu illicite constitue le « *motif déterminant* »[596] ayant amené les parties à contracter. Il s'agit en d'autres termes du motif « *en l'absence duquel le contractant ne se serait pas engagé* »[597]. Une telle preuve s'avère souvent extrêmement difficile à rapporter, car la fusion est une opération économique compliquée et souvent motivée par une multitude de causes et de buts d'importance égale. C'est ce qui pousse M. MARTIN à constater, à juste titre, que le fait d'« *évoquer la cause à propos d'une convention aussi inscrite dans le monde économique contemporain que la fusion pourrait dénoter un excès de juridisme* »[598].

Paragraphe 2 : Le régime spécial de la nullité du contrat de fusion

304. **Plan.** Toujours dans le souci de protéger les intérêts des associés et des créanciers des sociétés fusionnantes, le législateur a voulu encadrer la nullité de l'opération non seulement en restreignant les causes de cette nullité, mais également en l'enfermant dans un régime très strict[599]. Pour

---

les fournisseurs en situation de dépendance économique. Plusieurs sanctions sont alors envisageables, si l'opération a été faite sans la notification du projet de fusion à l'Autorité de la concurrence. L'Autorité de concentration peut ordonner sous astreinte aux parties, la notification de l'opération, à moins de revenir à l'état antérieur à la concentration (art. L. 430-5 et L. 430-7 C. com.). Des sanctions pécuniaires peuvent également être décidées à l'encontre des sociétés fusionnantes.

[594] Art. 324-1 C. pén. « *Le blanchiment est le fait de faciliter, par tout moyen, la justification mensongère de l'origine des biens ou des revenus de l'auteur d'un crime ou d'un délit ayant procuré à celui-ci un profit direct ou indirect. Constitue également un blanchiment le fait d'apporter un concours à une opération de placement, de dissimulation ou de conversion du produit direct ou indirect d'un crime ou d'un délit* ».

[595] En ce sens : BOUCOBZA (X.), *L'acquisition internationale de société*, LGDJ, 1998, p. 448.

[596] TERRÉ (Fr.), SIMLER (P.) et LEQUETTE (Y.), *op. cit.*, n°366.

[597] Cass. civ., 12 juill. 1989, n°88- 11. 443, JCP G 1990, II, 21546, note DAGORNE-LABBE (Y.) ; RTD civ. 1990, p. 468, note MESTRE (J.).

[598] MARTIN (G.- J.), *La notion de fusion,* RTD com. 1978, n°14.

[599] La difficulté qui peut se poser lors d'une demande de nullité d'un contrat de fusion concerne la personne ayant la qualité pour agir, surtout lorsque l'opération a déjà pris effet. S'agissant généralement d'une nullité relative pour vice du consentement, seul le contractant peut en demander la nullité. Par conséquent, ce sont les sociétés signataires du contrat fusion qui peuvent demander la nullité et non les associés. Cependant, la société demanderesse peut être celle qui a disparu à la suite de la fusion. Cette difficulté laisse penser qu'un contrat de

cela, il a prévu, d'une part, un délai de prescription dérogatoire au droit commun de l'action en nullité de la fusion **(Ss-paragr.1)** et a, d'autre part, circonscrit les effets de cette nullité **(Ss-paragr. 2)**.

Ss-paragraphe 1 : Prescription de l'action en nullité

305. **Les règles de prescription spécifiques à la fusion.** L'action en nullité d'une fusion de sociétés se prescrit dans un délai de six mois à compter de la date de la dernière inscription au Registre de commerce et des sociétés, rendue nécessaire par l'opération[600]. En la matière, la loi déroge au délai commun de prescription des actions en nullité des actes et délibérations des sociétés qui est de trois ans à compter du jour où la nullité est encourue[601]. Ce délai abrégé de prescription de l'action en nullité de la fusion confirme le souci du législateur de fournir une plus grande sécurité aux personnes affectées par cette opération.

306. **La dérogation aux règles spécifiques de prescription.** Cependant, certains auteurs soutiennent l'idée selon laquelle il faut faire échec à cette règle de prescription spécifique pour la fusion quand la nullité invoquée résulte d'un vice de consentement[602]. Il convient alors d'appliquer les dispositions de l'article 1144 du Code civil disposant qu'en cas de violence, le délai de prescription ne court qu'à partir du jour où elle a cessé et en cas d'erreur ou de dol, à partir du jour où ils ont été découverts. De même, il faut admettre que l'action en nullité de la fusion fondée sur la fraude se prescrit suivant le régime de droit commun de trente ans, puisque le régime général de fraude fait exception à toutes les règles[603].

---

fusion ne peut être annulé dès lors qu'il a pleinement produit ses effets juridiques. Un problème semblable a été posé dans une affaire devant la Cour d'appel de Paris (CA Paris, 24 avr. 1967, JCP 1968, II, 15517, note ORFILA (G.)). Deux associés de la société absorbée disparue ont demandé la nullité du contrat pour vice de consentement. Le tribunal de commerce avait auparavant nommé un mandataire *ad litem* de la société pour pouvoir introduire et poursuivre la demande de nullité. Cependant, la cour d'appel a considéré que la demande de la société est irrecevable car « *le mandataire ad litem qui lui a été désigné postérieurement à sa liquidation ne saurait la représenter valablement* ». La cour ajoute que « *seuls des anciens actionnaires sont en mesure d'agir en justice pour faire prononcer la nullité de la fusion intervenue* ». Le refus d'admission de la possibilité de représentation de la société par un mandataire *ad litem* a été largement critiqué par l'annotateur de l'arrêt qui considère que « *la personnalité morale peut très bien exister sans le support que constitue le groupement, dès lors qu'il y a des intérêts collectifs à faire valoir ou à défendre* ».

[600] Art. L. 235-9, al. 2 C. com. « *L'action en nullité d'une fusion scission de société se prescrit par six mois à partir de la date de la dernière inscription au registre de commerce et des sociétés rendue nécessaire par l'opération* ».

[601] Art. L. 235- 9, al.1 C. com.

[602] COQUELET (M.-L.), *th. préc.*, p. 184.

[603] VIANDIER (A.), *Réforme du droit des sociétés commerciales*, JCP E 1988, II, 15106, cité par. MESTRE (J.). et VELARDOCCHIO (D.), *op. cit.*, n°1974.

Ss-paragraphe 2 : Effets de la nullité

307. **Le défaut de rétroactivité.** Toute décision d'annulation d'une fusion ou d'une scission doit être publiée, selon les modalités du droit commun de la publicité des actes et délibérations sociaux[604]. La nullité du contrat de fusion agit sans effet rétroactif. Cette solution obéit à la remarque judicieuse selon laquelle « *le droit des sociétés s'accommode mal avec la rétroactivité* »[605]. Par conséquent, la nullité de la fusion ne remet pas en cause les droits et obligations, nés au profit ou à la charge des sociétés bénéficiaires, dès lors qu'ils existent entre la date d'effet de l'opération et la date de publication de la décision prononçant la nullité.

308. **La solidarité des sociétés fusionnantes.** En cas d'annulation d'une fusion, les sociétés concernées sont solidairement responsables de l'exécution des obligations pesant sur la société absorbée. Il en va de même en cas de scission : la société scindée répond des obligations des sociétés auxquelles le patrimoine est transmis. Chacune des sociétés bénéficiaires assume les obligations à sa charge nées entre la date de prise d'effet de la scission et celle de la publication de la décision prononçant la nullité. La solution se justifie surtout par la volonté de protéger les créanciers sociaux ayant contracté avec l'une des sociétés bénéficiaires de l'opération annulée.

309. **La possibilité de régularisation.** La régularisation des vices affectant l'opération peut écarter la nullité[606]. Le tribunal saisi de l'action en nullité doit accorder un délai pour régulariser la situation. Il ne s'agit pas d'une faculté à la discrétion du tribunal, mais d'une obligation qui lui est faite d'octroyer ce délai afin que la régularisation advienne lorsqu'il estime qu'elle est possible. Cette obligation de consentir un délai de régularisation répond au désir du législateur de limiter autant au maximum les cas où la nullité de la fusion ou de la scission peut être prononcée.

Ss-section 3 : La date de prise d'effet de l'opération de fusion

310. **Plan.** La nature contractuelle de la fusion se matérialise de manière évidente dans les modalités établies par les textes pour déterminer la date de prise d'effet de l'opération. Il faut d'abord signaler que l'article L. 236-4 du Code de commerce, qui fixe ces modalités, utilise de manière explicite le

---

[604] Art. L. 235-11 C. com.

[605] COURET (A.) note sous Cass. com., 23 mars 1999, JCP E 1999, 1012.

[606] Art. L. 235-8, al. 2 C. com. « *Lorsqu'il est possible de porter remède à l'irrégularité susceptible d'entraîner la nullité, le tribunal saisi de l'action en nullité d'une fusion ou d'une scission accorde aux sociétés intéressées un délai pour régulariser la situation* ».

terme « *contrat* »[607] dans une opération de fusion par absorption. Ce même article aménage ensuite la possibilité de fixer contractuellement la date de prise d'effet de la fusion qu'il s'agisse d'une fusion par absorption **(Paragr. 1)** ou d'une fusion par création d'une société nouvelle **(Paragr. 2)**.

Paragraphe 1 : Dans le cas d'une fusion par absorption

311. **Plan.** Pour déterminer la date de prise d'effet d'une fusion par absorption, il faut distinguer l'hypothèse où les parties à l'opération déterminent conventionnellement une date **(Ss-paragr. 2)** de celle où c'est la règle supplétive qui s'applique **(Ss-paragr. 1)**.

Ss-paragraphe 1 : À défaut de choix conventionnel d'une date de prise d'effet

312. **La solution.** La fusion par absorption doit, en principe, prendre effet « *à la date de la dernière assemblée ayant approuvé l'opération* »[608]. Cette date de prise d'effet de la fusion correspond à celle de la transformation du projet de fusion en contrat de fusion. Le contrat ne peut en effet produire ses effets juridiques qu'après sa formation complète.

313. **La concomitance entre la date de formation du contrat et la date de prise d'effet de la fusion.** La formation du contrat de fusion nécessite l'accord de volontés de toutes les sociétés en cause sur la réalisation de l'opération. Le seul organe compétent pour exprimer la volonté sociétaire de contracter est l'assemblée générale qui statue selon les conditions de quorum et de majorité requises par la loi. Ce qui entraîne la formation du contrat de fusion à la date de la dernière assemblée générale ayant accepté l'opération. Cette concomitance entre la date de formation du contrat de fusion et celle de la prise d'effet de l'opération démontre une fois encore sa nature contractuelle.

Ss-paragraphe 2 : En présence de choix conventionnel d'une date de prise d'effet

314. **L'encadrement du choix conventionnel.** Les sociétés contractantes sont libres de fixer contractuellement une date de prise d'effet de la fusion différente de celle de la dernière assemblée ayant approuvé l'opération. Cependant, cette liberté connaît une double limite. La date choisie ne peut être ni postérieure à la date de clôture de l'exercice en cours de la société

---

[607] Art. L. 236- 4, al. 2 C. com. « *Sauf si le contrat prévoit que l'opération prend effet à une autre date* ».

[608] Art. L. 236-4 C. com.

bénéficiaire, ni antérieure à celle de la clôture du dernier exercice clos de la société qui transmet son patrimoine.

315. **Plan.** Les parties peuvent opter soit pour une date de prise d'effet postérieure à celle de l'approbation de la dernière assemblée générale, dite clause de date différée **(A)** ; soit pour le choix d'une date antérieure à cette approbation, dite clause de rétroactivité **(B)**.

A- Le choix d'une date différée

316. **Le régime de la prise d'effet différée.** Les parties au contrat de fusion peuvent stipuler une date de prise d'effet de la fusion ultérieure à celle de la dernière assemblée générale ayant approuvé l'opération. La prise d'effet de l'opération est alors postérieure à la conclusion définitive du contrat. Puisque le contrat est déjà conclu, les sociétés ne disposent plus du droit de se rétracter de l'opération combien même celle-ci n'a pas encore produit ses effets. Ces derniers sont suspendus à l'accomplissement d'une condition ou à la réalisation d'un terme.

317. **Les risques de la prise d'effet différée.** La prise d'effet différée d'une fusion comporte certains risques du fait de la période intermédiaire entre la date de la dernière assemblée générale et la date de prise d'effet stipulée dans le contrat. Pendant cet intervalle, la société absorbée continue d'exister et maintient son activité, tout en agissant en réalité pour le compte de la société absorbante. C'est en considération de cette difficulté que le recours à une date de prise d'effet différée reste en pratique peu probable[609]. Le Comité des diligences du Conseil national des commissaires aux comptes [610] ainsi que la COB[611] préconisent de ne pas pratiquer la fusion avec effet différé.

B- Le choix d'une clause de rétroactivité

318. **L'utilité de la clause de rétroactivité.** Les parties à l'opération de fusion insèrent souvent dans le contrat une date de prise d'effet antérieure à celle de l'approbation par la dernière assemblée générale. Le recours à ce procédé se justifie principalement par l'utilité appréciable de la clause de rétroactivité. À la suite de la fusion, les associés de la société absorbée reçoivent en échange de leurs titres des actions ou des parts de la société absorbante. Le *ratio* de cet échange est fixé au moyen du rapport d'échange, qui est à son tour calculé en détermination de la valeur respective des

---

[609] CHADEFAUX (M.), *op. cit.*, p. 91.
[610] RF comptable 1992, n°178, p. 12.
[611] Bull. COB, 1985, n° 179.

sociétés fusionnantes. Leur valeur est appréciée à une date fixe sur la base de bilans arrêtés à cette même date. Les négociations entre les sociétés peuvent néanmoins se poursuivre après cette date afin d'aboutir à l'approbation définitive de l'opération par les assemblées générales. L'activité des sociétés est bien évidemment maintenue pendant cette période. La valeur respective des sociétés est donc susceptible d'évoluer. Les évaluations initialement fixées ne correspondent plus alors à la situation réelle des sociétés. Une actualisation régulière de la valeur des sociétés est nécessaire même si elle est source de difficultés techniques et comptables insurmontables pour les sociétés fusionnantes. Les sociétés préfèrent insérer conventionnellement une clause de rétroactivité qui considère que la fusion est réalisée à la date où sont arrêtées les valeurs des sociétés en cause. Les opérations accomplies par la société absorbée entre la date conventionnellement fixée et celle de la dernière assemblée ayant approuvé la fusion sont présumées être accomplies pour le compte de la société absorbante[612].

319. **La portée de la clause de rétroactivité.** La portée de la clause de rétroactivité suscite un vif débat au sein de la doctrine. La majorité reste favorable à une portée restreinte de la clause de rétroactivité[613]. Les effets de cette clause seraient de nature purement comptable et financière. L'objet principal de la rétroactivité de la fusion serait « *de déterminer la date à laquelle l'on se place pour fixer les termes d'échange et à partir de laquelle, par voie de conséquence, les modifications de la valeur des actions ou parts demeurent sans incidence sur l'opération* »[614]. La clause de rétroactivité ne peut donc en aucun cas faire rétroagir les effets juridiques de la fusion.

320. Cette position est consacrée par les magistrats. En effet, la Chambre commerciale de la Cour de cassation a opté pour une limitation de la portée de la rétroactivité des effets de la fusion convenue entre les parties [615]. La décision énonce que la fusion n'intervient définitivement qu'au moment

---

[612] L'article 5. 2 de la directive 2011/35/UE affirme que le projet de fusion « *doit indiquer la date à partir de laquelle les opérations de la société absorbé sont considérées du point de vue comptable comme accomplies pour le compte de la société absorbante* ». Cette disposition a été transposée en droit français à l'article R. 236-1, al. 4 du Code de commerce : « *la date à partir de laquelle les opérations de la société absorbée (ou scindée) seront, du point de vue comptable, considérées comme accomplies par la ou les sociétés bénéficiaires des apports* ».

[613] VIANDIER (A.), *La portée de l'effet rétroactif de la fusion*, RJDA, 1999/8-9, p. 699 ; PAILLUSSEAU (J.), *La rétroactivité des opérations de fusion : d'une conception juridique "light" à une conception fiscale "lourde"*, JCP E 2000, 1557 ; Bull. ANSA, nov.-déc. 1994, n°2744.

[614] VAN OMMESLAGHE (P.), *La réforme des fusions et des scissions de sociétés belge in. Le droit des affaires en évolution*, Bruylant, 1992, p. 101 et s. spéc., , p. 126

[615] Cass. com., 23 mars 1999, Bull. Joly sociétés 1999, § 151, p. 679, note ROUTIER (R.) ; JCP E 1999, 1012, note COURET (A.) ; Dr. sociétés, 1999, comm. n°110, obs. BONNEAU (Th.).

précis où l'assemblée générale approuve le projet de fusion et à la date à laquelle s'opère la transmission universelle du patrimoine de la société absorbée à la société absorbante. Par conséquent, la transmission universelle du patrimoine de la société absorbée, sa dissolution sans liquidation, ainsi que l'acquisition par ses associés de la qualité d'associés de la société absorbante ne peuvent se réaliser à une date antérieure à celle de la dernière assemblée ayant approuvé la fusion. L'impossibilité de prévoir une rétroactivité des effets légaux de la fusion découle de l'article L. 236-3 du Code de commerce selon lequel la fusion entraîne la transmission universelle du patrimoine de la société absorbée « *dans l'état où il se trouve à la date de réalisation définitive de l'opération* ». Ainsi, la clause de rétroactivité stipulée selon les conditions de l'article L. 236-4 du Code de commerce ne s'applique qu'aux effets comptables et fiscaux de l'opération.

321. Un arrêt rendu par la troisième chambre civile de la Cour de cassation a ravivé le débat autour de la portée de la clause de rétroactivité[616]. Cet arrêt reconnaît des effets juridiques à la clause de rétroactivité insérée dans le contrat de fusion, au-delà des considérations strictement comptables et financières. Il affirme notamment que la société absorbée perd sa personnalité morale à la date retenue par la clause de rétroactivité. Cette solution est largement critiquée par la doctrine au regard des répercussions néfastes qu'elle risque d'avoir sur les opérations de fusion. Une telle solution engendre une grande insécurité puisqu'elle revient à considérer comme inexistants tous les actes accomplis par la société absorbée dans la phase intermédiaire. Une telle solution doit donc être rejetée.

Paragraphe 2 : Dans le cas d'une fusion par création d'une société nouvelle

322. **L'impossibilité de fixer contractuellement la date de prise d'effet.** Dans le cas d'une fusion par création d'une société nouvelle, la possibilité de fixer contractuellement la date de prise d'effet par mode contractuel est écartée. La fusion ne peut en effet produire ses effets qu'« *à la date d'immatriculation au registre du commerce et des sociétés, de la nouvelle société* »[617]. Cette disposition de nature impérative interdit qu'on puisse y déroger contractuellement[618]. Il est donc impossible de stipuler dans le contrat de fusion une autre date de prise d'effet de l'opération. Cette date est nécessairement celle de la naissance de la personnalité morale de la nouvelle

---

[616] Cass. 3e civ., 17 mai 2006, n° 05-10.936; RJDA oct. 2006, n°1031 ; Bull. Joly sociétés 2006, § 12, p. 1450, note VAMPARYS (X.).
[617] Art. L.236-4, 1° C. com.
[618] En ce sens : BERTREL (J.-P.) et JEANTIN (M.), *op. cit.*, p. 418.

société[619]. Cela apparaît tout à fait logique puisque la société nouvellement créée doit disposer de la personnalité morale pour recevoir les patrimoines transmis par les sociétés fusionnantes. Stipuler une date de rétroactivité de la prise d'effet de la fusion antérieure à celle de la création de la personne morale est donc impossible. Corrélativement, on ne peut prévoir une date de prise d'effet de la fusion différée car la société nouvelle a besoin d'un apport pour exister. Or, celui-ci provient de la transmission universelle du patrimoine des sociétés fusionnantes.

323. **L'adaptation à la nature contractuelle de la fusion.** La fixation de la date de prise d'effet de la fusion à celle de l'accomplissement de la formalité d'immatriculation de la nouvelle société ne contredit pas la qualification contractuelle de l'opération. Dans ce cas, le contrat de fusion est simplement formé du moment de son approbation par la dernière assemblée générale, mais ne produit ses effets qu'après l'immatriculation de la nouvelle société au registre de commerce et des sociétés[620]. Il s'agit d'une prise d'effet du contrat de fusion légalement différée jusqu'à l'accomplissement des formalités d'enregistrement de la société issue de l'opération.

Section 2 : Le rejet des qualifications non contractuelles

324. **Plan.** L'existence obligatoire d'un contrat s'oppose, d'une part, à l'assimilation de la fusion à une dévolution successorale **(Ss-section 1)** et, d'autre part, à l'adoption d'une conception institutionnelle de l'opération **(Ss-section 2)**.

---

[619] Art. 1842 C. civ. et art. L. 210- 6 C. com. : une société ne jouit de la personnalité morale qu'à la date de son immatriculation au registre du commerce et des sociétés.

[620] Il en est ainsi dans le contrat de société qui est formé dès sa signature par les contractants, mais qui ne produit ses effets juridiques, notamment la création de la personne morale, qu'au moment de son immatriculation au Registre de commerce et des sociétés. V. GUYON (Y.), *Les sociétés, Traité des contrats*, LGDJ, 5ème éd., 2002, p. 16 : « *les sociétés ne jouissent de la personnalité morale qu'à compter de leur immatriculation au registre du commerce (C. civ. art. 1842- art. L. 210-6). Mais, dès que les associés ont signé les statuts, la société existe en tant que contrat. Il en résulte (que) jusqu'à l'immatriculation, les rapports entre les associés sont régis par le contrat de société et par les principes généraux du droit applicables aux contrats et obligations (C. civ. Art. 1842 al. 2)* ».

Ss-section 1: Une dévolution successorale

325. **Plan.** Certains auteurs se réfèrent au droit successoral pour définir les éléments caractéristiques de l'opération de fusion[621]. La fusion leur est ainsi parut assimilable à une dévolution successorale. Les tentatives d'assimilation de la fusion à une dévolution successorale **(Paragr. 2)**, nous semblent veines en raison des carences qui lui sont inhérentes **(Paragr.2)**.

Paragraphe 1 : Les tentatives d'assimilation de la fusion à la dévolution successorale

326. **L'identité des effets.** La théorie classique du patrimoine, dégagée au XIXème siècle par AUBRY et RAU selon laquelle le patrimoine est considéré comme un attribut de la personnalité qui ne se transmet qu'en cas de décès, a appuyé l'analogie entre la fusion et la dévolution successorale. Quand une personne disparaît, son patrimoine perd son support juridique et devient définitivement vacant. Le patrimoine ne pouvant pas rester sans titulaire, il est primordiale de lui trouver un héritier. La transmission universelle de patrimoine est parut comme le mode le plus approprié pour l'acquisition de la propriété du défunt. Le *de cujus* transmet ainsi son patrimoine à titre universel à ses successeurs. À l'image de la dévolution successorale, la personne morale qui disparaît par fusion transmet intégralement son patrimoine à la société absorbante ou nouvellement créée. Cette dernière acquière la qualité de continuateur universel de la personne morale de la société dissoute et s'y substitue ainsi dans tous ses droits et obligations[622].

327. **L'identité des objectifs.** On a relevé que le droit de la fusion et le droit des successions poursuivent un même objectif qui consiste à protéger le créancier contre les éventuelles répercussions préjudiciables de la disparition de son débiteur[623]. À cet égard, un auteur a relevé que « *le droit des fusions*

[621] En ce sens : DURAND (P.) et LATSCHA (J.), *Fusions, scission de sociétés et apports partiels d'actif*, JCP CI 1967, 82332 ; GUYON (Y.), note sous Cass. civ., 7 mars 1972, JCP G 1972, II, 17270; GUYENOT (J.) note sous CA Riom, 5 mai 1980, Rev. soc. 1981, p. 596, n°8 ; JEANTIN (M.), *La transmission universelle de patrimoine d'une société, in. Mélanges DERRUPPÉ (J.)*, GLN Joly, Litec 1991, n°2 ; sur l'analogie entre la fusion et la dévolution successorale, v. WAREMBOURG-AUQUE (F.), *La succession aux biens d'une personne morale de droit privé*, th. Lille, 1977, p. 53 et s.; COQUELET (M.-L.), *La transmission universelle de patrimoine en droit des sociétés*, th. Paris X, 1994, p. 138 et s. ; BARTHEZ (A.-S.), *La transmission universelle des obligations. Étude comparée en droit des successions et en droit des sociétés*, th. Lille III, 2000.

[622] En ce sens: Cass. Com., 13 févr. 1963, Bull. III, p. 87. La Cour de cassation a jugé que la nouvelle société « *devient l'ayant-cause à titre universelle des sociétés absorbées, tenue de toutes les obligations de ces dernières* ».

[623] COQUELET (M.-L.), *th. préc.*, n°241.

et de la dissolution sans liquidation poursuivent un objectif identique à celui du droit des successions : le législateur ayant eu pour dessein de permettre une transmission efficace de l'activité en assurant le caractère intercalaire des opérations de fusion et de dissolution sans liquidation des sociétés unipersonnelles. La dissolution n'est donc pas une fin en soi, la continuité des situations juridiques est assurée par le principe de la continuation de la personnalité juridique de la société dissoute. Substitué activement et passivement à cette dernière, le bénéficiaire du transfert universel est tenu, à l'égard des tiers, dans des conditions identiques à celles qui pesaient auparavant sur la société disparue car, comme l'héritier ou le légataire, il est censé en continuer la personne et non pas seulement l'entreprise »[624].

328. L'objectif identique de protection des créanciers justifie la ressemblance significative des droits reconnus à ces derniers par la fusion et la dévolution successorale. En effet, le droit d'opposition dont bénéficient les créanciers sociaux lors d'une fusion a pratiquement les mêmes effets que la séparation du patrimoine reconnue aux créanciers dans une succession[625]. Dans les deux cas, les créanciers ne peuvent prétendre au remboursement immédiat de leur créance ou interdire l'opération de transmission universelle de patrimoine. En cas de fusion ou de succession, l'opposition des créanciers entraîne un droit de préférence et de suite sur le patrimoine de leur débiteur. Avant la loi de 2006[626], une divergence majeure existait entre la situation des créanciers au niveau d'une fusion ou d'une succession parce que, contrairement aux créanciers personnels des héritiers, les créanciers de la succession étaient en droit de demander la séparation des patrimoines. En matière de fusion, par contre, les créanciers des sociétés absorbée et absorbante disposent d'un droit d'opposition. Aujourd'hui, cette divergence n'existe plus depuis que le nouvel article 878 du Code civil a rendu bilatéral le droit de séparation du patrimoine du défunt en l'accordant aussi aux créanciers personnels de l'héritier.

Paragraphe 2 : Les carences de l'assimilation de la fusion à la dévolution successorale

329. **L'inadaptation au processus de réalisation de la fusion.** L'assimilation de la fusion à une dévolution successorale semble largement critiquable, et cela pour plusieurs raisons. D'abord, elle ne tient pas compte

---

[624] COQUELET (M.-L.), *ibid.*

[625] Le droit de demander la séparation du patrimoine du défunt de celui de son héritier est reconnu expressément aux créanciers de la succession par l'article 878 du Code civil.

[626] Avant la loi n°2006-728 du 23 juin 2006 sur le droit des successions (JO., 24 juin 2006, n°145).

du processus de l'opération de fusion[627]. Comme le relève judicieusement M. MARTIN, présenter une fusion comme une dévolution successorale « *laisse en effet supposer que, comme pour les personnes physiques, la mort est à l'origine de la transmission du patrimoine alors qu'en vérité c'est la décision de transmettre le patrimoine de la société qui cause sa mort. C'est dire que la transmission active et passive est décidée du vivant de la société et que la mort de cette société en est le premier effet* »[628]. En droit des successions, le décès de la personne physique est à l'origine de la dévolution successorale, alors qu'en matière de fusion, c'est l'accord de volonté des sociétés fusionnantes qui engendre la transmission de patrimoine. Nous rejoignons ici le constat d'un auteur, selon lequel, « *il paraît peu opportun d'appliquer une même règle à un évènement tragique et fortuit à savoir le décès, et á une opération spéculative et mûrement réfléchie, à savoir la restructuration sociétaire. Ces deux situations n'ont dans leur cause, rien en commun, et ne méritent donc pas la même attention* »[629]. La fusion repose nécessairement sur un caractère volontaire tandis que la succession naît d'un fait juridique : la mort du *de cujus*.

330. **La différence dans le fondement.** En droit des successions, la règle de la continuation de la personne du défunt et l'obligation indéfinie de ses ayants causes au passif successoral est justifiée par le fondement moral de la solidarité familiale[630]. Le fondement moral justifie l'obligation *ultra vires successionis* à la charge de l'ayant cause qui a l'obligation de défendre l'honneur du défunt en acquittant ses dettes. En matière de fusion, il est inconcevable de retenir un quelconque fondement moral de la solidarité familiale entre des personnes morales. Une solution contraire risque d'engendrer un abus d'anthropomorphisme. Loin de l'idée d'une quelconque solidarité familiale, la société qui se substitue á la société dissoute ne peut être tenue à une obligation *ultra vires.* C'est pour cette raison qu'on a pu affirmer que la société dissoute doit avoir un actif au moins égal à son passif[631].

331. **La fusion et la succession testamentaire.** La transposition des règles de la dévolution *mortis causa* à la fusion étant problématique en raison du

---

[627] En ce sens : (Y.), *art. préc.*, p. 17 ; MARTIN (G.-J.), *art. préc.*, n°20 ; BARTHEZ (A.-S.), *th. préc.*, n°218 et s.

[628] MARTIN (G.-J.), *art. préc.*, n°20.

[629] MORELLI (N.), *La portée de la transmission universelle dans les opérations de restructuration*, th. Lille III, 2005, n°74.

[630] En ce sens: GRIMALDI (M.), *Les successions*, Litec, 2001, p. 510 : « *Si la famille est un groupe unissant toutes les générations, passées et présentes, la solidarité exige de ses représentants actuels qu'ils défendent son honneur permanent. Or, cette défense passe par le paiement des dettes laissées par ceux qui ont disparu : en payant on honore la signature du défunt* ».

[631] WAREMBOURG-AUQUE (F.), *th. préc.*, p. 270.

caractère nécessairement conventionnel de cette dernière, la fusion a été rapprochée de la succession testamentaire[632]. Un auteur relève à cet égard que « *l'origine contractuelle de la transmission n'est pas, en droit des successions, un obstacle à la plénitude des effets de la transmission universelle. La fusion se rapproche, de ce point de vue, de la succession testamentaire. Dans ce dernier cas, si la transmission universelle de patrimoine ne se réalise qu'à la suite du décès du testateur, elle trouve, en revanche, sa cause dans une volonté exprimée du vivant de ce dernier. (...) En cas de succession testamentaire, la transmission active et passive est décidée « du vivant » du testateur et la mort de celui-ci n'en est que le premier effet* »[633]. La transmission universelle de patrimoine trouve sa cause dans une volonté exprimée du vivant du testateur.

332. Cependant, l'assimilation de la fusion à une succession testamentaire ne saurait convaincre. D'une part, il est inconcevable d'admettre que le testament trouve son premier effet dans le décès de son auteur. Un auteur précise à cet égard que « *quoiqu'il en soit, il apparaît clairement que la volonté du titulaire du patrimoine n'est jamais la cause de sa dévolution, et ce, même si elle peut, il est vrai, en aménager les conditions. Mais ce sont alors deux choses bien différentes que de justifier la dévolution patrimoniale et de seulement l'aménager* »[634]. D'autre part, le testament ne constitue pas un contrat, mais un acte émanant de la volonté unilatérale du testateur. Une succession contractuelle est, en principe, interdite par le droit positif[635] alors que la fusion bénéficie d'une nature conventionnelle certaine, laquelle nature s'oppose à la possibilité d'analyser l'opération en tant que dévolution successorale. Ce raisonnement a permis à la Cour de cassation d'interdire la transmission du droit de bail rural à la société absorbante [636]. La Haute juridiction a décidé que l'article 832 du Code rural interdisant la transmission conventionnelle du droit de bail rural s'applique à l'opération de fusion. En tant que convention passée entre au moins deux sociétés, la fusion est difficilement assimilable à une succession.

333. **La divergence dans les droits des créanciers.** La divergence considérable qui subsiste entre les créanciers successoraux et les créanciers

---

[632] En ce sens : COQUELET (M.-L.), *th. préc.*, n°241.
[633] *ibid.*
[634] BARTHEZ (A.-S.), *th. préc.*, n°220.
[635] L'organisation contractuelle par un futur *de cujus* de sa succession est interdite. Cette opération est qualifiée de pacte sur succession future qui est prohibé. En ce sens : DONNIER (M.), *Remarques sur la conception jurisprudentielle de la prohibition des pactes sur succession future,* RTD civ. 1956, p. 627 ; Cass. 1re civ., 18 mai 1994, n°92-11 829, D. 1995, somm. p. 48, obs. GRIMALDI (M.); RTD civ. 1994, p. 649, obs. PARATIN (J.) ; NAJJAR (I.), *Pacte sur succession future*, Enc. Dalloz Droit civil, 2012.
[636] Cass. com., 23 avr. 1976, Rev. soc. 1977, p. 69, note GUYON (Y.).

sociaux concerne l'étendue de l'exercice de leurs droits. Ainsi, lorsque l'action d'opposition à la fusion intentée par le créancier social aboutit, les autres créanciers n'en bénéficient pas. Seul le créancier opposant est susceptible de bénéficier du remboursement, de la constitution de garantie ou de l'inopposabilité de la fusion. Inversement, la demande de séparation des patrimoines invoquée par l'un des créanciers à la succession bénéficie à l'ensemble des créanciers de la succession[637].

334. **La divergence dans les droits des héritiers.** Les personnes aptes à recevoir le patrimoine n'ont pas les mêmes droits selon qu'il s'agit d'une succession ou d'une fusion. L'héritier peut accepter la succession ou y renoncer en se privant ainsi du patrimoine du défunt. Il peut également consentir à la transmission du patrimoine à concurrence de l'actif net. Dans ce cas, il n'est tenu que dans la limite de l'actif du défunt[638]. Ces différentes options ne sont pas reconnues à la société absorbante qui est tenue de plein droit de la totalité du passif de la société absorbée.

335. **Conclusion.** Le droit des successions n'est pas suffisant pour établir la nature juridique de la fusion. Si la transmission universelle de patrimoine est l'un des éléments caractéristiques de la fusion, elle n'est pas pour autant sa cause juridique. Cette transmission de patrimoine n'advient qu'à la suite d'un accord de volonté entre les sociétés en cause. En effet, on constate qu'en matière de fusion, « *la dissolution de l'un des êtres moraux est la conséquence d'un contrat passé entre deux personnes différentes* »[639].

Ss-section 2 : Une conception institutionnelle

336. **L'évolution législative.** La doctrine a longtemps vu dans la fusion un contrat conclu entre deux ou plusieurs sociétés. Ce contrat est le creuset dans lequel se fond l'opération. Les parties disposent alors d'une importante liberté dans la détermination des conditions et des effets de la fusion. Une ère d'institutionnalisation[640] des fusions a débuté avec l'entrée en vigueur de la loi du 24 juillet 1966 suivi par celle du 5 janvier 1988 qui ont élaboré un « *régime juridique impératif [...] marqué du sceau de l'ordre public, ordre public qui entend organiser, baliser, encadrer ces opérations afin d'en*

---

[637] En ce sens : MALAURIE (Ph.) et AYNÈS (L.), *Les successions, les libéralités*, Defrénois, 4eme éd., 2004, p. 118.

[638] Ce genre d'acceptation est connu aussi sous la dénomination d' « *acceptation sous bénéfice d'inventaire* » (art. 787 C. civ.).

[639] COPPER-ROYER (J.), *th. préc.*, p. 6.

[640] En ce sens : MESTRE (J.) et VELARDOCCHIO (D.), *op. cit.*, 2011, n°1919, p. 959 ; MOULIN (J.-M.), *La fusion à l'épreuve de la liberté contractuelle in. Mélanges LE CANNU (P.)*, Dalloz, 2014, p. 741 et s.

assurer la prévisibilité et la plénitude des effets »[641]. L'élaboration de cette réglementation rigoureuse de l'opération permet de percevoir la fusion comme une institution régie par un ensemble de règles impératives échappant à la libre disposition des parties[642]. La liberté des parties connaît alors un infléchissement considérable puisque celles-ci ne disposent plus de la liberté de confectionner conventionnellement l'opération.

337. **L'institution de la fusion.** En tant qu'institution, la fusion a principalement été définie par rapport aux effets juridiques qu'elle entraîne sur les sociétés concernées. La consécration du caractère impératif des effets de la fusion ressort particulièrement de l'article 19 de la directive 2011/35/UE disposant que *« la fusion entraîne ipso jure et simultanément les effets suivants »*. En effet, l'adhésion à l'institution de fusion entraîne de plein droit la dissolution sans liquidation de la société absorbée, à la suite de la transmission universelle de son patrimoine à la société absorbante. Cette dernière doit alors attribuer des actions ou des parts sociales aux actionnaires ou associés de l'absorbée.

338. **Plan.** L'institutionnalisation de la fusion annonce une nouvelle conception de l'opération qui nie tout recours à un contrat pour sa réalisation **(Paragr. 1)**. Les arguments avancés par ses partisans ne sont toutefois pas à l'abri de critiques **(Paragr. 2)**.

Paragraphe 1 : L'exposé de la conception institutionnelle

339. **L'exclusion du contrat.** La « *conception institutionnelle* »[643] rejette catégoriquement toute nécessité de conclure un contrat pour réaliser la fusion. Selon cette acceptation, la fusion n'est pas un contrat, mais à une institution dont les effets s'imposent aux sociétés qui y adhèrent

---

[641] MOULIN (J.-M.), *art. préc.*, p. 74 : en relevant le caractère dirigiste de la loi de 1966 et le souci d'harmonisation communautaire qui marque la loi de 1988, l'auteur constate que « *dans les deux cas la volonté politique qui les imprègnes ne pouvait que faire reculer la place laissée à la sphère contractuelle dans la conduite de ces opérations*»

[642] Sur la distinction entre contrat et institution, v. RENARD (G.), *La philosophie de l'institution*, Sirey, 1930, p. 364 ; GUYON (Y.), *op. cit.*, p. 20 : « *lorsqu'il y a contrat, les parties déterminent librement les obligations qui les unissent, sous réserve du respect de l'ordre public[642]. La liberté est la règle. Tout ce qui n'est pas interdit est permis. Au contraire lorsqu'il y a institution, les parties adoptent ou rejettent globalement un ensemble de règles, sans pouvoir les modifier, sauf si la loi le prévoit expressément. La liberté est l'exception* » ; v. égal. ROUBIER (P.), *Théorie Générale du Droit*, 1946, p. 14 : l'institution est un « *ensemble organique qui contient la réglementation d'une donnée concrète et durable de la vie sociale qui est constituée par un nœud de règles juridiques vers un but commun* ».

[643] Sur la conception institutionnelle, voi : MESTRE (J.) et VELARDOCCHIO (D.), *op. cit.*, 2012, n°1919 ; TILQUIN (T.), *op. cit.*, p. 56 et s. ; VAN RYN (J.), *Principes de droit commercial*, t. 1, éd. Bruylant, 1954, n°855.

unilatéralement[644]. À cet égard, un auteur relève que le contrat de fusion n'est que l'ensemble des négociations préalables entre les organes de direction des sociétés fusionnantes et que ce contrat ne devient obligatoire que lorsqu'il se traduit par la modification des statuts de chacune des sociétés[645]. Il en déduit que « *l'accord entre les sociétés intéressées ne s'exprime pas autrement que par les décisions parallèles par lesquelles leurs assemblées générales réalisent les modifications statutaires requises. Il s'agit de deux actes unilatéraux* »[646]. L'expression de la volonté unilatérale des sociétés se concrétise ainsi par des actes juridiques sociétaires *sui generis* émis par leurs assemblées générales. Par prudence, la manifestation de la volonté unilatérale d'une société est souvent soumise à la condition suspensive que les autres sociétés concernées prennent la même décision et de ce fait, manifestent la même volonté unilatérale.

340. En pratique, la fusion se réalise par un ensemble de décisions des assemblées générales des sociétés concernées. Par une décision votée par son assemblée générale, la société absorbée constate unilatéralement sa dissolution sans liquidation et le transfert de son patrimoine. De son côté, la société absorbante décide de la même manière l'augmentation de son capital social pour recevoir le patrimoine de la société absorbée.

341. **La position de la jurisprudence.** La jurisprudence n'est pas restée totalement insensible aux sirènes de l'approche institutionnelle de la fusion. C'est ce qu'illustre un arrêt rendu par la Cour d'appel d'Amiens[647]. Les juges du fond considèrent en l'espèce qu'« *une décision de fusion prise par une assemblée constitue en effet un acte unilatéral de la majorité des associés, acte en rejoignant un autre identique de la société absorbante, le but poursuivi étant non pas la conclusion d'un contrat proprement dit, mais l'élaboration d'une même norme aux sociétés jusqu'ici distinctes* ». La Cour d'appel rejette ainsi explicitement la nature contractuelle de l'opération de fusion, ce qui lui permet d'écarter l'application des dispositions légales afférentes à la nullité des contrats.

---

644 Analogie avec l'institution de la société : les tenants de la nature institutionnelle de la société considèrent que l'apport en société n'est pas un contrat, mais plutôt un acte unilatéral de la part de chacun des apporteurs afin d'intégrer l'institution de la société. V. not. ESCARRA (J.) et RAULT (J.), *Les sociétés commerciales, t.2*, Sirey, 1955, n°527 et s. ; RIPERT (G.) et ROBLOT (G.), *Droit commercial, t. 1*, LGDJ, 13ème éd., 1989, n°1070.

645 VAN RYN (J.), *ibid.*

646 *Id., ibid.*

647 CA Amiens, 8 nov. 1977, Rev. soc. 1979, p. 831, note J. G.

Paragraphe 2 : Les insuffisances de la conception institutionnelle

342. **L'obligation d'élaboration du projet de fusion.** Les partisans de la conception institutionnelle de la fusion considèrent que l'obligation d'élaboration d'un projet de fusion ne suffit pas à caractériser la nature contractuelle de la fusion. Ils constatent que ce projet ne présente aucun caractère contractuel puisque le législateur l'exige également pour la réalisation d'une scission[648]. En effet, contrairement à la fusion, la scission peut être accomplie sans que préexistent au moins deux sociétés. L'opération se réalise alors par une décision unilatérale de la société scindée[649]. M. WAREMBOURG-AUQUE le rappelle en constatant dans des termes frappés au coin du bon sens qu'« *une société qui se scinde ne pourrait en effet contracter avec elle-même* »[650]. Les partisans de la conception institutionnelle prennent également argument de la modification apportée à l'ancien article 374 de la loi de 1966 pour étayer leur théorie. Selon eux, le remplacement de l'expression « *projet de contrat* » par celle de projet de fusion[651] révèle incontestablement la volonté du législateur d'écarter tout aspect contractuel au projet de fusion.

343. L'exigence de l'établissement d'un projet pour la réalisation de la scission n'exclut pas le caractère contractuel de la fusion. On constate, en effet, qu'avec la fusion vient l'élaboration d'un projet de contrat et qu'avec la scission vient l'élaboration d'un projet de la décision unilatérale de la société scindée[652]. Il faut toutefois préciser que la scission n'est pas toujours une opération émanant d'une décision unilatérale de la société scindée. Lorsqu'elle se réalise au bénéfice d'une ou de plusieurs sociétés existantes, cette opération présente nécessairement un aspect contractuel[653]. Dans ce cas, le projet de scission peut être qualifié de projet de contrat. En revanche, dans le cas d'une scission au bénéfice d'une société nouvellement créée, il s'agit plutôt d'un projet d'acte émanant de la volonté unilatérale de la société scindée.

---

[648] Art. L. 236-6 C. com. « *Toutes les sociétés qui participent à l'une des opérations mentionnées à l'article L. 236-1 établissent un projet de fusion ou de scission* ».

[649] En ce sens : HÉMARD (J.), TERRÉ (Fr.) et MABILLAT (P.), *op. cit.*, n°787.

[650] WAREMBOURG-AUQUE (F.), *th. préc.*, 1977, p. 58, n°38.

[651] Art. L. 236- 6 C. com.

[652] En ce sens: TOURIN (J.), *Des scissions et des apports partiels d'actif de sociétés anonymes*, th. Paris, 1970, p. 118 et s. L'auteur considère que, le cas échéant, la notion de projet, analogue d'un projet de statuts (statuts en matière de constitution de sociétés), est suffisante pour rendre compte de la situation.

[653] En ce sens : *Id.*, *th. préc.*, p. 119. Selon cet auteur , dans ce cas *« un véritable projet de convention synallagmatique est dressé par les conseils des sociétés en présence au terme de leurs discussions »*

344. **L'exigence d'existence d'au moins deux personnes morales.** La défaillance majeure dans l'assise de la conception institutionnelle réside dans le fait que la fusion suppose nécessairement l'existence préalable d'au moins deux personnes juridiques. Cette condition essentielle de la fusion marque incontestablement sa différence avec la scission. Elle suppose la rencontre des décisions unilatérales émanant des sociétés concernées pour la réalisation de la fusion. À titre d'exemple, la fusion ne se réalise que si la décision unilatérale de la société absorbée rejoint celle de l'absorbante quant aux conditions juridiques et financières essentielles de la fusion[654]. La rencontre de volontés unilatérales des sociétés en cause sur les modalités de l'opération fixées dans le projet commun de fusion suffit à elle seule pour supposer le caractère contractuel de l'opération. Sous cet angle, la décision de l'assemblée de chacune des sociétés fusionnantes n'est pas constitutive d'un acte unilatéral *sui generis* mais d'une simple manifestation de volonté de la société qui consent à s'engager dans un contrat de fusion. Cette conception rejoint celle avancée par un auteur qui considère qu'« *en résumé, le contrat s'opère en deux actes distincts : l'offre qui est faite par la société qui va être absorbée et l'acceptation de cette offre qui est faite par la société qui absorbe. Le concours de volontés des deux sociétés rend le contrat parfait* »[655]. Le projet de fusion est donc l'acte commun ayant pour vocation de se transformer en un contrat définitif lorsque les sociétés l'approuvent par l'intermédiaire de décisions unilatérales.

345. Ceci étant, la conception institutionnelle de la fusion n'est pas assez convaincante pour écarter l'exigence d'un contrat pour la réalisation de l'opération. Elle a le mérite de souligner que les effets de la fusion échappent largement à la volonté des parties. Le contrat de fusion se manifeste comme *un acte-condition* à savoir un acte n'ayant pas pour but de modeler des droits et des obligations, mais bien d'appliquer à la personne des droits et des obligations résultant d'un statut réglementaire.

346. **La suggestion d'une position intermédiaire.** Une partie de la doctrine adopte une position à mi-chemin des conceptions contractuelles et institutionnelles de la fusion. Celle-ci analyse la fusion comme une opération contractuelle aux effets institutionnels[656]. En ce sens, un auteur affirme que « *si nul ne conteste l'existence d'un contrat à l'origine de la fusion, le Droit contemporain est venu peu à peu encadrer son développement de manière si*

---

[654] À titre d'exemple : la parité d'échange constatée dans le projet de fusion.

[655] RESTEAU (Ch.), *Traité des sociétés anonymes*, t. 2, éd. Libraire judiciaire, 2eme éd., 1933, n°1307.

[656] Concernant le contrat de société, v. DIDIER (P.) et SAINT-ALARY (B.), *Société*, Encycl. Dalloz sociétés, 1985, n° 6. Selon ces auteurs : « *La société est devenue peut-être une institution par ses effets. Mais elle demeure un contrat par son acte de naissance* ».

précise que l'opération échappe totalement à ses promoteurs »[657]. Un autre jurisconsulte, qui assimile la fusion à la succession testamentaire de la personne physique se range à cet avis en énonçant que « *quel que soit le contenu du contrat, les parties ne peuvent empêcher que ne se produisent toutes les conséquences de la dévolution universelle* »[658].

347. **Synthèse.** Il semble juste d'adopter une approche non exclusive. L'antagonisme des conceptions contractuelles et institutionnelles qui provient d'une confusion entre la source et les effets d'un contrat doit être rejeté[659]. Reprenant le propos d'un auteur, on peut dire que « *les deux qualifications ne sont pas incompatibles, le contrat décrivant plutôt le mode de formation, qui est à l'origine de l'institution créée* »[660]. Les deux conceptions sont complémentaires en matière de fusion, car « *si l'incidence institutionnelle de l'opération [de fusion] est indéniable, sa mise en œuvre repose cependant sur un mécanisme contractuel* »[661].

Section 3 : La distinction d'opérations voisines

348. **Plan.** La nature contractuelle de la fusion permet de la distinguer d'autres opérations voisines qui s'en rapprochent par leurs effets. À cet égard, un auteur constate que l'« *idée même du contrat permet de distinguer la fusion d'opérations voisines par leurs conséquences, mais très différentes dans leur esprit* »[662]. Les opérations voisines de la fusion sont la dissolution sans liquidation d'une société unipersonnelle **(Ss-section1)** et la transformation d'une société **(Ss-section 2)**.

Ss-section 1 : Fusion et dissolution par confusion

349. **La notion de dissolution d'une société unipersonnelle.** La « *dissolution-confusion* » a été introduite en droit commun des sociétés par

---

[657] MARTIN (G.), préf. de la th. préc. de ROUTIER (R.).
[658] WAREMBOURG-AUQUE (F.), *th. préc.*, n°216.
[659] En ce sens : CHÉNEDÉ (Fr.), *Les commutations en droit privé, contribution à la théorie générale des obligations*, Economica, 2008, p. 94 : « *le contrat ne doit pas être opposé à l'institution. Les deux concepts ne se situent pas sur le même plan : Le premier est la source d'une opération, le second est l'opération elle-même. Par conséquent, il est totalement vain d'opposer analyse contractuelle et analyse institutionnelle* ». La même observation peut être faite en matière de mariage, v. CORNU (G.), *Droit civil, La famille*, Montchrestien, 9eme éd., 2006, p. 280 : « *L'opposition contrat-institution est dépassée, sans nulle contradiction, par la reconnaissance nécessaire de la double appartenance positive. On entre dans l'institution par libre échange de consentements* ».
[660] FABRE-MAGNAN (M.), *op. cit.*, p. 176
[661] PIERTO (C.), *La société contractante*, PUAM, 1994, p. 188.
[662] COMTE (Ph.), *Valeur économique et valeurs juridiques dans la fusion d'entreprises*, éd. Entreprise moderne, 1970, p. 15.

la loi du 5 janvier 1988 qui a ajouté un troisième alinéa à l'article 1844-5 du Code civil[663]. Aux termes de cet alinéa, la dissolution d'une société s'opère sans liquidation et entraîne la transmission universelle du patrimoine de la société dissoute au profit de l'associé unique. Cette technique destinée à simplifier les formalités de la dissolution des sociétés unipersonnelles permet d'éviter celles « *excessivement lourdes* »[664] de la liquidation, du moment qu'il n'existe plus qu'un seul associé[665]. Selon les dispositions de cet article, l'associé unique de la société dispose d'un délai d'un an pour régulariser la situation et y intégrer de nouveaux associés[666]. À défaut, la société unipersonnelle peut être dissoute à la demande de tout tiers intéressé, ou bien par décision de l'associé unique. C'est là qu'intervient la dissolution par confusion.

350. **Plan.** La technique de dissolution de la société unipersonnelle présente un régime de transmission du patrimoine de la société dissoute à son associé unique qui s'« *apparente* »[667] à celui de la fusion[668]. Cependant, comme le constate un auteur, « *cet air de famille ne suffit pas pour conclure à la gémellité de leur nature juridique, et par conséquent à une identité complète de leur régime* »[669]. Ainsi, bien que la dissolution de la société unipersonnelle produise des effets juridiques proches de ceux de la fusion **(Paragr. 1)**, elle ne doit pas y être assimilée, car leurs natures juridiques sont très différentes **(Paragr. 2)**.

Paragraphe 1 : Similarité des effets juridiques

351. **Une nouvelle forme de fusion : la « *fusion-dissolution* ».** Tenant compte des effets juridiques de la dissolution par confusion, c'est-à-dire la dissolution sans liquidation et la transmission universelle du patrimoine de la

---

[663] GERMAIN (M.), *Le droit commun des sociétés après la loi n°88- 15 du 5 janvier 1988 relative au développement et à la transmission des entreprises*, JCP G 1988, I, 3341, n° 4 et s.
[664] GERMAIN (M.), *art. préc.*, spéc. n° 5.
[665] Selon l'ancien art. 1844-5 C. civ. la dissolution de la société unipersonnelle, comme tout autre société, était nécessairement suivie de sa liquidation. À ce propos, v. Cass. civ., 3 oct. 1969, RTD com. 1970, p. 164, n° 27, note CHAMPAUD (Cl.).
[666] Un délai supplémentaire de 6 mois peut être accordé par le tribunal. Le juge ne peut pas prononcer la dissolution si, au jour où il statue sur le fond, la régularisation de la société unipersonnelle a eu lieu.
[667] GERMAIN (M.), *art. préc.*, *loc. cit.*
[668] Le rapprochement entre les deux opérations s'est accentué lors de la modification de l'art. 1844-5 du Code civil par l'article 3 de la loi n° 2001- 420 dite « NRE » du 15 mai 2001 (JORF n°113, 16 mai 2001, p. 7776). Un dernier alinéa a été ajouté disposant que la dissolution par confusion ne s'applique pas dans le cas où l'associé unique est une personne physique.
[669] COQUELET (M.-L.), *Les ressemblances sont souvent trompeuses: la transmission universelle pour cause de réunion des parts sociales n'est pas fusion !* , Bull. Joly 2003, p. 969.

société unipersonnelle, certains auteurs affirment qu'elle constitue une forme particulière de fusion[670]. Cette « *fusion-dissolution* » prend place à côté des traditionnelles fusions par absorption et par création d'une nouvelle société[671]. Outre la doctrine, la Cour d'appel a assimilé également la dissolution par confusion à une fusion lorsqu'elle a eu à se prononcer sur les effets procéduraux d'une transmission universelle de patrimoine de la société unipersonnelle[672]. Les juges du fond ont appliqué les dispositions relatives à la fusion à l'opération de dissolution de la société unipersonnelle afin de déclarer la demande d'appel formulée par la société dissoute irrecevable[673].

352. **Le rapprochement avec la fusion « *simplifiée* ».** L'analogie entre la dissolution de la société unipersonnelle et la fusion va s'accentuer avec la reconnaissance, en droit positif français[674], d'une fusion aux formalités « *simplifiées* »[675] dans les hypothèses où la société absorbante détient la totalité des actions de l'absorbée. Ces deux opérations concernent des sociétés dont l'une détient la totalité des droits sociaux de l'autre et permettent une transmission universelle de patrimoine sans augmentation de capital. Dans le cas d'une fusion « *simplifiée* », l'interdiction de détenir ses propres actions empêche la société absorbante de distribuer des parts ou des actions[676]. L'échange de parts ou d'actions sociales n'est donc plus aujourd'hui un critère d'identification des opérations de fusion[677]. La transmission universelle de patrimoine demeure l'élément clé de la définition de la fusion. Il en résulte que la dissolution par confusion qui est une technique de transmission universelle de patrimoine, doit être nécessairement assimilée à une fusion.

353. **Une fusion « *hyper-simplifiée* » ?** La fusion simplifiée reste toutefois soumise à des formalités supplémentaires auxquelles échappe la dissolution de la société unipersonnelle[678]. Cette dernière a ainsi été décrite comme une

---

670 DAIGRE (J.- J.), *La dissolution d'une filiale à 100% est une fusion. A propos de l'article 1844-5, al. 3, du Code civil*, JCP G 1993, I, 3638 ; BOLZE (C.), *Fusion et scission*, Répertoire de droit des sociétés Dalloz, 1990, n° 38.

671 DAIGRE (J.-J.), *art. préc.*, n°4.

672 CA Lyon, 13 sept. 1996, Bull. Joly 1996, p. 1017, note COQUELET (M.-L.).

673 Les juges avaient fondé leur décision sur les art. 372-1 et 372-2 de la loi du 24 juillet 1966.

674 Art. L. 236- 11 C. com.

675 Dans ce genre de fusion il n'est pas obligatoire de convoquer l'assemblée générale de la société absorbée ni d'établir des rapports des dirigeants sociaux et des commissaires à la fusion. De plus, l'assemblée générale de la société absorbante n'est plus obligée de statuer sur le rapport d'un commissaire aux apports en application des dispositions de l'article L. 225-147 C. com. (Art. L. 235- 11 dernier alinéa, abrogé par la loi n° 2008-649 du 3 juillet 2008).

676 En ce sens : BOUÈRE (J.-P.), *Le législateur sait-il ce qu'il a voulu ?*, Bull. Joly, 1994, p. 744.

677 DAIGRE (J.-J.), *art. préc.*, n°4.

678 Le supplément de formalités dans la fusion simplifiée est lié à l'exigence de rédaction d'un projet de fusion et sa publicité (Art. L. 236- 6 C. com.).

fusion « *hyper-simplifiée* »[679], car sa réalisation exige une simple déclaration au greffe du tribunal afin que la dissolution soit mentionnée au Registre du commerce et des sociétés[680].

354. **La similitude du régime fiscal.** Le rapprochement des deux opérations atteint son paroxysme avec l'instauration, par la loi de finances pour 2002[681], d'un régime de faveur au bénéfice de la dissolution de la société unipersonnelle semblable à celui de la fusion. Par le passé, l'administration fiscale[682] considérait que le régime de faveur[683] applicable aux regroupements de sociétés qualifiées sur le plan juridique de fusion ne pouvait pas s'appliquer aux opérations de dissolution par confusion. Ces dernières étaient assimilées au plan fiscal à une cessation d'activité de la société. La position de l'administration fiscale[684] a depuis changé avec la nouvelle définition de la fusion donnée par la loi de finances pour 2002[685]. Le régime de faveur s'applique désormais à toute opération emportant une transmission de patrimoine entre sociétés, suivie d'une dissolution sans liquidation de l'une d'entre elles. La dissolution par liquidation est donc concernée, ce qui contribue à écarter les critiques qui s'appuyant sur l'ancien avis de l'administration fiscale, affirmaient une divergence de nature entre la fusion et la dissolution par confusion[686].

355. **La similitude de la transmission universelle de patrimoine.** Les analyses qui assimilent la dissolution par confusion à une fusion se basent essentiellement sur la double définition juridique et fiscale de la fusion, issue des textes européens et transposée par la suite en droit interne. Au plan fiscal, l'article 2.a de la directive du 23 juillet 1990 considère que la fusion est l'opération par laquelle « *une société transfère, par suite et au moment de sa dissolution sans liquidation, l'ensemble de son patrimoine, activement et passivement, à la société qui détient la totalité des titres représentatifs de son capital social* »[687]. Cette définition qui ne prend en compte que le

[679] COQUELET (M.-L.), *th. préc.*, p. 82, n°134.
[680] Selon les articles 5 du décret n°67- 236 du 23 mars 1967 et 8 du décret n°78-704 du 3 juillet 1978, il n'est plus nécessaire que l'assemblée générale de la société unipersonnelle se prononce sur la dissolution de la société.
[681] Art. 85 de la loi de finances pour 2002 (L. n° 2001- 1275 du 28 décembre 2001, JORF n°302, 29 déc. 2001, p. 21074).
[682] Rép. min. LAURIOL (M.), n°17533, JO Sénat Q. 16 janv. 1992, p. 127 ; Rép. min. CECCALDI- REYNAUD (J.), n° 13889, JOAN Q. 10 oct. 1994, p. 5020.
[683] Art. 210 A CGI.
[684] Inst. 25 oct. 2002 : BOI 4. I- 2- 02.
[685] Art. 210-0 A CGI.
[686] En ce sens : COQUELET (M.-L.) note préc. sous. CA. Lyon, 13 sept. 1996. Selon cet auteur, la dissolution sans liquidation des sociétés unipersonnelles n'est pas considérée fiscalement comme une opération intercalaire admise au bénéfice du régime fiscal de faveur.
[687] Directive du 23 juillet 1990 sur le régime fiscal commun applicable aux fusions, scissions, apports partiels d'actif et échange d'actions.

transfert du patrimoine social pour caractériser la fusion, est parfaitement transposable à la dissolution par confusion. Au plan juridique, l'article 24 de la directive 2011/35/UE dispose qu'« *une ou plusieurs sociétés peuvent par voie de fusion, transmettre leur patrimoine à une société existante ou à une nouvelle société qu'elles constituent* ». Ainsi, la transmission universelle de patrimoine se trouve également au centre de la définition de la fusion[688].

356. La transmission universelle du patrimoine de la société unipersonnelle dissoute sans liquidation comme prévu à l'article 1884-5 du Code civil, justifie la reprise des mêmes solutions que celles adoptées pour la fusion. Tout comme la fusion, l'associé unique reçoit le patrimoine de la société unipersonnelle qui lui est transmis à titre universel. Cet associé est aussitôt considéré comme l'ayant cause à titre universel de la société dissoute et se substitue à elle dans l'ensemble de ses droits et obligations. Conformément aux principes régissant la transmission universelle de patrimoine, cette substitution n'emporte pas novation ce qui assure le maintien des garanties réelles et personnelles attachées aux obligations transmises[689]. De plus, la transmission à titre universel des droits et obligations permet d'éviter les formalités exigées pour le transfert de certains biens. Par exemple, la cession des créances de la société unipersonnelle à son associé unique échappe aux formalités prévues par l'article 1690 du Code civil [690]. De même, la transmission d'un fonds de commerce n'a pas à obéir aux formalités de cession de droit commun[691]. Du fait de leur nature spéciale, le transfert de certains biens doit toutefois respecter certaines formalités. C'est le cas du transfert des immeubles et des droits réels immobiliers qui, en vue de son opposabilité aux tiers, se voit assujetti aux formalités de publicité foncière.

357. Les effets produits par les deux opérations ne sont cependant pas toujours similaires. Contrairement à la fusion, en cas de dissolution par confusion, la survie de la personnalité morale de la société unipersonnelle est possible. Selon l'article 1844-5, alinéa 3, du Code civil, la société

---

[688] Art. L. 236 -1, al. 1er C. com. « *Une ou plusieurs sociétés peuvent par voie de fusion, transmettre leur patrimoine à une société existante ou à une nouvelle société qu'elles constituent* ».

[689] COQUELET (M.-L.), note préc. sous. CA Lyon, 13 sept. 1996.

[690] Cass. civ, 7 mars 1972, JCP 1972, II, 17270, note GUYON (Y.).

[691] CA Paris, 10 avr. 1986, Rev. soc. 1986, p. 429, note DAIGRE (J.- J.). Cependant, en cas de cession de fonds de commerce en dehors d'une transmission universelle de patrimoine, il faut rédiger un acte de cession dans lequel sont indiqués le nom du vendeur, l'état des privilèges, le chiffre d'affaires, les bénéfices commerciaux réalisés, les renseignements à propos du bail, *etc.* (art. L. 141-1 C. com.). La publication d'un extrait ou d'un avis dans un journal d'annonces légales et dans le Bulletin officiel des annonces civiles et commerciales *(BODACC)* dans un délai de quinze jours est également nécessaire (art. L. 141-12 et L. 141-21 C. com.).

unipersonnelle conserve sa personnalité morale sans restriction jusqu'à la transmission de son patrimoine. Cette dernière n'intervient qu'à l'issue du délai d'opposition accordé aux créanciers. La dissolution de la société unipersonnelle n'est donc pas immédiatement suivie de la disparition de sa personne morale. Un tel cas paraît inconcevable dans l'opération de fusion où la dissolution de la société absorbée entraîne, *ipso facto*, sa disparition sans aucune possibilité de survie.

358. **La similitude des droits des créanciers.** L'analogie va plus loin, car elle concerne également le droit d'opposition reconnu aux créanciers à l'encontre de la dissolution de la société personnelle. Ce droit obéit à un régime semblable à celui des créanciers de la société absorbée lors d'une fusion. La ressemblance est justifiée par le fait que la transmission universelle du patrimoine de la société unipersonnelle présente des risques identiques à ceux d'une fusion pour les droits des créanciers sociaux. Ces derniers peuvent voir leur droit de gage général sérieusement réduit dans la mesure où l'associé unique ne présente pas les mêmes garanties ou la même solvabilité que la société dissoute. Les créanciers de la personne morale viennent alors en concours avec ceux de l'associé unique ce qui diminue d'autant leurs chances d'être payés. Une procédure d'opposition à la dissolution existe toutefois pour protéger leurs droits. D'après l'article 1844-5, alinéa 3 du Code civil, ce droit d'opposition doit être exercé devant le Tribunal de commerce du siège social de la société dissoute, dans un délai de trente jours à compter de la publication de la dissolution. Le Tribunal peut décider de rejeter l'opposition ou bien d'ordonner le remboursement des créances ou encore, la constitution de garanties si la société en offre et si elles sont jugées suffisantes. La procédure d'opposition mise à la disposition des créanciers sociaux est tout à fait semblable à celle prévue dans le cas de la fusion[692]. Cette proximité se justifie par l'effet de la transmission universelle de patrimoine commune aux deux opérations.

359. Une importante divergence persiste entre les garanties offertes aux créanciers des sociétés en cause par la dissolution-confusion et par la fusion. D'abord, la dissolution-confusion reconnaît un droit d'opposition uniquement aux créanciers de la société dissoute et à l'exclusion des

[692] Art. L. 236- 14, al. 2 C. com. : en cas de fusion, les créanciers peuvent s'y opposer devant le tribunal de commerce dans un délai de trente jours à compter de l'insertion du projet de fusion dans un journal d'annonces légales et, le cas échéant, au BALO à condition que leurs créances soient antérieures à cette publicité. Le tribunal peut décider de rejeter la demande d'opposition, ou ordonner soit le remboursement des créances, soit la constitution de garanties si la société absorbante en offre et qu'elles sont jugées suffisantes.

créanciers de la société bénéficiaire de la transmission de patrimoine[693]. En revanche, l'article L. 235-14 du Code de commerce relatif à la fusion donne le même droit d'opposition aux créanciers de la société dissoute et à ceux de la société bénéficiaire de la transmission de patrimoine. Ensuite, dans le cas de la dissolution d'une société unipersonnelle, le droit d'opposition des créanciers sociaux peut empêcher la réalisation de la transmission universelle de patrimoine et la dissolution de la société. L'alinéa 3 de l'article 1844-5 du Code civil précise ainsi que « *la transmission du patrimoine n'est réalisée et il n'y a disparition de la personne morale qu'à l'issue du délai d'opposition ou, le cas échéant, lorsque l'opposition a été rejetée en première instance ou que le remboursement des créances a été effectué ou les garanties constituées* ». L'opposition emporte ainsi, jusqu'à la décision du Tribunal, la séparation du patrimoine social et du patrimoine de l'associé unique par le maintien de la personne morale de la société unipersonnelle. En revanche, dans le cas d'une fusion, l'opposition formée par un créancier n'a pas pour effet d'interdire la poursuite de l'opération[694]. Le défaut de remboursement des créances ou de constitution des garanties ordonnées rend simplement inopposable la fusion au créancier[695].

Paragraphe 2 : Assimilation critiquée des deux opérations

360. **La distinction opérée par la doctrine.** Malgré les similitudes entre la fusion et la dissolution de la société unipersonnelle, l'assimilation des deux opérations n'a pas convaincu la totalité de la doctrine. Comme le remarque M. JEANTIN une différence de nature entre ces deux opérations persiste[696]. Allant dans le même sens, un autre auteur rappelle qu'« *en dépit de l'analogie de leurs effets, ces deux hypothèses de dissolution sans liquidation et de transmission universelle sont nettement dissemblables* »[697].

361. **La distinction opérée par les textes.** La volonté de distinguer la technique de confusion de celle de la fusion est décelable chez le législateur, tant à l'échelon européen que national. La directive 2011/35/UE distingue ainsi l'opération de dissolution d'une société anonyme détenue à 100% par une autre[698] de l'opération de fusion simplifiée d'une société anonyme

[693] Les créanciers de la société bénéficiaire de la transmission doivent se contenter de la protection de l'action paulienne. À ce sujet, v. LECOURT (B.), *De l'utilité de l'action paulienne en droit des sociétés in. Mélanges GUYON (Y.)*, Dalloz, 2003, p. 615 et s.

[694] Art. L. 236- 14, al. 4 C. com.

[695] Art. L. 236- 14, al. 3 C . com.

[696] JEANTIN (M.), *La transmission universelle de patrimoine d'une société, in. Mélanges DERRUPÉ (J.)*, éd. GLN/Joly et Litec, 1991, p. 287.

[697] COQUELET (M.-L.) note préc. sous. CA. Lyon, 13 sept. 1996.

[698] Art. 24 Dir. 2011/35/UE.

détenue à 90 % ou plus, mais pas en totalité[699]. On en conclut que le législateur européen n'a pas voulu imposer une confusion de patrimoine entre les sociétés en cause comme une condition pour l'application de la fusion simplifiée. Dès lors, on en déduit que le législateur français a transposé de manière « *imparfaite* »[700] les dispositions de ce texte, car pour l'application de la fusion simplifiée, il exige que l'absorbante détienne la totalité des droits sociaux de l'absorbée.

362. **Plan : les critères de distinction.** La fusion et la dissolution par confusion se différencient par leurs champs d'application respectifs **(Ss-paragr. 1)**, ainsi que par leur nature juridique **(Ss-paragr. 2)**.

Ss-paragraphe 1 : Une différence de champ d'application

363. **L'application aux sociétés de personnes.** La dissolution par confusion, régie par le Code civil, bénéficie d'un champ d'application plus large que celui de la fusion organisée par le Code de commerce. La première s'applique à toutes les formes de sociétés, qu'elles soient civiles ou commerciales. Inversement, la fusion simplifiée prévue par l'article L. 236-11 du Code de commerce dispose d'un champ d'application beaucoup plus restreint. Elle ne concerne que les fusions réalisées entre des sociétés anonymes[701], entre des sociétés à responsabilité limitée[702], ou entre une société anonyme et une société à responsabilité limitée[703]. Sont donc exclues du champ d'application de l'article L. 236-11 du Code de commerce l'ensemble des sociétés civiles et des groupements de formes différentes.

364. **L'inapplication aux sociétés légalement unipersonnelles.** Il est à noter que les sociétés unipersonnelles dès l'origine, telles que l'EURL[704], échappent au régime de la dissolution par confusion. L'EURL est une catégorie particulière de SARL[705] qui peut être instituée par un acte unilatéral de volonté d'une personne, physique ou morale[706]. La formation d'une EURL peut également résulter de la réunion dans une seule main de toutes les parts sociales d'une SARL. Cette réunion n'implique pas l'application de la dissolution par confusion. C'est ce qui ressort de l'article

---

[699] Art. 27 Dir. 2011/35/UE.
[700] COUDERT (M.-A) et MEYER (C.), *Restructuration d'entreprises : fusion simplifiée ou confusion de patrimoines ?*, Actes prat. soc., éd. J.-Cl., mai-juin 2004, p. 5 et s.
[701] Art. L. 236- 11 C. com. Il figure dans la partie réservée aux dispositions relatives aux sociétés anonymes.
[702] Art. L. 236-23, al. 1 C. com.
[703] Art. L. 236-2, al. 4 C. com.
[704] Entreprise Unipersonnelle à Responsabilité Limitée.
[705] V. en ce sens : MESTRE (J.) et VELARDOCCHIO (D.), *op. cit.*, n°3335.
[706] Depuis la loi n° 85- 697 du 11 juillet 1985.

L. 223-4 du Code de commerce disposant qu'« *en cas de réunion en une seule main de toutes les parts d'une société à responsabilité limitée, les dispositions de l'article 1844-5 du code civil relatives à la dissolution judiciaire ne sont pas applicables* ». Il n'est donc pas possible de dissoudre judiciairement une SARL au motif qu'un seul associé détient toutes les parts. Seul l'associé unique dispose du pouvoir de dissoudre la société à tout moment.

Ss-paragraphe 2 : Une différence de nature

365. **Le défaut du caractère volontaire.** La fusion est toujours une opération contractuelle résultant de l'accord de volonté des sociétés participantes. C'est ce qui la différencie de la dissolution par confusion qui certes peut « *être également volontaire mais aussi subie* »[707]. Cette dernière peut résulter, non pas d'une décision de l'associé unique, mais d'une décision de justice pour défaut de régularisation du caractère unipersonnel de la société. Ceci accentue la différence de nature avec la fusion qui en l'absence de décision des sociétés, ne peut pas être décidée par un tribunal[708]. L'élément conventionnel fait donc fréquemment défaut dans le cas de la dissolution par confusion, car « *il manque à la société disparue un élément primordial de la fusion : la volonté de transmettre son patrimoine à une autre personne morale* »[709].

366. Le caractère subi de la dissolution par confusion est renforcé par la jurisprudence qui a déjà eu l'occasion de décider que la dissolution de la société unipersonnelle devait obligatoirement intervenir sans possibilité de liquidation[710]. Ce mécanisme de dissolution d'ordre public s'impose à l'associé unique qui ne peut plus alors choisir de procéder à la liquidation de la société dissoute.

367. **Le défaut d'exigence d'un projet commun.** La divergence de nature entre les deux figures juridiques se manifeste encore davantage à travers l'exigence de rédaction du projet de contrat de fusion, et cela même lorsque l'absorbante détient la totalité des droits sociaux de l'absorbée. Dans cette dernière hypothèse, il est vrai qu'il n'est pas nécessaire de procéder à une décision de l'assemblée générale de la société unipersonnelle, sans pour autant la réduire à une décision purement unilatérale de l'associé unique et ce, à cause de la nécessité de signer le projet commun de fusion. Cette nécessité persiste même dans le cas d'une fusion aux formalités simplifiées

---

[707] COUDERT (M.-A.) et MEYER (C.), *art. préc.*, p. 5 et s.

[708] En ce sens : BONNASSE (A.), *Fusions Scission.– Principes généraux*, J.-Cl. Sociétés Traité, fasc. 160- 10, n°31.

[709] WAREMBOURG-AUQUE (F.), *th. préc.*, n°38.

[710] CA Douai, 14 nov. 1996, *aff.* EURL Heathrose France, RJDA 1997, n°372.

ce qui démontre incontestablement l'impossibilité de réduire le projet de fusion en simple formalité. C'est pourquoi les sociétés fusionnantes élaborent un projet commun de fusion qui concrétise l'aspect conventionnel de l'opération de fusion qui ne peut en aucun cas être subie, contrairement à la dissolution par confusion.

368. **Le défaut de possibilité de fixation conventionnelle de la date de prise d'effet.** La différence de nature entre la fusion et la dissolution par confusion se manifeste également relativement à la détermination de la date de prise d'effet de la transmission de patrimoine entre les sociétés concernées. Puisque la fusion a un caractère nécessairement conventionnel, les sociétés en cause peuvent librement déterminer la date de prise d'effet de l'opération[711]. En revanche, dans la dissolution par confusion, la date est difficilement déterminable, car elle ne dépend pas de la volonté de l'associé unique[712]. Elle correspond, en principe, à la date d'expiration du délai d'un mois offert aux créanciers sociaux pour former une opposition. Ce délai est parfois suspendu en l'attente d'une décision du tribunal qui statue sur le sort de l'opposition. La dissolution prend alors effet soit directement par le rejet de l'opposition, soit par le remboursement des créances, ou encore par la constitution de garanties suffisantes par l'associé unique. Cette méthode rend difficile la prévision de la date exacte de la réalisation de l'opération comparativement au cas de la fusion.

Ss-section 2 : Fusion et transformation

369. **L'évolution de la définition de la transformation.** La définition de l'opération de transformation a historiquement connu une évolution marquée par de constants rapprochements avec la fusion, parfois en tant que cause de dissolution anticipée des sociétés et, d'autres fois comme un moyen de pérenniser l'entreprise de la société dissoute[713]. La transformation était

---

[711] Art. L. 236- 4 C. com. : le contrat de fusion peut prévoir une date de prise d'effet de l'opération, pourvu que celle-ci ne soit ni postérieure à la date de clôture de l'exercice en cours de la ou des sociétés bénéficiaires, ni antérieure à la date de clôture du dernier exercice clos de la ou des sociétés qui transmettent leur patrimoine.

[712] Lettre de la Chancellerie à la Compagnie des commissaires aux comptes, 10 avr. 2003, cf. annexes., cité par COQUELET (M.-L.), *art. préc.*, p. 969. Dans cette lettre, la Chancellerie constate que « *la dissolution par confusion ne saurait entrer dans le champ d'application de l'article L. 236-4 du Code de commerce qui dispose qu'en matière de fusion ou de scission, la date d'effet peut être librement fixée par les sociétés dans certaines limites de leurs exercices sociaux. Il convient de rappeler que la rétroactivité n'a qu'un caractère exceptionnel dans notre droit et qu'elle ne se préjuge pas. Il n'y a pas de rétroactivité en l'absence de texte. En outre, il convient de relever qu'elle ne saurait être conciliable avec les délais d'opposition reconnus aux créanciers à l'article 1844-5 précité* ».

[713] Il faut préciser auparavant que l'étude analogique des deux opérations sociétaires n'aurait aucun intérêt si la possibilité de fusion entre des sociétés de formes différentes n'avait été

initialement considérée comme une opération entraînant nécessairement la dissolution de la société transformante sous sa forme ancienne, suivie de sa reconstitution sous une nouvelle forme[714]. Selon cette définition, à l'instar de la fusion, la transformation constitue une cause de dissolution anticipée des sociétés. Cette ancienne conception de la transformation a cependant été écartée par l'entrée en vigueur de l'article 1844-3 du Code civil. Selon ses dispositions, « *la transformation régulière d'une société en une société d'une autre forme n'entraîne pas la création d'une personne morale nouvelle. Il en est de même de la prorogation ou de toute autre modification statutaire* ». Au plan juridique, la transformation est caractérisée par le maintien de la personnalité juridique de la société qui se transforme[715]. Cette nouvelle acceptation semble ainsi rompre toute possibilité d'assimilation entre la transformation et la fusion[716].

370. **La persistance du débat.** Le débat relatif à l'assimilation de la fusion à une transformation a survécu aux modifications apportées par la nouvelle définition. Cette fois néanmoins, la thèse de l'assimilation s'appuie sur des points communs différents. On n'évoque plus la disparition de la société transformante, mais plutôt la survivance de la société fusionnante. La fusion n'est plus alors perçue comme une opération de dissolution anticipée de la société, mais comme une opération entraînant la survivance et la continuation de la société dissoute au sein de la société absorbante ou de la société nouvelle issue de la fusion.

371. **Plan.** Pour trancher ce débat, nous suggérons de nous rabattre sur l'idée principale que « *l'originalité de ces opérations [fusions] réside dans la paradoxale conjugaison de la rupture et de la continuité* »[717], et que, par conséquent, « *la nature et les effets des opérations de fusion, absorption ou scission seront différents [...] suivant qu'on mettra l'accent plutôt sur la rupture ou plutôt sur la continuité*»[718]. Faut-il ainsi faire prévaloir la continuité **(Paragr. 1)** ou la rupture de la société dissoute **(Paragr. 2)** ?

---

reconnue par l'art. L. 236-2 C. com. : « *les opérations [de fusion] peuvent être réalisées entre des sociétés de forme différente* ».

714 CA Lyon, 6 févr. 1868, DP 1868.2.63 ; CA. Besançon, 15 juin 1869, DP 1870. 2. 13.

715 En ce sens : Cass. com., 7 mars 1984, JCP E 1984, II, 14353 et 14354, note DAVID (C.); Rev. soc. 1984, p. 804, note JEANTIN (M.) ; Defrénois 1984, p. 1243, n°13, obs. JADAUD (B.); égal. v. LE CANNU (P.), RIASSETTO (I.), DONDERO (B.) et DOM (J.- Ph.), *La transformation des sociétés*, Bull. Joly sociétés 2010, p. 389

716 Art. l. 210- 6, al. 1er C. com. « *la transformation régulière d'une société n'entraine pas la création d'une personne morale nouvelle* ».

717 SIMLER (Ph.), note sous Cass. com., 22 janv. 1985, JCP E 1986, II, 20591.

718 *Id., Ibid.*

Paragraphe 1 : La prévalence de la continuité

372. **Les opinions soutenant la survivance de la société dissoute.** Certains auteurs s'accordent à assimiler la fusion à une transformation, dans la mesure où la société absorbée ne se dissout pas, mais persiste sous une forme nouvelle[719]. Cette prise de position s'inspire largement de l'analogie lyrique faite par M. COPPER-ROYER qui compare la fusion à « *la réunion de deux rivières dont les eaux se confondent pour ne former dorénavant qu'un seul fleuve* »[720]. Des jurisconsultes vont jusqu'à affirmer que la constatation de la dissolution de la société absorbée est une simple « *banalité* »[721]. Ces opinions convergent toutes vers une seule idée : la société absorbée continue d'exister en se transformant au sein de la société absorbante. Cette approche rendrait compte de la volonté réelle des associés de la société absorbée qui ne cherchent pas à mettre fin à leur entreprise, mais au contraire, à la sauvegarder en la mettant en commun avec celle de l'absorbante. La fusion doit être alors appréhendée comme un « *acte de vie* » et non comme un « *acte de mort* »[722].

373. **La survivance de la société dissoute sous une forme contractuelle.** Une partie de la doctrine admet que la société absorbée puisse conserver son existence contractuelle sous la forme nouvelle de la société absorbante dans la mesure où tous ses éléments constitutifs essentiels sont déjà présents[723]. Les dispositions de l'article 1832 du Code civil permettent de déduire qu'une société existe que par la réunion de quatre éléments constitutifs essentiels : le groupement de deux ou plusieurs personnes qui doivent réaliser un apport, rechercher des économies ou des bénéfices, contribuer aux pertes subies et enfin être dotées d'un *affectio societatis*. À la suite de la fusion, le groupe des associés de la société absorbée est maintenu au sein de la société absorbante. Son apport qui contribue à constituer l'actif de la société

---

[719] ROUSSEAU (H.), note sous Cass. Req., 4 juillet 1934, S. 1934, I, p. 329 ; COULOMBEL (F.), *Le particularisme de la condition juridique des personnes morales de droit privé*, th. Nancy, 1950, p. 178 et s. ; CHEMINADE (Y.), *art. préc.*, p. 15 et s. ; ROUTIER (R.), *th. préc.*, n°74 et s. ; SIMONART (V.), *La personnalité morale en droit privé comparé : l'unité du concept et ses applications pratiques*, Bruylant, 1995, p. 374 et s.

[720] COPPER-ROYER (J.), *op. cit.*, t. 3, p. 682.

[721] ROUSSEAU (H.), *note préc.*, p. 330 ; égal. v. JASSOGNE (C.), BOURRS (J.-P.), MICHEL (H.), MATRAY (Ch.) et NICAISE (P.), *Traité pratique de droit commercial*, t. 4, Kluwer, 1998, p. 896. Les auteurs affichent clairement leur soutient à la théorie de survivance de la société absorbée au sein de l'absorbante. Ils affirment à cet égard que « *suivant une conception novatrice qui ne nous laisse pas insensible, les sociétés absorbée cessent d'exister sous leur forme initialise. En réalité, pas osmose, elles se fondent dans la société bénéficiaire. La société absorbée modifie sa structure mais survit par et dans la société absorbante. Il survient une mutation qui provoque un transfert de patrimoine et la résurrection immédiate des associés de l'absorbée au sein de l'absorbante* ».

[722] SIMONART (V.), *th. préc.*, p. 379.

[723] CHEMINADE (Y.), *art. préc.*, p. 20.

absorbante est également maintenu. De plus, ces associés sont animés de la volonté de réaliser des bénéfices en poursuivant leurs activités au sein de la société absorbante. Enfin, l'existence de l'*affectio societatis* ne peut être remise en question puisque les associés de l'absorbée acceptent de conserver cette qualité au sein de l'absorbante. Bien qu'ayant perdu sa personnalité morale, la société absorbée ne semble donc pas disparaître en tant que société. Elle subit un simple changement de nom, de forme ou d'objet au sens de l'article 1844-3 du Code civil.

374. **La survivance justifiée par le défaut de liquidation.** Les protagonistes de la transformation de la société absorbée trouvent également un appui dans l'impossibilité de prévoir une « *dissolution sans liquidation* »[724]. La dissolution de toute société entraîne nécessairement sa liquidation et donc, après apurement du passif, une répartition de l'actif social entre les associés de la société dissoute. Ce procédé est absent de la fusion puisque les associés de la société absorbée ne reprennent pas leur apport mais maintiennent leur qualité d'associés dans la société absorbante. Cette position a, par la suite, été renforcée grâce à l'entrée en vigueur de la loi du 24 juillet 1996 dont l'article 391 prévoit un principe de portée générale selon lequel « *la société est en liquidation dès l'instant de sa dissolution pour quelque cause que ce soit* ». Le caractère impératif de cette disposition doit être souligné dans la mesure où la liquidation est destinée à protéger le droit de gage des créanciers de la société dissoute. Il semble alors difficilement admissible que la fusion entraîne la dissolution de la société absorbée sans éteindre au préalable le passif social. C'est ainsi que la fusion qui prévoit une dissolution sans liquidation ne peut pas être considérée comme une cause de dissolution anticipée de la société. Il faut dans ce cas admettre la continuité de la société absorbée sous une forme nouvelle, ce qui permet de mieux expliquer la substitution sans novation de la société absorbante dans les droits et obligations de celle-ci[725].

Paragraphe 2 : La rupture de la continuité

375. **Une différence de nature juridique.** L'assimilation de la fusion à une transformation de société est largement contestable vu la différence de nature juridique qui existe entre les deux opérations. La fusion est avant tout une opération conventionnelle entre deux ou plusieurs sociétés, tandis que la

---

[724] En ce sens : COPPER-ROYER (J.), *th. préc.*, n°11 ; BASTIAN (D.), *Naissance de la personne morale, in. Mélanges CABRILLAC (H.)*, Litec, 1968, p. 25.

[725] Le droit français était opposé à tout genre de successions universelles autres que celles intervenant entre des personnes physiques. D'où la difficulté en matière de fusion de justifier juridiquement de la dévolution du passif de la société absorbée. Il paraissait donc plus juste d'admettre la survivance par transformation de la société absorbée qui demeure responsable de son propre passif. En ce sens, v. WAREMBOURG-AUQUE (F.), *th. préc.*, p. 62, n°42.

seconde est une opération unilatérale émanant de la volonté d'une seule société qui souhaite changer de forme juridique. Par ailleurs, la transmission universelle de patrimoine qui constitue un élément caractéristique de la fusion, fait défaut dans la transformation. Nous rejoignons ici le constat d'un auteur, selon lequel, « *la transformation ne constitue qu'un changement dans le mode d'exploitation du patrimoine par changement de forme sociale alors que la fusion et la scission se présente avant tout comme un mode de transmission de patrimoine qui s'accompagne le plus fréquemment de modifications plus profondes dans la structure juridique de la société* »[726].

376. **La consécration de la disparition de la personnalité morale.** La fusion se caractérise par la disparition de la société absorbée. Il semble alors artificiel de constater la persistance de cette société malgré la perte de sa personnalité morale. À cet égard, un auteur précise que « *ce qui caractérise juridiquement la fusion et fait son originalité par rapport aux autres modes de réalisation d'une concentration c'est qu'elle comporte l'évanouissement d'un ou plusieurs êtres sociaux au moins* »[727]. La continuité de l'activité de la société dissoute s'explique logiquement par la transmission universelle de son entreprise à la société absorbante sans que cela n'implique sa survivance en tant que société[728]. Toute possibilité de continuité de la société absorbée a expressément été écartée par la directive 2011/35/UE sur la fusion des sociétés de capitaux qui énonce expressément que « *la société absorbée cesse d'exister* »[729] simultanément à l'opération de fusion. La société absorbante se substitue ainsi automatiquement à la société absorbée en tant qu'ayant cause à titre universel.

377. **Une exception légale à la nécessité de liquidation.** Malgré le principe selon lequel la dissolution doit obligatoirement être suivie d'une liquidation, la fusion a rapidement été reconnue comme une exception[730]. La Chambre commerciale de la Cour de cassation fait sien ce principe en affirmant que lors d'une fusion, « *la fiction de survie ne serait être admise puisqu'elle ne l'est en principe que pour les besoins d'une liquidation qui*

---

[726] COQUELET (M.-L.), *th. préc.*, n°26.
[727] VERDIER (J.-M.), *art. préc.*, p. 216.
[728] SIMLER (Ph.), note sous Cass. com., 22 janv. 1985, *préc.*. L'auteur qui relève la conjugaison paradoxale de la rupture et de la continuité dans la fusion, affirme qu' « *il y a rupture, puisque une ou même deux sociétés disparaissent et que la ou les sociétés issues de l'opération, hormis le cas de l'absorption par une société préexistante, sont des sociétés nouvelles [...] Mais il y a néanmoins continuité puisque le patrimoine de la ou des sociétés dissoutes est transmis, activement et passivement, à la société absorbante, à la société nouvelle en cas de fusion ou à des sociétés nouvelles en cas de scission* ».
[729] Art. 19 de la Dir. 2011/35/UE.
[730] Art. 1844-8 C. civ. prévoit que la dissolution entraine obligatoirement la liquidation hormis le cas de la fusion.

n'a pas eu lieu »[731]. Cette position de la jurisprudence a largement été renforcée par des dispositions législatives confirmant la « *dissolution sans liquidation* »[732] comme effet caractéristique de la fusion.

---

[731] Cass. com., 26 juin 1961, Gaz. Pal, 1962, I, p. 63; RTD com. 1961, p. 875, obs. HOUIN (R.).

[732] Art. 3 de la Dir. 2011/35/UE; Art. L. 236-1 et L. 236- 3, I, C. com.

CONCLUSION TITRE I

378. La fusion est bel et bien un contrat. Nous l'avons prouvé en nous appuyant en premier lieu sur le processus de réalisation de l'opération ; il s'agit ainsi d'un contrat à formation successive. Les textes prévoient l'obligation d'élaborer un projet de fusion préalablement à la réalisation de l'opération. Ce projet, souvent précédé d'une longue phase de négociations et de l'élaboration d'un ensemble de documents préparatoires, notamment le protocole de fusion, fixe les conditions financières et juridiques de l'opération projetée sans pour autant engager les sociétés concernées. Il ne se transformera alors en contrat définitif que par son approbation par les assemblées générales des sociétés fusionnantes.

379. En second lieu, le régime juridique de la fusion prévu par le législateur s'inspire largement du régime juridique applicable aux contrats. Il implique en effet la préexistence d'au moins deux sociétés, permet la désignation contractuelle d'une date de prise d'effet et renvoie au régime de nullité du droit commun des contrats.

380. Par conséquent, la nature contractuelle de l'opération de fusion apparaît clairement. Elle permet d'écarter la « *conception institutionnelle* » de la fusion et de dissiper la confusion qui a jadis existé entre la fusion et des opérations voisines telles que la dévolution successorale, la dissolution par confusion et la transformation.

TITRE 2 : LA QUALIFICATION DU CONTRAT

381. **L'achèvement de l'opération de qualification de la fusion.** Le contrat constitue un élément essentiel de l'opération de fusion. Si la nature contractuelle de la fusion est acquise, l'opération de qualification demeure néanmoins inachevée. Il est en effet nécessaire d'aller plus loin, car « *la tâche première du juriste devant un contrat consiste à lui donner un nom, à l'inclure dans une catégorie* »[733]. Il manque à l'accomplissement de cette tâche la qualification du contrat de fusion[734]. Il s'agit du « *procédé intellectuel consistant à rattacher un cas concret à un concept juridique abstrait reconnu par une autorité normative afin de lui appliquer [son] régime* »[735]. Ce procédé doit permettre de donner un nom à ce contrat et de l'inclure dans une catégorie juridique prédéterminée. Cette qualification ne doit pas se limiter à une simple opération de classification[736], elle doit également donner une définition au contrat[737]. Ainsi, pour être valable, la qualification du contrat de fusion doit se conformer à la définition légale de l'opération et prendre en compte ses effets légaux.

382. **La difficulté de la qualification du contrat de fusion.** La qualification du contrat de fusion est une opération assez complexe, car « *il règne sur ce point fort peu de clarté dans la littérature* »[738]. Cette complexité ressort du très vif débat qui a animé les experts gouvernementaux lors de la négociation de la troisième directive relative aux fusions internes[739]. La

---

[733] FRECHETTE (P.), *La qualification des contrats : aspects théoriques*, Les cahiers de droit, vol. 51, n°1, 2010, p. 117 et s.

[734] Sur les méthodes de qualifications contractuelles, v. OVERSTAKE (J.-F.), *Essai de classification des contrats spéciaux*, coll. Bibliothèque de droit privé, LGDJ, 1969, p. 15. ; HENRY (X.), *La technique des qualifications contractuelles*, th. Nancy II, 1992.

[735] GHESTIN (J.), JAMIN (C.) et BILLIAU (M.), *Traité de droit civil, Les effets du contrat*, LGDJ, 3eme éd., 2001, p. 77.

[736] Sur la classification des contrats, v. ROLLAND (M.), *Essai sur les catégories juridiques, spécialement en droit privé*, th. Lyon, 1952.

[737] TERRÉ (Fr.), *L'influence de la volonté individuelle sur les qualifications*, coll. Bibliothèque de droit privé, LGDJ, 1957, p. 2.

[738] CUENDET (A.), *La fusion par absorption, en particulier le contrat de fusion, dans le droit suisse de la société anonyme*, th. Lausanne, 1973, p. 132.

[739] À ce sujet, v. VAN OMMESLAGHE (P.), *La proposition de troisième directive sur l'harmonisation des fusions de sociétés anonymes in. Quo vadis ius societatum ?*, Kluwer, p.

conciliation entre les différentes positions nationales paraissant impossible, le législateur européen a alors préféré de ne pas se prononcer sur la question. Une position qu'il va reprendre dans la dixième directive. L'écueil principal à la qualification du contrat de fusion tient à la particularité de ses conditions de formation et de ses effets légaux. Les positions doctrinales en la matière ont elles aussi été innombrables ce qui prouve également la complexité de la qualification du contrat de fusion. Un auteur regrette ainsi la nature plutôt « *obscure* »[740] de ce contrat. D'aucuns ont parfois été déconcertés par cet « *étrange contrat dont la réalisation n'est parfaite que par la disparition obligatoire d'un des fondateurs* »[741]. Certains auteurs ont alors préféré tout simplement affubler cette opération complexe de l'épithète de contrat de *sui generis*[742] qui, à bien des égards, peut sonner comme un « *échec de la tentative de qualification* »[743]. L'un d'eux refuse pourtant de succomber à la facilité en refusant de voir « *dans la fusion un contrat spécial, innommé, non régi par des règles particulières, de notre droit positif ; la fusion au contraire constitue un contrat parfaitement dénommé, qui peut varier suivant la manière dont elle est réalisée* »[744].

383. Plan. Diverses qualifications ont été proposées par la doctrine. Il est inévitable d'étudier ces qualifications **(Chapitre 1)**, afin de choisir la plus convenable au contrat de fusion **(Chapitre 2)**.

---

123 et s., spéc. p. 130. Selon cet auteur, « *il n'a pas paru nécessaire d'arriver à une solution uniforme de cette question pour assurer une protection équivalente des droits des associés et des tiers, ni même pour dégager une conception générale commune de la fusion, encore qu'une solution uniforme eut sans doute été souhaitable notamment en vue de l'organisation de la fusion internationale*».

740 DALSACE (A.), *Fusion et scission*, Encycl. Dalloz sociétés, 1967, n°23.

741 GOMPEL (R.), *De la fusion de sociétés anonymes*, th. Paris, 1908, p. 80 ; égal. v. VAN OMMESLAGHE (P.), *art. préc.*, p. 130.

742 MARTIN (G.-J.), *La notion de fusion*, RTD com. 1978, p. 282 ; MORELLI (N.), *th. préc.*, n°42 ; DALSACE (A.), *À propos de la fusion et de la scission des sociétés commerciales*, JCP 1962, n°1231 ; DALSACE (A.), *Fusion et scission*, Encycl. Dalloz sociétés, 1967, n° 8. Cet auteur constate que la nature du contrat de fusion n'est pas définie au point de vue juridique. Il s'agit d'un contrat assez proche de la transmission à titre universel mais qui demeure pourtant soumis au droit des obligations.

743 BÉNABENT (A.), *Droit civil, les contrats spéciaux civils et commerciaux*, Montchrestien, 10eme éd., 2013, n°8.

744 RESTEAU (Ch.), *Traité des sociétés anonymes*, t. 2, Libraire judiciaire, 2eme éd., 1933, n°1306.

Chapitre 1 : Les qualifications inadéquates

384. **Plan.** Plusieurs tentatives de qualification du contrat de fusion ont été entreprises au fil des années sans résultat probant. Une partie de la doctrine a vu dans le contrat de fusion un contrat synallagmatique créateur d'obligations réciproques à la charge des sociétés contractantes **(Section 1)** alors qu'une autre partie faisant prévaloir l'aspect sociétaire l'a qualifié de contrat d'apport **(Section 2)**. Enfin, la fusion a parfois été qualifiée de contrat d'échange **(Section 3)**.

Section 1 : Contrat synallagmatique grevé d'une stipulation pour autrui

385. **Un acte de droit civil.** Le contrat de fusion peut passer pour un acte de droit civil dont l'objet principal est de créer des obligations à la charge des parties contractantes et qui, par la suite, sert de fondement à des actes de droit des sociétés. Cet aspect civiliste du contrat de fusion a reçu un accueil favorable en droit comparé, notamment en droit allemand[745] et en droit suisse[746]. La nature du contrat de fusion en tant que contrat générateur d'obligations prime sa qualité d'acte sociétaire.

386. **Plan.** La qualification de contrat de droit civil a divisé la doctrine. Pour certains, la fusion est un contrat synallagmatique qui engage réciproquement les sociétés fusionnantes **(Ss-section 1)**. D'autres soutiennent qu'au regard de la structure tripartite de l'opération, la qualification de contrat conclu en faveur d'autrui sied davantage **(Ss-section 2)**.

Ss-section 1 : Contrat synallagmatique

387. **L'essor de la qualification.** La qualification du contrat de fusion en un contrat synallagmatique a connu son essor à une époque où une certaine confusion régnait quant à la définition de l'opération de fusion. Dans un contexte de vide législatif, le tribunal de commerce de la Seine a fait œuvre

---

[745] BAUMBACH (A.) et HUECK (A.), *Aktiengesetz*, 13. Aufl., Munchen, 1968, cité par CUENDET (A.), *La fusion par absorption en particulier, le contrat de fusion dans le droit suisse de la société anonyme*, th. Lausanne, 1973, p. 132.

[746] IRMINGER (E.), *Die fusionahnliche Vermogensubertragung bei Aktiengesellschaften*. Diss. Zurich, 1952, p. 28, cité par CUENDET (A.), *ibid.*

de créativité en constatant le caractère synallagmatique du contrat de fusion[747]. Cette décision qui s'est contentée d'adopter une nature juridique de la fusion sans lui fournir de définition claire, a ravivé la polémique. Dans une tentative de clarification, une autre décision a appliqué le caractère synallagmatique au contrat de fusion en énonçant, de manière totalement erronée, que celui-ci « *intervient entre les actionnaires de deux sociétés* »[748].

388. La référence à la nature synallagmatique du contrat de fusion a été reprise par plusieurs auteurs français qui, à l'instar de la jurisprudence, se sont empressés d'adopter cette qualification sans toujours prendre le soin de la fonder juridiquement. M. DE NOAILLAT a été le premier à adopter expressément cette qualification[749]. Par la suite, M. PÈNE a, de manière moins explicite que son prédécesseur, qualifié le contrat de fusion comme « *une convention faisant naître des obligations réciproques sur les parties contractantes*»[750].

389. Le caractère synallagmatique du contrat de fusion a largement été consacré par la doctrine suisse[751] et allemande[752]. Selon un auteur helvète, le contrat synallagmatique de fusion établit un engagement réciproque entre les sociétés dans le sens où « *la prestation à laquelle s'engage la société qui doit être absorbée consiste en sa renonciation à la qualité de sujet de droit et en l'apport de son actif et de son passif à la société absorbante ; celle-ci, de son côté, s'engage à remettre un certain nombre de ses actions aux actionnaires de celle-là* »[753]. Cette qualification née dans un contexte de faible règlementation des fusions a profondément marqué la doctrine avant de tomber en désuétude.

390. Selon les dispositions de l'article 1106 du Code civil, un contrat synallagmatique est l'acte qui oblige réciproquement les parties. Il est ainsi créateur d'obligations réciproques et interdépendantes[754]. À la lumière de cette définition, le contrat de fusion en vertu duquel la société absorbée s'engage à fournir son patrimoine en contrepartie d'une rémunération équivalente de la part de la société absorbante entre, de *prima facie*, dans la catégorie des contrats synallagmatiques.

---

[747] T. com. Seine, 12 nov. 1883, R. S. 1884, p. 43.
[748] Cass., 9 nov. 1887, J. S. 1888, p. 137.
[749] DE NOAILLAT (G.), *th. préc.*, p. 28.
[750] PÈNE (H.), *th. préc.*, p. 8.
[751] BENER (H.-R.), *La fusion des sociétés anonymes en droit international privé*, Société Générale d'imprimerie, Genève, 1967.
[752] V. not. SCHILLING (W.), *Aktiengesetz* 1937, § 233- 256, in *Gross- Kommentar*, GADOW, HEINICHEN, WEIPERT, Berlin 1965, cité par. CUENDET (A.), *th. préc.*, *loc. cit.*
[753] BENER (H.-R.), *th. préc.*, p. 71.
[754] TERRÉ (Fr.), SIMLER (P.) et LEQUETTE (Y.), *op. cit.*, p.77.

391. **Le problème de la modalité légale de rémunération des associés.** Cette qualification suscite une première difficulté au niveau de la modalité de la rémunération prévue par les textes en contrepartie de la transmission du patrimoine de la société dissoute. Selon les dispositions de l'article L. 236-1 du Code de commerce, ce sont les associés de la société dissoute qui vont recevoir les parts et les actions de la société absorbante. Certains auteurs ont été tentés de surmonter cette difficulté par un artifice juridique selon lequel la société absorbée peut avoir « *gardé la propriété [des parts sociales distribuées par l'absorbante] pour une minute de raison* »[755] avant de disparaître. La personnalité morale de la société absorbée a en effet pu survivre au-delà de la dissolution pour les besoins de sa liquidation[756]. La société absorbée peut donc, jusqu'à la clôture des opérations de liquidation, recevoir les parts ou actions distribuées par la société absorbante, afin de les redistribuer à son tour à ses propres associés. Cette analyse un peu datée n'a cependant pas prospéré.

392. Force est de constater que la survivance de la société absorbée qui conserve la propriété des actions et des parts pour une « *minute de raison* » paraît à la fois juridiquement erronée et fiscalement inopportune. Du point de vue juridique, la « *dissolution sans liquidation* »[757], corollaire de la transmission universelle du patrimoine, est l'un des effets caractéristiques de la fusion[758]. La disparition de la société absorbée intervient donc automatiquement et exclut toute possibilité de survie de la personne morale. Par conséquent, l'hypothèse de réception des parts sociales de l'absorbante par la société dissoute même pour une « *minute de raison* », doit être écartée. La propriété des parts et actions distribuées par l'absorbante ne peut donc en aucune façon transiter préalablement par le patrimoine de la société absorbée dans le mesure où celle-ci a de plein droit cessé d'exister.

393. L'adoption de la théorie consistant à dire que la société absorbée peut détenir les parts et actions risque de soumettre l'opération à un régime fiscal lourd. Ce dernier, identique à celui applicable en cas de dissolution-liquidation de la société absorbée, peut même dissuader les sociétés fusionnantes de mettre en œuvre l'opération projetée. Celle-ci doit respecter la définition donnée à l'article 210-0 A du Code général des impôts afin de

---

[755] MESTDAGH (H.), *th. préc.*, p. 76.

[756] Art. L. 237-2, al. 2 C. com. « *La personnalité morale de la société subsiste pour les besoins de la liquidation, jusqu'à la clôture de celle-ci* ».- *Adde*, Cass. 3eme civ., 31 mai 2000, n° 99- 19. 435 et 99- 19. 434, Drt. soc., oct. 2000, comm. 134, obs. BONNEAU (Th.).

[757] Art. L. 236- 3, I. C. com: « *La fusion ou la scission entraine la dissolution sans liquidation des sociétés qui disparaissent* ».

[758] Art. 19 Dir. 2011/35/UE « *La fusion entraine ipso jure et simultanément les effets suivants : [...] la société absorbée cesse d'exister* ».

bénéficier de son régime « *de faveur* »[759]. Cette définition fiscale de l'opération de fusion insiste sur la dissolution sans liquidation de la société absorbée et sur l'attribution directe de parts ou d'actions à ses associés. Par conséquent, la définition fiscale de la fusion, qui rejoint la définition juridique, réfute la théorie de la survivance de la personnalité morale de la société absorbée. La possibilité de détention par la société absorbée de la propriété des parts sociales distribuées par l'absorbante, est donc à écarter.

394. **Le problème de la disparition de la société contractante.** La qualification du contrat de fusion en un contrat synallagmatique entraîne une seconde difficulté résultant du fait que l'une des parties au contrat, la société absorbée, a pour vocation de disparaître par l'effet de ce contrat. La règle de réciprocité des obligations est alors rompue. Le contrat de fusion met en jeu trois parties : la société absorbée qui disparaît par une dissolution sans liquidation, l'absorbante qui reçoit le patrimoine de celle-ci et les associés de l'absorbée qui vont eux recevoir la contrepartie du patrimoine transmis. Malgré cette relation tripartite, un subterfuge juridique est toutefois possible pour maintenir la qualification synallagmatique du contrat de fusion. Par analogie avec le droit des successions, les associés de la société absorbée peuvent être considérés comme les « *ayants cause à titre universel* » venant aux droits de celle-ci après sa disparition. Suivant cette logique, le contrat de fusion demeure un contrat synallagmatique entre la société absorbée et la société absorbante. Ces dernières s'engagent réciproquement. Jusqu'à la disparition de la société absorbée, ses associés peuvent, au titre d'ayants cause universels, revendiquer la contrepartie stipulée à la charge de la société absorbante.

395. Le rapprochement entre le décès d'une personne humaine et la disparition de la société absorbée ne suffit pas à assimiler ses associés à ses ayants cause universels. C'est plutôt la société absorbante qui pourrait revendiquer ce statut[760]. Rappelons que l'ayant cause à titre universel est « *celui qui recueille la totalité ou une partie du patrimoine du défunt* »[761]. En vertu du contrat de fusion, le patrimoine de la société absorbée est transmis non pas à ses associés, mais à la société absorbante qui, par substitution, vient aux droits de la première[762]. Ainsi, la société absorbante devient l'héritière de la société absorbée en obtenant la qualité de continuateur du défunt.

---

[759] Sur le régime de faveur à la fusion, v. CHADEFAUX (M.), *op. cit.*, p. 147 et s.
[760] WAREMBOURG-AUQUE (F.), *th. préc.*, n°217.
[761] TERRÉ (Fr.), SIMLER (P.) et LEQUETTE (Y.), *op. cit.*, p. 503.
[762] Art. L. 236-14, al. 1 C. com.

396. **Le problème du défaut d'intérêts contradictoires.** Un contrat synallagmatique se caractérise par la rencontre de volontés de parties ayant des « *intérêts contradictoires* »[763]. Or, force est de constater que ce n'est pas le cas en matière de contrat de fusion. Le manque d'intérêts contradictoires entre les parties au contrat de fusion ressort particulièrement lors d'une fusion absorption entre une société mère détenant la totalité des actions de sa filiale. Dans ce cas, le contrat de fusion est davantage un instrument de restructuration d'un groupe de sociétés liées par un intérêt commun. Associé unique de sa filiale, la société mère est la véritable détentrice du pouvoir décisionnel de la première. Nous sommes donc en présence de deux parties au contrat de fusion dotées d'un « *intérêt commun* » et ne pouvant *de facto* être contradictoire. La volonté de contracter chez l'une des sociétés contractantes est indubitablement dominée par la volonté de sa cocontractante.

Ss-section 2 : Convention de stipulation pour autrui

397. **L'exposé de la qualification.** La fusion absorption est une opération en vertu de laquelle la société absorbée disparaît à la suite du transfert de son patrimoine à la société absorbante. En contrepartie, cette dernière distribue des parts sociales aux associés de la société dissoute. C'est ainsi que les associés de l'absorbée deviennent eux-mêmes bénéficiaires du contrat de fusion alors que seules l'absorbée et l'absorbante y sont parties. Comme le constate un auteur suisse, la fusion « *apparaît ici comme un contrat en faveur d'un tiers. La société reprise s'engage vis-à-vis de la société reprenante, mais celle-ci est obligée vis-à-vis des actionnaires qui ont le droit, dès que la fusion est parfaite, d'actionner la société absorbante pour obtenir d'elle les actions fixées par le contrat* »[764]. Cette définition n'est pas sans rappeler celle de la stipulation pour autrui.

398. Dans une stipulation pour autrui, une des parties appelée le stipulant, obtient de l'autre, appelée le promettant, l'engagement de donner ou de faire quelque chose au profit d'un tiers, le bénéficiaire, qui devient ainsi le créancier sans qu'il ne soit partie au contrat. Or, le contrat de fusion engage la société absorbante, le promettant, à l'égard de la société absorbée, le stipulant, à distribuer des parts sociales aux associés de l'absorbée, les bénéficiaires.

399. **Le caractère accessoire de la stipulation pour autrui.** Pour être valable, « *la stipulation pour autrui doit impérativement se greffer sur un*

[763] Sur la notion d'intérêts contradictoires dans un contrat, cf. *infra*, n°467 et s.
[764] FAESSLER (R.), *th. préc.*, p. 64.

contrat principal dont elle est l'accessoire »[765]. Elle est donc contenue dans la convention principale conclue entre le stipulant et le promettant. En matière de fusion, la stipulation en faveur des associés de la société absorbée est contenue dans le contrat entre l'absorbante et l'absorbée, qui a pour objet la transmission universelle du patrimoine. En contrepartie de la réception du patrimoine, la société absorbante distribue de nouvelles parts sociales aux associés de la société apporteuse. Par analogie à la stipulation pour autrui, le promettant est la société absorbante, qui devrait fournir à la société absorbée, stipulant, la contrepartie du patrimoine transmis. En outre, il doit être convenu dans le contrat de fusion que la contrepartie sera remise aux associés de la société absorbée, qui deviennent donc les tiers bénéficiaires de la stipulation. C'est à ces conditions que la stipulation pour autrui en faveur des associés bénéficiaires peut justifier la nature synallagmatique du contrat de fusion dont elle est l'accessoire. On est ainsi tenté de qualifier le contrat de fusion de contrat synallagmatique grevé d'une stipulation pour autrui.

400. En poursuivant l'assimilation de la personne humaine aux personnes morales, il nous semble intéressant de comparer le contrat d'assurance-vie au profit d'un tiers, exemple type d'une stipulation pour autrui[766], au contrat de fusion. Mis à part le fait que dans ce contrat, le promettant, en l'occurrence l'assureur, est généralement une compagnie spécialisée dans ce domaine, l'assureur s'engage envers l'assuré à verser, au décès de ce dernier, une indemnisation au profit d'un tiers bénéficiaire. De même, on peut considérer que le contrat de fusion prévoit qu'à la suite du « *décès* » de la société absorbée qui disparaît, une indemnisation sera versée par l'absorbante en sa qualité de promettant aux bénéficiaires, c'est-à-dire les associés de la société absorbée. Un élément caractéristique du contrat d'assurance fait cependant défaut dans le contrat de fusion, ce qui ne permet pas de pousser plus loin l'analogie. Il s'agit de l'aléa lié, non pas à la survenance du décès, mais plutôt à sa date de réalisation[767]. Cet aléa est absent dans le cas de la fusion, car la date de disparition de la société absorbée, ou son « *décès* » si l'on veut, est souvent prévue par les contractants. À défaut de prévision, la disparition prend effet à la date de la dernière assemblée ayant approuvé la fusion[768].

401. **L'action directe du bénéficiaire de la stipulation.** La stipulation pour autrui « *fait naître dans le patrimoine du bénéficiaire un droit direct*

---

[765] MIGNOT (M.), *Contrats et obligations. – Stipulation pour autrui*, J.- Cl. Civil code, Fasc. unique, n°12.
[766] TERRÉ (Fr.), SIMLER (P.) et LEQUETTE (Y.), *op. cit.*, n°511.
[767] BERTOLASO (S.), *Assurances Terrestres. Contrat d'assurance. Règles communes. Cadre législatif et réglementaire*, J.- Cl. Responsabilité civile et assurances, Fasc. 505-10, n°5.
[768] Art. L. 236- 4 C. com.

contre le promettant »[769]. L'existence de ce droit direct offre une action au profit du tiers qui peut exiger du promettant qu'il accomplisse la prestation stipulée à son profit. La reconnaissance de ce droit direct paraît tout à fait logique dans un contrat de fusion. Les associés de la société absorbée peuvent en effet agir contre la société absorbante afin de la contraindre à distribuer les parts sociales selon les modalités prévues dans ce contrat. Cependant, le bénéficiaire d'une stipulation n'étant pas partie au contrat principal, il n'est pas fondé à agir en nullité de celui-ci[770]. En effet, la demande en nullité d'une stipulation pour autrui intentée par le bénéficiaire doit être repoussée pour défaut de qualité et d'intérêt, car l'annulation ne va pas lui profiter[771]. Cette solution ne paraît pas transposable au contrat de fusion puisque tout associé de la société absorbée peut agir en nullité de la fusion dans la mesure où il a tout à la fois la qualité et l'intérêt à le faire.

402. **La faculté de révocation de la stipulation.** Le stipulant possède la faculté de révoquer la stipulation faite au profit du tiers, à moins que ce dernier n'ait déjà donné son acceptation[772]. Le droit du tiers se trouve ainsi consolidé du fait de son acceptation et il ne peut plus dès lors être modifié sans son accord. Dans le contrat de fusion, l'acceptation des bénéficiaires ne peut se concrétiser que par leur vote d'approbation de l'opération exprimée. Suivant cette logique, les associés n'ayant pas accepté la fusion ne devraient pas voir leurs droits consolidés. Toutefois, la question de la révocation du droit des associés bénéficiaires par la volonté de la société absorbée ne se pose pas car la société absorbée disparaît après l'opération. De surcroît, ce droit de révocation est transmissible aux « *héritiers* » du stipulant, en l'occurrence, la société absorbante qui se substitue à la société absorbée en ses droits et obligations. Qualifier le contrat de fusion de stipulation pour autrui permet à la société absorbante de révoquer la stipulation à l'égard des associés ne l'ayant pas encore acceptée. Dans une opération de fusion, les associés de la société dissoute acquièrent nécessairement, au moment du contrat, la qualité d'associés dans la société absorbante selon les conditions prévues dans le contrat[773]. La distribution de parts sociales aux associés de la société absorbée n'est donc pas susceptible de révocation discrétionnaire par la société absorbante, même à l'égard des associés s'étant prononcés contre la fusion.

---

769 MIGNOT (M.), *Contrats et obligations. – Stipulation pour autrui*, J.- Cl. Civil code, Fasc. Unique, n°47.
770 CA Limoges, 16 sept. 1993, JurisData n°1993-050150.
771 LARROUMET (C.), *Les obligations, 3. Le contrat*, Economica, 6eme éd., 2007, n°821.
772 TERRÉ (Fr.), SIMLER (P.) et LEQUETTE (Y.), *op. cit.*, n° 528.
773 Art. L. 236- 3 C. com.

403. **La stipulation au profit du bénéficiaire.** La stipulation pour autrui en tant qu'elle est faite au « *profit* »[774] d'un tiers, a nécessairement pour objet de lui octroyer un droit. Pour cela, elle ne saurait être créatrice d'aucune obligation à la charge du tiers[775]. Cette condition essentielle pour la validité de la stipulation pour autrui n'est pas transposable au contrat de fusion, car ce dernier est susceptible de générer des obligations à la charge des associés de la société absorbée. En contrepartie de la transmission du patrimoine de leur société, ces derniers reçoivent en effet des parts sociales de la société absorbante dont la valeur risque d'être inférieure à celle de leurs parts dans la société absorbée. De plus, dans certains cas de fusions entre des sociétés de formes différentes[776], les nouvelles parts sociales distribuées par l'absorbante risquent d'accroître les engagements des associés qui doivent désormais répondre de ses dettes sur leur patrimoine personnel. Au regard de l'incertitude de l'avantage personnel tiré de l'opération, on peut dire que les associés de la société absorbée ne bénéficient donc pas nécessairement de l'opération de fusion. Par conséquent, la distribution de nouvelles parts sociales aux associés de la société absorbée n'est pas assimilable à une stipulation pour autrui.

404. **La confusion entre le promettant et le bénéficiaire.** De même, dans certains cas fréquemment rencontrés, le contrat de fusion ne peut contenir une stipulation pour autrui à cause de la confusion qui réside entre la personne du promettant et celle du bénéficiaire. Ce cas se présente lorsqu'une société mère absorbe une filiale dont elle détient 100% des parts. On ne peut alors envisager l'existence d'une stipulation pour autrui sachant que la société absorbante, censée être le promettant, est en même temps l'associé unique de la société absorbée et, par conséquent, le bénéficiaire. Ainsi, la stipulation pour autrui est exclue des opérations de fusion où la société absorbante ne procède pas à la distribution de parts sociales.

405. **Conclusion.** Il est évident que la qualification du contrat de fusion comme contrat synallagmatique principal grevé d'une stipulation pour autrui ne résiste pas à la confrontation de nature et du régime juridique de ces deux actes.

---

[774] Art. 1205 C. civ.

[775] En ce sens : Cass. 3e civ., 10 avr. 1973, Bull. civ. 1973, III, n°273 ; D. 1974, p. 21, note LARROUMET (Ch.).

[776] Par ex. absorption d'une société anonyme par une société de personnes.

Section 2 : Contrat d'apport

406. **L'assimilation historique de la fusion à un contrat d'apport.** La fusion n'ayant pas toujours connu une réglementation spécifique[777], elle a été conçue par la pratique à partir de notions et principes généraux du droit commun des contrats et des sociétés. Une première conception, dite « *analytique* »[778], considère que la fusion résulte de la combinaison de la dissolution de la société et d'un apport de ses biens, à titre particulier, à la société absorbante. La fusion proviendrait ainsi de la combinaison de deux autres opérations distinctes. La première est l'apport en nature effectué par la société absorbée qui transfère, à titre particulier, l'ensemble de ses biens à la société absorbante. La seconde qui lui succède est la dissolution par liquidation de l'absorbée.

407. **La modification de la modalité d'intervention de l'apport.** La conception « *analytique* » va rapidement s'avérée inadaptée au regard des évolutions jurisprudentielles et législatives qui vont consacrer la notion de transmission universelle de patrimoine en matière de fusion[779]. Plusieurs auteurs ont alors été amenés à redéfinir la fusion comme un apport en nature ayant la particularité de se réaliser à titre universel[780]. En d'autres termes, il s'agit d'un « *apport à titre universel* »[781] du patrimoine de la société absorbée au profit de l'absorbante. Cette nouvelle conception de la fusion, qui se réfère toujours à la notion d'apport, a joui d'une importante légitimité en droit positif français notamment grâce à sa transposition dans la loi du 24 juillet 1966.

408. D'un point de vue historique, la fusion a longtemps été analysée comme un apport réalisé par une société au profit d'une autre. Seule la modalité de réalisation de cet apport s'est trouvée modifiée au fil du temps.

---

[777] À l'exception de quelques règles particulières telles que l'art. 2 de la loi du 9 juillet 1902 et du 16 novembre 1903 concernant la négociabilité des actions d'apport ; v. égal. l'art. 10 de la loi du 23 janvier 1929 sur les parts fondateurs ; l'art. 20 du décret-loi du 30 octobre 1935 sur la protection des obligataires ; enfin, au plan fiscal, les art. 14 et s. de la loi n°65- 566 du 12 juillet 1965.

[778] Pour une présentation de cette conception, v. BAUDEU (G.) et BELLARGENT (G.), *Fusion de sociétés, préc.*, fasc. 164. A., p. 3 ; WAREMBOURG-AUQUE (F.), *La succession aux biens d'une personne morale de droit privé*, Th. Lille, 1977, n°210 et s. ; COQUELET (M.-L.), *th. préc.*, n° 24 et s. ; DIDIER (P.) et DIDIER (Ph.), *op. cit.*, p. 1013 et s.

[779] L'introduction de la transmission universelle de patrimoine en matière de fusion revient à la jurisprudence : Cass. civ., 28 janv. 1946, *arrêt préc.*; Cass. com., 3 mai 1972, Bull. civ., IV, n°132.

[780] CHAMPAUD (Cl.), *th. préc.*, spéc. n°192 ; LATSCHA (J.), *Le nouveau régime des fusions et des scissions de sociétés*, RF compt., n° 75 ; HÉMARD (J.), TERRÉ (Fr.) et MABILAT (P.), *op. cit.*, n° 773.

[781] PAILLUSSEAU (J.), *La société anonyme : technique d'organisation de l'entreprise*, th. Rennes, 1967, p. 132.

Le législateur n'a cependant pas été convaincu par cette conception classique de la fusion. Il a alors cherché à consacrer une certaine indépendance de la fusion par rapport à la notion d'apport en nature afin d'établir une certaine cohérence avec les normes européennes[782]. Cette volonté de dissociation des deux opérations s'observe à travers les lois successives abrogeant la majorité des dispositions de la loi de 1966 qui faisaient référence à la notion d'apport en nature.

409. **Une consécration jurisprudentielle de la dissociation entre la fusion et le contrat d'apport.** La dissociation entre la fusion et l'apport en nature entamée par le législateur a été explicitement reprise par la jurisprudence. Dans un arrêt récent, la Cour de cassation affirme que la fusion qui « *entraîne la dissolution sans liquidation de la société absorbée et la transmission universelle de son patrimoine à la société absorbante n'a pas pour contrepartie l'attribution à la société absorbée de droits sociaux au sein de la société absorbante, et ne constitue pas un apport fait par la première à la seconde* »[783]. Cet arrêt de principe exposant les effets caractéristiques de l'opération de fusion, exprime clairement l'impossibilité d'assimiler cette opération à un apport en société.

410. **Plan.** Les changements importants du droit positif français ont d'abord eu pour conséquence de rejeter l'assimilation de la fusion à un apport en nature de biens à titre particulier **(Ss-section 1)** puis d'écarter sa qualification d'apport en nature de patrimoine **(Ss-section 2)**.

Ss-section 1 : Le rejet de la qualification d'un apport en nature à titre particulier

411. **Plan.** La conception analytique marque l'ingéniosité des praticiens qui, par le recours au droit commun des sociétés et des contrats, ont pu mener à bien l'opération complexe de fusion. À cette époque, comme la transmission universelle de patrimoine n'avait pas encore fait son apparition en droit des sociétés, les praticiens étaient réduits à analyser la fusion sous le prisme de la notion d'apport en nature **(Paragr. 1)**. Cependant, avec la consécration de la transmission universelle de patrimoine comme élément caractéristique de la fusion, la conception analytique ne semble plus répondre à la définition légale de l'opération **(Paragr. 2)**.

---

[782] En ce sens : BONNASSE (A.), *Fusions-Scissions.-Principes généraux*, J.-Cl. Sociétés Traité, fasc. 161- 10, n°23.

[783] Cass. com., 9 nov. 2010, n°09-70. 726 ; JCP E 2011, n°5, p.27, note COQUELET (M.-L.).

Paragraphe 1 : Présentation de la « *conception analytique* »

412. **Le transfert à titre particulier de l'actif de la société dissoute.** Pour la conception analytique, la fusion opère une aliénation à titre particulier des biens d'une société à une autre. Les auteurs considéraient alors que même si l'apport n'était que partiel, il y avait juridiquement fusion[784]. L'apport ne doit donc pas nécessairement porter sur la totalité de l'actif, il suffit qu'il concerne les éléments d'actifs considérés comme essentiels pour l'existence de la société. L'apport peut uniquement porter sur l'établissement commercial ou sur une de ses branches d'exploitation ainsi que sur le fonds de commerce de la société absorbée. Cette dernière devient alors sans objet et doit être dissoute. Le mode de transfert des biens, intervenant nécessairement à titre particulier, impose le respect de toutes les formalités exigées pour le transfert de propriété. L'assimilation de la fusion à un apport de biens à titre particulier a permis d'invoquer une sorte de « *fusion partielle* ». Considérée par certains comme « *bâtarde*»[785], en ce qu'elle tient à la fois de l'apport et de la fusion, cette opération a cependant été acceptée par les juges lorsqu'ils ont permis à la société absorbée de réserver une partie de son actif pour l'apurement de son passif[786].

413. **La liquidation de la société dissoute.** La société absorbée ayant cédé ses éléments d'actifs essentiels n'a plus de raison d'être et se trouve, de ce fait, dissoute de plein droit. Celle-ci disparaît alors par le moyen classique d'une dissolution suivie d'une liquidation. La transmission des biens entre les sociétés ne peut donc être qu'une transmission entre vifs, la personnalité morale de la société apporteuse survivant pour les besoins de sa liquidation. La survivance de la société absorbée implique sa réception de titres émis par la société bénéficiaire, en contrepartie de son apport, pour les redistribuer par la suite à ses associés. Il ne pourrait cependant y avoir distribution des éléments d'actifs de la société absorbée à ses associés qu'après l'apurement total de son passif. Ceci étant, les associés de la société absorbée n'acquièrent pas automatiquement, par l'effet de fusion, la qualité d'associés dans la société absorbante.

---

784 HOUPIN (C.), *De la situation des actionnaires et des créanciers, en cas de fusion de sociétés, en ce qui concerne le règlement du passif de la société absorbée*, J. soc. 1933, art. 4063, p. 449 et s. ; HOUPIN (C.) et BOSVIEUX (H.), *Le traité général des sociétés civiles et commerciales et des associations*, t. 2, 1935, n°946 ; *Contra.* COPPER-ROYER (J.), *th. préc.*, p. 7 et s., qui considère que la fusion doit nécessairement être « *globale, intégrale, universelle* ».

785 COPPER-ROYER (J.), *ibid.*

786 La validité de ce procédé a été admise par la jurisprudence : T. com. Seine, 25 juin 1883, Rev. soc. 1883, p. 566 ; Cass. com., 13 fév. 1963, D. 1963, somm., p. 95 ; RTD com. 1963, p. 860, obs. HOUIN (R.).

414. **Les procédés de transmission du passif de la société dissoute.** Plusieurs procédés ont par le passé été envisagés pour la transmission du passif de la société absorbée[787]. Le plus simple consiste à ce que la société absorbée s'acquitte elle-même de son passif avant la réalisation de l'apport, par le moyen de son propre actif. Dans ce cas, la société absorbée n'apporte que son actif net à la société absorbante. Ce procédé ne soulève pas de problèmes particuliers lorsque l'actif de la société concernée couvre la totalité de son passif.

415. La société absorbée peut favoriser l'utilisation d'un autre procédé d'apurement de son passif. Celui-ci consiste à ne transférer qu'une partie de son actif et d'en réserver l'autre partie au paiement de ses dettes[788]. Ce procédé est valable dès lors qu'il aboutit à l'extinction effective du passif de la société absorbée avant toute distribution des parts ou actions à ses associés. La société absorbée peut également décider d'acquitter elle-même son passif, mais, cette fois-ci, après la transmission de son actif en distribuant des actions qu'elle reçoit de la société absorbante en contrepartie de son apport. Les créanciers de la société absorbée reçoivent alors, en rémunération de leurs créances, des parts ou actions dans la société absorbante ou un paiement en espèces après vente de ces actions à des tiers.

416. Enfin, le procédé d'apurement de passif le plus utilisé à cette époque résultait de la prise en charge du passif de l'absorbée par la société absorbante. Cette dernière devenait ainsi débitrice des créanciers de la société absorbée. Il faut préciser qu'à défaut d'acceptation du créancier concerné, cette prise en charge ne produit d'effet qu'entre les sociétés parties à l'opération de fusion. En effet, la seule volonté de ces sociétés ne suffit pas pour imposer au créancier un nouveau débiteur. La société absorbée reste donc tenue de son passif et, faute d'apurement total de son passif, sa personne morale subsiste. En revanche, l'acceptation du créancier emporte un effet novatoire par changement de débiteur, contrairement au système envisagé par la transmission universelle de patrimoine selon lequel la substitution du débiteur intervient sans novation.

Paragraphe 2 : Inadaptation avec la définition actuelle de la fusion

417. **La distinction fondée sur les effets légaux de la fusion.** Actuellement, la fusion se définit par ses effets légaux imposés par les textes. Elle ne semble plus relever des mêmes mécanismes juridiques utilisés

[787] Sur les procédés qui étaient utilisés pour l'apurement du passif de la société absorbée, v. HOUPIN (C.), *art. préc.*, spéc. p. 452.
[788] Cette possibilité de réserver une partie de l'actif était admise par la jurisprudence, v. Cass. com., 13 févr. 1963, *arrêt préc.*

par la conception analytique. En effet, la fusion et l'apport en nature ne produisent pas les mêmes effets. Or, « *si deux arbres produisent des fruits différents, c'est évident qu'ils ne sont pas de la même nature* »[789].

418. **La transmission à titre universel du patrimoine.** La fusion constate nécessairement une transmission universelle du patrimoine de la société absorbée à l'absorbante. Cette méthode de transmission exclut le recours au mode d'aliénation, à titre particulier, des éléments actifs auquel se réfère la méthode analytique. Les biens et les créances de la société absorbée sont automatiquement transmis à la société absorbante et sont exempts des formalités normalement exigées dans le cas de leur aliénation à titre particulier. Les créances de la société absorbée sont ainsi transmises à la société absorbante sans l'obligation de respecter les formalités exigées par l'article 1690 du code civil. Quant au fonds de commerce de la société absorbée transmis à l'absorbante, il échappe également aux formalités de publicité exigées dans le cas de sa cession à une société[790].

419. **La transmission de plein droit des obligations.** Outre la transmission des éléments d'actifs de la société absorbée, la fusion opère le transfert de plein droit des obligations de celle-ci à la société absorbante. Ce transfert du passif peut intervenir sans le consentement des créanciers de la société absorbée grâce au mécanisme de transmission universelle de patrimoine. Cette hypothèse dénuée de novation assure une meilleure protection des créanciers que la méthode employée par la conception analytique. Par ailleurs, le recours aux procédés complexes de la conception analytique de l'apurement du passif de la société absorbée avant sa disparition n'a plus lieu d'être. Puisque toute possibilité de survie de la société absorbée est désormais écartée, l'ancien procédé consistant pour la société absorbée à conserver une partie de son actif afin d'apurer son passif n'est plus admis. De même, la prise en charge du passif par la société absorbante qui requerrait le consentement du créancier perd son utilité.

420. **La dissolution sans liquidation.** Corrélativement à la transmission universelle de patrimoine, la dissolution sans liquidation de la société absorbée constitue un autre des effets légaux caractérisant l'opération. Une grande différence réside donc entre la conception analytique et la conception récente de la fusion quant à la modalité de disparation de la société absorbée. Selon la première, la disparition de la société absorbée ne peut intervenir que par le mode normal de dissolution par liquidation entraînant ainsi la

[789] COPPER-ROYER (J.), *th. préc.*, p. 9.
[790] L'art. L. 141-21 C. com. écarte en cas de fusion l'application des formalités de publicité qui sont imposées pour la cession d'un fonds de commerce (insertion dans un journal d'annonces légales, puis au Bulletin officiel des annonces légales obligatoires).

survivance de la personnalité morale de celle-ci pour les besoins de sa liquidation. En revanche, d'après la seconde, la disparition de la société absorbée intervient nécessairement sans sa liquidation. Ce mode de dissolution de la société absorbée exclut toute possibilité de survivance, elle disparaît donc au moment de la transmission de son patrimoine. On constate que le mode de dissolution de la société absorbée, tel qu'envisagé par la conception analytique, ne répond plus à la définition légale de la fusion.

421. Selon la définition actuelle de la fusion, les associés de la société absorbée acquièrent immédiatement la qualité d'associés dans la société absorbante[791]. Ils reçoivent directement les parts sociales émises par la société absorbante, sans entremise de leur société qui disparaît de manière instantanée. Selon la conception analytique, la société absorbée subissait essentiellement une liquidation. La société ne pouvait donc distribuer de parts à ses associés sans apurement préalable total de son passif. L'acquisition de la qualité d'associé de la société absorbante était alors repoussée en l'attente du désintéressement de l'ensemble des créanciers de la société absorbée.

Ss-section 2 : Le rejet de la qualification d'un apport en nature à titre universel

422. **L'exposé de la qualification d'apport à titre universel.** L'ancienne conception analytique s'est progressivement effacée devant l'émergence de la notion de transmission universelle de patrimoine dans l'opération de fusion. La nouvelle conception qui l'a alors remplacée reste cependant apparentée à son prédécesseur dans la mesure où la notion d'apport en nature est restée intimement liée à celle de fusion. La singularité de la nouvelle approche tient au constat de l'apport de l'ensemble du patrimoine de la société absorbée. Cet apport porte sur une universalité de droits et non sur un ensemble de biens transmis à titre particulier.

423. Dans le cas d'une fusion par création d'une société nouvelle, chacune des sociétés fusionnantes fait l'apport de son propre patrimoine et contribue ainsi à la constitution de l'entité née du contrat. Dans le cas d'une fusion par absorption, il s'agit au contraire d'un apport réalisé par la société absorbée au profit de la société absorbante. Cette dernière procède alors corrélativement à une augmentation de son capital. Du point de vue de la société absorbante, la fusion se concrétise donc par une augmentation de son

---

[791] Art. L. 236- 3 C. com. « *La fusion* [...] *entraîne simultanément l'acquisition, par les associés de la société qui disparaît, de la qualité d'associés des sociétés bénéficiaires, dans les conditions déterminées par le contrat de fusion ou de scission* ».

capital social à la suite de la réception de l'apport de l'ensemble du patrimoine de la société absorbée.

424. **Les éléments caractéristiques communs.** Cette analyse de la fusion est adoptée par plusieurs auteurs, dont M. BOUÈRE qui considère que « *juridiquement [...] tout transfert de biens à l'actif d'un bilan, qui n'est pas payé en espèces, mais par l'émission de titres, c'est-à-dire par une augmentation de capital, est un apport, quelle qu'en soit la nature* »[792]. De cette définition de l'apport, l'auteur déduit que la fusion qui entraîne nécessairement une augmentation de capital de la société absorbante est un apport en nature.

425. La similitude de la fusion et de l'apport en nature se manifeste non seulement par l'augmentation du capital de la société bénéficiaire de l'apport, mais aussi par sa contrepartie. En effet, la rémunération de l'apport du patrimoine de la société absorbée se fait sous forme d'émission de titres sociaux[793]. C'est pour cette raison qu'il y a toujours eu incompatibilité entre la fusion et tout autre mode de rémunération des associés apporteurs. L'opération dans laquelle la contrepartie de l'apport de la société absorbée consiste non en l'octroi de parts sociales, mais en l'octroi d'une somme d'argent[794] ou d'obligations[795], n'est donc pas considérée comme une fusion. L'originalité de cette dernière à l'égard de l'apport en nature résulte du fait que ce n'est pas la société absorbée qui reçoit la contrepartie de son apport, mais ses associés qui acquièrent alors la même qualité au sein de l'absorbante. Ceci se justifie juridiquement par la disparition de la société absorbée simultanément à la réalisation de l'apport de son patrimoine au bénéfice de la société absorbante.

426. **Plan.** L'assimilation de la fusion à un apport de patrimoine entraînant une augmentation du capital de la société absorbante, reste largement critiquable. Le législateur a d'ailleurs explicitement consacré la distinction entre les deux opérations. Il autorise ainsi la réalisation d'une fusion sans augmentation corrélative du capital social de la société absorbante **(Paragr.**

---

[792] BOUÈRE (J.-P.), *Le législateur sait-il ce qu'il a voulu ?,* Bull. Joly 1994, p. 744.

[793] CA Paris, 23 janv. 1912, D.P. 1913, 2, 217, note PALMADE (M.); S. 1912, 2, 297, note WALH (A.).

[794] En ce sens : Cass. com., 3 nov. 1975, n°74-11. 927, Bull. Civ. IV, n° 248.

[795] Il découle des dispositions de l'art. L. 236- 3 C. com. que les titres émis par la société absorbante doivent donner la qualité d'associé aux anciens associés de la société absorbée, ce que ne peut pas réaliser la distribution des obligations. HOUPIN (C.) et BOSVIEUX (H.), *op. cit.*, n°945 « *on doit voir une vente et non une fusion dans l'opération par laquelle le liquidateur d'une société dissoute en cède l'actif à une autre société [...] moyennant un prix payable en espèces ou en obligations* ».

1). Le législateur a également consacré une distinction quant au régime d'application des deux opérations **(Paragr. 2)**.

Paragraphe 1 : Une possibilité de fusion sans augmentation de capital social

427. **L'absorption d'une société totalement détenue par la société absorbante.** Il est évident que toute fusion qui emporte augmentation du capital de la société absorbante, comporte un apport au bénéfice de cette dernière. L'augmentation ne semble cependant plus être une condition essentielle à la réalisation de l'opération de fusion. Cette hypothèse est en effet envisagée par la loi lorsque la société absorbante détient la totalité des parts ou actions de la société absorbée[796]. L'absorbante étant dans l'incapacité d'émettre des parts sociales à son profit, elle procède à la technique de fusion-renonciation par laquelle elle renonce la rémunération par attribution de ses propres titres. Dans ce cas, il n'y a ni augmentation du capital social ni distribution de parts ou actions. Un auteur considère cependant que l'absence d'augmentation de capital, dans ce genre d'opération, n'est pas fondée sur l'absence d'apport positif fourni par la filiale[797]. Elle se justifie par le fait que l'absorbante est l'associé unique de l'absorbée. Dès lors, il n y a pas lieu de procéder à l'émission de nouveaux titres. Cette analyse doit pourtant être écartée, car l'apport est intrinsèquement lié à l'augmentation du capital de la société bénéficiaire de l'apport.

428. **L'absorption d'une société ayant une valeur nette négative.** L'assimilation de la fusion à un apport suppose la transmission d'un patrimoine d'une valeur nette positive. L'apport en nature a en effet généralement pour objet un élément d'actif et non de passif. Le transfert d'un élément d'actif avec une prise de charge de passif d'une valeur supérieure à celle de l'actif ne peut donc être qualifié d'apport. À défaut d'une valeur nette positive, l'apport en nature est généralement considéré comme fictif[798]. Un auteur a soutenu l'assimilation de la fusion en affirmant qu'« *une société qui fusionne doit avoir un actif au moins égal à son passif. Au cas contraire, l'opération ne pourrait s'effectuer, car les sociétés absorbantes ou nouvelles ne pourraient émettre de titres. Elles ne peuvent donc en pratique jamais être tenues ultra vires* »[799]. À cet égard, la société issue de la fusion est considérée comme un simple successeur aux biens.

---

[796] Art. L. 236- 11 C. com.

[797] BOUÈRE (J.-P.), *art. préc.*, p. 744.

[798] Un apport est fictif lorsque sa valeur est absorbée par le passif qui le grève. Tel est le cas de l'apport d'un fonds de commerce supportant un passif supérieur à sa valeur : Cass. com., 18 juin 1974, n°73- 10. 662, Bull. Joly sociétés, 1974, p. 709).

[799] WAREMBOURG-AUQUE (F.), *th. préc.*, p. 270.

429. Cependant, cette opinion ne saurait prospérer puisqu'elle conduit, comme le soulève Mme COQUELET, « *à considérer que la société bénéficiaire est en droit de s'opposer à l'action en paiement des créanciers de la société dissoute au prétexte que le montant d'actif reçu est inférieur au montant du passif dont le paiement lui est demandé* »[800]. Ainsi, l'assimilation de la société issue de la fusion à un simple successeur aux biens méconnaît le principe même de la transmission universelle de patrimoine en vertu duquel la société issue de la fusion se substitue pleinement aux sociétés fusionnantes dans leurs droits et obligations.

430. Peut-on admettre la validité d'une transmission d'un patrimoine qui aurait une valeur nette négative ? Le législateur a gardé le silence sur cette question. De nombreux auteurs se sont prononcés en faveur de la réalisation d'une telle opération[801]. L'absorption d'une société ayant une valeur nette négative doit être admise puisque la finalité de la fusion ne se limite pas à transférer un ensemble de biens isolés. Les sociétés cherchent plutôt à acquérir des « *entreprises vivantes qui sont appréciées avec leur outil industriel mais aussi leur marché, leur capital humain, leur rentabilité, leurs perspectives d'avenir* »[802]. De ce fait, le rapport d'échange ne doit pas s'arrêter à la valeur des apports, mais considérer la valeur respective des sociétés absorbantes et absorbées. C'est ainsi que la « *dissociation ou déconnexion entre valeur d'apport et valeur de parité traduit bien la spécificité de la fusion : la clef de voûte de l'opération est la parité d'échange* »[803]. En effet, la fusion ne doit pas être perçue « *comme une cession d'actif suivie d'une dissolution, mais plutôt comme une opération chimique ou biologique qui rassemblerait deux cellules pour n'en faire qu'une* »[804]. Donc, l'admission de la transmission d'un patrimoine ayant une valeur nette négative est incontournable pour consacrer l'autonomie de la fusion à l'égard de l'apport en nature.

431. Si la possibilité de réalisation d'une telle fusion paraît discutable dans certaines situations, elle ne fait en revanche pas de doute lorsqu'elle intervient à l'occasion de la restructuration interne d'un groupe. Ce genre de fusion engendre une « *contraction* »[805] du capital social de la société

[800] COQUELET (M.-L.), *th. préc.*, p. 156.
[801] En ce sens : SYLVESTRE (S.), *La société absorbante peut-elle avoir un actif net négatif ?*, Bull. Joly sociétés 2002, § 222, p. 1003 ; DAIGRE (J.- J.), *Peut-on absorber une société ayant un actif net négatif ?*, JCP E 1992, I, 165.
[802] BOUÈRE (J.-P.), *Fusions et scissions. Le problème des résultats intercalaires*, JCPE 1992, 163, spéc. p 351.
[803] SOLLE (B.), *Traitement juridique de la perte subie par la société absorbée durant la période intercalaire : Histoire d'un malentendu*, RJDA 1992, p. 335 et s., spéc. p. 340.
[804] CHUILON (R.), *Les fusions de sociétés. Recherche des règles juridiques applicables à l'évaluation et à la rémunération des apports*, JCP G 1970, I, 88231.
[805] BOUÈRE (J.-P.), *art. préc.*, p. 746.

absorbante. La validité de cette opération permet d'écarter l'assimilation de la fusion à un apport. En effet, dans ce type de fusion, la société absorbante n'est tenue d'aucune augmentation de capital et peut même être contrainte de réduire son capital si le passif de la société absorbée ne peut pas être pris en charge par ses propres réserves.

432. **L'exigence d'un apport pour la fusion par création d'une société nouvelle.** Un apport en nature fourni par la société absorbée ne constitue donc plus une condition essentielle à la réalisation de la fusion. Cette condition persiste néanmoins dans le cas d'une fusion par voie de création d'une société nouvelle étant donné qu'une nouvelle société ne peut être valablement constituée sans apports[806].

Paragraphe 2 : Une différence dans la procédure d'approbation

433. **L'ancienne application de la procédure de l'apport en nature.** Avant l'entrée en vigueur de la loi de 1994[807], l'applicabilité du régime de l'apport en nature à la fusion justifiait l'assimilation des deux opérations. Cette similarité de procédure se manifestait avec acuité dans l'article 378 de la loi du 24 juillet 1966. Selon les dispositions de cet article, « *l'assemblée générale extraordinaire de la société absorbante statue sur l'approbation des apports en nature* ». La société absorbante devait alors non seulement approuver l'opération de fusion au vu d'un rapport établi par le conseil d'administration, mais également statuer sur l'évaluation des apports en nature au regard d'un rapport remis par un ou plusieurs commissaires aux apports. L'intervention de ces derniers résultait d'ailleurs d'un renvoi de l'article précité à l'article 193 de la même loi. Ses dispositions ont été complétées par le décret du 23 mars 1967 dont l'article 260 précise que « *les commissaires aux apports vérifient notamment que le montant de l'actif net apporté par les sociétés absorbées est au moins égal au montant de l'augmentation du capital de la société absorbante ou au montant du capital de la société nouvelle issue de la fusion* ». L'on comprend que le législateur ait pu assimiler la fusion à une augmentation du capital par apport en nature.

434. **L'exclusion récente de la procédure de l'apport en nature.** La procédure d'approbation de la valeur des apports en nature lors de la fusion a été abrogée par la loi précitée de 1994. Dorénavant, l'assemblée générale de la société absorbante n'est plus tenue de statuer sur la valeur des apports en nature. Cette abrogation a entraîné la suppression de la restriction au droit de

---

[806] Art. 1844-4 C. civ. et art. L. 236-12, al. 1 C. com. « *Lorsque la fusion est réalisée par voie de création d'une société nouvelle, celle-ci peut être constituée sans autres apports que ceux des sociétés qui fusionnent* ».
[807] Loi n° 94- 126 du 11 février 1994, dite « *loi Madelin* ».

vote de la société absorbée qui détient des parts ou actions dans la société absorbante[808]. Cette position est expressément reprise dans une réponse ministérielle indiquant que lors de l'assemblée générale extraordinaire, les associés ne se prononcent pas sur l'approbation des apports en nature, mais approuvent l'opération de fusion dans son ensemble[809].

435. **Le maintien d'un rôle facultatif du commissaire aux apports.** L'intervention d'un commissaire aux apports est devenue facultative après l'abrogation de la procédure d'approbation. La désignation d'un commissaire aux apports reste envisageable dans certains cas exceptionnels. Selon les dispositions de l'article L. 236-10 III du Code de commerce, elle n'intervient que lorsque la fusion comporte des apports en nature ou des avantages particuliers et que les actionnaires et les associés ont décidé de ne pas désigner un commissaire à la fusion[810]. À la lumière de cet article, nous constatons que l'existence d'un apport en nature dans une opération de fusion n'est qu'une éventualité. La fusion n'entraîne donc plus nécessairement un apport en nature. Même dans cette hypothèse, l'intervention du commissaire aux apports n'est requise que si les associés n'ont pas choisi un commissaire à la fusion.

Section 3 : Contrat d'échange

436. **Un échange de titres entre les sociétés fusionnantes.** Dans une opération de fusion, la société absorbée transmet à la société absorbante tout son patrimoine, c'est-à-dire l'ensemble de l'actif et du passif. En contrepartie, la société absorbante la rémunère par la remise de titres crées par une augmentation de capital. La fusion peut alors s'analyser comme un échange de titres entre les sociétés fusionnantes. Ce raisonnent est soutenu par le Professeur DIDIER qui considère que l'opération « *se traduit par un échange de titres : tant de titres de la société absorbée contre tant de titres de la société absorbante. Peut-être, d'ailleurs, pourrait-on voir dans cet échange de titres le cœur de l'opération* »[811]. Selon cette opinion, le contrat de fusion serait un contrat d'échange de titres de la société absorbée contre des titres de la société absorbante.

[808] Le droit de vote de l'apporteur est neutralisé dans l'assemblée générale, lors de la délibération sur la valeur de son apport. Art. L. 225-10 C. com. : « *les actions de l'apporteur ou du bénéficiaire ne sont pas prises en compte pour le calcul de la majorité* ».

[809] Rép. min. TRON (G.), JOAN Q. 30 janv. 1995, p. 595, Bull. Joly 1995, p. 251.

[810] « *Lorsque l'opération de fusion comporte des apports en nature* ».

[811] DIDIER (P.), *Droit commercial, T. 2, l'entreprise en société, les groupes de sociétés*, PUF, 3ème édition, 1999, p. 582 ; DIDIER (P.) et DIDIER (Ph.), *op. cit.*, p. 1014.

437. **Plan.** Nous suggérons d'exposer, dans un premier temps, la qualification de la fusion en un contrat d'échange **(Ss-section 1)** pour avancer, dans un second temps, les critiques à cette qualification **(Ss-section 2)**.

Ss-section 1 : L'exposé de la qualification

438. **L'attribution par échange des titres aux associés de la société dissoute.** Rappelons que la société absorbée disparaît par la transmission de son patrimoine à la société bénéficiaire. La première ne peut donc pas recevoir les titres créés par la seconde. Ceux-ci sont donc directement attribués aux associés de l'absorbée qui deviennent les associés de la société absorbante. C'est la raison pour laquelle, contre la remise de ses titres, la société absorbante réclame aux associés de la société absorbée leurs anciens titres. Il s'agit d'une opération d'échange entre, d'une part, la société bénéficiaire des apports et, d'une part, et les associés de la société apporteuse. L'opération de fusion s'apparente donc à un contrat d'échange défini comme « *un contrat par lequel les parties se donnent respectivement une chose pour une autre* »[812].

439. **La détermination des conditions de l'échange : le rapport d'échange.** La quantité des titres échangés par la société absorbante en contrepartie des titres de la société absorbée est définie par le rapport d'échange. Le droit positif se réfère de manière expresse au terme « *échange* »[813] pour désigner l'opération d'attribution des titres aux associés de la société absorbée, lorsqu'une des sociétés fusionnantes détient des parts dans l'autre société. Une réponse ministérielle semble aussi faire sienne cette analyse pour justifier l'inapplicabilité du droit de préemption urbaine au transfert d'un immeuble lors d'une opération de fusion[814]. À cet égard, il est constaté dans la réponse ministérielle que « *les opérations de fusion ou de scission de sociétés, définies par les articles 371 et 372-1 de la loi n°66-537 du 24 juillet 1966 sur les sociétés commerciales, s'analysent comme des échanges de droits sociaux. Considérées comme des échanges de droits sociaux, ces opérations ne sont pas soumises au droit de préemption urbain et, par voie de conséquence, à l'établissement d'une déclaration d'intention*

---

[812] Art. 1702 C. civ.

[813] Art. L. 236- 3, al. 2 C. com.

[814] Sur le droit de préemption urbain : art. L. 213- 1 al. 3 C. de l'urbanisme « *Sont soumis au droit de préemption institué par l'un ou l'autre des deux précédents chapitres tout immeuble ou ensemble de droits sociaux donnant vocation à l'attribution en propriété ou en jouissance d'un immeuble ou d'une partie d'immeuble, bâti ou non bâti, lorsqu'ils sont aliénés, à titre onéreux, sous quelque forme que ce soit, à l'exception de ceux qui sont compris dans un plan de cession arrêté en application de l'article L. 632-22 ou des articles L. 642-1 et suivants du code de commerce* ».

d'aliéner. Elles ne constituent en aucun cas des aliénations de valeurs immobilières, et ne sont donc soumises à aucun des droits de préemption institués par le Code de l'urbanisme »[815].

440. **Le versement d'une soulte en espèces et le contrat d'échange.** Il faut préciser que le contrat de fusion peut prévoir le versement d'une soulte en espèces aux associés de la société apporteuse, ce qui risque de contrarier sa qualification de contrat d'échange[816]. Cependant, la possibilité de prévoir une soulte en espèces dans un contrat d'échange est depuis longtemps reconnue par les juges[817] et n'est pas de nature à disqualifier le contrat à moins qu'elle ne constitue son *« objet principal »*[818]. En d'autres termes, ce n'est que lorsque cette soulte dépasse un certain taux que le contrat ne peut plus être considéré comme un contrat d'échange. Dans le cas de la fusion, la soulte en espèces ne peut dépasser 10 % de la valeur nominale des parts ou des actions attribuées par la société absorbante aux associés de la société absorbée. Le taux de cette soulte est extrêmement faible par rapport à la valeur des parts sociales échangées. Nous pouvons dès lors affirmer que la soulte en espèces n'est pas l'élément essentiel du contrat de fusion et, par conséquent, qu'elle ne peut entraîner sa disqualification en tant que contrat d'échange.

Ss-section 2 : Les critiques de la qualification

441. **Une perception incomplète de la fusion.** La qualification du contrat de fusion comme contrat d'échange occulte certains effets de la fusion. L'opération de fusion est caractérisée par trois éléments essentiels : 1) la transmission du patrimoine, d'une ou plusieurs sociétés, à une autre société, 2) après leur disparition par dissolution sans liquidation 3) et en contrepartie de l'échange de parts sociales aux associés de la société qui disparaît. L'assimilation de la fusion à un contrat d'échange écarte les deux premiers effets caractéristiques susmentionnés pour ne considérer que le troisième relatif à l'échange des parts sociales des associés de l'absorbée contre celles distribuées par la société absorbante.

442. **Le défaut d'échange dans la fusion entre la société mère et sa filiale totalement détenue.** Dans certains cas, il arrive que la fusion n'implique aucun échange de titres sociaux. Cela se produit lorsque la société absorbante détient une participation dans le capital de l'absorbée. L'article L. 236-3 al.2 du Code de commerce prévoit ainsi qu'il est

[815] Rép. min. TURK (A.), JO Sénat, Q. 14 févr. 1994, p. 453.
[816] Art. L. 236 -1, al. 4 C. com.
[817] Cass. 3e civ, 27 nov. 1984., D. 1985, jurispr. p. 76.
[818] MIGNOT (M.), *Vente.- Nature et forme.- Prix et frais*, J.-Cl. Civil Code, Fasc. unique. n°41.- *Adde*, Cass. civ., 10 févr. 1926, DH 1926, p. 202.

impossible de procéder à l'échange de parts de la société bénéficiaire contre des parts des sociétés qui disparaissent, lorsque ces parts sont détenues par la société bénéficiaire ou par la société qui disparaît. *A fortiori*, il y a absence totale d'échange de parts sociales lors d'une fusion dite « *simplifiée* » concernant l'absorption d'une filiale par sa société mère qui la détient en totalité. Dans ce genre de fusion, la société absorbante ne procède pas à la distribution de parts sociales. Aucun échange n'est donc prévu.

443. **L'exclusion de l'échange justifiée par l'annulation des titres de la société dissoute.** Même en laissant de côté l'hypothèse de la fusion entre des sociétés dont l'une détient des titres dans l'autre, il semble difficile d'admettre l'idée d'échange des parts sociales entre l'absorbante et les associés de l'absorbée. Aux termes de l'article 1702 du code civil, l'échange envisage un transfert de droits ou de biens de manière réciproque entre les parties. Cependant, la fusion entraîne la dissolution de la société absorbée et, par conséquent, l'annulation des titres détenus par les associés de cette société. Aucun échange ne peut donc être envisagé avec des titres de créances annulés qui ne représentent aucun droit de créance et n'ont donc aucune valeur. L'attribution de nouveaux titres aux associés ne trouve pas son explication dans le mécanisme de l'échange, mais plutôt dans celui de la substitution des nouveaux titres aux anciens titres annulés[819]. Il est donc plus juste de parler d'une annulation puis d'une substitution des titres anciens par les nouveaux que distribue la société absorbante.

444. **Le défaut du caractère commutatif.** Une dernière critique peut être adressée à la qualification du contrat de fusion en contrat d'échange. Le premier a un caractère principalement aléatoire contrairement au second qui est nécessairement commutatif[820]. Le contrat commutatif se définit comme celui dans lequel « *la contrepartie que chaque contractant reçoit est d'ores et déjà certaine et déterminée* »[821]. Le contrat d'échange appartient à cette catégorie juridique, car « *chaque partie s'oblige à transférer, au profit de l'autre, un droit qu'elle regarde comme l'équivalent de celui qu'elle reçoit* ». Le contrat de fusion, lui, n'est pas commutatif parce que les associés de la société absorbée intègrent une nouvelle société dans laquelle ils auront une égale vocation à partager les bénéfices et à contribuer aux pertes[822]. Le contrat de fusion semble aléatoire, c'est-à-dire que «*les*

---

[819] LAGRANGE (F.), *th. préc.*, p. 384.

[820] En ce sens : Cass. 3e civ., 27 nov. 1984, *arrêt préc.*. Sur la distinction entre contrats commutatifs et contrats aléatoires, v. GUA (F.), *Les effets de l'aléa, et la distinction des contrats aléatoires et des contrats commutatifs*, RTD civ. 1983, p. 263 ; FLOUR (J.), AUBERT (J.-L.), et SAVAUX (E.), *op. cit.*, *t. 1*, n°87 ; BÉNABENT (A.), *op. cit.*, n°22 ; MALAURIE (Ph.), AYNÈS (L.) et STOFFEL-MUNCK (P.), *op. cit.*, n°414.

[821] TERRÉ (Fr.), SIMLER (P.) et LEQUETTE (Y.), *op. cit.*, n°69.

[822] Les éléments caractéristiques du contrat de société : art. 1832 C. civ.

avantages ou les pertes qui en résulteront dépendent d'un événement incertain »[823], ainsi « *chacun des contractants court une chance de gain et un risque de perte* »[824]. Le contrat de fusion épouse parfaitement cette définition. En effet, la valeur de la rémunération qui consiste à distribuer des parts sociales, en contrepartie de la transmission du patrimoine d'une société, reste soumise à un aléa futur dépendant du résultat de l'activité de la société. La contrepartie comporte donc un risque égal de gain ou de perte en fonction du résultat de l'exploitation de la société issue de la fusion.

[823] Art. 1108 C. civ.
[824] FLOUR (J.), AUBERT (J.-L.) et SAVAUX (E.), *ibid.*

Chapitre 2 : La qualification pertinente de contrat-organisation

445. **Le conflit traditionnel entre la conception institutionnelle et la conception contractuelle de la fusion.** Un conflit entre les conceptions *« institutionnelle »*[825] et *« contractuelle »*[826] a longtemps marqué les discussions doctrinales afférentes à la détermination de la nature juridique de la fusion. Ses controverses ont également porté sur le contrat de société[827], d'association[828], et de mariage[829]. Aucune des deux conceptions ne paraît

---

[825] Cf. *supra*, n^{os}336 et s.

[826] Cf. *supra*, n^{os}243 et s.

[827] Sur le débat relatif à la nature institutionnelle et contractuelle de la société, v. BERTEREL (J.-P.), *Le débat sur la nature de la société in. Mélanges SAYAG (A.)*, Litec 1997, p. 131 ; *Liberté contractuelle et société, Essai d'une théorie du « juste milieu » en droit des sociétés*, RTD com. 1996, p. 593 ; MAY (J.-C.), *La société : contrat ou institution in. Contrat ou institution : un enjeu de société*, LGDJ, 2004, p. 122 ; CHAMPAUD (Cl.), *Le contrat de société existe-t-il encore ? in. Le droit contemporain des contrats*, Trav. de la fac. des sciences jur. de Rennes, 1987, p. 131. Pour les auteurs qui soutiennent la nature contractuelle, v. HAMEL (J.), LAGARDE (G.) et JAUFFRET (A.), *Droit commercial, t. 1*, Dalloz, 2eme éd., 1980, n°383 ; RODIÈRE (R.) et OPETIT (B.), *Droit commercial, Groupements commerciaux*, Dalloz, Précis, 9eme éd., 1977, p. 13. Pour ceux qui soutiennent la nature institutionnelle, v. GAILLARD (E.), *La société anonyme de demain, la théorie institutionnelle et le fonctionnement de la société anonyme*, LGDJ, 2eme éd., 1933.

[828] Sur le débat relatif à la nature institutionnelle et contractuelle de l'association, v. BUTSRAEN (L.), *L'association : contrat ou institution, l'association : contrat et institution*, Gaz. Pal., 16-18 déc. 2001, p. 12. Pour les auteurs qui soutiennent la nature contractuelle, v. PLANIOL (M.) et RIPERT (G.), *Traité pratique de droit civil français, t. 11, Contrats civils-2eme partie*, LGDJ, 2eme éd., 1953, n° 1073-1125, par LEPARGNEUR (J.). Pour ceux qui soutiennent la nature institutionnelle, v. DESQUEYRAT (A.), *L'institution, sa nature, ses espèces, les problèmes qu'elle pose*, Arch. phil. dr. 1936, p. 67 et s., spéc. p. 109 ; DUGUIT (L.), *Traité de droit constitutionnel*, 3eme éd., 1927, n°39 ; MICHALAUSKAS (M.), *La nature juridique de l'association in. Contrat ou institution : enjeu de société*, LGDJ, 2004, p. 151 et s.

[829] Sur le débat relatif à la nature institutionnelle et contractuelle du mariage, v. GAUDEMET (J.), *Le mariage un contrat ?*, Revue de sciences morales et politiques 1995, p. 161 et s. Pour les auteurs qui soutiennent la nature contractuelle, v. LECUYER (H.), *Mariage et contrat in. La contractualisation de la famille*, Economica, 2001, p. 57 et s. Pour ceux qui soutiennent la nature institutionnelle, v. MEUDLERS (M.-Th.), *L'évolution du mariage et le sens de l'histoire : de l'institution au contrat, et au-delà in. Le droit de la famille en Europe, son évolution depuis l'antiquité jusqu'à nos jours*, PUS, 1992, p. 215 et s. Certains auteurs ont même assimilé le contrat de mariage à un contrat de société, v. CARBONNIER (J.), *Le régime matrimonial : sa nature juridique sous le rapport des notions de société et d'association*, th. Bordeaux, 1932. Un autre auteur considère que les conventions de

suffisante pour expliquer à elle seule l'opération de fusion. Une fois les écueils des deux approches mis en relief, une « *théorie de synthèse* »[830] sera proposée.

446. La « *conception institutionnelle* » nie la nécessité de recourir à un contrat de fusion. Elle s'appuie sur les dispositions de la loi du 5 janvier 1988 la ramenant à une « *institution* » à laquelle les sociétés en cause adhèrent par des actes unilatéraux sociétaires. Cette conception semble néanmoins inadaptée au droit positif français qui oblige les sociétés fusionnantes à établir un projet « *commun* » préalablement à la fusion, donnant ainsi à l'opération un caractère conventionnel.

447. De son côté, la « *conception contractuelle* » considère que le contrat est le support juridique de la fusion. Elle pèche cependant par manque d'innovation en se limitant aux catégories classiques du droit commun des contrats pour essayer de la qualifier la fusion. Selon cette conception, le contrat de fusion s'analyse comme un contrat synallagmatique grevé d'une stipulation pour autrui. Cette acceptation rend insuffisamment compte du caractère sociétaire de l'opération, en particulier de ses effets juridiques, notamment la disparition d'une des sociétés contractantes ainsi que la transmission universelle de son patrimoine.

448. **Le recours à une solution de compromis.** La difficulté de classer le contrat de fusion dans les catégories contractuelles classiques du droit civil est liée de manière plus générale « *à la difficulté qu'éprouve la théorie générale du contrat à intégrer en son sein de nouvelles figures contractuelles* »[831]. Face à cette impasse, certaines théories de compromis méritent l'attention. Parmi celles-ci figure le «*contrat-institution*»[832] qui, comme son nom l'indique, a le mérite de concilier les aspects contractuels et institutionnels de l'opération de fusion. Toutefois, cette théorie ne prend pas en considération la spécificité de la notion de personne morale qui relève pourtant de l'essence même du contrat de fusion. En outre, elle se réfère à la notion d'institution, dont la définition n'est pas totalement établie. Cette théorie paraît donc inadaptée au droit des sociétés.

---

communauté conjugale, et plus précisément le contrat de mariage, comme un contrat-organisation : DIDIER (P.), *Le consentement sans l'échange : contrat de société*, Rj. Com., p. 75).

[830] DUCOULOUX-FAVARD (C.), *Nature juridique du contrat de société ; un exemple d'écueil possible pour le comparatiste*, Rev. soc. 1966, p. 1 et s., spéc. p. 7.

[831] LEQUETTE (S.), *Le contrat-coopération: Contribution à la théorie générale du contrat*, Economica, p. 1.

[832] NEVER (J.-J.), *Le contrat-institution*, LPA 19 juin 1995, n°73, p. 4 et s.

449. **La notion du contrat-organisation.** Les innovations juridiques récentes peuvent pallier à la difficulté de classer le contrat de fusion. La consécration de nouvelles catégories de contrats vient ainsi compléter les modèles contractuels classiques. L'éclairante notion de « *contrat-organisation* » élaborée par le Professeur Paul DIDIER[833] a ouvert de substantielles avancées en matière de contrat de société[834], d'association[835] et de mariage. Son application au contrat de fusion semble donc être une idée féconde.

450. Selon le Professeur DIDIER, il faut en effet, distinguer le « *contrat-organisation* » de « *contrat-échange* ». Le premier concerne la mise en commun de biens et de services et il est formé par le concours du consentement des parties, dont les intérêts sont largement convergents, dans le but de créer une nouvelle organisation. Le second résulte quant à lui d'un échange de volontés des parties, dont les intérêts sont naturellement divergents, et qui aboutit à une permutation de biens et de services. Partant de cette distinction, le contrat de fusion trouve naturellement sa place dans la catégorie des contrats-organisation et cela pour deux raisons. D'abord, au regard de ses conditions de formation. En effet, les sociétés fusionnantes ont un but en commun qui est de se concentrer afin de constituer une seule personne morale. Ensuite, à l'égard des effets produits qui entraîne la formation d'une nouvelle organisation[836].

451. L'avantage de la théorie du contrat-organisation c'est qu'elle nous éloigne de l'aporie entre contrat et institution dans laquelle s'est longtemps enferrée la doctrine[837]. Toujours selon le Professeur DIDIER, la distinction

---

[833] DIDIER (P.), *Brèves notes sur le contrat-organisation, in. Mélanges TERRÉ (Fr.)*, Dalloz/PUF, 1999, p. 635 ; *Le consentement sans l'échange : contrat de société*, RJ com. 1995, p. 74 ; *Droit commercial, L'entreprise en société, Les groupes de sociétés*, t. 2, *préc.*, p. 142.

[834] DEBOISSY (F.), *Le contrat de société, in. Le contrat*, éd. TAHC, t. LV, 2005 ; COZIAN (M.), VIANDIER (A.) et DEBOISSY (F.), *op. cit.*, n°14 ; GUYON (Y.), *Droit des affaires, Droit commercial général et sociétés*, t. 1, Economica, 12eme éd., 2003, n° 96.

[835] Sur ce sujet, v. HOANG (P.), *La protection des tiers face aux associations. Contribution à la notion de « contrat-organisation »*, éd. Panthéon-Assas, 2002, p. 39. *Contra* : MICHALAUSKAS (M.), *L'association*, th. Paris I, 2003, p. 215 et s. Selon cet auteur, la théorie du contrat-organisation ne paraît pas appropriée pour décrire la nature juridique de l'association. Il affirme que « *les singularités des contrats-organisation ne sont pas vraiment étonnantes car, précisément, elles ne résultent pas du contrat, mais sont déduites de la personnalité morale des groupements en question* ». Il critique donc les effets attribués aux contrats-organisation et préfère les assimiler à la notion de la personnalité morale

[836] Cf. *infra*, n°485 et s.

[837] Cependant, certains auteurs considèrent que la conception de contrat-organisation s'assimile à l'approche institutionnelle, v. DUCOULOUX-FAVARD (C.), *art. préc.*, p. 7 : « *Ce qui est désigné par le vocable de Vertrag (Organisazionvertrag) est plus proche de ce que recouvre la théorie française de l'institution que de notre thèse contractuelle* ».

entre le contrat-échange et le contrat-organisation « *n'équivaut pas au couple classique, contrat et institution. En effet, le mot institution, au demeurant bien vague, englobe tout ce qui n'est pas contractuel, alors que le contrat-organisation, est, par hypothèse, un contrat* ». Ainsi, la notion de contrat-organisation permet de mieux comprendre la nature juridique de la fusion dont le caractère contractuel ne fait aucun de doute et cela, sans se confronter à la difficulté de définir la notion d'« *institution* ».

452. **Plan.** La notion de contrat-organisation peut-elle ainsi saisir la nature juridique de la fusion ? La réponse nécessite une étude approfondie la notion de contrat-organisation. À cette fin, nous suggérons au préalable un retour aux origines germaniques de la notion pour établir le rapport entre la fusion et le contrat-organisation en droit allemand **(Section 1)**. Par la suite, nous allons nous concentrer sur la pertinence d'une assimilation de la fusion à un contrat-organisation au sens du droit français **(Section 2)**.

Section 1 : Le contrat-organisation en droit allemand

453. **Une notion bien assise en droit allemand.** Le caractère organisationnel d'un contrat est depuis longtemps reconnu en droit allemand[838]. On distingue classiquement les « *contrats-obligation*»[839] des « *contrats-organisation* »[840]. Les premiers englobent les conventions qui ont essentiellement pour effet de créer des obligations synallagmatiques entre les parties. En revanche, les seconds ne constituent pas des simples rapports générateurs d'obligations mais se caractérisent par la création de relations de type sociétaire entre les parties. Le résultat final de ce modèle contractuel est la création d'une nouvelle organisation. Selon la conception allemande, le contrat-organisation comprend deux aspects. Il est à la fois générateur d'obligations et créateur d'organisations, sans que l'un ne soit exclusif de l'autre. C'est cependant l'effet organisationnel qui prévaut dans ce genre de contrat. Un raisonnement semblable est adopté en droit international privé allemand[841]. La qualification d'une opération de contrat-organisation implique la prédominance de la qualification sociétaire sur la nature

---

[838] DURINGER (M.) et HACHENBURG (M.), par GEILER (K.), *Das Handelsgesetzbuch*, t. 2, Première partie, 3ème éd., cité par. PEGLOW (K.), *Le contrat de société en droit allemand et en droit français comparés*, LGDJ, 2003, p. 411.

[839] *Schuldvertrage.*

[840] *Organisationsvertrag.*

[841] Sur le sujet: BODE (M.), *th. préc.*, p. 365 et s. L'auteur expose les postions doctrinales des auteurs allemands qui retiennent la qualification de contrats-organisation pour les contrats organisant les groupes de sociétés afin de justifier l'exclusion de la *lex contractus* et l'application de la *lex societatis* (les références citées par l'auteur : BACHE (W.), *Der internationale Unternehmensvertrag nach deutschem Kollisionsrecht*, 1969, p. 25 et s. ; KOPPENSTEINER (H.-G.), *Internationale Unternehmen im deutschen Gesellschaftsrecht*, 1971 ; EBENROTH (C.-T.), *Vermögenszuwendungen*, p. 377 et s.)

contractuelle, c'est-à-dire son classement dans la catégorie de rattachement des sociétés. Il y a ainsi une intervention exclusive de la *lex societatis*.

454. **Plan.** La doctrine allemande utilise la notion de contrat-organisation pour désigner, d'une part, le contrat de société lui-même **(Ss-section 1)** et, d'autre part, certains types de contrats intra-entreprises[842] qui modèlent les relations sociétaires entre plusieurs sociétés **(Ss-section 2)**.

Ss-section 1 : Le contrat de société

455. **Le modèle-type de contrat-organisation.** Le contrat de société constitue l'archétype du contrat-organisation. Malgré son aspect organisationnel, il conserve une couleur contractuelle en créant des obligations à la charge des parties contractantes[843]. Sa double nature a été relevée par M. GEILER qui considère que « *le contrat de société crée un rapport générateur d'obligations qui est simultanément une communauté organisée de personnes* »[844]. Dans le système du BGB le contrat de société est traité comme un contrat générateur d'obligations. En effet, selon le § 705 du même code, « *les associés s'engagent réciproquement à participer à la poursuite d'un but commun d'une manière déterminée par le contrat en réalisant des apports* ». L'engagement réciproque renvoie incontestablement à la notion de contrat créateur d'obligations.

456. **L'effet principal : la création d'une organisation.** Mis à part son aspect générateur d'obligations, le contrat de société crée une organisation. Cette dernière est à la fois dotée d'organes compétents pour la représenter et d'une volonté unique orientée vers la réalisation du but commun des associés. Bien qu'à l'image d'autres contrats spéciaux, le contrat de société est régi par les dispositions du BGB, il n'en demeure pas moins que son organisationnel prime sur celui relatif à la création d'obligations[845]. Cette prévalence ressort, par exemple, de la loi de la majorité dans les organes sociaux ou encore du régime de nullité de la société dénué d'effet rétroactif, par dérogation au régime du droit commun des contrats.

---

[842] Appellation employée par la loi du 6 sept. 1965 sur le droit des sociétés anonymes.
[843] Sur ce sujet, v. DUCOULOUX-FAVARD (C.), *art. préc.*, spéc. p. 10 et s.
[844] DURINGER (M.) et HACHENBURG (M.), par GEILER (K.), *Das Handelsgesetzbuch*, Tome 2, Première partie, 3eme éd., cité par. PEGLOW (K.), *Le contrat de société en droit allemand et en droit français comparés*, LGDJ, 2003, p. 411.
[845] WIEDEMANN (H.), *Der Gesellschaftsvertrag der Personengesellschaften*, WM, 1990, Anlage (supplément) 8, spéc. p. 3, cité par. PEGLOW (K.), *th. préc.*, p. 412.

Ss-section 2 : Le contrat intra-entreprises

457. **Les contrats organisant les rapports sociétaires.** La doctrine et la jurisprudence allemande se sont servies de la notion de contrat-organisation pour désigner des contrats qui non seulement organisent la société, mais qui englobent également des contrats destinés à organiser les rapports entre plusieurs sociétés. C'est le cas en matière de groupe de sociétés ou *Konzern*[846]. La loi allemande retient comme critère décisif de l'existence d'un groupe de société, celui de la direction unique. En effet, il y a un *Konzern* lorsque plusieurs sociétés dépendantes sont regroupées sous la direction unique d'une société dominante[847]. On distingue deux genres de groupes : les groupes contractuels[848] et les groupes de fait[849]. Les contrats organisant le fonctionnement du premier genre, notamment le contrat de domination et le contrat de transfert de bénéfice sont qualifiés de contrats-organisation.

458. **Le contrat de domination.** Le contrat de domination opère un transfert du pouvoir de direction d'une société, appelée la « *dépendante* », à une autre, appelée la « *dominante* » [850]. Cette dernière acquiert alors le droit d'adresser des directives aux organes de direction de la société dépendante. Cet aspect dominateur dans le contrat est clairement décrit par les dispositions du § 308, al. 1er, parag. 2. AktG selon lesquelles, « *sauf dispositions contraires du contrat, des directives nocives pour la société [dépendante] peuvent être données si elles servent les intérêts de la société dominante ou ceux des entreprises liées à elle et à la société dépendante sus forme de groupe* ». Les organes de direction doivent respecter les directives même si elles peuvent être préjudiciables à leur société. En effet, ce n'est plus l'intérêt social de la société dépendante qui est pris en compte, mais désormais celui du groupe dans son ensemble. En contrepartie de sa

---

[846] Le groupe de société a été réglementé par la loi sur les sociétés par actions « *Aktiengesetz* » du 6 septembre 1965, BGB. I p. 1089 ; § 291 et s. AktG. Sur le groupe des sociétés en droit allemand, v. HOPT (K.), *Le droit des groupes de sociétés, expériences allemandes, perspectives européennes*, Rev. soc. 1987, p. 371 et s. ; PETITPIERRE-SAUVAIN (A.), *Droit des sociétés et groupes de sociétés : Responsabilité de l'actionnaire dominant, retrait des actionnaires minoritaires*, Genève, 1972 ; GERMAIN (M.), *Société dominante et société dominée en droit français et allemand*, th. Nancy, 1974 ; BEJOT (M.), *La protection des actionnaires externes dans les groupes de sociétés en France et en Allemagne*, Bruylant, 1976 ; SAPPER (H.), *Les contrats d'affiliation en droit français et allemand*, RTD com. 1963, p. 37.

[847] MAGNIER (V.), *Rapprochement des droits dans l'union européenne et viabilité d'un droit commun des sociétés*, LGDJ, 1999, p. 186 et s.

[848] *Vertragkonzern.*

[849] Dans ce genre de groupe, la domination n'est pas le résultat d'un contrat, mais elle se réalise de fait. Le législateur a mis en place ce genre de groupe afin de sanctionner les sociétés dominantes et les inciter à formaliser leur domination par un contrat.

[850] *Beherrschungsvertrag.*

domination, la société dominante doit prendre en charge la sécurité financière de la société dépendante. Elle se voit ainsi obligée de prendre en charge les pertes subies par cette dernière. Le contrat de domination est également soumis aux conditions de forme et de fond énoncées au § 291, al. 1er, phr. 1, alt. 1ère. Il est ainsi soumis au vote des assemblées générales des sociétés contractantes et doit aussi être immatriculé au registre du commerce [851].

459. La majorité écrasante de la doctrine allemande a, en conséquence, procédé à un rapprochement entre le contrat de domination et le contrat de société après avoir constaté que « *leur nature juridique [était] la même* »[852]. Selon les tenants de cette approche, « *ni la référence contractuelle dans la dénomination [contrat de domination], ni l'existence d'un acte volontaire à la base ne doivent faire illusion. L'un et l'autre sont en réalité des conditions légales d'ouverture aux institutions du droit des sociétés ; ils ont valeur constitutive* »[853]. Le contrat de domination est donc considéré comme un statut légal, semblable à celui d'une société auquel les parties sont soumises. On l'a alors qualifié de contrat-organisation ayant pour objet de gérer une relation de type sociétaire entre les contractants. L'aspect organisationnel du contrat de domination ressort avec acuité de l'établissement d'une direction commune à l'ensemble du groupe de sociétés. L'appellation de contrat de « *réorganisation* »[854] semble la plus appropriée, car tandis que le contrat de société crée de nouveaux organes, le contrat de domination rétablit quant à lui l'ordre troublé par l'intrusion d'un nouveau contrôle au sein des organes, ou bien écarte préventivement ce trouble.

460. **Le contrat de transfert de bénéfices.** Quant au contrat de transfert de bénéfices[855], qui complète souvent le contrat de domination, c'est celui par lequel une société s'engage à transférer la totalité de ses bénéfices à la société dominante. Les sociétés appartenant à un même groupe ont généralement recours à ce genre de contrat pour éviter les doubles impositions en matière d'impôts sur les bénéfices industriels et commerciaux et sur les valeurs mobilières[856]. Ce contrat prive les actionnaires de leurs

---

[851] Pour la conclusion du contrat de domination, la loi allemande exige l'approbation de l'assemblée générale à la majorité des trois quarts du capital représenté et cela aussi bien pour la société dépendante (§293 al. 1 AktG) que pour la société dominante (§293 al. 2 AktG).
[852] SINAY (R.), *Vers un droit des groupes de sociétés : L'initiative allemande et le marché commun*, Gaz. Pal. 1967, p. 70 et s., spéc. p. 76.
[853] *Id., ibid.*
[854] *Id., ibid.*
[855] *Gewinnabführungsvertrag.*
[856] Ce genre de contrat désigné par l'appellation de « *Organshaft* », bénéficie d'un régime de faveur fiscale, car les sociétés appartenant à un même groupe sont taxées comme étant une société unique.

dividendes et de leur droit de décider de l'utilisation des bénéfices inscrits au bilan. Ce contrat entraîne donc des modifications structurelles dans la société ciblée. Il a alors été qualifié de contrat-organisation.

461. Signalons cependant que le contrat de domination et le contrat de transfert de bénéfices sont tous les deux appliqués avec plus ou moins de fortune en droit comparé. La plupart des législations s'opposent en effet généralement à ce genre de contrat. Le contrat de domination est généralement prohibé parce qu'il contredit, d'une part, le principe selon lequel les décisions d'une société doivent être prises dans le sens de son propre intérêt social et non celui d'une autre et, d'autre part, parce qu'il prive les organes sociaux de certaines prérogatives légales. Le contrat de transfert de bénéfices est quant à lui interdit, car il évince l'un des éléments essentiels d'une société tenant au partage des bénéfices entre associés.

462. **La qualification du contrat de fusion en contrat-organisation.** De nombreux auteurs allemands qualifient le contrat de fusion de contrat-organisation dans la mesure où il encadre la mise en commun de plusieurs entreprises. Cette position est principalement adoptée par M. WÜRDINGER qui développa la théorie du contrat-organisation[857]. Cet auteur considère que le contrat de fusion est un acte du droit des sociétés dont les clauses essentielles n'ont pas pour objet de créer des obligations subjectives pour les parties, mais d'établir des normes objectives qui organisent les futurs rapports internes entre les sociétés fusionnantes. Cette position est reprise par M. BIETZKE qui, tirant conséquence du caractère « *organisationnel* » du contrat de fusion, le soumet à la *lex societatis* dans le cas d'une fusion transfrontalière[858]. Cette qualification du contrat de fusion retenue par les auteurs allemands et largement méconnue du droit français est séduisante. Il convient à présent de s'appesantir sur la percée récente de la théorie du contrat-organisation dans la doctrine française.

Section 2 : Le contrat-organisation en droit français

463. **Les critiques de l'utilité de la notion de contrat-organisation.** La notion de contrat-organisation est souvent critiquée pour être entièrement absorbée par le contrat de société[859]. Selon cette opinion, « *même si l'association, la copropriété ou la communauté conjugale sont sollicitées pour garantir les rangs de l'armée des contrats-organisation [...] la*

---

[857] WÜRDINGER (H.), *Aktien- und Konzernrecht, Eine systematische Darstellung, 2. Aufl., Karlsruhe*, 1966 , cité par CUENDET (A.), *th. préc.*, p. 133.
[858] BEITZKE (G.), *FS Hallstein*, 1966, p. 20, cité par BODE (M.), *th. préc.*, p. 329.
[859] En ce sens : LIBCHABER (R.), *Réflexions sur les effets du contrat, in. Mélanges AUBERT (J.-L.)*, Dalloz, 2005, p. 211 ; SEUBE (J.-B.), *La relativité de la distinction des contrats organisation et des contrats échange*, J. soc, avr. 2008, p. 38 et s.

distinction a été bâtie sur le seul modèle du contrat de société et que les contrats organisation tirent trop vers lui »[860]. Ces critiques doivent cependant être écartées, car malgré l'importance du rôle du contrat de société dans l'élaboration de la théorie du contrat-organisation, le premier entretient avec le second un rapport d'espèce à genre. La catégorie de contrat-organisation peut appréhender plusieurs autres contrats, notamment, le contrat de fusion.

464. **Plan.** Pour pouvoir qualifier la fusion de contrat-organisation, il faut vérifier que les éléments de définition du contrat-organisation sont réunis **(Ss-section 1)**. Une fois cette qualification retenue, il est primoridiale de prouver que le contrat de fusion se juxtapose au contrat de société dans une même catégorie juridique, sans pour autant lui être assimilable **(Ss-section 2)**.

Ss-section 1 : La vérification des éléments de définition du contrat-organisation

465. **Plan.** La fusion en tant que contrat-organisation se présente comme un contrat qui se forme sans échange, que ce soit de consentements ou de valeurs **(Paragraphe 1)** et qui emporte des effets organisationnels **(Paragraphe 2)** lui permettant de s'imposer aux tiers, par dérogation au principe général de l'effet relatif des contrats **(Paragraphe 3)**.

Paragraphe 1 : Un contrat sans échange

466. **Plan.** La structure du contrat-échange est largement différente de celle du contrat-organisation, qu'il s'agisse de sa formation ou de ses effets[861]. Cette différence de structure se résume par le défaut d'échange au sein du contrat-organisation. Les conditions de formation du contrat de fusion traduisent ce défaut d'échange, puisqu'il se forme par un *concours* de contentements **(Ss-paragr. 1)**. En outre, l'échange est également absent des effets juridiques du contrat de fusion puisqu'il ne produit pas un échange économique **(Ss-paragr. 2)**.

Ss-paragraphe 1 : Absence d'échange de consentements

467. **Le concours de consentements.** La formation du contrat-organisation présente la particularité d'être le fruit d'un concours de consentements, à la différence du contrat-échange qui se forme par la rencontre de volontés. La distinction réside dans la notion d'intérêt des

[860] SEUBE (J.-B.), *art. préc.*, p. 39
[861] TERRÉ (Fr.), SIMLER (Ph.) et LEQUETTE (Y.), *op. cit.*, n°78.

parties en cause. Le contrat-échange est caractérisé par une large divergence dans les intérêts des contractants. Ceci implique une rencontre des volontés des cocontractants pour la formation du contrat. Ce genre de contrat se présente ainsi classiquement comme « *une transaction entre des intérêts opposés* »[862] qui ne peut advenir que par un échange de consentements entre les parties contractantes. L'échange se manifeste par le « *verrouillage mutuel d'une offre et d'une acceptation et se referme sur les parties* »[863]. En revanche, dans le contrat-organisation, les intérêts des parties sont « *structurellement convergents* »[864]. Celui-ci se forme alors par le concours des consentements. Les deux catégories de contrats diffèrent donc largement quant à leurs conditions de formation, différence notamment due à la divergence de buts et d'intérêts des parties.

468. **L'intérêt commun des sociétés fusionnantes.** Partant de cette distinction entre le contrat-échange et le contrat-organisation, il semble clair que le contrat de fusion se forme par le concours de consentements des sociétés en cause. Les sociétés parties au contrat de fusion cherchent à concentrer leurs efforts et entreprises au sein d'une seule et même entité, soit celle qui persiste dans le cas d'une fusion absorption soit, celle nouvellement créée dans le cas d'une fusion par création d'une nouvelle société. Les sociétés fusionnantes sont alors dotées d'un intérêt et d'un but largement commun.

469. L'intérêt commun des sociétés fusionnantes se manifeste à travers l'union de leurs associés au sein d'une même personne morale par l'effet du contrat de fusion. Les associés sont réunis par leur volonté de contracter et par l'*affectio societatis* établissant leurs intentions de s'associer. Tout cela se traduit par une participation aux gains et aux pertes dans la société absorbante ou la société nouvellement créée. Par conséquent, à défaut d'« *antagonisme natif* »[865] selon lequel chaque partie recherche son intérêt au détriment de l'autre, il semble inopportun de considérer le contrat de fusion comme un contrat-échange. Il est impossible de couler le contrat de fusion dans le moule contractuel des contrats-échange, qu'il s'agisse du contrat synallagmatique ou encore de la stipulation pour autrui.

470. **Les conséquences de la formation par un concours de consentements.** Ce mode particulier de formation du contrat de fusion a plusieurs conséquences importantes sur le régime de nullité du contrat de fusion et, plus généralement, des contrats-organisation qui se distingue du

---

[862] DEMOGUE (R.), *Traité des obligations en général, t. 1, Sources des obligations*, Rousseau, 1923, n°16 bis, p. 37.
[863] *Ibid.*
[864] *Ibid.*
[865] LIBCHABER (R.), *art. préc.*, p. 211, n°14.

régime prévu pour les contrats-échange. On constate ainsi que « *la nullité du contrat, qui est de règle dans les contrats-échange irréguliers, n'est pas une bonne sanction des règles relatives à la formation du contrat-organisation* »[866]. En effet, une large limitation du domaine de la nullité des contrats-organisation, et spécialement du contrat de société, est imposée par les textes. Le contrat de fusion a également subi une limitation du domaine de la nullité par l'interdiction de l'effet rétroactif de la nullité du contrat et par la reconnaissance d'une faculté de régularisation[867]. Ensuite, l'exception d'inexécution définie comme « *le droit qu'a chaque partie à un contrat synallagmatique de refuser d'exécuter la prestation à laquelle elle est tenue tant qu'elle n'a pas reçu la prestation qui lui est due* »[868], n'est pas applicable au contrat de fusion. Cette solution est justifiée par la spécificité de la structure du contrat-organisation qui, contrairement au contrat-échange, ne comporte pas un échange de prestations. Une société partie au contrat de fusion ne peut donc pas se prévaloir de l'inexécution par l'autre partie de l'engagement qui lui est dû pour suspendre l'exécution de son propre engagement.

Ss-paragraphe 2 : Absence d'échange économique

471. **Plan.** Dans les contrats-organisations, les parties ne recherchent pas un échange économique instantané, se traduisant par la permutation de biens, de sorte que si l'une des parties perd, l'autre gagne. Les parties ont un but économique plus durable qui se manifeste par la mise en commun des entreprises de chacune des sociétés fusionnantes au sein d'une seule entité **(A)**, leur permettant ainsi de produire un effet de synergie **(B)**.

A- Mise en commun des entreprises

472. **La mise en commun de patrimoines.** Le contrat-organisation n'est pas une convention au sens de l'article 1101 du Code civil, par laquelle une ou plusieurs personnes s'obligent envers une ou plusieurs autres à donner, faire ou ne pas faire quelque chose. Ce genre de contrat réalise une « *agrégation de biens et de services* »[869] et non pas « *une permutation de biens et de services* »[870] comme le contrat-échange. La mise en commun des prestations constitue une notion essentielle à la définition du contrat-

[866] DIDIER (P.), *art. préc.*, p. 641.
[867] Sur la nullité du contrat de fusion, cf. *supra*, n°287 et s.
[868] TERRÉ (Fr.), SIMLER (Ph.) et LEQUETTE (Y.), *op. cit.*, n°630 et s.
[869] DIDIER (P.), *Le consentement sans l'échange : contrat de société, préc.*, p. 74. CHÉNEDÉ (Fr.), *th. préc.*, p. 117 : cet auteur préfère utiliser le terme « *partage* » plutôt qu' « *agrégation* », car les parties dans ce genre de contrat ne se contentent pas d'une simple mise en commun, mais cherchent surtout à se partager les produits de leur activité commune.
[870] DIDIER (P.), *art. préc.*, p. 75.

organisation. On retrouve cette notion dans la définition du contrat de société qui « *est instituée par deux ou plusieurs personnes qui conviennent par un contrat d'affecter à une entreprise commune des biens ou leur industrie...* »[871]. On la retrouve également avec l'association qui est « *la convention par laquelle deux ou plusieurs personnes mettent en commun de façon permanente leurs connaissances ou leur activité...* »[872].

473. L'effet principal du contrat-organisation consistant en la « *mise en commun* » de biens propres aux parties contractantes afin de les employer dans une activité conjointe, a longtemps été reconnu comme étant l'un des effets essentiels de la fusion. C'est la Cour d'appel de Paris qui a utilisé pour la première fois la notion de mise en commun en tentant d'établir une définition de l'opération de fusion[873]. Elle considérait alors que « *le mot fusion implique dans la pensée des contractants l'intention d'une mise en commun de la totalité des actifs et passifs à fusionner* ».

474. Cette notion de « *mise en commun* » de biens et services est reprise par de nombreux auteurs français[874] et étrangers[875]. Parmi eux, nous pouvons citer M. MARTIN qui définit la fusion comme l'« *opération par laquelle plusieurs sociétés décident de mettre en commun leurs patrimoines, afin de constituer un patrimoine unique qui sera géré désormais, par une seule société* »[876]. De même, Mme LAGRANGE assimile la fusion à un contrat au terme duquel les sociétés décident de « *mettre en commun leur patrimoine entraînant novation de titres sociaux au profit des associés des sociétés acteurs* »[877]. Les raisons qui poussent une société à fusionner sont donc diverses. Néanmoins, le but poursuivi reste toujours le même. Il consiste à mettre en commun tous les moyens de production entre plusieurs sociétés.

475. Le contrat de fusion se distingue également d'un contrat-échange par la façon dont il met en œuvre la mise en commun du patrimoine des sociétés

---

[871] Art. 1832, al. 1er C. civ.
[872] Art. 1er, L. 1er juillet 1901 (JORF, 2 juill. 1901, p. 4025).
[873] CA Paris, 24 juin 1884, J. S. 1885, p. 720.
[874] Pour des définitions de la fusion se basant sur la notion de mise en commun, v. AUGER (B), *art. préc.*, p. 50 : « *la fusion est un contrat par lequel deux (ou plusieurs) sociétés mettent en commun leur personnel et leurs biens pour ne plus constituer qu'une société unique* »; CHEMINADE (Y.), *art. préc.*, p. 28 ; GROSCLAUDE (X.), *Les droits des actionnaires dans les opérations de fusion*, th. Strasbourg III, 1999, p. 18 : l'auteur considère la fusion comme l'opération ayant pour objet la mise en commun par voie d'apport en société de deux entreprises dont l'une au moins était exploitées sous forme d'une société par actions.
[875] FAESSLER (R.), *th. préc.*, p. 6 : la fusion « *opère le mélange, la mise en commun complète de tous les biens des sociétés qui y participent* ».
[876] MARTIN (J.), *th. préc.*, p. 6 ; CORNU (G.), *Vocabulaire juridique de l'Association CAPITANT (H.)*, PUF, 2011, v° fusion : « *opération par laquelle deux ou plusieurs sociétés réunissent leur patrimoine pour ne former qu'une seule société* ».
[877] LAGRANGE (F.), *th. préc.*, p. 427.

contractantes. Le patrimoine de la société absorbée est mis en commun avec celui de l'absorbante de manière universelle. Il n'y a donc pas transfert de propriété comme c'est le cas en matière de vente. Dès lors, le contrat de fusion ne saurait être assimilé à une « *permutation de biens* » caractéristique du contrat-échange. Il s'agit plutôt du transfert de l'universalité du patrimoine de la société absorbée à la société absorbante. Les associés de la société absorbée sont également transférés à l'absorbante en recevant des parts sociales de celle-ci.

476. **La mise en commun des associés.** La mise en commun dans le contrat de fusion concerne non seulement les patrimoines des sociétés fusionnantes mais elle s'étend également aux associés de ces sociétés. En effet, « *la fusion met en commun les membres et les biens des sociétés fusionnantes* »[878]. Elle impose un scrupuleux respect du principe de continuité de l'actionnariat. Le seul mode de rémunération envisageable pour la transmission universelle de patrimoine est la distribution de parts sociales aux associés de la société dissoute. Tout autre mode de rémunération est incompatible avec la qualification de fusion. Les associés de la société absorbée doivent donc conserver leur qualité d'associés au sein de la société nouvelle ou absorbante.

477. La mise en commun des associés des sociétés fusionnantes renforce la qualification de la fusion en tant que contrat-organisation. Le contrat-échange ne peut réaliser qu'un « *jeu à somme nulle* » : ce que l'une des parties perd, l'autre gagne. Le contrat-organisation réalise quant à lui un « *jeu à somme positive ou négative* » : ce que l'entité gagne ou perd, les parties le gagnent ou le perdent, chacune pour sa part. Ce jeu à somme positive ou négative qui caractérise le contrat-organisation, se retrouve dans le contrat de fusion en vertu de la modalité de rémunération du transfert de patrimoine prévu pour la fusion qui consiste en la distribution de parts sociales. Les associés de la société absorbée qui se voient distribuer des parts sociales de la société absorbante se soumettent aux « *conditions d'un jeu de coopération où les parties gagnent et perdent conjointement* ». Les gains et les pertes résultant de l'opération de fusion sont donc partagés par tous les associés proportionnellement à leur participation.

---

[878] CHEMINADE (Y.), *art. préc.*, p. 28 ; BRULLIARD (G.), *Les fusions de sociétés en droit français in. Rapport au colloque de droit européen de Bruxelles*, éd. Bruylant, 1961, p. 74. L'auteur considère que pour qu'il y ait fusion « *il faut qu'il y ait à la fois transfert du patrimoine et transfert des membres des sociétés dissoutes à la société nouvelle ou absorbante ; le seul transfert du patrimoine ne représenterait qu'une vente* ».

B- Effet économique de synergie

478. **La présentation de l'effet de synergie.** Le contrat-organisation entraîne la concentration de biens et services au sein d'une seule entité juridique. Son principal but économique est la création d'un « *effet de synergie* »[879] qui correspond à un surplus de valeur réalisé par la combinaison de deux ou plusieurs entités.

479. En reprenant les termes de M. TILQUIN, force nous est de constater que « *les opérations de concentration sont analysées, dans la littérature économique, au regard du concept de synergie qui vise : 1) les synergies de nature économique, soit le renforcement du pouvoir de négociation de l'entreprise auprès de ses différents partenaires et l'amélioration de ses conditions d'exploitation, notamment par la réalisation d'économies d'échelle qui permettent une diminution du coût moyen unitaire de production liée à l'accroissement du volume de production ; 2) les synergies de nature financière, qui sont le résultat de la correction d'inefficiences du marché financier ou, plus simplement, une modification de la politique financière que peut permettre une structure optimale du capital ou une diminution du risque de faillite, entrainant notamment un moindre coût de crédit* »[880].

480. La production d'un « *effet de synergie* » constitue ainsi l'effet économique recherché par le contrat de fusion. Par l'intermédiaire de ce contrat, les sociétés optent pour « *la forme la plus complète et la plus achevée de la concentration des entreprises constituées sous forme sociale* »[881]. La fusion constitue le mécanisme de concentration le plus complet, étant donné qu'à la suite de l'opération, une ou plusieurs sociétés sont vouées à disparaître. Contrairement aux autres opérations de concentration, dans la fusion une seule société survivra[882].

481. **Les implications de l'effet de synergie.** La fusion emporte un effet de synergie car la valeur apportée par cette opération excède celle des apports calculés de manière isolée. On peut relever ainsi que « *la méthode analytique qui isole les éléments et les variables afin de les envisager un à un cède le pas au jeu des interactions de ces éléments* »[883]. À cet égard, un auteur a souligné que la fusion emporte une transmission des éléments actifs

---

[879] À propos de l'appellation de « *contrat de type synergique* », v. BERGMANS (B.), *art. préc.*, p. 442

[880] TILQUIN (T.), *op. cit.*, p. 14.

[881] CHEMINADE (Y.), *art. préc.*, p. 15.

[882] Par ex., l'acquisition des sociétés et l'apport partiel d'actifs.

[883] PIROLLI (R.) *La parité d'échange des titres dans les fusions in. Mélanges VIGREUX (P.)*, t. 2, Toulouse, 1981, p. 607 et s., spéc. p. 614.

et passifs ayant « *une valeur économique propre, différente de celle qui est attribuée dans les comptes aux biens, droits et obligations qui y sont compris et souvent aussi aux valeurs vénales de chacun de ces éléments pris isolément* »[884]. Ceci se justifie par le fait que les biens transmis seront appréciés en fonction de leur valeur industrielle et leur productivité lorsqu'ils sont exploités dans le cadre d'une nouvelle entreprise dépassant l'entreprise apporteuse en taille et en organisation.

482. Il est important de signaler que l'effet synergique de la fusion est pris en compte lors de l'évaluation des sociétés en vue de fixation du rapport d'échange. Un auteur relève que « *si l'évaluation doit intégrer le coût de l'introduction du bien dans l'entreprise, à l'inverse, elle doit considérer les avantages éventuels de synergie. Le coût d'introduction est celui qu'entraîne la modification du capital physique et du capital humain de l'entreprise. La synergie est une situation dans laquelle la combinaison de deux facteurs donne un résultat plus grand que leur somme* »[885]. C'est pour cette raison que les commissaires à la fusion doivent, en examinant le rapport d'échange proposé, s'assurer que celui-ci n'entraîne pas d'appauvrissement durable pour chaque catégorie d'actionnaires, en comparant leur situation avant fusion hors synergie à leur situation après fusion comprenant synergie[886].

Paragraphe 2 : Effets organisationnels

483. **L'effet caractéristique du contrat-organisation.** L'élément caractéristique d'un contrat-organisation, outre le défaut d'échange, est la création d'une organisation. C'est lui qui justifie l'appellation de ce contrat. Ce dernier n'a pas pour objet un échange de prestations, mais l'organisation d'une entreprise[887]. Le caractère organisationnel du contrat résulte du fait qu'il « *définit l'activité qui est son objet et il institue des organes – d'où son nom – chargés d'assurer et de garantir la réalisation de cette activité selon les modes de répartition des missions et des pouvoirs qui varient selon le*

---

[884] BOUÈRE (J.-P.), *Fusions et scissions. Le problème des résultats intercalaires*, JCPE 1992, n°163, p 351.

[885] PIROLLI (R.) *art. préc.*, p. 608.

[886] Norme CNCC n°7- 102 commissariat à la fusion

[887] Plusieurs définitions de l'entreprise ont été proposées. Deux d'entres elles méritent d'être retenues, car elles révèlent les critères d'identification de l'entreprise. La première est celle du Vocabulaire juridique de CORNU (G.) qui défini l'entreprise comme « *un organisme se proposant essentiellement de produire pour les marchés certains biens ou services, financièrement indépendant de tout autre organisme* ». La seconde est celle retenue par le Système de comptabilité nationale (SCN, 5.1/121) cité par M. DIDIER dans son article et qui assimile l'entreprise à une « *unité institutionnelle engagée dans une activité de production* ». (DIDIER (P.), *Une définition de l'entreprise in. Mélanges CATALA (P.)*, Litec, 2001, p. 849 et s.). L'entreprise est une unité qui se caractérise par : 1) Une activité économique de production et 2) une certaine autonomie et organisation.

type d'organisation »[888]. Le contrat de société qui a longtemps été perçu comme une technique d'organisation de l'entreprise, reflète clairement ce caractère[889]. En effet, ce contrat aboutit à la création d'une nouvelle organisation dotée d'une personnalité juridique indépendante de celle des associés.

484. **Plan.** De son côté, le contrat de fusion a aussi pour objet l'organisation des entreprises des sociétés contractantes. Son caractère organisationnel se concrétise doublement : d'abord, par ses effets structurels sur les sociétés contractantes **(Ss-paragr. 1)** ensuite, par la perpétuité de ses effets voués à durer à travers l'organisation commune des entreprises des sociétés contractantes **(Ss-paragr. 2)**.

Ss-paragraphe 1: Les effets structurels

485. **Les effets structurels de la fusion par création d'une société nouvelle.** Les effets structurels du contrat de fusion se manifestent de manière différente selon qu'il s'agit d'une fusion par création d'une société nouvelle ou d'une fusion par absorption. Dans le premier cas, le contrat de fusion se rapproche d'un contrat de société. Une nouvelle entité juridique est créée à la suite de la mise en commun des patrimoines de plusieurs sociétés. Le contrat de fusion fixe alors les statuts, la forme juridique, ainsi que l'organisation sociale de la nouvelle société. La création de cette société nouvelle par ce contrat est alors tenue au respect de toutes les règles générales relatives à la constitution d'une société[890]. À l'origine, l'application de ce principe soumettait la réalisation de la fusion à de lourdes formalités. Conscient de ce problème, le législateur a apporté quelques exceptions à ce principe. Par exemple, le projet de statuts de la société issue de la fusion peut n'être approuvé que par les assemblées générales extraordinaires des sociétés fusionnantes, sans l'approbation de l'assemblée générale de la nouvelle société[891]. L'aspect organisationnel du contrat de fusion se manifeste aussi par le rôle de ce contrat dans la fixation de la composition des organes de direction et de décision de la société issue de la fusion. Ceci est possible dès lors que le contrat de fusion organise la distribution de nouvelles parts sociales aux associés des sociétés fusionnantes. Le caractère organisationnel du contrat de fusion par création d'une société nouvelle ne peut donc susciter de doutes. Ce contrat est incontestablement un acte créateur d'une nouvelle organisation.

---

[888] DIDIER (P.), *Brèves notes sur le contrat-organisation*, *préc.*, p. 638.
[889] En ce sens: CHAMPAUD (Cl.), *th. préc.* ; PAILLUSSEAU (J.), *th. préc.*.
[890] Art. 1844-4, al. 5 C. civ. En application de ce principe : la création de la nouvelle société suite à la fusion se réalise à la date de l'enregistrement du contrat de fusion au Registre du commerce et des sociétés (Art. L. 236-4, al. 1er C. com.).
[891] Art. L. 236- 12, al. 2 C. com.

486. **Les effets structurels de la fusion par absorption.** Dans le cas de la fusion par absorption, le contrat possède également un aspect organisationnel. Il encadre la concentration des entreprises des sociétés au sein d'une société déjà existante. Par conséquent, il engendre des effets structurels sur les sociétés contractantes. Pour la société absorbée, le contrat de fusion entraîne sa disparition par une dissolution sans liquidation, suite au transfert de son patrimoine à la société absorbante. Il n'y a pas de simple transfert de propriété des éléments distincts de l'actif et du passif à la société absorbante, mais une transmission de la totalité de l'entreprise de la société absorbée à l'absorbante.

487. Pour la société absorbante, le contrat de fusion entraîne des effets structurels considérables que l'on ne saurait réduire à une simple modification du capital social. Le contrat de fusion concentre les entreprises respectives des sociétés fusionnantes. Celles-ci sont intégrées au sein de la personne morale de la société absorbante, ce qui entraîne des modifications des organes d'exploitation et de production. De nouvelles unités de production intègrent ainsi la société absorbante [892]. Ce transfert d'entreprise risque même de modifier l'objet social de la société absorbante. Par ailleurs, le contrat de fusion réorganise les organes de direction et de décision de la société absorbante. La composition de son assemblée générale est modifiée par l'intégration des associés de la société absorbée. Un changement a également souvent lieu dans l'organe de direction de l'absorbante lorsqu'il accueille les dirigeants de la société absorbée. En principe, la fusion entraîne *ipso facto* la cessation des fonctions des dirigeants de la société absorbée. Toutefois, comme on l'a vu, le contrat de fusion peut stipuler le contraire[893]. Dans ce cas, la composition des organes de direction se trouve largement bouleversée.

Ss-paragraphe 2: Les effets durables

488. **Les opinions soutenant l'admission du facteur temporel dans le contrat-organisation.** Une partie de la doctrine considère que le critère de la durée d'existence d'un contrat constitue l'un des facteurs de la distinction entre les contrats-échange et les contrats-organisation[894]. D'après les tenants de cette approche, un contrat-échange produit tous ses effets dès sa formation. Sa formation et son exécution seraient donc concomitantes. Ils considèrent en revanche que le contrat-organisation a vocation à durer à

---

[892] Ces unités peuvent englober les salariés, le matériel et les équipements de production, *etc.*

[893] Cf. *supra*, n°s100 et s., sur l'organisation du conseil d'administration.

[894] LIBCHABER (R.), *art. precité*, p. 214 ; ROCHFLED (J.), *Les modes temporels d'exécution du contrat*, RDC 2004, p. 47 et s., spéc. n°23 ; OST (F.), *Temps et contrat, critique du pacte faustien in. La relativité du contrat*, Travaux de l'association Henri Capitant, LGDJ, 1999, p. 137 et s., spéc. p. 164.

travers l'organisation qu'il crée. Cette distinction a « *le mérite de souligner un élément que le droit des contrats avait, jusque là, sous-estimé : la durée* »[895].

489. **Les conséquences de l'admission du facteur temporel sur la fusion.** L'admission du facteur temporel comme critère de distinction a pour conséquence de rejeter l'assimilation du contrat de fusion à la catégorie de contrat-organisation. En effet, le contrat de fusion ne persisterait pas dans le temps. Il s'agit plutôt d'un contrat à exécution instantané, car les prestations incombant aux sociétés contractantes sont accomplies en un trait de temps. Le contrat de fusion est accompli après la transmission universelle du patrimoine de la société absorbée, en contrepartie de la distribution de parts sociales à ses associés par la société absorbante. Les relations entre les associés des sociétés fusionnantes ne sont ensuite plus régies par le contrat de fusion qui disparaît de la scène juridique, mais par les statuts de la société absorbante. Le caractère instantané du contrat de fusion est mis en relief lorsqu'on le compare au contrat de *joint venture*. La différence majeure entre ces deux contrats provient du fait que « *le contrat de fusion n'est pas un contrat de coopération dans lequel les parties sont à égalité et dont elles peuvent se retirer. Il s'agit d'un contrat instantané pour le regroupement définitif de deux sociétés qui occasionne une perte d'indépendance pour la société qui est absorbée ou dont le contrôle est acquis* »[896]. Le refus de qualifier le contrat de fusion de contrat de coopération empêche de manière indirecte son assimilation à un contrat-organisation.

490. **Une confusion entre le contrat relationnel et le contrat-organisation.** La durée de l'existence d'un contrat ne doit pas être retenue comme critère de distinction entre le contrat-échange et le contrat-organisation. Cela revient en fait à opérer une confusion entre, d'une part, l'opposition contrat-échange et contrat-organisation et, d'autre part, l'opposition « *contrat discret* » et « *contrat relationnel* »[897] théorisée par la doctrine américaine[898]. Cette dernière propose une *summa divisio* qui

---

[895] SEUBE (J.-B.), *art. préc.*, p. 41.

[896] PIRONON (V.), *Les joint ventures, Contribution à l'étude juridique d'un instrument de coopération international*, Dalloz, 2004, p. 32.

[897] Sur la notion de contrat relationnel, v. LAITHIER (Y.-M.), *À propos de la réception du contrat relationnel en droit français*, D. 2006, Chron., p. 1003 et s. ; BOISMAIN (C.), *Les contrats relationnels*, PUAM, 2005 ; MUIR WATT (H.), *Du contrat « relationnel », réponse à François Ost in. La relativité du contrat, Travaux de l'Association Henri Capitant*, LGDJ, 1999, p. 170 et s.

[898] R. MACNEIL (I.), *Relational contract: what we do and do not know*, Wisconsin Law Review, 1985, p. 483; R. MACNEIL (I.), *Relational contract theory: unanswered questions*, Northwestern University Law Review, 2000, Vol. 94, p. 877; CAMPELL (D.), *The relational constitution of the discrete contract in. Contract and Economic Organization : Socio-Legal*

s'appuie sur le critère de la durée. Le contrat discret qui prévoit un simple échange de biens et de prestations se rapproche des contrats-échange. Ces deux types de contrats se ressemblent beaucoup puisqu'ils n'ont pas vocation à établir une relation personnelle durable entre des contractants. De son côté, le contrat relationnel se rapproche plutôt des contrats-organisation. Les deux cherchent à établir une relation durable entre les contractants. Les contrats de société, d'association et le pacte civil de solidarité sont autant de contrats relationnels[899].

491. L'assimilation du contrat relationnel au contrat-organisation, suivant un critère de temporalité, a essuyé plusieurs critiques. On lui reproche d'ignorer l'existence de certains contrats-échange ayant vocation à durer. Tel est le cas du contrat de transfert de technologie ou du contrat d'ingénierie. Ces derniers ne peuvent être considérés comme des contrats-organisation, car ils ne prévoient aucune mise en commun de prestations et services. La proposition selon laquelle tous les contrats-échange ont une formation et une exécution instantanée est donc incorrecte. Par conséquent, la notion de contrat relationnel devient une catégorie « *fourre-tout* »[900], comprenant à la fois des contrats-échange et des contrats-organisation.

492. **Une confusion entre la source et les effets.** Par ailleurs, l'utilisation du critère de la durée pour distinguer le contrat-organisation du contrat-échange revient à confondre la source et les effets. La source contractuelle d'un contrat-organisation n'a pas toujours vocation à durer, contrairement à ses effets organisationnels. Cette position est clairement exprimée par le Professeur DIDIER qui constate que l'assimilation des organisations à un simple contrat revient à « *donner beaucoup d'importance à l'acte initial, qui ne dure qu'un moment, au détriment de l'organisation ainsi créée, qui est appelée, elle, à durer beaucoup plus longtemps* »[901]. Le fondateur même de la théorie du contrat-organisation distingue la source des effets du contrat. Ce n'est effectivement pas le contrat en tant qu'acte juridique qui dure mais ses effets. Par conséquent, l'exécution instantanée du contrat de fusion ne s'oppose pas à sa qualification de contrat-organisation. En revanche, les effets du contrat de fusion, que ce soit la création d'une nouvelle organisation ou la réorganisation d'une entité déjà existante, ont une durée aussi longue que les effets d'un contrat de société.

Initiatives, Aldershot, Brookfield, Vt, Darmouth, 1996, p. 42; EISENBERG (M. A.), *Why there is no law of relational contracts*, Northwestern Law Review, 2000, Vol. 94, p. 812.

[899] Sur la place accordée à la distinction entre contrat discret et contrat relationnel dans la classification opposant contrat-échange et contrat-organisation, v. CHÉNEDÉ (Fr.), *th. préc.*, p. 132.

[900] *Id.*, *th. préc.*, p. 133.

[901] DIDIER (P.), *Droit commercial T. 2, L'entreprise en société, Les groupes de sociétés*, *préc.*, p. 142.

Paragraphe 3 : Dérogation au principe de l'effet relatif du contrat

493. **Le contrat de fusion dérogeant au principe de l'effet relatif du contrat.** Une autre caractéristique de tout contrat-organisation réside dans le fait qu'il « *échappe de plein droit à la règle de l'article 1165 [actuellement : article 1199] qui vaut principalement pour les contrats-échange, avec ce corollaire que les contrats-organisation font le plus souvent l'objet d'une publicité qui n'est pas ignorée des contrats-échange mais qui n'y est pas la règle* »[902]. Contrairement au contrat-échange, le contrat-organisation n'obéit pas au principe général de l'effet relatif des contrats selon lequel « *le contrat ne crée d'obligations qu'entre les parties* »[903]. Le contrat-organisation doit, en principe, pouvoir étendre ses effets aux tiers.

494. Le contrat de fusion qui « *s'impose aux tiers* »[904] présente ce caractère. Il déroge ainsi à l'effet relatif des contrats. Dans cette opération, « *le principe de l'effet relatif des conventions est écarté ; il ne réapparaît que partiellement et de manière indirecte lorsque le législateur a tenu à en user pour protéger une catégorie particulière de tiers* »[905]. Cette dérogation s'explique naturellement par la notion de transmission universelle du patrimoine. Cette dernière fait toute l'originalité du contrat de fusion par rapport à d'autres contrats.

495. **Le corollaire à la dérogation au principe d'effet relatif du contrat : la publicité.** Le corollaire à la dérogation au principe général de l'effet relatif des conventions réside dans la soumission du contrat-organisation à des formalités de publicité afin d'informer les tiers intéressés de son existence et de ses effets. Cet aspect existe également dans le cas du contrat de fusion[906]. Ce dernier est soumis à une publicité rigoureuse adressée, d'une part, aux associés et aux organes légaux des sociétés fusionnantes et, d'autre part, aux personnes tierces et plus précisément aux créanciers de ces sociétés ainsi qu'aux autorités publiques chargées de contrôler l'opération de fusion[907].

---

[902] DIDIER (P.), *art. préc.*, p. 635.
[903] Art. 1199 C. civ.
[904] CHEMINADE (Y.), *art. préc.*, p. 16.
[905] MARTIN (G.), *art. préc.*, p. 283, n°21.
[906] Publicité du projet de contrat de fusion : dans le journal d'annonces légales (JAL) du département du siège social par chacune des sociétés intéressées (Art. R. 236-2, al. 3 C. com.) ; dépôt au greffe du tribunal de commerce du lieu du siège social de chacune des sociétés (Art. L. 236-6 et R. 236-2 C. com.) ; dépôt au siège social de chacune des sociétés intéressées (Art. R. 236-3 C. com.).
[907] Sur les autorités chargées de contrôler la fusion, cf. *supra*, n°182 et s.

496. **Une dérogation justifiée par la notion de « *personne morale* »[908].** Le contrat de fusion organise, en effet, une entreprise commune des sociétés fusionnantes qui serait « *désormais exprimée au regard des tiers par la personnalité morale de la société absorbante ou de la société nouvelle issue de la fusion* »[909]. Il est donc possible d'affirmer que le contrat de fusion, tout comme le contrat-organisation, organise la mise en commun des patrimoines de deux ou plusieurs sociétés à travers la personne morale de la société survivante[910] ou la nouvelle personne morale[911] créée par la fusion.

497. **Plan.** Le contrat de fusion devient alors un contrat-organisation dans la mesure où il s'impose à des personnes tierces. La conclusion de ce contrat fait donc naître des droits et des obligations à la charge de personnes extérieures au cercle contractuel **(Ss-paragr. 1)**. Le principe de l'effet relatif des conventions est cependant rétabli dans certains cas prévus par le législateur afin de protéger certains tiers **(Ss-paragr. 2)**.

Ss-paragraphe 1 : Le principe de l'opposabilité du contrat aux tiers

498. **Plan.** Opérant une transmission universelle de l'ensemble des éléments de l'actif et du passif d'une société à titre universel, le contrat de fusion s'impose aux créanciers et débiteurs de la société absorbée **(A)**. Cette transmission universelle de patrimoine qui transfère l'ensemble des contrats en cours, s'impose également aux cocontractants de la société absorbée **(B)**.

A- La transmission des créances et des dettes

499. **La dérogation à l'effet relatif du contrat justifiée par la transmission universelle de patrimoine.** La transmission universelle de patrimoine emporte corrélativement un effet substitutif. Comme le souligne Mme COQUELET, « *la transmission universelle est un mode d'appropriation aux effets originaux, en ce sens que, à la différence de la transmission à titre particulier, elle n'emporte pas un simple effet successif pour l'avenir mais, un effet substitutif qui opère rétroactivement* »[912]. Cependant, les textes ne se prononcent pas sur l'étendue de cet effet substitutif en matière de fusion. Il a donc d'abord fallu s'inspirer des dispositions relatives à la transmission successorale, notamment celles de l'article 724 du Code civil en vertu duquel « *les héritiers désignés par la loi*

---

908 DIDIER (P.), *art. préc.*, p. 635. Le contrat de fusion et le contrat-organisation se rejoignent dans la cause qui justifie leur dérogation au principe énoncé par l'article 1165 du Code civil, laquelle s'explique par la notion de « *personne morale* » qui caractérise toute organisation.
909 CHEMINADE (Y.), *art. préc.*, p. 16.
910 En cas de fusion par absorption.
911 En cas de fusion par création d'une nouvelle société.
912 COQUELET (M.-L.), *th. préc.*, p. 161.

sont saisis de plein droit des biens, droits et actions du défunt ». Il en découle que la société issue de la fusion, assimilée à un ayant cause à titre universel doit se substituer dans les droits et actions de la société dissoute. Cette méthode qui repose sur l'analogie entre les deux mécanismes de transmission de patrimoine s'est avérée insuffisante. Les exigences du droit des sociétés ne sont pas les mêmes que celles du droit des successions et l'assimilation totale de la personne morale à la personne physique entraîne un excès d'anthropomorphisme. Ainsi, des différences s'imposent entre le régime de transmission successorale et la transmission de patrimoine par fusion.

500. **Plan.** Suivant ce raisonnement, les juges ont par touches impressionnantes successives bâti un régime propre à la transmission universelle du patrimoine d'une personne morale, en maintenant le principe selon lequel la société issue de la fusion se substitue aux sociétés fusionnantes dans leurs créances et obligations **(1)**, ainsi que leurs actions **(2)**.

1- La substitution dans les créances et les obligations

501. **Une substitution imposée aux débiteurs.** Il est admis depuis longtemps que la fusion s'impose aux débiteurs de la société absorbée. C'est ce qu'affirme constamment la Cour de cassation en déclarant inopérantes les formalités de l'article 1324 du Code civil lorsqu'il y a transmission de patrimoine à titre universel[913]. Le transfert de créances qui échappe à l'article 1324 du Code civil devient néanmoins opposable aux tiers débiteurs.

502. **Une substitution imposée aux créanciers.** Le contrat de fusion s'impose aux créanciers non obligataires, dont le débiteur initial, la société absorbée, est substitué par un autre, la société absorbante, sans que leur accord soit nécessaire. Cette substitution n'entraîne pas novation de la créance, ce qui empêche ainsi toute modification de la créance transférée sans l'accord du créancier[914]. La transmission sans effet novatoire préserve tous les gages et toutes les garanties dont la créance est assortie, ainsi que les modalités de son remboursement. Les créanciers qui subissent les effets de la fusion sans pour autant être parties au contrat de fusion, disposent néanmoins d'un droit d'opposition à l'opération[915]. Ce droit ne peut toutefois empêcher la poursuite de la fusion, mais seulement peut aboutir à une

[913] Cass. 1re civ., 7 mars 1972, JCP G 1972, II, 17270, note GUYON (Y.) ; Cass. 1re civ., 25 avr. 1974, Gaz. Pal. 1974. 2. 635, note PLANCQUEL (A.).
[914] Art. L. 236-14, al. 1 C. com. « *La société absorbante est débitrice des créanciers non obligataires de la société absorbée au lieu et place de celle-ci, sans que cette substitution emporte novation à leur égard* ».
[915] Art. L. 236-14, al. 2 C. com.

décision du tribunal donnant aux créanciers le droit au remboursement de leur créance par la société ou bien à la constitution de garanties par la société absorbante, si celle-ci peut en offrir et si elles sont jugées suffisantes.

503. Le contrat de fusion s'impose également aux créanciers obligataires qui englobent aussi les porteurs de titres[916], autres que des actions, auxquels sont attachés des droits spéciaux[917]. Ces créanciers sont des tiers qui subissent les effets de l'opération, sans que le projet de fusion soit soumis à leur approbation[918]. Deux cas de figure se présentent selon que la société absorbée offre ou non le remboursement des créances aux obligataires.

504. Dans le premier cas, si l'offre de remboursement est prévue dans le projet de fusion, la société absorbée est dispensée de faire ratifier l'opération par les obligataires. C'est alors la société absorbante qui devient débitrice de ces créanciers[919]. Les obligataires disposent d'un délai pour demander le remboursement de leurs obligations avant de devenir automatiquement obligataires de la société absorbante[920]. Qu'ils aient ou non demandé le remboursement de leurs créances, les obligataires de la société absorbée subissent une substitution de débiteur et deviennent alors créanciers de la société absorbante.

505. Dans le second cas, si le projet de fusion ne comprend pas une offre de remboursement des obligations, l'assemblée générale extraordinaire des obligataires est consultée. Si elle approuve l'opération de fusion, les obligataires de la société absorbée deviennent aussitôt des obligataires de la société absorbante selon les conditions prévues dans le contrat de fusion. Au contraire, si elle n'approuve pas l'opération, la société débitrice peut néanmoins passer outre. Dans cette hypothèse, les obligataires disposent d'un droit d'opposition. L'idée est que ces porteurs puissent jouir au sein de la société absorbante de droits au moins équivalents à ceux dont ils disposaient dans la société absorbée. C'est à ce moment que l'assemblée générale ordinaire des obligataires peut désigner un ou plusieurs mandataires de la masse afin de former opposition à l'opération[921].

506. Le droit d'opposition des obligataires, semblable au droit dont disposent les créanciers non obligataires au niveau de ses conditions et ses

---

[916] Identité de situation entre les porteurs d'obligations et celle des porteurs de titres participatifs : Art. L. 236- 7 C. com.
[917] Art. 15 Dir. 2011/35/UE.
[918] Art. L. 236- 15 C. com.
[919] Art. L. 236- 13 C. com.
[920] Art. R. 236- 12 C. com. « *délai de trois mois à compter de la dernière formalité de publicité ou de l'envoi de la lettre recommandée* ».
[921] Art. L. 228-73 C. com.

effets, doit donc être formé dans les trente jours à compter de l'insertion de la décision de passer outre dans un journal d'annonces officiel[922]. Cette opposition, qui ne saurait interdire la poursuite de l'opération de fusion, peut éventuellement aboutir au remboursement de la créance obligataire ou à la constitution de garanties, si la société absorbante en offre et si elles sont jugées suffisantes.

2- La substitution dans les droits processuels

507. **Le principe : la transmission immédiate des actions.** Il est généralement enseigné en procédure civile que l'action se transmet nécessairement avec la transmission du droit substantiel dont elle assure la sanction[923]. Ainsi, en cas de décès d'une personne physique, les ayants cause sont saisis de toutes les actions du défunt[924]. Cette solution est parfaitement applicable dans le cas d'une opération de fusion puisqu'« *il semble [...] vain de vouloir rechercher une éventuelle originalité au nom du particularisme de la condition juridique des personnes morales* »[925]. La transmission de l'ensemble des créances et obligations de la société dissoute à la société issue de la fusion entraîne donc *ipso facto* la transmission des actions afférentes à ses créances et obligations. À cet égard, il n'existe pas de difficultés particulières pour reconnaître la transmission des droits processuels par fusion. Une telle solution présente un intérêt majeur pour la société issue de la fusion qui pourra intenter les actions qui appartenaient jadis à la société dissoute. Cette même solution présente aussi un intérêt non négligeable pour les créanciers de la société dissoute qui pourront assigner la société issue de la fusion pour la protection de leurs créances. Par conséquent, il est inconcevable de se prévaloir de la dissolution de société débitrice pour débouter ses créanciers de leurs droits.

---

[922] Art. R. 236- 9 C. com.

[923] En ce sens : CADIET (L.) et JEULAND (E.), *Droit judicaire privé*, Litec, 7eme éd., 2011, n°410. Selon ces auteurs : « *En principe, l'action en justice se transmet entre vifs ou à cause de mort avec la prérogative juridique dont elle permet la réalisation judiciaire : ainsi, une cession de créance, un paiement subrogatoire ou la vente d'un bien entraînent transmission de l'action qui en permet le recouvrement et la succession aux biens d'une personne opère aussi succession aux actions relatives à ces biens. Il n'est pas envisageable qu'une action puisse être transmise indépendamment de la prérogative juridique dont elle assure la sanction* ».

[924] C'est dans ce sens que l'article 724 du Code civil dispose que « *les héritiers désignés par la loi sont saisis de plein droit des biens, droits et actions du défunt* ». Pour la transmission des actions en droit des successions, v. LECA-D'ESPALUNGUE (C.), *La transmission héréditaire des actions en justice*, PUF, 1992 ; pour la transmission des actions entre personnes morales, v. RAFFRAY (R.), *th. préc.*, n°438 et s. ; COQUELET (M.-L.), *th. préc.*, p. 201 et s. ; v. égal. COQUELET (M.-L.), *Le sort des actions en justice en cas de transmission universelle du patrimoine*, Bull. Joly 2007, p. 783.

[925] COQUELET (M.-L.), *ibid.*

508. **Les exceptions : l'intransmissibilité du droit substantiel.** Le principe de transmission des actions connaît cependant quelques limites. Certaines actions ne peuvent être transmises de plein droit à la société issue de la fusion. Pour qu'une action soit transmissible, le droit substantiel qu'elle protège doit également l'être. Cette solution découle de la confusion traditionnelle entre l'action et le droit, considérant la première comme un aspect de mise en œuvre du droit substantiel[926]. Cette approche estimait qu'il y avait identité du droit et de l'action. À cet égard, l'action défendant un droit extrapatrimonial ne pouvait être transmise en raison du principe d'intransmissibilité des droits extrapatrimoniaux. La doctrine moderne a cependant renoncé à la confusion entre le droit subjectif substantiel et le droit subjectif processuel[927]. Ce changement se justifie, d'une part, par l'existence de certains droits dépourvus d'action comme les obligations naturelles et, d'autre part, par la présence d'actions sans droit substantiel attaché, telles que l'action du ministère public ou le recours pour excès de pouvoir. Il semble cependant excessif de nier le lien étroit persistant entre ces deux droits puisque « *dans l'immense majorité des hypothèses, l'action réalise une jonction entre le droit substantiel et la procédure pour en assurer la sanction* »[928]. Le lien entre l'action et le droit est manifeste lorsqu'il s'agit d'examiner les conditions et modalités de la transmission des actions. C'est ainsi qu'« *on s'explique qu'au moment où s'opère la transmission universelle du patrimoine du défunt, les relations observées entre le droit substantiel et l'action se resserrent et qu'en cette circonstance, les droits substantiels communiquent leur caractère aux actions* »[929]. De ce fait, la transmission d'une action ou, plus généralement d'un droit processuel dépend nécessairement de la transmissibilité du droit substantiel.

509. **La transmission des actions protégeant des droits extrapatrimoniaux.** La transmission des actions ayant pour objet la

---

[926] DEMOLOMBE (J.-C.), *Cours de Code Napoléon*, Paris 1855-1866, t. IX, n°338 : « *l'action c'est le droit mis en mouvement, c'est le droit à l'état d'action au lieu d'être à l'état de repos, le droit à l'état de guerre au lieu d'être à l'état de paix* »

[927] MOTULSKY (H.), *Le droit subjectif et l'action en justice*, Arch. phil. dr. 1964, p. 215 et s. ; pour une étude historique de la distinction entre le droit processuel et le droit substantiel, v. HEBRAUD (P.), *Observations sur l'évolution des rapports entre le droit et l'action dans la formation et le développement des systèmes juridiques in. Mélanges RAYNAUD (M.)*, Dalloz, 1985, p. 237 et s. L'opinion de la doctrine moderne est consacrée par la nouvelle définition de l'action adoptée dans l'article 31 du Code de procédure civile qui distingue clairement l'action du droit substantiel. Selon les dispositions de cet article « *l'action est le droit, pour l'auteur d'une prétention, d'être entendu sur le fond de celle-ci afin que le juge la dise bien ou mal fondée. Pour l'adversaire, l'action est le droit de discuter le bien-fondé de cette prétention* ».

[928] GUINCHARD (S.), CHAINAIS (C.) et FERRAND (F.), *Procédure civile. Droit interne et droit de l'Union européenne*, Dalloz, 30eme éd., 2010, n°85.

[929] CORNU (G.) et FOYER (J.), *Procédure civile*, PUF, 3eme éd., 1996, p. 365.

protection des droits extrapatrimoniaux semble problématique[930] puisqu'il est unanimement admis que le principe de transmissibilité de tous les droits et dettes ne vaut que pour les droits patrimoniaux. Les droits extrapatrimoniaux sont en principe inaliénables en raison de leur consubstantialité avec la personne de leur titulaire[931]. Tel est notamment le cas des droits familiaux, des droits politiques, du droit de la personnalité, *etc.* L'intransmissibilité de ces droits devrait logiquement entraîner celle des actions qui en assurent la protection. La question est alors de savoir si, dans le cas où la victime d'un préjudice extrapatrimonial décède avant d'avoir exercé l'action en réparation de ce préjudice, ses héritiers peuvent le faire à sa place. La transmissibilité de l'action en réparation du préjudice matériel et les conséquences patrimoniales des atteintes à la personne ont été longtemps admises, tant par la doctrine que par la jurisprudence[932]. Cependant, la transmission de l'action en réparation du préjudice moral a longtemps été rejetée avant d'être finalement approuvée. En effet, une grande partie de la doctrine s'opposait à la transmission de l'action en réparation du préjudice extrapatrimonial aux héritiers du défunt[933]. Les tenants de cette opinion redoutaient que l'adoption d'une solution contraire emporte « *la plus totale patrimonialisation des sentiments humains* »[934]. Par ailleurs, ils avaient constaté que l'admission de l'intransmissibilité de l'action en réparation du préjudice extrapatrimonial ne désavantageait pas particulièrement les héritiers qui disposaient toujours d'une action en réparation en leur qualité de victimes par ricochet. Nonobstant les réticences doctrinales, à l'occasion

---

[930] Il faut préciser que la notion de préjudice extrapatrimonial peut être appliquée à une personne morale. La jurisprudence a même admis qu'une personne morale puisse souffrir d'un préjudice moral. En effet, sa réputation peut être entachée d'une diffamation : Cass. crim., 10 juill. 1934, DP 1938, 1, p. 41, note MIMIN (P.).

[931] À propos des droits extrapatrimoniaux, v. MOINE (I.), *Les choses hors du commerce, une approche de la personne humaine juridique*, LGDJ, 1997, p. 17.

[932] En ce sens : Cass. req., 10 avr. 1922, S. 1924, 1, p. 153, note ESMEIN (P.) ; Cass. crim., 4 juill. 1983, Bull. crim. 1983, n°210.

[933] LE TOURNEAU (Ph.), *Droit de la responsabilité et des contrats*, Dalloz Action, 9eme éd. 2012/2013, n°984 et s. ; VINEY (G.) et JOURDAIN (P.), *Traité de droit civil. Les effets de la responsabilité,* t. 3 , LGDJ, 3eme éd. 2010, n°169 et s. ; FLOUR (J.), AUBERT (J.-L.) et SAVAUX (E.), *Droit civil. Les obligations, Le fait juridique,* t.2, Sirey, 14eme éd. 2011, n°369 ; MALAURIE (Ph.), AYNÈS (L.) et STOFFEL-MUNCK (Ph.), *op. cit.*, n°220 ; ESMEIN (P.), *La commercialisation du dommage moral*, D. 1954, p. 113. ; GIVORD (F.), *La réparation du préjudice moral*, th. Grenoble, 1938, p. 267 et s. *Contra.* MAZEAUD (H.), MAZEAUD (L.) et TUNC (A.), *Traité théorique et pratique de la responsabilité civile délictuelle et contractuelle*, t. 1, Montchrestien, 6eme éd. 1965, n°1902 et s. ; SHARAF-ELDINE (A.), *Le droit à réparation des dommages corporels stricto sensu résultant d'un accident mortel et sa transmission*, JCP G 1974, I, 2647. Ces auteurs considéraient que les héritiers, en tant que continuateurs de la personne du défunt, devaient ainsi succéder au droit à réparation. Dans ce cas, une créance de réparation du préjudice existe d'ores et déjà dans le patrimoine de cette personne. C'est ladite créance et non le droit extrapatrimonial qui sera transmise aux ayants cause du défunt.

[934] FLOUR (J.), AUBERT (J.-L.) et SAVAUX (E.), *op. cit., t. 2*, n°369.

de deux arrêts rendus le 30 avril 1976[935], par la Chambre mixte de la Cour de cassation a reconnu la transmission successorale du droit à réparation de la victime lorsque celle-ci est décédée sans avoir agi ou même obtenu d'indemnisation, et cela, quel que soit le chef de préjudice. La Cour de cassation a affirmé que « *le droit à réparation du dommage résultant de la souffrance physique éprouvée par la victime avant son décès, étant né dans son patrimoine se transmet à ses héritiers* ». Cette solution a été maintes fois confirmée par des décisions ultérieures, si bien qu'il n'est pas audacieux de parler d'une jurisprudence établie[936]. Les ayants cause ont ainsi le droit d'agir à la place du *de cujus* pour obtenir la réparation du préjudice extrapatrimonial qu'il avait subi de son vivant. Par analogie, il n'y a aucune réticence à admettre que l'action en réparation d'un préjudice extrapatrimonial subi par une société fusionnante avant sa dissolution, soit transmise de plein droit à la société issue de la fusion. En la matière, une décision univoque de la Chambre commerciale est tout de même attendue.

510. **La transmission de l'action en responsabilité pénale.** Par ailleurs, la logique selon laquelle la transmissibilité de l'action dépend de la transmissibilité du droit substantiel suppose que l'action en responsabilité pénale de la société dissoute ne soit pas susceptible d'engager la responsabilité de la société issue de la fusion[937]. Cette solution se justifie par les dispositions de l'article 121-1 du Code pénal qui, sans distinguer entre personne physique et personne morale, dispose que *« nul n'est responsable pénalement que de son propre fait ».* Le principe de personnalité des peines en droit pénal semble donc s'opposer à la substitution processuelle de la société dissoute par la société issue de la fusion[938]. La jurisprudence s'est prononcée dans ce sens, notamment dans un arrêt de la Chambre criminelle

---

[935] Cass. ch. mixte, 30 avr. 1976 (2 arrêts), D. 1977, p. 185, note CONTAMINE-RAYNAUD (M.) ; RTD civ.1976, p. 556, obs DURRY (G.).

[936] En ce sens : Cass. crim., 1er sept. 2010, D. actualités 11 oct. 2010, obs. LENA (M.). Le Conseil d'État a également adopté la même position, v. CE, 29 mars 2000, D. 2000, p. 563, note BOUREL (A.) ; JCP G 2000, II, 10360, note DERREIN (A.).

[937] Sur le sujet, v. STASIAK (F.), *Fusion et responsabilité pénale des personnes morales en droit boursier in. Mélanges BOULOC (B.),* Dalloz, 2006, p. 1091 ; GAMET (L.), *Le principe de personnalité des peines à l'épreuve des fusions et des scissions de sociétés*, JCP G 2001, I, 345.

[938] Une partie de la doctrine envisage la possibilité de transmission de la responsabilité pénale. Il est possible à cet égard de recourir à une fiction en admettant que la société absorbante continue la personnalité juridique de la société absorbée. Cette fiction ne semble pas complètement étrangère au droit pénal puisque la responsabilité pénale des personnes morales comporte déjà une part de fiction. À défaut de pouvoir retenir la responsabilité pénale de la société absorbante au titre de l'infraction commise par la société absorbée, il est possible de retenir sa responsabilité au titre d'une infraction dite de conséquence comme la commission de l'infraction de recel ou de blanchiment. (En ce sens : GALLOIS (A.), *La responsabilité pénale de la société absorbante en cas de fusion-absorption frauduleuse*, Dr. sociétés 2010, p. 4).

de la Cour de Cassation, rendu le 20 juin 2000, qui s'est prévalu du texte susmentionné pour constater l'extinction de la responsabilité pénale de la société absorbée[939]. Cependant, le droit à réparation de la victime découlant de l'infraction commise par la société absorbée devrait faire l'objet d'une transmission passive. Cette solution se justifie par le constat général que le droit de réparation de la victime peut être passivement transmis aux ayants cause du défunt responsable. Il en est ainsi parce que le droit à la réparation revêt une nature civile malgré la nature pénale de l'infraction.

511. **Le défaut d'interruption des délais de recours.** Il faut également souligner que la société issue de la fusion acquiert de plein droit la qualité de partie à l'instance en cours, sans qu'il n'y ait de formalité à remplir. Une substitution par voie de conclusion à la société dissoute est ainsi suffisante[940]. Il en découle que la fusion n'est pas une raison pour interrompre les délais de recours dont dispose la personne morale dissoute pour interjeter appel ou se pourvoir en cassation. La jurisprudence ne s'est pas expressément prononcée sur le sujet en matière de fusion. Il est toutefois possible de se référer à une décision rendue par la troisième chambre civile de la Cour de cassation, le 12 mars 2008, concernant la dissolution sans liquidation d'une société unipersonnelle[941]. La Haute juridiction a décidé que la dissolution de la société unipersonnelle n'a pas pour effet d'interrompre le délai de deux mois qui commence à courir dès la signification de l'arrêt de la Cour d'appel. Le pourvoi formé par le créancier contre l'associé unique de la société dissoute, a été jugé irrecevable en raison de l'expiration du délai[942]. En effet, comme le constate un annotateur, « *il n'existe pas, au sujet des personnes morales, d'équivalent à l'article 532 du Code de procédure civile, qui, en cas de décès d'une partie, interrompt le délai de recours à l'égard de la partie à laquelle le jugement ou l'arrêt a été notifié, et impose, le cas échéant, une nouvelle notification aux héritiers* »[943]. Ainsi, la substitution prévue d'une personne morale par une autre, suite à une transmission universelle de patrimoine, n'entraîne pas une interruption des délais d'action et de recours. Cette solution semble applicable en matière de fusion, par analogie avec la dissolution sans liquidation de la société unipersonnelle. Par ailleurs, la fusion d'une société n'est pas non plus une cause d'interruption

---

[939] Cass. crim., 20 juin 2000, D. 2001, p. 853, note MATSOPOULOU (H.) ; RTD com. 2001, p. 459, note DANET (D.) et CHAMPAUD (Cl.) ; LPA, 13 mars 2001, n°51, p. 19, note COFFY DE BOISDEFFRE (M.-J.) ; Rev. soc. 2001, p. 851, note URBAIN-PARLEANI (I.) ; Bull. Joly, 2001, § 12, p. 39, note MASCALA (C.).

[940] Cass. 2e civ., 6 oct. 1977, Gaz. Pal. 1977, 2 somm. n°362.

[941] Cass. 3e civ, 12 mars 2008, D. 2008, p. 918 ; Dr. sociétés 2008, n°91, note COQUELET (M.-L.) ; Bull Joly 2008, p. 476, note LE CANNU (P.).

[942] Conformément aux dispositions de l'article 612 du CPC : « *Le délai de pourvoi en cassation est de deux mois, sauf disposition contraire* ».

[943] LE CANNU (P.), *note préc.*, p. 478.

des instances en cours. Aux termes de l'article 370 du Code de procédure civile, l'instance est interrompue par le décès d'une partie dans les cas où l'action est transmissible. L'interruption ne survient qu'à compter de la notification du décès à l'autre partie. Les héritiers doivent alors volontairement intervenir à l'instance pour qu'elle puisse reprendre. La question s'est posée de savoir si la dissolution sans liquidation d'une personne morale, à la suite d'une fusion, pouvait être assimilée au décès d'une personne physique entraînant, par conséquent, interruption de l'instance. Depuis longtemps, la jurisprudence ne reconnaît pas cette assimilation et considère que la société issue de la fusion acquiert de plein droit la qualité de partie à l'instance[944].

512. **La date de prise d'effet de la substitution processuelle.** La substitution aux créances et obligations de la société dissoute par la société issue de la fusion n'est en principe effective que lorsque la fusion devient opposable aux tiers, c'est-à-dire après l'accomplissement des formalités de publicité légale. En revanche, la substitution en droit processuel est immédiate puisqu'elle intervient à la date de prise d'effet *inter partes* de la fusion, avant même que l'opération ne soit opposable aux tiers. Par conséquent, dans une fusion absorption, la substitution est effective à la date de la dernière assemblée générale ayant approuvé l'opération et, dans une fusion par création d'une société nouvelle, à la date de l'immatriculation de la nouvelle société au registre de commerce et des sociétés. Cette solution se justifie essentiellement par l'absence de liquidation consécutivement à la dissolution de la société. Ainsi, c'est à partir de la date de prise d'effet de la fusion que la société dissoute ne peut plus accomplir d'actes de procédure, puisqu'elle perd toute capacité d'ester en justice et que la société issue de la fusion acquiert, sans l'accomplissement de formalités, la capacité d'introduire ou de poursuivre les instances. C'est dans ce sens que la Chambre commerciale de la Cour de cassation a décidé, dans un arrêt rendu le 11 février 1986 que l'appel interjeté au nom de la société absorbée, après la prise d'effet de la fusion était nul parce que cette dernière n'avait plus de personnalité juridique[945].

513. La question qui s'est posée concerne la date de transmission des droits processuels, lorsque le contrat de fusion prévoit une clause de

---

[944] En ce sens: CA Paris, 5e ch., sect. A, 18 juin 1985, Gaz. Pal. 1985, 2, p. 595 ; CA Versailles, 21 mai 1996, Rev. soc. 1997, p. 181, obs. GUYON (Y.) ; Cass. com., 21 oct. 2008, n°07-19.102, JurisData n°2008-045484 ; Bull. civ. 2008, IV, n°174 ; RTD civ. 2009, p. 363, obs. THERY (Ph.).

[945] Cass. com., 11 févr. 1986, Rev. soc. 1986, p. 626, obs. GUYON (Y.) ; Bull. Joly 1986, § 176, p. 627. V. égal. Cass. com., 6 mai 2003, Dr. sociétés 2003, comm. n°2003, obs. TRÉBULLE (Fr. G.); Cass. Com., 22 févr. 2005, Bull. Joly Sociétés 2005, § 195, p. 868, note SCHOLER (P.).

rétroactivité ou une clause de prise d'effet différée. Conformément aux dispositions de l'article L. 236-4 du Code de commerce, la fusion par absorption prend effet « *à la date de la dernière assemblée générale ayant approuvé l'opération, sauf si le contrat prévoit que l'opération prend effet à une autre date, laquelle ne doit être ni postérieure à la date de clôture de l'exercice en cours de la ou des sociétés bénéficiaires ni antérieure à la date de clôture du dernier exercice clos de la ou des sociétés qui transmettent leur patrimoine* ». L'interprétation littérale de ce texte conduit à tenir compte de la clause de rétroactivité pour déterminer la date de la transmission d'un droit processuel. Toutefois, la solution traditionnellement admise considérait que la clause de rétroactivité n'avait qu'une portée limitée et une valeur purement comptable et financière[946]. Son seul but était de remédier aux difficultés de la période intercalaire qui court de la date de fixation des bases comptables et financières de la fusion à celle de la réalisation de ladite fusion. Une clause de rétroactivité ne pouvait donc porter sur les effets juridiques de la fusion à l'égard des sociétés fusionnantes et des tiers. En application de cette solution, un droit processuel se transmettait indépendamment de l'effet rétroactif prévu par les parties dans le contrat de fusion. Cependant,, un arrêt rendu par la troisième chambre civile de la Cour de cassation semble remettre en cause cette solution puisqu'il prend en considération la date prévue dans la clause de rétroactivité pour apprécier la recevabilité d'un pourvoi présenté par la société absorbée[947]. La Cour affirme que le pourvoi formé par la société absorbée postérieurement à la date stipulée dans la clause de rétroactivité est irrecevable, car ladite société avait à cette date perdue sa personnalité morale. La Haute juridiction n'a donc pas tenu compte de la date de sa radiation du Registre du commerce et des sociétés.

B- La transmission des contrats

514. **Le maintien des contrats en cours.** Les contrats en cours lors de la fusion sont généralement maintenus et la société absorbante se substitue à la société absorbée, dans les mêmes conditions de droits et devoirs stipulées initialement par les parties. Les cocontractants de la société absorbée sont donc affectés par le transfert de leur contrat avec la prise d'effet du contrat de fusion, sans que leur accord soit demandé et sans qu'ils puissent se prévaloir de la fusion pour exiger la résolution du contrat en cause[948].

---

[946] VIANDIER (A.), *art. préc.*.

[947] Cass. 3e civ., 17 mai 2006, n°05-10936, Bull. Joly sociétés 2006, §295, p. 1450, note VAMPARYS (X.); D. 2006, p. 1687, obs. LIENHARD (A.).

[948] Cass. com., 23 juin 1958, JCP C 1958, I, 63769.

515. **Le contrat de bail.** Au regard du bail commercial, l'article L. 145-16 du Code de commerce précise que « *la société issue de la fusion est, nonobstant toute stipulation contraire, substituée à celle au profit de laquelle le bail a été consenti dans tous les droits et obligations découlant de ce bail* »[949]. La société absorbante est ainsi substituée à la société absorbée. Elle devient alors locataire dans les conditions prévues par le contrat de bail initial. Le contrat de fusion est donc opposable au bailleur et la société absorbante profite du bail en lieu et place de l'ancien locataire malgré toute stipulation contraire. La substitution s'opère de plein droit, le bailleur n'a ni à intervenir à l'acte, ni à être prévenu[950]. Le bailleur des locaux qui subit une substitution de locataires après le contrat de fusion peut cependant faire opposition à la fusion dans les conditions prévues pour l'opposition des créanciers non obligataires[951].

516. **Le contrat de travail.** Quelle que soit la nature des contrats de travail[952], l'opération de fusion entraîne leur transfert à la société absorbante. Ces contrats sont alors maintenus de plein droit en vertu de l'article L. 1224-1 du Code du travail qui prévoit que « *lorsque survient une modification dans la situation juridique de l'employeur, notamment par succession, vente, fusion, transformation du fonds, mise en société de l'entreprise, tous les contrats de travail en cours au jour de la modification subsistent entre le nouvel employeur et le personnel de l'entreprise* ». Le contrat de fusion s'impose donc aux salariés de la société absorbée qui deviennent ceux de la société absorbante, sans que l'employeur ne soit tenu de les en aviser.

517. Le maintien du contrat de travail dans les opérations de fusion est prévu pour protéger les droits des salariés de la société absorbée qui peuvent ainsi conserver le bénéfice de l'ancienneté acquise et tous les droits qui y sont rattachés, comme les indemnités, les congés payés ainsi que les avantages contractuels. La société absorbante peut, cependant, dans le cadre de l'organisation des services justifiée par l'opération de fusion, procéder à une réduction des effectifs. Les licenciements des salariés s'effectuent alors à la charge de la société absorbante substituée à l'absorbée.

518. **Le contrat de caution.** Partant du principe que la fusion entraîne la substitution de la société absorbante à la société absorbée sans novation, les sûretés rattachées aux dettes transmises persistent. Les sûretés étant des

---

[949] Pour une application jurisprudentielle, v. CA Paris, 16 juin 2000, Bull. Joly 2001, p. 42, note DAIGRE (J.-J.).

[950] CA Paris, 17 avr. 1977, Rev. soc. 1977, p. 69, note GUYON (Y.).

[951] Cf. *supra* n°102 et s. à propos des créanciers non obligataires ; art. L. 236-14, al. 1er C. com.

[952] Les contrats à durée déterminée, les contrats à durée indéterminée, les contrats de qualification et les contrats des apprentis.

accessoires de la créance ou de la dette, elles sont transmises à la société issue de la fusion. Le cautionnement garantissant une dette transmise survit donc à l'opération de fusion. Ceci dit, deux hypothèses doivent être distinguées.

519. D'une part, la fusion absorption de la société débitrice pose le problème de la persistance de l'obligation de la caution pour garantir la dette d'un nouveau débiteur, soit la société absorbante. En principe, les cautions données au profit de la société absorbée débitrice persistent après la réalisation de la fusion et n'entraînent pas de novation de la dette. Le créancier de la société absorbée peut ainsi se prévaloir du bénéfice de la garantie après la prise d'effet de la fusion. Corrélativement, la caution ne se trouve point libérée par la disparition de la société cautionnée. Les effets de la caution ne s'étendent cependant pas aux dettes nées postérieurement à la fusion, sauf stipulation contraire manifestant expressément la volonté de la caution d'étendre son obligation à l'égard de la société absorbante[953]. Elle garantit donc en principe seulement les dettes nées antérieurement à la date de prise d'effet de la fusion. Ceci se comprend bien eu égard au caractère *intuitu personae* du cautionnement qui se concilie mal avec des dettes nées postérieurement à la fusion. En d'autres termes, le contrat de fusion s'impose à la caution qui doit garantir les dettes de la société absorbée nées antérieurement à la fusion. En revanche, la caution ne répond pas des dettes nées postérieurement à la fusion, à moins qu'elle ait expressément manifesté la volonté contraire[954].

520. D'autre part, la fusion absorption de la société créancière pose, de son côté, le problème de la persistance de l'obligation de la caution face à un nouveau créancier, soit la société absorbante. Il s'agit dans cette hypothèse d'un engagement de caution donné à la société créancière qui va être absorbée. La fusion entraînant sa disparition, la Cour de cassation estime que la caution ne peut survivre que pour les dettes antérieures à l'opération[955]. Le cautionnement des dettes nées après l'opération de fusion peut toutefois persister par une manifestation expresse de volonté de la caution en ce sens[956]. Cette solution rejoint celle adoptée par la jurisprudence relativement à l'hypothèse de la fusion par absorption de la société débitrice dont la créance est garantie par la caution. L'obligation de couverture est ainsi éteinte alors que l'obligation de règlement subsiste[957]. La solution jurisprudentielle classique a cependant été rejetée par une décision rendue

[953] Cass. com., 25 oct. 1983, n° 82- 13. 358, Rev. soc 1984, p. 297, note MABILAT (P.).
[954] Cass. 3e civ., 16 fév. 2000, JCP E 2000, p. 1386.
[955] Cass. com., 6 mars 1978, n°76- 14. 152, D. 1979, I. R., p. 138, obs. VASSEUR (M.).
[956] Cass. com., 30 juin 2009, RD bancaire et fin. 2009, comm. 188.
[957] Cass. com., 25 nov. 1997, D. affaires 1998, p. 169.

par la Cour de Cassation le 8 novembre 2004[958]. L'espèce concerne la fusion-absorption d'une société propriétaire d'un immeuble, dont la créance du loyer est garantie par une caution. L'arrêt affirme que « *le cautionnement garantissant le paiement des loyers est, sauf stipulation contraire, transmis de plein droit à la société absorbante* ». Cette solution s'inspire d'une décision rendue par l'Assemblée Plénière qui à l'occasion de la vente d'un immeuble, affirme que, sauf stipulation contraire, la caution garantissant le paiement des loyers est transmise de plein droit au nouveau propriétaire en tant qu'accessoire de la créance de loyer cédée[959]. Une décision plus récente de la Cour de cassation marque un retour à la solution classique[960]. Sans distinguer entre une société absorbée débitrice ou créancière, elle décide que la caution ne survit pas pour les dettes nées postérieurement à la fusion, à moins d'une manifestation expresse de volonté de la caution de s'engager envers la nouvelle personne morale.

Ss-paragraphe 2 : Les exceptions au principe de l'opposabilité du contrat aux tiers

521. **Plan.** L'extension de l'effet du contrat de fusion aux tiers réside dans la mise en commun du patrimoine de deux sociétés au sein d'une seule. Ce n'est donc point une coïncidence si les exceptions à cette extension d'effets du contrat sont les mêmes que celles liées à la transmission universelle du patrimoine. Parmi ces exceptions nous pouvons citer, d'une part, les contrats conclus *intuitu personae* **(A)** et, d'autre part, les clauses d'agrément et de préemption **(B)**.

A- Les contrats conclus *intuitu personae*

522. **Le principe d'intransmissibilité des contrats *intuitu personae*.** Le caractère *intuitu personae* de certains contrats s'oppose à leur transmission à la société absorbante. Une grande partie de la doctrine a soutenu cette position en considérant que la transmission de ce genre de contrats n'est possible qu'avec l'accord du cocontractant[961]. Le principe d'intransmissibilité des contrats *intuitu personae* est repris par deux réponses

---

[958] Cass. com., 8 nov. 2005, n° 02- 18. 449, D. 2005, p 2876, obs. LIENHARD (A.).
[959] Cass. Ass. Plén., 6 déc. 2004, n°03- 10.713, Bull. ass. Plén., n°14; D. 2005, p. 227, note ANYES (L.).
[960] Cass. com., 30 juin 2009, *arrêt préc.*.
[961] JASPAR (X.) et METAIS (N.), *Les limites à la transmission universelle du patrimoine : les contrats intuitu personae et les contraintes afférentes à certains biens*, Bull. Joly 1998, p. 447, n° 156 ; COQUELET (M.-L.), *La transmission universelle du patrimoine à l'épreuve du principe d'intransmissibilité des contrats intuitu personae*, Dr. Soc, actes pratiques 2000, n°49 ; DUBERTET (M.), *L'intuitu personae dans les fusions*, Rev. soc. 2006, p. 721.

ministérielles proclamant que « *la fusion ne peut pas porter sur des conventions conclues intuitu personae* »[962].

523. L'intransmissibilité des contrats conclus *intuitu personae* repose sur l'idée générale que la personne du contractant est un élément essentiel de l'engagement. Dès lors, la modification de la personne du contractant est une cause de caducité du contrat dans la mesure où un élément essentiel du contrat a disparu en cours d'exécution. Une partie de la doctrine critiqua cette solution qui méconnaissait l'intérêt principal de la transmission universelle de patrimoine tenant à s'assurer de la continuité de l'activité de la société absorbée par l'absorbante[963]. Qui plus est, les textes européens et notamment la directive 2011/35/UE et la dixième directive semblent s'aligner sur cette solution. En effet, le législateur européen n'a prévu aucun régime particulier relatif à la transmission de ce genre de contrat qui permettrait de les exempter du principe de la transmission universelle de patrimoine. Un auteur constata que « *les directives particulièrement claires et précises sur ce point ne semblent laisser aucun choix aux États membres. D'ailleurs en l'absence de précision relative à l'intuitu personae en droit interne, le respect du principe d'interprétation conforme devrait conduire la jurisprudence nationale à interpréter en droit français les textes relatifs aux fusions à la lumière des [...] directives sans que l'intuitu personae ne fasse l'objet d'un traitement particulier*»[964]. Cependant, une autre partie de la doctrine saluait au contraire cette solution qui avait le mérite de protéger les intérêts du cocontractant de la société absorbée qui pouvait voir ses intérêts altérés par le changement du contractant[965]. M. VIANDIER, adepte du

---

[962] Bull. CNCC. N°116-1999, p. 664.

[963] DUBERTRET (M.), *art. préc.*, p. 721 et s. : « *Tandis que la liberté contractuelle conduit à ne pas transmettre le contrat conclu intuitu personae pour respecter le choix des parties, le mécanisme de la transmission universelle du patrimoine commande au contraire de transmettre tous les contrats sans distinction en raison de la continuité de la personnalité de la société absorbée dans celle de la société absorbante* » ; JEANTIN (M.), *art. préc.*, p. 299 et s. L'auteur considère que le principe de transmission universelle de patrimoine a un caractère d'ordre public et ne peut ainsi voir son application limitée par le seul effet d'une stipulation contractuelle. V. aussi TILQUIN (Th.), *op. cit.*, p. 291. Cet auteur critiqua la solution qui se fonde sur une transposition en matière de fusion des dispositions de l'article 1122 du Code civil puisque « *cette analyse, fondée sur la prise en considération de la « nature de la convention » conclue par une défunt, ne correspondait toutefois guère à la réalité de la fusion et de la scission, qui sont des actes visant à la survie et au développement de l'entreprise, et apparaissait comme l'une des « impasses », ou menait l'analyse de la fusion ou de la scission en une transmission à titre universel* ».

[964] DUBERTRET (M.), *art. préc.*, p. 724.

[965] En ce sens : HOUIN (R.), obs. sous CA Amiens, 5 oct. 1974, RTD com. 1975, p. 136, n°18 ; VIANDIER (A.), *Les contrats conclus intuitu personae face à la fusion des sociétés in. Mélanges MOULY (Ch.),* Litec, 1998, t. 2, p. 193, spéc. n°28. Pour une position intermédiaire, v. RAFFRAY (R.), *th. préc.*, p. 362 et s. : « *En réalité, la diversité des contrats et des situations ne se prête pas à la systématisation, et il est peu probable qu'une solution unique soit adaptée à la protection des intérêts en présence. Par conséquent, une voie médiane, entre*

principe d'intransmissibilité des contrats *intuitu personae*, soulignait ainsi que « *la liberté contractuelle et l'article [1103] du Code civil autorisent à affirmer la primauté du contrat sur le principe de la transmission universelle. La qualification de contrat conclu intuitu personae est bien le résultat d'un choix délibéré, même s'il est implicite, des parties* ».

524. **La consécration du principe d'intransmissibilité dans le droit positif.** La jurisprudence s'est prononcée, à plusieurs reprises, dans le même sens, sans faire de distinction entre les contrats dont le caractère d'*intuitu personae* relève de la volonté des parties et ceux qui le sont de par leur nature même.

525. Pour le premier genre de contrat *intuitu personae*, la Cour de cassation s'est prononcée sur la transmissibilité d'un « *contrat d'agent revendeur* » dont les stipulations des parties indiquent qu'il n'est pas susceptible de transfert, que ce soit totalement ou partiellement, sans l'accord préalable et écrit du concessionnaire[966]. La Cour se prévaut de ces stipulations pour constater le caractère *intuitu personae* du contrat et décider de l'impossibilité de sa transmission par l'opération de fusion.

526. Pour le second genre de contrats *intuitu personae,* un nombre limité de conventions existe, que le législateur[967] a rendu intransmissible, ainsi que d'autres conventions que la jurisprudence a estimé être *intuitu personae* par nature, indépendamment de leurs stipulations. La Cour de cassation décide donc que le contrat de prestation de service[968], le contrat d'agence commerciale[969], ainsi que le contrat administratif[970] ne peuvent pas être transmis par une fusion du fait qu'ils soient conclus en considération de la personne.

B- La clause d'agrément et de préemption

527. **La clause d'agrément dans les statuts de la société absorbante.** Il faut, d'abord préciser que l'hypothèse de la clause d'agrément dont il est question dans ce paragraphe ne concerne pas celle qui peut exister dans les

---

caducité de plein droit de tous les contrats intuitu personae et transmission de plein droit de tous ces contrats s'impose ».

[966] Cass. com., 13 déc. 2005, RTD civ 2006, p. 310, obs. MESTRE (J.) et FAGES (B.).

[967] Sur le bail rural, v. Cass. com., 18 févr. 1997, Rev. soc 1998, p. 324, note FORTUIT (Ph.); sur le mandat de syndic de copropriété, v. Cass. com., 30 mai 2000, JurisData n°2000-00277 ; JCP G 2000, II, 10401, note VIANDIER (A.).

[968] CA Paris, 3 nov. 1994, RJDA 4/1995, n°406.

[969] Cass. com., 29 oct. 2002, JurisData n°2002-016255 ; RTD civ. 2003, p. 295, obs. MESTRE (J.) et FAGES (B.)

[970] Avis de la Section des Finances du Conseil d'État n°364 803 du 8 juin 2000.

statuts de la société absorbante. En effet, la distribution des parts sociales aux associés de l'absorbée est un effet légal de la fusion. Contre cet effet, la société absorbante est impuissante à invoquer la clause d'agrément stipulée dans ses statuts aux associés de la société absorbée[971].

528. Quant aux actions détenues par la société absorbée au sein d'une société tierce, sont généralement transmises à la société absorbante après la transmission universelle du patrimoine. La société absorbante devient ainsi le nouvel associé dans des sociétés tierces.

529. **La clause d'agrément dans les statuts d'une société tierce.** Il est néanmoins possible que les statuts de la société tierce comporte une clause d'agrément des associés, posant ainsi la question de savoir si l'existence d'une telle clause risque de freiner la substitution automatique de la société absorbée par la société absorbante en qualité d'associé dans la société concernée[972].

530. La Cour de Cassation a répondu à cette question par la négative en refusant d'appliquer le mécanisme d'agrément à l'occasion d'une opération de scission de la société bénéficiaire de l'opération[973]. La Haute juridiction considère qu'il ne s'agit pas en l'espèce d'une cession isolée de parts à un tiers. Cette solution, rendue à l'occasion d'une opération de scission, paraît tout à fait transposable à un cas de fusion. Cette solution a ensuite été nuancée par un autre arrêt rendu par la Cour de Cassation considérant que le mécanisme d'agrément peut s'étendre aux contrats de fusion si cela est expressément prévu par les statuts de la société tierce[974]. Le cas doit donc expressément figurer dans les statuts de la société parmi les opérations soumises au mécanisme d'agrément.

531. Quelle que soit l'interprétation des clauses statutaires, qu'elles soient explicites ou implicites, il est justifiable d'imposer l'agrément de la société absorbante en tant qu'associé dans les sociétés marquées par un fort *intuitu personae,* comme c'est le cas pour les sociétés en nom collectif, les sociétés en participation[975] ou encore les sociétés en commandite.

---

[971] V. BERTREL (J.-P.), *Fusions-acquisitions : une clause d'agrément est-elle applicable en cas de fusion ou de scission ?*, Dr. et patrimoine, avr. 2003, n°114

[972] À ce sujet, v. BERTREL (J.-P.), *Fusions-acquisitions : une clause d'agrément est-elle applicable en cas de fusion ou de scission ?*, Dr. et patrimoine, avr. 2003, n°114 ; URBAIN-PARLEANI (I.), *La fusion-absorption à l'épreuve des clauses d'agrément, le cas particulier de la transmission des droits sociaux détenus dans le capital d'une société tierce in. Mélanges GUYON (Y.)*, Dalloz 2003, p. 1061 et s.

[973] Cass. com., 19 avr. 1972, D. 1972, jurispr., p. 538, note SCHMIDT (D.).

[974] Cass. com., 3 juin 1986, JCP E 1986, II, 15846, obs. VIANDIER (A.) et CAUSSAIN (J.-J.) ; D. 1987, p. 95, note DAIGRE (J.- J.).

[975] En ce sens : CA Paris, 4 mars 1976, Dr. sociétés 1976, n°91.

Ss-section 2 : L'assimilation impropre de la fusion à un contrat de société

532. **L'exposé de la qualification.** Devant le silence du législateur, les juges se sont dans un premier temps contentés d'assimiler le contrat de fusion à un contrat de société[976]. L'assimilation des deux contrats se comprend parfaitement au regard de leur grande similitude qui ressort avec netteté de leurs effets juridiques. Ces contrats ont en commun de rassembler des individus jusque-là séparés qui deviennent alors associés au sein d'une même entité juridique. Ils ont également pour objet d'organiser cette entité. Au terme de l'opération de fusion, les associés des sociétés qui disparaissent acquièrent la qualité d'associés dans une société déjà existante ou bien dans une société nouvellement créée. Il en va de même pour les apporteurs qui deviennent les associés de l'entité issue du contrat de société. La fusion qui apporte des modifications organisationnelles à la société préexistante ou issue de l'opération, est souvent assimilée à un acte créateur d'une nouvelle entité. À cet égard, le contrat de fusion se rapproche du contrat de société qui est l'archétype du contrat-organisation.

533. **Plan.** La qualification de la fusion de contrat-organisation peut-elle ainsi être perçue comme une confirmation de la position jurisprudentielle soutenant que le contrat de fusion n'est qu'une forme de contrat de société ? Pour répondre à cette interrogation, un retour à la définition donnée par l'article 1832 du Code civil s'impose pour établir une étude analogique entre les deux contrats. Selon ses dispositions, « *la société est instituée par deux ou plusieurs personnes qui conviennent par un contrat d'affecter à une entreprise commune des biens ou leur industrie en vue de partager le bénéfice ou de profiter de l'économie qui pourra en résulter* ». À la lumière de ce texte, on peut dire que les éléments caractéristiques du contrat de société tiennent à la réalisation d'apports, à la vocation aux bénéfices et aux économies, à la contribution aux pertes et à l'*affectio societatis*. Certains de ces éléments sont communs au contrat de fusion, ce qui autorise un rapprochement des deux figures juridiques **(Paragr. 1)**. Toutefois, un des éléments essentiels fait défaut, repoussant ainsi leur assimilation **(Paragr. 2)**.

Paragraphe 1 : Les éléments communs

534. **Plan.** La Cour de cassation exige expressément que les éléments constitutifs du contrat de société soient « *établis séparément* » dans la

[976] GOMPEL (R.), *th. préc.*, p. 80 ; GOIRAND (L.), *Traité des sociétés par actions*, t.1, éd. Gazette du Palais, 1896, p. 295. L'auteur se place du point de vue de la société absorbante pour considérer que la fusion constitue un mode particulier de constitution des sociétés.

mesure où ils ne peuvent se déduire les uns des autres[977]. Une étude de chacun de ses éléments s'impose donc pour tenter d'en établir l'existence dans le contrat de fusion. Seront donc séparément étudiés les éléments caractéristiques du contrat de société, à savoir la réalisation d'apports **(Ss-paragr. 1)**, la participation aux résultats de l'exploitation **(Ss-paragr. 2)** et enfin l'*affectio societatis* **(Ss-paragr. 3)**.

Ss-paragraphe 1 : La réalisation d'apports

535. **Principe : pas de fusion sans apport.** Il ne peut y avoir de contrat de société sans réalisation d'apports par chacun des associés[978]. L'apport permet d'affecter à l'activité sociale une certaine somme d'argent ou bien la propriété ou la jouissance d'un bien, ou encore une force de travail. L'apporteur reçoit en contrepartie des parts ou actions de la personne morale née du contrat de société. L'article 1843-3 du Code civil distingue trois types d'apports, à savoir l'apport en numéraire, l'apport en industrie et l'apport en nature. Le contrat de fusion ayant été longtemps assimilé en droit positif à un contrat d'apport en nature, nous y porterons une attention toute particulière[979].

536. L'apport en nature a pour objet un bien, soit un élément d'actif et non du passif. Il constitue donc un « *transfert de valeur* »[980] à la société. Force est de constater que dans le contrat de fusion, le transfert de valeur s'opère par l'intermédiaire de la transmission du patrimoine de la société absorbée au profit de la société absorbante. Ce mécanisme permet de transmettre l'ensemble des biens et des créances de la société absorbante au profit de sa cocontractante. La transmission du patrimoine ne se limite cependant pas uniquement au transfert des éléments d'actif de la société dissoute. Il s'étend aussi à ses éléments de passif. L'existence d'un passif attaché à l'apport n'aboutit pas automatiquement à la disqualification de l'apport. Ce transfert peut toujours être considéré comme un apport en nature, à condition de présenter une valeur nette positive, c'est-à-dire que la valeur de l'actif doit dépasser celle du passif.

537. **Exception : l'absorption d'une société ayant une valeur nette négative.** Les choses se compliquent lors de l'absorption d'une société dont le patrimoine a une valeur nette négative, c'est-à-dire quand les éléments de son passif excèdent ceux de son actif. L'apport de la société absorbée risque

---

[977] Cass. com., 23 juin 2004, n° 01-14.275, Bull. Joly sociétés 2005, p. 295, note VALLANSON (J.).
[978] En ce sens : Cass. 1er civ., 26 janv. 1988, n° 85- 18. 618, Bull. Joly Sociétés 1988, p. 193.
[979] Sur l'assmiliation de la fusion à un contrat d'apport en nature, voir. *Supra*, n°406 et s.
[980] MESTRE (J.) et VELARDOCCHIO (D.), *op. cit.*, n°273.

alors d'être qualifié de « *fictif* »[981]. Or la fictivité de l'apport, qui équivaut à une absence d'apport[982], est souvent sanctionnée par la nullité de la société[983]. Par conséquent, la qualification de la transmission du patrimoine de la société absorbée comme apport en nature est à la fois inopportune et inexacte, car le transfert d'une universalité de valeur négative à la société absorbante est parfaitement envisageable dans le cadre d'une fusion[984]. Toutefois, il ne faut pas en déduire que l'absorption d'une société ayant une valeur nette négative est exempte de toute forme d'apport. En effet, la société absorbée n'apporte pas seulement un ensemble d'actifs et de biens isolés à la société absorbante, mais lui transfert aussi la totalité de son patrimoine, notamment, son entreprise, sa main d'œuvre, ses moyens de production et son savoir faire. Il faut alors relever que l'absorption d'une société ayant une valeur nette négative suppose toujours un apport qui peut être assimilé tout au moins à un apport en industrie. La réalisation d'apport peut ainsi être considérer comme un élément commun au contrat de fusion et au contrat de société.

Ss-paragraphe 2 : La participation aux résultats de l'exploitation

538. **La vocation aux bénéfices et économies.** Des personnes qui décident de former une société le font généralement dans le but d'en tirer profit et de repartir les bénéfices. Pour cela, elles acceptent d'affecter leurs biens et leurs industries dans une entreprise commune. L'intérêt réside non seulement dans la réalisation de bénéfices, mais aussi dans les économies qui peuvent résulter de ce regroupement. Contrairement aux bénéfices, la réalisation d'économies ne consiste pas à fournir « *un gain pécuniaire et matériel qui ajoutera à la fortune des associés* », mais plutôt à éviter les pertes et amoindrir les dépenses[985].

539. En matière de fusion, les motifs des associés des sociétés fusionnantes semblent être les mêmes, à savoir l'accroissement de leurs dividendes à travers la mise en place d'une nouvelle société qui sera plus productive et compétitive que leur ancienne société. Par ailleurs, la réalisation d'économies constitue souvent la cause principale de

[981] Définition de l'apport fictif : « *celui dénué de toute valeur effective ou certaine, ou n'ayant qu'une valeur insignifiante insusceptible d'accroitre le fonds social ou d'être prise en considération pour la détermination du capital social* », NECTOUX (F.), *Les apports fictifs*, J.- Cl. Sociétés Traité, Fasc. 12, cité par MESTRE (J.) et VELARDOCCHIO (D.), *op. cit.*, n°275.
[982] Cass. 3e civ., 22 juin 1976, D. 1977, p. 619, note DIENER (P.).
[983] Art. 1844-10 C. civ. et art. L. 235- 1 C. com.
[984] Sur le sujet, voir. *Supra*, n°428 et s.
[985] Sur la différence entre « *bénéfices* » et « *économies* », v. Ass. ch. réunies, 11 mars 1914, *aff. Caisse rurale de Manigod*, DP 1914, 1, p. 257, note L. S.

l'approbation du projet de fusion par les associés. En fusionnant, les sociétés tentent d'atteindre leur taille optimale qui leur permettra, outre la réalisation de bénéfices, de réduire leurs coûts de production et leurs dépenses. Dans ce cas, les associés ont intérêt à approuver la fusion pour profiter des économies susceptibles d'être engendrées par la concentration des entreprises des sociétés en cause.

540. **La contribution aux pertes.** « *Lorsque des associés forment une société, les bénéfices et les économies sont le but de leur groupement tandis que les pertes constituent le risque qu'ils acceptent d'assumer* »[986]. En effet, la contribution aux pertes est indispensable à l'existence du contrat de société au même titre que la participation aux bénéfices et économies nés de l'activité de la société[987]. Nous pouvons également relever l'existence de cet élément dans le contrat de fusion. Les sociétés qui décident de se « *marier* » doivent en effet le faire « *pour le meilleur et pour le pire* ». Bien qu'ils soient mus par l'espoir de recevoir des bénéfices, les associés de la société absorbée qui intègrent la société issue de la fusion sont conscients qu'ils seront obligés de contribuer aux pertes que risque de subir la nouvelle société.

Ss-paragraphe 3: L'*affectio societatis*

541. La notion d'*affectio societatis* évoque étymologiquement la volonté de s'associer. Sa définition est à l'origine d'une longue controverse doctrinale. L'« *ambiguïté* »[988] qui l'entoure s'explique par le fait qu'elle n'a pas expressément été prévue par les dispositions de l'article 1832 du Code civil. En l'absence de définition légale, l'*affectio societatis* a fait l'objet de plusieurs études[989]. On peut résumer l'*affectio societatis* à la volonté de tous les associés de collaborer sur un pied d'égalité, en vue de la réalisation de l'objet social.

542. Une autre source d'ambiguïté dans la notion d'*affectio societatis* résulte du doute quant à son utilité[990]. C'est notamment le cas dans les sociétés de grandes dimensions, spécialement celles faisant appel à l'épargne

---

986 LUCAS (F.-X.), *Théorie des bénéfices et des pertes*, J.-Cl. Sociétés Traité, Fasc. 15- 10, n° 1.

987 Cass. com., 17 mai 1983, D. 1985, p. 125, note CHARTIER (Y.).

988 COZIAN (M.), VIANDIER (A.) et DEBOISSY (F.), *op. cit.*, n°171.

989 Sur ce sujet, v. HAMEL (J.), *L'affectio societatis*, RTD civ. 1925, p. 760 ; DE BERMOND DE VAULX (J.-M.), *Le spectre de l'affectio societatis*, JCP E 1994, I, 345 ; SERLOOTEN (P.), *L'affectio societatis, une notion à revisiter in. Mélanges GUYON (Y.)*, Dalloz, 2003, p. 1007.

990 FARJAT (G.), *Entre les personnes et les choses, les centres d'intérêts*, RTD civ. 2002, n°2, spéc. p. 241 ; CUISINIER (V.), L'*affectio societatis*, Litec, 2008, spéc. n°587.

publique, que cet élément intentionnel semble manquer. Leurs actionnaires sont uniquement en quête de profit, sans pour autant chercher à mettre au point une entreprise commune avec les autres associés de la société. Malgré cette objection, la jurisprudence rappelle constamment qu'il ne peut y avoir de société sans *affectio societatis*, c'est-à-dire sans une volonté de s'associer[991]. C'est ainsi que l'*affectio societatis* s'est stabilisée en tant qu'élément intentionnel indispensable à la constitution d'une société.

543. La notion d'*affectio societatis* ainsi définie se retrouve dans le contrat de fusion. Par l'approbation de ce contrat, les associés des sociétés fusionnantes manifestent leur *affectio societatis*, à savoir leur volonté de collaborer de manière égale afin de réaliser l'objet social.

544. Suivant cette logique, l'*affectio societatis* risque de faire défaut à l'égard des associés qui n'ont pas approuvé le projet de fusion. Malgré leur refus de l'opération de fusion, ces derniers deviennent néanmoins des associés de la société absorbante ou bien de celle nouvellement créée. Cela vient contredire la notion d'*affectio societatis* qui caractérise le contrat de société. En principe, la société n'est jamais un « *groupement forcé* » auquel l'adhésion se fait par contrainte.

Paragraphe 2 : Les éléments faisant défaut

545. **Les parties au contrat de fusion.** La première divergence entre le contrat de société et le contrat de fusion apparaît au niveau des parties signataires de ces contrats. Après la fusion, il y a distribution par une société de nouvelles parts sociales aux associés de la société dissoute. Toutefois, cette distribution n'a pas la même cause juridique que celle issue du contrat de société. Dans ce dernier, ce sont les parties signataires qui, en contrepartie de leur propre apport, réclament des parts sociales. Au contraire, dans le contrat de fusion les parties signataires sont les sociétés fusionnantes et non leurs associés respectifs. L'acte de fusion est certes voté et approuvé par les assemblées générales constituées des associés, mais c'est bien la personne morale dotée d'une volonté distincte de celle de ses associés qui s'engage. En approuvant le contrat de fusion, les associés n'agissent pas en leur nom personnel, mais ils représentent le consentement de la société en tant que personne morale dotée de la capacité de contracter.

546. Puisque la société est partie au contrat de fusion, c'est sur elle que pèse l'obligation de faire un apport à la société bénéficiaire et non sur ses associés, contrairement au contrat de société. En revanche, les nouveaux

---

[991] Cass. 3e civ., 22 juin 1976, D. 1977, p. 619, note DIENER (P.) ; Cass. 1re civ., 24 mai 1978, Rev. soc. 1978, p. 709, note ATIAS (Ch.).

titres seront distribués non pas à la société apporteuse, mais à ses associés. Ceci s'explique par la disparition nécessaire de la société apporteuse à la suite de la fusion. La pertinence de cette opinion est renforcée par l'analyse de l'opération d'apport partiel d'actifs. Dans ce genre d'opération, les titres de la société bénéficiaire de l'apport ne reviennent pas aux associés de la société apporteuse, mais directement à celle-ci, car elle survit à l'opération. L'acquisition par les associés de la société dissoute de parts sociales dans la société absorbante trouve son explication dans les effets inhérents à la fusion, qui se distinguent de ceux du contrat de société.

547. **La disparition d'une des parties au contrat.** La seconde différence qui interdit de qualifier le contrat de fusion de contrat de société résulte d'un des effets caractéristiques de la fusion. Il s'agit de la disparition d'au moins une des parties contractantes. Il ne peut en effet y avoir fusion que si l'une des sociétés apporteuses disparaît par dissolution sans liquidation. Or, une telle caractéristique est absente du contrat de société où la personne apporteuse ne disparaît pas, mais devient associé de la société née de ce contrat. En somme, il manque au contrat de société l'effet caractéristique du contrat de fusion, à savoir la disparition de la personne morale de la société apporteuse après la transmission universelle de son patrimoine.

CONCLUSION TITRE 2

548. Toutes les tentatives de qualification du contrat de fusion qui s'appuient sur les catégories contractuelles classiques, notamment le contrat synallagmatique grevé d'une stipulation pour autrui, le contrat d'apport, le contrat d'échange, ont échoué à appréhender le phénomène de la fusion. Seule la notion de contrat-organisation nous paraît susceptible d'embrasser l'ensemble des effets juridiques singuliers de la fusion. Elle permets par ailleurs de ressortir convenablement la nature principalement sociétaire de la fusion sans pour autant aboutir à une confusion entre l'opération et le contrat de société.

549. L'effet organisationnel d'un contrat-organisation se caractérise par une mise en commun des biens et services par les contractants afin de les employer à une activité conjointe. Or, si la transmission universelle de patrimoine, la dissolution sans liquidation ainsi que la distribution des parts sociales aux associés de la société dissoute caractérisent toute fusion, elles aboutissent concrètement à une mise en commun des entreprises et des membres des sociétés fusionnantes au sein d'une seule entité.

550. On peut hésiter à admettre l'effet de mise en commun de patrimoines dans une fusion par absorption. De *pirma face*, il semblerait que cette opération ne soit que le resultalt d'un contrat synallagmatique qui emporte cession d'une universalité de la société dissoute à la société absorbante en contrepartie d'une rémunération par titres sociaux. Toutefois, cette perception de la fusion par absorption est erronée. La transmission universelle de patrimoine, élément caractéristique de celle-ci, qui aboutit à la subsitution des sociétés fusionnantes par une seule société préexistante ne peut, par essence, être réduite à une simple cession d'universalité. De plus, l'objectif ultime de toute fusion étant d'aboutir à une concentration des sociétés fusionnantes, l'idée de l'union doit ainsi prévaloir sur celle d'échange. Dans cette perspective, la fusion par absorption suppose une mise en commun de biens et services au sein d'une des sociétés fusionnantes.

CONCLUSION DE LA PREMIÈRE PARTIE

551. La fusion est une forme particulière de contrat ; il s'agit d'un contrat-organisation. La qualification de contrat-organisation tient compte en effet des réalités juridiques et économiques de la fusion.

552. Au plan juridique, lors d'une fusion, la mise en commun des biens et des services – élément caractéristique du contrat-organisation – se matérialise par la transmission universelle de patrimoine de la société dissoute. Cette opération aboutit concrètement à une mise en commun du patrimoine des sociétés fusionnantes au sein d'une seule société préexistante ou nouvellement créée. De plus, la mise en commun s'étend aux associés des sociétés fusionnantes, car au terme de la fusion les associés de l'absorbée acquièrent la qualité d'associés de l'absorbante. *In fine*, les associés des sociétés fusionnantes sont réunis au sein d'une seule société. La notion de contrat-organisation reprend ainsi la définition juridique de la fusion.

553. Au plan économique, la mise en commun dans le contrat-organisation se concrétise par un double effet organisationnel et synergique. L'effet organisationnel résulte de la concentration de plusieurs entreprises, jusque-là indépendantes dans une seule et même entité juridique et économique. L'avantage attendu de cette concentration d'entreprises est un effet synergique. L'exploitation de l'entreprise de la société dissoute par la société issue de la fusion entraîne la création d'une valeur nouvelle dont l'occurrence future résulterait de l'augmentation de la productivité et de la compétitivité de l'entreprise.

554. La qualification de contrat-organisation ayant été retenu pour les fusions internes, on s'interroge sur les conséquences de la transposition d'une telle qualification en droit international privé. Quelle sera alors la règle de conflit applicable à la fusion transfrontalière ?

DEUXIÈME PARTIE : LA RÈGLE DE CONFLIT APPLICABLE À LA FUSION

555. **Les qualifications traditionnelles de la fusion en droit international privé.** Le traitement international de la fusion consiste à déterminer une règle de conflit susceptible de régir convenablement l'opération. Cela nécessite de qualifier préalablement l'opération, c'est-à-dire de classer l'opération dans les catégories préexistantes du droit français. Le principe de la qualification *lege fori* a longtemps prévalu. Pour autant, cela ne signifiait pas que le juge était « *tenu d'adopter les catégories connues pour ses règles de droit interne. En effet, rien ne l'empêche de découvrir dans son système de droit international privé des catégories de rattachement spécifiques aux relations internationales* »[992]. Toutefois, la qualification adoptée dans le droit interne se réserve un rôle majeur en droit international dans la mesure où « *la qualification dans les normes de droit international privé doit se faire, en principe, en partant des conceptions du droit matériel interne du juge* »[993].

556. Les deux principales catégories juridiques d'accueil qui entrent souvent en conflit lors de la qualification d'une fusion sont le contrat et la société. Il faut donc déterminer laquelle appréhende le mieux la nature juridique de l'opération de fusion. Selon une doctrine minoritaire, c'est la figure contractuelle qui s'impose puisque les sociétés sont tenues d'établir un contrat de fusion qui constitue la « *pierre angulaire* » de l'opération[994]. Les tenants de cette approche considèrent que le contrat de fusion, comme tout contrat, est « *un acte constitutif d'obligations mettant à la charge des sociétés signataires l'obligation de procéder aux actes nécessaires pour que*

---

[992] FOHRER-DEDEURWAERDER (E.), *Qualification en droit international privé*, J.-Cl. Droit international, Fasc. 531, n°57.

[993] MAURY (J.), *Règles des conflits de lois*, RCADI 1936, III, p. 325 ; en ce sens, v. égal. : BATIFFOL (H.), *Aspects philosophiques du droit international privé*, Dalloz, 1956, n°18. Selon le doyen BATIFFOL, une qualification internationale qui dénie tout lien avec le droit interne est vulnérable puisqu'elle « *méconnait une expérience séculaire qui a toujours cherché dans le droit interne au moins des indications sur le champ d'application des lois dans l'espace ; cette recherche procède de la vue réaliste que les relations privées internationales sont fondamentalement privées* ».

[994] En ce sens : BENER (H.-R.), *th. préc.* ; MARTIN (J.), *th. préc.* ; ROUTIER (R.), *th. préc.* ; CHEMINADE (Y.), *art. préc*, p. 15 et s.

la fusion produise ses effets »[995]. Qualifiée de contrat, l'opération de fusion se voit alors appliquer le régime de la *lex contractus*. La majorité de la doctrine opte plutôt pour une qualification sociétaire de l'opération[996]. La fusion se traduirait alors en une opération sociétaire dans laquelle le contrat ne constituerait qu'un instrument de réalisation. Certains auteurs contestent même l'idée de l'existence d'une obligation de conclure un contrat *ad hoc* pour réaliser cette opération[997]. Au regard de la nature essentiellement sociétaire de la fusion, celle-ci pourrait être régie par la seule *lex societatis* des sociétés fusionnantes.

557. **La transposition de la qualification de contrat-organisation.** Constatant que les deux qualifications n'étaient pas nécessairement exclusives l'une de l'autre, un troisième courant doctrinal fait valoir une position intermédiaire qui tient compte de la nature mi-contractuelle et mi-sociétaire de l'opération. Un auteur suggère une qualification mixte selon laquelle « *le contrat de fusion n'est ni un contrat purement obligatoire, ni exclusivement un acte du droit des sociétés, mais bien plutôt un contrat qui réunit à la fois des éléments du droit des obligations et du droit des sociétés* »[998]. Le droit international privé suisse a fait sienne cette qualification en consacrant la nature hybride de la fusion. Le contrat de fusion n'est « *pas une opération juridique à contenu ordinaire. Certes, il a un caractère relevant du droit des obligations, puisqu'il confère des droits et des obligations réciproques aux parties concernées. Mais c'est la fonction du contrat de fusion en tant qu'instrument du droit des sociétés qui apparaît au premier plan : le contenu de ce contrat porte sur la modification des structures liées au droit des sociétés et il a des effets immédiats sur la situation juridique de tiers qui ne sont pas partie à la convention* »[999]. On peut dire que le contrat est frappé d'une « *double-nature* »[1000] puisqu'il comprend, d'une part, un contrat générateur d'obligations entre les sociétés participant à la fusion et, d'autre part, un instrument sociétaire créateur d'effets sur la structure des sociétés et la situation juridique des tiers. Prenant acte de cette nature hybride, le droit international suisse prévoit une application distributive des règles de conflit. En effet, l'article 163c de la LDIP suisse dispose que « *1. Le contrat de fusion doit respecter les*

---

[995] RECORDON (P.-A.), *th. préc.*, p. 166.

[996] En ce sens : TILQUIN (T.), *op. cit.*; CUENDET (A.), *th. préc.*; RECORDON (P.-A.), *th. préc.*, p. 169.

[997] Sur la conception « *institutionnelle* » de la fusion, cf. *supra*, n°s336 et s.

[998] CUENDET (A.), *th. préc.*, p. 133.

[999] Conseil fédéral, Message concernant la loi fédérale sur la fusion, la scission, la transformation et le transfert de patrimoine (Loi sur la fusion ; LFus) du 13 juin 2000, FF 2000 V, n°2.2.3 et s., p. 4148 et s.

[1000] BAUEN (M.), JEGHER (G.), WENGER (B) et ZEN RUFFINEN (M.-N.), *Loi sur la fusion*, Schulthess, 2005, p. 218.

dispositions impératives des droits des sociétés applicables aux sociétés qui fusionnent, y compris les règles de forme. 2. Pour le reste, le contrat de fusion est régi par le droit choisi par les parties ». Le contrat de fusion est ainsi soumis à la *lex societatis* pour les questions relevant de sa nature sociétaire et à la *lex contractus* pour celles ayant trait à sa nature contractuelle.

558. La position intermédiaire semble la plus pertinente. La double nature de la fusion résulte sans doute de la superposition de deux genres d'effets qu'entraîne le contrat de fusion. On distingue ainsi, d'une part, les effets obligationnels générés par le contrat à la charge des sociétés contractantes et, d'autre part, les effets organisationnels de type sociétaire qui modifient la structure des parties au contrat de fusion[1001]. La qualification de contrat-organisation retenue auparavant, en tant qu'elle s'accommode aisément d'une qualification mixte de l'opération, est parfaitement en phase avec cette position intermédiaire. En effet, la théorie du contrat-organisation sert souvent pour qualifier des opérations associant une nature contractuelle et sociétaire. Cette théorie, initialement élaborée par la doctrine allemande pour qualifier le contrat de société, permet de tenir compte non seulement de l'engendrement d'obligations à la charge des associés[1002], mais également de la création d'organisations. Les auteurs allemands ont ainsi depuis longtemps constaté la double nature du contrat-organisation[1003]. La doctrine française a fait sienne cette théorie pour tenter de résoudre et d'articuler les conceptions contractuelles et institutionnelles de la société. Par analogie, la même solution pourrait être étendue à la fusion. La qualification de contrat-organisation pourrait permettre à la fusion d'assurer la coexistence harmonieuse des deux conceptions et d'appréhender la nature à la fois contractuelle et sociétaire de l'opération.

1001 Cette distinction n'est pas sans rappeler la théorie distinguant entre les effets obligatoires et le contenu obligationnel du contrat. En ce sens, v. ANCEL (P.), *Force obligatoire et contenu obligationnel du contrat*, RTD civ. 1999, p. 771.

1002 Le BGB traite du contrat de société dans la partie des contrats générateurs d'obligations.

1003 Sur la double nature du contrat-organisation dans la doctrine allemande, v. PEGLOW (K.), *th. préc.*, p. 406 et s. Dans cette étude de droit comparé, l'auteur affirme que la grande majorité de la doctrine allemande contemporaine approuve la position adoptée par GEILER (DURINGER (M.) et HACHENBURG (M.), par GEILER (K.), *Das Handelsgesetzbuch*, t. 2, Première partie, 3eme éd., cité par. PEGLOW (K.), *op. cit.*, p. 411.) ; ainsi que WURDINGER (H.), *Gesellschaften*, Première partie, *Recht der Personalgesellschaften*, Hanseatische Verlagsanstslt, Hamburge 1937, cité par PEGLOW (K.), *ibid.* Cet auteur qualifie le contrat de société de contrat-organisation dans la mesure où il comporte à la fois un aspect générateur d'obligations à la charge des parties et un aspect créateur d'une organisation nouvelle. Il en déduit ainsi que « *la notion de contrat-organisation implique que les éléments portant sur l'organisation et sur la communauté se mélangent avec ceux du contrat d'obligations de façon à ce que la société en tant que rapport générateur d'obligations emprunte un caractère spécifique* »

559. **L'application de la qualification de contrat-organisation à la *joint venture*.** La double nature du contrat-organisation lui permet d'appréhender aisément le contrat de *joint venture*[1004]. Cette figure importée du droit anglo-saxon, consiste en une coopération entre deux ou plusieurs sociétés par la mise en place d'une « *entreprise conjointe* »[1005] et cela, en vue d'atteindre un but préalablement fixé par les parties. La qualification de ce contrat a elle aussi suscité une controverse identique à celle de la fusion. La difficulté de qualification de la *joint venture* se rapporte essentiellement à la multitude des montages auxquels l'entreprise commune, organisée par l'opération, procède. En effet, le contrat de *joint venture* se caractérise par la création d'une entreprise qui peut être, ou non, dotée de la personnalité juridique. Dans la première hypothèse, les sociétés recourent à des techniques sociétaires pour créer une filiale commune dotée de la personnalité morale. Cette dernière se trouve alors soumise à la loi de son État d'implantation[1006]. Dans la seconde hypothèse, les sociétés utilisent des techniques purement contractuelles. L'entreprise commune prend alors la forme d'un contrat de base le plus souvent accompagné de différents contrats dérivés parfois appelés « *accords satellites* »[1007], soit celle d'une société dépourvue de personnalité juridique[1008]. Il existe une troisième hypothèse qui consiste à mettre en œuvre concurremment les deux techniques précédentes. M. LOUSSOUARN précise ainsi qu'« *au sein de la plupart des filiales*

[1004] Sur le sujet des contrats de *joint venture* en droit international privé, v. VIVANT (M.), *Le joint venture ou parlez-vous franglais ?*, JCP CI, n°spécial 1979, p. 3 ; BAPTISTA (L.-O.) et DUBRAND-BARTHEZ (P.), *Les associations d'entreprises (joint ventures) dans le commerce international*, éd. Feduci/LGDJ,1986 ; DAVID (N.), *Les entreprises conjointes. Quelques problèmes pratiques*, JDI 1988, p. 37 ; DUBISSON (M.), *Les accords de coopération dans le commerce international*, Lamy, 1989, p. 93 ; GUYON (Y.), *Les contrats d'association de sociétés sur le plan international (joint venture)*, Rev. jour. soc. législ. comp., 1991, p. 321 ; LANGEFELD-WIRTH (K.), *Les joint ventures internationales : pratiques et techniques contractuelles des coentreprises internationales*, GLN Joly, 1992 ; MERCADAL (B.), *Les caractéristiques juridiques des contrats internationaux de coopération industrielle*, DPCI 1984, n°3.

[1005] Pour la définition de l'entreprise conjointe, v. : LANGEFELD-WIRTH (K.), *op. cit.*, p. 21 et s.

[1006] Le problème qui se pose est de déterminer si cette filiale peut, au regard de son objet spécifique et de son essence même, déroger aux dispositions de la *lex societatis.* (par ex., stipuler dans le contrat régissant la filiale commune une condition d'unanimité pour la prise de toutes les décisions ou une clause de répartition égalitaire des représentants de chaque groupe au sein du conseil d'administration). Cette possibilité n'est acceptée que lorsque les dispositions auxquelles les parties dérogent sont supplétives.

[1007] BAPTISTA (L.-O.) et DUBRAND- BARTHEZ (P.), *op. cit.*, p. 47.

[1008] Les sociétés dépourvues de la personnalité juridique, telles que les sociétés en participation, reçoivent une qualification contractuelle et se retrouvent assujetties, en droit international privé, à la *lex contractus*. En ce sens, v. : BATIFFOL (H.), *Les conflits de lois en matière de contrats*, Sirey, 1938, p. 325 et s. ; voir. aussi : Cass. Req., 26 août 1940, Rec. Penant, I, 1945, p. 59, obs. DURETESTE (A.) ; T. civ. Seine, 2 juin 1922, Clunet 1924, p. 429 et s. Ces décisions ont soumis les sociétés dépourvues de personnalité morale à la loi d'autonomie.

communes les techniques contractuelles et sociétaires sont utilisées concurremment de telle sorte qu'elles font plus que coexister : elles s'interpénètrent »[1009]. Il devient dès lors délicat de percevoir l'institution et de la faire « *entrer dans une catégorie préexistante même au prix de son élargissement (société, contrat) ; en un mot, à la qualifier* »[1010].

560. L'étude de cette controverse a permis à Mme PIRONON d'affirmer que « *la joint venture est finalement une forme juridique hybride entre le contrat synallagmatique et la société (...). En raison de sa nature hybride et de sa fonction singulière, la joint venture se prête mal à l'élaboration d'un système complet. Les éléments de sa description sont trop ductiles pour permettre une réglementation d'ensemble* »[1011]. Constatant que le contrat de *joint venture* ne se réduit pas à un contrat synallagmatique ou même à un contrat de société, l'auteur préfère l'assimiler à un contrat-organisation. Cette solution consacre le caractère synthétique du contrat-organisation qui lui permet d'accueillir en son sein la nature à la fois contractuelle et sociétaire de l'opération de *joint venture*.

561. La qualification adoptée par Mme PIRONON paraît justifiée dans la mesure où le contrat de *joint venture* comporte tous les éléments de définition du contrat-organisation. D'abord, ce contrat est le fruit d'une agrégation et non d'un simple échange de consentements. Il s'agit en effet d'« *un contrat d'intérêt commun dans lequel les parties sont animées d'un sentiment très proche de l'affectio societatis* »[1012]. Le mode de formation du contrat de *joint venture* le rapproche donc du contrat-organisation dans lequel les intérêts des parties sont largement convergents. Ensuite, de la même manière qu'un contrat-organisation, la *joint venture* implique la mise en commun de prestations et de biens afin de les affecter à une entreprise commune.

562. Une fois la qualification de contrat-organisation retenue, l'auteur se penche plus avant sur la détermination de la règle de conflit applicable à la *joint venture*. Un critère unique tenant à l'existence d'une organisation externe à l'entreprise commune est alors mis en exergue. Il a pour fonction de rendre l'entreprise commune opposable aux tiers. Cette solution résulte du constat suivant : *« l'existence d'une organisation interne est incontournable puisque le contrat est doté de structures de gestion de la coopération plus ou moins élaborées. En revanche, le groupement n'est pas*

[1009] LOUSSOUARN (Y.), *Règles de conflit et règles matérielles dans le droit international des sociétés in. Mélanges GOLDMAN (B.)*, Litec, 1987, p. 179.
[1010] MARTIN (A.) et NOURISSAT (C.), *La loi applicable aux divorces internationaux d'entreprises in. Les séparations internationales d'entreprises*, Litec, 2004, p. 89.
[1011] PIRONON (V.), *th. préc.*, p. 457.
[1012] LOUSSOUARN (Y.), *art. préc.*, p. 178.

nécessairement représenté en tant que tel à l'égard des tiers. Il en résulte qu'une joint venture non dotée d'une organisation externe sera soumise à la lex contractus »[1013]. L'existence du contrat-organisation s'apprécie à l'aune du caractère externe – et non interne – de l'organisation de l'entité concernée. Rappelons en effet que, par définition, un contrat-organisation déroge nécessairement au principe de l'effet relatif des contrats et est donc opposable aux tiers. Par conséquent, lorsqu'un contrat engendre une organisation, il relève d'une qualification sociétaire et doit être soumis à la *lex societatis*. En revanche, lorsqu'une telle organisation fait défaut, le contrat reçoit une qualification contractuelle et relève alors de la *lex contractus*[1014].

563. Le critère de détermination de la règle de conflit applicable à une *joint venture* s'inspire directement de celui prévu à l'article 150 alinéa 1er de la LDIP suisse relatif au traitement international du contrat de société[1015]. Il s'agit, en quelque sorte, d'un critère fondé sur le degré d'organisation pour pouvoir rattacher l'entité à une société ou à un contrat. La notion de société à laquelle se réfère le droit international privé suisse concerne « *toute société de personne organisée* » et tout « *patrimoine organisé* ». Cette acceptation est beaucoup plus large que celle utilisée en droit interne dans la mesure où elle englobe « *toutes les combinaisons sociales qui ont une organisation ou qui sont au moins organisées comme un tout* »[1016]. Toutefois, la mise en œuvre de l'article 150 alinéa 1er de la LDIP suisse nécessite une interprétation convenable du critère d'organisation. En effet, l'appréciation de l'existence de ce critère dépend d'un ensemble d'indices tenant principalement à la structure de l'entité en cause. La qualification d'une entité en société implique de relever l'existence d'une structure suffisamment organisée pour être identifiable de l'extérieur. Ainsi que le souligne un auteur, « *si un tiers n'a pas perçu que son cocontractant était une entité et non pas un individu, il n'y a pas de raison de le protéger en lui appliquant les dispositions spéciales régissant les sociétés* »[1017]. Cette solution trouve sans doute sa justification dans le souci du législateur helvète de protéger les tiers de bonne foi. Par conséquent, l'existence d'une organisation externe est une condition indispensable pour qu'une entité soit admise à la qualification sociétaire.

[1013] PIRONON (V.), *th. préc.*, p. 393.
[1014] En ce sens: MOUSSERON (P.), *op. cit.*, p. 29.
[1015] Sur ce sujet, v. GUILLAUME (F.), *Lex societatis : Principes de rattachement des sociétés et correctifs institués au bénéfice des tiers en droit international privé suisse*, th. Lausanne, 2001, p. 22 ; DUTOIT (B.), *Droit international privé suisse : commentaire de la loi fédérale du 18 décembre 1987*, Helbing et Lichtenhahn, 3ème éd., 2001, p. 483.
[1016] DUTOIT (B.), *ibid.*
[1017] GUILLAUME (F.), *th. préc.*, p. 12.

564. **L'application distributive de la *lex contractus* et de la *lex societatis*.** La qualification de la fusion de contrat-organisation consacre la nature hybride de l'opération. Cette dernière empêche qu'une règle de conflit unique puisse régir l'ensemble de l'opération. Une coexistence entre la *lex contractus* et la *lex societatis* s'impose. La difficulté réside alors dans l'articulation et la ventilation de chacune des règles de conflit. Cet écueil concerne non seulement le contrat de fusion, mais également l'ensemble des actes du droit des sociétés. Un auteur dresse ce constat en rappelant que « *la lex societatis et lex contractus se voient souvent obligées de coexister au sein des différents actes émaillant la vie de la société* »[1018]. Dans ces conditions, « *la recherche d'une solution satisfaisante aux conflits de lois qui apparaissent en matière de sociétés est rendue difficile par la nature complexe de celles-ci. Leur double fondement, contractuel et institutionnel, risque de s'opposer à l'élaboration d'une solution unique* »[1019]. L'application distributive des règles de conflit paraît plus en phase avec la tendance actuelle du droit international privé qui se prête de plus en plus mal à la mise en œuvre d'une règle de conflit unique et exclusive[1020]. En tant qu'elle emprunte simultanément aux techniques contractuelles et sociétaires, la fusion doit logiquement être soumise à une application distributive de la *lex contractus* et de la *lex societatis*.

565. **Plan.** Pour régler convenbalement le problème de conflit de lois soulevé lors du traitement international de la fusion, il faut recourir à l'intervention tantôt de *lex contractus* **(TITRE 1)**, tantôt de la *lex societatis* **(TITRE 2)**

1018 HAFTEL (B.), *La notion de matière contractuelle en droit international privé*, th. Paris II, 2008, p. 412.
1019 LOUSSOUARN (Y.) et TROCHU (M.), *Conflits de lois en matière de sociétés*, J.-Cl. Droit international, fasc. 564-30, 1997, n°1
1020 En ce sens, v. MOUSSERON (P.), *op. cit.*, p. 30. L'application distributive de la *lex contractus* et de la *lex societatis* régit de manière générale les accords sociétaires extrastatutaires. Cette méthode est notamment mise en application pour régir l'acquisition internationale des sociétés qui présente cumulativement un aspect contractuel et un aspect sociétaire (sur ce sujet. voir : BOUCOBZA (X.), *th. préc.*, p. 217 et s.). Cette méthode distributive s'applique aussi aux conventions de vote conclues entre les associés d'une même société. Ainsi, les questions relatives à la validité de ces conventions et leurs effets sur la société dépendent de la *lex societatis*. En revanche, les questions relatives aux effets *inter partes* de la convention dépendent largement de la *lex contractus*. (Sur ce sujet, v. HAFTEL (B.), *th. préc.*, p. 412 et s.)

TITRE 1 : L'INTERVENTION DE LA LEX CONTRACTUS

566. **L'intérêt de l'étude de la nature contractuelle.** La nature purement contractuelle de la fusion est supposée dépendre de la *lex contractus*. Elle a longtemps été éclipsée par les épineuses questions entourant les modalités de réalisation des fusions transfrontalières qui relèvent majoritairement de sa nature sociétaire. On ne peut ainsi que constater l'absence d'études complètes et de travaux universitaires traitant des aspects contractuels de l'opération, nonobstant leur importance pratique. Nous proposons donc d'analyser l'ensemble de ces questions pour parvenir, d'abord, à dégager l'existence dans la fusion d'un domaine relevant de la matière contractuelle et, ensuite, à élaborer une règle de conflit propre à ce domaine.

567. **L'applicabilité du règlement Rome I.** À titre liminaire, il convient de s'interroger sur la compétence du règlement Rome I pour régir le conflit de lois relatif à la nature contractuelle de la fusion. La question mérite d'être posée au regard du nombre impressionnant des sujets mis à l'écart de son champ d'application matériel. En premier lieu, l'article 1er du Règlement Rome I exclut le contrat de société, le contrat de mariage, le contrat de partenariat enregistré et le contrat d'association. *Prima facie*, on pourrait penser que l'ensemble des contrats-organisation échappe aux dispositions du règlement. Par conséquent, la qualification de la fusion de contrat-organisation implique *ipso facto* son exclusion du domaine du règlement. Cependant, selon un auteur l'exclusion des contrats-organisation ne serait qu'« *apparente* » puisqu'ils ne sont incompatibles ni avec le principe d'autonomie de la volonté ni avec les dispositions du règlement[1021]. En second lieu, le règlement écarte de son domaine d'application les questions relatives au droit des sociétés[1022]. La fusion étant étroitement liée à ce droit, elle semble donc faire partie du lot des exclus. Signalons toutefois que

---

[1021] HAFTEL (B.), *th. préc.*, p. 241 et s.

[1022] Sur ce sujet, v. LAGARDE (P.), *Le nouveau droit international privé des contrats après l'entrée en vigueur de la Convention de Rome du 19 juin 1980*, RCDIP 1991, p. 287. Cet auteur adopte une interprétation extensive du domaine de l'exclusion des questions relevant du droit des sociétés. Il considère ainsi que sont exclus du domaine d'application de la Convention les sociétés non dotées de personnalités juridiques et les contrats passés par les sociétés avec les tiers, et cela dans la mesure où leur validité ou leur régime est affecté par des règles relevant du droit des sociétés.

l'évincement n'intéresse pas la totalité des actes en relation avec le droit des sociétés. La terminologie employée par les rédacteurs suggère une exclusion limitée à certains points saillants du droit des sociétés, tels que « *la constitution, par enregistrement ou autrement, la capacité juridique, le fonctionnement interne et la dissolution des sociétés, associations et personnes morales, ainsi que la responsabilité personnelle légale des associés et des agents pour les dettes de la société, association ou personne morale* »[1023]. Ces questions exclusivement régies par la *lex societatis* ne peuvent relever du règlement. Sont donc écartés de son domaine d'application les aspects du contrat de fusion se rapportant strictement à son caractère sociétaire. En revanche, ceux ayant trait à son caractère contractuel sont quant à eux régis par les dispositions du règlement. Finalement, la fusion n'est peut-être pas totalement exclue du domaine d'application du règlement Rome I. Les solutions dudit règlement vont pouvoir pour le moins nous servir de référence pour le traitement convenable du contrat de fusion en droit international privé.

568. Le Règlement Rome I régit l'ensemble des conflits de lois en matière d'obligations contractuelles, sans toutefois prendre soin de définir la notion même de matière contractuelle. Il faut, semble-t-il, se référer à la notion de contrat au sens de chaque loi nationale pour retenir l'application des dispositions dudit règlement. Cela implique de recourir à la méthode conflictualiste classique de qualification au regard des catégories préexistantes du droit interne. C'est ce que constate M. HEUZÉ qui indique qu'« *il peut sembler de prime abord singulier de se proposer à réfléchir sur la notion de contrat en droit international privé. Le sujet laisse en effet entendre que cette notion pourrait avoir en droit international privé un sens différent de celui qu'on en donne en droit interne français. Or une pareille approche se heurte à l'idée, très généralement admise depuis Bartin, que la qualification doit se faire lege fori, c'est-à-dire selon les conceptions du for* »[1024]. Toutefois, cette solution n'est pas unanimement partagée par l'ensemble de la doctrine. Une partie relève ainsi l'influence exercée par la multitude des textes supranationaux sur la notion de contrat, ce qui laisse supposer l'existence d'une déconnexion entre la notion de contrat au sens du droit international et celle retenue en droit interne[1025]. La CJUE a ainsi retenu une définition de la matière contractuelle en droit international privé, détachée de celles adoptées par les lois nationales, afin d'aboutir à une application uniforme des dispositions communautaires relatives aux conflits de juridictions. À l'occasion de plusieurs décisions, elle a affirmé que la

---

[1023] Art. 1. 2. f) Règlement Rome I.

[1024] HEUZÉ (V.), *La notion de contrat international privé*, TCFDIP 1995- 98, p. 319.

[1025] *Id., ibid.* ; aussi, v. AZZI (T.), *Bruxelles I, Rome I, Rome II : regard sur la qualification en droit international privé communautaire*, D. 2009, p. 1621 et s.

notion de contrat suppose « *un engagement librement assumé par une partie envers l'autre* »[1026]. L'interprétation du Règlement Rome I relevant de la compétence de la CJUE[1027], sa définition de la matière contractuelle peut être transposée aux hypothèses de conflit de lois. L'adoption de cette définition plutôt extensive permet incontestablement d'inclure le contrat de fusion dans la catégorie de la matière contractuelle. En effet, le contrat de fusion engage les sociétés contractantes l'une envers l'autre à l'accomplissement de l'opération. Cependant, cette solution est encore discutée pour plusieurs raisons. D'abord, l'utilité d'adopter une définition de la matière contractuelle autonome de la qualification *lege fori* est mise en doute par la doctrine[1028]. Un auteur relève ainsi que « *vouloir donner une définition générale et abstraite de la matière contractuelle serait sans doute irréaliste et dangereux* »[1029]. En somme, on reproche à la Cour de justice de « *s'aventurer dans une définition abstraite du contrat [...] dont il n'est pas sûr qu'elle ne s'avère pas un jour ou l'autre plus gênante qu'utile* »[1030]. Ensuite, une large partie de la doctrine considère que cette définition doit se limiter aux seuls conflits de juridictions et ne pas être transposée aux problèmes relevant des conflits de lois[1031]. En l'état de ces constatations, l'absence d'une solution tranchée définissant la matière contractuelle permet de maintenir la prépondérance de la qualification *lege fori* retenue par le juge qui continue à se référer aux catégories préexistantes de son droit interne.

[1026] En ce sens: CJUE, 17 juin 1992, *Jakob Handte*, C- 26/ 91, Rec. 1992, p. 3697, pt. 15, RCDIP 1992, p. 726, note GAUDEMET-TALLON (H.) ; JDI 1993, p. 469, obs. BISCHOFF (J.-M.). Concernant les statuts d'une société anonyme, v. CJUE, 10 mars 1992, *Powell*, C-214/82, RCDIP 1992, p. 528, note GAUDEMET-TALLON (H.) ; JDI 1993, p. 474, obs. BISCHOFF (J.-M.).

[1027] Le pouvoir d'interprétation de la convention de Rome et du règlement Rome I a été confié à la CJUE par deux protocoles du 19 décembre 1988. Prot. 89/128 et 89/129, JOCE 20 févr. 1989, n° L. 48 ; RCDIP 1989, p. 414, comm. LAGARDE (P.). Sur ce sujet. v. AUDIT (M.), *L'interprétation autonome du droit international privé communautaire*, JDI 2004, p. 789.

[1028] En ce sens, v. ALPA (G.), *Le contrat « individuel » et sa définition*, RIDC 1988, p. 327.

[1029] GAUDEMET-TALLON (H.), *note sous* CJUE, 27 septembre 1988, *Kalfelis*, RCDIP 1989, p. 112,

[1030] BISCHOFF (J.-M.), *note sous arrêt Jakob Handte, préc.*, p. 473.

[1031] En ce sens : HEUZÉ (V.), *art. préc.*, p. 319 ; *La loi des contrats internationaux in. Dictionnaire Joly-Pratique des contrats internationaux*, 1993, Livre II, spéc. n° 10 ; HAFTEL (B.), *Entre « Rome II » et « Bruxelles I » : L'interprétation communautaire uniforme du règlement « Rome I »*, JDI 2010, n°3, doctr. 11. Cet auteur constate que l'objet de la qualification dans le domaine de conflit de lois est infiniment plus réduit que dans le domaine de conflit de juridictions, ce qui justifie l'existence d'un nombre de catégories beaucoup plus important dans le premier que dans le second. L'auteur en déduit que « *tout alignement des questions de qualification suscitées par le règlement Rome I sur les solutions établies au regard de l'interprétation de la Convention de Bruxelles apparaît illusoire* ». *Contra*, v. LARROUMET (M.), note sous CJUE, 17 juin 1992, *Jakob Handte*, JCP 1992, II, 712 ; ROCHFELD (J.), *CJCE et notions autonomes de droit contractuel*, RDC 2005, p. 1001 et s. Cet auteur considère que l'adoption d'une interprétation unique de la notion de contrat en matière de conflit de lois et de conflit de juridictions a le mérite d'assurer une uniformité, une rationalité et une simplicité des solutions.

Néanmoins, on peut faire place à la solution proposée par M. HEUZÉ selon laquelle la définition du contrat au sens du droit international privé doit non seulement se référer au mode de formation du contrat, c'est-à-dire à l'accord de volonté, mais également faire abstraction de ses effets juridiques. Selon cet auteur, « *ce qui ici (au sens des conflits des lois) constitue véritablement le propre du contrat c'est le rapport d'obligation auquel il est destiné à donner naissance* »[1032]. Par conséquent, seules les questions découlant directement de l'aspect créateur d'obligations du contrat de fusion relèvent de la matière contractuelle.

569. **La nécessité d'un contrat international ?** L'ensemble de la doctrine considère que le contrat doit présenter un caractère d'internationalité pour que la *lex contractus* puisse lui être appliquée. Le contrat de fusion doit donc répondre à ce critère d'internationalité pour engendrer un conflit de lois. On considère que la fusion est internationale lorsque deux ou plusieurs sociétés participant à l'opération relèvent de législations d'États différents. Les critères retenus pour identifier l'internationalité de la fusion impliquent-ils nécessairement l'internationalité du contrat organisant l'opération ? Longtemps, la doctrine française était partagée entre un critère économique et un critère juridique[1033]. Le premier, consacré par l'arrêt *« Matter »*, considère que le contrat international est celui qui entraîne « *un mouvement de flux et de reflux au-dessus des frontières, des conséquences réciproques dans un pays et dans un autre* »[1034]. Largement adopté par la jurisprudence, ce critère a cependant été écarté dans certaines décisions en faveur d'un autre plus juridique. Selon ce second critère, est international un contrat présentant des éléments d'extranéité susceptibles de soulever un conflit de lois. Il s'agit d'un contrat « *présentant des contacts avec plusieurs pays et leurs lois* »[1035]. Toutefois, en délaissant l'approche concurrentielle, on peut voir entre ces deux critères une certaine « *complémentarité* »[1036]. Les juges en ont ainsi souvent fait une application cumulative afin identifier

---

[1032] HEUZÉ (V.), *art. préc.*, p. 333.

[1033] Un courant intermédiaire a défini le contrat international comme celui qui met en jeu « *les intérêts du commerce international* » (en ce sens, v. arrêts *Mardelé* et *Dambricourt* : Cass. civ., 19 févr. 1930 et 27 janv. 1931, S. 1933, 1, p. 41, note NIBOYET (J.-P.) ; aussi en matière d'arbitrage, v. CA Paris, 13 déc. 1975, RCDIP 1976, p. 507, note OPPETIT (B.) ; JDI 1977, p. 107, note LOQUIN (E.) ; Rev. arb. 1977, p. 147, note FOUCHARD (Ph.) ; Cass. 1re civ., *Société Impex*, 11 mai 1971, JDI 1972, p. 62, note OPPETIT (B.) ; RCDIP 1972, p. 124, note MEZGER (E.) ; D. 1972, jurispr. p. 37, note ALEXANDRE (D.).

[1034] Cass. civ., 17 mai 1927, DP 1928, 1, p. 25, note CAPITANT (H.) ; sur l'application de cette jurisprudence, v. Cass. civ., 21 juin 1950, *Messageries maritimes*, RCDIP 1950, p. 609, note BATIFFOL (H.) ; D. 1951, p. 749, note HAMEL (J.) ; S. 1951, 1, p. 1, note NIBOYET (J.-P.).

[1035] HOLLEAUX (D.), FOYER (J.) et DE GEOUFFRE DE LA PRADELLE (G.), *Droit international privé*, Paris, Masson, 1987, p. 10.

[1036] ANCEL (B.) et LEQUETTE (Y.), *note sous l'arrêt Messageries maritimes*, Grands arrêts DIP, n°22.

l'internationalité d'un contrat[1037]. Dans la mesure où il combine les deux critères économiques et juridiques, le contrat qui organise une fusion transfrontalière est nécessairement frappé d'un caractère international. Le contrat de fusion présente des éléments d'extranéité, car les sociétés contractantes sont soumises à des législations différentes. En outre, l'exécution de ce contrat présente un élément d'extranéité puisqu'elle emportera un flux transfrontalier de biens ou de valeurs par le mécanisme de la transmission universelle du patrimoine. Ainsi, il n'y a aucun doute sur le fait que ce contrat implique une situation de conflit entre plusieurs législations nationales. Cependant, la recherche d'un caractère international du contrat est rendue inutile au regard de l'article 1. 1 du Règlement Rome I. Ce dernier dispose en effet que la *lex contractus* s'applique à toute « *situation comportant un conflit de lois* ». Le règlement intervient donc pour régir un contrat présentant objectivement les caractères d'un contrat interne, mais pour lequel les parties ont fait naître un conflit de lois en le soumettant à une loi étrangère[1038].

570. **Plan.** La nature contractuelle étant relevée dans l'opération de fusion, il paraît d'abord indispensable de lui déterminer la règle de conflit convenable, c'est-à-dire la *lex contractus* de la fusion **(Chapitre 1)**. Par la suite, il semble largement judicieux d'étudier le domaine d'application de la *lex contractus* en définissant les questions qui découlent de la nature contractuelle de la fusion **(Chapitre 2)**.

[1037] En ce sens : CA Paris, 19 juin 1970, *Hecht,* JDI 1971, p. 83, note OPPETIT (B.) ; JCP G 1971, G, II, 16927, note GOLDMAN (H.) ; Rev. arb. 1972, p. 67, note FOUCHARD (Ph.) ; CA Toulouse, 26 oct. 1982, JDI 1984, p. 603, note SYNVET (H.).

[1038] En ce sens : LALIVE (P.), *Sur la notion de contrat international in. Mélanges HEIDELBER (L.)*, éd. Müller, 1980, p. 135 et s. ; WITZ (Cl.), *L'internationalité et le contrat,* RLDA, suppl. févr. 2002, p. 59.

Chapitre 1 : La détermination de la *lex contractus*

571. **Plan.** La détermination de la loi applicable à un contrat repose sur une distinction essentielle, selon que les parties ont choisi ou non une loi applicable à leur contrat. Dans le premier cas, il est unanimement admis que la loi désignée a vocation à régir le contrat. Dans le second cas, il appartient au juge d'appliquer la règle de conflit adéquate pour déterminer cette loi. Cette distinction concerne évidemment les contrats de fusion. En présence du choix d'une loi par les parties, ce contrat doit être régi par cette loi **(Section 1)**. En revanche, à défaut de choix, il est intéressant de déterminer la règle de conflit adéquate pour désigner la loi applicable au contrat **(Section 2)**.

Section 1 : En présence d'un choix de loi

572. **La règle de conflit principale en matière contractuelle.** La règle de conflit applicable au contrat repose principalement sur l'autonomie de la volonté des parties. La faculté de choisir la loi applicable au contrat est depuis longtemps consacrée[1039]. Le célèbre arrêt de l'« *American Trading Company* »[1040] a en effet expressément reconnue le rôle prépondérant du principe de l'autonomie de la volonté dans la détermination de la loi applicable au contrat. Cette position a été reprise par le Règlement Rome I dont l'article 3 dispose expressément que « *le contrat est régi par la loi choisie par les parties* ». L'importance accordée à cette règle de conflit est affirmée dans le préambule dudit Règlement, selon lequel, « *la liberté des parties de choisir le droit applicable devrait constituer l'une des pierres angulaires du système de règles de conflit de lois en matière d'obligations contractuelles* »[1041].

[1039] Sur ce sujet, v. NIBOYET (J.-P.), *La théorie de l'autonomie de la volonté*, Rec. cours La Haye 1927, p. 1 et s. ; DELAUME (G.-R.), *L'autonomie de la volonté en droit international privé*, RCDIP 1950, p. 321 ; JACQUET (J.-M.), *Principe d'autonomie et contrats internationaux*, Economica, 1983, p. 17 et s. ; *Le principe d'autonomie entre consolidation et évolution in. Mélanges GAUDEMET-TALLON (H.),* Dalloz, 2008, p. 727 ; POMMIER (J.-C.), *Principe d'autonomie et loi du contrat en droit international privé conventionnel*, Economica, 1992, p. 42 et s. ; NEUMAYER (K.), *Autonomie de la volonté et dispositions impératives en droit des contrats*, RCDIP 1957, p. 579.

[1040] Cass. Civ., 5 déc. 1910, *American Trading Cie,* S. 1911. 1. 129, note LYON CAEN (Ch.) ; RCDIP 1911, p. 395 ; JDI 1912, p.1156.

[1041] Cons. 11 Règlement Rome I.

573. La faculté de choix de loi s'applique aussi aux questions relevant de la nature contractuelle de la fusion. L'existence d'une clause d'*electio juris* est habituelle dans les contrats de fusion, même s'ils présentent un aspect strictement interne. On recommande aux juristes de recourir à ce procédé vu la multiplicité et l'importance considérable des questions relevant du domaine de cette loi. La validité du choix est appréciée en fonction de la loi choisie, si l'une des sociétés contractantes conteste son consentement à la clause d'*electio juris* ou insinue un vice de consentement. Ainsi, l'appréciation de la validité ou de l'existence du consentement à un choix de loi est soumise à la loi du contrat et non pas à loi du for[1042]. Une solution consacrée par le paragraphe 4 de l'article 3 du Règlement Rome I qui précise que « *l'existence et la validité du consentement des parties quant aux choix de la loi applicable sont régies par les dispositions établies aux articles 8, 9 et 11* ».

574. **Les modalités d'*electio juris*.** Le choix de loi dans le contrat de fusion est donc exprès ou tacite. Mais, comme le dispose l'article 3 § 1 du règlement Rome I, le choix tacite doit « *résulter de façon certaine des dispositions du contrat et des circonstances de la cause* » ; il doit donc être certain, ce qui écarte la possibilité d'un simple choix implicite. La référence, dans le contrat de fusion, à un texte de loi d'un pays déterminé peut constituer un choix tacite de cette loi pour régir le contrat. À titre d'exemple, l'insertion de l'article 1103 du Code civil dans le contrat de fusion pour régir la force obligatoire et la responsabilité contractuelle peut constituer un choix tacite de la loi française. Par ailleurs, une clause attributive de juridiction dans un contrat de fusion témoigne de la volonté des contractants à soumettre leur contrat à la loi du juge choisi [1043]. Ce genre de clause, constaté dans la majorité des contrats de fusion, permet au juge compétent de désigner facilement la loi applicable au contrat.

575. **Compatibilité de l'*electio juris* avec la qualification de contrat-organisation ?** L'on relève une difficulté purement théorique qui concerne essentiellement la compatibilité de la qualification de contrat-organisation retenue pour la fusion, avec le principe d'autonomie de la volonté des parties. Il semble que la nature du contrat-organisation n'est pas totalement incompatible avec la finalité du principe d'autonomie[1044]. Une affirmation que justifie la prédisposition du droit international privé à contractualiser les

---

[1042] Sur le sujet, v. FOYER (J.), *Le contrat d'« electio juris » à la lumière de la convention de Rome du 19 juin 1980 in. Mélanges LOUSSOUARN (Y.),* Dalloz, 1994, p. 169 et s.

[1043] Cons. 12 Règlement Rome I « *Un accord entre les parties visant à donner compétence exclusive à une ou plusieurs juridictions d'un État membre pour connaître des différends liés au contrat devrait être l'un des facteurs à prendre en compte pour déterminer si le choix de la loi a été clairement énoncé* ».

[1044] HAFTEL (B.), *th. préc.*, p. 266.

règles de rattachements en droit des sociétés, comme en atteste la prépondérance accordée à la règle de rattachement se fondant sur le lieu d'incorporation. La société n'est plus tenue d'avoir son siège réel sur le territoire d'un État pour pouvoir profiter des dispositions de sa législation. Il suffit de réaliser les formalités de constitution dans un État déterminé pour que la société soit soumise à la loi de cet État. En d'autres termes, la mise en application de ce critère formel permet aux rédacteurs d'un contrat de société ou d'une association de choisir le lieu de création de leur société en « *contemplation de la loi* »[1045] qui leur convient. Le lieu d'incorporation du contrat de société constitue par conséquent un choix « *implicite* »[1046] de la loi du contrat de société.

576. **La validité de choix de loi dans les contrats purement internes.** La faculté de choisir une loi du contrat n'étant pas soumise à la condition de l'internationalité du contrat[1047], les cocontractants peuvent désigner une loi étrangère pour régir un contrat à caractère purement interne. La reconnaissance d'une telle faculté permet ainsi aux sociétés parties à un contrat de fusion, purement interne, de choisir une loi étrangère qui régisse les questions relevant de la nature contractuelle de l'opération. Toutefois, la liberté de choix ne doit pas autoriser une dérogation aux règles impératives de la loi du pays auquel le contrat appartient par tous ses éléments. Cette limite à l'étendue du choix est consacrée par les dispositions de l'article 3. 3 du Règlement Rome I selon lesquelles « *lorsque tous les autres éléments de la situation sont localisés, au moment de ce choix, dans un pays autre que celui dont la loi est choisie, le choix des parties ne porte pas atteinte à l'application des dispositions auxquelles la loi de cet autre pays ne permet pas de déroger par accord* ». Ainsi, lorsque le contrat de fusion ne présente aucun élément d'extranéité, la stipulation d'une clause d'*electio juris* ne permet guère aux sociétés contractantes de contourner les dispositions impératives de l'État auquel le contrat appartient entièrement. Prévue par l'article 3. 4 du Règlement Rome I, une pareille disposition est applicable aux contrats intracommunautaires. Selon les dispositions de ce texte, « *lorsque tous les autres éléments de la situation sont localisés, au moment de ce choix, dans un ou plusieurs États membres, le choix par les parties d'une autre loi applicable que celle d'un Etat membre ne porte pas atteinte, le cas échéant, à l'application des dispositions du droit communautaire*

[1045] *Id.*, *th. préc.*, p. 267.
[1046] BATTIFOL (H.), *op. cit.*, p. 291.
[1047] GAUDEMET-TALLON (H.), *Convention de Rome du 19 juin 1980 et Règlement « Rome I » du 17 juin 2008*, J.-Cl. Europe Traité, fasc. 3200, n°47. Le règlement Rome I est applicable aux situations comportant un conflit de lois. Par conséquent, il relève du domaine de ce règlement « *le contrat qui, objectivement, présente les caractères d'un contrat interne, mais pour lequel les parties ont fait naître un conflit de lois en le soumettant à une loi étrangère* ».

auxquelles il n'est pas permis de déroger par accord, et telles que mises en œuvre par l'État membre du for ». L'application de ce texte limite la compétence de la loi d'autonomie de la volonté dans le but d'assurer le respect des règles considérées comme « *communautairement* »[1048] impératives. Les parties ne peuvent ainsi se soustraire à l'application de ces règles par le choix d'une loi d'un État tiers. De même, lors d'une fusion intracommunautaire, le choix d'une loi d'un État tiers, pour régir le contrat, n'autorise guère de dérogation aux dispositions impératives des États auxquels appartiennent les sociétés fusionnantes.

577. **La validité du dépeçage.** Les sociétés contractantes peuvent aussi choisir de réaliser un « *dépeçage* »[1049] du contrat de fusion. Les parties optent alors pour un choix de plusieurs lois dont chacune est applicable à une partie du contrat de fusion ou pour un choix d'une seule loi applicable à une partie du contrat seulement. Une possibilité expressément reconnue dans l'article 3. 1 du Règlement Rome I qui dispose que « *les parties peuvent désigner la loi applicable à la totalité ou à une partie seulement de leur contrat* ». La seule limite à l'admissibilité d'un dépeçage réside dans la sauvegarde de la cohérence du contrat[1050], comme le souligne un auteur « *le dépeçage apparaît-il parfaitement admissible lorsqu'il est appliqué à une clause qui remplit une fonction bien particulière dans le contrat, sans être elle-même reliée aux obligations substantielles principales du contrat* »[1051]. À titre d'exemple, le dépeçage est admis pour faire régir une clause compromissoire ou une clause attributive de juridiction par une loi distincte de celle régissant le contrat de fusion[1052]. L'on admet aussi que les sociétés choisissent une loi pour régir les clauses modifiant le régime de la responsabilité contractuelle, en désignant la loi qui semble plus stricte ou plus souple en cas d'inexécution du contrat de fusion.

578. **Le choix d'une loi non étatique.** Il serait intéressant de savoir si les parties à un contrat de fusion disposent de la faculté de choisir une loi non

---

[1048] BUREAU (D.) et MUIR WATT (H.), *Droit international privé, t. 2,* PUF, 2eme éd., 2010, p. 302.

[1049] Sur le sujet du dépeçage d'un contrat, v. LAGARDE (P.), *Le dépeçage du contrat dans le droit international privé des contrats in. Rivisita di diritto internazionale privato e processuale*, 1993, p. 33 et s. ; EKELMANS (M.), *Le dépeçage du contrat dans la Convention de Rome du 19 juin 1980 sur la loi applicable aux obligations contractuelles in. Mélanges VANDER ELST (R.)*, Bruxelles, éd. Nemsis 1986, p. 243 et s.

[1050] En ce sens : JACQUET (J.-M.), *Contrats*, Encycl. Dalloz droit international, n°55.

[1051] JACQUET (J.-M.), *ibid.*

[1052] Sur l'admissibilité du dépeçage d'une clause compromissoire, v. ANCEL (J.-P.), *L'actualité de la clause compromissoire*, TCFDIP 1991-1993, p. 75 et s. ; sur la clause attributive de juridiction, v. Cass. 1re civ., 17 déc. 1985, RCDIP 1986, p. 537, note GAUDEMET-TALLON (H.) ; D. 1986, IR 265, obs. AUDIT (B.) ; GA, n°68.

étatique[1053]. L'admissibilité d'un tel choix avait autrefois soulevé un grand débat doctrinal[1054]. La proposition du Règlement Rome I reconnaît expressément cette faculté en précisant que « *les parties peuvent également choisir comme loi applicable des principes et règles de droit matériel des contrats, reconnus au niveau international ou communautaire* ». Les rédacteurs de la proposition ont tenu à insérer cette disposition pour permettre la mise en application des Principes européens du droit des contrats et les Principes d'UNIDROIT. Cette disposition de la proposition n'a toutefois pas été reprise dans la version finale du Règlement ; les considérants du Règlement ayant simplement rappelé de façon indirecte la solution. Le considérant 13 reconnaît la faculté d'intégrer par référence un droit non étatique ou une convention internationale, alors que le considérant 14 permet la désignation d'un instrument adopté par la Communauté qui comporte des règles matérielles de droit des contrats. Certains auteurs considèrent que les dispositions de ce considérant n'autorisent pas les parties à une soumission directe de leur contrat aux Principes d'UNIDROIT parce qu'il s'agit d'une codification privée sans origines européennes[1055]. Malgré les multiples efforts entrepris par la doctrine, la solution ne semble pas suffisamment claire pour permettre d'accepter une reconnaissance de la possibilité de choix d'une loi non étatique à régir un contrat. Dans ce contexte, le choix d'une loi non étatique pour régir le contrat de fusion, à l'instar des Principes européens du droit des contrats ou des Principes UNIDROIT, risque de s'avérer inefficace.

[1053] La faculté de choisir une loi non étatique pour régir un contrat est facilement acceptable dans le cadre de l'arbitrage international (En ce sens : *Transnational Rules in International Commercial Arbitration*, publication CCI, n°480/4, 1993). Donc, lorsque le contrat de fusion contient une clause compromissoire, l'arbitre a le droit d'appliquer la règle non étatique choisie par les parties. Donc, la question se pose uniquement sur la possibilité qu'un juge étatique français puisse appliquer la loi non étatique désignée par les parties dans un contrat de fusion.

[1054] La convention de Rome du 19 juin 1980 n'admettait pas la possibilité de l'existence d'un contrat qui ne soit pas soumis à une loi étatique. (En ce sens : LAGARDE (P.), *Le nouveau droit international privé des contrats*, RCDIP 1991, p. 300 et 301). Le sujet a alors sollicité de nombreuses écritures. Sur ce sujet, v. BERAUDO (P.), *Faut-il avoir peur du contrat sans loi ? in. Mélanges LAGARDE (P.)*, Dalloz, 2005, p. 93 ; GANNAGE (L.), *Le contrat sans loi devant les tribunaux étatiques. Retour sur un mal aimé in. Mélanges FOYER (J.)*, Economica, 2008, p. 419 ; sur l'application des Principes UNIDROIT et les Principes européens du droit des contrats, v. ROMANO (G.-P.), *Le choix des Principes Unidroit par les contractants à l'épreuve des dispositions impératives*, JDI 2007, p. 473 ; Sur l'application de la *lex mercatoria*, v. GOLDMAN (B.), *Frontières du droit et lex mercatoria*, Archives philo, dr. 1964, p. 177; *la lex mercatoria dans les contrats et l'arbitrage internationaux : réalités et perspectives*, JDI 1979, p. 475; *Nouvelles réflexions sur la lex mercatoria in. Mélanges LALIVE (P.)*, p. 241; LAGARDE (P.), *Approche critique de la lex mercatoria, in Mélanges GOLDMAN (B.)*, p. 125.

[1055] GAUDEMET-TALLON (H.), *Convention de Rome du 19 juin 1980 et Règlement "Rome I" du 17 juin 2008*, J.-Cl. Droit international, fasc. n°552-15, n°5.

Section 2 : En absence de choix de loi

579. **La règle de conflit retenue par le Règlement Rome I.** À défaut d'un choix d'une loi pour régir le contrat, l'article 4 du Règlement Rome I prévoit d'appliquer au contrat la loi du pays « *dans lequel la partie qui doit fournir la prestation caractéristique a sa résidence habituelle* ». Contrairement à la convention de Rome, le Règlement ne fait pas de ce lien de rattachement une simple présomption, mais bien une véritable règle de conflit. Lorsque la prestation caractéristique d'un contrat ne peut être déterminée, le Règlement prévoit une règle de conflit subsidiaire au paragraphe 4 du même article. Le contrat est alors « *régi par la loi du pays avec lequel il présente les liens les plus étroits* ». D'après ce texte, il faut d'abord essayer de localiser le contrat de fusion en déterminant le débiteur qui s'est engagé à fournir la prestation caractéristique de ce contrat. Lorsqu'il est impossible de déterminer le débiteur, la règle de conflit subsidiaire intervient pour localiser le contrat.

580. **Plan.** La qualification du contrat de fusion en un contrat-organisation rend impossible sa localisation en fonction de la prestation caractéristique **(Ss-section 1)**. Il en résulte l'application automatique pour ce type de contrat de la règle de conflit subsidiaire consistant à le localiser en fonction des liens les plus étroits **(Ss-section 2)**.

Ss-section 1 : La localisation selon le critère de la prestation caractéristique

581. **Plan.** La démonstration de l'impossibilité de localisation du contrat de fusion au regard du critère de la prestation caractéristique accrédite la théorie adoptée par une partie de la doctrine suisse, selon laquelle la société absorbée est la débitrice de cette prestation **(Ss-paragr. 1)**. Toutefois, cette théorie fait l'objet de maintes critiques qui écartent toute possibilité de son adoption **(Ss-paragr. 2)**.

Paragraphe 1 : Tentative de détermination de la prestation caractéristique

582. **La notion de prestation caractéristique.** En vertu des dispositions du Règlement Rome I, la règle de conflit applicable à un contrat est celle du lieu de la résidence habituelle du débiteur de la prestation caractéristique. L'application de cette règle au contrat de fusion nécessite de déterminer sa prestation caractéristique. La prestation caractéristique est celle en

contrepartie de laquelle le paiement est dû[1056]. *A contrario*, on en déduit qu'il ne peut s'agir de la prestation monétaire du contrat. Dans un contrat de vente, par exemple, la prestation caractéristique est l'obligation de livraison de la chose vendue. C'est l'obligation de délivrance de jouissance de la chose louée pour un contrat de louage ; l'obligation de mettre le local à disposition pour un contrat de bail ; l'obligation de représentation pour un mandat, ou encore, l'obligation d'exécution de l'ouvrage pour un contrat d'entreprise.[1057] Cette prestation permet finalement « *de caractériser le centre de gravité socio-économique de l'opération contractuelle* »[1058]. Elle est comparée par un auteur au « *code génétique* »[1059] d'un contrat, car il est possible de la repérer dans tous les accords d'un même type.

583. **La société absorbée en tant que débitrice de la prestation caractéristique.** À première vue, le contrat de fusion n'a d'importance capitale que pour la société absorbée dont il entraîne la disparition, par dissolution sans liquidation, et la transmission de son patrimoine à la société absorbante. La conclusion d'un tel contrat se répercute principalement sur la société absorbée tandis que la société absorbante ne semble pas affectée outre mesure par l'opération. En effet, la société absorbante maintient sa personnalité morale et sa structure n'accuse que de légers changements dans la composition de ses organes sociaux afin d'accueillir les associés et les dirigeants de la société absorbée. Elle procède en outre à l'augmentation de son capital social pour recevoir le patrimoine de la société absorbé. Cette augmentation n'est d'ailleurs pas toujours obligatoire comme l'illustre le cas d'une société mère qui absorbe une filiale qu'elle détient en entier ou d'une société absorbante qui détient déjà en réserve les actions qu'elle va distribuer aux actionnaires de l'absorbée. Le contrat de fusion produit donc ses effets les plus caractéristiques sur la société absorbée.

584. Un auteur suisse a adopté position identique[1060]. Il considère que, dans une opération de fusion par absorption, la société absorbée est la débitrice de la prestation caractéristique. Selon lui, le contrat organisant une fusion par absorption est synallagmatique et sa prestation caractéristique est celle incombant à la société absorbée. L'auteur étaye ses propos en constatant que « *dans aucun contrat synallagmatique on ne retrouve une*

[1056] BATIFFOL (H.), *op. cit.*, n°93 ; GIULIANO (M.) et LAGARDE (P.), *Rapport relatif à la convention sur la loi applicable aux obligations contractuelles*, JOCE 1980, n°282, 31 oct. 1980, p. 17.
[1057] Sur ce sujet, v. CA Paris, 27 janv. 1955, RCDIP 1955, p. 330. La cour décide que « *l'obligation caractéristique [...] d'une convention de fourniture et vente d'appareils industriels, [est] la livraison des marchandises vendues* ».
[1058] GIULIANO (M.) et LAGARDE (P.), *rapport préc.*, *loc. cit.*
[1059] DUTOIT (B.), *op. cit.*, p. 351.
[1060] BENER (H.-R.), *th. préc.*, p.72.

prestation consistant en une combinaison entre un transfert de propriété et la renonciation à la qualité de sujet de droit »[1061]. La prestation caractéristique du contrat de fusion ne peut être que celle de la société absorbée. En effet, la prestation de la société absorbante consistant à la distribution de parts sociales et, le cas échéant, d'une soulte en espèces, se retrouve fréquemment dans d'autres contrats. On peut la retrouver dans un contrat d'apport partiel d'actifs et dans n'importe quel contrat d'échange. Par conséquent, elle ne peut pas caractériser le contrat de fusion.

Paragraphe 2 : L'impossibilité de détermination de la prestation caractéristique

585. **Les cas illustrant l'impossibilité de détermination d'une prestation caractéristique.** La méthode de localisation du contrat de fusion par le lieu de résidence habituelle du débiteur de la prestation caractéristique n'est pas pertinente, car il est impossible de définir une prestation caractéristique à ce genre de contrat. Cette impasse est d'ailleurs reconnue par les partisans de cette méthode dans certains cas particuliers de fusion[1062].

586. La première hypothèse concerne la fusion par constitution d'une société nouvelle dans laquelle les sociétés fusionnantes fournissent, à pied d'égalité, leurs prestations respectives. Toutes les sociétés contractantes transmettent leurs patrimoines respectifs et disparaissent pour constituer la nouvelle société. Aucune de ces prestations n'est alors considérée comme caractéristique du contrat de fusion. Conscient de l'impossibilité de déterminer la prestation caractéristique dans ce type de fusion, M. BENER opte pour une distinction entre ce type de fusion et la fusion par absorption. Dans le cas d'une fusion par création d'une nouvelle société, l'auteur écarte la qualification de contrat synallagmatique et considère qu'il s'agit plutôt d'un « *type spécial de contrat de société* »[1063]. Dès lors, « *la constitution d'une société fournit le point de rattachement pour celle-ci. La société est régie par le droit du pays que les fondateurs choisissent [...], le droit de ce pays [...] régit l'incorporation et, partant, le contenu du contrat de fusion par combinaison* »[1064].

587. La deuxième hypothèse se présente lorsqu'il y a absorption de plusieurs sociétés. Ici, une localisation du contrat de fusion en fonction de la prestation caractéristique paraît également impossible. En effet, un même contrat de fusion peut organiser l'absorption de plusieurs sociétés par une

---

[1061] *Id., ibid.*
[1062] *Id., ibid.*
[1063] *Id., th. préc.*, p. 74.
[1064] *Id., ibid.*

seule absorbante. Ce cas peut advenir lors d'une opération de restructuration au sein d'un même groupe de sociétés. Dans ce type de fusion multipartite, l'application de la théorie avancée par M. BENER aboutit au constat qu'il existe autant de prestations caractéristiques que de sociétés absorbées. Il n'est donc guère possible de déterminer une seule prestation caractéristique permettant de localiser le contrat de fusion.

588. Réalisant l'impossibilité de déterminer la prestation caractéristique pour localiser le contrat de fusion dans les cas susmentionnés, M. BENER a préféré limiter sa théorie à l'hypothèse d'une opération de fusion par absorption. Dans le contrat de fusion synallagmatique, l'absorbée fournit la prestation caractéristique. Une telle qualification doit cependant être écartée parce qu'il est artificiel d'opter pour une qualification différente du contrat de fusion en fonction du type de l'opération envisagée. En effet, qu'il s'agisse d'une fusion par absorption ou d'une fusion par constitution d'une nouvelle société, la nature de l'opération ne change pas. Il est évident que « *ces deux procédures ne sont que des modalités d'une même opération. Le résultat économique de la combinaison et celui de l'absorption sont identiques, et les mécanismes juridiques mis en œuvre sont les mêmes* »[1065]. En outre, cette qualification ne tient pas compte de la spécificité de la nature et des effets juridiques de l'opération de fusion. Comme il a été précédemment démontré, un contrat de fusion est normalement dépourvu de *synallagma* caractérisée par la contradiction des intérêts des contractants. La contrepartie de la transmission du patrimoine de la société absorbée s'analyse en effet comme une distribution à ses associés de parts sociales. Par conséquent, on ne peut que rejeter la qualification du contrat de fusion absorption de contrat synallagmatique et son assimilation à un contrat-échange. Quel que soit le type de fusion envisagé, on a en dernière analyse affaire à un contrat-organisation.

589. **Pas de prestation caractéristique dans le contrat-organisation.** Il est unanimement admis qu'il est impossible de déterminer une prestation caractéristique dans les contrats-organisation[1066]. Mme ANCEL affirme ainsi que « *la prestation caractéristique est définitivement introuvable dans les contrats associant étroitement les parties, instaurant entre elles de véritables synergies, susceptibles d'atteindre un résultat inaccessible autrement* »[1067]. Il apparaît qu'aucune des prestations fournies par les parties n'est susceptible de constituer *« l'élément saillant »*[1068] permettant de localiser ce genre de contrat. À titre d'exemple, la prestation caractéristique d'un contrat de *joint*

[1065] RECORDON (P.-A.), *th. préc.*, p. 15.
[1066] ANCEL (M.-E.), *th. préc.*, n°193 ; LUCAS-PUGET (A.-S.), *Essai sur la notion d'objet du contrat*, LGDJ, 2005, p. 346.
[1067] ANCEL (M.-E.), *th. préc.*, *ibid.*
[1068] LUCAS-PUGET (A.-S.), *th. préc.*, p. 346.

venture assimilé à un contrat-organisation n'est pas déterminable. En retenant cette qualification, Mme PIRONON affirme que le contrat de *joint venture* ne peut être réduit à une obligation caractéristique[1069]. Néanmoins une obligation principale se dégage qui est d'ailleurs assumée par tous les partenaires[1070]. Le même problème est soulevé en matière de fusion où les prestations des sociétés contractantes sont très imbriquées parce que les parties mettent en commun leur patrimoine au sein d'une seule société préexistante ou nouvellement créée. Par conséquent, il n'est guère possible de déterminer la prestation caractéristique d'un tel contrat. Face à cette impasse, la règle de conflit adéquate pour localiser le contrat de fusion consiste à déterminer le pays avec lequel il entretient les liens les plus étroits.

Ss-section 2 : La localisation selon le critère des liens les plus étroits

590. **La mise en application de la localisation objective.** Puisqu'il est impossible de déterminer la prestation caractéristique d'un contrat de fusion, il faut appliquer la règle de conflit subsidiaire prévue par le Règlement qui consiste « *à la recherche directe de la loi applicable sous la seule directive de la détermination de la loi avec laquelle le contrat présente le lien le plus étroit* »[1071]. L'utilisation de l'expression du lien le plus étroit n'offre pas une règle de rattachement directement applicable au contrat de fusion. Cette notion ne constitue pas une règle de conflit, mais un principe directeur pour en déterminer une. On parle volontiers d'un « *principe de proximité* »[1072] affirmant que la loi régissant le contrat est celle du pays avec laquelle le contrat détient les liens les plus étroits. Par conséquent, « *il ne s'agit pas là d'un rattachement directement applicable. Au contraire, il appartiendra au juge, dans chaque cas, de déterminer le droit applicable en fonction de l'appartenance fonctionnelle du contrat au contexte économique d'un État donné, à la lumière de tous les éléments de l'espèce et dans le respect de l'attente légitime des parties* »[1073]. La mise en œuvre du principe de proximité repose sur une méthode de localisation du contrat au regard d'un ensemble de critères objectifs. Cette localisation consiste « *à prendre en compte tous les éléments potentiellement significatifs pour déduire, dans le cas concret, quels sont ceux qui, seuls ou en combinaison avec d'autres,*

[1069] PIRONON (V.), *th. préc.*, n°752.- *Adde*, CHAHINE (G.), *La joint venture sociétaire internationale*, th. Montpellier I, 2004, n°557, p. 296.
[1070] PIRONON (V.), *ibid.*
[1071] JACQUET (J.-M.), Contrats, Encycl. Dalloz droit international, n°154.
[1072] Sur le sujet., v. LAGARDE (P.), *Le principe de proximité dans le droit international contemporain*, RCADI 1986, vol. 196.
[1073] DUTOIT (B.), *op. cit.*, p. 351.

désignent l'ordre juridique avec lequel le contrat entretient les liens les plus étroits »[1074]. Le juge est donc appelé à suivre une approche casuistique.

591. **La nécessite de prévoir des présomptions de règles de conflit.** À défaut d'élaborer une ligne directrice ou un ensemble de présomptions hiérarchisées de règles de conflits, l'application systématique du principe de proximité au contrat de fusion conduit à une imprévisibilité des solutions. Les parties ne parviennent alors à déceler la loi applicable à leur contrat qu'après l'intervention du juge. De plus, ce principe emporte un risque d'arbitraire en raison du rôle excessif attribué aux juridictions quant à la localisation du contrat. Ces dangers ont d'ailleurs été relevés par M. HEUZÉ qui affirme que « *la casuistique sur laquelle débouche nécessairement la théorie [de proximité] rend totalement imprévisibles les solutions, puisque ce n'est que lorsque le juge rend sa décision que les parties peuvent savoir à quelle loi elles auraient dû se fier et donc connaître les obligations auxquelles elles se trouvaient tenues* »[1075]. De ce fait, certains auteurs privilégient un cantonnement du principe de proximité à des situations réellement exceptionnelles[1076]. L'absence de clarification de la démarche de détermination de la règle de conflit adéquate peut mener à des solutions casuistiques qui nuisent à la prévisibilité et la sécurité juridique.

592. **Plan.** Pour se soustraire aux dangers d'une telle démarche, il est nécessaire d'admettre une hiérarchie de présomptions et de critères permettant de déterminer de manière abstraite la loi applicable au contrat de fusion. Le législateur suisse aboutit ainsi à la conclusion systématique que la loi régissant la société absorbante présente les liens les plus étroits avec l'opération de fusion[1077]. À la lumière de la solution adoptée par le droit helvétique, nous proposons d'exposer l'ensemble des critères généralement mis en œuvre pour la localisation des contrats. Nous écarterons alors ceux qui semblent fortuits dans la localisation du contrat de fusion **(Paragr. 1)**, avant de retenir le critère de localisation prépondérant **(Paragr. 2)**.

Paragraphe 1 : Les critères de localisation à rejeter

593. **Les principaux critères de localisation objective des contrats.** Dans son exposition de la théorie de la localisation objective du contrat, le

[1074] JACQUET (J.-M.), *Contrat*, Encycl. Dalloz droit international, n°121.

[1075] HEUZÉ (V.), *La loi des contrats internationaux in. Dictionnaire Joly- Pratique des contrats internationaux*, Livre II, spéc. n°32.

[1076] En ce sens, v. REMY-CORLAY (P.), *Etude critique de la clause d'exception dans les conflits de lois*, th. Poitiers, 1997, p. 115 et s.

[1077] En ce sens, v. Art. 163c, al. 2 Ldip suisse ; v. égal. Conseil fédéral, *Message concernant la loi fédérale sur la fusion, la scission, la transformation et le transfert de patrimoine (loi sur la fusion ; LFus) du 13 juin 2000*, FF, 2000, pp. 3995 et s., n°2.2.3.2, p. 4151.

Doyen BATIFFOL a préconisé un ensemble d'indices et de présomptions hiérarchisés susceptibles de servir de directives aux juges dans la détermination de la loi applicable au contrat. L'éminent auteur distingue, d'une part, des indices pourvus d'un caractère général ayant vocation à s'appliquer à tout contrat et, d'autre part, des indices pourvus d'un caractère particulier uniquement applicables à certains types de contrats. Il considère que « *deux éléments de valeur générale se rencontrent normalement dans tous les contrats : le lieu de conclusion et le lieu d'exécution* »[1078]. Le droit international français a longtemps pris en compte ces deux critères pour localiser des contrats. Le lieu de conclusion du contrat a autrefois servi de règle de conflit pour déterminer la loi applicable aux contrats. Les multiples reproches qui lui ont été adressés ont toutefois conduit les juges à modifier leur position. La règle de lieu de conclusion a ainsi été complétée par d'autres critères, tels que le lieu d'exécution du contrat[1079]. Désormais, la localisation d'un contrat est déduite par l'application cumulative de ces deux critères.

594. **Plan.** En matière de contrat de fusion, l'impossibilité de déterminer le débiteur de la prestation caractéristique peut contraindre le juge à se référer à d'autres critères pour localiser le contrat. Il faut ainsi s'assurer de la pertinence de l'application au contrat de fusion, d'une part, de la loi du lieu de sa conclusion **(Ss-paragr. 1)** et, d'autre part, de la loi du lieu de son exécution **(Ss-paragr. 2)**.

Ss-paragraphe 1 : Le lieu de conclusion du contrat de fusion

595. **L'identification du lieu de conclusion du contrat.** L'on peut retenir le lieu de conclusion du contrat de fusion comme critère de localisation de celui-ci. Une grande partie de la doctrine soutenait traditionnellement l'adoption de cette règle de rattachement pour désigner la loi applicable aux contrats[1080]. Cette position a été reprise dans plusieurs arrêts rendus par les

---

1078 BATIFFOL (H.) et LAGARDE (P.), *op. cit.*, p. 290.

1079 CA Paris, 10 avr. 1972, JDI 1973, p. 363, note KAHN (P.) ; Cass. civ., 25 mars 1980, RCDIP 1980, p. 576, note BATIFFOL (H.) ; JDI 1980, p. 650, note KAHN (P.) ; D. 1981, IR., p. 162, note AUDIT (B.) ; CA Paris, 22 nov. 1980, JDI 1981, p. 585, note KAHN (P.).

1080 En ce sens, v. LAINÉ (A.), *Introduction au droit international privé*, 2 vol., 1888, 1892, p. 205 ; BROCHER (Ch.), *Cours de droit international privé*, t. 2, Paris-Genève, 1982, p. 82; FOELIX (J.-J.), *Traité du droit international privé*, t. 1, Paris, 1866, n°46 ; NIBOYET (J.-P.), *Traité de droit international privé français*, T. 5, Sirey, 2eme éd., 1951 : « *la conclusion d'un contrat est l'acte qui a pour but de créer une situation nouvelle, en donnant naissance à un droit, afin que de la vie juridique sorte du néant. Il y a donc un lien étroit entre le pays où se déroulent ou se situent les faits nécessaires à la conclusion d'un acte juridique et la création juridique qui peut en sortir* ».

juridictions françaises[1081]. Les partisans de ce critère de localisation du contrat considèrent que la loi du lieu de naissance du contrat lui est applicable. L'utilité pratique de ce critère de rattachement a largement été soulignée par le Doyen BATIFFOL qui considère « *d'une part, [que] ce lieu [...] est un et déterminé, d'autre part, [...] que la loi qui y est en vigueur sera plus facilement consultée par les parties* »[1082].

596. Le contrat de fusion est supposé conclu par l'approbation des assemblées générales des sociétés fusionnantes du projet de fusion. Ainsi, il paraît maladroit de retenir le lieu de la signature du projet de fusion par les représentants des sociétés comme lieu de conclusion du contrat définitif de fusion. Le contrat est conclu à la date de la dernière assemblée générale ayant approuvé le projet de fusion. Par conséquent, le lieu de conclusion est celui où s'est réunie cette assemblée générale. En pratique, comme la société absorbante approuve souvent en dernier le projet de fusion, celui-ci est réputé conclu dans le pays où s'est réunie l'assemblée générale de cette société.

597. **Les critiques inhérentes au lieu de conclusion du contrat.** L'adoption d'un tel critère pour la localisation du contrat de fusion doit cependant être écartée. De manière générale, les auteurs lui reprochent son caractère « *souvent fortuit, en tout cas accidentel par rapport aux intérêts à régir* »[1083]. Le critère du lieu de conclusion du contrat de fusion qui coïncide avec le lieu de réunion de la dernière assemblée ayant approuvé le projet de fusion est éminemment fortuit, car l'endroit où se réunit l'assemblée générale peut être différent du lieu où se situe le siège social de la société. L'assemblée générale peut tout à fait se réunir dans un autre pays que celui où se situe le siège social sous la seule réserve que les statuts le prévoit expressément[1084]. Le contrat est alors réputé conclu dans un pays complètement accidentel par rapport aux intérêts des sociétés contractantes et la loi de ce pays est par conséquent complètement fortuite pour régir le contrat. Par ailleurs, il semble hasardeux de rattacher la loi applicable au contrat de fusion à la loi de la société qui consent en dernier au contrat car

[1081] Cass. req., 10 juin 1857, DP 59. 1. 194, S. 59 1. 752 ; Cass. civ., 23 févr. 1864, S. 64. 1. 385.
[1082] BATIFFOL (H.) et LAGARDE (P.), *op. cit.*, p. 290.
[1083] *Id., ibid.*
[1084] Art. L. 225-103, V C. com. « *Sauf clause contraire des statuts, les assemblées d'actionnaires sont réunies au siège social ou en tout autre lieu du même département* ». Ainsi, le lieu de réunion de l'assemblée peut être déterminé librement par les statuts de la société. C'est seulement à défaut d'une clause statutaire de désignation de lieu de réunion, que les assemblées d'actionnaires doivent être réunies au siège social ou en tout autre lieu de même département (en ce sens, v. CA. Paris, 1re ch., 4 févr. 1988, RJ com. 1989, p. 121, note GALLET (C.-H.)).

c'est alors davantage un facteur temporel de formation du contrat qui entre en jeu plutôt qu'un facteur spatial de localisation.

Ss-paragraphe 2 : Le lieu d'exécution du contrat de fusion

598. **La mise en application de la règle de conflit.** La défaillance du critère de localisation du contrat de fusion en fonction du lieu de sa conclusion conduit en toute logique à l'adoption du critère du lieu de son exécution. L'on constate en effet que « *dans la mesure [...] où le lieu d'exécution permet une solution praticable parce qu'il est déterminé sans équivoque, cette solution paraît préférable, et préférée en jurisprudence à l'application de la loi du lieu de conclusion* »[1085]. Signalons cependant que la jurisprudence n'a jamais érigé en règle de conflit le critère du lieu d'exécution[1086]. Ce critère n'est retenu comme critère unique de localisation d'un contrat que lorsque les autres critères font défaut[1087]. Sa valeur localisatrice est puissamment renforcée lorsqu'il coïncide avec le lieu de conclusion du contrat.

599. Ce critère est notamment appliqué aux sociétés non enregistrées au registre du commerce et des sociétés[1088]. Il concerne principalement les sociétés en participation et les sociétés créées de fait qui ne sont pas dotées de la personnalité juridique et dont la nature est purement contractuelle. Ces dernières sont traitées en droit international privé comme de simples contrats et sont donc soumises à la loi choisie par les parties. Le contrat de société non enregistré se rapproche énormément du contrat-organisation dans le sens où les contractants mettent en commun des biens et des services pour exercer ensemble une certaine activité commerciale. À défaut de choix de loi par les contractants, la règle de conflit applicable ne peut s'appuyer sur la prestation caractéristique, car les prestations auxquelles s'engagent les parties sont étroitement imbriquées. On admet que le pays où les associés exercent principalement leur activité entretient le lien le plus étroit avec le contrat[1089]. Cependant, ce critère de rattachement peut présenter des difficultés de localisation du contrat, par exemple, lorsque son exécution se déroule dans plusieurs pays et qu'aucun d'entre eux ne constitue le lieu principal d'exécution. Il en va de même quand le lieu d'exécution n'est pas déterminé et que le statut de la société stipule que le règlement des comptes entre associés s'exerce au lieu de conclusion du contrat. Dans ces hypothèses, le

---

[1085] BATIFFOL (H.) et LAGARDE (P.), *op. cit.*, p. 293.

[1086] Cass. 1re civ., 7 juin 1977, JDI 1977, p. 879, obs. KAHN (P.); RCDIP 1978, p. 119, note BATIFFOL (H.).

[1087] En ce sens : Cass. 1re civ., 22 juill. 1986, RCDIP 1988, p. 56, note BATIFFOL (H.).

[1088] BATIFFOL (H.), *Les conflits de lois en matière de contrats*, Sirey, 1938, n°325.

[1089] *Id., ibid.*

lieu de conclusion du contrat de société devient la seule règle de conflit permettant de le localiser[1090].

600. **La défaillance de la règle de conflit.** La ressemblance entre les prestations dans un contrat de fusion et celles d'un contrat de société plaide pour l'adoption du critère du lieu d'exécution du contrat pour pouvoir le localiser. Cette solution rencontre cependant une difficulté majeure liée à la modification apportée par la doctrine à ce critère. La nouvelle acceptation tient largement compte du lieu d'exécution de la prestation caractéristique pour la localisation du contrat [1091]. Autrement dit, il y a assimilation du lieu d'exécution du contrat et du lieu d'exécution de sa prestation caractéristique. Le raisonnement tourne à l'aporie puisque, comme nous l'avons auparavant démontré, il est artificiel de déterminer la prestation caractéristique d'un contrat-organisation.

Paragraphe 2 : Le critère de localisation prépondérant

601. **Le recours à un critère objectif et intrinsèque dans la localisation du contrat.** L'avantage de la règle de conflit fondée sur la prestation caractéristique consiste à appréhender tout à la fois la fonction socio-économique du contrat et de localiser le contrat selon un critère objectif et intrinsèque au contrat, indépendamment de facteurs extérieurs. Toutefois, comme nous l'avons démontré auparavant, l'adoption d'une telle démarche n'est guère possible dans un contrat de fusion parce que la prestation caractéristique d'un contrat-organisation n'est pas identifiable[1092].

602. Il serait plus pertinent de déterminer un critère de localisation du contrat de fusion qui se rapproche de la définition fonctionnelle de la prestation caractéristique. Il s'agirait en quelque sorte d'un équivalent de la prestation caractéristique permettant de caractériser le centre de gravité socio-économique d'un contrat-organisation. Par ailleurs, ce critère devrait être apprécié par une méthode identique à celle de la prestation caractéristique, c'est-à-dire se dégager ainsi « *de l'intérieur et non de l'extérieur par des éléments qui ne sont pas en relation avec l'essence de l'obligation, tels que la nationalité des contractants ou le lieu de conclusion* »[1093]. Un contrat-organisation a pour principal effet la mise en commun

---

[1090] *Id., ibid.*

[1091] Sur la prépondérance du critère du lieu d'exécution de la prestation caractéristique du contrat, v. BATIFFOL (H.) et LAGARDE (P.), *op. cit.*, p. 293. (Pour la localisation d'un contrat de concession exclusive, v. CA Versailles, 21 mai 1986, D. 1986, IR., p. 308 ; et à propos d'un contrat de commission : Cass. 1re civ., 25 oct. 1989, RCDIP 1990, p. 732, note COURBE (P.)).

[1092] Cf. *supra*, n^{os}586 et s.

[1093] GIULIANO (M.) et LAGARDE (P.), *art. préc.*, p. 20.

d'entreprises, de biens et de services au sein d'une entité préexistante ou d'une entité nouvellement créée. L'entité issue de ce contrat constitue en quelque sorte l'objet du contrat-organisation. Il est ainsi possible de considérer que dans ce dernier, le centre de gravité économique et juridique doit passer de la prestation caractéristique à l'objet du contrat.

603. **Plan.** L'adoption d'un tel critère de localisation au contrat de fusion implique qu'il soit régi par la loi applicable à la société née de l'opération. Dans une fusion par absorption, il s'agira de la société absorbante et dans une fusion par création d'une nouvelle société de la société nouvellement créée. Le contrat de fusion entretient avec ces sociétés, des liens étroits parce qu'elles constituent son objet **(Ss-paragr. 1)** et son centre de gravité **(Ss-paragr. 2)**.

Ss-paragraphe 1 : L'objet du contrat de fusion

604. **La détermination de l'objet du contrat-organisation.** Une grande partie de la doctrine conçoit en général que l'objet d'un contrat est défini en fonction de sa prestation caractéristique[1094]. Cette position est pertinente pour l'ensemble des contrats-échange. Il n'est cependant guère possible d'envisager une démarche identique pour déterminer l'objet d'un contrat-organisation, notamment le contrat de fusion où la prestation caractéristique reste difficile à relever. Ce dernier n'en demeure pas moins pourvu d'un objet puisque tout contrat doit, pour être valable, avoir un objet déterminé. L'objet d'un contrat-organisation est déterminé au regard de l'ensemble de l'opération envisagée par les parties plutôt qu'à l'aune d'une prestation caractéristique inexistante.

605. On considère traditionnellement que l'objet du contrat permet « *de désigner l'opération juridique réalisée par les parties, en la considérant non plus dans ses éléments, mais dans son tout* »[1095]. Afin de déterminer l'objet, il faut considérer l'économie du contrat pris dans son ensemble, c'est-à-dire l'objet de l'opération contractuelle et, cela, en adoptant « *une vision globale de l'opération voulue par les parties, et notamment de l'échange opéré par le contrat, au-delà des prestations ou des obligations considérées de chaque côté* »[1096]. On en déduit que la détermination de l'objet d'un contrat-

[1094] En ce sens, v. MALAURIE (Ph.), AYNÈS (L.) et STOFFEL-MUNCK (P.), *op. cit.*, n°596 et s. ; LUCAS-PUGET (A.-S.), *th. préc.*, p. 346 ; RIPERT (G.) et BOULANGER (J.), *Traité de droit civil d'après le traité de Planiol, t. 2, Obligations-droits réels*, LGDJ, 1957, n°241 ; OVERSTAKE (J.-F.), *Essai de classification des contrats spéciaux*, LGDJ, 1969, p. 31 et s. ; GHESTIN (J.), *op. cit.*, n°679.

[1095] TERRÉ (Fr.), SIMLER (Ph.) et LEQUETTE (Y.), *op. cit.*, p. 281.

[1096] FABRE-MAGNAN (M.), *Droit des obligations, Contrat et engagement unilatéral*, t. 2, PUF, 3ème éd., 2012, p. 375.

organisation résulte de l'observation de l'opération juridique globale envisagée par les parties.

606. **La fonction socio-économique d'un contrat-organisation.** Tout comme la prestation caractéristique d'un contrat-échange, l'objet d'un contrat-organisation doit traduire sa fonction socio-économique. Le contrat sera ainsi localisé dans le pays où il réalisera cette fonction. L'objet du contrat-organisation est la création d'une nouvelle organisation ou la réorganisation d'une entité préexistante et sa fonction socio-économique s'accomplit dans le pays de localisation de la nouvelle organisation.

607. Lorsque la prestation caractéristique d'un contrat ne peut être déterminée, on se réfère alors à son objet en tenant compte de sa fonction socio-économique. En appliquant ce critère à la fusion par absorption, on constate que la fonction socio-économique du contrat s'accomplit forcément auprès de la société absorbante et non auprès de celle qui aura vocation à disparaître. Dans une fusion par constitution d'une société nouvelle, cette fonction prend place avec la société créée et non auprès de l'ensemble des sociétés appelées à disparaître. Par conséquent, la localisation du contrat de fusion aboutit à la désignation de la loi applicable à la société absorbante ou nouvellement constituée.

608. **La validité de la localisation *via* l'objet du contrat.** Le Doyen BATIFFOL a admis la possibilité de localiser certains contrats au regard de leur objet. Ce critère de localisation est considéré comme ayant un caractère particulier car il n'est pertinent que pour un nombre restreint de contrats. Le droit international privé français s'est inspiré de la pensée de l'éminent auteur pour localiser plusieurs contrats selon leur objet[1097], notamment le contrat de construction. Ce contrat n'est pas considéré comme ayant pour objet un droit réel immobilier[1098] parce que son «*objet principal [...] n'est pas l'immeuble lui-même mais le travail à effectuer* »[1099]. Par conséquent, l'ouvrage que l'entrepreneur bâtit constitue l'objet du contrat de construction. Le pays de situation de l'ouvrage est celui avec lequel le contrat de construction entretient les liens les plus étroits. Selon M.

[1097] BATIFFOL (H.) et LAGARDE (P.), *op. cit.*, p. 296 et s. Pour ces auteurs, l'objet du contrat peut constituer un indice intrinsèque de localisation du contrat. Il est ainsi pour les contrats relatifs aux immeubles, pour les apports en société et les contrats qui sont liés à d'autres.

[1098] LAGARDE (P.), *Le nouveau droit international privé des contrats après l'entrée en vigueur de la convention de Rome du 19 juin 1980, préc.*, p. 311, n°33 ; FOYER (J.), *Entrée en vigueur de la Convention de Rome du 19 juin 1980 sur la loi applicable aux obligations contractuelles*, JDI 1991, p. 610, n°25 ; LESGUILLONS (H.), *Loi applicable aux obligations contractuelles ; entrée en vigueur de la Convention de Rome du 19 juin 1980*, RDAI 1991, p. 278.

[1099] GAUDEMET-TALLON (H.), *art. préc.*, p. 250.

GALVANIS, cette localisation « *semble plutôt fondée sur l'objet que sur la source, contractuelle, des obligations* »[1100]. La mise en œuvre de ce critère entraîne l'application au contrat de la loi du lieu de l'ouvrage à construire. Cette règle de rattachement renvoie au lieu où la prestation caractéristique doit être fournie. Ainsi, le contrat de construction présente les liens les plus étroits avec le pays de l'exécution de la prestation caractéristique plutôt que celui de la résidence habituelle du débiteur de cette prestation.

609. Par ailleurs, la localisation du contrat-organisation au regard de son objet est corroborée par l'adoption d'une démarche similaire afin de déterminer la loi applicable aux contrats de domination dans les groupes de sociétés. M. SYNVET relève judicieusement que « *l'objet affiché des stipulations est la modification de la répartition des pouvoirs au sein de la société qui devient dépendante ; les normes matérielles concernées sont celles qui fixent les prérogatives des organes sociaux et le but dans lequel doivent être exercées* »[1101]. Considérés par l'ensemble de la doctrine comme des contrats-organisation[1102], ces contrats ont pour objet la réorganisation de la société dépendante dont les organes sociaux vont subir des modifications. Puisque le centre de gravité socio-économique du contrat organisant le groupe de sociétés se situe dans l'État de la société dépendante, la localisation du contrat-organisation en application de la règle de rattachement de son objet aboutit nécessairement au choix de la *lex societatis* de la société satellite. Par ailleurs, le contrat de domination doit être inscrit au Registre du commerce et des sociétés par la direction de la société dépendante. L'inscription a un effet constitutif de l'organisation du groupe de sociétés. Un lien de rattachement solide est aussitôt tissé entre le contrat de domination et l'État d'immatriculation. La loi de ce dernier trouvera donc à s'y appliquer. Le contrat de domination est alors régi par la *lex societatis* de la société dépendante.

610. **L'identification de l'objet du contrat de fusion.** L'objet d'un contrat-organisation est l'organisation envisagée ; celui du contrat de fusion est, selon le type de fusion, l'organisation d'une nouvelle société ou la réorganisation d'une société préexistante. Il est réalisé par la mise en commun du patrimoine de deux ou plusieurs sociétés au sein d'une seule société. Les effets juridiques de ce contrat – la transmission universelle de patrimoine ; la dissolution sans liquidation ; la distribution de parts sociales aux associés de la société qui disparaît – constituent les mécanismes juridiques les plus à même de caractériser l'objet de ce contrat. La fonction

[1100] GLAVINIS (P.), *Le contrat international de construction*, éd. Joly, 1993, p. 539.
[1101] SYNVET (H.), *L'organisation juridique du groupe international de sociétés*, th. Rennes I, 1979, t. 1, p. 350.
[1102] Sur la qualification du contratu de domination de contrat-organisation, cf., *supra*, n^{os}458 et s.

socio-économique du contrat consiste à accumuler les moyens de production des sociétés contractantes afin d'accroître leur puissance économique. L'objet de ce contrat ne peut se limiter à la simple disparition de la société absorbée ou des sociétés fusionnantes. Cela conduirait en effet à ignorer la finalité économique et juridique du contrat de fusion. Il s'agit avant tout d'une opération de concentration de sociétés plutôt qu'un simple processus de leur disparition. L'objet du contrat d'une fusion transfrontalière doit être localisé dans le pays de situation de la société absorbante ou nouvellement constituée.

Ss- paragraphe 2 : Le centre de gravité du contrat de fusion

611. **Le point de convergence des prestations.** Le contrat est normalement localisé par la détermination de son centre de gravité habituellement considéré comme le lieu de concentration des prestations fournies par les contractants. Un contrat-organisation procède nécessairement d'une mise en commun ou d'une agrégation des biens et des services au sein d'une organisation unique. Aussi, est-il préférable de retenir le lieu de cette mise en commun pour en déterminer le centre de gravité. Le contrat de fusion, étant aussi un contrat-organisation, il faut souligner que les prestations des sociétés fusionnantes se concentrent au sein d'une seule organisation. Selon le type de l'opération, le lieu de cette concentration est par conséquent la nouvelle société issue de la fusion ou la société absorbante. Ces dernières constituent le centre de gravité du contrat de fusion.

612. **Les hypothèses justifiant la solution.** Le centre de gravite du contrat de fusion se dévoile clairement dans deux hypothèses : d'une part, dans une opération de fusion pluripartite et, d'autre part, dans une opération de fusion par constitution d'une nouvelle société[1103]. Dans la première hypothèse, nous envisagerons un contrat de fusion qui prévoit l'absorption de deux ou plusieurs sociétés situées chacune dans un pays différent par une société de droit français. Dans la seconde hypothèse, nous envisagerons deux ou plusieurs sociétés soumises à des lois différentes qui décident de constituer une nouvelle société enregistrée en France. Dans ces deux hypothèses, il ne fait aucun doute que le centre de gravité du contrat de fusion est localisé dans le pays de la société absorbante ou nouvellement constituée, c'est-à-dire la France. Parmi les différentes législations impliquées dans l'opération,

---

[1103] Selon l'article L. 236-1, alinéa premier, du Code de commerce, «*une ou plusieurs sociétés peuvent, par voie de fusion, transmettre leur patrimoine à une société existante ou à une nouvelle société qu'elles constituent* ». Ce texte consacre d'abord la possibilité de réaliser une fusion pluripartite. Ensuite, il constate qu'au terme de l'opération de fusion, il n'existe plus qu'une seule société absorbante ou une seule société nouvellement constituée. Seules ces deux sociétés peuvent constituer le centre de gravité du contrat.

seule l'application de la loi de l'absorbante ou de la société nouvellement créée permet de maintenir l'unité du contrat de fusion et d'éviter de décevoir l'attente légitime des contractants par un fâcheux dépeçage.

Chapitre 2 : Le domaine d'application de la *lex contractus*

613. **Le renvoi au règlement Rome I.** Pour déterminer le domaine d'application de la *lex contractus* dans un contrat de fusion, il faut se référer à l'article 12 du Règlement Rome I. Ce texte dispose que « *la loi applicable au contrat en vertu du présent règlement régit notamment : a) son interprétation; b) l'exécution des obligations qu'il engendre; c) dans les limites des pouvoirs attribués à la juridiction saisie par son droit procédural, les conséquences de l'inexécution totale ou partielle de ces obligations, y compris l'évaluation du dommage dans la mesure où des règles de droit la gouvernent; d) les divers modes d'extinction des obligations, ainsi que les prescriptions et déchéances fondées sur l'expiration d'un délai; e) les conséquences de la nullité du contrat ; 2. En ce qui concerne les modalités d'exécution et les mesures à prendre par le créancier en cas de défaut dans l'exécution, on aura égard à la loi du pays où l'exécution a lieu* ». Ceci signifie qu'en principe, la loi applicable au contrat a vocation à régir l'ensemble des questions s'y rapportant, et cela, de sa formation à son exécution.

614. **Plan.** Dans une opération de fusion transfrontalière, la *lex contractus* est en principe compétente pour régir l'ensemble des questions relatives, d'une part, à la formation du contrat de fusion **(Section 1)** et, d'autre part, à l'ensemble des effets qui se rapportent au droit des obligations **(Section 2)**.

Section 1 : La formation du contrat de fusion

615. **La solution traditionnelle du droit international privé.** Les questions relatives à la formation d'un contrat international sont soumises à la loi du contrat qui va régir, d'une part, une grande partie de la phase précontractuelle allant des pourparlers jusqu'à la conclusion du contrat définitif et, d'autre part, les conditions de validité du contrat. La formation d'un contrat de fusion, comme n'importe quel contrat, obéit au régime commun du droit des obligations. Le contrat de fusion est formé lorsque deux ou plusieurs sociétés y consentent par un accord de volonté qui se manifeste par une décision de leurs assemblées générales respectives. Cependant, la conclusion de ce contrat est le couronnement des négociations

nourries au cours desquelles les sociétés tentent de s'accorder sur les points essentiels du contrat projeté.

616. **Plan.** La *lex contractus* du contrat de fusion régit, d'une part, l'ensemble de la phase précontractuelle **(Ss-section 1)** et, d'autre part, les conditions de formation requises **(Ss-section 2)**.

Ss-section 1 : La phase précontractuelle de la fusion

617. **La particularité de la négociation d'une fusion transfrontalière.** Le contrat de fusion est un contrat à formation successive, nécessairement précédé d'une période précontractuelle. En effet, une longue phase de négociation, parsemée d'actes préparatoires de nature variée, devance la conclusion du contrat. Le caractère international du contrat de fusion participe de la complexification de son processus de formation dans la mesure où « *les contrats internationaux, particulièrement les gros contrats, se concluent très souvent à l'issue d'un long processus de pourparlers. À leur égard, la période précontractuelle est peut-être encore plus longue, plus complexe dans son organisation, souvent plus coûteuse, et davantage parsemée d'accords et d'actes intermédiaires, qu'elle ne l'est en matière interne* »[1104]. Ainsi, la négociation d'un contrat international d'une certaine importance implique souvent la mise en place d'un ensemble de contrats préparatoires.

618. L'articulation entre les dispositions des règlements Rome I et Rome II, assujettit une grande part de la période précontractuelle à la *lex contractus* du contrat définitif projeté. Cette solution répond aux vœux formulés par la doctrine : « *une seule et même loi, de bout en bout, tel est le pic conflictuel à atteindre* »[1105]. Conscient de l'opportunité de cette solution, le législateur européen a tenté d'unifier autant que possible le traitement international des phases précontractuelles et contractuelles en les soumettant à une seule et même loi.

619. Les difficultés juridiques soulevées par le traitement international de la phase précontractuelle ont été relevées par M. SERAGLINI qui affirme que « *le droit international privé se heurte à une première difficulté : un partage, quant à la qualification de ces diverses questions, entre deux catégories, la catégorie délictuelle et la catégorie contractuelle. [...] En outre, seconde difficulté, pour chacune de ces catégories, contractuelle et*

[1104] SERAGLINI (Ch.), *Le droit international privé de la période précontractuelle in. L'avant-contrat : actualité du processus de formation des contrats*, PUF, 2008, p. 77 et s., spéc. p. 78.

[1105] GAUTIER (P.- Y.), *Les aspects internationaux de la négociation*, RTD com. 1998, p. 493.

délictuelle, le choix du critère de rattachement pertinent pour désigner la loi applicable »[1106]. La phase préalable à la conclusion du contrat international de fusion étant confrontée aux mêmes problématiques, il convient de faire le départ entre les deux catégories, contractuelle et délictuelle, au regard de la nature des obligations créées pendant cette période.

620. **Plan.** Dans la négociation d'une fusion transfrontalière, on peut distinguer deux étapes – généralement successives – donnant lieu, d'une part, à des pourparlers **(Paragr. 1)** et, d'autre part, à des contrats préparatoires **(Paragr. 2)**.

Paragraphe 1 : Les pourparlers

621. **Plan.** Avant la naissance du contrat, une qualification délictuelle des pourparlers est retenue pour toutes les obligations émanant des négociations entre les représentants des sociétés **(Ss-paragr. 1)**. C'est en fonction de cette qualification que sera désignée la loi qui doit leur être applicable **(Ss-paragr. 2)**.

Ss-paragraphe 1 : La qualification délictuelle des pourparlers

622. **Plan.** Au stade des pourparlers, le droit international privé français classe les relations entre les négociants dans la catégorie délictuelle. Cette qualification est maintenue malgré l'élaboration par ces derniers de certains documents préparatoires dépourvus de toute valeur obligatoire. En matière de fusion, la solution semble ne pas être différente. Les pourparlers à caractère informel entre les représentants des sociétés relèvent en principe de la qualification délictuelle **(A)**, en dépit de l'élaboration de certains documents qui, par leur nature, sont privés de valeur juridique **(B)**.

A- Les pourparlers informels

623. **Les pourparlers dans le contexte d'un contrat international.** Les pourparlers précédant la conclusion d'un contrat international de fusion désignent l'ensemble des discussions informelles amorcées entre les sociétés. Cette phase englobe précisément « *la zone que ne saisit aucun accord préparatoire* »[1107] et dont l' « *invitation à entrer en pourparlers* » constitue le point de départ.

624. Le régime juridique de ces pourparlers diffère peu entre les différentes lois nationales. M. MAZEAUD a ainsi relevé que « *dans tous les*

[1106] SERAGLINI (Ch.), *art. préc.*, p. 78.
[1107] SCHMIDT (J.), *art. préc.*, p. 49.

corps de règles comparés, le régime de l'initiative, du déroulement et de la rupture de la négociation précontractuelle repose sur un principe de liberté précontractuelle, canalisé par une exigence de loyauté, laquelle est imposée pour des besoins de sécurité »[1108]. De ce fait, lors des pourparlers, le principe de la liberté contractuelle prévaut, autorisant ainsi les parties à se rétracter à tout moment. Toutefois, cette liberté connaît des limites. Les négociateurs sont soumis à l'obligation générale de négocier de bonne foi qui génère un ensemble d'obligations non contractuelles telles que l'obligation d'information et l'obligation de confidentialité.

625. M. MORIN fait sienne cette idée quand il affirme que lors de la négociation des contrats internationaux, les parties sont tenues à un devoir de coopération. Il en découle un certain nombre de règles auxquelles les négociateurs doivent se plier. Par conséquent, « *chaque négociateur doit s'informer et renseigner le partenaire de telle sorte qu'il s'engage en toute connaissance de cause ; nul ne doit faire des propositions inacceptables dans le seul but de faire échouer les pourparlers ; les parties à la négociation n'ont pas le droit de retarder sans motif valable les pourparlers ; elles n'ont pas le droit non plus de mener des négociations parallèles ; enfin les partenaires se doivent garder le secret sur la négociation et sur les informations qui ont pu être communiquées pendant cette période* »[1109]. Ces règles de conduite des négociations ont été assimilées aux « *six commandements du commerce international en matière de pourparlers* »[1110].

626. L'obligation de bonne foi qui lie les négociateurs constitue une notion parapluie englobant une large variété d'obligations non contractuelles. Cependant, *stricto sensu*, l'obligation de bonne foi se réduit à une obligation de moyen d'accomplir toutes les diligences nécessaires pour aboutir à la conclusion du contrat projeté. En effet, la phase des pourparlers génère uniquement des obligations non contractuelles à la charge des négociateurs et les représentants des sociétés demeurent libres de rompre les pourparlers.

[1108] MAZEAUD (D.), *La période précontractuelle en droits positif et prospectif français, européen et international: comparaisons in. L'avant-contrat : actualité du processus de formation des contrats*, (dir.) DEHAYES (O.), PUF, 2008, p. 13 et s., spéc. p. 17 ; v. égal. en ce sens : MUIR-WATT (H.), *Les pourparlers : de la confiance trompée à la relation de confiance, in. Les concepts contractuels français à l'heure des principes du droit européen des contrats*, Coll. Thèmes et commentaires, (dir.) LASZLO-FENOUILLER (D.) et RÉMY-CORLAY (P.), Dalloz, 2003, p. 53 ; SCHMIDT (J.), *La négociation du contrat international*, DPCI 1983, t. 9, p. 239 et s., spéc, p. 244.

[1109] MORIN (G.), *Le devoir de coopération dans les contrats internationaux*, DPCI 1980, p. 11.

[1110] GENINET (M.), *th. préc.*, t. 1, p. 206.

627. Avant la conclusion de tout contrat préparatoire, les représentants des sociétés qui négocient l'opération de fusion sont tenus à une obligation de confidentialité[1111]. L'existence de cette dernière lors des pourparlers a été admise par divers instruments internationaux et européens. Par exemple, les Principes d'UNIDROIT[1112] et les Principes du droit européen du contrat[1113] reconnaissent un devoir de confidentialité auquel est assujettie la personne qui reçoit des informations de nature confidentielle au cours des négociations. La consécration de cette obligation est source de sécurité, notamment dans le déroulement des négociations dont l'objet concerne la réalisation d'une opération de fusion. En effet, les sociétés négociatrices doivent souvent partager de nombreuses informations d'ordre financier et économique qui, compte tenu de leur importance, doivent rester secrètes. Leur ébruitement pouvant être largement préjudiciable à la société en cause, l'auteur de la divulgation engagerait sa responsabilité délictuelle.

628. Lors de la négociation d'une opération de fusion, l'obligation d'information peut s'avérer d'une grande utilité[1114]. En effet, une société qui négocie est généralement obligée de communiquer à son homologue toutes les informations nécessaires pour aboutir à la conclusion du contrat définitif. Cependant, la société négociante n'est pas supposée divulguer certains documents confidentiels à un stade précoce des pourparlers, certaines informations ne seront dévoilées qu'au fil des négociations. Le non-respect par les négociants de l'obligation d'information est constitutif d'une faute délictuelle. Signalons également que le non-respect de l'obligation d'information prend parfois une telle ampleur qu'il peut, lors de la conclusion du contrat définitif de fusion, vicier le consentement de l'une des sociétés. En effet, lorsqu'il induit en erreur la société contractante sur

---

[1111] Sur l'obligation de confidentialité pendant les pourparlers, v. HUET (J.) et DUPUIS-TOUBOL (F.), *Violation de la confidentialité des négociations in. Formation of contracts and precontractual liability*, éd. ICC, 1990, p. 239 et s.

[1112] En ce sens : Art. 2.1.16 des Principes d'Unidroit : « *qu'il y ait ou non conclusion du contrat, la partie qui, au cours des négociations, reçoit une information donnée à titre confidentiel par l'autre partie, est tenue de ne pas la divulguer ni l'utiliser de façon indue à des fins personnelles. Le manquement à ce devoir est susceptible de donner lieu à une indemnité comprenant, le cas échéant, le bénéfice qu'en aura retiré l'autre partie* ».

[1113] En ce sens : Art. 2:302 des Principes du droit européen du contrat : « *lorsqu'une information confidentielle est donnée par une partie au cours des négociations, l'autre est tenue de ne pas la divulguer ni l'utiliser à ses propres fins, qu'il y ait ou non conclusion du contrat. Le manquement à ce devoir peut ouvrir droit à la réparation du préjudice souffert et à la restitution du profit qu'en aurait retiré l'autre partie* ». À propos des principes du droit européen du contrat, v. ROUHETTE (G.), *Principes du droit européen du contrat*, éd. Société de législation comparée, 2003 ; PRIETO (C.), *Regards croisés sur les Principes du droit européen du contrat et sur le droit français*, PUAM, 2003 ; REMY-CORLAY (P.) et FENOUILLET (D.), *Les concepts contractuels français à l'heure des Principes du droit européen des contrats*, Dalloz, 2003.

[1114] L'existence de ce devoir est consacrée dans le considérant 30 du Règlement Rome II.

certaines informations déterminantes dans la conclusion du contrat de fusion, le manquement à cette obligation précontractuelle, alors considéré comme une réticence dolosive, peut entraîner la nullité de l'opération de fusion.

629. **La qualification non contractuelle des pourparlers.** Le droit positif français a toujours retenu la qualification délictuelle à l'égard de la violation des obligations nées lors de la phase des pourparlers[1115]. En vertu du principe de qualification *lege fori*, le même principe s'applique en droit international privé. En revanche, sous l'influence des écrits de VON JHERING[1116] et de la théorie de la « *culpa in contrahendo* », le droit positif allemand a opté pour une solution différente. Selon l'éminent auteur, la violation de l'obligation de bonne foi au moment des pourparlers est considérée comme une « *culpa in contrahendo* » parce qu'elle constitue une faute dans l'exécution du *contrat tacite de loyauté* conclu entre les négociateurs. La doctrine allemande a souvent reconnu une nature contractuelle à la responsabilité afférente à la rupture des pourparlers. La différence des solutions retenues par les droits nationaux a suscité l'adoption d'une qualification uniforme et indépendante.

630. Le Règlement Rome II apporte une solution à ces divergences. Il considère que la « *culpa in contrahendo* », régie par les dispositions de son article 12, est un concept autonome qui ne doit pas nécessairement être interprété à la lumière du droit national[1117]. Ainsi, la qualification des obligations découlant de la rupture des pourparlers en droit international privé ne sera pas nécessairement la même que celle retenue par le for compétent. À cet égard, la CJUE a estimé dans le célèbre arrêt *Tacconi* qu'« *en l'absence d'engagements librement assumés par une partie envers une autre à l'occasion des négociations visant à la formation d'un contrat et par l'éventuelle violation des règles de droit, notamment celle qui impose aux parties d'agir de bonne foi dans le cadre des négociations, l'action par laquelle la responsabilité précontractuelle du défendeur est invoquée relève de la matière délictuelle ou quasi délictuelle (...)* »[1118]. Cette solution conforte la position retenue par le juge français, qui considère traditionnellement que la responsabilité encourue en cas de rupture de pourparlers est délictuelle.

[1115] Cf. *supra*, n°76 et s.

[1116] VON JHERING (R.), *De la culpa in contrahendo ou des dommages et intérêts dans les conventions nulles ou restées imparfaites in. Œuvres choisies*, t. 2, trad. MEULENAERE, 1893, p. 23 ; SALEILLES (R.), *De la responsabilité précontractuelle*, RTD civ. 1907, p. 697 et s.

[1117] Cons. 30 Règlement Rome II.

[1118] CJUE, 17 sept. 2002, *Tacconi*, C-334/00, RCDIP 2003, p. 668, note RÉMY-CORLAY (P.) ; JDI 2003, p. 668, note HUET (A.); RND 2003, p. 254, note LIBCHABER (R.).

631. Toutefois, cette décision a été rendue à l'occasion du règlement d'un conflit de juridictions et non d'un conflit de lois. Reste donc à déterminer si cette décision est transposable en matière de conflit de lois. Une partie de la doctrine s'oppose, de manière générale, à la transposition dans la matière de conflit de lois des décisions rendues par la Cour de justice sur des questions relevant du règlement d'un conflit de juridictions[1119]. Les tenants de cette opinion considèrent en effet que « *c'est distinctement qu'il faudrait s'interroger sur la notion de contrat au sens des conflits de lois et à celui des conflits de juridictions* »[1120]. Cependant, c'est l'opinion contraire qui prévaut puisque les rédacteurs des règlements européens se sont largement inspirés de cette décision pour l'appliquer au domaine des conflits de lois[1121]. L'adoption d'une telle solution plaide en faveur de la qualification délictuelle de la responsabilité pour appréhender la rupture abusive des pourparlers précédant le contrat de fusion international.

B- Les actes dépourvus de valeur juridique

632. **Les documents préparatoires d'un contrat international.** Pendant la phase des pourparlers, les sociétés peuvent décider de planifier l'avancée des négociations dans des actes sans pour autant vouloir leur donner une quelconque valeur juridique. Les pourparlers sont ainsi souvent « *ponctués de protocoles d'accord considérés comme de simples documents de secrétariat, sans aucun caractère obligatoire, devant préciser les positions respectives des parties à un moment donné de la discussion* »[1122]. Ces actes constituent des documents préparatoires assimilables à des engagements d'honneur ou à de simples lettres d'intention. Généralement, les contrats internationaux, et *a fortiori* les fusions internationales, constituent un « *terrain de prédilection* » pour l'élaboration de ce genre de documents. La production de ces documents démontre la volonté des parties de tisser des relations en dehors de toute obligation contractuelle. Elles sont alors uniquement soumises à l'obligation générale de bonne foi dont la sanction est nécessairement de nature délictuelle.

633. Cependant, comme le souligne M. HEUZÉ, il faut rester méfiant sur la portée de ce genre de documents qui n'obéissent pas à un régime juridique

[1119] En ce sens : BOLLÉE (S.), *À la croisée des règlements Rome I et Rome II : La rupture des négociations contractuelles*, D. 2008, p. 2161 ; HAFTEL (B.), *art. préc.*, n°3, doctr. 11 ; HEUZÉ (V.), *La notion de contrat en droit international privé*, *préc.*, p. 319 ; (V.), *La loi des contrats internationaux*, *préc.*, n°10.

[1120] HEUZE (V.), *La notion de contrat international privé*, *ibid.*

[1121] En ce sens, v. LAGARDE (P.), *La culpa in contrahendo à la croisée des règlements communautaires in. Liber fausto pocar*, t. 2, (dir.) VENTURINI (G.) et BARIATTI (S.), éd. Giuffre, 2009, p. 584.

[1122] SCHMIDT (J.), *La sanction de la faute précontractuelle*, *préc.*, p. 49.

spécifique[1123]. En effet, ils peuvent tout à fait désigner de simples documents préparatoires, dépourvus de toute valeur juridique, tout comme de vrais accords contractuels sur certains points déterminés. Reprenant les propos de M. PEVTCHIN, on peut dire que si théoriquement, une lettre d'intention se situe idéalement dans le non-droit et qu'elle ne crée aucun lien juridique entre les parties, « *pratiquement, il en va rarement de même* »[1124]. Ceci étant, une lettre d'intention communiquée par un négociateur qui exprime son intérêt d'entamer des discussions en vue de la conclusion d'un contrat de fusion peut contenir une obligation contractuelle de bonne foi[1125].

634. **Les documents préparatoires du contrat de fusion.** Le projet de fusion constitue l'archétype du document préparatoire dépourvu de valeur juridique. L'expression de projet de fusion provient des textes du droit français et européens relatifs aux fusions internes [1126]. Elle vise précisément à marquer sa nature éphémère et dépourvue de toute valeur juridique. Ainsi intégrée dans l'ordonnancement juridique, l'expression semble devoir s'imposer aux juges qui ne disposent plus de la liberté de nommer autrement le document. Par conséquent, le projet de fusion sera souvent qualifié par le for français, de projet de contrat qui ne génère pas d'obligations contractuelles à la charge des parties. Par ailleurs, une formulation semblable a été utilisée pour désigner le projet de fusion dans les textes européens concernant aussi les fusions transfrontalières intra-européennes[1127], ce qui suppose le maintien de cette qualification pour ce genre de fusion. Malgré l'élaboration d'un projet de fusion, les sociétés négociatrices restent seulement tenues par l'obligation générale de bonne foi. Leurs relations demeurent ainsi cantonnées au stade des pourparlers, ce qui écarte toute qualification contractuelle.

635. En revanche, le protocole de fusion, assimilé à un protocole d'accord, a une valeur juridique variable selon son contenu. Le for compétent a tendance à considérer ces actes comme dépourvus de force obligatoire à l'encontre des parties négociantes. Dans ce cas, les sociétés continuent d'évoluer sur le terrain délictuel et le régime des pourparlers continue de s'appliquer. Cependant, il arrive que le juge français interprète l'acte différemment et y décèle des points particuliers sur lesquels converge la volonté des parties[1128]. Dans cette hypothèse, les accords deviennent créateurs d'obligations contractuelles et sont régis par les règles de

---

[1123] HEUZÉ (V.), *La loi des contrats internationaux in. Dictionnaire Joly- Pratique des contrats internationaux*, 1993 Livre II, spéc. n°2.
[1124] PEVTCHIN (G.), *art. préc.*, p. 52.
[1125] Cf. *infra*, n°137 et s.
[1126] Art. L. 236- 6 C. com. et art. 5. 2. Dir. 2011/35/UE.
[1127] Art. 5 Dir. 2005/56/ CE.
[1128] Cf. *supra*, n°s137 et s.

rattachement propres aux obligations contractuelles. Le problème de la qualification de l'obligation découlant des pourparlers ne posant pas difficulté particulière, il convient de se pencher plus avant sur la règle de rattachement qui leur est applicable.

Ss-paragraphe 2 : La loi applicable aux pourparlers

636. **La compétence de principe du règlement Rome II.** Les obligations qui découlent des tractations menées avant la conclusion d'un contrat ont été expressément exclues du champ d'application du Règlement Rome I[1129]. Corrélativement, elles ont été incluses dans le champ d'application du Règlement Rome II, notamment dans l'article 12 qui détermine la loi applicable aux obligations non contractuelles résultant d'une « *culpa in contrahendo* ». Selon cet article, « *la loi applicable à une obligation non contractuelle découlant des tractations menées avant la conclusion d'un contrat est, que le contrat soit effectivement conclu ou non, la loi qui s'applique au contrat et qui aurait été applicable si le contrat avait été conclu* ». On le voit, le législateur européen distingue bien les obligations contractuelles et les obligations non contractuelles découlant de la période précédant la conclusion du contrat projeté. Seules les secondes entrent dans le champ d'application du Règlement Rome II.

637. La rupture abusive par une société des négociations préalables à la conclusion du contrat de fusion entraîne sa responsabilité délictuelle. En principe, l'élaboration par les négociateurs d'un protocole de fusion ou même d'un projet de fusion ne modifie pas la nature délictuelle de cette responsabilité, car ces documents n'ont bien souvent aucune valeur contractuelle. Le projet de fusion est ainsi volontier qualifié par le juge de projet de contrat en vertu duquel les parties n'ont pas voulu s'engager contractuellement. La phase de négociation de l'opération de fusion relève par conséquent des dispositions du Règlement Rome II.

638. **La compétence exceptionnelle du règlement Rome I.** Inversement, le juge peut considérer que certaines clauses du projet sont porteuses d'un engagement contractuel. Il en va ainsi notamment des protocoles d'accord susceptibles de contenir plusieurs engagements spécifiques tels que des clauses de confidentialité et d'exclusivité. En tant qu'elles créent des obligations de nature contractuelle, ces stipulations entrent dans le champ d'application du Règlement Rome I.

1129 Art. 1 § 2 Règlement Rome I.

639. **Plan.** Déterminer la loi applicable aux négociations entre les sociétés est facile lorsque les parties ont désigné une loi **(A)**. À défaut, les négociations seront régies par la loi du contrat de fusion projeté **(B)**.

A- La désignation de la loi applicable aux négociations

640. **Les conditions de choix de loi.** Le Règlement Rome II offre aux parties la possibilité de choisir la loi applicable à l'obligation non contractuelle[1130]. Cette faculté n'est toutefois reconnue qu'aux parties exerçant une activité commerciale. Si l'une des parties n'exerce pas d'activité commerciale, le choix de la loi applicable ne pourra avoir lieu qu'après la commission du délit.

641. En matière de fusion, il est évidemment permis aux sociétés parties à la négociation pratiquant toutes une activité commerciale, de choisir une loi pour régir la responsabilité délictuelle en cas de rupture abusive des négociations [1131]. Ce choix peut prendre la forme d'une clause dans le protocole de fusion, dans le projet de fusion ou même dans un accord *ad hoc*.

642. **L'importance du choix de loi.** Le choix de loi est souvent recommandé au stade des négociations. Comme le rappelle un auteur : « *un seul conseil à donner aux partenaires, par conséquent, ne serait-ce que pour leur donner une savoureuse leçon d'esprit pratique, supposé inexistant à l'Université : désigner d'entrée de jeu la loi applicable à la négociation. La clause d'electio juris ? C'est la prévisibilité [à peu près] assurée*»[1132]. L'utilité de choix de loi s'impose en matière de fusion parce que les négociations sont souvent ardues et coûteuses. Les parties éviteront ainsi toute imprévisibilité pouvant découler du défaut de choix.

643. L'éventualité que les parties choisissent une autre loi que celle du contrat définitif de fusion afin de régir les négociations paraît difficilement réalisable. Les parties aux négociations n'ont que peu d'intérêt à disjoindre entre les phases précontractuelle et contractuelle, au regard du risque d'imprévisibilité de la loi applicable que cela entraînerait. De plus, le projet de fusion constitue souvent l'*instrumentum* du contrat définitif. Cet acte

---

[1130] Art. 14. 1 Règlement Rome II « *1. Les parties peuvent choisir la loi applicable à l'obligation non contractuelle : a) par un accord postérieur à la survenance du fait générateur du dommage ; ou b) lorsqu'elles exercent toutes une activité commerciale, par un accord librement négocié avant la survenance du fait générateur du dommage* ».

[1131] En revanche, la possibilité de choix de loi applicable préalablement à la réalisation du fait générateur du dommage ne paraît pas possible lors d'une fusion entre deux ou plusieurs associations parce que celles-ci n'ont pas une activité commerciale.

[1132] GAUTIER (P.-Y.), *art. préc.*, p. 493.

préparatoire arrêté par le Conseil d'administration et approuvé par les assemblées générales des sociétés contient fréquemment la clause de choix de loi. La stipulation insérée dans le projet de fusion sera ainsi reprise dans le contrat définitif de fusion.

B- La loi supplétive applicable au contrat de fusion

644. **L'application de la loi du contrat définitif.** À défaut de choix des parties, la loi applicable à une obligation non contractuelle est la loi du contrat projeté. Cette solution issue du Règlement Rome II, fait ainsi prévaloir la loi du contrat pour la *culpa in contrahendo*. La règle de rattachement s'applique indépendamment de la naissance du contrat définitif. En matière de fusion, les négociations des sociétés visent la conclusion du contrat de fusion. Par conséquent, c'est la loi applicable à ce contrat qui régit les négociations, d'où l'intérêt pratique de déterminer une règle de conflit propre à ce genre de contrat.

645. **Les difficultés de détermination de la loi du contrat définitif.** Il arrive que les pourparlers soient interrompus à un stade si précoce qu'ils ne permettent pas d'envisager les contours du contrat de fusion. C'est notamment le cas lorsque les sociétés ne sont pas parvenues à se mettre d'accord sur le type de fusion envisagé. En effet, le type de fusion, par absorption ou par création d'une nouvelle société, n'est parfois fixé qu'à un stade avancé des négociations. Il n'est alors guère possible de prévoir la loi du contrat projeté pour l'appliquer aux négociations interrompues. Par ailleurs, les négociations peuvent être interrompues avant que les parties ne définissent le sens de la fusion[1133], c'est-a-dire laquelle des deux sera l'absorbée ou l'absorbante. Dans ces hypothèses, le rattachement délictuel prévu par le Règlement Rome II entre en application. Comme le rappelle M. LAGARDE, « c'*est seulement lorsque la violation de l'obligation précontractuelle se sera produite à un moment où la conclusion d'un contrat n'était pas encore envisagée que jouera le rattachement délictuel* »[1134].

646. Le retard dans la désignation du type et du sens de l'opération de fusion est lié au fait qu'elle est tributaire de plusieurs études de faisabilité, notamment en matières fiscale, juridique et financière. Le résultat de ces études peut conduire à changer le sens de la fusion en décidant de faire absorber une société initialement destinée à être absorbante. De plus, les raisons fiscales peuvent avoir un effet dissuasif sur les sociétés et les faire

---

[1133] Sur la détermination du sens de la fusion, v. BONNASSE (A.), *Fusions-scissions*, J.-Cl. Sociétés Traité, fasc. 162-10, n°7 ; CHADEFAUX (M.), *op. cit.*, p. 40 ; ROUTIER (R.), *th. préc.*, n°739 et s.

[1134] LAGARDE (P.), *art. préc.*, p. 593.

renoncer à la réalisation d'une fusion par création d'une nouvelle société. Les parties à la négociation pourraient ainsi opter pour une fusion par absorption. En outre, en matière internationale, l'application de la méthode conflictuelle peut aboutir à la conclusion que la fusion ne peut s'opérer que dans un sens déterminé. À titre d'exemple, en étudiant la réalisation d'une absorption d'une société française par une société étrangère, les négociateurs constatent finalement que la société française ne dispose pas de l'unanimité requise pour approuver la fusion[1135]. Ils peuvent alors décider d'inverser le sens de l'opération pour que l'absorbée devienne l'absorbante. Par ailleurs, le sens de la fusion dépend largement du contenu des patrimoines respectifs des sociétés en cause. En effet, le sens initialement prévu d'une fusion peut être renversé du fait de l'existence d'actes intransmissibles, tels que les contrats conclus *intuitu personae* et les agréments administratifs. Il est alors préférable que l'absorbante soit la société dont le patrimoine accueille ces actes[1136]. Par conséquent, il est très probable que les négociations soient rompues avant même que soient précisés les contours essentiels du contrat de fusion. Toute prévision de la loi du contrat de fusion est alors impossible puisque sa désignation dépend largement du type et du sens de l'opération envisagée.

647. **L'application subsidiaire de loi du lieu du dommage.** Dans l'hypothèse d'une impossibilité à déterminer la loi du contrat définitif de fusion, l'article 12. 2. a) du Règlement Rome II dispose qu' « *il faut alors appliquer la loi du pays dans lequel le dommage survient, quel que soit le pays où le fait générateur du dommage se produit et quels que soient le ou les pays dans le(s)quel(s) des conséquences indirectes de ce fait surviennent* ». La rupture des pourparlers est alors régie par la loi du lieu de survenance du dommage et non par la *lex loci delicti*[1137]. C'est donc la loi du lieu de survenance du dommage, et non celle du lieu de la survenance du délit, qui détiendrait le lien le plus étroit avec la situation litigieuse.

[1135] Sur les conditions requises pour l'approbation d'une fusion transfrontalière par les assemblées générales de la société française, cf. *infra*, n°882 et s. Suite à l'entrée en vigueur de la dixième directive, l'unanimité n'est plus exigée pour la réalisation d'une fusion transfrontalière intra-européenne. Toutefois, cette condition persiste pour les fusions extra-européennes.

[1136] Il faut préciser que la plupart des États européens n'interdisent pas la transmission des contrats conclus *intuitu personae*. Le principe d'intransmissibilité de ce genre de contrats est une particularité du droit français. Ainsi, le problème de détermination du sens de la fusion en fonction de l'existence de contrats conclus *intuitu personae* se pose essentiellement lorsque l'une des sociétés fusionnantes est soumise à la loi française (Pour plus de précisions à ce sujet, cf. *infra*, n°522 et s.).

[1137] Le droit international privé français retient depuis longtemps la compétence de la loi de la *lex loci delicti* en matière délictuelle, notamment pour la rupture des pourparlers. En ce sens, v. Cass. civ., 25 mai 1948, *Lautour*, GA de la jurisprudence de droit international privé, Dalloz, 5eme éd., 2006, n°19 ; RCDIP 1949, p. 89, note BATIFFOL (H.) ; JCP 1948, II, 4532, note VASSEUR (M.)).

L'adoption de cette solution résulte vraisemblablement de la consécration de la fonction indemnitaire de la responsabilité civile délictuelle[1138]. Une question surgit alors : en cas de rupture des pourparlers engagés par les représentants des sociétés souhaitant fusionner, comment pourrait-on localiser le lieu du dommage ?

648. Répondre à cette question implique d'examiner l'ensemble des opinions doctrinales présentées pour déterminer le critère pertinent de localisation du lieu de survenance du dommage, à la suite de la rupture de pourparlers. Pour une partie de la doctrine, le lieu de survenance du dommage est celui où la lettre de rupture est réceptionnée. Une décision de la Cour d'appel de Rennes du 29 avril 1992, à l'occasion du règlement d'un conflit de juridictions, a adopté cette solution pour déterminer le lieu du dommage[1139]. Selon certains auteurs, le raisonnement des juges du fond est transposable en matière de conflit de lois[1140]. Cependant, la majorité de la doctrine considère que la *lex damni* est celle du lieu de la résidence de la victime. Il en résulte qu'en cas d'indétermination de la loi du contrat futur, la rupture des négociations d'une fusion doit être régie par la loi du lieu du siège social de la société victime. Cette opinion a été largement critiquée parce qu'elle favorise sans aucune justification évidente l'une des parties et qu'elle « *n'a pas per se de signification particulière* »[1141]. C'est pourquoi certains auteurs préfèrent retenir le lieu du dommage initial subi par la victime plutôt que celui de la résidence d'une personne physique ou le siège social d'une personne morale. Le dommage serait ainsi localisé « *au centre de gravité des activités affectées directement par la rupture, et non pas systématiquement au siège des intérêts de la victime (siège social dans le cas d'une société)* »[1142]. Cependant, ce critère de localisation ne semble pas pertinent en matière de fusion. Le dommage subi par la rupture des négociations ne peut pas être localisé dans un secteur particulier d'activité de la société. C'est toute la société qui est lésée. Il semble alors plus approprié de retenir la loi du lieu du siège social de la société lésée.

649. **La clause d'exception.** L'article 12 paragraphe c) du Règlement Rome II permet d'écarter l'application de la loi du lieu de survenance du dommage lorsqu' « *il résulte de toutes les circonstances que l'obligation non contractuelle découlant de tractations menées avant la conclusion d'un*

[1138] Sur ce sujet, v. LEGIER (G.), *Le règlement Rome II sur la loi applicable aux obligations non contractuelles*, JCP G 2007, I, 207.
[1139] CA Rennes, 29 avr. 1992, Bull. Joly 1993, § 132, p. 463, note DAIGRE (J.-J.).
[1140] SERAGLINI (Ch.), *art. préc.*, p. 95.
[1141] En ce sens : BOURDELOIS (B.), *Réflexions sur le traitement des relations précontractuelles en droit international privé in. Mélanges MALAURIE (Ph.)*, Defrénois, 2005, p. 107, spéc. p. 115.
[1142] SERAGLINI (Ch.), *art. préc.*, p. 99.

contrat présente des liens manifestement plus étroits avec un pays autre que celui visé aux points a) et b), la loi de cet autre pays ». Ainsi, lorsque la faute délictuelle, découlant des négociations de l'opération de fusion présente des liens manifestement plus étroits avec un autre pays que celui du lieu de survenance du dommage, la loi du premier trouve à s'appliquer.

Paragraphe 2 : Les contrats préparatoires

650. **Plan.** « *Dans la pratique internationale des opérations de rapprochement d'entreprises, la signature d'un accord préliminaire à un stade précoce des pourparlers est désormais quasi-systématique* »[1143]. En vue de la réalisation d'une fusion transfrontalière, les parties aux négociations établissent généralement un ensemble de contrats préparatoires pour mieux encadrer leurs discussions. En tant qu'ils engendrent des obligations à la charge des parties, ces contrats préparatoires ont une valeur contractuelle. La valeur contractuelle de ces contrats préparatoires **(Ss-paragr. 1)** permet de déterminer la règle de rattachement qui leur est applicable **(Ss-paragr. 2)**.

Ss-paragraphe 1 : La qualification contractuelle des contrats préparatoires

651. **Les catégories de contrats préparatoires.** Pendant la phase de négociation du contrat de fusion, les sociétés peuvent décider de conclure un ensemble de contrats préparatoires dotés d'une force obligatoire. Le droit positif français et la doctrine n'ont jamais hésité à reconnaître la valeur contractuelle de ces actes. Ces accords sont ainsi considérés comme des contrats créateurs d'obligations dont l'inexécution est soumise au régime général de la responsabilité contractuelle[1144]. Il est possible de distinguer, au regard de leur objet, deux catégories de contrats préparatoires. Les premiers, appelés « *contrats de négociation* », ont pour but l'organisation des

---

[1143] AMBROSI (J-.M.), LONCLE (J.-M.) et TROCHON (J.-Y.), *Pratique des négociations dans les rapprochements d'entreprises*, EFE, 2010, n°133.

[1144] En ce sens : CA Versailles, 21 sept. 1995, RTD civ. 1996, p. 145, obs. MESTRE (J.). Dans cette décision la cour d'appel a retenu la qualification contractuelle des accords organisant les négociations entamées entre les parties. Par conséquent, la cour estime que les obligations ont une nature contractuelle et non pas quasi-délictuelle. V. égal. : CA Paris, 7 nov. 2002, RTD civ. 2003, p. 76, obs. MESTRE (J.) et FAGES (B.). La juridiction du second degré considère que « *la rupture des pourparlers qui résultent du contrat de négociation, si elle est fautive, constitue une défaillance contractuelle donnant lieu à des dommages-intérêts en faveur de l'autre partie* ».

négociations tandis que les seconds établissent des obligations contractuelles qui ont pour objet la conclusion du contrat définitif[1145].

652. **Plan.** La distinction du droit interne paraît utile en droit international privé puisqu'elle peut faciliter la désignation de la règle de rattachement convenable[1146]. Parmi les contrats préparatoires conclus lors de la négociation d'une opération de fusion transfrontlière, il est judicieux de distinguer ceux relatifs à la négociation **(A)** de ceux ayant trait à la conclusion du contrat définitif **(B)**.

A- Les contrats relatifs à la négociation du contrat de fusion

653. **Les modalités de conclusion.** Pour faciliter le déroulement des pourparlers, les représentants des sociétés établissent un ensemble de contrats préparatoires avant de fixer les contours du contrat définitif de fusion. Dans ces accords précontractuels, les négociateurs s'engagent à respecter un ensemble d'obligations, notamment de bonne foi, de confidentialité et d'exclusivité[1147]. Il existe une multitude de modalités de ces accords qui peuvent être conclus dans un document distinct des autres accords de négociation ou directement inclus dans le document préparatoire en tant que clause ayant valeur contractuelle. Cette dernière pourra également être insérée dans une lettre d'intention ou bien dans le protocole de fusion.

654. **Les différents types.** En premier lieu, l'accord de principe engendre une obligation contractuelle de négocier de bonne foi[1148]. Cette dernière se décline, d'une part, en une obligation de résultat qui consiste à entreprendre les négociations et, d'autre part, en une obligation de moyen qui impose d'agir de bonne foi tout au long des tractations. En concluant l'accord de principe, les représentants s'engagent donc à accomplir toutes les diligences nécessaires à l'aboutissement des négociations. En cas de rupture des pourparlers, la responsabilité encourue est de nature contractuelle[1149]. Un accord de principe peut également être décelé dans une lettre d'intention manifestant la volonté de l'une des parties d'entamer des négociations en vue de la conclusion d'un contrat définitif de fusion. Dans la plupart des cas,

[1145] Sur cette distinction, v. SCHMIDT (J.), *op. cit.* ; SCHMIDT-SZALEWSKI (J.), *La force obligatoire à l'épreuve des avant-contrats*, RTD civ. 2000, p. 25 ; MOUSSERON (J.-M.), GUIBAL (M.) et MAINGUY (D.), *op. cit.*, p. 268 et s.

[1146] En ce sens : SERAGLINI (Ch.), *art. préc.*, p. 83.

[1147] Sur l'ensemble de ces engagements dans les contrats internationaux, v. FONTAINE (M.), *Droit des contrats internationaux, analyse et rédaction de clauses*, éd. Feduci, 1989, p. 25 et s.

[1148] Sur ce sujet, v. GHESTIN (J.), *op. cit.*, p. 316.

[1149] En ce sens : FONTAINE (M.), *art. préc.*, p. 109.

on constate que « *les lettres d'intention cachent en réalité derrière leur aspect unilatéral un véritable contrat synallagmatique de négociation* »[1150].

655. En deuxième lieu, les négociateurs peuvent conclure lors des pourparlers un accord de confidentialité afin de garder au secret la teneur de leurs discussions[1151]. Cet accord peut porter sur l'existence même des négociations ou sur leur contenu ce qui en fait un instrument très utile. En effet, les négociateurs veulent souvent garder leurs discussions secrètes car leur ébruitement pourrait générer des troubles au sein des organes sociaux. Il s'agit aussi parfois tout simplement de se prémunir de toute répercussion en cas d'échec des négociations. Quant à l'accord de non-divulgation ou « *non disclosure agreement* », il s'agit d'un accord de confidentialité relatif au contenu des négociations et ayant pour objet de protéger les informations sensibles et techniques échangées lors des discussions. Ainsi, dans un accord de non-divulgation les parties s'engagent essentiellement à « *interdire à la partie réceptrice de l'information de divulguer cette information à un tiers, sans l'accord préalable (et écrit) de la partie divulgatrice* »[1152].

656. En troisième lieu, lors des négociations d'un contrat international, un accord d'exclusivité est souvent conclu. Ce dernier comporte une obligation contractuelle de ne pas faire par laquelle l'une des parties prend l'engagement ferme envers l'autre de *« ne pas entreprendre de négociation parallèle avec des tiers pendant un certain délai* »[1153]. À défaut d'un tel accord, une société serait tout à fait libre d'entreprendre plusieurs négociations concurrentes afin de choisir son futur cocontractant. Pour une plus grande sécurité au cours des négociations d'un contrat international de fusion, les sociétés tendent à conclure un accord d'exclusivité par lequel elles s'engagent à ne pas entreprendre de négociations parallèles avec d'autres sociétés.

B- Les contrats relatifs à la conclusion du contrat définitif de fusion

657. **La particularité des contrats relatifs à la conclusion du contrat.** La fusion étant une opération contractuelle, il est parfaitement concevable que des promesses de contrat précèdent la conclusion du contrat de fusion. L'objet de ces contrats est alors la finalisation du contrat définitif de fusion.

[1150] MOUSSERON (J.-M.), GUIBAL (M.) et MAINGUY (D.), *op. cit.*, p. 271.
[1151] Sur ce sujet, v. LATREILLE (A.), *Réflexion critique sur la confidentialité dans le contrat*, LPA 2006, n°156, p. 4 et LPA 2006, n°157, p. 4 ; sur les clauses de confidentialité dans les opérations d'acquisition des sociétés, v. DUBOUT (H.), *art. préc.*, p. 722 ; sur les clauses de confidentialité dans les contrats internationaux, v. FONTAINE (M.), *Les clauses de confidentialité dans les contrats internationaux*, RDAI 1991, p. 3.
[1152] AMBROSI (J.-M.), LONCLE (J.-M.) et TROCHON (J.-Y.), *op. cit.*, n°114.
[1153] FONTAINE (M.), *op. cit.*, p. 25.

Contrairement aux contrats de négociations qui ne requièrent que le consentement des représentants des sociétés, les promesses de contrat exigent l'approbation des assemblées générales concernées. Deux sortes de promesse de fusion sont envisageables, l'une unilatérale et l'autre synallagmatique[1154].

658. **La promesse unilatérale de fusion.** La promesse unilatérale est « *un contrat par lequel l'une des parties, appelée « promettant » donne son consentement à un contrat définitif dont les conditions sont déterminées et qui sera formé lorsque l'autre partie appelée le « bénéficiaire » décidera de le conclure* »[1155]. Pour distinguer entre projet et promesse de fusion, il faut se référer aux degrés successifs d'une échelle qu'emprunte la volonté pour parvenir à l'acte définitif. Le contrat préparatoire se voit donc qualifier de promesse unilatérale de contrat de fusion lorsque le promettant donne son consentement au contrat définitif de fusion. Les représentants des sociétés aux négociations n'ont pas les pouvoirs suffisants pour engager leur société dans une promesse unilatérale de contrat de fusion. Le consentement du représenté ne peut se manifester que par l'approbation de son assemblée générale de l'opération de fusion, aux conditions de quorum et de majorité requises par les textes. Concrètement, la promesse unilatérale de contrat de fusion est valide lorsque l'assemblée générale d'une société donne son consentement aux conditions déterminées dans le projet de fusion, en attendant que l'autre société bénéficiaire décide, elle aussi, de conclure le contrat par une approbation identique de son assemblée générale.

659. La promesse unilatérale de contrat étant un contrat unilatéral, sa conclusion exige le consentement du bénéficiaire. Sa nature contractuelle la distingue de l'offre portant sur la conclusion du contrat définitif qui n'est qu'un acte unilatéral. Le consentement alors donné par la société bénéficiaire ne doit pas être confondu avec le consentement au contrat définitif de fusion. Il s'agit seulement pour le bénéficiaire d'accepter la promesse. Par conséquent, la société bénéficiaire peut accepter la promesse sans devoir recourir à son assemblée générale. L'intervention de l'assemblée générale de la société bénéficiaire sera en revanche nécessaire au moment de la levée d'option.

660. **La promesse synallagmatique de fusion.** La promesse synallagmatique est « *un contrat par lequel toutes les parties donnent leur consentement à un contrat futur dont elles subordonnent la formation à la*

1154 Il faut distinguer la notion de projet de fusion de ce genre de contrats préparatoires, cf. *supra*, n^{os}226 et s.
1155 SCHMIDT (J.), *op. cit.*, n°487.

réalisation d'une formalité qu'elles s'engagent à accomplir »[1156]. Un tel contrat intervient lorsque les sociétés parties à l'opération approuvent le projet de fusion, mais qu'une formalité supplémentaire manque pour réaliser la fusion. L'avantage principal de la qualification du contrat préparatoire conclu de promesse synallagmatique réside dans la possibilité de son exécution forcée. L'exemple type d'une exécution forcée d'une promesse synallagmatique de fusion se présente lorsque la formation du contrat définitif est soumise à l'accomplissement de la formalité de son enregistrement auprès d'un notaire. Un jugement peut intervenir pour remplacer l'inexécution de cette formalité.

661. On relève une certaine étrangeté à recourir au terme synallagmatique pour caractériser la promesse dont l'objectif est un contrat dont la structure s'oppose par définition à l'existence d'une relation synallagmatique entre les parties. Cependant, le paradoxe n'est qu'apparent, car il revient à confondre la promesse et le contrat définitif qui sont pourtant deux actes distincts par leur objet et leur contenu obligationnel. En outre, la validité d'une promesse synallagmatique de contrat-organisation est corroborée par la consécration de la pratique des promesses synallagmatiques de société[1157].

Ss-paragraphe 2 : La loi applicable aux contrats préparatoires

662. **Règlement Rome I ou Rome II ?** La qualification contractuelle des contrats préparatoires à la fusion étant retenue, il convient de déterminer la règle de conflit qui leur est applicable. Les obligations nées de ces contrats sont nécessairement exclues du domaine d'application du Règlement Rome II puisque celui-ci ne régit que les obligations de nature non contractuelle[1158].

663. En principe, les contrats préparatoires ayant valeur contractuelle sont soumis aux dispositions du Règlement Rome I. Cependant, M. LAGARDE considère que ce Règlement rejette l'ensemble des obligations découlant des tractations menées avant la conclusion d'un contrat définit et que, de son côté, le Règlement Rome II exclut de sa compétence toutes les obligations

---

[1156] SCHMIDT (J.), *op. cit.*, n°554

[1157] La société est l'archétype du contrat-organisation. La nature juridique de ce contrat n'empêche pas la conclusion d'une promesse synallagmatique préalablement à la constitution d'une société. Sur les promesses synallagmatiques de société, v. GHESTIN (J.), *Traité des contrats, Les sociétés*, LGDJ, 5eme éd., 2002, n°282 et s. ; MIGNON-COLOMBET (A.), *L'exécution forcée en droit des sociétés*, Economica, 2004, n°213 et s.

[1158] *Contra*, SANTA-CROCE (M.), *Contrats internationaux*, J.-Cl. Droit international, fasc. 552- 60, n°26. Cet auteur considère que le règlement Rome II englobe dans son domaine toute la phase précontractuelle. Par conséquent, les dispositions de l'art. 12 de ce règlement semblent parfaitement applicables aux contrats de négociation.

contractuelles. L'auteur est ainsi surpris « *de constater que les obligations contractuelles découlant de tractations menées avant la conclusion d'un contrat sont passées à la trappe des deux règlements* »[1159]. L'éminent auteur en déduit que les contrats préparatoires relèvent des règles de conflits nationales, sans toutefois écarter la possibilité de leur appliquer, par analogie, les règles de conflits prévues dans les règlements pour désigner la loi applicable à ces contrats préparatoires.

664. **Application de la loi du contrat définitif ou traitement indépendant ?** Faut-il déterminer une *lex contractus* propre aux contrats préparatoires, en considérant qu'il s'agit d'actes distincts du contrat définitif ou faut-il, au contraire, les soumettre à la loi de ce dernier en tenant compte des liens étroits qui les unissent ? Cette même question est évidemment transposable en matière de fusion. Il est intéressant de savoir si les contrats préparatoires, conclus entre les sociétés, doivent être soumis à la loi du contrat définitif de fusion ou bien à leur propre *lex contractus*. Le problème est toutefois évincé lorsque les sociétés contractantes ont opté pour un choix de loi dans le contrat préparatoire. Cette dernière est alors applicable. C'est uniquement en cas d'absence de choix de loi que surgissent des difficultés de détermination de la loi applicable.

665. On peut être tenté de trancher en faveur d'un traitement des contrats préparatoires indépendant du contrat définitif. Il est ainsi parfaitement concevable de les soumettre à une *lex contractus* différente du contrat projeté. Cette position est fondée sur l'indépendance de ces contrats à l'égard du contrat définitif qui se manifeste par le fait qu'ils créent des obligations distinctes de celles du contrat définitif. Par exemple, une promesse unilatérale de vente implique l'obligation de maintenir la promesse à l'égard du promettant, sans aucune obligation de transfert de propriété. De plus, le régime de l'obligation contractuelle afférent au contrat préparatoire est différent de celui du contrat définitif[1160]. La distinction principale réside dans le mode d'exécution des obligations nées de ces deux actes. Traditionnellement, le droit français impose le principe de l'exécution en nature des obligations contractuelles. Les contrats préparatoires dérogent pourtant à ce principe. Cette position est adoptée par la jurisprudence[1161], à l'encontre même des promesses de contrat, qui sont considérées comme les contrats préparatoires les plus proches du contrat définitif. L'on déduit ainsi

[1159] LAGARDE (P.), *art. préc.*, p. 584.
[1160] En ce sens, v. BOURDELOIS (B.), *art. préc.*, p. 107 et s.
[1161] Sur le refus de l'exécution forcée d'une promesse unilatérale de vente d'immeuble, v. Cass. 3e civ., 15 déc. 1993, JurisData n°1993-002405 ; Bull. civ. 1993, III, n°174 ; D. 1994, p. 507, note BENAC-SCHMIDT (F.) ; D. 1994, p. 230, obs. TOURNAFOND (O.) ; D. 1995, p. 87, obs. AYNÈS (L.); AJDI 1994, 384, 351, note AZENCOT (M.) ; AJDI 1996, p. 568, note STAPYLTON- SMITH (D.) ; RTD civ. 1994, p. 584, obs. MESTRE (J.).

qu'un contrat préparatoire est un acte distinct du contrat définitif, qui mérite par conséquent un traitement international autonome. Cette perception du contrat préparatoire permet de le soumettre à une *lex contractus* différente de celle du contrat définitif.

666. Par souci de cohérence entre la période précontractuelle et la période contractuelle, la majeure partie de la doctrine rejette l'idée d'appliquer une *lex contractus* propre aux contrats préparatoires[1162]. Les auteurs considèrent en effet que les accords conclus pendant les négociations doivent être soumis à la même *lex contractus* que celle du contrat définitif. Les adeptes de cette position veulent ainsi éviter toute « *disjonction des lois applicables procédant (...) de l'interférence d'une autre lex contractus que celle virtuellement applicable au contrat formant la matière des négociations* »[1163] et perçoivent ce genre de contrats comme des accords de volontés temporaires[1164] ayant pour seul but la conclusion d'un autre contrat[1165]. Le contrat préparatoire « *n'est pas un contrat autonome en droit international privé, mais uniquement une excroissance du contrat qu'il a pour objet* »[1166]. Cette position facilite le traitement international de la période précontractuelle puisqu'elle applique la même solution à l'ensemble des contrats préparatoires.

667. **L'adoption d'une position de compromis.** Il existe également une position intermédiaire, tenue principalement par M. SERAGLINI qui opère une distinction entre les contrats préparatoires d'après leur éloignement ou leur proximité avec le contrat définitif. Cette théorie considère que la localisation « *dépendra largement de la nature et du contenu de l'acte préparatoire en cause, et notamment de son caractère plus ou moins proche du contrat définitif : éloigné de celui-ci, il pourra être envisagé de façon plus autonome quant à sa localisation ; au contraire, s'il en est proche, comme dans le cas d'une promesse synallagmatique, on pourrait être tenté d'appliquer la loi du contrat envisagé, même si ce dernier n'a finalement pas été conclu* »[1167]. Cette position à mi-chemin rejoint l'opinion doctrinale, précédemment présentée[1168], qui distingue entre les contrats préparatoires qui organisent les négociations et ceux ayant pour objet la conclusion du contrat.

[1162] En ce sens : BOLLÉE (S.), *art. préc.*, p. 2161 ; HAFTEL (B.), *th. préc.*, p. 345.
[1163] BOLLÉE (S.), *art. préc.*, p. 2162.
[1164] Sur le caractère temporaire des contrats préparatoires, v. DEMOGUE (R.), *Des contrats provisoires in. Mélanges CAPITANT (H.)*, Dalloz, 1939, p. 159 et s.
[1165] En ce sens : SANTA-CROCE (M.), *Contrats internationaux*, J.-Cl. Droit international, fasc. n°28.
[1166] HAFTEL (B.), *th. préc.*, p. 345.
[1167] SERAGLINI (Ch.), *art. préc.*, p. 88.
[1168] Cf. *supra*, n°652.

668. **Plan.** Il paraît nécessaire de reprendre cette distinction relative aux différents contrats préparatoires émis lors de la négociation d'une fusion transfrontalière pour déterminer la règle de conflit qui leur est applicable. La solution varie selon qu'il s'agit d'un contrat de négociation **(A)**, ou d'une promesse de fusion **(B)**.

A- Les contrats de négociation

669. **Les obstacles à l'application de la règle de conflit principale.** Comme l'indique leur appellation, les contrats de négociation ont pour objet l'organisation des négociations et non la conclusion du contrat. Ces contrats préparatoires s'éloignant considérablement du contrat définitif projeté, il est concevable de leur appliquer un critère de localisation autonome de celui du contrat définitif, ce qui conduit à l'application du critère de rattachement adopté par le Règlement Rome I. Le contrat préparatoire sera ainsi régi par la loi du pays du lieu de la résidence habituelle du débiteur de la prestation caractéristique propre à ce contrat.

670. En cas d'adoption d'une localisation autonome, la difficulté réside en la détermination de la prestation caractéristique. En effet, comme le soulève la majorité des auteurs[1169], dans un contrat préparatoire imposant une obligation de bonne foi, de confidentialité ou d'exclusivité, il est difficile de déterminer le débiteur de la prestation caractéristique parce que toutes les parties s'y trouvent également assujetties. Ainsi, lorsque le protocole de fusion contient un accord de négociation de bonne foi, les deux sociétés signataires de cet acte sont également soumises à l'obligation de loyauté qui en découle. Il n'est donc pas possible de déterminer la société qui sera considérée comme débitrice de la prestation caractéristique.

671. **L'application de la règle de conflit subsidiaire.** Cette impossibilité impose de recourir à la règle de conflit subsidiaire prévue dans le Règlement Rome I. Il faut alors déterminer avec quelle loi le contrat préparatoire entretient les liens les plus étroits[1170]. Cela revient à considérer que le contrat de négociation entretient les liens les plus étroits avec le lieu de son exécution. Le raisonnement aboutit toutefois à une impasse, car la localisation du lieu d'exécution des obligations de bonne foi, d'exclusivité ou de confidentialité est bien souvent impossible. La CJUE a déjà eu l'occasion de se prononcer sur ce point à propos de l'impossibilité de localiser une obligation de ne pas faire issue d'une clause d'exclusivité et de

[1169] En ce sens : BOURDELOIS (B.), *art. préc.*, p. 121 ; SERAGLINI (Ch.), *art. préc.*, p. 88.
[1170] En ce sens : BOURDELOIS (B.), *art. préc.*, p. 123.

non-concurrence[1171]. Dans cette affaire, la Cour de justice écarte l'application de l'article 5-1° de la Convention de Bruxelles qui donne compétence, en matière contractuelle, au tribunal du lieu d'exécution de l'obligation. Elle en décide ainsi car l'obligation d'exclusivité « *doit être respectée dans le monde entier* », ce qui interdit de déterminer un lieu précis d'exécution. La solution rendue à l'occasion d'un règlement de conflit de compétence paraît tout à fait transposable aux problématiques de conflits de lois. Il n'est pas possible de déterminer le lieu d'exécution des obligations d'exclusivité et de confidentialité, insérées dans des contrats de négociations.

672. **Synthèse.** Il semblerait que la seule solution acceptable soit de soumettre les contrats de négociations à la *lex contractus* du contrat définitif projeté. Une solution identique doit alors s'appliquer aux contrats préparatoires conclus pour organiser les négociations d'une opération de fusion transfrontalière.

B- Les promesses d'un contrat définitif de fusion

673. **Plan.** La promesse de contrat est « *elle-même un contrat, et en tant que telle, elle fait naître des obligations à la charge d'une ou des parties contractantes* »[1172]. Ce contrat préparatoire reste distinct du contrat définitif, malgré le fait qu'il contienne tous les éléments essentiels. Néanmoins, en droit international privé, les promesses de contrat restent largement régies par la loi du contrat définitif. Dans une opération de fusion internationale, la loi du contrat définitif de fusion est compétente pour régir la promesse unilatérale de fusion **(1)** et la promesse synallagmatique de fusion **(2)**.

1- Promesse unilatérale de fusion

674. Le contrat de promesse unilatérale se distingue nettement du contrat définitif. La détermination de sa prestation caractéristique ne pose pas de difficulté puisqu'elle est constituée par l'obligation du promettant. La localisation de la promesse unilatérale aboutit donc à l'application de la loi du pays de la résidence habituelle du promettant.

675. Pour autant, cette *lex contractus* ne s'applique pas à la totalité des questions susceptibles d'être soulevées par une promesse unilatérale de contracter. Un auteur note avec à-propos que « *la loi du contrat préparatoire, si elle est différente de la loi du contrat définitif en raison des*

[1171] CJUE, 19 févr. 2002, *Besix*, C-256/00, RCDIP 2002, p. 577, note GAUDEMET-TALLON (H.).
[1172] STORCK (M.), *Contrats et obligations, promesse de contrat, introduction et notion*, J.-Cl. Civil Code, fasc. 10, n°3.

éléments de localisation, doit s'appliquer, en ce qui concerne les obligations et la sanction en cas de non-conclusion du contrat définitif. Mais c'est la loi du contrat définitif qui devra seule déterminer si l'on peut ou non contraindre le promettant à conclure le contrat, dès lors qu'il s'agit de l'existence du contrat définitif»[1173]. La loi compétente d'après la localisation propre de la promesse interviendrait donc pour régir la responsabilité du promettant en cas d'inexécution de son obligation avant l'acceptation du bénéficiaire. De même, cette règle de rattachement s'appliquerait aux clauses financières pesant à la charge du bénéficiaire de la promesse. En revanche, la loi du contrat définitif prendrait le relai lorsqu'intervient l'acceptation et que le promettant refuse d'exécuter l'obligation. Le contrat définitif est formé au moment de l'acceptation du bénéficiaire de la promesse et cela malgré la rétraction ou le refus ultérieur du promettant d'accomplir ses obligations.

676. Dans le cas d'une promesse unilatérale de fusion, l'obligation de la société promettante est considérée comme la prestation caractéristique, et c'est la *lex societatis* de cette société qui a vocation à régir la promesse. Par conséquent, la promesse unilatérale de fusion peut être soumise à une loi différente de celle applicable au contrat définitif de fusion. En revanche, lorsqu'une société fait une promesse unilatérale de fusion que l'assemblée générale de la société bénéficiaire accepte le contrat de fusion est formé. Dans cette hypothèse, il s'agit de savoir si l'admission ou la non-admission de la transformation de la promesse unilatérale en un contrat définitif doivent être soumises à la loi de ce contrat.

2- Promesse synallagmatique de fusion

677. En raison de l'étroitesse de leurs liens, il ne semble pas y avoir de difficultés majeures à rattacher la promesse synallagmatique à la loi du contrat définitif. Même si ce contrat préparatoire est distinct du contrat définitif, on lui applique toujours la loi de ce dernier.

678. Dans une promesse synallagmatique, la prestation caractéristique est identifiable et consiste à accomplir la formalité requise pour la formation du contrat définitif[1174]. En principe, la loi du lieu de résidence habituelle de la personne chargée d'accomplir la formalité est compétente pour régir la promesse synallagmatique. Toutefois, cette règle de rattachement est écartée par l'application de la clause d'exception prévue à l'article 4. 3 du Règlement Rome I selon lequel « *lorsqu'il résulte de l'ensemble des*

[1173] SANTA-CROCE (M.), *Contrats internationaux*, J.-Cl. Droit international, fasc. 552-60, 2008, n°30.

[1174] SCHMIDT (J.), *Négociation et conclusion de contrats*, Dalloz, 1982, p. 309. Mme. SCHMIDT affirme que « *c'est l'obligation de concourir à la formalité prévue qui est caractéristique du contrat de promesse réciproque* ».

circonstances de la cause que le contrat présente des liens manifestement plus étroits avec un pays autre que celui visé au paragraphe 1 ou 2, la loi de cet autre pays s'applique ». Or, il est incontestable que la promesse synallagmatique présente des liens manifestement étroits avec le contrat définitif. Ce contrat préparatoire constate le consentement des parties sur les éléments essentiels du contrat définitif et la formation du contrat définitif est seulement retardée par l'accomplissement d'une formalité. Le critère de rattachement de la résidence habituelle du débiteur de la prestation caractéristique, c'est-à-dire l'accomplissement de la formalité, doit être écarté lorsqu'il désigne une autre loi que celle applicable au contrat définitif, et c'est cette dernière qui a vocation à régir la promesse synallagmatique.

679. On peut étendre cette solution aux promesses synallagmatiques de fusion. Dans ce contrat préparatoire, les sociétés ont déjà manifesté leurs consentements à accomplir la fusion à travers une décision rendue au sein de leurs assemblées générales. Promesse synallagmatique de fusion et contrat de fusion sont donc en lien étroit. Par conséquent, en application de la clause d'exception prévue dans le règlement Rome I, la promesse synallagmatique de fusionner doit être soumise à la loi applicable au contrat définitif de fusion.

Ss-section 2 : Les conditions de formation du contrat de fusion

680. **Les solutions traditionnelles.** Pour déterminer les conditions de formation de la fusion et, corrélativement, les causes de nullité de l'opération, la doctrine se repose essentiellement sur la *lex societatis*. On a pu soutenir l'application de la loi de la société absorbante pour régir les questions relatives à la nullité d'une fusion. Cette loi a en effet vocation à intervenir « *au titre de loi sous l'empire de laquelle se matérialisent les effets de la fusion, et leur caractère irréversible ou non* »[1175]. La compétence exclusive de la loi de la société absorbante pour régir les conditions de validité de la fusion n'est pourtant pas convaincante. La fusion ne peut être valable que si elle respecte les conditions de formation exigées par l'ensemble des lois applicables aux sociétés fusionnantes. Les *leges societatis* ont alors vocation à s'appliquer cumulativement pour déterminer les causes de nullité de la fusion[1176]. M. BIETZKE s'aligne sur cette solution en constatant que « *si une des lois applicables ordonne la nullité de la*

[1175] TILQUIN (Th.), *Fusions et scissions, aspects transfrontaliers*, Dictionnaire Joly sociétés, 1994, p. 14.

[1176] CAUSSAIN (J.-J.), *Des fusions transfrontalières dans l'Union européenne in. Mélanges AEDBF*, Banque éditeur, 1999, t. 2, p. 113 et s., spéc. p. 131 ; TILQUIN (Th.) et ANDE (M.), *Art. 113 – fusion in. Le code de droit international privé commenté*, Bruylant, 2006, p. 590 et s., spéc., p. 593 ; TILQUIN (Th.) et DELCORDE (J.-A.), *art. préc.*, p. 46 ; BEITZKE (B.), *art. préc.*, p. 9.

fusion, celle-ci sera nulle même si l'autre loi ne prévoit pas de nullité ; si d'autre part, les lois applicables prévoient, eu égard au même vice de la fusion, des conséquences différentes (nullité, d'un côté et possibilité d'annulation, de l'autre), la conséquence la plus grave l'emportera »[1177]. En conséquence, lorsque l'opération est frappée de nullité au regard de la *lex societatis* d'une des sociétés fusionnante, l'annulation doit être prononcée. C'est évidemment le régime de la nullité de la *lex societatis* concernée qui trouvera à s'appliquer.

681. **L'intervention de la *lex contractus*.** Les solutions qui reposent uniquement sur la *lex societatis* pour régir la nullité de la fusion ne nous semblent pas convaincantes. L'application cumulative ne se limite pas aux *leges societatis* concernées par l'opération mais englobe également la *lex contractus* du contrat de fusion. Il est peu convaincant que le contrat de fusion soit valable si en vertu de la loi désignée par les parties l'opération est nulle. S'agissant d'un contrat-organisation, les conditions de sa validité peuvent également être régies par la *lex contractus*. En effet, les conditions de formation de tout contrat, interne comme international, sont celles énoncées à l'article 1128 du Code civil. En vertu de ce texte, quatre conditions sont exigées: le consentement, la capacité, un contenu licite et certain. Si ces quatre conditions ne sont pas réunies, le contrat de fusion est nul. En droit international privé, les questions relatives aux conditions de validité du contrat – excepté celle relative à la capacité[1178] – entrent toutes dans le domaine d'application de la *lex contractus*. Cette position est acceptée « *sans contestation* »[1179] par l'ensemble de la doctrine puisqu'elle est consacrée par l'article 10 du Règlement Rome I selon lequel « *l'existence et la validité du contrat ou d'une disposition de celui-ci sont soumises à la loi qui serait applicable en vertu du présent règlement si le contrat ou la disposition étaient valables* ».

682. À cet égard, on peut se référer au constat d'un auteur qui relève l'existence de deux catégories différentes de conditions de validité d'un contrat [1180]. Il est ainsi possible de distinguer, d'une part, les conditions qui nécessitent le recours à une norme extérieure et, d'autre part, celles qui sont autosuffisantes. La première catégorie suppose de se référer à une norme

---

[1177] *Id., ibid.*

[1178] La capacité juridique des personnes physiques (art. 1. 2. a. du Règlement) ainsi que la capacité juridique de la personne morale (art. 1. 2. f. du Règlement) ont été expressément exclues du domaine d'application du Règlement Rome I. Donc les questions relevant de l'appréciation du pouvoir de représentation et de la capacité de contracter chez les représentants d'une personne morale relèvent strictement du domaine d'application de la loi applicable à la société.

[1179] SANTA-CROCE (M.), *Les contrats internationaux*, J.-Cl. Civile Code, fasc. 60, n°37.

[1180] HAFTEL (B.), *th. préc.*, p. 369.

« *dépendant d'une loi distincte de la lex contractus comme la loi réelle, personnelle, loi des effets du mariage, loi successorale, loi de police de protection de la concurrence, lex societatis (...) considérée comme compétente par le système de droit international privé du for* »[1181]. Ces conditions de validité seront régies par la loi de la norme considérée et non par la loi de la *lex contractus*. Toutefois, plutôt qu'une simple prise en considération de la norme extérieure [1182], l'auteur préfère opter pour son application pure et simple aux conditions de validité du contrat. La norme extérieure régit alors les conditions de mises en œuvre de la nullité. Quant à la seconde catégorie de conditions de validité du contrat, elle ne nécessite pas de recours à une norme extérieure différente de celle de la *lex contractus*. Par conséquent, les conditions dites autosuffisantes sont « *exclusivement soumises à la lex contractus* »[1183].

683. Cette distinction peut s'appliquer aux conditions de validité du contrat de fusion, qui est un contrat-organisation cumulant une double nature contractuelle et sociétaire. Il faut ainsi différencier les conditions de validité de ce contrat qui doivent être régies par la *lex societatis* des sociétés contractantes d'autres conditions exclusivement soumises à la *lex contractus*. Par conséquent, les conditions de validité du contrat de fusion relèvent à la fois de la loi du contrat et de la loi respectivement applicable à chacune des sociétés fusionnantes. La fusion ne peut être valable que si elle respecte l'ensemble des conditions de validité exigées par ces lois.

684. **Plan.** On peut commencer par exclure du domaine d'application de la *lex contractus*, les causes de nullité ayant une nature sociétaire **(Paragr. 1)**, pour se consacrer ensuite à celles ayant une nature contractuelle et qui relèvent uniquement du domaine d'application de la *lex contractus* **(Paragr. 2)**.

Paragraphe 1 : Les causes de nullité relevant de la nature sociétaire

685. **Les causes de nullité découlant du fonctionnement interne de la société.** Les conditions de validité du contrat de fusion issues de la *lex societatis,* sont celles qui concernent de manière générale le fonctionnement interne des sociétés fusionnantes. La *lex contractus* du contrat de fusion n'a pas lieu d'être appliquée à ces conditions. Le droit français prévoit strictement deux causes de nullité de l'opération de fusion[1184]. Le contrat de

---

[1181] *Id., ibid.*

[1182] Sur la notion de prise en considération d'une norme extérieure, v. FOHRER (E.), *La prise en considération des normes étrangères*, th. Paris II, 2004.

[1183] HAFTEL (B.), *th. préc.*, p. 375.

[1184] En ce sens : Art. L. 235- 8 C. com. Ce texte transpose l'art. 22, b) Dir. 78/855/ CEE selon lequel « *la nullité d'une fusion qui a pris effet au sens de l'article 17 ne peut être prononcée si*

fusion peut être déclaré nul si la délibération de l'assemblée générale de l'une des sociétés fusionnantes est nulle ou si l'une d'elles ne dépose pas de déclaration de conformité au greffe du tribunal de commerce de son siège social.

686. **La nullité de la décision de l'assemblée générale.** La nullité de la fusion transfrontalière sur le fondement de l'annulation de la décision de l'assemblée générale d'une des sociétés concernée se justifie parfaitement puisque la décision de l'assemblée générale manifeste le consentement à conclure le contrat de fusion. Une décision non valable vicie le consentement de la part de la société et entraîne par conséquent la nullité du contrat de fusion. L'invalidité de la décision d'une assemblée peut avoir plusieurs causes énoncées à l'article L. 235-1 du Code de commerce. L'appréciation des conditions de validité de la décision de l'assemblée générale constitue en principe une question relevant du « *fonctionnement interne* » de la société. Ces questions ont été explicitement exclues du champ d'application de Règlement Rome I[1185]. Par conséquent, en droit international privé, les modalités et la validité de prise de décisions au sein des organes sociaux et, notamment, des assemblées générales, relèvent exclusivement de la *lex societatis* de la société en cause. Les conditions de validité du contrat de fusion qui se rapportent à la validité des délibérations des assemblées générales, sont donc également soumises à la *lex societatis*.

687. Toute demande de nullité du contrat de fusion fondée sur le non-respect des conditions de *quorum* ou de majorité exigées par les textes pour l'approbation de l'opération de fusion[1186], relève strictement du fonctionnement interne des organes de décision. Ces conditions de prises de décisions sont imposées par la loi applicable à la société en cause et doivent, par conséquent, être appréciées sous ses auspices. Toutefois, les parties au contrat de fusion demeurent libres de désigner une autre loi pour régir le contrat dont les dispositions admettent une prise de décision à des conditions de *quorum* ou de majorité moins rigoureuses. Ce choix ne dispense pourtant pas les sociétés de respecter les conditions exigées par leurs *leges societatis* respectives. L'appréciation de la nullité de la fusion reste donc régie par la loi applicable à la société qui n'a pas respecté ces conditions.

---

ce n'est pour défaut soit de contrôle préventif judiciaire ou administratif de légalité, soit d'acte authentique, ou bien s'il est établi que la décision de l'assemblée générale est nulle ou annulable en vertu du droit national ».

[1185] Art. 1. 2. f. Règlement Rome I.

[1186] En droit français: pour une fusion intra-européenne les conditions de quorum et de majorité imposées sont les mêmes que celles d'une fusion interne. En revanche pour une fusion extra-européenne une approbation de l'opération de fusion à l'unanimité des associés est exigée.

688. Par ailleurs, si la majorité commet un abus à l'égard des associés minoritaires, la décision approuvant la fusion peut être annulée. En effet, la demande de nullité d'une fusion transfrontalière qui est fondée sur un abus de majorité est admise. Cette cause de nullité ne relève pas du domaine d'application de la *lex contractus* car elle concerne strictement le fonctionnement interne de la société au sein de laquelle l'abus a eu lieu. S'agissant d'un conflit interne entre les associés d'une même société susceptible d'entraîner la nullité du contrat de fusion, les conditions et les effets de cet abus sur la délibération de l'assemblée générale sont nécessairement régis par la *lex societatis* de la société concernée.

689. Malgré tout, les causes de nullité du contrat de fusion provenant du droit commun des contrats peuvent poser quelques difficultés. Elles peuvent parfois relever du fonctionnement interne de la société, ce qui est par exemple le cas lorsque la décision de l'assemblée générale est entachée d'un vice de consentement imputable à un représentant de la société ou à un de ses associés. En effet, si le dirigeant de la société a émis des informations erronées à l'assemblée générale de sa société, la décision de l'organe sociétaire peut être annulée pour dol. Cette cause de nullité relève normalement d'un fonctionnement interne de la société et doit, par conséquent, être appréciée à l'aune de sa *lex societatis*. En revanche, il en va différemment si le vice affectant le consentement d'une société a pour source l'agissement de son cocontractant ou bien un vice inhérent au contrat de fusion. Dans ce cas, c'est le consentement de la société en tant que personne morale qui est vicié et non celui de ses associés, car la cause du vice est extérieure à la société. Par conséquent, un tel vice du consentement échappe au domaine d'application de la *lex societatis.*

690. **Le défaut de dépôt d'une déclaration de conformité.** Une règlementation propre aux fusions déclare nulle l'opération de fusion en cas de défaut de dépôt d'une déclaration de conformité au greffe du tribunal de commerce du siège social de la société en cause[1187]. Cette cause de nullité résulte d'une transposition en droit interne des textes européens pour renforcer le contrôle judiciaire préalable à la réalisation de l'opération de fusion. Depuis lors, le dépôt d'une déclaration de conformité n'est pas une simple formalité mais une véritable condition de validité du contrat de fusion. En droit international privé, cette condition de validité ne relève point de la *lex contractus*. Pour illustrer nos propos, il suffit de prendre deux exemples différents d'opérations de fusions transfrontalières. Le premier concerne un contrat de fusion entre une société de droit français et une société de droit américain. Les parties conviennent de soumettre le contrat au droit américain qui ne reconnaît pas la nullité de la fusion pour défaut de

[1187] Art. L. 236- 6 C. com.

dépôt de conformité. Toutefois, l'opération de fusion peut être déclarée nulle si la société française n'accomplit pas la formalité exigée par la loi qui lui est applicable. Le second exemple concerne cette fois-ci deux sociétés soumises à des législations autres que françaises. Si les parties décident de soumettre leur contrat de fusion à la loi française, elles ne sont pas tenues d'accomplir un dépôt de conformité auprès de leurs tribunaux nationaux. Ces illustrations révèlent que cette condition de validité du contrat de fusion appartient strictement au domaine d'application de la *lex societatis*.

691. **Le contenu illicite du contrat.** Il faut rajouter la licéité de l'objet du contrat de fusion aux conditions de validité imposées par la *lex societatis*. L'appréciation de la licéité ne peut en effet se contenter de passer outre le crible de la *lex contractus* car en pratique « *la quasi-totalité des hypothèses d'illicéité du contrat fait référence à une norme extérieure* »[1188]. Il en est ainsi parce que « *la loi d'autonomie, ayant été choisie par les parties, ne paraît pas la mieux placée pour édicter des règles impératives restreignant le champ de la licéité* »[1189]. À titre d'exemple, la licéité du contenu d'une convention de vote n'est pas appréciée au regard de loi désignée par la *lex contractus* dans la mesure où il s'agit d'une question relevant du fonctionnement de la société. Par conséquent, la licéité du contenu de ce genre de convention doit provenir de la *lex societatis*. De même, la licéité de contenu du contrat de fusion échappe à la *lex contractus* pour revenir à la *lex societatis*. La difficulté est alors de déterminer à l'aune de laquelle des *leges societatis* en jeu s'apprécie la licéité. Il semble que cette condition de validité du contrat de fusion présente un caractère bilatéral. Le contrat de fusion doit ainsi respecter cumulativement les dispositions applicables à chacune des sociétés contractantes.

Paragraphe 2 : Les causes de nullité relevant de la nature contractuelle

692. **La loi applicable aux vices de consentement.** L'existence du consentement est une condition de validité d'un contrat. Il doit être exempt de tout vice. En droit international privé, cette condition de validité, qualifiée de condition autosuffisante, est exclusivement régie par la *lex contractus*[1190]. L'éternel débat relatif à la loi applicable aux vices de consentement avait divisé la doctrine entre, d'une part, les tenants de l'application de la loi personnelle du contractant et, d'autre part, les adeptes de l'application de la loi du contrat. La question a finalement été tranchée en faveur des seconds. À cet égard, le doyen BATIFFOL a démontré l'impossibilité d'appliquer la

---

[1188] HAFTEL (B.), *th. préc.*, p. 377.
[1189] *Id., ibid.*
[1190] SANTA-CROCE (M.), *Les contrats internationaux, J.-Cl. Droit international*, fasc. 552-60, n°45.

loi personnelle du contractant aux problématiques de vices de consentement [1191]. Selon l'éminent auteur « *quand la loi déclare les contrats nuls pour violence, elle donne une règle qui s'applique à des personnes assurément, mais non en tant que telles, seulement en tant qu'elles sont trouvées dans telles circonstances ; formellement c'est l'acte qui est visé, et la personne qui invoquera la règle aujourd'hui ne l'invoquera pas demain parce que les circonstances auront changé, alors que l'incapable sera suivi par sa loi à travers tous ses actes (...) la loi sur les vices du consentement vise à obtenir des contrats corrects, quels que soient l'âge ou la situation de ceux qui les passent* »[1192]. Suivant cette logique, la loi applicable aux vices du consentement est nécessairement indépendante de celle applicable aux parties qu'il s'agisse de la loi nationale d'une personne physique ou de la *lex societatis* d'une personne morale.

693. Cette solution a été consacrée par la jurisprudence dans le célèbre arrêt *American Trading* qui soumet de manière générale tout ce qui a trait aux conditions de formation d'un contrat à la loi qui lui est applicable [1193]. Dans une autre décision la Première chambre civile de la Cour de cassation, a fait sienne cette solution en l'étendant spécifiquement aux conditions de validité exclusivement soumises à la loi applicable au contrat[1194]. Cet arrêt consacre expressément la compétence de la loi du contrat pour régir l'action en nullité pour vice de consentement. La solution rendue à l'occasion d'un contrat de vente de marchandises est bien évidemment applicable à toute autre forme de contrat. M. LAGARDE observe d'ailleurs que cet « *arrêt confirme (...), de façon implicite, mais certaine, que la loi du contrat régit les vices du consentement et, par extension, la prescription de l'action en nullité pour vice du consentement* ». Cette solution a été reprise dans l'article 10 du règlement Rome I qui rattache les questions de formation du contrat à son domaine de compétence. Il n'y a donc pas lieu de distinguer entre la qualité des contractants, personnes physiques ou de personnes morales, ni même entre la nature du contrat : contrat-échange ou contrat-organisation. Le consentement d'une personne morale est en effet susceptible de subir les mêmes vices que celui d'une personne physique[1195]. Un auteur relève

---

[1191] BATIFFOL (H.), *Les conflits de lois en matière de contrats*, Sirey, 1938, n°380 et s.

[1192] *Id.*, *op. cit.*, n°384

[1193] Cass. civ., 5 déc. 1910, *aff. American Trading Cie*, S. 1911, 1, p. 129, note LYON-CAEN (Ch.) ; RCDIP 1911, p. 395 ; JDI 1912, p. 1156 ; GA n°11.

[1194] Cass. 1re civ., 7 oct. 1997, RCDIP 1998, p. 84, note LAGARDE (P.).

[1195] En ce sens: Cass. soc., 8 nov. 1984, n° 82-14.816, Bull. civ. V, n° 423, RTD civ. 1985, p. 368, obs. MESTRE (J.). Dans cet arrêt, une société d'armement a été contrainte de signer une convention mettant terme à un conflit de travail avec les représentants des salariés alors que ses dirigeants étaient séquestrés à bord d'un navire et menacés. La Haute juridiction pour annuler la convention a préalablement précisé que les dispositions de l'article 1112 du code civil ne s'appliquent pas seulement à la violence exercée sur une personne physique mais

judicieusement à propos du vice de consentement d'une société *« l'anthropomorphisme (...) très fort et tout à fait logique »*[1196]. Il faut d'abord évaluer le vice entachant le consentement des personnes physiques qui représentent la société, pour étendre ensuite cette appréciation au consentement de la société. Le consentement d'une société à la réalisation d'une fusion est en effet vicié lorsque le vote de ses associés a été exercé sous l'influence d'un vice de consentement. Par ailleurs, une société peut être considérée comme l'auteur d'un dol ou d'une violence à l'égard des tiers. Le cas le plus classique se présente lorsque la société se voit imputer le vice de consentement commis par son représentant légal. Relevons aussi que dans certains cas particuliers, les juges ont retenu la responsabilité de la société du fait d'un vice de contentement, notamment le dol commis par l'un de ses associés[1197]. Par conséquent, il faut admettre l'hypothèse qu'une société partie à un contrat de fusion puisse vicier le consentement de sa cocontractante.

694. Les actions en nullité du contrat de fusion fondées sur les vices de consentement sont régies par la loi désignée par la *lex contractus* indépendamment de la nature des parties. Une société contractante est dotée d'une volonté propre différente de celle de ses associés. L'analogie entre une société contractante et une personne physique contractante est donc largement concevable. En droit international privé, le juge apprécie l'existence d'un vice de consentement d'une personne physique contractante en vertu de la loi applicable au contrat et non de la loi personnelle. Cette solution doit être transposée aux vices de consentement dans un contrat conclu entre deux ou plusieurs personnes morales. L'appréciation du vice de consentement d'une société est donc assujettie à la loi du contrat. À titre illustratif, prenons le cas d'un contrat international conclu entre une personne morale et une personne physique. En cas de dol commis par la

---

s'appliquent également à une société dont « *le consentement est exprimé par ses représentants légaux, personnes physiques vis-à-vis desquelles la violence peut avoir effet* ».

1196 MESTRE (J.), *La spécificité juridique des contrats conclus par les sociétés*, RLDC 2004, n°1.

1197 En ce sens : Cass. 3e civ., 13 janv. 1999, n°96-18.309 ; Dr. & patr. 1999, n°73, p. 88, obs. CHAUVEL (P.); JCP G 1999, I, n°143, obs. LOISEAU (G.) ; RJDA 1999, n°252, RTD civ. 1999, p. 381, obs. MESTRE (J.). Dans cette affaire un membre d'une communauté sectaire demande la nullité d'un contrat de vente d'un immeuble conclu avec une société dont les associés sont eux-mêmes les membres de cette communauté, et cela, pour violence morale commise par les associes de cette société. La Cour de cassation reprend la décision de la cour d'appel qui a retenu l'existence d'une violence et a prononcé la nullité du contrat sans rechercher si le vice a été commis par les représentants légaux de la société. Il faut cependant préciser que cette solution ne s'entend pas nécessairement aux autres vices de consentement. Il en est ainsi car la violence est sanctionnée indifféremment de la considération de son auteur et cela en application de l'article 1111 du code civil disposant que la violence est une cause de nullité « *encore qu'elle ait été exercée par un tiers autre que celui au profit duquel la convention a été faite* ».

personne physique ayant vicié le consentement de la société, la loi applicable au contrat est compétente pour régir l'action de la société. Cette solution trouve sa justification dans le fait que la matière des vices de consentement n'est pas prévue dans le domaine d'application de la *lex societatis*. L'existence d'un consentement dénué de vice des sociétés parties au contrat de fusion est une condition de validité de cet acte juridique qui doit être appréciée à l'aune de la loi du contrat et non de la loi applicable aux contractants.

695. L'application de la loi du contrat de fusion pose des difficultés particulières en matière d'appréciation de la validité du consentement des sociétés concernées. Il en est ainsi en raison de la restriction légale apportée aux causes de nullité du contrat de fusion afin de sécuriser les parties et les tiers. Toutefois, il reste possible d'annuler le contrat en se fondant sur les règles du droit commun. C'est ce qui ressort du renvoi opéré par l'article L. 235-8 du Code de commerce à l'article L. 235-1 du même code disposant que la délibération d'une assemblée générale peut être annulée en cas de violation des dispositions du droit commun des contrats. Un contrat de fusion est susceptible d'être annulé lorsque le consentement d'une des sociétés contractantes est entaché d'un vice de consentement. La *lex contractus* a vocation à ne régir que les vices de consentement qui ne relèvent pas du fonctionnement interne de la société. Par exemple, elle ne s'applique pas au vice commis par un associé ou un directeur sur le consentement de sa propre société. Une telle question relève exclusivement du fonctionnement interne de la société et doit, par conséquent, être appréciée à la lumière de la *lex societatis*.

696. **Les illustrations des éventuels vices de consentement.** La solution s'applique à tous les vices du consentement prévus dans les dispositions du droit commun des contrats. Par exemple, à l'aide de manœuvres dolosives, la société fusionnante peut communiquer à son cocontractant de fausses informations sur sa situation financière et économique, ou encore, tenter de dissimuler ses difficultés financières ou son état de cessation des paiements[1198]. En se fondant sur ces informations erronées, l'autre société approuve le contrat de fusion. Son consentement est alors clairement entaché de dol et le contrat de fusion peut être annulé. Afin de se prémunir du danger de s'engager à fusionner avec une société dont la situation financière est compromise, il est d'usage de stipuler dans le contrat de fusion une clause

---

[1198] Sur cet exemple, v. PRIETO (C.), *th. préc.*, p. 192. *Contra*, Cass. com., 24 sept. 2003, n°00-21.863. Dans cette affaire une société demande l'annulation d'un contrat de marché de travaux pour réticence dolosive commise par sa cocontractante qui lui a dissimulé sa situation financière et notamment qu'elle soit l'objet d'une procédure de redressement judicaire. La Cour de cassation rejette la demande de la société au motif qu'aucun texte n'oblige une entreprise à informer son cocontractant de sa mise en redressement judiciaire.

par laquelle les sociétés fusionnantes déclarent n'avoir jamais été en état de cessation des paiements ni fait l'objet d'une procédure collective et qu'elles ont la pleine capacité de disposer de leurs biens et droits. L'insertion de cette clause dans le contrat de fusion facilite la preuve du dol ou encore d'une erreur sur la personne du cocontractant. Par ailleurs, il est possible que la société absorbée ait déjà contracté des engagements, par exemple une clause de non-concurrence, qui pourraient affecter les activités ou la situation financière de la société absorbante. Le consentement de la société absorbée, qui s'engage à la fusion en méconnaissance de l'existence de ces engagements, doit être annulé s'il est possible de relever une erreur ou un dol au cas où la société absorbante induit en erreur la société absorbée. Il n'est pas logique de soutenir l'application de la loi de la société victime du dol puisque cette solution favorise une partie au détriment de l'autre et qu'elle renvoie à une solution depuis longtemps abandonnée de l'application de la loi personnelle de la victime pour l'appréciation des vices de consentement. Par conséquent, l'action en nullité pour dol doit être soumise à la loi applicable au contrat.

697. La fusion transfrontalière peut également être réalisée sous l'effet d'une violence caractérisée, notamment par une menace de déclaration de la faillite de la société n'approuvant pas la fusion[1199]. La société menaçante est alors susceptible de profiter de la situation de faiblesse de sa victime pour imposer ses propres conditions dans le contrat de fusion. L'erreur peut aussi vicier le consentement d'une société fusionnante qui s'est trompée sur le contenu du patrimoine transmis par la société absorbée à la société absorbante ou sur la nature même du contrat conclu. C'est le cas lorsque la société croit conclure un contrat d'apport partiel d'actif soumis au régime de la scission et s'engage en fait dans un contrat de fusion. On relève également le cas d'une erreur sur les qualités substantielles des actions ou des parts que l'une des sociétés contractantes doit distribuer à ses associés après la fusion. Dans tous les cas susmentionnés, le juge doit se référer à la loi du contrat de fusion pour apprécier l'action en nullité parce que les questions concernant les vices de consentement relèvent principalement de la *lex contractus*.

698. **L'action en responsabilité délictuelle pour annulation du contrat de fusion.** Signalons, par ailleurs, que la société responsable de l'annulation

---

[1199] *Contra*, dans un contrat de cession de parts sociales, la crainte du cédant de voir le cessionnaire former une action en ouverture de procédure collective ne suffit pas à établir que son consentement est vicié par une violence (en ce sens : CA Paris 3ème ch. A, 26 sept. 1989, Bull. Joly sociétés 1989, p. 363). Aussi, dans un contrat de cession de parts sociaux, l'exploitation des difficultés économiques d'autrui peut être considérée comme constitutive de violence morale susceptible d'annuler le contrat. (En ce sens : Cass. soc., 5 juill. 1965, n°62-40.577, Bull. civ. IV, n° 545 ; Cass. soc., 30 oct. 1973, n°73-40. 232, Bull. civ. V, n°541; CA Pau, 24 mai 1983, RTD civ. 1984, p. 708, obs. MESTRE (J.)).

du contrat de fusion peut être condamnée à l'indemnisation de son cocontractant. En effet, l'action intentée par la victime d'un dol ou d'une violence est bien souvent accompagnée d'une action en responsabilité délictuelle afin d'obtenir réparation du préjudice causé par l'annulation du contrat. Notons toutefois que l'erreur n'autorise le contractant à intenter parallèlement une action en responsabilité délictuelle que lorsque le vice du consentement découle d'une erreur imputable à une faute commise dans l'exécution d'une obligation précontractuelle de renseignement[1200]. La nature délictuelle de l'action en responsabilité se justifie si l'on constate que le vice de consentement a souvent pour origine une faute précontractuelle[1201]. Dans le cas du dol, par exemple, le contrat est annulé à cause de l'erreur provoquée par la manœuvre dolosive. L'origine du dol réside alors dans une faute qui précède la formation du contrat. En droit international privé, l'action en responsabilité intentée par l'une des sociétés contractantes, à la suite de l'annulation du contrat de fusion, est soumise, en vertu de l'article 12 du Règlement Rome II, à la loi applicable au contrat annulé. Cependant, une difficulté surgit lorsque l'annulation du contrat de fusion trouve son origine dans une faute contractuelle. En effet, une réticence dolosive ou une erreur peut provenir de la violation d'une obligation d'information constatée dans un avant-contrat. Il convient alors de déterminer si l'action en responsabilité doit relever de la loi du contrat annulé ou de la loi de l'avant-contrat. On privilégie généralement la première hypothèse parce que cette solution permet d'assurer une cohérence dans le traitement des phases précontractuelle et contractuelle. Il paraît en effet opportun d'appliquer la loi qui régit la cause d'annulation du contrat à l'action en responsabilité qui en découle.

699. Par ailleurs, il faut envisager une action en responsabilité à l'occasion de l'annulation du contrat de fusion résultant d'une cause autre que celle d'un vice de consentement. Il en va ainsi lorsque le contrat de fusion est annulé pour manquement à une condition légale de forme, notamment, le défaut de déclaration de conformité. Bien que l'on ait précédemment constaté que cette cause de nullité ne relève pas de la nature contractuelle de la fusion, rien ne semble s'opposer à la possibilité de soumission de l'action en responsabilité qui en découle à la loi du contrat annulé.

[1200] TERRÉ (Fr.), SIMLER (Ph.) et LEQUETTE (Y.), *op. cit.*, n°227.

[1201] En ce sens : *Id.*, *op. cit.*, n°240 ; SCHMIDT (J.), *art. préc.*, p. 46 et s., spéc. n°31 ;; Cass. 1re civ., 4 févr. 1975, JCP G 1975, II, 18100, note LARROUMET (Ch.) ; D. 1975, jurispr. p. 405, note GAURY (C.); RTD civ. 1975, p. 537, obs. DURRY (G.).

Section 2 : Les effets *obligationnels* du contrat de fusion

700. **Des effets de nature différente.** Les effets produits par un contrat relèvent naturellement de sa *lex contractus*, avec toutefois une nuance en matière de fusion dans la mesure où il s'agit d'un contrat-organisation entraînant deux genres d'effets qui reçoivent chacun une qualification différente en droit international privé.

701. Le contrat produit en premier lieu des effets strcuturels tels que définis par les dispositions du droit des sociétés, à savoir la transmission universelle de patrimoine, la dissolution sans liquidation et la distribution de titres sociaux. Ces effets sont de nature sociétaire parce qu'ils affectent la structure même des sociétés contractantes, et sont donc soumis au domaine d'application de la *lex societatis*. En second lieu, le contrat de fusion crée des obligations à la charge des sociétés contractantes. L'existence de ces obligations est palpable lorsque la date de prise d'effet du contrat de fusion est différée par rapport à sa formation. Pendant la période intercalaire, l'une des sociétés s'engage à transmettre son patrimoine à l'autre, et la seconde à distribuer des parts sociales aux associés de la première. D'autres obligations telles que l'accomplissement de certaines formalités et inscriptions auprès des autorités publiques pour rendre la fusion opposable aux tiers, incombent également aux sociétés. L'inexécution de l'une de ces obligations engage la responsabilité contractuelle de la société en cause. En droit international privé, ces effets reçoivent une qualification contractuelle et sont ainsi soumis à la loi du contrat de fusion.

702. **Plan.** La distinction entre les effets du contrat de fusion s'impose puisque l'on ne tient compte, pour l'assimiler à la matière contractuelle, que du contenu obligationnel du contrat. Par conséquent, la notion du contrat en droit international privé se limite à son effet créateur d'obligations, à l'exclusion des autres effets qu'il peut produire. Ainsi, la loi du contrat de fusion n'inclut que ce qui relève de la matière contractuelle, soit les effets obligationnels. Elle s'applique donc aux questions relatives, d'une part, à l'exécution des obligations **(Ss-section 1)** et, d'autre part, aux conséquences de leur inexécution **(Ss-section 2)**.

Ss-section 1 : L'exécution des obligations contractuelles

703. **Plan.** Selon Mme TOUBIANA, « *le principe de la compétence de la loi du contrat n'est guère contestable en ce qui concerne la création même du lien contractuel, c'est-à-dire la force obligatoire du contrat* »[1202]. Partant

[1202] TOUBIANA (A.), *Le domaine de la loi du contrat en droit international privé : contrats internationaux et dirigisme étatique*, th. Paris, 1969, p. 77.

de cette affirmation, la loi applicable au contrat régit en principe l'ensemble des questions relatives à la détermination de l'étendue et de la portée de sa force obligatoire. Ces questions permettent d'envisager les modalités d'exécution du contrat. En matière de fusion, l'étendue de la force obligatoire du contrat et son exécution relèvent aussi de la *lex contractus*. Les deux principales questions soulevées lors de l'exécution du contrat de fusion concernent, d'une part, son interprétation pour déterminer de manière précise l'étendue des engagements respectifs des sociétés **(Paragr. 1)** et, d'autre part, la possibilité de sa résiliation à la demande d'une des parties **(Paragr. 2)**.

Paragraphe 1 : L'interprétation du contrat de fusion

704. **La compétence incontestable de la *lex contractus*.** En droit international privé, il est incontestablement admis que l'interprétation du contenu d'un contrat est nécessairement soumise à la *lex contractus*[1203]. Le Doyen BATIFFOL est catégorique à ce sujet en affirmant qu'« *on peut difficilement hésiter sur la soumission de ce problème à la loi du contrat. Il s'agit ici de l'effet essentiel du contrat, et si la loi qui régit celui-ci ne s'y appliquait pas, on ne voit plus quel effet elle gouvernerait* »[1204]. Cette solution est consacrée par le règlement Rome I qui a expressément inclus la question de l'interprétation d'un contrat dans son domaine d'application[1205]. Ainsi, l'interprétation du sens et de la portée des obligations contenues dans un contrat de fusion transfrontalière est régie par la loi applicable à ce contrat.

705. **Les méthodes d'interprétation du contrat.** L'interprétation d'un contrat se définit comme l'opération juridique qui consiste à déterminer l'existence et le contenu des obligations respectivement assumées par les contractants[1206]. C'est surtout quand la volonté des parties dans la détermination du contenu du contrat n'est pas clairement exprimée que l'interprétation de cette volonté devient nécessaire. L'importance d'une telle interprétation semble évidente étant donné que « *la règle première et*

[1203] En ce sens : BATIFFOL (H.) et LAGARDE (P.), *Droit international privé*, t. 2, LGDJ, 7eme éd., 1983, p. 330 et s. ; TOUBIANA (A.), *th. préc.*, p. 78 et s.

[1204] BATIFFOL (H.), *Les conflits de lois en matière de contrats*, Sirey, 1938, n°481.

[1205] Art 12. 1. a. Règlement Rome I.

[1206] Sur la notion d'interprétation du contrat, v. DEREUX (G.), *L'interprétation des actes juridiques privés*, th. Paris, 1905 ; LOPEZ SANTA MARIA (J.), *Les systèmes d'interprétation du contrat*, th. Paris, 1968 ; PACLOT (Y.), *Recherches sur l'interprétation juridique*, th. Paris II, 1988, p. 160 ; MARTY (G.) et RAYNAUD (P.), *Les obligations, 1. Les sources*, Sirey, 2eme éd., 1998, p. 249 ; SERIAUX (A.), *Droit des obligations*, PUF, 2eme éd., 1998, n°43 ; GRIMALDI (C.), *Paradoxes autour de l'interprétation des contrats*, RDC 2008, p. 207 ; MALAURIE (Ph.), *L'interprétation des contrats : hier et aujourd'hui*, JCP 2011, 51, 1402.

traditionnelle est la recherche de la commune intention des parties en cas d'obscurité de l'instrumentum »[1207]. L'interprétation du contrat de fusion n'intervient en général que lorsque son contenu manque de clarté quant à l'existence et à l'étendue de certaines obligations. Par ailleurs, ce problème est soulevé lorsque les parties ont conclu pendant les négociations certains engagements qui n'ont pas été repris dans le contrat définitif de fusion.

706. Les systèmes juridiques n'adoptent pas tous les mêmes méthodes d'interprétation. Par exemple, le droit français opte pour une méthode subjective. À cet égard, l'article 1188 du Code civil dispose que « *le contrat s'interpete d'après la commune intention des parties plutôt qu'en s'arrêtant au sens littéral de ses termes* ». Cette méthode obéit au principe selon lequel « *ce qui a été dit importe peu ; compte seul ce qui a été voulu*»[1208]. Le juge ne doit donc pas s'arrêter au sens littéral des termes du contrat, mais s'efforcer plutôt de rechercher la réelle et commune intention des parties. Il y a ainsi une « *prédominance attribuée à la volonté réelle sur les termes employés* »[1209]. En revanche, le droit allemand et le droit anglo-américain privilégient une méthode dite objective d'après laquelle la volonté des parties doit être interprétée selon des critères objectifs[1210], ce qui conduit à privilégier la lettre du contrat au détriment de celle de l'intention commune des parties. Cette divergence dans les méthodes d'interprétation met en exergue l'intérêt d'identifier la loi applicable au contrat de fusion. Pour éviter toute difficulté, les parties peuvent insérer une clause d'interprétation dans le contrat de fusion qui guidera le juge ou l'arbitre dans son travail interprétatif[1211].

707. Une difficulté dans l'interprétation des stipulations du contrat de fusion surgit lorsqu'il est rédigé en deux ou plusieurs langues, étant donné que les sociétés contractantes sont régies par des lois linguistiquement différentes. La difficulté majeure réside alors dans l'incohérence de la terminologie utilisée par les différents systèmes juridiques. Le terme « *merger* »[1212], par exemple, est souvent employé par le droit américain pour

---

[1207] GHESTIN (J.), *Traité de droit civil, Les effets du contrat*, LGDJ, 3eme éd., 2001, n°8.
[1208] FLOUR (J.), AUBERT (J.-L.), et SAVAUX (E.), *Les obligations, 1. L'acte juridique*, Sirey, 15eme éd., 2012, n°395.
[1209] *Id., ibid.*
[1210] Sur ce sujet, v. RIEG (A.), *Le rôle de la volonté dans l'acte juridique en droit civil français et allemand*, LGDJ, 1961 ; DESCAUDIN (Ch.), *Étude comparative du rôle du juge dans l'interprétation des contrats*, th. Cergy-Pontoise, 2009.
[1211] Sur la clause d'interprétation, v. FONTAINE (M.) et DELY (F.), *Droit des contrats internationaux, analyse et rédaction de clauses*, Bruylant, 2eme éd., 2003, p. 115 et s. ; MESTRE (J.) et RODA (J.-Ch.), *Les principales clauses des contrats d'affaires*, Lextenso, 2011, p. 539 et s.
[1212] QUINTIN (Y.), *Fusions et acquisitions aux États-Unis*, Bruxelles, éd. Bruylant/Yvon Blais, 2005, p. 159.

désigner une opération d'acquisition de parts sociales et non une fusion au sens du droit français. Quant à l'expression « *contract of merger* », elle désigne en droit américain le « *draft terms of merger* », qui est l'équivalent du projet du contrat de fusion et non du contrat lui-même. Ces exemples sont révélateurs des multiples difficultés découlant de la définition et la traduction de certains termes juridiques et susceptibles d'influer considérablement l'interprétation du contrat de fusion. Aussi, est-il prudent d'insérer une clause de « *texte authentique* » ou de « *ruling language* » qui fait prévaloir un texte sur l'autre en cas de divergence d'interprétation[1213].

708. **La contribution des contrats préparatoires à l'interprétation.** L'interprétation d'un contrat nécessite souvent le retour à la période de sa négociation, notamment à l'ensemble des documents préparatoires conclus pendant cette période. Cette pratique est admise dans les différents systèmes juridiques[1214]. Comme l'explique le Doyen CARBONNIER, « *le juge, pour résoudre (cette question), devra remonter à la genèse de l'accord, en étudier les premiers brouillons. Le contrat est suivi par son passé* »[1215]. M. LAGARDE propose un cas pratique de problème d'interprétation relatif à une clause limitative de responsabilité qui figure dans les conditions générales de vente du vendeur, mais pas dans le contrat de vente[1216]. Selon cet auteur, « *il faut interpréter les documents échangés entre les parties au cours des pourparlers pour déceler si elles ont entendu incorporer dans leur contrat les conditions générales. Théoriquement, cette recherche devrait être menée dans le cadre de la loi régissant le contrat* ». La jurisprudence s'est prononcée dans des affaires semblables concernant des clauses limitatives de responsabilités indiquées dans les conditions générales de vente sans être incluses dans les stipulations du contrat de vente définitif[1217].

709. La même difficulté d'interprétation du contrat définitif de fusion se pose lorsqu'une clause limitative de responsabilité est insérée dans un des documents préparatoires de l'opération sans être toutefois reprise dans le contrat définitif. Le juge doit alors interpréter le contrat de fusion selon la loi qui lui est applicable afin de déterminer si les parties ont voulu incorporer cette clause dans le contrat définitif. Dans cette hypothèse, les documents

---

1213 Sur ces clauses, v. FONTAINE (M.) et DELY (F.), *op. cit.*, p. 178; MESTRE (J.) et RODA (J.-Ch.), *op. cit.*, p. 833 et s. ; MOUSSERON (J.-M.) et MOUSSERON (P.), *La langue du contrat in. Mélanges CABRILLAC (M.)*, Dalloz/Litec, 1999, p. 219 et s.

1214 DERAINS (Y.), *Valeur interprétative des négociations in. Formation of contracts and precontractual liability*, éd. CCI, 1990, p. 323 et s.

1215 CARBONNIER (J.), *Droit civil, 2. Les biens et les obligations*, PUF, 2004, p. 1963.

1216 LAGARDE (P.), *Les clauses limitatives ou exonératoires de responsabilité en droit international privé in. Les clauses limitatives ou exonératoires de responsabilité en Europe*, LGDJ, 1990, p. 24.

1217 CA Douai, 13 juill. 1988, Clunet 1990, p. 403, note JACQUET (D.).

préparatoires peuvent jouer un rôle clé dans l'interprétation de la volonté des parties. C'est dans cet objectif que les parties au contrat de fusion qui souhaitent exclure les documents préparatoires de l'interprétation du juge stipulent une clause dite de quatre coins, d'intégralité, ou encore d'« *entire agreement* »[1218]. Cette clause indique que le contrat définitif constitue le seul document permettant de déterminer la portée des engagements des parties. Le juge ne peut plus alors se référer à un document extérieur pour contredire ou modifier le contrat. Ainsi, tout accord et clause insérés dans des documents préparatoires à la fusion et non repris dans le contrat définitif seront considérés comme non opposables aux parties.

Paragraphe 2 : La résiliation unilatérale du contrat de fusion

710. **La loi applicable à la résiliation du contrat.** Si la loi applicable au contrat est compétente pour régir sa force obligatoire, elle l'est également pour les questions relatives à la résiliation unilatérale[1219]. Il est généralement admis que « *c'est la loi du contrat qui seule s'appliquera pour déterminer la validité de la clause de dédit, son caractère unilatéral ou bilatéral, la distinction entre les arrhes et le dédit et les conditions d'exercice du droit de repentir* »[1220]. Cette solution a depuis longtemps été adoptée par les juridictions françaises. Dans une décision du 19 janvier 1976, la Chambre commerciale de la Cour de cassation, avait ainsi appliqué la *lex contractus* pour désigner la loi applicable à un contrat international de représentation commerciale afin de vérifier la validité d'une clause de résiliation avec préavis et sans indemnité[1221].

711. **La stipulation d'une clause de dédit.** La clause de dédit se définit comme la stipulation contractuelle qui reconnaît à l'un des contractants la possibilité de rétractation unilatérale de son engagement contractuel[1222]. En effet, cette clause « *peut conférer soit à l'un des contractants, soit aux deux,*

[1218] Sur ce sujet, v. DERAINS (Y.), *art. préc.*, p. 312 ; MESTRE (J.) et RODA (J.-Ch.), *op. cit.*, p. 511 et s.; RAWACH (E.), *La portée des clauses tendant à exclure le rôle des documents précontractuels dans l'interprétation du contrat*, D. 2001, p. 223 et s.

[1219] SANTA-CROCE (M.), *Contrats internationaux*, J.-Cl. Droit international, fasc. 552- 60, n°33 ; BATIFFOL (H.) et LAGARDE (P.), *op. cit.*, p. 334 et s.; TOUBIANA (A.), *th. préc.*, p. 105.

[1220] SANTA-CROCE (M.), *ibid.* La loi applicable au contrat n'est écartée que dans le cas du droit de repentir reconnu au consommateur. Dans ce cas, c'est l'art. 6. 1 du Règlement Rome I relatif aux contrats de consommation qui trouve à s'appliquer. Ainsi, à défaut de choix de loi par les parties, c'est la loi du pays du lieu de résidence habituelle du consommateur qui s'appliquera à la faculté de se repentir.

[1221] Cass. com., 19 janv. 1976, RCDIP 1977, p. 503, note BATIFFOL (H.).

[1222] Sur la clause de dédit, v. CHABAS (C.), *L'inexécution licite du contrat*, LGDJ, 2002 ; BOYER (L.), *La clause de dédit in. Mélanges RAYNAUD (P.),* Dalloz, 1985, p. 41 et s. ; DAGORNE-LABBE (Y.), *Contribution à l'étude de la faculté de dédit*, th. Paris II, 1984.

la faculté de se délier, c'est-à-dire de se désengager »[1223]. S'appuyant sur le principe de la liberté contractuelle, le droit français reconnaît la validité d'une telle clause. À l'exception d'un arrêt demeuré isolé[1224], la jurisprudence consacre constamment le caractère discrétionnaire de l'exercice d'une faculté dédit. La mise en œuvre de cette faculté est parfois subordonnée au paiement d'une indemnité par la personne qui en use[1225]. Il s'agit d'une sorte de « *prix de la liberté* »[1226]. Toutefois, la possibilité de prévoir une clause de dédit de manière gratuite est aussi admise.

712. Les sociétés parties à un contrat de fusion peuvent prévoir une clause de dédit. Cette clause permet alors à une société de se rétracter de manière unilatérale du contrat dc fusion sans engager sa responsabilité. Le contrat de fusion étant en principe un contrat instantané[1227], l'insertion d'une telle clause ne présente pas d'intérêt lorsque ce contrat produit directement ses effets à la date de la dernière assemblée générale qui l'a approuvé. La clause de dédit est utile seulement lorsque la date de prise d'effet de la fusion est différée puisque la mise en œuvre de la faculté de se dédire n'est plus possible après la prise d'effet de l'opération de fusion. Dans cette hypothèse, prévoir une telle clause s'avèrera très opportun pour les sociétés contractantes. Conscients de la possibilité de bénéficier d'une meilleure offre émanant d'une société tierce pendant la période qui s'étend entre la date de conclusion du contrat de fusion et la date de prise d'effet de celui-ci[1228], les dirigeants d'une société ont tout intérêt à prévoir une clause permettant à leur société de se désengager.

713. Le droit américain reconnaît la pratique de l'utilisation dans les contrats de fusion d'une clause qui s'apparente à celle de dédit. Il s'agit de la clause de « *fiduciary out* » permettant à l'une des sociétés de se rétracter du contrat de fusion lorsqu'on lui soumet une nouvelle offre de fusion plus avantageuse que l'offre initiale[1229]. Lorsque la direction d'une société conclut un accord de fusion avec une autre société, elle est tenue à un « *duty of care* » qui est l'équivalent d'une obligation de bonne foi. Cette dernière engage les dirigeants sociaux à accomplir toutes les diligences nécessaires

---

1223 TERRÉ (Fr.), SIMLER (P.) et LEQUETTE (Y.), *op. cit.*, n°481.

1224 Cass. 3e civ., 11 mai 1976, Bull. civ. III, n°199 ; D. 1978, p. 269, note TAISNE (J.-J.). Cet arrêt considère que la faculté de dédit a été exercée de mauvaise foi et doit être par conséquent privée d'effet.

1225 Le juge ne dispose pas d'un pouvoir modérateur de l'indemnité de dédit contrairement à la clause pénale.

1226 MALAURIE (Ph.), AYNÈS (L.) et STOFFEL-MUNCK (P.), *op. cit.*, n°886.

1227 Sur le caractère instantané du contrat de fusion, cf. *supra*, n°489.

1228 Sur la possibilité de prévoir une date de prise d'effet différée du contrat de fusion, cf. *supra*, n°316 et s.

1229 ALLEN (T.), KRAAKMAN (R.) et SUBRAMANIAN (G.), *Commentaries and cases on the law of business organization*, éd. Wolters Kluwer Law and Business, 4eme éd., 2012.

pour défendre le contrat de fusion devant leurs assemblées générales respectives et aboutir à l'approbation de cet accord. Toutefois, la mise en œuvre de la clause de « *fiduciary out* » les libère de cette obligation et leur permet de changer le sens des recommandations qu'ils adressent à l'assemblée générale afin de prendre en considération une meilleure offre avancée par une tierce société. Le droit américain mesure le caractère avantageux de l'offre de fusion selon le critère de la rémunération des associés. Il suffit que la nouvelle offre présente un taux d'échange plus favorable pour justifier la rétractation de la société.

714. **La stipulation d'une clause d'imprévision.** Les sociétés peuvent aussi prévoir un cas de résiliation unilatérale du contrat de fusion pour appréhender tout événement susceptible de modifier l'équilibre du contrat. À cette fin, elles stipulent une clause d'imprévision empruntée à la pratique du droit américain, connue sous l'appellation de « *clause de hardship* »[1230]. L'appréciation de la validité de cette clause et sa mise en œuvre sont soumises à la loi applicable au contrat[1231]. Une telle clause « *organise la révision du contrat lorsque des circonstances regrettables modifient de façon significative l'économie du contrat* »[1232] et « *permet ainsi de prémunir les parties contre les modifications inattendues de leurs prévisions initiales rendant l'exécution du contrat préjudiciable ou, à tout le moins, d'un intérêt économique moindre* »[1233]. Comme dans le cas de la clause de dédit, l'insertion d'une clause d'imprévision ne présente d'intérêt que lorsque le contrat de fusion prévoit une prise d'effet différée de l'opération.

715. L'événement, qui déclenche la mise en application de la clause, ne doit pas être nécessairement imprévisible ou imprévu, ou même extérieur à la volonté des parties[1234]. Ainsi, tout événement affectant considérablement les conditions économiques et financières de la réalisation de la fusion, est susceptible d'activer la clause d'imprévision. À titre d'exemple, l'événement qui entraîne une modification substantielle de la valeur réelle d'une des sociétés fusionnantes peut entraîner la résiliation unilatérale du contrat. Il est

---

[1230] Sur la clause de *hardship*, v. OPPETIT (B.), *L'adaptation des contrats internationaux aux changements de circonstances- La clause de hardship*, JDI 1974, p. 494 ; JARROSSON (C.), *Les clauses de renégociation, de conciliation et de médiation in. Les principales clauses des contrats conclus entre professionnels*, PUAM 1990, p. 141 ; MOUSSERON (J.-M.), RAYNARD (J.) et SEUBE (J.-B.), *Technique contractuelle*, Francis Lefebvre, 2005, p. 605 ; DRAETTA (U.), *Les clauses de force majeure et de hardship dans les contrats internationaux*, RDAI 2002, p. 347 ; KONARSKI (H.), *Force majeure et hardship clauses in. International contractual practice*, RDAI 2003, p. 405 ; FONTAINE (M.) et DE LY (P.), *op. cit.*, p. 500 ; MESTRE (J.) et RODA (J.-Ch.), *op. cit.*, p. 473 et s.
[1231] SANTA- CROCE (M.), *Contrats internationaux, J.-Cl. Civil code*, fasc. 70, n°33.
[1232] KONARSKI (H.), *art. préc.*, p. 419.
[1233] MESTRE (J.) et RODA (J.-Ch.), *op. cit.*, p. 473.
[1234] En ce sens: KONARSKI (H.), *art. préc.*, p. 419.

également possible, pendant la période intercalaire qui précède la prise d'effet de la fusion, qu'une des sociétés soit soumise à une procédure collective inattendue ou qu'elle perde un contrat ou une franchise constituant l'essence même de son activité commerciale. De tels événements sont de nature à bouleverser considérablement le rapport d'échange prévu dans le contrat de fusion et d'emporter sa résiliation.

716. Indépendamment de la faculté de résiliation du contrat de fusion, les parties peuvent prévoir une obligation de renégociation ou bien l'intervention d'un tiers pour rééquilibrer le contrat. À cet égard, la clause de *hardship* « *permet à la partie affectée de requérir auprès de l'autre partie d'entamer des renégociations des termes originaux du contrat, dans le but de les adapter alors aux nouvelles circonstances* »[1235]. Les parties sont alors engagées à renégocier de bonne foi le contrat[1236] et sont ainsi tenues à une obligation de moyen de faire aboutir la renégociation. Par conséquent, en vertu de la clause de *hardship*, les sociétés contractantes doivent renégocier les conditions de l'opération de fusion afin de rétablir l'équilibre bouleversé par le changement de circonstances.

717. Il est courant que l'adaptation d'un contrat international soit confiée à une tierce personne qui peut être un arbitre ou un expert qui intervient dans la limite de la mission confiée par les parties pour restaurer l'équilibre contractuel. La clause de *hardship* fixe d'habitude les modalités de la désignation des tiers ainsi que leur mission. Dans le cadre de la renégociation d'une opération de fusion transfrontalière, les sociétés peuvent en effet recourir à des experts pour réajuster les conditions économiques de l'opération ou encore, solliciter à cette fin les mêmes commissaires aux fusions déjà désignés pour contrôler la mise en place des conditions économiques initiales de l'opération.

718. Quand la clause d'imprévision ne prévoit pas les conséquences de l'échec de la renégociation du contrat de fusion, il est généralement admis d'exécuter le contrat dans les conditions initialement prévues. Cette solution a les faveurs de l'ensemble de la doctrine[1237]. Lorsque l'échec de la renégociation n'est imputable à aucune des parties contractantes, la partie qui refuse d'exécuter le contrat dans ses conditions initiales engage sa responsabilité contractuelle.

[1235] KONARSKI (H.), *ibid.*
[1236] CA. Paris, 28 sept. 1976, JCP G 1976, II, 18810, note ROBERT (J.).
[1237] En ce sens : OPPETIT (B.), *art. préc.*, p. 494 ; FONTAINE (M.) et DE LY (P.), *op. cit.*, p. 518.

719. **La faculté de renégociation du contrat.** L'on peut s'interroger sur la possibilité de renégocier un contrat de fusion international en l'absence de toute stipulation contractuelle allant en ce sens[1238]. Cette renégociation serait justifiée par la théorie de l'imprévision selon laquelle, tout événement postérieur à la conclusion du contrat et présentant des caractéristiques proches de celles d'une force majeure parce qu'il est imprévisible et extérieur à la volonté des parties, perturbe considérablement l'équilibre économique du contrat[1239]. Une étude comparative révèle que toutes les législations nationales ne reconnaissent pas cette possibilité. Les droits allemand, néerlandais et suisse admettent l'intervention du juge pour réviser un contrat en cas d'imprévision[1240]. De son côté, le droit français avait longtemps réfusé d'admettre la possibilité de renégocier un contrat sur le fondement de la théorie d'imprévision. Les juges français n'admettaient pas la théorie de l'imprévision parce qu'elle portait atteinte la force obligatoire du contrat. Cependant, l'ordonnance n°2016-131 du 10 février 2016 portant réforme du droit des contrats, du régime général et de la preuve des obligations est venue consacré la théorie d'imprévision au sein du nouvel article 1195 du Code civil. Il est désormais reconnu à l'une des parties à un contrat, soumis à la loi française, de demander la renégociation de celui-ci lorsqu'il y a un changement de circonstances imprévisile lors de la conclusion du contrat qui rend l'exécution excessivement onéreuse[1241]. Au plan européen, l'ensemble des textes doctrinaux, comme les Principes d'UNIDROIT[1242] et les Principes du droit européen du contrat[1243], reconnaît

---

[1238] Sur ce sujet, v. ACCAOUI-LORFING (P.), *La renégociation des contrats internationaux*, th. Paris II, 2008, p. 137.

[1239] Sur la théorie de l'imprévision, v. POPESCU (C.-M.), *Essai d'une théorie de l'imprévision en droit français et comparé*, th. Paris, 1937 ; STOYANOVITCH (C.), *De l'intervention du juge dans le contrat en cas de survenance de circonstances imprévues, Théorie de l'imprévision*, th. Aix-Marseille, 1941 ; DAVID (R.), *L'imprévision dans les droits européens in. Mélanges JAUFFRET (A.)*, LGDJ, 1974, p. 211 et s. ; STOFFEL-MUNCK (P.), *Regards sur la théorie de l'imprévision*, PUAM, 1994 ; TALLON (D.), *La révision pour imprévision au regard des enseignements récents du droit comparé in. Mélanges SAYAG (A.)*, Litec 1997, p. 403.

[1240] Sur une étude comparative, v. FONTAINE (M.) et DE LY (F.), *op. cit.*, p. 488 ; ACCAOUI- LORFING (P.), *th. préc.*, p. 161 et s.

[1241] Avant la réforme de l'ordonnance n°2016-131 du 10 février 2016, le droit positif français admettait seulement la renégociation des contrats administratifs (voir. CE, 4 juin 1916, *Compagnie d'éclairage de Bordeaux*, Rec. P. 125, concl. CHARDENET (P.)). Les décisions rendues par les juridictions civiles françaises avaient maintenues la position dégagée par le célèbre arrêt du Canal de Craponne (en ce sens : Cass. civ., 6 mars 1876, *De Galiffet c./ commune de Pelissanne*, D. 1876, I, p. 193, note GIBOULOT (A.)).

[1242] L'Art. 6.2.1 PU « *Les parties sont tenues de remplir leurs obligations, quand bien même l'exécution en serait devenue plus onéreuse, sous réserve des dispositions suivantes relatives au hardship* ». Cet article pose le principe du respect des stipulations du contrat, mais évoque l'exception du *hardship* dont la définition est donnée par l'article 6.2.2 des principes d'UNIDROIT : « *Il y a hardship lorsque surviennent des événements qui altèrent fondamentalement l'équilibre des prestations, soit que le coût de l'exécution des obligations*

la possibilité de renégociation des contrats. Par conséquent, la révision d'un contrat de fusion pour imprévision est envisageable lorsque la loi applicable à ce contrat l'admet.

Ss-section 2 : Les conséquences de l'inexécution du contrat de fusion

720. **La soumission de l'inexécution à la *lex contractus*.** Si elle est compétente pour régir la force obligatoire du contrat, la loi du contrat doit aussi régir les conséquences de son inexécution. Le Doyen BATIFFOL défend l'idée selon laquelle, « *la loi du contrat, déterminant les obligations assumées par les parties, doit également fixer les conséquences de l'inexécution de ces obligations : la règle et sa sanction peuvent difficilement être dissociées* »[1244]. Le Règlement Rome I adopte une position semblable en excluant toutefois certaines questions du domaine d'application de la *lex contractus*. Ainsi, l'article 12 dudit Règlement considère que les conséquences de l'inexécution totale ou partielle des obligations contractuelles entrent dans le domaine de la loi du contrat, dans les limites des pouvoirs attribués à la juridiction saisie par son droit procédural.

721. **Plan.** L'application des dispositions de ce texte suppose *a priori* que les sanctions de l'inexécution de ses obligations par l'une des sociétés fusionnantes soient régies par la loi applicable au contrat de fusion. Relève ainsi du domaine d'application de cette loi, d'une part, l'exécution forcée **(Paragr. 1)** et, d'autre part, la responsabilité contractuelle découlant de l'inexécution **(Paragr. 2)**.

---

ait augmenté, soit que la valeur de la contre-prestation ait diminué, et a) que ces événements sont survenus ou ont été connus de la partie lésée après la conclusion du contrat; b) que la partie lésée n'a pu, lors de la conclusion du contrat, raisonnablement prendre de tels événements en considération; c) que ces événements échappent au contrôle de la partie lésée; et d) que le risque de ces événements n'a pas été assumé par la partie lésée ».

[1243] Art. 6 : 111 PDEC « *(1) Une partie est tenue de remplir ses obligations, quand bien même l'exécution en serait devenue plus onéreuse, soit que le coût de l'exécution ait augmenté, soit que la valeur de la contre-prestation ait diminué. (2) Cependant, les parties ont l'obligation d'engager des négociations en vue d'adapter leur contrat ou d'y mettre fin si cette exécution devient onéreuse à l'excès pour l'une d'elles en raison d'un changement de circonstances (a) qui est survenu après la conclusion du contrat, (b) qui ne pouvait être raisonnablement pris en considération au moment de la conclusion du contrat, (c) et dont la partie lésée n'a pas à supporter le risque en vertu du contrat. (3) Faute d'accord des parties dans un délai raisonnable, le tribunal peut (a) mettre fin au contrat à la date et aux conditions qu'il fixe, (b) ou l'adapter de façon à distribuer équitablement entre les parties les pertes et profits qui résultent du changement de circonstances. Dans l'un et l'autre cas, il peut ordonner la réparation du préjudice que cause à l'une des parties le refus par l'autre de négocier ou sa rupture de mauvaise foi des négociations* ».

[1244] BATIFFOL (H.) et LAGARDE (P.), *op. cit.*, p. 335.

Paragraphe 1 : L'exécution forcée du contrat de fusion

722. **Plan.** Nous proposons pour l'étude de la question relative à l'exécution forcée du contrat de fusion de déterminer, en premier lieu, la règle de conflit applicable à la question **(Ss-paragr.1)** puis de vérifier, en second lieu, s'il est concevable en droit positif français d'ordonner ce genre d'exécution **(Ss-paragr. 2)**.

Ss-paragraphe 1 : La règle de conflit applicable

723. **La prise en considération de la loi du lieu d'exécution du contrat.** L'exécution en nature des obligations d'un contrat est régie par la loi applicable au contrat. Le for français considère en effet que le choix, entre l'exécution forcée des obligations ou l'exécution par équivalant, dépend de la loi du contrat[1245]. Cette position est adoptée expressément par les dispositions de l'article 12 du Règlement Rome I selon lesquelles « *la loi applicable au contrat en vertu du présent règlement régit notamment : (...) b) l'exécution des obligations qu'il engendre* ». Signalons, toutefois que ce même article prévoit, à l'alinéa 2, la possibilité de prise en considération de la loi du lieu d'exécution du contrat, pour la détermination de ses modalités d'exécution et les mesures à adopter par le créancier en cas de défaut dans l'exécution[1246].

724. Il en résulte que l'exécution en nature des obligations découlant du contrat de fusion relève de la *lex contractus*. Toutefois, cette solution ne semble pas totalement adaptée à la nature de ce type de contrat. Ce dernier emporte des effets organisationnels considérables sur la structure même des sociétés contractantes. L'exécution forcée du contrat de fusion revient à réaliser les effets juridiques de l'opération qui présentent un aspect purement sociétaire. Il paraît donc inconcevable qu'un juge prononce l'exécution forcée d'un contrat de fusion à l'encontre d'une des sociétés sans se référer à sa *lex societatis*, pour vérifier si la mise en œuvre de cette mesure est possible[1247].

[1245] TOUBIANA (A.), *th. préc.*, n°166 et s. ; SANTA-CROCE (M.), *Contrats internationaux*, J.-Cl. Droit international, fasc. 552-80, n°10 et s. ; HAFTEL (B.), *th. préc.*, n°925.

[1246] La prise en considération n'équivaut pas à l'application de la loi du lieu d'exécution du contrat. La formulation de l'article 12 indique qu'il faut avoir égard à cette loi et donc il est question d'une simple prise en considération. Ainsi, le juge doit opérer une certaine conciliation entre la loi du lieu d'exécution et celle de la loi applicable au contrat (en ce sens : GAUDEMET-TALLON (H.), *Nouveau droit international privé européen des contrats*, RTD eur. 1981, p. 266, n°81).

[1247] Néanmoins, cette difficulté peut être palliée en mettant en application les dispositions de l'article 12, al. 2, du Règlement Rome I prévoyant la prise en considération la loi du lieu d'exécution de l'obligation pour la détermination des mesures à prendre par le créancier.

725. **L'intervention de la *lex societatis*.** La prise en considération de la *lex societatis* s'impose tant au cas d'exécution forcée exigée par de la société absorbée que par la société absorbante. L'exécution forcée du contrat de fusion à l'encontre de la société absorbée engendre sa dissolution sans liquidation et la transmission universelle de son patrimoine à la société absorbante. Rappelons que les questions relatives à la dissolution d'une société et les modalités de cette dissolution sont régies par la loi applicable à cette dernière, que la cause de cette dissolution soit contractuelle ou non.[1248]

726. D'un autre côté, l'exécution forcée du contrat de fusion à l'encontre de la société absorbante la condamne à exécuter son obligation de distribution des titres aux associés de la société absorbée. La question relative à l'acquisition de la qualité d'associé au sein d'une société relève du domaine d'application de sa *lex societatis*, une position longtemps consacrée par la jurisprudence des tribunaux français. Un célèbre arrêt a clairement affirmé que « *les obligations d'une société envers ses actionnaires étant régies par la loi nationale de cette société, il suit que cette loi seule détermine quel que soit le pays où les titres sont détenus, les conditions dans lesquelles s'acquiert, se conserve et se perd la qualité d'actionnaires*»[1249]. Il résulte de cette décision que la question relative à l'intégration d'un associé de la société absorbée au sein de la société absorbante relève de la *lex societatis* de cette dernière. Il faut également y inclure l'exécution forcée de l'obligation de distribution d'actions issue du contrat de fusion. En effet, la solution à une telle question doit être recherchée dans les contrats de cession de parts sociales. Dans ce type de contrats, toutes les questions relatives à l'acquisition, par l'un des contractants, de la qualité d'associé au sein de la société cible sont retranchées au domaine d'application de la *lex contractus*[1250], de même que celles ayant trait à l'application d'une clause d'agrément et à l'exécution forcée du contrat à l'égard de la société cible. Ces questions sont nécessairement soumises à la *lex societatis* de la société cible.

727. **La condamnation à des astreintes.** Pour contraindre la société récalcitrante à exécuter ses obligations contractuelles, le juge peut la condamner à des astreintes. Il s'agit de mesures procédurales qui ne dépendent que de la loi du juge. Cette mesure est exclue du domaine

---

[1248] Sur la loi applicable à la dissolution de la société, v. BEGUIN (J.) et MENJUCQ (M.), *Droit du commerce international*, LexisNexis, 2eme éd., 2011, n°302 et s. ; MENJUCQ (M.), *Droit international et européen des sociétés*, Montchrestien, 4eme éd., 2016, n°128 et s. ; BUREAU (D.) et MUIR WATT (H.), *Droit international privé, t. 2,* PUF, 2eme éd., 2010, n°1041.

[1249] Cass. civ., 17 oct. 1972, *Soc. Royal Dutch*, JDI 1973, p. 716, note OPPETIT (B.) ; Rev. soc. 1974, p. 127, note BISMUTH (J.-L.) ; RCDIP 1973, p. 520, note BATIFFOL (H.).

[1250] En ce sens : BOUCOBZA (X.), *th. préc.*, n°454 et s.

d'application de la loi du contrat ainsi que de la loi du lieu de son exécution. Comme le signale un auteur, « *il appartient en effet à la lex fori de déterminer si le juge peut ou non, d'office, assortir sa décision d'une astreinte, si celle-ci est provisoire ou définitive, si le taux peut en être modifié lors de la liquidation et ce, même si la loi du contrat ne connaît pas l'astreinte* »[1251]. Ainsi, peu importe que la loi applicable au contrat de fusion prévoit ou non une possibilité d'ordonner une astreinte, car le juge saisi est habilité à le faire en application des dispositions de sa *lege fori*.

Ss-paragraphe 2 : La possibilité d'une exécution forcée

728. **Plan.** Si l'on se place sur le terrain du droit commun des contrats et des obligations, la possibilité d'une exécution forcée d'un contrat de fusion dépend largement de l'objet des obligations en cause **(A)**. L'analyse de la possibilité d'une exécution en nature du contrat de fusion, au regard du droit commun des contrats, semble toutefois insuffisante parce qu'il faut également tenir compte de la nature sociétaire de ce contrat **(B)**.

A- L'application du droit des obligations

729. **L'exécution forcée des obligations de la société absorbée.** Avant la réforme de l'ordonnace n°2016-131 du 10 février 2016, il fallait analyser l'objet de l'obligation incombant à la société absorbée pour savoir si l'exécution en nature est applicable. L'obligation de la société absorbée, consistant en la transmission du patrimoine, implique un transfert de propriété de l'ensemble des éléments actifs et passifs d'une société à une autre. De ce fait, elle s'analyse en une obligation de donner. Signalons cependant qu'une partie de la doctrine désapprouvait l'utilité d'invoquer une obligation de donner lorsque le transfert de la propriété de la chose se réalise de manière instantanée[1252]. Pour les défenseurs de cette position, le transfert

---

[1251] SANTA-CROCE (M.), *Contrats internationaux*, J.-Cl. Droit international, fasc. 552- 70, n°43.

[1252] ATIAS (C.), *Le transfert conventionnel de la propriété immobilière*, th. Poitiers, 1974, p. 7 ; GHESTIN (J.), *Réflexions d'un civiliste sur la clause de réserve de propriété*, D. 1981, chron. p. 1, spéc. n°13 ; SAINT-ALARY-HOUIN (C.), *Réflexions sur le transfert différé de la propriété immobilière in. Mélanges RAYNAUD (P.)*, Dalloz, 1985, p. 733, n°25 ; FABRE-MAGNAN (M.), *Le mythe de l'obligation de donner*, RTD civ. 1996, p. 85 ; COURDIER-CUISINIER (A.-S.), *Nouvel éclairage sur l'énigme de l'obligation de donner*, RTD civ. 2005, p. 521, note 16. *Contra*, CARBONNIER (J.), *Droit civil, les obligations*, PUF, 22eme éd., 2000 n°10 ; BLOCH (P.), *L'obligation de transférer la propriété dans la vente*, RTD civ. 1988, p. 673 ; TRIGEAUD (J.-M.), *Réserve de propriété et transfert de propriété*, JCP E 1882, II, 13744, n°6 ; HUET (J.), *Des différentes sortes d'obligations et, plus particulièrement, de l'obligation de donner, la mal nommée, la mal aimée in. Mélanges GHESTIN (J.)*, LGDJ, 2001, p. 425 et s. Ces auteurs considèrent que dans les contrats translatifs de propriété *solo consensu* l'obligation de donner existe, mais elle est instantanément exécutée.

de propriété se réalise directement, sans la nécessité de l'exécution forcée. Par conséquent, si le contrat de fusion stipule une prise d'effet directe, suite à l'approbation du projet de fusion par la dernière assemblée générale, il y a transfert de propriété *solo consensu* de l'ensemble du patrimoine de la société absorbée et il devient inutile de s'interroger sur la nécessité de l'exécution forcée de l'engagement de la société débitrice de l'obligation de donner. De ce fait, les seules obligations susceptibles d'exécution forcée sont les obligations de faire. Il en est ainsi pour l'obligation à la charge de chacune des sociétés fusionnantes d'immatriculer la fusion auprès de leur registre du commerce respectif. L'obligation de faire peut également concerner l'accomplissement des formalités de publicité pour rendre le transfert de certains biens opposable aux tiers, notamment, les biens immobiliers, les fonds de commerce, les droits de propriété intellectuelle. La condamnation à l'exécution forcée de l'obligation d'accomplir les formalités ne pose pas de difficulté particulière dans la mesure où le juge peut contraindre la société à s'exécuter sous astreinte[1253] ou suppléer à l'accomplissement de la formalité par une décision judiciaire.

730. Il arrive que le contrat de fusion prévoit une prise d'effet différée. Dans cette hypothèse, il est possible de constater l'existence d'une obligation de donner pesant sur la société absorbée. Toutefois, une large partie de la doctrine considère que même dans le cas d'une prise d'effet différée, la question de l'exécution forcée d'une obligation de donner ne se pose pas[1254]. En effet, les sociétés contractantes retardent souvent la prise d'effet du contrat de fusion en fixant une date déterminée. Ce mécanisme contractuel s'analyse comme un terme qui entraîne, dès sa réalisation, un transfert immédiat du patrimoine sans aucune possibilité d'inexécution de la part de la société absorbée. En outre, combien même les sociétés subordonneraient la prise d'effet du transfert à l'accomplissement de certaines formalités, dans ce cas, le transfert de patrimoine résulterait de l'exécution forcée des formalités. L'exécution forcée de l'obligation de donner de la société fusionnante, même lorsque la prise d'effet est volontairement différée, ne soulève pas en réalité de difficulté. Signalons aussi que pendant la période qui court de la conclusion à la prise d'effet du contrat, la société absorbée doit, en application des dispositions de l'ancien article 1136 du Code civil, conserver et livrer les éléments constituant son patrimoine dans les conditions convenues dans le contrat de fusion, sous peine d'être condamnée au versement de dommages-intérêts à la société absorbante. C'est pourquoi pendant ce laps de temps, la société absorbée s'engage souvent à éviter toute

[1253] En ce sens : CA Versailles, 13 févr. 2004, JurisData n°2004-232743. Les juges du fond condamnent le vendeur, sous astreinte, à signer dans un délai de deux mois l'acte authentique de vente d'une maison d'habitation.
[1254] TERRÉ (Fr.), SIMLER (P.) et LEQUETTE (Y.), *op. cit.*, n°1111.

opération importante de disposition de ses éléments d'actif ou de création de passif qui sortirait du cours normal des affaires. Ainsi, la société absorbée ne peut décider de résoudre des contrats ou vendre des biens susceptibles de modifier considérablement le contenu de son patrimoine en dehors du cadre de son activité habituelle. Toutefois, il faut signaler que la réforme de l'ordonnace n°2016-131 du 10 février 2016 ne fait plus référence à la distinction entre l'obligation de donner et l'obligation de faire. Le nouvel article 1221 du Code civil impose l'exécution en nature pour toutes les obligations. Ce n'est que lorsque l'exécution en nature sera impossible que l'octroi de dommage et intérêt pourra être envisagé par le juge. Par consequent, toutes les obligations de la société absorbée sont susceptbiles d'exécution force, et cela indépendamment de leur nature.

731. **L'exécution forcée des obligations de la société absorbante.** Il faut à présent analyser l'exécution forcée de l'obligation incombant à la société absorbante qui reçoit le patrimoine de l'autre société. Elle est souvent obligée de procéder à une augmentation de son capital social pour distribuer des parts sociales aux associés de la société qui va disparaître. Cette obligation d'augmentation du capital social engendre un ensemble d'obligations, notamment l'accomplissement de formalités afin que l'augmentation devienne opposable aux tiers. C'est pourquoi l'obligation de la société absorbante s'analyse comme une obligation de faire. Le droit positif français hésitait, auparavant, à reconnaître au juge le droit d'ordonner l'exécution forcée d'une obligation de faire conformément à l'ancien article 1142 du Code civil qui disposait que « *toute obligation de faire ou de ne pas faire se résout en dommages et intérêts* ». Cette formulation était jugée regrettable par l'ensemble de la doctrine dans la mesure où l'exécution en nature devrait constituer le principe et l'indemnisation l'exception[1255]. La jurisprudence s'est alors décidée pour une interprétation restrictive du texte, en réduisant considérablement la portée. L'exécution forcée d'une obligation de faire n'était alors interdite que lorsqu'elle portait atteinte à la liberté et à l'intégrité physique du débiteur. Actuellement, la position du droit positif français paraît plus claire. Comme signalé auparavant, l'article 1221 du Code civil impose le principe de l'exécution forcée à toutes les formes d'obligations. Il en résulte que l'exécution forcée de l'engagement de la société absorbante d'augmenter son capital pour pouvoir distribuer des parts sociales est envisageable. Par ailleurs, la Cour d'appel de Paris a eu l'occasion de se prononcer dans ce sens avant même l'entrée en vigueur de la réforme du droit des contrats en condamnant une société à l'exécution de

[1255] JEANDIDIER (W.), *L'exécution forcée des obligations contractuelles de faire*, RTD civ. 1976, p. 700 ; MESTRE (J.), *Le juge face aux difficultés d'exécution du contrat in. Le juge et l'exécution du contrat*, PUAM, 1993, p. 91 et s. ; MOLFESSIS (N.), *Force obligatoire et exécution : un droit à l'exécution en nature ?*, RDC 2005, p. 37 et s.; TERRÉ (Fr.), SIMLER (P.) et LEQUETTE (Y.), *op. cit.*, n°1113.

son engagement de souscrire à une augmentation de capital malgré le fait qu'il s'agissait d'une obligation de faire[1256]. L'application de cette jurisprudence au contrat de fusion permettrait au juge d'ordonner l'exécution forcée de l'obligation de la société absorbante en la contraignant à augmenter son capital pour distribuer les parts sociales aux associés de la société absorbée.

B- L'application du droit des sociétés

732. **L'*affectio societatis* en tant qu'obstacle à l'exécution forcée.** En droit des sociétés, l'obstacle qui s'oppose traditionnellement à l'exécution forcée des contrats sociétaires est la notion d'*affectio societatis*[1257]. Cette notion qui se définit par la « *volonté de s'associer* » a été longtemps considérée comme un obstacle à l'exécution forcée des promesses de société[1258]. À la différence du consentement, qui doit exister seulement lors de la conclusion d'un contrat, l'*affectio societatis* doit exister au moment de la formation du contrat de société et perdurer pendant toute la durée de son exécution. Par conséquent, il est *a priori* possible de conclure qu' « *une participation volontaire et active de l'associé au bon déroulement de la vie sociale est alors incompatible avec la constitution forcée d'une société* »[1259]. Cependant, la majorité de la doctrine préconise une solution plus nuancée selon laquelle l'exécution forcée d'une promesse de société dépend de la forme juridique de la société envisagée [1260]. En effet, si l'*affectio societatis* est une condition de validité de tout contrat de société, son intensité et sa portée diffèrent selon chaque type de société. Par exemple, dans un contrat de société anonyme, on accepte facilement que l'*affectio societatis* ait un rôle plus réduit que celui qu'il est amené à jouer dans un contrat de société en nom collectif. Il faut alors admettre l'exécution forcée « *dès lors que l'intuitu personae ne marque pas trop fortement la société envisagée, et que les apports promis sont essentiellement des apports de capitaux* »[1261]. Par conséquent, si la société envisagée est marquée par un *intuitu personae* fort, comme dans le cas d'une société de personnes, l'*affectio societatis* fait obstacle à l'exécution forcée de la promesse. En revanche, si la société

[1256] CA Paris, 30 juin 1995, *Sté Metaleurop c./ Sté Financière Delot et Cie*, Dr. Sociétés 1995, n°198 ; JCP E 1996, II, 795, note DAIGRE (J.-J.).
[1257] Sur l'exécution forcée en droit des sociétés, v. MIGNON-COLOMBET (A.), *th. préc.* ; GROSCLAUDE (L.), *Le renouvellement des sanctions en droit des sociétés*, th. Paris I, 1997, t.1, p. 84.
[1258] Sur ce sujet, v. MESTRE (J.), *Réflexions sur les pouvoirs du juge dans la vie des sociétés*, RJ com. 1985, p. 81 ; LAUDE (A.), *La reconnaissance par le juge de l'existence d'un contrat*, PUAM, 1992, p. 486 et s. ; MIGNON-COLOMBET (A.), *th. préc.*, p. 186 et s.
[1259] MIGNON-COLOMBET (A.), *th. préc.*, p. 189.
[1260] LAUDE (A.), *th. préc.*, n°802 ; MESTRE (J.), *Réflexions sur les pouvoirs du juge dans la vie des sociétés, préc.*, p. 90.
[1261] MESTRE (J.), *ibid.*

présente un caractère plutôt institutionnel dans lequel l'*affectio societatis* n'a pas de rôle prépondérant comme dans le cas d'une société anonyme, une exécution forcée de la promesse est envisageable. La jurisprudence n'adhère pourtant pas à cette distinction et les juges refusent en général de prononcer l'exécution forcée d'une promesse de société. Un arrêt ancien rendu par la Chambre des requêtes affirme ainsi que « *la nature de l'engagement qui s'attache à la qualité d'associé en nom implique le libre consentement de celui qu'il intéresse, et par suite, ne permet pas aux tribunaux de le contraindre, contre sa volonté, à exécuter la promesse qu'il a pu faire à ce sujet* »[1262]. Bien que cet arrêt ait été rendu à l'occasion d'une promesse de société en nom collectif, sa solution est applicable à toutes les promesses, et cela quelle que soit la forme de la société envisagée. Les juges retiennent ainsi l'exigence d'un *affectio societatis* pour écarter toute possibilité d'exécution forcée d'une promesse de société. Cependant, la sanction de la violation d'une promesse de société n'est envisagée que par l'octroi de dommages-intérêts[1263].

733. En revanche, l'exécution forcée de certains contrats relevant du droit des sociétés a pu être décidée lorsque leur conclusion ne nécessitait pas l'existence d'un *affectio societatis*[1264]. La jurisprudence se prononce alors en faveur de l'exécution forcée des promesses de cession de droits sociaux dès que le bénéficiaire lève l'option, conformément aux conditions fixées dans le contrat[1265]. C'est ce qu'illustre un arrêt rendu par la Cour d'appel de Paris affirmant que « *faute pour le promettant de signer l'acte d'achat dans le mois de la signification de l'arrêt, celui-ci vaudrait cession des parts au motif que la promesse unilatérale d'achat devient une convention synallagmatique, obligeant d'une manière définitive et irrévocable les parties, par la levée de l'option par le vendeur aux conditions de la promesse, l'accord des volontés étant désormais acquis entre elles sur l'objet de la vente et sur le prix* »[1266]. Le promettant est contraint d'acquérir les parts sociales en exécution de l'acte de cession. À défaut, le jugement vaudrait cession des parts. L'exécution forcée de ce genre de promesse implique l'intégration du promettant contre son gré dans une nouvelle

---

1262 Cass. req., 19 févr. 1907, S. 1912, 1, p. 217, note PERROUD (J.) ; J. soc. 1907, p. 427 ; Rev. soc. 1907, p. 293.

1263 En ce sens : Cass. civ, 16 juill. 1970, Bull. civ. I, n°241, p. 196; RTD com. 1971, p. 110, note CHAMPAUD (Cl.) ; Cass. com., 28 avr. 1987, Bull. civ. 1987, IV, n°104 ; Rev. soc. 1988, p. 59 note BENAC-SCHMIDT (F.) ; CA Paris, 13 nov. 1998, RJDA 3/1999, n°291 ; CA. Paris, 15 déc. 1995, RJDA 1996, n°352; Cass. 1re civ., 3 juin 2003, RJDA 12/2003 n°1177.

1264 Sur ce sujet, v. VELARDOCCHIO (D.), *Les accords extra-statutaires entre associés*, PUAM, 1993, n°155 et s.

1265 Sur ce sujet, v. POITRINAL (F.-D.), *L'exécution forcée en nature de promesse de cession d'actions*, Bull. Joly 1995, p. 21

1266 CA Paris, 17 juin 1987, BRDA 1987, p. 18.

société s'il n'est pas déjà un associé de celle-ci. Les juges du fond n'ont pas ainsi retenu l'*affectio societatis* comme obstacle à l'exécution forcée d'une promesse d'achat de parts sociales.

734. Il convient à présent de se demander si l'*affectio societatis* est susceptible d'entraver l'exécution forcée du contrat de fusion. Cette dernière a pour effet d'entraîner dans la société issue de la fusion, une intégration dépourvue d'*affectio societatis* des associés des sociétés dissoutes. Ceux d'entre eux qui ont refusé l'opération de fusion deviennent malgré tout associés de la nouvelle société. Par conséquent, le principe général selon lequel nul ne peut être contraint à intégrer une société s'oppose à celui de l'exécution forcée du contrat de fusion. La société qui refuse l'exécution de ses obligations contractuelles ne pourrait donc être condamnée qu'au versement de dommages-intérêts. Une telle solution si elle apparaît logique, doit pourtant être écartée puisque le législateur reconnaît la distribution de parts sociales comme l'un des effets caractéristiques de la fusion, sans prévoir corrélativement un droit de retrait aux associés ayant refusé l'opération. La continuité de l'actionnariat des associés de la société fusionnante dans la société issue de la fusion s'impose sans tenir compte de l'*affectio societatis*. Le contrat de fusion entraîne *de jure* une intégration forcée des associés dans une autre société.

735. **Incompatibilité de l'exécution forcée avec la notion de contrat-organisation.** Il est possible de se prévaloir de la nature particulière du contrat de fusion pour s'opposer à son exécution forcée. En général, les contrats-organisation s'adaptent mal au concept d'exécution forcée, car les parties y sont en principe unies par un intérêt commun justifiant leur volonté d'union ou d'association. Dés lors, contraindre un contractant à une exécution forcée de son obligation contredit l'idée d'objectif commun que doit poursuivre le contrat-organisation. Comme le relève un auteur, la conclusion de ce genre de contrat suppose « *une psychologie particulière chez les contractants* »[1267]. Dans le contrat de société, la particularité de la volonté de s'associer se caractérise par l'*affectio societatis* qui implique de vérifier l'existence de trois éléments : la volonté d'union, la volonté de couvrir en commun certains risques et la volonté de poursuivre un but commun. On ne peut envisager l'exécution forcée d'un contrat de société qui conduirait à une intégration forcée de l'associé dans une société. Par ailleurs, la notion d'*affectio societatis* ayant été généralisée à l'ensemble des contrats-organisation, on a suggéré un *affectio associationis*[1268] pour le contrat

---

[1267] HAMELIN (J.-F.), *th. préc.*, p. 147.

[1268] Sur l'*affectio associationis*, v. ALFANDARI (E.), *Associations et sociétés: points de rencontre*, LPA 24 avr. 1996, p. 48 ; RODRIGUEZ (K.), *Le droit des associations : règles générales*, éd. Hamattan, 2004, p. 24.

d'association et un *affectio conjugalis*[1269] pour le contrat de mariage. De plus, dans les contrats-coopération l'intérêt commun des parties suppose un *animus cooperandi* ou un *affectio cooperationis*[1270], notion qui exclut toute possibilité d'exécution forcée d'un contrat de coopération. Tout au long de l'exécution du contrat, l'*affectio cooperationis* impose aux parties un devoir renforcé de coopération qui entre totalement en contradiction avec l'exécution forcée.

736. Les sociétés fusionnantes vont concentrer leurs entreprises au sein d'une seule organisation et les intérêts des parties au contrat de fusion sont largement convergents. Il convient donc de se demander si la notion d'intérêt commun, qui a contribué à qualifier le contrat de fusion en contrat-organisation, permet d'exclure le recours à l'exécution forcée. Il paraît exagéré d'invoquer un *affectio fusionis* qui s'apparenterait à l'*affectio societatis*. En effet, comme le relève un auteur « *il ne sert à rien de créer de trompeuses expressions à consonance latine, car il ne se cache dernière elles que le consentement à un contrat spécial, dont le contenu est naturellement aussi spécial* »[1271]. Ainsi, est-il préférable de se limiter à la notion d'intérêt commun qui caractérise les contrats-organisation pour soutenir l'impossibilité d'une exécution forcée du contrat de fusion. Cette solution s'impose surtout pour des raisons pratiques, puisqu'il n'est guère conseillé de forcer une société à mettre en commun son entreprise avec une autre. La discordance entre les différentes entreprises risque d'aboutir au blocage du fonctionnement de la société issue de l'exécution forcée du contrat de fusion.

Paragraphe 2 : La responsabilité contractuelle des sociétés fusionnantes

737. **La responsabilité contractuelle en droit international privé.** La responsabilité contractuelle se définit comme l'obligation de répondre d'un dommage causé par la violation d'une obligation contractuelle. Il en va ainsi lorsque l'inexécution ou la mauvaise exécution par le débiteur cause un dommage à son créancier. Cette responsabilité suppose le cumul de deux conditions tenant, d'une part, à l'existence d'un contrat valablement formé

[1269] BOLZE (A.), *Les rapports patrimoniaux des couples en dehors de la communauté légale*, Rev. drt. fam. 2001, chron. 5 ; GRIDEL (J.-P.), note sous Cass. 1er civ., 28 oct. 2003, D. 2004, p. 21.

[1270] Sur l'*affectio cooperationis*. Voir: CHENUT (Ch.-H.), *Le contrat de consortium*, LGDJ, 2003, p. 32 et s. ; GOFFAUX-CALLEBAUT (G.), *Du contrat en droit des sociétés, essai sur le contrat instrument d'adaptation du droit des sociétés*, PUS, 2008, p. 27 ; HASSLER (T.), *Art. préc.*, p. 581 ; LEQUETTE (S.), *th. préc.*, p. 343 et s. ; MESTRE (J.), *L'évolution du contrat en droit privé français in. L'évolution contemporaine du droit des contrats*, 24-25 oct. 1985, PUF, 1986, p. 41, spéc. p. 46.

[1271] HAMELIN (J.-F.), *th. préc.*, p. 158.

et, d'autre part, à l'inexécution d'une de ses obligations[1272]. L'action en responsabilité sanctionnant la violation d'une obligation contractuelle est nécessairement régie par la loi applicable au contrat[1273]. Le Règlement Rome I comporte des dispositions relatives à la responsabilité contractuelle qui découle « *de l'inexécution totale ou partielle* »[1274] des obligations. Il écarte en revanche les questions relevant de « *la responsabilité personnelle légale des associés et des agents pour les dettes de la société* »[1275]. Cette exclusion est parfaitement compréhensible puisqu'il s'agit d'une responsabilité directement rattachée au contrat de société[1276]. Par ailleurs, l'appréciation de l'étendue du pouvoir des organes sociaux à engager leur société vis-à-vis d'un cocontractant est également exclue, car ce point relève essentiellement du domaine d'application de la *lex societatis*.

738. **Plan.** Il faut ainsi admettre que c'est bien la *lex contractus* de la fusion qui régit les actions en responsabilité, intentées par l'une des sociétés à l'encontre de sa cocontractante. Cela concerne non seulement l'inexécution d'une obligation du contrat de fusion **(Ss-paragr. 1)**, mais aussi le règlement des clauses d'aménagement de cette responsabilité **(Ss-paragr. 2)**.

Ss- paragraphe 1 : Les actions en responsabilité contractuelle des sociétés

739. **La loi applicable à l'action en responsabilité contractuelle.** Il est indiscutable que « *la loi du contrat, déterminant les obligations assumées par les parties, doit également fixer les conséquences de l'inexécution de ces obligations : la règle et sa sanction peuvent difficilement être dissociées* »[1277]. Cette loi doit en effet régir « *les conséquences de l'inexécution totale ou partielle des obligations, y compris l'évaluation du dommage dans la mesure où des règles de droit le gouverne* »[1278]. Rappelons que le contrat de fusion s'assimile à un contrat-organisation qui constitue

---

[1272] En ce sens: VINEY (G.), *Traité de droit civil, Introduction à la responsabilité*, LGDJ, 3eme éd., 2008, nos 181 et s.

[1273] BATIFFOL (H.) et LAGARDE (P.), *op. cit.*, p. 335 et s. ; TOUBIANA (A.), *th. préc.*, p. 104 et s.

[1274] Art. 12, §1, c) Règlement Rome I.

[1275] Art. 1, f) Règlement Rome I.

[1276] CUENDET (A.), *th. préc.*, p. 121. L'auteur a judicieusement distingué en cas d'inexécution du contrat de fusion entre, d'une part, les sanctions sur le plan interne social par la révocation des administrateurs fautifs et une action en responsabilité dirigée contre eux, et, d'autre part, les sanctions sur le plan externe, par une action en exécution et éventuellement des dommages-intérêts contre la société réfractaire. En adoptant cette distinction, il semble que le premier type de sanctions doit relever du domaine d'application de la *lex societatis*, tandis que le deuxième type doit relever principalement de la *lex contractus*.

[1277] BATIFFOL (H.) et LAGARDE (P.), *op. cit.*, p. 335.

[1278] Art. 12 § 1. C du Règlement Rome I.

une qualification de synthèse prenant en compte le double aspect obligationnel et organisationnel de l'opération. Il ne fait aucun doute que ce contrat, comme n'importe quel autre, est créateur d'obligations à la charge des sociétés qui y sont parties[1279]. D'après le droit suisse, le contrat de fusion « *un caractère relevant du droit des obligations, puisqu'il confère des droits et des obligations réciproques aux parties concernées* »[1280]. Ainsi, la société, qui viole une obligation ayant pour source le contrat de fusion engage nécessairement sa responsabilité contractuelle.

740. La responsabilité contractuelle sanctionne la violation d'une obligation de nature contractuelle. L'inexécution ou la mauvaise exécution de cette obligation engage la responsabilité du débiteur défaillant. La compétence de la loi applicable aux sociétés contractantes se réduit donc, d'une part, aux questions relatives à la responsabilité interne des organes sociaux et, d'autre part, celles ayant trait à l'appréciation du pouvoir des représentants sociaux d'engager contractuellement leur société[1281]. Cependant, l'existence, les conditions de mise en œuvre et les effets de la responsabilité contractuelle d'une société, en cas de manquement d'une obligation d'un contrat conclu avec une autre société, sont autant d'items qui n'entrent pas dans le champ d'application de la *lex societatis*. En effet, que les contractants soient des personnes physiques ou morales, un contrat garde sa nature propre en tant qu'acte générateur d'obligations. Aussi, aucune société ne peut se prévaloir de sa propre *lex societatis* pour régir ces questions. En cas de violation par l'une des sociétés d'une des obligations découlant du contrat de fusion, c'est donc la *lex contractus* qui se trouvera à s'appliquer.

741. **Plan.** La loi applicable au contrat de fusion régit toutes les questions relatives à l'action en responsabilité contractuelle résultant d'une

---

1279 Sur ce sujet, v. GHESTIN (J.), *art. préc.*, p. 147. Cet auteur adopte une définition élargie de la notion de contrat. Le contrat se définit comme étant un accord de volontés, qui sont exprimées en vue de produire des effets de droit. Ainsi, la qualification de contrat ne doit pas être réservée aux accords de volontés faisant naître des échanges économiques et plus précisément aux contrats synallagmatiques. Il inclut ainsi dans la catégorie de contrats, les accords de volontés faisant naître des statuts et des institutions. Il considère que l'adoption d'une position contraire, qui distingue entre convention et contrat, est trop restrictive car elle exclue de la catégorie de contrat les accords de volontés donnant naissance à une société ou une association.

1280 Conseil fédéral, *Message concernant la loi fédérale sur la fusion, la scission, la transformation et le transfert de patrimoine (loi sur la fusion ; LFus) du 13 juin 2000*, FF, 2000, pp. 3995 et s., n°2.2.3.2, p. 4153.

1281 CA Paris, 26 mars 1966, JDI 1966, p. 841, note GOLDMAN (B.) ; RCDIP 1968, p. 58, note LOSSOUARN (Y.) ; Cass. com., 21 déc. 1987, RCDIP 1989, p. 344, note JOBARD-BACHELLIER (M.-N.); Rev. soc. 1988, p. 39, note SYNVET (H.); Cass. Com., 19 mai 1992, JDI 1992, p. 954, note KAHN (P.).

inexécution. La *lex contractus* détermine les conditions de mise en œuvre de l'action **(A)** et son régime général **(B)**.

A- Les conditions de mise en œuvre de la responsabilité contractuelle

742. **L'inexécution par la société absorbée.** La société absorbée n'a pas la possibilité de refuser l'exécution de la transmission universelle de patrimoine puisqu'il s'agit d'une obligation de donner qui se réalise de plein de droit. On peut toutefois reprocher à la société absorbée une mauvaise exécution de son obligation de transmettre son patrimoine. La société absorbée qui ne transmet pas la totalité de son patrimoine, conformément aux conditions prévues dans le contrat de fusion, engage nécessairement sa responsabilité contractuelle. De ce fait, la société absorbée qui cèdera des biens et des créances à un tiers, pendant la période précédant la prise d'effet du contrat de fusion, sera tenue responsable pour violation de cette obligation contractuelle envers la société absorbante. Par ailleurs, il faut relever l'existence d'autres obligations à la charge de la société absorbée dont la violation est susceptible d'engager sa responsabilité contractuelle. En effet, on relève qu' « *il est d'usage en pratique de faire nommer par l'assemblée générale extraordinaire de la société absorbée ou scindée un ou plusieurs « mandataires » chargés notamment d'établir tous actes complémentaires, réitératifs ou rectificatifs qui seraient nécessaires par exemple pour constater la réalisation de conditions suspensives affectant l'opération, pour accomplir certaines formalités de publicité, etc.* »[1282]. La société mandante est tenue responsable à l'égard de sa cocontractante de la faute commise par les mandataires lors de l'exécution du contrat de fusion. Toutefois, la société sera exonérée si le mandataire a causé dommage à l'autre société en agissant en dehors de la mission qui lui est confiée par le mandat[1283].

743. **L'inexécution par la société absorbante.** La société absorbante est tenue de distribuer aux associés de la société absorbée des parts sociales selon les modalités fixés dans le contrat de fusion. Si ces modalités n'ont pas été respectées, la responsabilité contractuelle de la société absorbante peut être engagée. Il en est notamment le cas lorsque la société absorbante ne respecte pas le délai fixé pour la distribution des parts sociales. De même la société absorbante est responsable contractuellement pour le refus ou le retard dans l'accomplissement des formalités relatives à l'immatriculation de la fusion au sein du registre de commerce.

[1282] CHARVERIAT (A.), COURET (A.) et MERCADAL (B.), *Groupes de sociétés*, Mémento Francis Lefebvre, 2007-2008, n°3707.

[1283] En ce sens: art. 1998 C. civ. « *Le mandant est tenu d'exécuter les engagements contractés par le mandataire, conformément au pouvoir qui lui a été donné. Il n'est tenu de ce qui a pu être fait au-delà, qu'autant qu'il l'a ratifié expressément ou tacitement* ».

B- Le régime de la responsabilité contractuelle

744. **La résolution pour inexécution.** De manière générale, comme l'affirme un auteur « *lorsqu'un débiteur n'exécute pas sa prestation, son cocontractant devient maître du sort du contrat* »[1284]. Il a donc le choix entre la demande d'exécution forcée du contrat conclu ou sa résolution judiciaire. L'exécution forcée du contrat de fusion ayant auparavant été traitée[1285], il reste à déterminer si en cas d'inexécution, la société créancière peut demander la résolution du contrat de fusion. Si le législateur a bien envisagé le problème de la nullité du contrat fusion, il a laissé sans réponse celui de sa résolution. La nullité sanctionne traditionnellement le défaut d'une condition de validité dans un contrat, tandis que la résolution réprime l'inexécution contractuelle. Leur effet est identique : elles provoquent la « *destruction rétroactive du contrat* »[1286].

745. Dans un souci de protection des tiers et des associés, le législateur a largement limité le domaine de nullité de la fusion, d'abord, en réduisant les causes de nullité, ensuite, en lui refusant tout effet rétroactif. La finalité poursuivie par le législateur à l'égard de la nullité s'oppose à la consécration d'un régime de résolution du contrat de fusion en tout point similaire au droit commun des contrats. Cependant, une solution de compromis visant à l'aménagement d'un régime de la résolution spécifique à la fusion semblable à celui de la nullité paraît judicieuse. Au regard du principe de l'équité contractuelle, il est inconcevable qu'une partie reste engagée à un contrat vidé de sa substance par la faute de son débiteur. En premier lieu, on constate que la résolution du contrat ne porte pas atteinte à la sécurité des tiers et des associés lorsqu'elle intervient avant la prise d'effet de la fusion, tout simplement parce que les droits de ces derniers n'ont pas encore été affectés. Cette affirmation est confortée par la lecture de l'article L. 236-31 du Code de commerce relatif aux fusions transfrontalières disposant que la « *nullité d'une fusion transfrontalière ne peut pas être prononcée après la prise d'effet de l'opération* ». L'on en déduit que la nullité n'est préjudiciable qu'après la date de prise d'effet de la fusion. En second lieu, une fois prononcée, la résolution du contrat de fusion ne doit pas avoir d'effets rétroactifs mais plutôt de prendre la forme d'une résiliation.

746. La résolution du contrat de fusion est nécessairement judiciaire. Le juge disposera généralement d'un pouvoir d'appréciation de la gravité des manquements contractuels invoqués par la partie demanderesse. Le manquement doit être suffisamment grave pour justifier la demande de

---

1284 TESTU (F.-X.), *Contrats d'affaires*, Dalloz, 2010, p. 484.
1285 Cf. *supra*, n°s729 et s.
1286 FLOUR (J.), AUBERT (J.-L.) et SAVAUX (E.), *op. cit., t. 1*, n°322..

résolution, faute de quoi, le juge peut se contenter de condamner la société responsable au paiement de dommages-intérêts.

747. **La possibilité de cumul de chefs de responsabilité.** Il faut d'abord tenir compte de l'opportunité de choisir entre une action en responsabilité contractuelle et une action en responsabilité délictuelle. Le droit positif français consacre le principe de « *non-cumul* » qui interdit l'interférence de la responsabilité délictuelle dans le domaine contractuel [1287]. Lorsque le contrat de fusion est soumis à la loi française, la société contractante ne dispose pas d'un droit d'option entre la responsabilité contractuelle et délictuelle, ce qui n'est pas sans conséquence pratique sur l'aboutissement de l'action en responsabilité. À titre d'exemple, si une clause limitative de responsabilité est stipulée dans le contrat de fusion et que l'une des sociétés manque à l'une de ses obligations, l'autre société ne peut pas contourner la clause en plaçant son action sur le terrain délictuel. En revanche, si le contrat de fusion est soumis à une loi qui reconnaît le concours entre les deux chefs de responsabilité, la société victime peut décider d'agir sur le terrain de la responsabilité délictuelle [1288].

748. **La méthode d'évaluation du montant de la réparation.** La méthode adoptée pour l'évaluation des dommages subis constitue, en cas d'inexécution d'une obligation contractuelle, un considérant important lors de la désignation de la loi applicable au contrat de fusion. Selon les dispositions, de l'article 12 du règlement Rome I, la compétence de la loi du contrat concernant la question de l'évaluation des dommages n'est pas absolue [1289]. En effet, elle ne relève de la loi du contrat que lorsque celle-ci prévoit une réglementation spécifique sur ce point. À défaut, l'évaluation du dommage constitue une question de fait qui doit être soumise à

[1287] Sur le principe de non-cumul, v. CORNU (G.), *Le problème du cumul de la responsabilité contractuelle et de la responsabilité délictuelle in. Études de droit comtemporain*, Trav. inst. droit comparé Paris, t. XXIII, 1962, p. 239 et s. ; ESPAGNON (M.), *La règle du non-cumul des responsabilités délictuelle et contractuelle en droit civil français*, th. Paris I, 1980 ; MARTINE (E.-N.), *L'option entre la responsabilité contractuelle et la responsabilité délictuelle*, LGDJ, 1957.

[1288] Contrairement au droit français, le droit suisse admet l'option ou le concours entre la responsabilité contractuelle et la responsabilité délictuelle. Sur ce point, v. WESSNER (P.), *La distinction des responsabilités délictuelles et contractuelle en suisse in. Le droit français de la responsabilité civile confronté aux projets européens d'harmonisation*, Publication du GRERCA, éd. IRJS, 2012, p. 89 et s.

[1289] Cette solution a été consacrée avant le règlement Rome I dans l'ancien article 10 de la Convention de Rome comme un compromis pour apaiser la controverse suscitée par la question de l'évaluation des dommages au sein des groupes de travail de la Convention. Il y avait, d'une part, une opinion considérant que l'évaluation des dommages constituait une question de fait ne devant pas entrer dans le domaine de la convention et, d'autre part, une opinion considérant que l'évaluation des dommages était réglementée dans diverses législations et qu'il fallait donc lui appliquer la convention.

l'appréciation du juge à la lumière de la *lex fori*. La détermination de la loi applicable au contrat de fusion permet de fixer la méthode d'évaluation adoptée dans le calcul des dommages. La différence des méthodes affecte considérablement le montant des indemnisations dues par le débiteur défaillant.

749. Dans le droit français, le montant des réparations recouvre l'intégralité du préjudice réparable, sans toutefois le dépasser. Le calcul du montant des réparations obéit ainsi à la règle de « *tout le préjudice, mais rien que le préjudice* ». En se fondant sur les dispositions des articles 1231-2 et 1231-3 du Code civil, les juges doivent tenir compte des pertes subies et du gain manqué dans l'évaluation des indemnisations. La gravité de la faute commise par le débiteur est donc sans effet sur le calcul de leur montant. *A contrario*, il existe des lois nationales, notamment dans le système anglo-saxon, qui envisagent des dommages-intérêts punitifs (*punitive damages* ou *exemplary damages*) en plus des indemnisations compensatoires[1290]. Ces dommages et intérêts punitifs n'ont toutefois lieu d'être que lorsque le manquement à une obligation contractuelle est susceptible d'être qualifié de faute extracontractuelle, ce qui permet, dans plusieurs cas, de constater une différence considérable dans le montant des indemnisations prévues en fonction de la loi compétente. Pour écarter la loi étrangère qui méconnaît le principe de la réparation intégrale, les tribunaux français décident parfois de recourir au mécanisme de l'exception d'ordre public international[1291]. Tel est bien souvent le cas lorsque « *le montant alloué est disproportionné au regard du préjudice subi et des manquements aux obligations contractuelles du débiteur* »[1292]. Le juge français dispose ainsi de la faculté d'évincer l'application de la loi du contrat de fusion pour le calcul des indemnisations, lorsqu'elle paraît méconnaître le principe de réparation intégrale du préjudice.

[1290] Sur le sujet, v. LAITHIER (Y.-M.), *Etude comparative des sanctions de l'inexécution du contrat*, LGDJ, 2004 ; REMERSON (R.) *Emerson, Business Law*, 4eme éd., New York, 2004, p. 148.

[1291] En ce sens : CA Poitiers, 26 févr. 2009, JurisData n°2009-019747 ; JDI 2010, p. 18 comm. LICARI (F.-X.). La cour d'appel de Poitiers a refusé d'accorder l'*exequatur* d'une décision californienne qui a octroyé, en plus des dommages compensatoires, des dommages-intérêts punitifs (*punitive damages*) pour sanctionner le comportement frauduleux du vendeur français d'un bateau à un couple d'acheteurs américains domiciliés en Californie. La motivation de la décision est principalement fondée sur l'incompatibilité de cette décision avec le principe de la réparation intégrale défendu par l'ordre public international français.

[1292] Cass. 1re civ., 1[er]déc. 2010, n° 09-13.303, D. 2011, p. 423, note LICARI (F.-X); RLDC 2011/79, n°4120.

Ss-paragraphe 2 : Les clauses d'aménagement de la responsabilité

750. **La consécration de la compétence de la *lex contractus*.** Comme l'explique le doyen BATIFFOL, « *le bien-fondé de l'application de la loi du contrat à la responsabilité contractuelle se trouve vérifié par son application nécessaire aux clauses relatives à cette responsabilité* »[1293]. Par conséquent, l'application de la loi du contrat aux questions soulevées par la responsabilité contractuelle entraîne son application aux clauses aménageant la responsabilité. Le Règlement Rome I a repris cette position. Parmi ces clauses, il est possible de distinguer, d'une part, les clauses limitatives de responsabilité et, d'autre part, les clauses pénales. Les deux types de clause ont été depuis longtemps soumis par les juridictions françaises au domaine d'application de la loi du contrat. Concernant les clauses limitatives ou exonératoires, la Cour de Cassation affirme clairement que c'est la loi du contrat qui doit régir « *la validité et la portée des clauses d'exonération de garantie* »[1294]. Quant aux clauses pénales, la Haute juridiction a expressément soumis leur validité et leur régime à la loi du contrat[1295].

751. **Plan.** C'est bien la loi applicable au contrat de fusion qui est compétente pour régir, d'une part, les clauses limitatives ou exclusives de responsabilité **(A)** et, d'autre part, les clauses pénales **(B)**.

A- La clause limitative ou exclusive de responsabilité

752. **L'intérêt pratique des clauses limitatives de responsabilité.** Les clauses limitatives ou exclusives de responsabilité sont celles qui « *ont pour objet de limiter, voire d'écarter la responsabilité encourue en cas d'inexécution, d'exécution défectueuse ou d'exécution tardive d'un contrat* »[1296]. Il est possible de distinguer, d'une part, la clause exclusive de responsabilité qui a pour objet de supprimer totalement la responsabilité du débiteur et, d'autre part, la clause limitative de responsabilité ayant pour but de réduire ou de plafonner le montant des indemnisations normalement dues en cas de responsabilité contractuelle[1297]. L'importance des clauses limitatives et exonératoires de responsabilité ne soulève aucun doute, spécialement dans les opérations internationales « *en raison de la moins bonne connaissance des principes juridiques étrangers qui régiront la*

[1293] BATIFFOL (H.), *Les conflits de lois en matière de contrats*, Sirey, 1938, n°504.
[1294] Cass. civ. 1er, 4 oct. 1989, RCDIP 1990, p. 316, note LAGARDE (P.); JDI 1990, p. 415, 1ere esp., note KAHN (P.) ; RTD com. 1990, p. 245, note BOULOC (B.); D. 1990, p. 266, obs. AUDIT (B.).
[1295] Cass. civ., 23 juin 1921, Gaz. Pal. 1921, 2, p. 453.
[1296] MESTRE (J.) et RODA (J.- Ch.), *op. cit.*, p. 585.
[1297] Sur la distinction: MALAURIE (Ph.), AYNÈS (L.) et STOFFEL-MUNCK (P.), *op. cit.*, n°980 ; TERRÉ (Fr.), SIMLER (P.) et LEQUETTE (Y.), *op. cit.*, n°617.

réparation »[1298]. Une société fusionnante peut concevoir garder sa relation contractuelle légère avec l'autre société dans la mesure où elle est consciente que, pendant la période précédant la prise d'effet de la fusion, une meilleure offre peut lui être proposée par une société tierce. Elle va ainsi exiger la stipulation dans le contrat de fusion d'une clause limitative, voire exclusive, de responsabilité. Autrement, les indemnisations auxquelles elle serait condamnée pourraient s'avérer colossales. Par ailleurs, la clause limitative de responsabilité permet d'éviter les répercussions pécuniaires d'une mauvaise exécution du contrat de fusion. À titre d'exemple, une clause limitative de responsabilité de la société absorbée est souvent insérée dans le contrat de fusion sous forme de renonciation de la part de la société absorbante à toute demande d'indemnité. Cela concerne aussi bien le mauvais état des biens transmis qu'une erreur dans la désignation des éléments constituant le patrimoine de la société absorbée, ou encore l'existence d'un excédent dans le passif de la société absorbée.

753. **L'identification d'une clause limitative de responsabilité.** Avant d'apprécier la validité et la portée de la clause limitative de responsabilité, le juge du for doit d'abord régler le problème de la qualification de certaines clauses qui s'apparentent à une clause limitative de responsabilité. En effet, le contrat de fusion peut parfois contenir une clause pénale qui fixe une réparation forfaitaire à un montant inférieur à celui du dommage effectivement subi ou une clause limitant les obligations des parties[1299]. Ces clauses doivent-elles être assimilées à des clauses limitatives de responsabilité ? La réponse nécessite la détermination de la loi compétente pour régir la qualification de ces clauses. Le Professeur LAGARDE considère que « *les problèmes délicats de qualification qui peuvent se poser en droit français (...) ne se posent en droit international privé qu'à l'intérieur de la loi applicable au contrat* »[1300]. L'identification de l'existence d'une clause limitative de responsabilité relève ainsi de la loi du

[1298] FONTAINE (M.) et DE LY (P.), *op. cit.*, p. 332.

[1299] Sur le clauses limitant ou supprimant les obligations contractuelles, v. DELEBECQUE (P.), *Les clauses allégeant les obligations dans les contrats*, Th. Aix-Marseille, 1981 ; VINEY (G.) et JOURDAIN (P.), *op. cit.*, n°181-1. Ces auteurs considèrent que les clauses limitant la responsabilité « *se distinguent apparemment des clauses d'irresponsabilité puisqu'elles agissent sur les conditions de la responsabilité et empêche celle-ci de naître alors que le propre de la clause non-responsabilité consiste, lorsque les conditions de la responsabilité sont réunies, à en écarter les effets* ». Il faut préciser que la distinction entre la clause relative à la responsabilité et celle relative à l'obligation ne présente plus d'intérêts pratiques. Ces clauses obéissent aujourd'hui à un même régime juridique puisque « *la plupart des restrictions qui ont été imposées aux unes par la loi ou la jurisprudence [doivent] être, par souci de cohérence et d'efficacité, appliquées également aux autres* ».

[1300] LAGARDE (P.), *Les clauses limitatives ou exonératoires de responsabilité en droit international privé*, *préc.*, p. 23.

contrat dans lequel elle est insérée. Cette solution paraît également transposable en matière de fusion.

754. **L'appréciation de la validité de la clause limitative de responsabilité.** Sitôt l'existence d'une clause limitative de responsabilité établie, la question de sa validité se pose. Elle est appréciée au regard de la *lex contractus* applicable au contrat de fusion. Le droit européen[1301] et la plupart des législations nationales reconnaissent la validité de ce genre de clauses[1302] et prévoient les mêmes restrictions à la validité des clauses limitatives de responsabilité. Il est partout admis que la clause limitative de responsabilité ne peut couvrir le dol[1303]. Toutefois, certaines divergences persistent entre les législations nationales[1304]. Les solutions sont différentes quant aux effets de la faute lourde sur la clause limitative de responsabilité. Par exemple, le droit français[1305] et le droit suisse[1306] contrairement au droit belge[1307] considèrent que la faute lourde interdit la mise en œuvre de la clause limitative de responsabilité. La désignation de la loi applicable au contrat de fusion est donc d'un grand intérêt pour l'appréciation de la validité et la détermination du régime juridique d'une clause limitative de responsabilité.

[1301] Art. 8: 109 des PEDC : « *Les moyens accordés en cas d'inexécution peuvent être exclus ou limités à moins qu'il ne soit contraire aux exigences de la bonne foi d'invoquer l'exclusion ou la limitation* » ; Art. 7. 1. 6 des principes UNIDROIT : « *une partie ne peut se prévaloir d'une clause limitative ou exclusive de responsabilité en cas d'inexécution d'une obligation, ou lui permettant de fournir une prestation substantiellement différente de celle à laquelle peut raisonnablement s'attendre l'autre partie si, eu égard au but du contrat, il serait inéquitable de le faire* ».

[1302] Sur la clause limitative de responsabilité en droit belge, v. MONTERO (E.), *Les clauses limitatives ou exonératoires de responsabilité, rapport belge in. Les sanctions de l'inexécution des obligations contractuelles, Etudes de droit comparé*, Bruylant, LGDJ, 2001, p. 393 et s. ; une partie de la doctrine conteste l'application de la méthode conflictualiste pour apprécier la validité d'une clause limitative de responsabilité au profit d'un droit transnational. En ce sens : HOTTE (S.), *La rupture du contrat international : contribution à l'étude du droit transnational des contrats*, Defrénois, 2007, p. 496.

[1303] En ce sens : FONTAINE (M.) et DE LY (P.), *op. cit.*, p. 197 et s. ; en droit français, v. TERRÉ (Fr.), SIMLER (P.) et LEQUETTE (Y.), *op. cit.*, n°617 ; MALAURIE (Ph.), AYNÈS (L.) et STOFFEL-MUNCK (P.), *op. cit.*, n° 987 ; en droit suisse, v. art. 100 Code des obligations : « *est nulle toute stipulation tendant à libérer d'avance le débiteur de la responsabilité qu'il encourait en cas de dol ou de faute grave* », v. aussi : STAUDER (B.), *Droit suisse in. Les clauses limitatives ou exonératoires de responsabilité en Europe*, LGDJ 1991, p. 97 et s., spéc. p. 116 ; en droit belge, v. OMMESLAGHE (V.), *Droit belge in. Les clauses limitatives ou exonératoires de responsabilité en Europe*, LGDJ 1991, p. 233 et s., spéc. p. 236.

[1304] Sur le sujet, v. FONTAINE (M.) et DE LY (P.), *op. cit.*, p. 197 et s.

[1305] TERRÉ (Fr.), SIMLER (P.) et LEQUETTE (Y.), *op. cit.*, n°619 ; MALAURIE (Ph.), AYNÈS (L.) et STOFFEL-MUNCK (P.), *op. cit.*, n°987 ;

[1306] STAUDER (B.), *Droit suisse in. Les clauses limitatives ou exonératoires de responsabilité en Europe*, LGDJ 1991, p. 97 et s., spéc. p. 116.

[1307] OMMESLAGHE (V.), *art. préc.*, p. 240.

B- La clause pénale

755. **L'intérêt pratique de la stipulation d'une clause pénale.** Les sociétés parties à un contrat de fusion international peuvent prévoir un autre type de clause aménageant le régime de la responsabilité contractuelle. Il s'agit de la clause pénale définie comme « *celle qui stipule le paiement d'une somme d'argent en cas d'inexécution d'une obligation contractuelle, la fonction étant indemnitaire et/ou comminatoire* »[1308]. Le recours à cette clause est largement conseillé dans tous les contrats internationaux comme moyen d'échapper aux aléas de l'évaluation judiciaire du préjudice[1309]. Dans un contrat de fusion, les sociétés peuvent prévoir le montant des indemnisations et, le cas échéant, limiter leur responsabilité si la valeur du montant forfaitaire est inférieure au dommage réellement subi.

756. Il faut cependant distinguer entre la clause limitative de responsabilité et la clause pénale[1310]. La première est généralement stipulée au bénéfice du débiteur, contrairement à la seconde qui a pour objet de le sanctionner. Un auteur précise que « *les clauses pénales fixent non un plafond, mais un forfait de réparation, ce qui signifie que, quel que soit le montant du préjudice subi par le créancier, le juge est tenu – en principe – de condamner le débiteur à payer la somme prévue par la clause pénale, alors qu'en présence d'une clause limitative de réparation, le juge sera tenu d'évaluer le dommage, lequel sera soit intégralement réparé s'il n'atteint pas le chiffre fixé par la clause, soit partiellement réparé, à hauteur du chiffre convenu, bien entendu, dans le cas inverse* »[1311]. La distinction entre les deux types de clauses s'avère parfois délicate, notamment lorsqu'une clause pénale prévoit un montant d'indemnisation inférieur au dommage réellement subi. Dans ce cas, elle peut être perçue comme clause limitative de responsabilité. Il appartient alors au juge du for de qualifier la clause insérée dans le contrat de fusion afin de déterminer s'il s'agit d'une clause pénale ou d'une clause limitative de responsabilité. Dès que le juge constate l'existence d'une clause pénale, il est aussitôt en mesure de lui appliquer le régime convenable.

757. **La révision de la clause pénale.** M. FONTAINE soulève justement que « *le problème juridique le plus critique auquel est confronté le rédacteur d'une clause pénale dans un contrat international est celui de la nullité éventuelle de*

[1308] FONTAINE (M.) et DE LY (P.), *op. cit.*, p. 332.

[1309] Cf. *infra*, n°750 : sur la différence entre les méthodes de l'appréciation du dommage utilisées par les systèmes juridiques.

[1310] Sur la distinction, v. SALEM (H.), *Les clauses sanctionnant l'inexécution d'une obligation contractuelle. Étude de droit interne et droit international privé*, th. Paris I, 2005, p. 56 et s.

[1311] DELBECQUE (Ph.), *Régime de la réparation*, J.-Cl. Responsabilité civile et Assurances, fasc. 212, n°74.

la clause prévoyant une sanction trop sévère, ou tout au moins de sa réductibilité »[1312]. Ce même problème se pose également dans un contrat de fusion. À titre illustratif, une clause pénale insérée dans un contrat de fusion, soumis à la loi d'un pays appartenant au système juridique anglo-saxon, peut être annulée si la clause est jugée comme dépassant l'aspect purement indemnitaire[1313]. Dans d'autres hypothèses, la clause insérée dans un contrat de fusion peut être simplement réduite. Il en est ainsi lorsque la loi française ou la loi de l'un des États de l'Europe continentale est applicable au contrat de fusion et que la clause pénale s'avère abusive[1314]. Le droit français[1315] reconnaît au juge le pouvoir d'intervenir, même d'office, pour modérer une clause pénale excessive pour modérer ou, au contraire, augmenter le montant de l'indemnisation stipulée lorsqu'elle est trop faible[1316].

758. Signalons cependant qu'une partie de la doctrine française considère qu'en matière de révision d'une clause pénale d'un contrat international, l'intervention du juge relève d'un ordre public international[1317]. Lorsqu'elle ne prévoit pas la possibilité de révision d'une clause pénale excessive ou dérisoire, la loi applicable au contrat est écartée au profit de la *lege fori*. Cette position a été affirmée dans un arrêt de la Cour d'appel de Paris, dans lequel la juridiction du second degré considérait que la loi anglaise, alors applicable au contrat, était conforme à l'ordre public français, car elle prévoyait la possibilité de modérer la sanction fixée par la clause pénale[1318]. Il en résulte que la révision d'une clause pénale excessive prévue par l'article 1152, alinéa 2 du Code civil s'applique au contrat de fusion lorsque la loi qui le régit ne le prévoit pas. Cette disposition légale trouve à s'appliquer dès lors qu'une des sociétés fusionnantes relève du droit français.

[1312] FONTAINE (M.) et DE LY (P.), *op. cit.*, p. 332.

[1313] Sur ce sujet, v. DEMEYERE (A.), *Étude comparative de la clause pénale en droit civil français et en common law*, th. Mc Gill University, 2003.

[1314] La plupart de ces pays, à savoir l'Allemagne, Belgique, Luxembourg, Suisse, Italie, Pays-Bas, *etc.*, reconnaissent la possibilité d'intervention du juge pour réviser une clause pénale jugée excessive. En ce sens, v. FONTAINE (M.) et DE LY (P.), *op. cit.*, p. 374.

[1315] Sur les modalités d'intervention du juge pour la révision d'une clause pénale, v. DELEBECQUE (Ph.) et MAZEAUD (D.), *Les clauses de responsabilité : clauses de non responsabilité, clauses limitatives de réparation, clauses pénales in. Les sanctions de l'inexécution des obligations contractuelles, études de droit comparé*, Bruylant/LGDJ, 2001, p. 361 et s. ; CHABAS (F.), *La réforme de la clause pénale*, D. 1976, chron. p. 229 ; SANZ (S.), *La consécration du pouvoir judicaire par la loi du 9 juillet 1975 et ses incidences sur la théorie générale de la clause pénale*, RTD civ. 1977, p. 268 et s.

[1316] Art. 1152, al. 2 C. civ.

[1317] NIBOYET (M.-L.) et DE GEOUFFRE DE LA PRADELLE (G.), *Droit international privé*, LGDJ, 3eme éd., 2011, n°310 ; MAYER (P.) et HEUZÉ (V.), *Droit international privé*, Montchrestien, 10eme éd., 2010, n°747 ; MERCADAL (B.), *L'article 1152 al. 2 du Code civil est-il d'ordre public international français ?*, DPCI 1979, p. 285 et s.

[1318] CA Paris, 22 déc. 1983, RCDIP 1984, p. 484, note MESTRE (J.).

CONCLUSION TITRE 1

759. La qualification de la fusion de contrat-organisation implique l'existence d'une nature contractuelle inhérente à l'opération. Le contrat de fusion crée en effet des obligations à la charge des sociétés fusionnantes. En droit international privé, l'intervention de la *lex contractus* s'impose pour régir cette nature contractuelle.

760. Le domaine d'application de la *lex contractus* comprend le processus de négociation et de formation du contrat de fusion (les pourparlers, les actes préparatoires, *etc.*). Il englobe également les questions qui se rapportent aux effets *obligationnels*, c'est-à-dire la force obligatoire du contrat de fusion, notamment son interprétation, son exécution forcée, la possibilité de sa résiliation unilatérale (clause de dédit, clause d'imprévision, *etc.*), la responsabilité découlant de son inexécution et les clauses aménageant cette responsabilité.

761. La *lex contractus* de la fusion correspond à la loi choisie par les parties. Cette solution conforte la pratique répandue chez les juristes d'affaire d'insérer automatiquement une clause d'*electio juris* dans tous les contrats de fusion. À défaut de choix de loi par les parties, le contrat de fusion doit être régit par la loi de la société absorbante ou de la société nouvellement créée. Cette solution s'impose dans la mesure où ces entités constituent le centre gravité vers lequel convergent les prestations des sociétés dissoutes. La fonction socio-économique du contrat de fusion se réalise en effet par la mise en commun du patrimoine des sociétés fusionnantes au sein de ces entités.

TITRE 2 : L'INTERVENTION DE LA *LEX SOCIETATIS*

762. **L'étendue du domaine d'application de la *lex societatis*.** Les questions relevant de la nature sociétaire du contrat de fusion sont essentiellement régies par les *leges societatis* des sociétés fusionnantes. Le domaine d'application matériel traditionnel de la *lex societatis* est très étendu puisque celle-ci a vocation à régir toutes les questions se rapportant à la constitution, au fonctionnement et à la dissolution d'une société[1319]. Du fait de sa nature principalement sociétaire, le contrat de fusion a des conséquences directes sur la constitution, le fonctionnement et l'existence des sociétés fusionnantes, si bien qu'il relève nécessairement de l'emprise de la *lex societatis*[1320]. On en arrive à la conviction que « *les hésitations que suscitent de tels conflits de lois tiennent moins à l'aptitude, à régir la fusion, de lois autres que la lex societatis, cette dernière s'imposant en règle générale, qu'à l'existence de plusieurs leges societatis, du fait que la fusion internationale suppose évidemment l'existence de deux ou plusieurs sociétés de nationalités différentes* »[1321]. Ainsi, la règle de conflit aura pour seule

---

[1319] Sur l'étendu large du domaine d'application de la *lex societatis*, v. BEGUIN (J.) et MENJUCQ (M.), *Droit du commerce international*, LexisNexis, 2eme éd., 2006, p. 195 et s. ; MENJUCQ (M.), *Droit international et européen des sociétés*, Montchrestien, 4eme éd., 2016, n°108 et s. ; BUREAU (D.) et MUIR WATT (H.), *Droit international privé, t. 2, Partie spéciale*, PUF, 2eme éd., 2010, n°1041 : « *De manière classique, il est le plus souvent avancé que la loi qui préside à la constitution de la société en tant que personne morale a vocation à en régir l'organisation interne et le fonctionnement* » ; LOUSSOUARN (Y.) et BREDIN (J.-D.), *Droit du commerce international*, Sirey, 5eme éd., 1969, n° 363 : « *Une société ne peut en effet fonctionner de façon satisfaisante que dans la mesure où l'unité de son statut juridique est assurée. C'est pourquoi on envisage difficilement la compétence normale de plusieurs lois concurrentes, dont les dispositions se chevaucheraient en recelant souvent des contradictions rendant leur conciliation impossible* »; LOUSSOUARN (Y.), TROCHU (M.), *Conflits de lois en droit des sociétés*, J.-Cl. Droit international, 2010, n°179.

[1320] En ce sens : TILQUIN (Th.), *art. préc.*, n°11: « *La lex societatis règle en principe les conditions de fond de la constitution des sociétés et l'acquisition de la personnalité morale, ainsi que la dissolution et la liquidation. Ces divers aspects sont bien évidemment au centre d'analyse de la fusion et de la scission* ».

[1321] LOUSSOUARN (Y.) et BREDIN (J.-D.), *op. cit.*, p. 337 ; v. égal. TILQUIN (Th.), *ibid.* : « *Au regard des principes généraux du droit international privé de nombreux pays, l'analyse de la fusion ou de la scission ainsi que leurs modalités ou effets relève essentiellement de la lex societatis* ».

fonction de désigner la *lex societatis* devant régir chacune des questions soulevées lors de la réalisation de la fusion.

763. **Le critère de détermination de la *lex societatis*.** Le droit international privé de chaque État retient un critère de rattachement objectif de la loi applicable aux sociétés. Un exposé exhaustif de ces critères semble inutile au regard des nombreuses études dédiées à ce sujet[1322]. Nous limiterons donc notre exposé à une revue rapide des principaux critères adoptés par les différentes règlementations nationales en terminant par celui retenu en droit international privé français. Parmi les critères retenus par les législations nationales, on distingue celui de l'incorporation de celui du siège social. Le premier trouve sa source dans les États appartenant au système de la *common law*, notamment les États-Unis et le Royaume-Uni. Il a pour effet de soumettre la société à la loi de l'État dans lequel ont été accomplies les formalités de constitution. Le second est le plus répandu dans les États européens continentaux. Il faut néanmoins distinguer ceux qui retiennent le critère du siège réel de ceux adoptant celui du siège statutaire. Ce dernier se rapproche largement du critère d'incorporation car ces deux-là s'appuient essentiellement sur des considérations subjectives pour désigner la loi applicable à la société. Ce sont en effet les statuts qui vont indiquer le pays du siège statutaire de la société. En choisissant le lieu de son immatriculation, les fondateurs d'une société désignent par la même occasion la loi applicable à cette personne morale. Contrairement aux critères du siège statutaire et de l'incorporation, celui du siège réel repose sur des considérations plus objectives pour déterminer la loi applicable à la société. Ce critère appliqué essentiellement en Allemagne[1323] et en Belgique[1324] emporte l'application de la loi de l'État où est localisé le centre réel de direction de la société.

764. Venons-en au droit français. Le Code civil[1325] et le Code de commerce[1326] disposent clairement que la loi applicable à une société est

---

[1322] V. SYNVET (H.), *Société*, Encycl. Dalloz droit international, n^{os}29 et s. ; JACQUET (J.-M.), DELEBECQUE (Ph.) et CORNELOUP (S.), *op. cit.*, n°225 et s.

[1323] En droit allemand, le facteur de rattachement des sociétés est le siège principal de leur administration ainsi que le centre de leur activité commerciale. Cependant, un courant doctrinal grandissant plaide en faveur de la théorie de l'incorporation. En ce sens, v. BEITZKE (G.), note sous l'arrêt Société M. R., RCDIP 1974, p. 51 et s.

[1324] Art. 110 C. DIP belge : « *La personne morale est régie par le droit de l'État sur le territoire duquel son établissement principal est situé dès sa constitution. Si le droit étranger désigne le droit de l'État en vertu duquel la personne moral été constituée, le droit de cet Etat est applicable* ». Sur la consécration du critère du siège réel dans le droit international belge, v. TUBEUF (C.), *Art. 100 - Droit applicable à la personne morale in. Le code de droit international privé commenté*, éd. Bruylant, 2006, p. 572 et s.

[1325] Art. 1837 C. civ. « *Toute société dont le siège est situé sur le territoire français est soumise aux dispositions de la loi française. Les tiers peuvent se prévaloir du siège statutaire,*

celle de l'État où la société a son siège social. On a longtemps considéré que ces textes consacraient le critère du siège réel[1327]. Une position plus nuancée a toutefois été soutenue par une partie de la doctrine qui considère qu'il faut prendre en compte les dispositions de l'alinéa 2 des articles L. 210-3 du Code de commerce[1328] et 1837 du Code civil pour déterminer convenablement le critère de rattachement d'une société[1329]. Cet alinéa institue une inopposabilité du siège statutaire en cas de dissociation des sièges, au profit des tiers uniquement. Le critère de rattachement de la société doit être le siège statutaire, sauf en cas de fraude ou de siège fictif uniquement à l'égard des tiers et non des associés. Ce raisonnement a été confirmé par la jurisprudence dans la célèbre affaire *Banque ottomane*[1330]. Le tribunal avait considéré que le siège réel situé en France ne déterminait l'application de la loi française qu'à l'égard des tiers. Par conséquent, le critère de rattachement de principe était celui du siège statuaire dans la mesure où le siège réel ne pouvait être invoqué qu'à titre d'exception par un tiers ou en cas de fraude.

765. **La position de la dixième directive.** La dixième directive n'a pas adopté un critère unique de rattachement pour les sociétés fusionnantes[1331]. Elle opère sur ce point par renvoi aux dispositions nationales des États

---

mais celui-ci ne leur est pas oppposable par la société si le siège réel est situé en un autre lieu ».

[1326] Art. L. 210-3 C. com. « *les sociétés dont le siège social est situé en territoire français sont soumises à la loi française* ».

[1327] BATIFFOL (H.) et LAGARDE (P.), *op. cit.*, n°193 ; THALLER (E.-E.), *Traité élémentaire de droit commercial*, Paris, 1931, 8ème éd., n°309. L'auteur considère que le siège social est le lieu « *où résident les organes juridiques de la société, administrateurs, assemblées générales et où sont débattus les contrats et marchés se rapportant à la marche de l'entreprise* » ; LOUSSOUARN (Y.) et BREDIN (J.-D.), *op. cit.*, n°266 et s. Les auteurs constatent que « *la jurisprudence française superpose, dans de nombreux cas, à l'exigence d'un siège social réel et effectif celle d'un siège non frauduleux dont la fixation réponde à des intérêts sérieux et légitimes* ».

[1328] Art. L. 210-3, al. 2 C. com. et art. 1837, al. 2 C. civ. : « *les tiers peuvent se prévaloir du siège statutaire, mais celui-ci ne leur est pas opposable par la société si son siège réel est situé en un autre lieu* ».

[1329] SYNVET (H.), *th. préc.*, p. 205; JACQUET (J.-M.), DELEBECQUE (Ph.) et CORNELOUP (S.), *op. cit.*, p. 139. Les auteurs constatent que « *l'importance accordée aujourd'hui à l'immatriculation de la société peut [...] conduire à considérer le siège statutaire de la société comme le rattachement de principe, celui-ci étant inopérant en cas de fraude et corrigé par l'option donnée explicitement aux tiers d'invoquer le siège réel ou le siège statutaire* ».

[1330] T. com. Paris, 19 oct. 1982, RCDIP 1984, p. 4, note SYNVET (H.) ; RJ com. 1983, p. 258, note GUADEMET-TALLON (H.).

[1331] Art. 1er Dir. 2005/56/CE: « *La présente directive s'applique aux fusions de sociétés de capitaux constituées en conformité avec la législation d'un État membre et ayant leur siège statutaire, leur administration centrale ou leur principal établissement à l'intérieur de la Communauté* ». Cet article évoque le critère du siège réel et celui du siège statutaire sans pour autant se prononcer en faveur d'aucun d'entre eux.

membres, ce qui est source de difficultés puisque chacun d'eux a un critère de rattachement différent. En premier lieu, une même société fusionnante peut être soumise à plusieurs lois[1332]. Il en est notamment ainsi lorsque les formalités de formation d'une société ont été accomplies dans un État faisant prévaloir le critère de l'incorporation tandis que son centre de direction et de contrôle est établi dans un autre État adoptant le critère du siège réel. La loi des deux l'États membres aura vocation à intervenir cumulativement pour régir la participation de la société à l'opération transfrontalière. En second lieu, une société constituée dans un État membre appliquant le critère l'incorporation peut décider de transférer son siège de direction et de contrôle dans un autre État membre utilisant la théorie du siège réel puis de fusionner avec une société locale. L'opération de fusion sera perçue, le cas échéant, comme une fusion interne du point de vue du second État membre et comme une fusion transfrontalière par le premier[1333].

766. Cependant, ces difficultés méritent d'être minorées dans la mesure où, dans l'espace européen, le critère de rattachement du siège réel cède progressivement sa place à ceux du siège statutaire et de l'incorporation[1334]. On constate justement une grande « *convergence des droits nationaux vers le rattachement par un critère formel* »[1335]. Plusieurs États membres appliquent désormais un critère de rattachement formel. Tel est le cas de la Suède, du Danemark, de l'Italie[1336], des Pays-Bas, *etc.*[1337] Cette tendance se trouve

---

[1332] LECOURT (B.), *L'influence du droit communautaire sur la constitution de groupements*, LGDJ, 2000, p. 447 ; HEENEN (J.), *art. préc.*, p. 15 et s.

[1333] Le défaut d'adoption d'un critère particulier par le législateur européen doit être interprété en faveur de l'application du régime de la fusion transfrontalière dès lors que deux ou plusieurs législations se reconnaissent compétentes à régir l'opération. Cette solution trouve également une justification pratique, car elle offre une certiane sécurité juridique aux parties dans la réalisation et dans la reconnaissance de l'opération par les différentes législations ayant vocations à intervenir.

[1334] Sur la distinction entre le critère de l'incorporation et celui du siège réel, v. MENJUCQ (M.), *Droit international et européen des sociétés*, Montchrestien, 4eme éd., 2016, n°98 et s. ; JACQUET (J.-M.), DELEBECQUE (Ph.) et CORNELOUP (S.), *Droit du commerce international*, Dalloz, 2[eeme] éd., 2010, p. 135 et s.

[1335] MENJUCQ (M.), *op. cit.*, n°100.

[1336] Art. 25. 1 Ldip italien : « *Les sociétés, les associations, les fondations et toute autre entité, publique ou privée, même dépourvue de nature associative, sont régies par la loi de l'état dans le territoire duquel a été accompli le processus de constitution* ». La loi de reforme du système italien de droit international privé, du 31 mai 1995, a rompu avec la théorie du siège réel qui était adoptée par l'ancien art. 2505 C. civ. italien, selon lequel, le droit italien est applicable aux sociétés ayant en Italie le siège de leur administration ou l'objet de leurs activités. En ce sens, v. BROGGONI (G.), *La nouvelle loi italienne de droit international privé*, RSDIE 1996, p. 1 et s., spéc. p. 29 ; BALLARINO (T.), *Personnes, famille, régimes matrimoniaux et successions dans la loi de reforme du droit international privé italien*, RCDIP 1996, p. 36.

[1337] Il faut relever que le droit suisse adopte aussi un critère formel de rattachement. Art. 154. 1 Ldip suisse : « *Les sociétés sont régies par le droit de l'État en vertu duquel elles sont*

renforcée par l'œuvre de la CJUE qui, à l'occasion des arrêts *Centros*[1338], *Überseering*[1339] et *Inspire Art*[1340] a affirmé le caractère suffisant du critère du siège statutaire en matière d'établissement et l'opposabilité de la loi d'incorporation. La CJUE s'est essentiellement appuyée sur le principe de la liberté d'établissement afin d'imposer indirectement aux États membres le respect du critère de l'incorporation. Dorénavant, la *lex societatis* est déterminée indépendamment du lieu du siège réel et effectif de la société. Un auteur relève à cet égard que la trilogie *Centros-Überseering-Inspire Art* « *prépare la victoire à terme du critère de l'incorporation et encourage par la même une course des régimes juridiques « vers le bas » ou, selon le jugement de valeur que l'on porte sur une telle convergence, vers le régime le plus permissif* »[1341]. Ainsi, les législations retenant le critère du siège réel se voient contraintes d'adapter leur lien de rattachement aux exigences du principe de la liberté d'établissement[1342].

767. **La ventilation entre les différentes *leges societatis*.** La nature sociétaire de la fusion relève certainement de la *lex societatis*. Pourtant, aucune des *leges societatis* impliquées ne semble pouvoir prétendre régir à elle seule la totalité de l'opération. Il y a ainsi une multitude de *leges societatis* qui ont vocation à intervenir au cours de la réalisation de la fusion. En l'absence de règles matérielles supranationales, il faut recourir à la méthode conflictualiste classique du droit international privé afin de répartir convenablement la compétence respective de chacune des *leges societatis* concernée. La difficulté réside alors souvent dans la ventilation appropriée de ces lois.

---

organisées si elles répondent aux conditions de publicité ou d'enregistrement prescrites par ce droit ou, dans le cas où ces prescriptions n'existent pas, si elles se sont organisées selon le droit de cet État ».

[1338] CJUE, 9 mars 1999, *Centros*, C-212/97, concl. LA PERGOLA (A.), Bull. Joly 1999, p. 705, note DOM (J.-Ph.); D. 1999, Cah. dr. aff., jurispr. p. 550, note MENJUCQ (M.) ; JCP E 1999, p. 1285, obs. REINHARD (Y.) ; JDI 2000, p. 484, obs. LUBY (M.).

[1339] CJUE, 5 nov. 2002, *Überseering*, C-208/00 ; JCP E 2003, 448, note MENJUCQ (M.) ; Rev. soc. 2003, p. 315, note DOM (J.-Ph.) ; Bull. Joly sociétés 2003, p. 452, note LUBY (M.); RCDIP 2003, p. 508, note LAGARDE (P.).

[1340] CJUE, 30 sept. 2003, *Inspire Art*, C-167/01 ; JCP G 2004, II, 10002, note LUBY (M.) ; D. 2004, p. 491, note PATAUT (E.) ; JCP E 2004, p. 252, note MAGNIER (V.) ; JDI 2004, p. 923, note MENJUCQ (M.).

[1341] MUIR WATT (H.), note sous arrêt *Inspire Art*, RCDIP 2004, p. 151 et s., spéc. p. 177.

[1342] Le droit belge s'attache encore au critère du siège réel en vertu de l'article 110 de son Code de droit international. Il refuse cependant de se considérer compétent pour régir une société ayant son siège statutaire dans un autre État qui retiendrait le critère du lieu d'incorporation. Sur ce sujet, v. SIMONART (V.), *L'application du droit belge aux sociétés constituées dans un autre Etat de la Communauté et, en particulier aux Limited*, Rev. prat. soc. 2009, p. 111 et s., spéc. p. 193.

768. La réalisation de la fusion transfrontalière soulève des questions relevant du domaine d'application exclusif d'une seule *lex societatis*. Ces questions concernent principalement le fonctionnement interne de chaque société. Le cas échéant, il y aura une application distributive. Cependant, comme le constate M. BEITZKE, « *malgré la possibilité de distinguer des questions pour lesquelles seul le statut de l'une ou de l'autre société est compétent, il reste encore de nombreuses relations d'interdépendance entre les lois à appliquer* »[1343]. Il existe justement des questions qui intéressent l'ensemble des sociétés fusionnantes et qui requièrent, par conséquent, un traitement unitaire. Il y aura alors une application cumulative des *leges societatis* concernées. En cas de divergence entre ces lois, c'est la plus sévère qui l'emportera sur les autres. Un auteur a pu décrire judicieusement la mise en œuvre de la méthode conflictualiste en matière de fusion en précisant qu'« *il doit alors être procédé à une application distributive de ces lois pour les procédures internes qui conduisent chacune des sociétés à approuver l'opération et à permettre sa réalisation. En revanche, on doit faire une application cumulative de ces deux droits, dès qu'on est en présence des éléments de la fusion intéressants les relations bilatérales entre les sociétés* »[1344]. La même méthode a été reprise par la Cour d'appel de Versailles dans un arrêt, rendu le 3 octobre 1996, pour confirmer la validité d'un apport partiel d'actifs soumis au régime des scissions et effectué par une société de droit néerlandais au bénéfice d'une société française[1345]. Les juges ont prononcé la validité de l'opération dès lors que les exigences posées par les lois applicables aux deux sociétés en cause ont été distributivement respectées.

769. **Plan.** Afin de réduire les difficultés inhérentes à la ventilation des *leges societatis* régissant l'aspect purement sociétaire de la fusion transfrontalière, il est préférable de reprendre la réalisation de l'opération sous un angle chronologique. Après avoir déterminé la loi applicable aux conditions de réalisation de la fusion **(Chapitre 1)**, nous cernerons la loi applicable aux effets de la fusion **(Chapitre 2)**.

[1343] BEITZKE (G.), *art. préc.*, p. 8.

[1344] CAUSSAIN (J.-J.), *Fusions transfrontalières*, JCP E 1999, 897, spéc. p. 898.

[1345] CA Versailles, 3 oct. 1996, JCP E 1997, 679, I, note VIANDIER (A.) et CAUSSAIN (J.-J.) ; JCP E 1996, pan. 1238; Bull. Joly 1997, p. 116, note TILQUIN (Th.).

Chapitre 1 : La loi applicable aux conditions de la fusion

770. **L'analogie avec les conditions du mariage.** Le traitement des conditions de la fusion en droit international privé ressemble largement à celui appliqué au mariage entre époux de nationalités différentes. Les conditions du mariage sont généralement « *relatives à la personne de chaque époux : ainsi des conditions d'âge, de consentement, d'aptitude physique, d'autorisation par les parents, etc. Il est donc possible d'appliquer à chacun sa loi nationale pour déterminer les conditions qui le concernent* »[1346]. Il y a ainsi une application distributive de la loi applicable à chacune des personnes impliquées. De même, les conditions relatives à la fusion relèvent généralement de la loi applicable à chacune des sociétés fusionnantes. Il en va par exemple, des conditions relatives aux conditions de *quorum* et de majorité requises au sein de l'assemblée générale pour l'approbation de la fusion. Ces conditions seront fixées selon les règles propres à la *lex societatis* de chacune des sociétés. Par ailleurs, il existe également des conditions du mariage, appelées empêchements bilatéraux, qui concernent à la fois les deux époux et qui ont donc vocation à s'appliquer cumulativement. Il en est ainsi à chaque fois qu'on « *prend en considération non une qualité personnelle à l'un ou à l'autre, mais un lien préexistant entre eux ; le mariage n'est alors valable que si aucune des deux lois nationales ne l'annule* »[1347]. Les conditions relatives à la fusion semblent être soumises à un mécanisme analogue. En reprenant le lexique propre au mariage, on peut dire que la fusion transfrontalière n'est valable que si aucune des lois applicables aux sociétés fusionnantes ne s'oppose au principe même de la fusion[1348] ; c'est une condition à application cumulative.

771. **Plan.** Plutôt que d'opter pour une distinction des conditions relatives à la fusion transfrontalière d'après leur mode d'intervention distributif ou cumulatif, nous continuerons de privilégier une approche chronologique[1349].

[1346] MAYER (P.) et HEUZÉ (V.), *op. cit.*, n°549.
[1347] *Id., ibid.*
[1348] Sur la condition d'absence d'opposition au principe même de la fusion, cf. *infra*, n^{os}777 et s.
[1349] Nous avons adopté un critère chronologique dans l'exposé de la nature sociétaire de la fusion, cf. *supra*, n°770.

À cet égard, on identifie d'abord les conditions dites « *préalables* »[1350] qui doivent préexister dans toutes les législations nationales concernées par la fusion transfrontalière pour que l'opération soit réalisable **(Section 1)**. Ensuite, les conditions qui s'imposent aux sociétés fusionnantes pendant la phase de réalisation de la fusion transfrontalière **(Section 2)**.

Section 1 : Les conditions « *préalables* » à la réalisation de la fusion

772. **Une condition théorique : la connaissance de l'institution de fusion.** On a longtemps tenu pour une condition préalable à la réalisation d'une fusion transfrontalière le fait qu'aucune des législations concernées par l'opération n'ignore la technique juridique de fusion. Cette condition était considérée comme un obstacle majeur à la réalisation d'une fusion transfrontalière quand certains États membres, tel que les Pays-Bas, le Royaume-Uni et l'Irlande, ne prévoyaient aucune disposition relative à la fusion interne des sociétés[1351]. D'autres États membres, tels que la Belgique et le Luxembourg, considéraient seulement ce genre d'opération à travers des dispositions fiscales éparses. Toutes ces règlementations locales n'offraient aucun dispositif légal propre à assurer la réalisation d'une fusion interne.

773. Dans ce contexte, une partie de la doctrine considérait que l'ignorance de l'institution de la fusion entraînait une difficulté d'ordre technique tenant à la méconnaissance du mécanisme de transmission universelle de patrimoine[1352]. On en déduisit que la connaissance du mécanisme de transmission universelle constituait la véritable condition préalable à la réalisation d'une fusion transfrontalière. Cette position n'était pourtant pas partagée par l'ensemble de la doctrine. On a pu en effet constater que la fusion demeurait possible même si l'une des législations concernées ignorait le mécanisme de fusion[1353]. Très tôt, des fusions transfrontalières ont uni des sociétés relevant d'États ignorant le mécanisme

---

[1350] Pour l'appellation de « *conditions préalables* », v. CAUSSAIN (J.-J.), *art. préc.*, p. 898.

[1351] En ce sens, v. LOUSSOUARN (Y.), *La concentration des entreprises dans la Communauté économique européenne*, *préc.*, p. 242.

[1352] LOUSSOUARN (Y.), *art. préc.*, p. 244.

[1353] TILQUIN (Th.), *op. cit.*, p. 521 ; TILQUIN (Th.) et ANDE (M.), *Art. 113 – fusion in. Le code de droit international privé commenté*, Bruylant, 2006, p. 590 et s., spéc, p. 591 ; GOLDMAN (B.), *Colloque organisé par le centre universitaire d'études des communautés européennes de la faculté de droit et sciences économiques de Paris : coopération, concentrations, fusions d'entreprises dans la CEE*, RMC 1968, p. 301 : l'auteur considère qu'une fusion entre une société de droit néerlandais avec une société étrangère est possible malgré le fait que le droit néerlandais ignore la fusion juridique. V. égal. dans le même ouvrage, la contribution de VAN OMMESLAGHE (P.), p. 401 : l'auteur étudie une opération de fusion réalisée entre une société belge (absorbante) et une société américaine (absorbée) malgré l'absence de règlementation régissant cette matière en droit belge.

de transmission universelle de patrimoine. L'exemple traditionnellement invoqué à cet égard est la réalisation de la première fusion transfrontalière ayant lieu en Europe avant l'adoption de la dixième directive[1354]. Au terme de l'opération, la société de droit anglais Barclays Bank PLC absorbait sa filiale française, la société Barclays Bank S.A, qu'elle détenait alors à 100 %[1355]. Le droit anglais admettait la technique juridique de transmission universelle de patrimoine en cas de réalisation d'une fusion interne entre des sociétés anglaises. Il la refusait en revanche en cas de fusion transfrontalière. Dans cette hypothèse, la transmission se limitait aux éléments de l'actif de la société absorbée à l'exclusion des éléments du passif. Cette difficulté fut contournée par un engagement unilatéral et irrévocable dénommé « *deep poll* » de la banque anglaise à l'égard des créanciers de sa filiale française. Aux termes de cet acte unilatéral, la société absorbante s'engagerait à prendre en charge la totalité du passif de la société absorbée[1356].

774. Cet exemple prouve qu'une fusion transfrontalière peut être réalisée malgré la différence profonde entre les législations nationales concernées. L'inexistence de dispositions nationales relatives aux opérations de fusions n'est pas un obstacle insurmontable à la réalisation d'une fusion transfrontalière. Il suffit aux juristes de faire preuve de créativité pour contourner cette difficulté. Un auteur précise à cet égard que la tâche du juriste « *est facilitée, s'il peut se servir des connaissances de juristes d'autre pays, moins de leur législation, mais plutôt de leur méthode et formule pratique, leur façon de faire* »[1357]. Ce problème n'est plus d'actualité depuis l'harmonisation européenne du mécanisme de fusion interne. En effet, la troisième directive « *a formé très tôt un socle de dispositions communes susceptible de servir une réglementation européenne des fusions internationales, notamment en généralisant le principe rhénan du transfert*

[1354] Il existe d'autres exemples de fusions transfrontalières qui sont intervenues dans le secteur de la banque et de la finance. Par exemple, une société de droit anglais Sema Group Plc. a absorbé la société française Financière Sema SA qui détenait 41% de la première (Sema Group Plc/ Financière Sema SA), v. JCP E 1997, I, 710, n°11, obs. VIANDIER (A.) et CAUSSAIN (J.-J.) ; Option fin. 13 oct. 1997, p. 61. V. égal. l'exemple d'une société mère de droit français la Banque PSA Finance Holding (BPSAFH) a absorbé sa filiale de droit portugais la société PSA Credito Sociedade Financeira Para Aquisicoes a Credito SA (PSA Credito) (PSA Credito Sociedade Financeira Para Aquisicioes a Credito SA (PSA Credito)/Banque PSA Finance Holding (BPSAFH), JCP E 1997, I, 710, n°11, obs. VIANDIER (A.) et CAUSSAIN (J.-J.)).

[1355] Barclays Plc/ Barclays SA, JCP E 1993, I, 288, n°14, obs. VIANDIER (A.) et CAUSSAIN (J.-J.) ; Option fin. 18 oct. 1993, n°278.

[1356] Il faut préciser toutefois que la fusion n'aurait pas été possible dans le sens contraire, car dans ce cas-là, la société anglaise aurait due être dissoute et liquidée.

[1357] WENNER (W.), *Colloque organisé par le centre universitaire d'études des communautés européennes de la faculté de droit et sciences économiques de Paris : coopération, concentrations, fusions d'entreprises dans la CEE*, RMC 1968, p. 409.

universel de patrimoine »[1358]. Les États membres ayant transposé cette directive ont désormais des législations similaires relativement à la définition et la réalisation de la fusion. L'entrave principale à la réalisation de la fusion transfrontalière n'est plus liée au silence des dispositions législatives des États membres, mais à l'existence de règlementations qui s'opposent directement au principe même de fusion transfrontalière. Certains États membres ont montré une grande hostilité à l'égard de ce genre d'opérations et refusent catégoriquement de les reconnaître, ou bien limitent les formes de société pouvant y participer.

775. **Plan.** Pour qu'une fusion transfrontalière soit réalisable, il est nécessaire que les législations des sociétés parties à l'opération remplissent certaines conditions préalables. Elles ne doivent pas contenir de dispositions s'opposant au principe même de la fusion transfrontalière **(Ss-section 1)**. En outre, elles doivent reconnaître l'existence des sociétés fusionnantes soumises à la législation d'un autre État **(Ss-section 2)**.

Ss-section 1 : L'absence d'opposition au principe même de la fusion

776. **Les raisons de l'opposition des législations nationales.** Traditionnellement, les États ne s'opposaient pas à la reconnaissance d'une fusion transfrontalière lorsqu'une société nationale en absorbait une étrangère. En effet, comme le constate le Professeur HOUIN, « *le nationalisme juridique se satisfait très normalement d'une fusion dans ce sens. Le législateur est un nationaliste qui ne s'ignore pas toujours et qui considère très probablement que dans ce cas la fusion est parfaitement souhaitable pour l'économie nationale ; elle traduit une sorte d'impérialisme de la société nationale qui absorbe une société étrangère* »[1359]. Les États manifestaient toutefois une réticence en cas de fusion transfrontalière dans le sens contraire, car ils analysaient l'opération comme un transfert siège social de la société nationale vers un État étranger[1360]. On redoutait de voir des sociétés désireuses d'échapper aux dispositions impératives nationales opter pour une fusion transfrontalière. Le changement de loi applicable qui en résultait pouvait porter atteinte à l'intérêt des créanciers sociaux, des associés minoritaires, des salariés et de

1358 MASTRULLO (Th.), *La transposition en droit français de la directive sur les fusions transfrontalières : une avancée et des regrets*, Revue Europe, août 2009, étude 8, n°2.

1359 HOUIN (R.), *Rapport général sur la fusion des sociétés in. Rapport au colloque de droit européen de Bruxelles*, Bruylant, 1961, p. 24.

1360 À l'exception toutefois du droit italien. Article 25, al. 3 de la loi n°218 du 31 mai 1995 : « *Le transfert du siège social dans un autre État et la fusion d'entités ayant leur siège dans des États différents sont valables juridiquement seulement si ces opérations ont été réalisées conformément aux lois des États concernés* »

l'administration du fiscale[1361]. L'hostilité des États s'est parfois manifestée par l'interdiction d'inscrire aux registres nationaux de toute opération de fusion transfrontalière ou par l'élaboration de conditions restrictives à la réalisation de ce genre d'opérations.

777. Il est vrai que la fusion transfrontalière emporte des effets analogues à un transfert de siège social. La société absorbée par une société étrangère se trouve désormais soumise à une autre *lex societatis*[1362]. Cependant, l'assimilation des deux opérations semble juridiquement incorrecte ou à tout le moins « *peu opportune* »[1363]. Il est unanimement admis que l'opération de transfert de siège social suppose une continuation de la personne morale de la société en cause. Cette condition essentielle pour la qualification d'un transfert de siège social est absente dans une opération de fusion. En effet, la consécration par le législateur européen de la dissolution sans liquidation de la société absorbée comme élément essentiel de la fusion écarte toute possibilité de l'assimiler à une opération de transfert de siège social. Malgré la différence de nature entre la fusion et le transfert de siège, certaines législations nationales ont entendu maintenir leur hostilité à l'égard des fusions transfrontalières. Cette attitude tient sans doute à l'effet commun aux deux opérations : le changement de *lex societatis*. Selon un auteur lorsque « *l'opération affecte l'existence même de la société au regard de la loi nationale, les boucliers se lèvent et on ne manque jamais d'arguments juridiques pour dire l'opération suspecte ou impossible* »[1364]. La réalisation d'une fusion transfrontalière est soumise ainsi à la condition *sine qua non* que toutes les lois concernées admettent ce genre d'opération. En reprenant les termes employés par M. TILQUIN, « *il faut que le régime de la fusion et de la scission soit, « ouvert », c'est-à-dire que la fusion ou la scission soient possibles avec des sociétés relevant d'autres droits* »[1365].

778. **Plan.** Il faut relever que « *le droit communautaire et le droit international privé, en matière de mobilité transfrontalière des sociétés, poursuivent des objectifs différents et obéissent chacun à des logiques divergentes* »[1366]. De ce fait, en matière de reconnaissance de la fusion

---

[1361] À titre d'exemple, le droit allemand interdisait les fusions transfrontalières par crainte que la société nationale puisse contourner son système de cogestion imposant la représentation des salariés dans les organes de direction des sociétés. À ce sujet, v. BOUCOURECHLIEV (J.), *Les voies de l'Europe des sociétés*, JCP E 1996, p. 560.

[1362] MUSTAKI (G.) et ENGAMMARE (V.), *Droit européen des sociétés*, éd. Helbing/Lichtenhahn/Bruylant/LGDJ, 2009, p. 104.

[1363] TILQUIN (Th.), *Fusions et scissions, aspects transfrontaliers*, Dictionnaire Joly sociétés, 1994, n°13.

[1364] LE NABASQUE (H.), *Le droit européen des sociétés et les opérations transfrontalières in. Mélanges CHAMPAUD (Cl.)*, Dalloz, 1997, p. 429.

[1365] TILQUIN (Th.), *art. préc.*, n°19.

[1366] HEYMANN (J.), note sous l'arrêt *Sevic*, RCDIP 2006, p. 674.

transfrontalière, on a tendance à distinguer selon que l'opération est extra-européenne ou intra-européenne. Dans la première hypothèse, il semble difficile d'admettre une solution unique puisqu'il faut procéder au cas par cas en étudiant chacune des législations nationales concernées par l'opération afin de déterminer s'il existe des règles d'ordre public s'opposant aux fusions transfrontalières. En revanche, pour les fusions intra-européennes, un principe de reconnaissance a été consacré **(Paragr. 1)**, qui comprend toutefois quelques possibilités de dérogation **(Paragr. 2)**.

Paragraphe 1 : Le principe de reconnaissance

779. **La nécessité de la reconnaissance.** La nécessité de reconnaissance du principe même de la fusion transfrontalière par l'ensemble des lois concernées par l'opération est évidente. Cette dernière ne serait pas réalisable si l'une des législations en cause s'y opposait. En effet, comme l'illustre un auteur « *la situation ressemble un peu au mariage de deux futurs époux de nationalité différente : ce mariage est impossible si la loi nationale de l'un des époux l'interdit* »[1367]. À cet égard, on peut rappeler l'échec de plusieurs tentatives de réalisation de fusions transfrontalières impliquant une société allemande en raison du refus catégorique du droit allemand à reconnaître ce genre d'opérations. Tel fut le cas lors des négociations entamées entre la société de droit français Rhône-Poulenc et celle de droit allemand Hoechst dans le but de réaliser une fusion transfrontalière. Les parties qui se rendirent compte de l'obstacle que représentait le droit allemand, furent contraintes d'abandonner l'idée de fusion et de procéder à un rapprochement sous forme de création d'une société nouvelle, Aventis, par voie d'une offre publique d'échange de Rhône-Poulenc sur Hoechst[1368]. L'admission de la fusion transfrontalière par la *lex societatis* de chacune des sociétés fusionnantes est une condition *sine qua non* de la réalisation d'une telle opération.

780. **L'encadrement de la reconnaissance.** Plusieurs États ont accepté le principe de reconnaissance des fusions transfrontalières en le soumettant toutefois à une condition de réciprocité. Tel est le cas du droit des sociétés du Delaware qui reconnaît que la fusion puisse avoir lieu entre une société assujettie à sa loi et une autre soumise à la législation d'un État fédéré différent. L'admission reste cependant soumise à la condition que l'autre État supporte également que les sociétés locales fusionnent avec celles

---

[1367] BEITZKE (G.), *art. préc.*, p. 6.

[1368] Exemple cité par CONAC (P.-H.), *La fusion transfrontalière en droit luxembourgeois in. Fusions transfrontalières de sociétés, droit luxembourgeois et droit comparé*, éd. Larcier, 2011, p. 64 et s., spéc. note 7.

relevant d'autres États fédérés[1369]. D'autres législations ont fait leur la condition de réciprocité que l'on retrouve ainsi en droit luxembourgeois[1370] et suisse[1371]. Selon les dispositions de ce dernier, l'inscription de la fusion au registre du commerce, nécessite la fourniture de pièces justificatives prouvant que la fusion transfrontalière est admise au regard du droit étranger[1372]. Il faut relever que l'État du Delaware, la Suisse et le Luxembourg adoptent tous une approche très libérale de la notion de réciprocité puisque le silence du droit étranger suffit à la caractériser[1373].

781. **La contribution de la troisième directive.** La transposition par les États membres de la troisième directive a sans doute contribué à la fortune du principe de reconnaissance de la fusion transfrontalière au sein de l'Union européenne. Ce texte n'a pas expressément prévu ce principe mais il y participe indéniablement par l'élaboration d'une conception unifiée de la fusion et en fournissant les garanties suffisantes pour la protection des intérêts des créanciers, des associés et des salariés. Dés lors, les États membres n'avaient plus de raisons valables de s'opposer à la réalisation de telles opérations. Un principe de reconnaissance fut alors instauré de manière indirecte. À cet égard, M. LE NABASQUE constate que « *pas plus que le mariage, ou l'anthropophagie, la fusion n'a pas besoin d'une reconnaissance « européenne » dès lors qu'elle est admise, avec les mêmes critères et les mêmes effets, dans tous les États membres* »[1374]. Toutefois, la troisième directive est insuffisante pour assurer le primat de la reconnaissance des fusions transfrontalières. Certains États membres ont en effet maintenu leur hostilité à l'égard de la fusion en alléguant des raisons

---

[1369] Del. GCL § 252. Merger or consolidation of domestic and foreign corporations; service of process upon surviving or resulting corporation : « *Any one or more corporations of this State may merge or consolidate with one or more other corporations of any other state or states of the United States, or of the District of Columbia if the laws of the other state or states, or of the District permit a corporation of such jurisdiction to merge or consolidate with a corporation of another jurisdiction* ».

[1370] Art. 257 LSC (Loi sur les sociétés commerciales du 10 août 1915) : « *Une société ou un groupement d'intérêt économique, tels que visés à l'alinéa 1er, peut également contracter une opération de fusion avec une société ou un groupement d'intérêt économique de droit étranger pour autant que le droit national de cette dernière ou de ce dernier ne s'y oppose pas et que cette dernière ou ce dernier se conforme aux dispositions et aux formalités du droit national dont elle ou il relève, sans préjudice des dispositions de l'article 21 du règlement (CE) N° 139/2004 du 20 janvier 2004 relatif au contrôle des concentrations entre entreprises. Ces fusions sont dénommées ci-après fusions transfrontalières* ».

[1371] Art. 163a Ldip suisse : « *Une société suisse peut reprendre une société étrangère (absorption par immigration) ou s'unir à elle pour fonder une nouvelle société suisse (combinaison par immigration) si le droit applicable à la société étrangère l'autorise et si les conditions fixées par ce droit sont réunies* ».

[1372] Art. 146 ORC (Ordonnance sur le registre du commerce suisse)

[1373] Sur le sujet: CONAC (P.-H.), *art. préc.*, p. 69.

[1374] LE NABASQUE (H.), *Le droit européen des sociétés et les opérations transfrontalières in. Mélanges CHAMPAUD (Cl.), préc.*, p. 433.

analogues à celles justifiant leur refus de reconnaître les opérations de transfert du siège social des sociétés nationales vers l'étranger.

782. **Plan.** Pour combler les insuffisances du droit dérivé, la Cour de justice est intervenue pour imposer le principe de reconnaissance des fusions transfrontalières intra-européennes **(Ss-paragr. 1)**. Cette solution aura des répercussions pratiques considérables **(Ss-paragr. 2)**.

Ss-paragraphe 1 : La consécration jurisprudentielle

783. **L'affaire *Sevic system*[1375].** À l'occasion d'un arrêt du 13 décembre 2005, la Cour de justice a assimilé la fusion transfrontalière à une modalité d'exercice de la liberté d'établissement. L'opération est ainsi mise sous l'égide des articles 49 et 54 TFUE[1376]. Dans cette affaire, la société absorbante de droit allemand *Sevic system AG* avait conclu un contrat de fusion par absorption avec la société *Security vision Concept SA* de droit luxembourgeois. L'autorité locale chargée du registre de commerce allemand avait rejeté la demande d'inscription de la fusion au motif que le droit national ne contenait aucune disposition relative aux fusions transfrontalières et ne pouvait, par conséquent, régir que les fusions purement internes. La législation allemande s'opposait donc au principe même de la fusion transfrontalière. La société *Sevic* intenta alors un recours contre cette décision auprès du tribunal allemand. Le juge allemand décida alors de sursoir à statuer et de saisir la CJUE d'une question préjudicielle afin qu'elle détermine si la règlementation allemande prohibant l'inscription d'une fusion transfrontalière était conforme au principe de la liberté d'établissement. La Cour de justice condamna la position du droit allemand. D'après elle, le refus systématique d'inscrire les fusions transfrontalières constituait une mesure discriminatoire en prévoyant une différence de traitement injustifiée entre une fusion interne et une fusion transfrontalière. La mesure incriminée était donc constitutive d'une entrave à la liberté d'établissement des sociétés au sens des articles 49 et 54 du TFUE.

784. **Plan.** Afin d'étayer sa décision, la Cour de justice s'est contentée d'invoquer le principe de libre établissement des sociétés **(A)**. Elle aurait

[1375] CJUE, 13 déc. 2005, *Sevic*, C-411/03, Rec. 10805, D. 2006, p. 451, note LUBY (M.) ; RCDIP 2006, p. 662, note HEYMANN (J.) ; RTD eur. 2006, p.717, note BALLARINO (T.) ; RTD eur. 2007, p.75, note PRIETO (C.); DAMMANN (R.), *Le principe de la liberté d'établissement consacré par les articles 43 et 48 CE s'applique aux fusions transfrontalières intra-communautaires*, JCP G 2006, II, 10077.
[1376] Anc. Art. 43 et 48 CE.

également pu se référer au principe de la libre circulation des capitaux[1377] **(B)**.

A- Le principe de libre établissement des sociétés

785. **L'assimilation de la fusion à un mode d'établissement.** À titre liminaire, la Cour de justice devait déterminer si la fusion constituait bien une modalité d'établissement afin de pouvoir lui appliquer les dispositions du Traité de Rome relatives à la liberté d'établissement. La doctrine définit traditionnellement l'établissement comme étant l'opération consistant à s'implanter matériellement pour une durée indéterminée dans un État membre afin d'y exercer une activité économique[1378]. La Cour de justice a fait sienne cette définition dans le célèbre arrêt *Gebhrad*, du 30 novembre 1995, en affirmant que « *la notion d'établissement au sens du traité est une notion très large, impliquant la possibilité pour un ressortissant communautaire de participer de façon stable et continue à la vie économique d'un État membre autre que son État d'origine, et d'en tirer profit, favorisant ainsi l'interpénétration économique et sociale à l'intérieur de la Communauté dans le domaine des activités non salariées* »[1379]. Il a été déduit que la notion d'établissement vise la participation de façon stable et continue par le ressortissant d'un État membre à la vie économique de cet État ou d'autres États membres. En effet, comme le souligne Mme PRIETO « *l'activité économique est le premier ancrage de la liberté d'établissement, parce qu'elle en est sa raison d'être* »[1380]. La notion d'établissement s'interprète de façon large en fonction de sa finalité économique et indépendamment de sa forme juridique.

786. Dans l'arrêt *Sevic*, le gouvernement allemand considérait que la notion d'établissement impliquait l' « *exercice, par une personne physique*

[1377] La Cour de justice ne s'est pas prononcée sur le fondement de la libre circulation des capitaux puisque le juge de renvoi allemand ne lui a pas demandé de le faire à titre préjudiciel.

[1378] En ce sens : MENJUCQ (M.), *La mobilité des sociétés dans l'espace européen*, LGDJ, 1997, p. 4 ; PRIETO (C.), *Liberté d'établissement et de prestation de services*, RTD eur. 2003, p. 498 et s., spéc. p. 492 ; DUBOUIS (L.) et BLUMMANN (Cl.), *Droit matériel de l'Union européenne*, Montchrestien, 6eme éd., 2012, n°154 ; GAVALDA (Ch.) et PARLEANI (G.), *Droit des affaires de l'Union européenne,* Litec, 6eme éd., 2010, n°179 : « *La liberté d'établissement est d'abord le droit reconnu aux ressortissants des États membres d'accéder aux activités non salariées sur le territoire des États membres, au moyen d'une implantation matérielle et, le cas échéant, juridique. C'est aussi la possibilité d'accéder à la constitution et à la gestion des entreprises* ».

[1379] CJUE, 21 juin 1974, *Reyners*, C-2/74, Rec. 1974, p. 631, point 21 ; CJUE, 30 nov. 1995, *Reinhard Gebhard*, C-55/94, Rec. p. I- 4165. Dans ces arrêts, la Cour de justice considère que c'est le critère d'une installation stable et permanente qui permet de distinguer entre l'application de la liberté d'établissement et celle de la libre prestation de services.

[1380] PRIETO (C.), *art. préc.*, p. 492.

ou morale, d'une activité économique dans un autre État membre grâce à une présence stable résultant, en ce qui concerne les sociétés, de l'installation ou du transfert, dans cet État, d'un centre d'activité principal ou de la constitution dans ce même État d'un centre secondaire d'activité »[1381]. Il se fondait donc sur l'extinction de la société absorbée dont la personnalité morale disparaissait, pour réfuter l'existence d'un établissement stable et continu de la part. Cependant, ce raisonnement fut écarté par la Cour de justice qui, fidèle à sa jurisprudence antérieure, restait attachée au caractère purement économique de la notion d'établissement. À cet égard, elle constate que « *le champ d'application du droit d'établissement couvre toute mesure qui permet, ou même ne fait que faciliter, l'accès à un État membre autre que celui d'établissement et l'exercice d'une activité économique dans cet État, en rendant possible la participation effective des opérateurs économiques intéressés à la vie économique dudit État membre, aux mêmes conditions que celles applicables aux opérateurs nationaux* »[1382]. Il est ainsi évident que la fusion répond au critère économique de la notion d'établissement.

787. **Un mode d'établissement principal ou secondaire ?** On distingue traditionnellement le mode d'établissement principal du mode d'établissement secondaire. Le premier peut être défini comme « *la création et l'exploitation d'une entreprise constituant le centre de gravité de l'activité économique d'une entité indépendante* »[1383]. Deux modalités d'établissement principal peuvent être relevées[1384]. D'une part, le commencement d'une activité économique sur le territoire d'un État membre par la création *ex nihilo* d'une entreprise par une personne physique[1385]. D'autre part, le transfert du centre d'activité économique d'un État membre vers un autre, par exemple, le transfert de siège social. En revanche, l'établissement secondaire suppose « *dans un État membre de la Communauté, un établissement principal préexistant qui pourra essaimer en direction des territoires des autres États membres* »[1386]. Il y aura alors « *délocalisation d'une partie des activités d'une entreprise ou la mise sur pied de nouvelles activités, sans que son centre de gravité économique soit touché* »[1387]. À titre illustratif, l'article 49 du TFUE mentionne « *la création d'agences, de succursales ou de filiales* ».

1381 Point 21 des concl. de l'avocat général TIZZANO (A.).
1382 Point 18 de l'arrêt *Sevic*.
1383 MUSTAKI (G.) et ENGAMMARE (V.), *op. cit.*, p. 24.
1384 En ce sens: *Id.*, *op. cit.*, p. 25 ; GAVALDA (Ch.) et PARLEANI (G.), *op. cit.*, n°182.
1385 La création d'une nouvelle entreprise par une personne morale consiste à créer d'une filiale. Nous sommes alors en présence d'un établissement secondaire.
1386 GAVALDA (Ch.) et PARLEANI (G.), *ibid.*
1387 MUSTAKI (G.) et ENGAMMARE (V.), *ibid.*

788. La question qui se pose est de savoir à quel mode d'établissement la fusion transfrontalière peut être assimilée. La doctrine est partagée sur la réponse. Pour une partie de la doctrine, la fusion constitue un mode d'établissement principal puisque « *pour les personnes morales, l'établissement principal peut (...) s'exercer par le transfert du centre de gravité économique dans un autre État membre, avec ou sans dissolution dans son État d'origine* »[1388]. Un auteur adopte toutefois une position plus nuancée en considérant qu'on est en présence d'un établissement à titre principal uniquement dans l'hypothèse d'une fusion par constitution d'une société nouvelle[1389]. En effet, contrairement à la fusion par absorption, il y a dans ce cas une création d'une nouvelle entité sur le territoire d'un État membre. La majorité de la doctrine refuse en revanche catégoriquement de percevoir la fusion comme un mode d'établissement à titre principal et s'accorde à considérer cette opération comme un mode d'établissement à titre secondaire[1390]. Cette position tient au fait que la société absorbante transforme l'absorbée en succursale et qu'elle s'établit donc de manière secondaire dans l'État de la société absorbée. À cet égard, un auteur constate que « *la société SEVIC (société absorbante) a en effet maintenu, en vertu de contrat de fusion, au Luxembourg, des biens, du personnel et des moyens de production de la société absorbée (Security Vision), disposant ainsi d'un centre d'activité secondaire à l'étranger* »[1391].

789. La Cour de justice n'a opté pour aucune de ces positions. Elle reprend le raisonnement de l'avocat général en assimilant la fusion transfrontalière, d'un côté, à une méthode d'établissement secondaire pour la société absorbante puisque celle-ci maintient un centre d'activité stable sur le territoire de l'absorbée et, de l'autre côté, à un mode d'établissement principal pour la société absorbée qui disparaît de son lieu d'établissement initial pour s'établir définitivement sur le territoire de la société absorbante[1392].

[1388]GAVALDA (Ch.) et PARLEANI (G.), *ibid* ; MUSTAKI (G.) et ENGAMMARE (V.), *ibid.*

[1389] TILQUIN (Th.), *art. préc.*, n°27.

[1390] TILQUIN (Th.), *art. préc., ibid*; HEYMANN (J.), note sous l'arrêt *Sevic, arrêt préc.*, p. 673 ; LUBY (M.), note sous l'arrêt *Sevic, arrêt préc.*, p. 153.

[1391] *Id., ibid.*

[1392] V. concl. de l'avocat général TIZZANO (A.), Rec. 2006, point 38 : « *la société absorbante aurait maintenu au Luxembourg, en vertu du contrat de fusion, des biens, du personnel et des moyens de production de la société absorbée, en disposant ainsi d'une centre d'activité « secondaire » à l'étranger* ».- *Adde*, TILQUIN (Th.) et DELCORDE (J.-A.), *La fusion transfrontalière de sociétés de capitaux en droit belge après la transposition de la directive, 2005/56/CE*, Rev. prat. soc. 2009, p. 7 et s., spéc., p. 19.

B- Le principe de la libre circulation des capitaux

790. **La suggestion de la mise en application du principe.** L'article 63 du TFUE interdit toutes les restrictions aux mouvements de capitaux entre les États membres ainsi que ceux intervenus entre les États membres et les États tiers. Les mouvements de capitaux dont il est question dans ce texte correspondent de manière générale aux opérations financières visant à réaliser des placements et des investissements dans un État membre[1393]. La directive 88/361/CEE du 24 juin 1988 a contribué largement à la consécration de la libre circulation des capitaux au sein de l'Union européenne[1394]. Elle s'est efforcée en effet de cerner dans son annexe 1 les opérations susceptibles de constituer un mouvement de capitaux. Elles ont été classées en treize grandes catégories distinctes, notamment les investissements directs, les investissements immobiliers, les opérations sur titre, les opérations en comptes courants et de dépôt auprès des établissements financiers ainsi que les prêts et crédits financiers. La directive 88/361/CEE a certes été abrogée avec l'entrée en vigueur du TFUE qui a largement modifié le chapitre du TCE relatif au mouvement des capitaux, mais la liste dressée à l'annexe de la directive garde « *une valeur indicative qui était la sienne pour définir la notion de mouvements de capitaux* »[1395].

791. Peut-on appliquer le principe de la libre circulation des capitaux à la fusion transfrontalière ? Pour répondre à cette question, il faut au préalable déterminer si la fusion transfrontalière réalise un mouvement de capitaux. À cette fin, le juge se réfère traditionnellement à la liste non exhaustive de mouvements de capitaux reproduite à l'annexe 1 de la directive 88/361/CEE. En appliquant cette méthode à la fusion transfrontalière, celle-ci nous apparaît comme un mode d'investissement direct de la société absorbante sur le territoire de la société absorbée. La fusion entraîne en effet une « *participation à des entreprises nouvelles ou existantes en vue de créer ou maintenir des liens économiques durables* »[1396]. Cette solution avait les faveurs de l'avocat général qui, aux termes de ses conclusions dans l'affaire *Sevic*, indiquait qu'« *étant « indissolublement lié(e)s à un mouvement de capitaux », les opérations de fusions entrent clairement dans le champ d'application de l'article 56 CE* »[1397]. En effet, ces investissements « *comprennent l' « acquisition intégrale d'entreprises existantes » (point 1) et*

[1393] BERGÉ (J.-S.) et ROBIN-OLIVIER (S.), *Droit européen, Union européenne, Conseil de l'Europe*, PUF, 2ème éd., 2011, n°175 ; v. égal. CJUE, 31 janv. 1984, *Luisi et Carbone c/ Ministero del Tesoro,* aff. Jointes C- 286/82 et C- 26/83, Rec., p. 377.
[1394] Dir. 88/361/CEE, 24 juin 1988, pour la mise en œuvre de l'article 67 du Traité, JOCE, n° L. 178 du 8 juillet 1988, p. 5 et s.
[1395] CJUE, 16 mars 1999, *Trummer et Mayer*, aff. C-222/97, Rec. 1999, p. 1661.
[1396] Annexe 1, Dir. 88/361/CEE.
[1397] Concl. de M. l'avocat général TIZZANO (A.) dans l'affaire C-411/03, arrêt *Sevic.*

la « participation à des entreprises nouvelles ou existantes en vue de créer ou de maintenir des liens économiques durables » (point 2). Il est donc clair que les opérations de fusion constituent des mouvements de capitaux »[1398].

792. **La validité d'une application supplémentaire.** La Cour de justice ayant appliqué le principe de liberté d'établissement à la fusion transfrontalière, on peut s'interroger sur la validité de l'application supplémentaire du principe de la libre circulation des capitaux. Le recours cumulatif à ces deux principes a été admis par la Cour de justice dans plusieurs arrêts[1399]. On pense notamment à l'arrêt *Casati*[1400] dans lequel elle affirmait expressément que « *la liberté de certains mouvements de capitaux est, dans la pratique, une condition de l'exercice efficace d'autres libertés garanties par le Traité, notamment du droit d'établissement* ». Il en résulte que le principe de liberté d'établissement n'est pas exclusif de celui de libre circulation des capitaux. La fusion transfrontalière peut ainsi être soumise au régime de ce dernier.

793. **L'intérêt pratique de la mise en application du principe.** Les dispositions de l'article 63 du TFUE s'appliquent non seulement aux mouvements de capitaux entre les États membres, mais également à ceux entre États membres et États tiers. Il résulte de ce texte que le principe de la libre circulation de capitaux est susceptible de régir les opérations extra-européennes. Par conséquent, le domaine d'application de ce principe est plus étendu que celui de libre établissement des sociétés. Assimiler de la fusion transfrontalière à une modalité d'exercice de la libre circulation des capitaux permet ainsi de passer outre les restrictions à la réalisation d'une telle opération lorsqu'elle intervient entre des sociétés relevant de la loi des États membres et d'autres assujetties à la règlementation d'un État tiers. Les fusions extra-européennes seront ainsi soumises au même régime que les fusions intra-européennes. Les seules mesures nationales susceptibles de restreindre valablement l'opération sont celles conformes aux conditions posées par la CJUE. Ces dernières tiennent au respect d'une raison impérieuse d'intérêt général ainsi qu'au caractère non discriminatoire, proportionnel et efficace de la mesure[1401].

[1398] *Id., ibid.*

[1399] Sur la jurisprudence de la CJUE en matière d'application cumulative de la liberté d'établissement et de la libre circulation des capitaux, v. MUSTAKI (G.) et ENGAMMARE (V.), *op. cit.*, p. 25.

[1400] CJUE, 11 nov. 1980, *Casati*, aff. C-203/80, Rec. 1981, p. 2595.

[1401] Cf. *infra*, n°s 813 et s.

Ss-paragraphe 2 : Les répercussions pratiques

794. **Plan.** Malgré son antériorité à l'entrée en vigueur de la dixième directive, l'arrêt *Sevic* n'est pas pour autant dénué de toute répercussion pratique. Il constitue même un complément indispensable aux textes du droit dérivé. En reprenant les termes d'un auteur, on peut dire que « *cet arrêt illustre une nouvelle fois comment la Cour repartit aux retards et lacunes dans l'harmonisation du droit des sociétés* »[1402]. Par cet arrêt, la Cour de justice a contribué, d'une part, à combler les failles du droit dérivé européen **(A)** et, d'autre part, à améliorer la mobilité des sociétés dans l'espace européen **(B)**.

A- Le comblement des failles du droit dérivé

795. **Le domaine d'application large du principe de la liberté d'établissement.** L'importance pratique de la solution rendue dans l'arrêt *Sevic* concerne essentiellement son domaine d'application très large qui s'aligne sur celui du principe de liberté d'établissement des sociétés. Ce principe voit ainsi sa portée étendue au-delà du domaine restreint de la dixième directive. Il faut toutefois préciser les contours de cette solution. Il est généralement admis que la liberté d'établissement n'engendre point de droits subjectifs, c'est-à-dire qu'elle ne peut pas conférer à ses bénéficiaires la faculté d'exercer à l'échelon européen des droits dont ils n'auraient pas la jouissance pas dans l'ordre interne[1403]. À titre illustratif, « *une société ne saurait invoquer la liberté d'établissement à l'appui d'une scission partielle transfrontalière alors que les États membres concernés ne connaîtraient pas la scission partielle* »[1404]. Par conséquent, une société ne peut invoquer la liberté d'établissement pour exiger la réalisation d'une fusion transfrontalière si la loi qui lui est applicable ne lui reconnaît pas le droit de participer à une fusion. Notons qu'une telle restriction est largement théorique à l'échelon européen puisqu'à la suite de la transposition de la troisième directive, tous les États membres reconnaissent la fusion.

796. **Le domaine d'application *rationae personae.*** Il est regrettable que la directive se soit limitée au traitement des fusions transfrontalières réalisées par des sociétés de capitaux. Cette position serait justifiée par une attitude plutôt réaliste du législateur européen qui n'a pas voulu retarder davantage l'adoption de ce texte. Ainsi, les sociétés de personnes et les coopératives ont été exclues du domaine d'application des directives et les opérations de fusion auxquelles elles participent ne bénéficient d'aucun

---

[1402] LUBY (M.), note sous l'arrêt *Sevic, préc.*.
[1403] TILQUIN (Th.) et DELCORDE (J.-A.), *art. préc.*, p. 14.
[1404] *Id., ibid.*

système de coordination européen. La reconnaissance de ces opérations par les États membres reste ainsi largement aléatoire. Toutefois, on a vu que l'arrêt *Sevic* avait consacré le principe de la reconnaissance des fusions transfrontalières sans distinguer entre les différentes formes de sociétés participant à l'opération. La portée de la solution englobe donc toutes les sociétés visées à l'article 54 TFUE, c'est-à-dire les « *sociétés de droit civil ou commercial, y compris les sociétés coopératives, et les autres personnes morales relevant du droit public ou privé, à l'exception des sociétés qui ne poursuivent pas de but lucratif* »[1405]. La solution de l'arrêt s'étend donc aux sociétés qui n'ont pas été incluses dans le domaine d'application de la deuxième directive, notamment les sociétés de personnes. Il en résulte que les législations nationales ne peuvent désormais plus prendre des mesures susceptibles d'entraver les fusions transfrontalières intervenant entre ces formes de société. On constate pourtant que certaines législations refusent encore de reconnaître à certaines formes de sociétés la capacité de participer à une fusion et que d'autres interdisent la fusion entre des sociétés de formes différentes. Il nous semble que de telles dispositions, à la lumière de la solution rendue par l'arrêt *Sevic*, constituent autant d'entraves condamnables à la liberté d'établissement des sociétés et qui ne peuvent être justifiées par des raisons impérieuses d'intérêt général. Une partie de la doctrine reproche ainsi au législateur français de n'avoir pas profité de l'élan suscité par l'arrêt *Sevic* pour tenter d'établir des règles propres à la fusion des sociétés de personnes alors même que la transposition de la dixième directive lui en donnait l'occasion[1406]. Des auteurs y voient une « *occasion manquée* ! »[1407].

797. Toutefois, il faut souligner que l'arrêt reste insuffisant pour surmonter certaines difficultés relatives à la réalisation de fusions transfrontalières lorsqu'elles font intervenir une société de personnes. Aucun texte supranational ne coordonne les dispositions nationales relativement à la réalisation de telles opérations. Quant à la troisième directive, elle s'est limitée à organiser les fusions internes réalisées entre sociétés anonymes. Ses rédacteurs, tout en reconnaissant que l'harmonisation devait s'étendre aux sociétés à responsabilité limitée et aux sociétés de personnes, relevaient néanmoins que les règlementations nationales étaient sur ce point trop divergentes pour étendre la directive à ce type de sociétés[1408]. La disparité

[1405] Au sens de l'article 54 TFUE (ancien art. 48 CE).
[1406] En ce sens : LENCOU (D.) et MENJUCQ (M.), *Les fusions transfrontalières de sociétés de capitaux : enfin une réalité mais des difficultés persistantes !* , D. 2009, p. 886 et s., spéc., p. 889 ; MASTRULLO (Th.), *art. préc.*, n°7.
[1407] LENCOU (D.) et MENJUCQ (M.), *ibid.*
[1408] Sur le sujet, v. VAN OMMESLAGHE (P.), *La proposition de troisième directive sur l'harmonisation des fusions de sociétés anonymes, préc.*, p. 125. L'auteur relève que « *l'harmonisation du droit des sociétés par actions était la plus urgente, compte tenu*

des législations nationales a été l'entrave principale à la réalisation de fusions internationales entre des sociétés autres que celles de capitaux. Le caractère insurmontable de la difficulté doit pourtant être nuancé puisque la définition de la fusion adoptée par les textes européens reste inchangeable nonobstant la forme juridique des sociétés participantes. Les États membres ont désormais une conception uniforme de la fusion et des techniques juridiques contribuant à sa réalisation, notamment la transmission universelle de patrimoine et la dissolution sans liquidation. La base minimum légale requise pour réaliser une fusion transfrontalière entre sociétés de personnes est ainsi assurée. Par ailleurs, l'absence d'un régime juridique préétabli n'est pas nécessairement une source de complication, car les praticiens peuvent tout à fait y remédier en fixant contractuellement les contours de l'opération.

798. **Le domaine d'application *rationae materiae*.** Il a été également reproché à la dixième directive d'avoir cantonné son domaine *ratione materiae* aux seules opérations de fusion en ignorant d'autres opérations voisines comme l'apport partiel d'actifs ou la scission[1409]. En effet, la définition étroite de la fusion adoptée par le législateur européen ne permet d'appréhender que les opérations emportant un transfert universel de patrimoine d'une ou plusieurs sociétés dissoutes sans liquidation à une société préexistante ou à une société nouvellement créée[1410]. Relevant cette faiblesse, un auteur estime que la directive « *laisse le lecteur (et l'opérateur économique) sur sa faim* »[1411]. L'attitude du législateur européen semble difficilement justifiable d'autant plus que la directive du 23 juillet 1990 est venue harmoniser le régime fiscal non seulement de la fusion mais aussi celui de la scission et de l'apport partiel d'actifs[1412].

799. En revanche, il semble que la solution apportée par l'arrêt *Sevic* peut s'étendre au-delà des opérations de fusion. La Cour de justice considère que le champ d'application du droit d'établissement « *couvre toute mesure qui permet ou même ne fait que faciliter, l'accès à un État membre autre que celui d'établissement et l'exercice d'une activité économique dans cet État, en rendant possible la participation effective des opérateurs économiques intéressés à la vie économique dudit État membre, aux mêmes conditions que celles applicables aux opérateurs nationaux* »[1413]. Donc, comme il a été

---

notamment de l'état d'avancement de la convention relative aux fusions internationales, laquelle ne concerne que les sociétés par actions ».

[1409] En ce sens : LUBY (M.), *Impromptu sur le directive n°2005/56 sur les fusions transfrontalières des sociétés de capitaux*, Drt. sociétés, juin 2006, p. 5 et s., spéc., p. 6. MATRULLO (Th.), *art. préc.*, n°7.

[1410] Art. 2. 2. a) et b) Dir. 2005/56/CE.

[1411] LUBY (M.), *art. préc.*, p. 6.

[1412] JOCE n° L. 225, 23 juill. 1990.

[1413] Point 17 de l'arrêt Sevic.

précédemment expliqué, la notion d'établissement se réfère à un critère économique et ne se laisse pas enfermer dans un cadre juridique déterminé. La Cour de justice estime même que l'acquisition « *d'une participation dans le capital d'une société établie dans un autre État membre permettant d'exercer une influence certaine sur les décisions de la société concernée et d'en déterminer les activités relève des dispositions du traité relatives à la liberté d'établissement* »[1414]. Les opérations d'acquisition des sociétés relevant d'un État membre constituent désormais une modalité d'établissement.

800. Ce raisonnement nous ramène au constat que la scission et l'apport partiel d'actifs doivent également être assimilés à des modalités d'établissement des sociétés. Ces opérations constituent incontestablement des mécanismes de restructuration et de réorganisation des sociétés importants pour le bon fonctionnement du marché européen. Finalement, il est utile de s'interroger sur la possibilité d'élargir davantage le domaine de la solution rendue par la Cour de justice afin d'y intégrer d'autres montages juridiques de concentration et de coopération entre sociétés, notamment les *joint ventures*.

B- L'amélioration de la mobilité des sociétés

801. **La difficile réalisation du transfert international du siège social.** Il existe plusieurs modalités permettant d'assurer la circulation et la mobilité internationale des sociétés. La solution parfaite serait le transfert transfrontalier du siège social et, plus particulièrement du siège statutaire[1415]. Il s'agit de l'opération par laquelle les associés décident de changer la localisation du siège de la société en modifiant l'immatriculation et les statuts de celle-ci afin qu'elle ne soit plus juridiquement rattachée au même État. Le transfert du siège social entraîne nécessairement la modification de la nationalité et de la loi applicable à la société dans la mesure où ce critère constitue souvent l'élément de détermination de la nationalité et la *lex societatis* applicable à une société. L'élément caractéristique d'une opération

---

[1414] CJUE, 13 avr. 2000, *Baars*, C-251/98, Rec. p. I-2787 ; D. 1999, IR, p. 134 ; JDI 2001, p. 640, obs. LUBY (M.).

[1415] Il a été précisé que seulement le siège statutaire doit être pris en considération pour considérer qu'il s'agit d'une opération de transfert international du siège social d'une société, car c'est le transfert de ce siège qui entraînera la modification de la loi applicable à la société. En revanche, le transfert du siège réel, sans conséquences sur la loi originairement applicable à la société, ne s'analyse pas comme une opération de transfert international du siège social. Il s'agit plutôt de la création d'un établissement secondaire qui, en vertu de l'arrêt *Überseering*, sera protégé par le principe de la liberté d'établissement. Par conséquent, le transfert de siège réel se réalise sans engendrer des difficultés particulières. MENJUCQ (M.), *op. cit.*, n°483 et s. ; KLEINER (C.), *Le transfert de siège social en droit international privé*, JDI 2010, p. 4 et s., spéc., n°15.

de transfert transfrontalier est la continuité de la personnalité juridique de la société transférante. À défaut, il n'est plus question d'un transfert du siège social *stricto sensu*, mais simplement d'une dissolution de la société suivie de sa reconstitution en tant que nouvelle société dans un autre État.

802. Un débat théorique avait jadis animé la doctrine sur la possibilité de réaliser un transfert international du siège social. Des tenants de la théorie de la fiction de la personnalité morale s'opposaient à toute possibilité de réalisation de ce genre d'opération[1416]. Selon eux, la personne morale étant l'émanation d'un ordre juridique déterminé, la modification du second entraînerait nécessairement la disparition de la première. Inversement, les adeptes de la théorie de la réalité[1417] considéraient que la personnalité morale d'une société pouvait survivre au transfert de son siège social car « *ce n'est pas la loi qui crée la personnalité morale ; elle se contente de fixer les conditions auxquelles elle l'accorde aux divers groupements, mais l'initiative de la constitution de ces groupements demeure le fait des individus* »[1418]. Ce débat est désormais largement dépassé et la doctrine s'accorde à considérer que la personne morale est une « *technique juridique* »[1419] qui ne s'interdit pas la réalisation d'un transfert transfrontalier de siège social.

803. Toutefois, malgré l'acceptation théorique du transfert du siège social, l'opération demeure en pratique difficilement réalisable en raison de l'hostilité de certaines législations nationales. Les obstacles au transfert international du siège social reposent désormais sur des causes plus politiques que juridiques. Les États redoutent que les sociétés nationales éludent leur règlementation en déplaçant leur siège social dans un autre État.

804. **La persistance des difficultés dans le cadre européen.** Les lacunes pratiques relatives à la réalisation du transfert transfrontalier du siège social persistent également à l'échelon européen. Les efforts entrepris pour adopter la proposition de la 14ème directive sur le transfert du siège social n'ont pas aboutis[1420]. La Commission européenne a d'ailleurs décidé d'abandonner cette proposition au motif que, d'une part, les effets de la directive sur les

---

[1416] En ce sens : HAMEL (J.), LAGARDE (G.) et JAUFFRET (A.), *op. cit.*, t.1, p. 86. Selon ces auteurs, « *la personnalité juridique de la société n'est pas une réalité naturelle, mais un bienfait de la loi, accordé et mesuré par celle-ci, la faveur cesse lorsque la loi qui l'a accordé est répudiée par les associés* ».
[1417] En ce sens : BISCHOFF (J.-M.), *Observations sur la validité du transfert international de siège social in. Mélanges BASTIAN (D.)*, Litec, 1974, p. 23 et s. ; LOUSSOUARN (Y.) et BREDIN (J.-D.), *op. cit.*, 1969, n°273.
[1418] LOUSSOUARN (Y.) et BREDIN (J.-D.), *ibid.*
[1419] *Id., ibid.*
[1420] MENJUCQ (M.), *Réflexion critique sur la proposition de la 14e directive relative au transfert intracommunautaire de siège social*, Bull. Joly sociétés 2000, p 137 et s.

fusions transfrontalières n'étaient pas encore connus et, d'autre part, que l'approche européenne concernant le transfert de siège social devait être clarifiée par la Cour de justice[1421]. Cette dernière a alors tenté, comme à son habitude, de prendre la relai en comblant le vide législatif européen. Sa première intervention résulte de l'arrêt *Daily mail* dans lequel elle reconnaissait aux législations nationales la faculté de prendre des mesures d'interdiction de transfert de sièges sociaux[1422]. Devant l'absence de textes européens régissant le transfert transfrontalier du siège social, la Cour de justice n'a pas trouvé d'autre solution que de se référer aux solutions retenues par les législations des États membres. Ce renvoi était fondé sur le constat général que « *contrairement aux personnes physiques, les sociétés sont des entités créées en vertu d'un ordre juridique et, en l'état actuel du droit communautaire, d'un ordre juridique national* »[1423] et, par conséquent, « *elles n'ont d'existence qu'à travers les différentes législations nationales qui en déterminent la constitution et le fonctionnement* »[1424]. Il en résulte que la loi nationale compétente pour régir la constitution et le fonctionnement d'une société l'est également pour déterminer la validité et les conditions de réalisation du transfert de son siège social.

805. La Cour de justice allait toutefois opérer un revirement de jurisprudence à l'occasion de l'arrêt *Cartesio*[1425] du 16 décembre 2008. Elle optait alors pour une solution de principe selon laquelle le transfert de siège statutaire constituait une modalité particulière d'exercice de la liberté d'établissement. Cela n'aboutissait cependant pas à la consécration définitive du libre transfert du siège social, car le principe de liberté d'établissement n'était sollicité que pour lever l'entrave de la loi de l'État d'origine de la société transférante, sans être pour autant étendu aux obstacles dressés par l'État d'accueil de cette société. En affirmant que le transfert est valable « *pour autant que ce droit (de l'État d'accueil) le permette* »[1426], la Cour

---

[1421] Sur ces motifs, v. MUSTAKI (G.) et ENGAMMARE (V.), *op. cit.*, p. 97. Sur les tentatives d'adoption des projets de la 14eme directive, v. BEGUIN (J.), *Les sociétés commerciales sont-elles condamnées à l'immobilité internationale ? in.. Mélanges PAILLUSSEAU (J.)*, Dalloz 2003, p. 43 et s., spéc. p. 54 ; BEGUIN (J.), *La difficile harmonisation européenne du droit des fusions transfrontalières in. Mélanges GAVALDA (Ch.), préc.*, p. 19 et s. ; LE NABASQUE (H.), *L'incidence des normes européennes sur le droit français applicable aux fusions et au transfert de siège social*, Rev. soc. 2005, p. 81.
[1422] CJUE, 27 sept. 1988, *Daily Mail*, C-81/87, Rec. p. 5505.
[1423] *Id., ibid.*, point 19.
[1424] *Id., ibid.*
[1425] CJUE, 16 déc. 2008, *Cartesio Oktató és Szolgáltató bt*, C-210/06, Rev. soc. 2009, p. 147, note PARLEANI (G.) ; AJDA 2009, p. 245, chron. BROUSSY (E.), DONNAT (F.) et LAMBERT (C.) ; D. 2009, p. 465, note KOYAR (R.) ; RTD com. 2009, p. 227, obs. JAZOTTES (G.) ; RCDIP 2009, p. 548, note HEYMANN (J.).
[1426] Cons. 112 arrêt *Cartesio.*

laissait entendre que l'État d'accueil de la société transférante pouvait encore valablement s'opposer à la reconnaissance d'un transfert de siège social.

806. Il a alors fallu attendre l'arrêt *de Vale*[1427] du 12 juillet 2012 pour que la Cour jette la lumière sur les doutes que laissait planer la solution retenue dans l'arrêt *Cartesio*[1428]. Avec ce nouvel arrêt, la Cour consacre définitivement le principe de la liberté de transfert du siège social au sein de l'Union européenne. Elle rappelle d'abord la solution précédente, selon laquelle le transfert du siège social d'une société s'opère sous l'égide du principe de la liberté d'établissement des sociétés. Ensuite, elle ajoute que ce principe est incompatible avec toute mesure nationale de l'État d'accueil qui refuserait de reconnaître le transfert du siège social d'une société. La position de la Cour de justice est désormais claire et générale : le transfert transfrontalier de siège social est une modalité d'exercice de la liberté d'établissement des sociétés qui doit être reconnue successivement par l'État d'origine puis l'État d'accueil de la société transférante.

807. Toutefois, malgré la grande avancée qu'elle a pu réaliser en matière de transfert de siège social, la jurisprudence de la Cour de justice est encore insuffisante pour surmonter tous les obstacles techniques auxquels l'opération est susceptible de se heurter. La source principale de ces obstacles réside dans la divergence des solutions adoptées par les États membres. Le seul moyen de la surmonter définitivement serait d'adopter un texte supranational d'harmonisation des dispositions des États membres[1429].

[1427] CJUE, 12 juill. 2012, *VALE Epitési*, C-378/10, Rev. eur. 2012, n°10, note IDOT (L.) ; JCP G 2012, 1089, note MENJUCQ (M.) ; JCP E 2012, 1547, note MASTRULLO (Th.) ; HO-DAC (M.), *Un pas supplémentaire en faveur de la mobilité des sociétés : le droit au transfert de siège social avec changement de droit applicable*, RAE 2012, p. 653 ; CONNAC (P.-H.), *La CJUE reconnaît le transfert international de siège et ouvre la voie à une directive*, D. 2012, p. 3009.

[1428] Cons. 32 de l'arrêt *de Vale* précise qu' « *il apparaît ainsi que l'expression « pour autant que ce droit le permette », figurant à la fin du pt 112 de l'arrêt Cartesio, précité, ne saurait être comprise comme visant à faire échapper d'emblée la législation de l'État membre d'accueil relative à la transformation de sociétés aux règles du traité FUE concernant la liberté d'établissement, mais comme reflétant la simple considération qu'une société créée en vertu d'un ordre juridique national n'a d'existence qu'à travers la législation nationale qui «permet» ainsi la constitution de la société, si les conditions imposées à ce titre sont remplies* ».

[1429] En ce sens, v. CONNAC (P.-H.), note sous l'arrêt de Vale, *préc.*, p. 3012 : « *d'un point de vue technique, la transformation transfrontalière de société semble facile à mettre en œuvre. Il convient d'appliquer successivement la lex societatis de l'État membre d'origine et celle de l'État membre d'accueil. Toutefois, des difficultés se présentent en raison d'une absence de coordination entre législations voir même d'une absence de possibilité, en pratique, de transformation* ». Dans ce contexte, la SE se présente actuellement comme le seul mécanisme efficace pour réaliser un transfert transfrontalier de siège social *stricto sensu* sans que cela donne lieu à une dissolution de la société ou à la création d'une nouvelle personne morale (Art. 8 Règ. 2157/2001 : « *Le siège statutaire de la SE peut être transféré dans un autre E tat*

808. **La consécration d'une alternative au transfert du siège social.** La persistance des difficultés dans la réalisation d'un transfert transfrontalier de siège social incite les sociétés à recourir, comme pis-aller, aux fusions transfrontalières afin d'atteindre un résultat analogue à celui d'un transfert de siège. La fusion devient alors le moyen juridique d'assurer la mobilité des sociétés au sein de l'Union européenne. À cette fin, la société souhaitant être régie par la loi d'un État membre déterminé va d'abord constituer une filiale *ad hoc* au sein de cet État. Ensuite, elle va se faire absorber par sa filiale. Avec cette opération, la société mère absorbée obtient un résultat analogue à celui d'un transfert de siège social à l'étranger. On constate à cet égard qu' « *une société ayant son siège dans un État membre continue à vivre à travers une ou plusieurs sociétés implantées dans un autre État membre* »[1430]. Il faut toutefois relever qu'aujourd'hui la fusion transfrontalière est une technique juridique de mobilité internationale des sociétés plus attractive que le transfert de siège social *stricto sensu*. Cette dernière se caractérise par l'existence d'un conflit mobile[1431] dont sa mise en œuvre peut soulever des difficultés pratiques, notamment l'exigence d'un vote unanime au sein des assemblées générales et l'opposition des autorités locales du pays d'origine. La fusion transfrontalière, quant à elle, permet de contourner ces difficultés. La dixième directive qui précise que la fusion transfrontalière entraîne nécessairement la disparition de la société absorbée[1432], écarte expressément toute possibilité d'existence d'un conflit mobile lors de la réalisation de l'opération. Par conséquent, les opinions se prévalant de la continuité de la société dissoute au sein de la société absorbante ou née de la fusion pour étayer l'existence d'un conflit mobile dans la fusion transfrontalière sont désormais obsolètes. La consécration de la fusion comme une modalité d'exercice de la liberté d'établissement des sociétés par la Cour de justice doublée de l'entrée en vigueur consécutive de la dixième directive contribue à accroître davantage l'attractivité de la fusion transfrontalière pour les sociétés souhaitant transférer leur siège social à l'étranger.

---

membre conformément aux paragraphes 2 à 13. Ce transfert ne donne lieu ni à dissolution ni à création d'une personne morale nouvelle »). – *Adde*, au sujet du transfert du siège social d'une SE, v. MENJUCQ (M.), *Régime juridique et fiscal du transfert de siège de la société européenne in. La société européenne*, Dalloz, 2003, p. 211 et s.

1430 MENJUCQ (M.), *Les opérations transfrontalières de rapprochement et de mobilité à l'épreuve de la diversité des droits nationaux*, CDE 2011, dossier 34, n°6.

1431 En ce sens : MENJUCQ (M.), *op. cit.*, n°312. L'auteur relève qu' « *à la différence du transfert de siège social, il est plus difficile de caractériser un conflit mobile à l'égard des fusion internationales des sociétés* ».

1432 Art. 14 Dir. 56/CE/2005 sous le titre « *effets de la fusion transfrontalière* » dispose que « *la fusion transfrontalière [...] entraîne [...] les effets suivant: c) la société absorbée cesse d'exister* ».

809. Par ailleurs, il faut signaler que le transfert international du siège social se heurte à des obstacles fiscaux étant donné que l'harmonisation du régime fiscal de ce genre d'opération n'a pas encore eu lieu. Le transfert de siège est frappé d'une lourde imposition. D'abord de la part du pays d'origine qui traite l'opération comme une cessation de l'entreprise emportant une exigibilité immédiate des impôts liés à la liquidation ensuite de la part du pays d'accueil qui soumet la société transférante à l'imposition relative aux sociétés nouvellement créées. Après l'entrée en vigueur de la loi de finances pour 2005[1433], le droit français a écarté le régime fiscal dissuasif relatif au transfert intraeuropéen du siège social en rendant cette opération fiscalement neutre. L'article 34 de cette loi modifie l'article 221-2 du Code général des impôts en prévoyant que « *le transfert de siège dans un autre État membre de la Communauté européenne, qu'il s'accompagne ou non de la perte de la personnalité juridique en France, n'emporte pas les conséquences de la cessation d'entreprise* ». Cette solution n'est pourtant pas celle retenue par l'ensemble des États membres si bien que les obstacles fiscaux à l'échelon européen demeurent difficilement surmontables. En revanche, les barrières fiscales concernant la fusion transfrontalière ont été rapidement levées grâce à l'entrée en vigueur de la directive relative à la fiscalité des fusions transfrontalières[1434]. Cette directive a instauré un régime de faveur au bénéfice des sociétés fusionnantes en écartant l'imposition des plus-values latentes figurant à l'actif net de la société absorbée. Ainsi, les fusions transfrontalières bénéficient désormais d'une neutralité fiscale. Ce régime de faveur va évidemment contribuer à la consécration de la fusion transfrontalière comme alternative opérationnelle au transfert international de siège social.

Paragraphe 2 : Les exceptions au principe

810. **L'encadrement du principe de liberté d'établissement.** La consécration jurisprudentielle de la fusion transfrontalière comme modalité d'exercice de la liberté d'établissement des sociétés, impose à tous les États membres de reconnaître ces opérations. Cependant, comme le souligne un auteur, « *on comprendrait mal que le droit européen fasse émerger des libertés économiques absolues : les libertés individuelles trouvent leurs limites dans les nécessités de l'ordre social* »[1435]. Ainsi, des restrictions étatiques aux fusions transfrontalières peuvent être envisagées sous réserve qu'elles conservent un caractère exceptionnel supposant une application et une interprétation strictement délimitées.

[1433] L. n°2004-1484, 30 déc. 2004, JORF n°304, 31 déc. 2004, p. 22459.
[1434] Dir. 90/434/CEE, 23 juill. 1990, JO n° L. 225, 20 août 1990, p. 1.
[1435] BERGE (J.-S.) et ROBIN-OLIVIER (S.), *Droit européen, Union européenne, Conseil de l'Europe*, PUF, 2eme éd., 2008, n°239.

811. **Plan.** L'opposition étatique à une fusion transfrontalière n'est valable que si elle est conforme aux motifs justifiant les restrictions au principe de liberté d'établissement **(Ss-paragr. 1)**. C'est d'ailleurs à la lumière de ce raisonnement que la dixième directive a prévu un droit d'opposition étatique autorisé uniquement par une raison d'intérêt public **(Ss-paragr. 2)**.

Ss-paragraphe 1 : Les restrictions au principe de liberté d'établissement

812. **Les conditions de validité de l'opposition étatique à la fusion transfrontalière.** L'application du principe de liberté d'établissement aux fusions transfrontalières suppose la reconnaissance de ces opérations par les États européens. Cette solution n'est toutefois pas absolue car la Cour de justice admet certaines restrictions nationales au principe de liberté d'établissement. Ces dérogations ne peuvent intervenir qu'exceptionnellement et en conformité avec la règle d'interprétation stricte des exceptions[1436]. De surcroît, ces limitations ne sont justifiées que lorsqu'elles remplissent quatre conditions. Elles doivent s'appliquer de manière non discriminatoire ; poursuivre un objectif d'intérêt général ; être propre à la réalisation de l'objectif qu'elle poursuit ; et ne pas aller au-delà de ce qui est nécessaire pour l'atteindre[1437]. L'arrêt *Sevic* a identifié des contours identiques à propos des restrictions au principe de la liberté d'établissement en matière de fusion transfrontalière. Ces dernières doivent être justifiées par des raisons impérieuses d'intérêt général et respecter les quatre conditions générales énumérées auparavant. Le législateur européen a repris la même solution en rappelant dans le troisième considérant de la dixième directive qu'aucune restriction ne doit être apportée à une fusion transfrontalière « *à moins que ces restrictions puissent être justifiées conformément à la jurisprudence de la Cour de justice des Communautés européennes, notamment par des exigences d'intérêt général, et qu'elles soient à la fois nécessaires pour satisfaire à de telles exigences impératives et proportionnelles à celles-ci* ».

813. **Plan.** La Cour de justice cantonne au maximum les restrictions pouvant être apportées au principe de liberté d'établissement. Une mesure limitative nationale n'est ainsi justifiée que lorsqu'elle est motivée par une raison impérieuse d'intérêt général **(A)** et qu'elle respecte un ensemble de conditions **(B)**.

1436 MAGNIER (V.), note sous *Inspire art, arrêt préc.*, p. 281.

1437 CJUE, 30 nov. 1995, *Reinhard Gebhard, arrêt préc.*, point 37 ; CJUE, 9 mars 1999, *Centros, arrêt préc.*, point 34 ; CJCE, 30 sept. 2003, *Inspire art, arrêt préc.*, point 133.

A- Le fondement des restrictions : les raisons impérieuses d'intérêt général

814. **La notion de raison impérieuse d'intérêt général.** La principale question qui se pose est de définir la notion de raisons impérieuses d'intérêt général justifiant que des restrictions nationales soient apportées à la réalisation d'une fusion transfrontalière. Une réponse semble être donnée par le TFUE[1438] qui envisage des dérogations au principe de liberté d'établissement pour des « *raisons d'ordre public, de sécurité publique et de santé publique* ». Néanmoins, il a été constaté que « *ces raisons, expressément inscrites dans les textes fondateurs, auraient pu suffire si le rayonnement des libertés n'avait été sans cesse accru sous l'effet, notamment, de la jurisprudence de la Cour de justice* »[1439]. Ainsi, cette première conception trop étroite des raisons impérieuses n'assure pas le contrepoids nécessaire à l'élargissement du principe de liberté d'établissement. La Cour de justice a donc préféré élargir la notion de raisons impérieuses d'intérêt général tout en prenant pour socle celle du TFUE[1440]. À cet égard, la Cour de justice a affirmé dans l'arrêt *Überseering* que les raisons impérieuses d'intérêt général consistent en « *la protection des intérêts des créanciers, associés minoritaires, des salariés ou encore du fisc* »[1441]. Une solution identique a été adoptée dans l'arrêt *Inspire art* qui assimile à des raisons impérieuses d'intérêt général les questions relatives à « *la protection des créanciers, la lutte contre le recours abusif à la liberté d'établissement, la préservation tant de l'efficacité des contrôles fiscaux que de la loyauté des transactions commerciales* »[1442]. Les raisons impérieuses d'intérêt général englobent dorénavant la protection des intérêts des créanciers, des associés minoritaires, des salariés et ceux de l'administration fiscale. L'arrêt *Sevic* reprend cette solution en décidant que « *des raisons impérieuses d'intérêt général telles que la protection des intérêts des créanciers, des associés minoritaires et des salariés, ainsi que la préservation de l'efficacité des contrôles fiscaux et de la loyauté des transactions commerciales, puissent, dans certaines circonstances et en respectant certaines conditions, justifier une mesure restreignant la liberté d'établissement* »[1443]. Par conséquent, seules les mesures nationales ayant

---

[1438] Art. 52 TFUE.
[1439] BERGE (J.-S.) et ROBIN-OLIVIER (S.), *op. cit.*, n°240.
[1440] La possibilité d'envisager des restrictions au principe de liberté de circulation autres que celles prévues par le TFUE a été expressément reconnue dans l'arrêt *Cassis de Dijon* rendu par la CJUE, 20 févr. 1979, *Cassis de Dijon*, C-120/78. – *Adde,* comm KARPENSCHIF (M.) et NOURISSAT (C.), *Les grands arrêts de la jurisprudence de l'Union européenne*, PUF, 2010, n°21, p. 90 et s.
[1441] Point 92, arrêt *Überseering.*
[1442] Point 132, arrêt *Inspire art.*
[1443] Point 28, arrêt *Sevic.*

pour objectif la protection de ces intérêts peuvent restreindre la réalisation d'une fusion transfrontalière.

B- Les conditions de mise en œuvre des restrictions

815. **Le caractère non-discriminatoire des mesures.** Les raisons impérieuses d'intérêt général ne doivent pas permettre l'adoption d'une mesure nationale discriminatoire. Pour définir le caractère discriminatoire d'une mesure, la CJUE recourt souvent à la même formule en affirmant qu'« *une discrimination consiste dans l'application des règles différentes à des situations comparables ou bien dans l'application de la même règle à des situations différentes* »[1444]. Ainsi, comme le constatent certains auteurs, « *la différence de traitement est justifiée si elle se base sur des situations objectivement différentes ; a contrario, la différence de traitement des non-nationaux ou des non-résidents n'est pas en soi illégale, mais le devient dès lors que ceux-ci sont dans la même position que les nationaux ou résidents de l'État membre concerné* »[1445]. Une même opération ne doit donc pas être traitée différemment selon qu'elle revêt un aspect purement interne ou transfrontalier. L'égalité de traitement entre les sociétés étrangères et nationales s'impose[1446]. Il serait ainsi illicite d'empêcher une société de s'établir dans un État en se fondant ostensiblement sur sa nationalité. De surcroît, il serait discriminatoire qu'un État membre exige d'une société étrangère souhaitant exercer une activité sur son territoire des conditions supplémentaires à celles imposées aux sociétés nationales, du seul fait que la société relève du droit d'un autre État membre. Par conséquent, une disposition nationale emportant des restrictions uniquement aux opérations transfrontalières ne serait être admise. La législation allemande, qui autorisait les fusions internes et non les fusions transfrontalières, était ainsi à l'origine d'une discrimination fondée sur la nationalité des sociétés fusionnantes. En subordonnant l'immatriculation d'une fusion au registre de commerce à la condition que les deux sociétés concernées aient leur siège social en Allemagne, le droit allemand était porteur de discriminations. Cette situation se rapproche des circonstances de l'affaire *Commission c. France*[1447]. En l'espèce, la CJUE jugeait discriminatoire les dispositions du

---

[1444] V. CJUE, 11 août 1995, *Wielockx*, C-80/ 94, Rec. 1995, p. I-2493, point 17; CJUE, 29 avr. 1999, *Royal Bank of Scotland*, C-311/97, Rec. 1999, p. I-2651, point 26.

[1445] MUSTAKI (G.) et ENGAMMARE (V.), *op. cit.*, p. 56.

[1446] TILQUIN (Th.) et DELCORDE (J.-A.), *La fusion transfrontalière de sociétés de capitaux en droit belge après la transposition de la directive, 2005/56/CE*, Rev. prat. soc. 2009, p. 7 et s., spéc. p. 26 : « *La liberté d'établissement interdit de manière générale aux États membres d'adopter des mesures qui aboutissent à traiter les sociétés qui relèvent du droit d'un autre État membre de l'Union européenne, et qui souhaitent exercer leur droit d'établissement dans leur État par le biais d'une fusion transfrontalière, de façon moins favorable que les sociétés régies par le droit national de l'État membre d'immigration* ».

[1447] CJUE, 7 mars 1996, *Commission c. France*, C-334/94, Rec. 1996, p. I-1307, point 19.

droit français qui soumettaient l'immatriculation d'un navire à la condition que la société propriétaire de celui-ci ait son siège social en France. Dans l'affaire *Sevic* la Cour de justice constatait le caractère discriminatoire de la mesure nationale allemande interdisant l'enregistrement des fusions transfrontalières et soulignait que cette mesure instaurait « *une différence de traitement entre sociétés selon la nature interne ou transfrontalière de la fusion, qui est de nature à les dissuader d'exercer la liberté d'établissement consacrée par le Traité* »[1448]. En effet, le caractère discriminatoire transparaît avec évidence dans la mesure où l'inscription au registre commercial était systématiquement refusée lorsque l'une des deux sociétés avait son siège dans un autre État membre, alors qu'elle devenait possible dès lors que les sociétés participant à la fusion avaient chacune leur siège social sur le territoire allemand.

816. De surcroît, le principe de non discrimination emporte des conséquences significatives sur l'assouplissement de la procédure de réalisation d'une fusion transfrontalière. En effet, comme l'affirme judicieusement un auteur « *le principe de non-discrimination sous-jacent au principe de liberté d'établissement a également des conséquences sur le déroulement de l'opération de fusion ou scission, et notamment sur les conditions de majorité et les formalités* »[1449]. Dés lors, il ne serait plus loisible à une législation d'exiger, pour l'approbation d'une fusion transfrontalière, des conditions de *quorum* et de majorité plus restrictives que celles réclamées pour une fusion purement interne. Seraient également discriminatoires les mesures nationales de protection des créanciers ou des associés minoritaires ainsi que des formalités de publicités uniquement prévues pour les fusions transfrontalières[1450]. Par ailleurs, soulignons que les rédacteurs de la dixième directive étaient conscients de la nécessité d'éviter toute forme de discrimination. À cette fin, ils ont instauré un système de renvoi aux dispositions nationales afin que les modalités de la réalisation de la fusion transfrontalière concordent largement avec celles de la fusion interne.

817. **L'efficacité des restrictions.** Outre le caractère non discriminatoire, la mesure nationale restrictive à la liberté d'établissement doit être efficace. L'arrêt *Centros* illustre parfaitement l'inefficacité de la mesure prise par l'administration danoise consistant à refuser l'immatriculation d'une succursale britannique justifiée par un objectif de protection des créanciers publics ou privés et des cocontractants ou encore pour lutter contre les

[1448] CJUE, 13 déc. 2005, *Sevic*, *arrêt préc.*, point 22.
[1449] TILQUIN (Th.), *art. préc.*, n°29.
[1450] C'est pour cette raison qu'il n'a pas été prévu des cas de nullité spécifiques aux fusions transfrontalières. Le principe de non discrimination justifie notamment la position du législateur européen à propos des mesures relatives à la protection des associés minoritaires.

faillites frauduleuses. L'autorité danoise considérait que la société *Centros* qui n'exerçait aucune activité commerciale au Royaume-Uni, n'installait pas au Danemark une succursale, mais un véritable établissement principal dans le but unique de contourner les règles danoises exigeant un capital minimum. Cependant, la Cour de justice considère que cette mesure nationale constitue une entrave à la liberté d'établissement, car « *la pratique en cause n'est pas à même d'atteindre l'objectif de protection des créanciers qu'elle est censée poursuivre puisque, si la société concernée avait exercé une activité au Royaume-Uni, sa succursale aurait été immatriculée au Danemark, alors même que les créanciers danois auraient été tout autant fragilisés* »[1451]. En d'autres termes, le refus d'immatriculation de la succursale d'une société étrangère ne protège pas les créanciers danois peu important que la société exerce ou non une activité commerciale dans son pays d'origine. Une mesure efficace consisterait dans ce cas à informer de manière efficace les créanciers sur la législation à laquelle est soumise la succursale. Ainsi, les créanciers pourraient traiter avec cette succursale en connaissance des conditions de leur protection.

818. **La proportionnalité des mesures.** Finalement, toute restriction au principe de liberté d'établissement des sociétés doit obéir à la condition de proportionnalité qui, au regard de la jurisprudence européenne, semble être la plus sévèrement contrôlée. En effet, les restrictions nationales au principe de la liberté d'établissement échouent souvent au « *test* » de la proportionnalité[1452]. La Cour de justice impose un scrupuleux respect de cette condition. Il en est ainsi, car « *la proportionnalité est sans doute celle qui, parmi les quatre conditions énumérées par le juge de Luxembourg, lui laisse la plus grande marge d'appréciation* »[1453]. La mesure nationale prise pour une raison impérieuse d'intérêt général ne saurait aller au-delà du but poursuivi. En effet, comme le constate un auteur, pour ne pas être qualifiée de disproportionnée par le juge, la mesure incriminée « *ne doit pas avoir une portée absolue ou trop absolue* »[1454]. Ainsi, les raisons impérieuses d'intérêt général sont impuissantes à justifier une interdiction générale au droit d'établissement des sociétés[1455]. Dans l'affaire *Sevic*, ce critère a permis à la

---

1451 CJUE, 9 mars 1999, *Centros, arrêt préc.*, point 35.

1452 En ce sens : HAMONIAUX (Th.), *L'intérêt général et le juge communautaire*, LGDJ, 2001, p. 136 ; v. égal. FALLON (M.), *Libertés communautaires et règles de conflit de lois in. Les conflits de lois et le système juridique communautaire*, Dalloz, 2004, p. 31 et s., spéc. p. 57. Cet auteur considère que l'appréciation de la proportionnalité d'une mesure nationale constitue un « *test d'aptitude* » consistant à mesurer l'efficacité de la politique législative poursuivie.

1453 MASTRULLO (Th.), *Le droit international des sociétés dans l'espace régional européen*, PUAM, 2009, p. 226.

1454 HAMONIAUX (Th.), *op. cit.*, p. 134.

1455 En ce sens: CJUE, 16 juin 1992, *Commission c. Luxembourg*, C-351/90, Rec. 1991, p. I-3945, point 19 : « *Il y a lieu d'observer ensuite qu'une interdiction générale imposée aux*

Cour de justice d'affirmer que le refus général d'inscription des fusions transfrontalières était incontestablement démesuré par rapport au but poursuivi par la loi allemande. Les considérations de protection des créanciers sociaux et des salariés d'une société nationale ne peuvent justifier une mesure nationale d'une portée aussi absolue. Le caractère disproportionné de la mesure nationale est ainsi aisément identifiable lorsqu'elle a une portée absolue.

819. Cependant, le caractère disproportionné d'une mesure nationale restreignant les fusions intracommunautaires ne ressort pas toujours aussi clairement. Ainsi, la vérification de la condition de proportionnalité suppose la soumission de la mesure nationale en cause à des tests d'interchangeabilité et d'équivalence.

820. En premier lieu, la mesure qui restreint la liberté d'établissement est soumise à un « *test d'interchangeabilité* »[1456] consistant à vérifier si la mesure nationale est « *la moins contraignante possible pour atteindre les objectifs visés* »[1457]. La mesure nationale qui n'est pas la moins contraignante possible, doit donc être écartée. Le juge recherche alors s'il existe une mesure alternative moins contraignante à même d'atteindre l'objectif de protection visé. La Cour de justice a fait sien ce raisonnement dans l'arrêt *Centros*. Elle considérait alors que la mesure exigeant un capital minimum afin de garantir une protection suffisante aux créanciers de la société nationale était disproportionnée puisqu'une mesure alternative moins contraignante permettait d'atteindre un résultat identique. La Cour affirmait ainsi que « *des mesures moins contraignantes ou moins attentatoires pour les libertés fondamentales, donnant par exemple la possibilité légale aux créanciers publics de prendre les garanties nécessaires, pourraient être prises* »[1458]. L'établissement de mesures d'information efficaces au bénéfice des créanciers sur les conditions de leur protection paraissait en l'espèce suffisant à garantir la protection des salariés. Le juge européen tolère uniquement le « *minimum légal* »[1459] pour la sauvegarde des raisons impérieuses d'intérêt général. En conséquence, les États membres peuvent seulement prévoir des mesures nationales de protections *a minima* des associés minoritaires, des créanciers et des salariés dans les opérations de fusions transfrontalières. À défaut, la mesure nationale serait qualifiée d'entrave au principe de liberté d'établissement.

---

praticiens, établis dans un autre Etat membre ou y exerçant une activité salariée, d'exercer à partir d'un établissement au Luxembourg est indûment restrictive ».

1456 FALLON (M.), *art. préc.*, p. 59.
1457 MUSTAKI (G.) et ENGAMMARE (V.), *op. cit.*, p. 56.
1458 CJUE, 9 mars 1999, *Centros*, *arrêt préc.*, point 37.
1459 MASTRULLO (Th.), *th. préc.*, p. 228.

821. En second lieu, la mesure restrictive de la liberté d'établissement est soumise à un test d'équivalence. Selon ce test, « *le contenu de la mesure en cause doit être apprécié en fonction de celui de la réglementation de l'État membre auquel le produit, le service ou la personne s'est conformé : des exigences imposées par les deux lois, il convient de se satisfaire de celles du second État, qualifié d'État d'origine, du moins lorsque celles-ci se présentent comme équivalentes en termes de protection recherchée* »[1460]. Il faut souligner que dans les domaines où le législateur européen est intervenu pour harmoniser et rapprocher les législations nationales, le test d'équivalence a tendance à être davantage invoqué. Dans ce sens, M. MASTRULLO constate que « *de fait, plus les législations nationales sont rapprochées, plus elles tendent logiquement à être analysées en terme d'équivalence, et plus la marge de manœuvre des pays membres pour agir légitimement dans le domaine concerné se rétrécit* »[1461]. Le test d'équivalence a donc particulièrement vocation à s'appliquer en matière de fusion puisque lors de la transposition de la troisième et la dixième directive, les législations des États membres ont mis en œuvre des procédures similaires de protection des créanciers et des associés minoritaires. Il en va ainsi notamment des mesures de publicité et de contrôle prévues par les différentes législations européennes. Tel est, par exemple, le cas du contrôle de légalité d'une fusion confié par certaines législations aux notaires et par d'autres à une autorité judiciaire. Ces mesures de contrôle semblent largement équivalentes au regard de l'objectif de protection des associés minoritaires et des créanciers. Un État membre ne peut donc, sous prétexte d'une raison impérieuse d'intérêt général, refuser de reconnaître la fusion intra-européenne au motif que la loi applicable à la société étrangère ne prévoyait pas une procédure de contrôle judiciaire. Par ailleurs, les États membres n'ont pas les mêmes procédures de publicité des fusions transfrontalières. Il s'agit pourtant d'importants moyens d'informations des créanciers et des associés minoritaires, et ils constituent autant de raisons impérieuses d'intérêt général. Cependant, un État membre ne pourrait valablement s'opposer à la reconnaissance d'une fusion transfrontalière au motif que l'État dont relève la société étrangère ne disposerait pas d'un mécanisme de publicité identique au sien. Il suffit que les États en cause aient des mesures de publicité équivalentes.

Ss-paragraphe 2 : Le droit d'opposition des autorités publiques

822. **Le contrepoids à la liberté d'établissement.** Conscient des risques que peut entraîner l'application de la conception extensive du principe de liberté d'établissement aux opérations de fusion transfrontalières, le

---

[1460] FALLON (M.), *art. préc.*, p. 59.
[1461] MASTRULLO (Th.), *th. préc.*, p. 232.

législateur européen a ressenti le besoin d'y ajouter quelques restrictions. À cette fin, l'article 4, alinéa premier, de de la dixième directive prévoit un droit d'opposition étatique aux fusions transfrontalières pour des raisons d'intérêt public[1462]. La seule réserve tient au fait qu'un droit identique s'applique aux fusions purement internes. La position adoptée par la dixième directive s'inspire de celle adoptée par le règlement relatif au statut de la société européenne qui prévoit également un droit d'opposition étatique à la formation d'une SE[1463]. Le législateur européen a en effet voulu assurer une grande mobilité à cette forme de société en facilitant son transfert de siège statutaire et la réalisation de fusions transfrontalières. Le droit d'opposition étatique a été élaboré pour servir de « *clause de sauvegarde nationale* »[1464].

823. **Plan.** Une autorité publique souhaitant exercer son droit d'opposition de fusion transfrontalière doit justifier d'une raison d'intérêt public **(A)** et respecter certaines conditions de mise en œuvre **(B)**.

A- Le fondement du droit d'opposition : les raisons d'intérêt public

824. **La définition de la notion d'intérêt public.** La notion d'« *intérêt public* » justifiant l'opposition étatique à une fusion transfrontalière est imprécise puisqu'elle n'a fait l'objet d'aucune définition ni dans la dixième directive sur les fusions transfrontalières, ni dans le règlement relatif à la SE. Cette situation, jugée regrettable par la doctrine[1465], a lancé un vif débat

---

1462 Art. 4, al. 1 Dir. 2005/56/CE « *lorsque la législation d'un Etat membre permet à ses autorités nationales de s'opposer, pour des raisons d'intérêt public, à une fusion au niveau national, cette législation s'applique également à une fusion transfrontalière* ».

1463 En effet, le règlement sur la SE envisage le droit d'opposition étatique dans deux hypothèses. La première concerne une opération de fusion en vu de la constitution d'une SE. En effet, en vertu de l'article 19 dudit règlement, « *la législation d'un Etat membre peut prévoir qu'une société relevant du droit de cet Etat membre ne peut participer à la constitution d'une SE par voie de fusion si une autorité compétente de cet Etat membre s'y oppose [...]. Cette opposition ne peut avoir lieu que pour des raisons d'intérêt public* ». Dans ce cas de figure, l'opposition doit intervenir avant la délivrance du certificat attestant d'une manière concluante l'accomplissement des actes et formalités préalables à la fusion. La deuxième, prévue dans l'article 8-14 du règlement, concerne un transfert de siège statutaire de la SE qui entraîne un changement du droit applicable. Selon les dispositions de cet article, « *la législation d'un Etat membre peut prévoir, en ce qui concerne les SE immatriculées dans celui-ci, qu'un transfert du siège statutaire, dont résulterait un changement du droit applicable, ne prend pas effet si, dans le délai de deux mois visé au paragraphe 6, une autorité compétente de cet Etat s'y oppose. Cette opposition ne peut avoir lieu que pour des raisons d'intérêt public* »

1464 GOYET (Ch.), *Société européenne*, Encycl. Dalloz communautaire, févr. 2004. 1-33, n°29.

1465 En ce sens : MENJUCQ (M.) et FAGES (F.), *L'introduction de la société européenne en droit français*, JCP E 2005, n°38, p. 1668 ; CATHIARD (C.) et LECOURT (A.), *La pratique du droit européen des sociétés. Analyse comparative des structures et des fusions transfrontalières*, Joly/Lextenso, 2010, n°1154

autour de la détermination du contenu de la notion. La première question soulevée était de savoir si la définition devait provenir des instances européennes ou des législateurs nationaux. Conformément à l'opinion de la majorité des auteurs, il importe surtout que cette notion soit définie indépendamment des dispositions nationales[1466]. Les tenants de cette solution considèrent que la raison d'intérêt public qui permet de déroger au principe européen de liberté d'établissement, ne peut être saisie que par référence au droit européen. En effet, l'application du principe de primauté du droit communautaire interdit aux États de restreindre les libertés européennes fondamentales par des mesures nationales. L'adoption d'une telle solution a pour avantage d'offrir un traitement uniforme du droit d'opposition dans l'ensemble de l'espace européen et d'éviter ainsi toute distorsion nationale. À cet égard, il semble séduisant de se référer aux dispositions du TFUE relatives au droit d'établissement et plus particulièrement à son article 52 qui prévoit la faculté de déroger au principe de liberté d'établissement pour « *des raisons d'ordre public, de sécurité publique et de santé publique* ». Les dispositions de ce texte sont pourtant insuffisantes à délimiter avec précisions les éléments constitutifs de raisons d'intérêt public. De surcroît, cet article est trop restrictif, car il ne prend pas en considération d'autres cas d'intérêt public propres à justifier un droit d'opposition étatique. En effet, une partie de la doctrine affirme que la notion d'intérêt public envisage à la fois les questions relevant des intérêts de sécurité et de défense nationale ainsi que des intérêts économiques et financiers, en particulier fiscaux[1467]. Un auteur propose d'adopter une conception encore plus large de la notion qui engloberait « *non seulement la lutte contre l'évasion fiscale mais aussi plus simplement la préservation de l'emploi national* »[1468]. À la lumière de ces opinions, il est possible de déduire que le droit d'opposition n'est que l'émanation des prérogatives « *régaliennes* » de chaque État. Néanmoins, conformément à la règle générale qui confie à celle-ci une compétence exclusive dans l'interprétation des textes européens, l'intervention de la Cour de justice est indispensable pour préciser les raisons d'intérêt public.

825. Cependant, aucune décision claire en la matière n'a jusqu'à présent été rendue. En conséquence, la détermination des contours de la notion

---

[1466] En ce sens : LECLERCQ (P.), *La mobilité et le rattachement de la société européenne in. La société européenne,* Bruylant, 2005, p. 207 ; MENJUCQ (M.) et FAGES (F.), *art. préc.*, p. 1668 ; VIEIRA DA COSTA CERQUEIRA (G.), *Pour une interprétation autonome de la notion de « raisons d'intérêt public » dans le régime des opérations transfrontalières concernant la société anonyme européenne*, RTD eur. 2012, p. 771 et s. *Contra*, BEGUIN (J.), *Le rattachement de la société européenne in. La société européenne, organisation juridique et fiscale, intérêts, perspectives*, Dalloz, 2003, p. 48.

[1467] BEGUIN (J.), *ibid.*

[1468] MENJUCQ (M.), *Régime juridique et fiscal du transfert de siège de la société, art. préc.*, p. 221.

d'intérêt public est pratiquement livrée à l'appréciation du législateur national. À titre illustratif, il est possible d'invoquer l'exemple de la Belgique qui a opté pour une définition de la notion lors de la transposition du règlement relatif à la SE[1469]. Le ministre de l'Économie belge peut exercer un droit d'opposition uniquement lorsque les intérêts économiques ou stratégiques du pays sont gravement mis en péril par les décisions de transfert de la SE. Il en est ainsi dans l'hypothèse d'un transfert vers l'étranger du siège d'une société privatisée qui assume des missions de service public. Malgré les critiques qui lui ont été adressées, la position de la loi belge paraît pertinente, car elle permet de dissiper l'imprécision de la notion d'intérêt public et de cantonner les cas d'opposition étatique. Toutefois, il est particulièrement redouté que des États membres optent pour une interprétation extensive ou une utilisation arbitraire de la notion ce qui entraverait la liberté d'établissement des sociétés[1470]. De tels abus sont commis, *« surtout en période de nationalisme économique »*[1471]. À cet égard, on peut citer la législation bulgare qui illustre la distorsion nationale la plus caractéristique apportée à la notion d'intérêt public. Il est ainsi interdit aux sociétés bulgares possédant des terres en Bulgarie de participer à la création d'une SE dont le siège et l'adresse sont enregistrés dans un autre État membre. De même, les SE enregistrées en Bulgarie et qui y possèdent des terres ne peuvent transférer leur siège dans un autre État membre. De telles prohibitions constituent à n'en point douter une entorse condamnable au mécanisme de transfert de siège statutaire de la SE envisagé par le législateur européen.

826. En revanche, à l'instar du législateur européen, d'autres États membres ont tout simplement renoncé à l'adoption d'une définition. C'est notamment le cas de la France qui s'est abstenue de toute définition lors de la transposition du règlement relatif à la SE. La passivité du législateur français a été jugée regrettable dans la mesure où elle est à l'origine d'un sentiment d'insécurité chez les sociétés fusionnantes qui ne peuvent pas anticiper la position éventuelle des autorités publiques. Souhaitant remédier au vide législatif, une partie de la doctrine[1472] a proposé de définir la notion d'intérêt public par référence à l'article L. 151-3 du CMF[1473]. L'application

---

[1469] Sur l'exemple, v. LECLERCQ (P.), *art. préc.*, p. 207.

[1470] En ce sens : MENJUCQ (M.), *Régime juridique et fiscal du transfert de siège de la société européenne, préc.*, p. 221.

[1471] MENJUCQ (M.), FAGES (F.) et VUIDARD (L.), *L'introduction de la société européenne en droit français : un nouvel instrument au service des groupes de sociétés*, JCP E 2007, p. 30 et s.

[1472] MENJUCQ (M.), *Les atouts et les faiblesses de la société européenne « à la française »*, RLDA 2005, p. 86 et s.

[1473] Art. 151-3, al. 1er CMF « *I. - Sont soumis à autorisation préalable du ministre chargé de l'économie les investissements étrangers dans une activité en France qui, même à titre occasionnel, participe à l'exercice de l'autorité publique ou relève de l'un des domaines*

de ce texte implique une faculté d'opposition étatique lorsque l'une des sociétés participantes à la fusion transfrontalière exerce une activité pouvant porter atteinte à l'ordre public, à la sécurité publique ou aux intérêts de la défense nationale ; ou une activité de recherche, de production ou de commercialisation d'armes, de munitions, de poudres et substances explosives. Ce texte reprend les dispositions de l'article 346 du TFUE[1474] laissant à chaque État membre la liberté de prendre « *les mesures qu'il estime nécessaires à la protection des intérêts essentiels de sa sécurité et qui se rapportent à la production ou au commerce d'armes, de munitions et de matériel de guerre ; ces mesures ne doivent pas altérer les conditions de la concurrence dans le marché commun en ce qui concerne les produits non destinés à des fins spécifiquement militaires* ». Il est possible d'envisager qu'une autorité publique exerce un droit d'opposition à une fusion transfrontalière lorsqu'elle implique une société nationale ayant une activité dans un secteur sensible tel que l'armement et la recherche de produits ayant trait à la santé publique, *etc.* Cette opinion a été reprise par le Sénateur M. MARINI qui a proposé dans son rapport législatif relatif à l'amendement de la loi pour la confiance et la modernisation de l'économie d'insérer les cas prévus par l'article L. 151-3 du CMF dans le champ d'application du droit d'opposition du Procureur de la République[1475]. Il a également proposé d'inclure un cas supplémentaire d'opposition lorsque le Procureur de la République a eu connaissance de la situation de cessation des paiements d'une des SE transférant son siège social. La transposition de cette solution en matière de fusion transfrontalière paraît judicieuse. D'une part, la société absorbante ou absorbée étrangère dans une situation financière critique peut avoir des répercussions négatives sur la situation financière de la société nationale. D'autre part, une société nationale dans une situation de cessation des paiements peut, dans le but d'éluder les dispositions nationales rigoureuses en matière de faillite, accepter d'être absorbée par une société étrangère. Dans ces hypothèses, l'autorité compétente doit pouvoir s'opposer

---

suivants : a) Activités de nature à porter atteinte à l'ordre public, à la sécurité publique ou aux intérêts de la défense nationale b) Activités de recherche, de production ou de commercialisation d'armes, de munitions, de poudres et substances explosives ».

1474 Anc. art. 296 CE

1475 Le sénateur MARINI (Ph.) a proposé dans le rapport législatif n°438 (2004-2005), fait au nom de la commission des finances, un amendement n°5 rect. Bis de la loi n°2005-842 du 26 juillet 2005 pour la confiance et la modernisation de l'économie que l'article L. 229-4 du Code de commerce dispose le suivant « *En cas de transfert du siège de la société européenne dans un autre Etat membre entraînant un changement du droit applicable, le procureur de la République peut s'opposer à cette opération, dans le délai de deux mois à compter de la publication du projet de transfert, pour les motifs suivants : a) Lorsque la société européenne exerce son activité dans l'un ou plusieurs des domaines visés au I de l'article L. 151-3 du code monétaire et financier b) Lorsqu'il a connaissance de la cessation des paiements avérée ou prévisible de la société ou d'une société contrôlée ou par laquelle elle est contrôlée au sens de l'article L. 233-3* ».

à la réalisation de la fusion à des fins de sauvegarde de l'emploi national et de la pérennité des sociétés nationales. Cette interprétation restrictive de la notion d'intérêt public semble juste, car elle permet de sauvegarder la tutelle de l'État sur des sociétés agissant dans des secteurs sensibles relevant notamment du domaine régalien.

827. **La distinction entre les raisons d'intérêt public et les raisons impérieuses d'intérêt général.** Un auteur s'interroge sur la possibilité d'une assimilation des deux expressions[1476]. Pour fonder ses propos, il s'inspire de la jurisprudence de la Cour de justice pour constater que « *les raisons d'intérêt public (...) doivent correspondre aux raisons impérieuses d'intérêt général, telles que définies par la jurisprudence constante de la CJUE en matière de liberté d'établissement et de liberté de circulation des capitaux* »[1477]. Cependant, cette opinion mérite d'être nuancée. En effet, la Cour de justice, comme il a été précédemment exposé, a eu l'occasion de préciser les cas relevant des raisons impérieuses d'intérêt général[1478]. Elles englobent notamment la protection des créanciers, des associés minoritaires, des salariés et de l'administration fiscale. En revanche, les raisons d'intérêt public mettent en jeu les prérogatives régaliennes des États concernés, en l'occurrence l'emploi national et l'administration fiscale. La protection des créanciers et des associés minoritaires est donc exclue de leur domaine de compétence. Il est inconcevable qu'une autorité publique puisse s'opposer à une fusion au prétexte de protéger les intérêts de cette catégorie d'individus. Ces derniers disposent en effet d'un droit d'opposition propre, indépendamment de l'intervention de l'autorité publique[1479]. Dans ces hypothèses, l'État n'a ni la qualité ni l'intérêt pour s'opposer à la fusion. L'on comprend que la notion de raisons impérieuses d'intérêt général est plus étendue que celle d'intérêt public. Tout ce qui constitue une raison d'intérêt public est considéré comme une raison impérieuse d'intérêt général, mais l'inverse n'est pas nécessairement vrai. En effet, la seconde est le contenant de la première. La distinction étant établie entre les deux notions, on peut s'interroger sur la possibilité de reconnaître un droit d'opposition au bénéfice d'une autorité publique pour des raisons impérieuses d'intérêt général. Mme LENOIR a soulevé ce problème dans son rapport relatif à la société européenne[1480]. Elle a constaté que la reconnaissance d'une telle possibilité « *risquerait d'être plus problématique qu'efficace* ». En effet, l'extension de la compétence du Procureur semble inutile, d'une part, car les

[1476] VIEIRA DA COSTA CERQUEIRA (G.), *art. préc.*, p. 771 et s.
[1477] *Id., ibid.*
[1478] Sur les raisons impérieuses d'intérêt général, cf. *supra*, n°s 814 et s.
[1479] Sur le droit d'opposition des créanciers sociaux, cf. *infra*, n[os]1076 et s. et celui des associés minoritaires, cf. *infra*, n[os]1120 et s.
[1480] LENOIR (N.), *La Societas Europaea ou SE, pour une citoyenneté européenne de l'entreprise*, éd. Rapports officiels, 2007, p. 44 et s.

États membres disposent de moyens suffisants pour sauvegarder l'intérêt général et contraire à la jurisprudence de la Cour de justice, d'autre part, qui cherche avant tout à assurer la liberté d'établissement des sociétés.

B- Les conditions de mise en œuvre d'un droit d'opposition

828. **La condition de l'existence d'un droit d'opposition aux fusions internes.** La condition principale émise par la dixième directive pour qu'un État membre puisse prévoir un droit d'opposition étatique aux fusions transfrontalières est l'existence d'un droit équivalent en matière de fusions purement internes. Cette condition écarte toute possibilité de discrimination à l'égard d'une fusion transfrontalière. Le législateur européen s'est ainsi conformé au troisième considérant de la dixième directive qui exige expressément la condition de non-discrimination pour justifier toute restriction au principe de liberté d'établissement des sociétés.

829. **L'absence d'un droit d'opposition dans le droit français.** En transposant la troisième directive, le droit français n'a pas prévu la faculté d'opposition à une fusion interne pour ces autorités publiques. À défaut d'existence d'un pareil droit d'opposition, le droit français ne peut, en vertu du principe de non-discrimination, prévoir un droit d'opposition spécifique à la fusion transfrontalière. Toutefois, un droit d'opposition étatique a été mis en place lors de la transposition des dispositions de l'article 19 du règlement SE prévoyant la mise en œuvre de ce droit dans les hypothèses d'une fusion constitutive d'une SE ou d'un transfert du siège statutaire de la SE. L'article L. 229-4 du Code de commerce a confié ce droit d'opposition au procureur de la République[1481]. En tant qu'elle instaure une différence de traitement entre la fusion transfrontalière et la fusion constitutive de SE, l'attitude du

---

[1481] Art. L. 229- 4 C. com. « *L'autorité compétente pour s'opposer, conformément aux dispositions du 14 de l'article 8 et de l'article 19 du règlement (CE) n°2157/2001 du Conseil du 8 octobre 2001, précité, au transfert de siège social d'une société européenne immatriculée en France et dont résulterait un changement du droit applicable ainsi qu'à la constitution d'une société européenne par voie de fusion impliquant une société relevant du droit français, est le procureur de la République. Il se saisit d'office ou est saisi par toute personne ou autorité qui estime qu'une telle opération est contraire à un intérêt public. La décision du procureur de la République est susceptible de recours devant la cour d'appel de Paris* ». Précisons également qu'il existe d'autres autorités publiques dans des secteurs spécifiques qui disposent d'un droit d'opposition en fonction de l'activité de SE. À cet égard, le Comité des établissements de crédit et des entreprises d'investissement et l'AMF (art. L. 532-3-2 CMF) peuvent s'opposer pour des raisons d'intérêt public au transfert du siège social ou à la fusion par constitution d'une SE concernant respectivement une entreprise d'investissement ou une société de gestion de portefeuille agrée en France. Par ailleurs, un droit similaire est reconnu au Comité des entreprises d'assurances (Art. L. 322-29 C. assur.) pour les opérations concernant une entreprise d'assurance.

législateur français semble critiquable[1482]. Pour cette raison, un certain nombre d'auteurs ont proposé de supprimer les règles relatives au droit d'opposition prévue pour les fusions constitutives de SE, afin de « *l'aligner sur le droit applicable aux fusions transfrontalières de sociétés de capitaux, car rien ne justifie une telle différence de régime* »[1483]. D'un autre côté, les mêmes auteurs saluent la position du législateur à l'égard des fusions transfrontalières, car l'absence d'un droit d'opposition étatique contribue à l'assouplissement des restrictions à la réalisation de ces opérations.

830. Le principe même d'opposition à une opération transfrontalière peut paraître inconciliable avec le principe de liberté d'établissement des sociétés. Des opinions en ce sens ont été avancées en Belgique lors des discussions sur la transposition du règlement relatif à la SE. En effet, une partie de la doctrine belge considérait qu'« *une éventuelle intervention des pouvoirs publics dans le cadre d'une décision de nature économique apparaissait (...) comme source d'arbitraire, sans parler de son caractère rétrograde qui évoquait sans doute pour certains les heures sombres de la dictature du prolétariat* »[1484]. Cette position paraît toutefois extrême. Il existe des cas critiques dans lesquels l'État doit pouvoir conserver une certaine capacité d'entraver la liberté d'établissement. Il en va notamment ainsi lorsque la fusion concerne des sociétés ayant des activités dans des secteurs sensibles ayant des répercussions sur l'ordre public, la santé publique et la sécurité nationale. Le principe même du droit d'opposition étatique ne doit pas être remis en cause, sous réserve qu'il soit convenablement encadré afin d'éviter toute possibilité de mise en œuvre excessive.

831. **L'applicabilité des conditions justifiant les entraves au principe de liberté d'établissement.** L'opposition étatique doit-elle être exercée conformément aux conditions de validité des restrictions nationales apportées au principe de liberté d'établissement des sociétés ? D'après la solution de l'arrêt *Sevic* qui consacre la fusion transfrontalière comme une modalité d'exercice du principe de liberté d'établissement, toute mesure nationale qui s'oppose à la réalisation de cette opération s'analyse comme une entrave à la liberté d'établissement des sociétés. Lorsqu'une autorité publique exerce son droit d'opposition à une fusion pour une raison d'intérêt

[1482] Le législateur belge a adopté une solution identique à celle du législateur français en prévoyant un droit d'opposition étatique concernant seulement la société européenne. En revanche, il n'a prévu aucun droit semblable à l'égard des fusions transfrontalières. Sur ce point, v. TILQUIN (Th.), *Les restructurations transfrontalières en droit belge in. Fusions transfrontalières de sociétés, droit luxembourgeois et droit comparé*, éd. Larcier, 2011, p. 210.

[1483] LENCOU (D.) et MENJUCQ (M.), *Les fusions transfrontalières de sociétés de capitaux : enfin une réalité mais des difficultés persistantes !* , D. 2009, p. 886 et s., spéc. p. 887.

[1484] Sur le sujet, v. LECLERCQ (P.), *art. préc.*, p. 208.

public, il est évident qu'elle déroge à la liberté d'établissement des sociétés. Or, rien ne justifie une différence de régime entre une mesure étatique restreignant la liberté d'établissement et l'exercice d'un droit d'opposition étatique à l'encontre d'une fusion transfrontalière. Par conséquent, le droit d'opposition doit être exercé de manière non discriminatoire ; poursuivre un intérêt public ; être propre à garantir la réalisation de l'objectif poursuivi ; et ne pas aller au-delà de ce qui est nécessaire pour l'atteindre. Le législateur a lui-même établi expressément la condition de non-discrimination dans la dixième directive en exigeant des législations nationales un droit d'opposition sur les fusions internes pour pouvoir l'exercer à l'encontre des fusions transfrontalières. La condition de poursuivre une raison impérieuse d'intérêt général est également respectée lorsqu'il y a réellement un intérêt public justifiant le droit d'opposition. Le contrôle de la Cour de justice se limitera en principe à l'appréciation de l'efficacité et de la proportionnalité de la mesure nationale par rapport à l'objectif poursuivi.

Ss-section 2 : La reconnaissance des sociétés fusionnantes

832. **Plan.** La reconnaissance des sociétés étrangères soulève généralement deux sortes de problèmes[1485]. D'abord, celui de la reconnaissance par la loi nationale de l'existence juridique de la personne morale étrangère. Une fois cette existence reconnue, reste à résoudre le problème de la détermination de la capacité de la personne morale étrangère, c'est-à-dire des droits à sa disposition. La réalisation d'une fusion transfrontalière qui met en cause des sociétés de nationalités différentes soulève les mêmes difficultés. En effet, il faut que les législations concernées par l'opération reconnaissent non seulement l'existence des sociétés étrangères **(Paragr. 1)**, mais également leur capacité de participer à une fusion transfrontalière **(Paragr. 2)**.

Paragraphe 1 : La reconnaissance de l'existence des sociétés étrangères

833. **La nécessité de la reconnaissance.** Pour la réalisation d'une fusion transfrontalière, il faut que chacune des *leges societatis* concernée reconnaisse les sociétés étrangères participant à l'opération. Il doit y avoir entre les différentes *leges societatis « un régime de reconnaissance réciproque des sociétés »*[1486]. La reconnaissance d'une société étrangère se

---

[1485] Sur la distinction entre existence et capacité, v. PILLET (A.), *Des personnes morales en droit international privé*, Sirey, 1914, p. 87 et s.

[1486] BIETZKE (G.), *art. préc.*, p. 5.- *Adde*, CAUSSAIN (J.-J.), *Des fusions transfrontalières dans l'Union européenne*, *préc.*, p. 126 ; TILQUIN (Th.) et DELCORDE (J.-A.), *art. préc.*, n°55 ; Communication de BISDOM (W.) *in. Coopérations, concentrations et fusions d'entreprises dans la Communauté Economique Européenne, Colloque organisé par le Centre Universitaire d'Etudes Européennes de la Faculté de Droit et des Sciences*

définit comme « *l'admission sur le territoire national de l'existence et des effets d'une personnalité juridique (...) étrangère* »[1487]. Il est alors question « *de savoir si cet État admet l'existence de la personnalité morale, c'est-à-dire s'il reconnaît que la société est valablement constituée dans un autre État* »[1488]. La reconnaissance d'une société aura essentiellement pour effet « *de faire admettre à son profit l'aptitude à jouir, comme telle, de droits patrimoniaux et à les exercer, autrement dit, sa capacité juridique propre* »[1489]. À défaut, elle ne pourra pas « *ester en justice, au moins comme demanderesse, en raison de la règle nul ne plaide par procureur ni être sujet de droit dans aucun acte juridique, ni avoir la propriété ou possession de biens à quelque titre que ce soit (...) la personne se trouve dès lors, en quelque sorte confinée dans le pays où elle a été créée sans pouvoir agir ailleurs* »[1490]. Il en résulte qu'une société étrangère ne peut valablement s'établir dans un État au moyen d'une fusion transfrontalière que si cet État d'accueil la reconnaît.

834. **Les différents régimes de reconnaissance des sociétés étrangères.** Le régime de reconnaissance des sociétés étrangères dépend principalement du système de conflit adopté par chaque État[1491]. Cette démarche assimile en

---

Economiques de Paris, 26-28 oct. 1967, RMC 1968, p. 226. L'auteur relève qu'une fusion transfrontalière ne peut avoir lieu qu'entre sociétés dont le statut juridique est soumis à la loi de pays entre lesquels la reconnaissance de la personnalité morale des sociétés est admise.

1487 LEVY (L.), *La nationalité des sociétés*, LGDJ, 1984, p. 51. V. égal. PERRIN (J.-F.), *Le droit international privé des société dans la CEE*, Genève, 1971, p. 5 : cet auteur définit aussi la reconnaissance comme « *la prise en considération, par l'ordre juridique reconnaissant, de l'existence d'une société qui déduit sa qualité de sujet de droit de l'ordre juridique étranger compétent pour la régir* ».

1488 MENJUCQ (M.), *op. cit.*, p. 57.

1489 GOLDMAN (B.), LYON-CAEN (A.) et VOGEL (L.), *Droit commercial européen*, Dalloz, 5eme éd., 1994, p. 92.

1490 NIBOYET (J.-P.), *Traité de droit international privé français, t. 2, La condition des étrangers*, Sirey, 2eme éd., 1951, p. 426.

1491 Un ancien débat liait la question de la reconnaissance de la société étrangère à celle de la nature de la personnalité morale. Sur ce débat, v. NIBOYET (J.-P.), *op. cit.*, p. 427 et s. ; LOUSSOUARN (Y.) et BREDIN (J.-D.), *op. cit.*, n° 286. D'après les partisans de la théorie de réalité de la personnalité morale, il ne devait y pas avoir d'obstacle à la reconnaissance de la personnalité morale d'une société étrangère. En effet, par analogie avec la personne physique, un étranger ne devait pas perdre sa personnalité en franchissant les frontières de son pays d'origine. En revanche, les tenants de la théorie de la fiction considéraient que la personnalité morale n'était qu'une création du législateur. Par conséquent, la personnalité morale d'une société ne pouvait avoir d'existence en dehors du territoire de l'État qui lui avait attribué sa personnalité. En ce sens, v. WEISS (A.), *Traité théorique et pratique de droit international privé*, t. 2, Sirey, 2eme éd., 1913, p. 448. Cependant, la relation entre la reconnaissance de la personnalité d'une société étrangère et la nature de cette personne est désormais écartée. Le législateur reconnaît plusieurs institutions qui reposent sur des fictions ou des montages purement artificiels (ex : le mariage putatif, l'effet déclaratif du partage, l'effet rétroactif de la condition). Par conséquent, comme le souligne le professeur NIBOYET

quelque sorte la reconnaissance à la règle de conflit applicable à la société. Elle a été critiquée dans la mesure où la reconnaissance de l'existence propre d'une personne morale précède nécessairement la détermination de la loi qui lui est applicable[1492]. La reconnaissance d'une société dépend donc de sa nationalité laquelle ne coïncide pas toujours avec sa *lex societatis*. Un auteur souligne à cet égard que « *le choix du droit applicable aux sociétés s'effectue naturellement par le jeu de la règle de conflit du for ; au contraire, la nationalité ne peut pas résulter de la lex fori ; celle-ci constate simplement que tel législateur étranger attribue son allégeance à une personne morale donnée* »[1493]. Toutefois, distinguer la reconnaissance de la loi applicable n'est pas évident, car « *l'existence d'une situation régulièrement acquise à l'étranger implique que la société a été constituée par référence à la loi compétente en vertu de la règle de conflit de l'État de reconnaissance. C'est dans cette mesure que la reconnaissance pose nécessairement un problème de conflit de lois* »[1494]. Par conséquent, la démarche adoptée par les législations européennes pour la reconnaissance des sociétés étrangères s'appuie sur le système de conflit de lois applicable. Ainsi, les États d'accueil qui retiennent le système d'incorporation reconnaissent l'existence juridique d'une société dès lors qu'elle a été régulièrement constituée selon la législation de l'État d'origine. En revanche, les États qui retiennent le système du siège réel ne se contentent pas de vérifier si la société a été constituée en conformité avec les dispositions de son État d'origine. Ils exigent également que sa constitution soit en conformité avec la réglementation de l'État du lieu d'existence de son siège social effectif. Le système du siège réel qui n'admet pas la dissociation entre le siège statutaire et le siège réel refuse ainsi de reconnaître une société constituée dans un État, mais qui aurait son centre de direction et de contrôle dans un autre[1495]. Ce système est susceptible d'entraîner de substantielles restrictions à la reconnaissance des sociétés étrangères et, par conséquent, d'entraver la réalisation d'une fusion transfrontalière.

« *la question de la nature fictive ou réelle de la personnalité morale est ici sans conséquence* » (NIBOYET (J.-P.), *op. cit.*, p. 428).

[1492] En ce sens : GOLDMAN (B.), *La reconnaissance mutuelle des sociétés dans la Communauté économique européenne in. Mélanges JULLIOT DE LA MORANDIERE (L.)*, Dalloz, 1964, p. 175 et s. ; v. égal. GOLDMAN (B.), *Le projet de convention entre les Etats membres de la Communauté économique européenne sur la reconnaissance mutuelle des sociétés et personnes morales in. Rabels Zeitschrift*, 31eme année, 1967, p. 291 et s.

[1493] LEVY (L.), *th. préc.*, p. 55.

[1494] LOUSSOUARN (Y.) et BREDIN (J.-D.), *op. cit.*, p. 506 ; LEVY (L.), *th. préc.*, p. 52.

[1495] Cette position est adoptée par le droit belge qui prévoit à l'article 58, alinéa 2, de son Code des sociétés et des associations, que « *les sociétés constituées en pays étranger et y ayant leur siège réel pourront faire leurs opérations en Belgique et ester en justice et y établir une succursale* ».

835. **La consécration d'un principe de reconnaissance dans le droit européen.** La question de la reconnaissance ne pose plus de difficultés particulières à l'échelon européen[1496]. En effet, après les arrêts *Centros-Überseering-Inspire Art*, le système du siège réel n'est plus à même de constituer une entrave à la reconnaissance d'une société étrangère valablement constituée au regard de la loi d'un État membre qui ne retiendrait que le critère du siège statutaire. La CJUE a imposé la reconnaissance de ces sociétés sur le fondement du principe de liberté d'établissement. Il en résulte que la société valablement immatriculée dans un État membre doit être reconnue dans tous les autres où que se trouvent son le lieu d'incorporation et son siège réel[1497]. Récemment, le législateur européen a consacré le principe de la reconnaissance mutuelle des sociétés entre les pays de l'Union dans le traité sur le fonctionnement de l'Union européenne[1498].

[1496] Dans le cadre européen, il est utile de signaler que plusieurs tentatives d'adoption de conventions multilatérales ont été menées pour pallier aux difficultés de reconnaissance des sociétés, sans que ces conventions ne soient entrées en vigueur. Sur le sujet, v. AUDIT (B.) et D'AVOUT (L.), *op. cit.*, n°1062 ; MENJUCQ (M.), *op. cit.*, p. 67 et s. Une convention relative à la reconnaissance de la personnalité juridique des sociétés, associations et fondations étrangères a été conclue à La Haye le 1er juin 1956. Elle prévoit un principe de reconnaissance des sociétés participant à une fusion transfrontalière. L'article 4, alinéa 4 de cette convention dispose ainsi que *« la fusion d'une société, d'une association ou d'une fondation qui a acquis la personnalité dans un des États contractants, avec une société, une association ou une fondation qui a acquis la personnalité dans un autre État contractant sera reconnue dans tous les États contractants au cas où elle est reconnue dans les États intéressés »*. Par ailleurs, une convention a été signée à Bruxelles le 29 février 1968 à propos de la reconnaissance mutuelle des sociétés dans la Communauté économique européenne. À propos de cette convention, v. CEREXHE (E.), *La reconnaissance mutuelle des sociétés et des personnes morales dans la CEE*, RMC 1968, n°110 ; DIEU (J.), *La reconnaissance mutuelle des sociétés et personnes morales dans les Communautés européennes*, Cah. dr. eur. 1968, p. 532. La convention de Bruxelles prévoit la reconnaissance de toute société constituée en conformité avec la loi d'un État contractant et ayant son siège statutaire dans un État auquel s'applique la convention. Toutefois, elle n'est pas entrée en vigueur, car elle n'a pas été ratifiée par les Pays-Bas.

[1497] La position de la CJUE a incité les États membres retenant le critère du siège réel à modifier leur critère de rattachement. Ainsi, en Allemagne une proposition du Conseil allemand pour le droit international privé suggère l'adoption du critère d'incorporation respectueux du principe de liberté d'établissement. En ce sens, v. SONNENBERGER (H. J.) et BAUER (F.), *Proposition du Deutscher Rat für Internationales Privatrecht en vue de l'adoption d'une réglementation du droit international des sociétés au niveau européen/national*, RCDIP 2006, p. 712.

[1498] Art. 54 TFUE: « *Les sociétés constituées en conformité de la législation d'un État membre et ayant leur siège statutaire, leur administration centrale ou leur principal établissement à l'intérieur de l'Union sont assimilées, pour l'application des dispositions du présent chapitre, aux personnes physiques ressortissantes des États membres.*

Par sociétés, on entend les sociétés de droit civil ou commercial, y compris les sociétés coopératives, et les autres personnes morales relevant du droit public ou privé, à l'exception des sociétés qui ne poursuivent pas de but lucrative »

836. **La position libérale du droit français.** Il est intéressant d'étudier la position du droit international privé français concernant la reconnaissance des sociétés étrangères. Une telle étude n'a plus d'intérêt relativement aux sociétés relevant des États membres, car leur reconnaissance s'impose au droit français. Nous limiterons donc nos propos à la question de la reconnaissance des sociétés étrangères issues d'États tiers à l'Union européenne. Nous verrons alors si la fusion transfrontalière peut être entravée à défaut de reconnaissance de la personnalité morale de ces sociétés par le droit français. Certains auteurs considèrent que le droit français opte pour le système du siège réel[1499]. Cependant, cette position doit être nuancée[1500]. En effet, il paraît plus exact d'affirmer que le droit français tient plutôt une position intermédiaire. Hormis l'existence d'une fraude, l'État français ne pose aucune restriction à la reconnaissance d'une société étrangère valablement constituée au regard des dispositions du lieu de son incorporation. Cette position libérale est justifiée par une règle coutumière incontestée, notamment concernant les sociétés de personnes et les SARL étrangères. À propos de ces dernières, la seule condition exigée par le droit français pour leur reconnaissance était qu'elles jouissaient de la personnalité morale dans leur État de constitution. Le droit français avait même manifesté un excès de libéralisme en reconnaissant l'existence de certaines formes de sociétés étrangères qui ne possédaient même pas la personnalité morale. Traditionnellement, le droit français n'attribuait pourtant pas la capacité juridique aux sociétés dénuées de personnalité morale. Cette solution n'était pas transposée en matière de reconnaissance de sociétés étrangères puisque le droit français leur reconnaissait une capacité juridique du seul fait que l'État du lieu de leur constitution leur attribuait une capacité juridique. La position libérale du droit français concernant la reconnaissance des sociétés de personnes qui s'étendait aussi aux sociétés anonymes, avait basculé au début du XIXe siècle vers une position plus restrictive. La modification de position du droit français était intervenue en réaction à une décision rendue par la Cour de cassation belge le 8 février 1849 qui avait refusé de reconnaître en Belgique une société anonyme française. Cette décision avait été considérée comme une rupture de la tradition libérale qui était admise dans les relations des affaires franco-belges. Envahi par une grande émotion, le législateur français avait promulgué alors une loi du 30 mai 1857 qui subordonait la reconnaissance de la personnalité morale des sociétés de capitaux d'un pays étranger à un décret collectif. Des efforts avaient alors été entrepris afin de réduire la portée de cette loi[1501]. De nombreux décrets et conventions bilatérales conclues principalement avec les États membres vont

---

[1499] En ce sens : GOLDMAN (B.), LYON-CAEN (A.) et VOGEL (L.), *op. cit.*, p. 91.

[1500] MENJUCQ (M.), *th. préc.*, n°178 et s.

[1501] En ce sens : BEGUIN (J.), *Un texte à abroger : la loi sur la reconnaissance internationale des sociétés anonymes étrangères in. Mélanges CHAMPAUD (Cl.),* Dalloz, 1997, p. 2 s.

permettre de rétablir progressivement la reconnaissance. Pour les sociétés ne bénéficiant pas de ces décrets et conventions, les juristes se sont principalement réfugiés dans les dispositions de la Convention européenne de sauvegarde des droits de l'Homme (CESDH) qui reconnaît à toute personne le droit d'agir en justice pour la protection de ses biens et intérêts[1502]. Ainsi, un nombre *minimum* de droits a été souvent reconnu aux sociétés. Il a fallu attendre longtemps avant qu'une nouvelle loi du 20 décembre 2007 relative à la simplification du droit[1503] ne vienne abroger les dispositions de la loi de 1857 et lever ainsi le dernier obstacle à une reconnaissance de plein droit des sociétés étrangères. Dorénavant, une société anonyme étrangère est reconnue de plein droit par l'État français dès lors que la capacité juridique de cette société est reconnue par l'État de sa constitution.

837. **Synthèse.** On peut constater que la totalité des États membres, notamment la France, prévoit désormais un principe de reconnaissance des sociétés étrangères dès lors que celles-ci ont été constituées en conformité avec la loi de l'État de leur immatriculation. De ce fait, la condition préalable de l'existence d'un système de reconnaissance réciproque entre les lois intervenant dans une fusion transfrontalière est ainsi satisfaite dans tous les États membres[1504].

Paragraphe 2 : La reconnaissance de la capacité de fusionner

838. **La loi applicable à la capacité de fusionner.** En droit international privé, la solution traditionnellement enseignée est que la *lex societatis* a une large emprise sur la société puisqu'elle régit la constitution de la société et détermine sa capacité de jouissance comme d'exercice[1505]. La *lex societatis* a été parfois perçue, par analogie avec le statut personnel des personnes physiques, comme l'organisatrice du « *statut personnel de la société* »[1506].

[1502] En ce sens : Cass. crim., 12 nov. 1990, RC 1990, p. 667, 2e esp., note KHAIRALLAH (G.) ; Cass. com., 8 juill. 2003, D. 2004, p. 692, note KHAIRALLAH (G.).

[1503] Plus précisément, l'article 27, II, 4° de la L. n°2007-1787, 20 déc. 2007, JORF n°0296, 21 déc. 2007, p. 20639.

[1504] En ce sens: CAUSSAIN (J.-J.), *Des fusions transfrontalières dans l'Union européenne, préc.*, p. 126 ; BOUCOURECHLIEV (J.), *art. préc.*, n°4.

[1505] BATIFFOL (H.) et LAGARDE (P.), *op. cit.*, t. 1, n°203 : la loi applicable à la société déterminera « *la capacité de jouissance de la société, par exemple en matière de libéralités à consentir ou recueillir, sa capacité d'exercice…* ». BEGUIN (J.) et MENJUCQ (M.), *op. cit.*, n°314. Une solution identique a été expressément adoptée en droit international privé belge : Art. 111 Ldip belge : « *Le droit applicable à la personne morale détermine notamment : […] 4° la capacité de la personne morale* ».

[1506] L'expression a été utilisée dans un ancien arrêt de la Cour de cassation : Cass. civ., 4 juill. 1923, J. soc. 1925, p. 18. Pareillement à la capacité d'une personne physique, qui dépend de sa loi personnelle, la capacité de la personne morale doit aussi dépendre de sa loi nationale. L'analogie a paru toutefois abusive à nombreux auteurs : MENJUCQ (M.), *op. cit.*, n°101 ;

Le Professeur NIBOYET affirme que « *seule la loi applicable au statut organique d'une personne morale peut déterminer les actes juridiques et les activités diverses que celle-ci peut manifester ; elle joue exactement le même rôle que la loi personnelle en ce qui concerne les individus* »[1507]. Il en résulte que la détermination de la capacité de la société de s'engager vis-à-vis des tiers relève strictement de sa *lex societatis*. En adoptant le même raisonnement, il nous semble que la capacité d'une société à participer à une fusion transfrontalière doit être déterminée par sa *lex societatis*. Un auteur se prononce dans ce sens en constatant que « *cette capacité est régie par le droit applicable à la société. La notion vise aussi bien le pouvoir de la société de s'engager dans une procédure de fusion, que les conditions légales et statutaires dont dépend l'exercice de ce pouvoir* »[1508]. L'application distributive s'impose également lorsqu'on observe la procédure de contrôle de légalité de la fusion mise en place par les États. En droit français, par exemple, le greffier du tribunal chargé de contrôler la légalité d'une fusion transfrontalière à l'obligation de vérifier que chacune des sociétés fusionnantes s'est conformé aux dispositions de la loi qui lui est applicable. Si les sociétés fusionnantes ont la capacité de fusionner, en vertu de leur *lex societatis*, et s'il n'y a pas de violations signalées, l'autorité nationale chargée du contrôle doit leur livrer le certificat de légalité. Une fusion transfrontalière est valable chaque fois que les sociétés fusionnantes ont, au regard de la loi de l'Etat dont elles relèvent, la capacité de fusionner.

839. Toutefois, la référence aux seules dispositions de la loi applicable à la société afin de déterminer si celle-ci dispose valablement de la capacité de participer à une fusion transfrontalière ne va pas sans poser des difficultés. En effet, si cette capacité doit être admise par la loi de l'État d'origine de la société fusionnante, elle doit également l'être par celle de l'État d'accueil. Il y a lieu d'appliquer en la matière des dispositions relatives à la jouissance des droits de la société étrangère. En droit français, la solution de principe retenue est simple « *les sociétés étrangères reconnues en France sont assimilées aux sociétés françaises* »[1509]. Une société étrangère ne peut

voir aussi : NIBOYET (J.-P.), *op. cit.*, t. 5, n°1541 : « *les individus ont un statut personnel ; les personnes morales ont, sur un plan parallèle, ce que nous préférons qualifier un statut juridique, ce qui revient au même* ».

[1507] NIBOYET (J.-P.), *op. cit.*, n°1565.

[1508] BENER (H.-R.), *th. préc.*, p. 78.

[1509] BEGUIN (J.) et MENJUCQ (M.), *op. cit.*, n°324. En ce sens mais en utilisant d'autres termes, v. PILLET (A.), *th. préc.*, p. 88 et s. : l'auteur a relevé que « *la question de capacité des personnes morales se présente à deux point de vue : au point de vue intérieur et au point de vue extérieur* ». Le point de vue de la capacité intérieure concerne exclusivement le contenu des droits reconnus à la société par sa propre *lex societatis*. Ainsi, une société ne peut prétendre avoir une capacité de réaliser un acte ou une opération qui lui serait interdit par sa propre *lex societatis*. La capacité intérieure est ainsi une condition nécessaire mais non suffisante pour la réalisation d'une opération transfrontalière. Il faut en effet que cette

bénéficier sur le territoire français de plus de droits qu'une société française. Il en découle qu'elle ne peut se prévaloir à l'égard des autorités françaises, d'une capacité de fusionner avec une société française si les dispositions du droit français la refusent à une société française de forme juridique équivalente. Pour qu'une fusion transfrontalière soit valablement réalisée, chacune des sociétés doit, d'abord, posséder la capacité d'y participer selon les dispositions de sa propre *lex societatis* et, ensuite, cette capacité doit lui être reconnue par la *lex societatis* dont relève les autres sociétés fusionnantes. La capacité de fusionner constitue alors une condition à application cumulative.

840. **La position retenue par la dixième directive.** Le législateur européen ne s'est pas prononcé de manière claire sur la question relative à la loi compétente pour la détermination de la capacité de fusionner d'une société. Seule une lecture approfondie de l'article 4 de la dixième directive semble à même de fournir quelques éclaircissements[1510]. Ce texte dispose que « *les fusions transfrontalières ne sont possibles qu'entre types de sociétés qui peuvent fusionner en vertu de la législation nationale des États membres concernés* ». Deux séries de constatations peuvent alors être faites.

841. D'abord, la directive attribue à chaque État la faculté de fixer le type de sociétés pouvant participer à une fusion transfrontalière. Le principe est qu'une société susceptible de participer à une fusion purement interne peut également participer à une fusion transfrontalière. Réciproquement, la société dont la propre loi ne lui reconnaît pas la possibilité de participer à une fusion interne ne pourra pas *a fortiori* participer à une fusion transfrontalière. En effet, comme le souligne un auteur, « *il semble difficilement concevable que ce qui est interdit à une société dans l'ordre interne le soit dans l'ordre international* »[1511]. Le droit français admet pour toutes les formes de sociétés françaises la capacité de fusionner sous la seule réserve qu'elles soient dotées de la personnalité juridique. Par conséquent, les sociétés en participation et les sociétés de fait ne peuvent pas participer ni à une fusion interne, ni à une fusion transfrontalière.

842. Ensuite, l'interprétation de ce texte donne à penser que la capacité de fusionner d'une société constitue une condition bilatérale nécessitant

---

capacité soit complétée par une capacité extérieure qui consiste à reconnaître à la société étrangère de jouir sur le territoire de l'État d'accueil de tous les droits reconnus aux sociétés nationales.

[1510] Le considérant 2 de la dixième directive reprend la même idée selon laquelle « *la législation des États membres doit autoriser la fusion transfrontalière d'une société de capitaux nationale avec une société de capitaux d'un autre État membre si la législation nationale des États membres concernés permet les fusions entre ces types de sociétés* ».

[1511] CONAC (P.-H.), *art. préc.*, p. 70.

l'approbation de toutes les législations concernées par la fusion transfrontalière. Cette solution se conforte avec la solution que nous avons retenue auparavant et qui se fonde sur le principe de l'égalité des droits entre les sociétés étrangères et les sociétés nationales. Toutefois, l'application cumulative des *leges societatis* pour la détermination de la capacité de fusionner n'est-elle pas contraire au principe de la liberté d'établissement tel que consacré par la directive et la jurisprudence européennes ? Si une société ou toute autre entité juridique étrangère possède, en vertu de la loi qui lui est applicable, la capacité de participer à une fusion transfrontalière, un État membre ne saurait se prévaloir de ses dispositions internes pour refuser de lui reconnaître cette capacité. Il pèse en quelque sorte une obligation à la charge de tout État membre de reconnaître, non seulement l'existence des sociétés relevant de la loi d'autres États membres, mais les capacités et droits dont disposent ces sociétés en vertu du droit qui leur est applicable. Une société qui possède la capacité de fusionner selon la loi qui lui est applicable, doit pouvoir s'en prévaloir à l'égard de la loi applicable à l'autre société fusionnante. On peut relever un raisonnement identique dans l'article 2 de la proposition de dixième directive. Il dispose que « *la fusion par absorption peut également avoir lieu avec une société absorbée en liquidation si la loi applicable à cette société le permet et pourvu que la société absorbée n'ait pas encore commencé la répartition de son actif entre ses actionnaires* »[1512]. Il en résulte que la capacité d'une société en liquidation à participer à une fusion est appréciée en fonction de la loi applicable à cette société, sans intervention de la loi applicable aux autres sociétés fusionnantes. La capacité d'une société est en principe régie uniquement par sa *lex societatis*. Si cette dernière lui accorde la capacité nécessaire pour fusionner, les autres *leges societatis* ont l'obligation de reconnaître de cette capacité.

843. **La fusion entre des sociétés de formes différentes.** Il est intéressant de s'interroger sur la possibilité de réalisation d'une fusion entre sociétés de formes différentes. Ce genre d'opération est réalisable pourvu que toutes les législations dont relèvent les sociétés fusionnantes acceptent, à tout le moins pour les fusions internes, la réalisation de fusion entre sociétés de formes différentes. À défaut, il conviendra de procéder au préalable à des transformations sociétaires afin de faire concorder les formes des entités fusionnantes. Certaines législations, notamment le droit suisse, exigent explicitement que les sociétés fusionnantes soient de formes juridiques compatibles. Cela revient à ne pas reconnaître la fusion entre des sociétés de formes différentes. Ainsi, comme l'explique un auteur, « *une forme de société qui prévoit une responsabilité subsidiaire de ses associés ne peut pas être fusionnée dans une société dont la forme implique une exclusion de la*

[1512] JOCE, n°C-23, 25 janv. 1985.

responsabilité de ses associés »[1513]. Cette solution s'impose en vertu du premier alinéa de l'article 146 de l'ordonnance sur le registre du commerce (ORC) qui impose que soit rapportée une preuve de la compatibilité des entités juridiques fusionnantes doit être rapportée au registre du commerce de la fusion afin que l'opération puisse y être inscrite. Cette preuve est rapportée par divers moyens, notamment par un document « *sous la forme d'un avis de droit émis par une autorité de l'État concerné, voire par un expert indépendant (notaire, avocat, professeur d'université, etc.). Le registre du commerce accepte notamment qu'elle soit émise par l'Institut suisse de droit comparé sis à Lausanne* »[1514].

844. L'admission d'une fusion par une législation à l'échelon interne infère sa reconnaissance à l'échelon international. Cette affirmation s'appuie sur la position du droit européen qui refuse toute discrimination non justifiée entre la fusion interne et la fusion transfrontalière. Le droit français ne s'oppose pas à la réalisation de ce genre de fusion au niveau interne, sous réserve d'une décision unanime lorsque l'opération aboutit à l'augmentation de l'engagement des associés[1515]. Cette exigence résulte du fait qu'une société de personnes à responsabilité illimitée peut être absorbée par une société de capitaux ou une SARL. Le cas échéant, les créanciers de la société absorbée qui disposaient d'un droit de gage sur le patrimoine de la société et celui des associés verraient leurs droits réduits au terme de la fusion. La difficulté réside ainsi uniquement dans la protection des droits des créanciers de la société absorbée.

845. **La capacité d'une société en liquidation.** La participation d'une société en liquidation à une fusion transfrontalière peut être un obstacle à la réalisation de l'opération. En effet, la dixième directive ne contient aucune disposition relative à la fusion des sociétés en liquidation. Il faut alors scruter dans les législations nationales pour savoir si une fusion transfrontalière impliquant une société en liquidation est réalisable. Le projet de convention sur la fusion internationale avait suggéré une solution différente[1516]. L'article 6 du projet prévoyait ainsi la possibilité d'absorption d'une société en liquidation sous conditions, d'une part, que la société absorbée n'ait pas encore commencé la répartition de son actif entre ses actionnaires et que, d'autre part, la loi applicable à la société absorbée le permette. La solution adoptée par les rédacteurs du projet de convention repose sur la constatation

---

[1513] GUILLAUME (F.), *La fusion transfrontalière de sociétés en droit suisse in. Fusions transfrontalières de sociétés, droit luxembourgeois et droit comparé*, éd. Larcier, 2011, p. 241.
[1514] *Id., art. préc.* p. 245.
[1515] Art. L. 236-2, al. 1er C. com.
[1516] GOLDMAN (B.), *Rapport concernant le projet de convention sur la fusion internationale des sociétés anonymes*, RTD eur. 1974, p. 481.

du rôle strictement passif de la société en liquidation qui ne peut être que l'absorbée. Toutefois, il nous semble que la condition de participation d'une société en liquidation à une fusion ne doit pas seulement dépendre de la loi de la société absorbée, mais de toutes celles régissant les sociétés fusionnantes. Il en est ainsi parce que le défaut de reconnaissance de la possibilité de participation d'une société en liquidation à la fusion par l'une de ces lois, notamment celle applicable à la société absorbante, affecterait nécessairement la validité de l'opération.

846. Le renvoi aux dispositions nationales opéré par la dixième directive suppose l'admission de la participation d'une société en liquidation à une fusion transfrontalière dès lors qu'elle possède la capacité de participer à une fusion interne. C'est la solution adoptée par la majorité des États membres, notamment la France, l'Espagne, l'Italie. Ces États qui admettent qu'une société en liquidation puisse participer à une fusion interne, sous réserve que la répartition de ses actifs n'ait pas encore été entamée, lui reconnaissent également la possibilité de participer à une fusion transfrontalière[1517]. Toutefois, le droit belge déroge à cette solution générale en autorisant une société en liquidation à participer à une fusion interne sans pourtant lui permettre de participer à une fusion transfrontalière[1518]. Une société en liquidation de droit belge ne saurait être absorbée par une société de droit étranger. La question qui se pose alors est de savoir si le droit belge peut reconnaître l'absorption d'une société en liquidation étrangère par une société de droit belge. Un auteur a judicieusement critiqué la position adoptée par la loi belge en affirmant que « *conformément au principe de la liberté d'établissement, la loi belge aurait d'ailleurs dû permettre à une société en liquidation de participer à une fusion transfrontalière, puisqu'elle dispose de cette possibilité dans le cadre d'une fusion interne* »[1519]. Cette critique n'est pas sans répercussions pratiques, car la CJUE, qui a déjà soumis l'opération de fusion transfrontalière à la protection du principe de la liberté d'établissement, pourrait condamner la position du législateur belge en tant qu'elle aboutit à une discrimination entre les fusions internes et transfrontalières.

847. **La capacité d'une société soumise à une procédure collective.** La capacité d'une société insolvable ou soumise à une procédure collective de participer à une opération de fusion peut également être problématique. La fusion est alors utilisée comme une technique de renflouement d'une

---

[1517] Cette solution découle de la transposition de la troisième directive qui admet la participation des sociétés en liquidation à une fusion interne (Art. 3. 2 et 4. 2 dir. 78/855/CEE). Il faut toutefois signaler que selon ce texte européen, la société en liquidation peut seulement avoir la qualité d'absorbée et non d'absorbante.

[1518] Art. 772/1, al. 2 Code des sociétés belge.

[1519] TILQUIN (Th.), *Les restructurations transfrontalières en droit belge, art. préc.*, p. 183.

entreprise en difficulté[1520]. L'absorption d'une société en difficulté est susceptible de revêtir un rôle curatif qui permet alors de remédier à l'insuffisance de ses fonds. La société absorbante prendra en charge l'ensemble du passif transmis par la société en difficulté. Qui plus est, cette technique présente un intérêt particulier pour les créanciers de la société en difficulté puisque ceux-ci deviendront les créanciers d'une autre société plus solvable. Certaines législations n'admettent pas que les sociétés nationales fusionnent avec une société étrangère insolvable. Elles craignent en fait que sa situation financière défectueuse porte atteinte à la situation de la société nationale et de ses créanciers. De son côté, le droit français admet qu'une société soumise à une procédure collective puisse participer à une fusion. À cet égard, il a été jugé qu'une société en difficulté peut être absorbée conformément à un plan de redressement et d'apurement du passif[1521]. Dans le même ordre d'idées, la Cour de cassation a décidé, dans arrêt du 12 juillet 2005, qu'une société en redressement judiciaire bénéficiant d'un plan de continuation puisse être absorbée à la condition toutefois que les règles d'ordre public applicables aux procédures collectives gouvernent la fusion[1522]. Une partie de la doctrine envisage que cette solution soit généralisée et que l'on reconnaisse à la société en procédure collective la capacité d'être non seulement l'absorbée dans une fusion, mais également l'absorbante[1523]. La difficulté tiendrait alors à admettre qu'une société dessaisie de l'administration et de la disposition de ses biens puisse participer à une fusion. Dans cette hypothèse, la réalisation de l'opération doit nécessairement recevoir une autorisation du tribunal compétent. Une autre difficulté réside dans le fait qu'une société en liquidation judiciaire s'avérera, dans la plupart des cas, insolvable ce qui l'empêche en pratique de procéder à un apport réel quand son passif dépasse son actif. L'insolvabilité de la société absorbée ne doit pas pourtant être un obstacle à la réalisation de la fusion. En effet, le transfert d'un patrimoine ayant une valeur net négative est valable dans la mesure où la fusion ne s'analyse plus alors comme un apport d'un patrimoine, mais plutôt comme une transmission universelle de patrimoine[1524].

[1520] Sur le sujet, v. HAEHL (J.-P.), *Les techniques de renflouement des entreprises en difficulté*, LGDJ, 1981.

[1521] T. com. Paris, 11 avr. 1973, Rj com. 1973, p. 135, note MARTIN (J.-F.) ; Rev. Banque 1973, p. 831, note MARTIN (M.) ; RTD com., 1973, p. 594, obs. HOUIN (R.).

[1522] Cass. com., 12 juill. 2005, n°02-19.860 ; Dr. sociétés 2005, n° 180, obs. MONNET (J.) ; JCP E 2005, p. 1586, note LEGROS (J.-P.).

[1523] HÉMARD (J.), TERRÉ (Fr.) et MABILAT (P.), *op. cit.*, t. 3, n°806 : « *si la solution est exacte, on peut probablement la généraliser et admettre aussi, dans le cas envisagé, non seulement la possibilité d'une fusion par combinaison ou d'une scission, mais aussi celle d'une fusion par absorption dans laquelle la société considérée serait, non pas absorbée, […], mais absorbante* ».

[1524] Sur la possibilité d'absorber une société ayant une valeur négative, cf. *supra.*, n°s428 et s.

Section 2 : Les conditions de réalisation de la fusion

848. **La méthode d'application des conditions de réalisation de la fusion.** Une fois les conditions préalables réunies, les sociétés peuvent envisager la réalisation de la fusion transfrontalière. À ce stade, les sociétés sont tenues au respect de conditions imposées par les législations en cause. En reprenant les termes utilisés pour le mariage, on peut distinguer parmi ces conditions celles unilatérales qui intéressent les sociétés individuellement de celles bilatérales qui intéressent l'ensemble des sociétés. Dans le même ordre d'idées, on peut dire que la fusion est « *à la fois une opération juridique entre deux sociétés (aspect conventionnel) et une opération juridique réalisée au sein de chacune des sociétés (aspect institutionnel)* »[1525]. Les conditions relevant de l'aspect institutionnel sont régies de manière distributive tandis que les conditions relevant de l'aspect conventionnel s'appliquent cumulativement.

849. **Plan.** Pour réaliser convenablement une fusion transfrontalière, il faut procéder à la vérification des conditions exigées par les différentes lois ayant vocation à intervenir dans l'opération et à la détermination de leur méthode d'application. À cette fin, on étudiera successivement les conditions d'élaboration d'un projet de fusion **(Ss-section 1)** puis les conditions de formation du contrat définitif de fusion **(Ss-section 2)**.

Ss-section 1 : Les conditions d'élaboration d'un projet de fusion

850. **La consécration européenne de la nécessité d'un projet de fusion.** La pratique d'élaboration d'un projet de fusion préalablement à la réalisation de l'opération, que celle-ci soit purement interne ou internationale, a connu un grand essor dans les États membres après la transposition des différentes directives relatives à la fusion. Le projet de fusion, du fait qu'il intervient en amont de la fusion, constitue un instrument d'information efficace à même d'éclairer les associés des sociétés fusionnantes ainsi que les tiers sur les modalités et conditions de réalisation de l'opération. Il sert, par ailleurs, de document principal sur lequel les autorités publiques s'appuient pour exercer leur contrôle de la légalité de l'opération.

851. **Plan.** La réalisation de la fusion transfrontalière va souvent dépendre de l'exigence préalable d'élaboration d'un projet de fusion **(Paragr. 1)** et de la soumission de ce projet à une procédure de contrôle rigoureuse **(Paragr. 2)**.

1525 DAIGRE (J.-J.), *Les fusions internationales (et opérations assimilées) : esquisse d'une analyse et de solutions,* Actes pratiques, juill.-août 1998, p. 3.

Paragraphe 1 : L'exigence d'un projet de fusion

852. **Plan.** Une fusion transfrontalière est susceptible de soulever un conflit de lois pour la détermination de la modalité d'élaboration du projet de fusion **(Ss-paragr. 1)** et, le cas échéant, pour la détermination de ses conditions de forme **(Ss-paragr. 2)**.

Ss-paragraphe 1 : Les modalités d'élaboration

853. **La diversité des solutions nationales.** L'application de la méthode conflictualiste implique une intervention cumulative des lois[1526] régissant les sociétés fusionnantes pour fixer les modalités d'élaboration d'un projet de fusion[1527]. Cette intervention cumulative peut être source de complications dans la réalisation de l'opération au regard des divergences considérables entre les différentes législations nationales quant à la nécessité et aux modalités d'élaboration d'un projet de fusion. Par exemple, le droit français exige l'élaboration d'un projet de fusion qui se transformera en contrat définitif après son approbation par les assemblées générales. En revanche, le droit allemand ne prévoit pas l'élaboration d'un projet, mais la conclusion directe d'un contrat de fusion avant même l'approbation des assemblées générales. Quant au droit belge et luxembourgeois, avant la transposition de la dixième directive, ils n'imposaient ni l'élaboration d'un projet ni la conclusion d'un contrat de fusion [1528]. L'Italie exige l'établissement d'un acte de fusion – « *atto di fusione* » – sous la forme authentique après la réalisation de l'opération de fusion. Compte tenu de la diversité des solutions retenues par les législations des États membres, un effort d'harmonisation a paru nécessaire.

[1526] En ce sens, v. BEITZKE (G.), *art. préc.*, p. 8 : « *Si le statut personnel d'une société exige pour la fusion un contrat préalable, ce contrat est nécessaire*» ; LOUSSOUARN (Y.) et BREDIN (J.-D.), *op. cit.*, p. 339.

[1527] Il faut préciser que l'application cumulative ne concerne pas la désignation des organes des sociétés fusionnantes qui sont compétents pour l'élaboration du projet de fusion. C'est une question qui relève de la procédure interne de chaque société. La désignation se réalise alors par une application distributive, c'est-à-dire selon la loi respectivement applicable à chacune des sociétés. À cet égard, le Projet de convention sur la fusion internationale des sociétés anonymes a établi pour le traitement de cette question une règle de conflit qui renvoie à la loi applicable à chacune des sociétés. Selon les dispositions du premier alinéa de l'article 7 dudit Projet, « *les organes des sociétés qui fusionnent, compétents à cet effet en matière de fusion selon la loi applicable à chacune des sociétés, établissent par écrit un projet de fusion* ».

[1528] Le législateur belge a transposé la dixième directive 2005/56/CE par une loi du 8 juin 2008 (La loi est téléchargeable sous le lien suivant : *http://www.ejustice.just.fgov.be/doc/rech_f.htm*). Selon les dispositions de son article 772/6 : « *Les organes de gestion des sociétés appelées à fusionner établissent par acte authentique ou par acte sous seing privé un projet commun de fusion transfrontalière* ».

854. **Tentative d'harmonisation.** La première tentative d'harmonisation a été réalisée dans le Projet de convention sur la fusion internationale des sociétés anonymes. Un travail de panachage semblait nécessaire aux rédacteurs du Projet afin de concilier les différentes solutions nationales. L'élaboration d'une règle matérielle complète pour régir le projet de fusion est rapidement apparue difficile. Une solution de compromis fut alors adoptée. M. LOUSSOURAN constate à cet égard que « *la règle matérielle a dû être limitée sur ce point et teintée d'une coloration conflictuelle* »[1529]. D'où la formulation nuancée de l'article 7, § 3 du Projet de convention aux termes duquel « *si en vertu de la loi d'une des sociétés, un contrat doit être établi antérieurement aux décisions des assemblées générales, ce contrat constitue le projet de fusion au sens de la présente convention* ». Cette solution ne manque pas d'ambiguïté relativement à la nature de ce contrat. Peut-on y voir une qualification européenne du projet de fusion ? Rien n'est moins sûr. Même dans l'affirmative l'ambiguïté demeure puisqu'une autre question, plus ardue encore, est alors posée. Le contrat doit-il être interprété en projet de fusion ou bien est-ce que l'expression « *projet de fusion* » désigne un contrat définitif ? La formulation du texte est à cet égard équivoque[1530].

855. **L'établissement d'une règle matérielle.** La dixième directive est parvenue à surmonter la difficulté de la divergence des solutions adoptées par les États membres en prévoyant une règle matérielle imposant l'élaboration d'un projet commun de fusion préalablement à la réalisation d'une fusion intra-européenne. Les modalités d'élaboration du projet commun ont été expressément fixées à l'article 5 de la dixième directive qui attribue la compétence de l'établissement du projet commun de fusion aux organes de direction ou d'administration des sociétés fusionnantes. Les assemblées générales des sociétés vont décider la fusion par l'approbation du projet de fusion. Les législations de tous les États membre, notamment française, belge[1531] et luxembourgeoise[1532] ont prévu de manière similaire l'obligation d'établir un projet commun de fusion préalablement à la

---

[1529] LOUSSOUARN (Y.), *Règles de conflit et règles matérielles dans le droit international des sociétés, préc.*, p. 173.

[1530] GOLDMAN (B.), *Rapport concernant le projet de convention sur la fusion international des sociétés anonymes, préc.*, p. 482. L'auteur a clarifié le sens de ce texte en relevant que celui-ci vise principalement la solution adoptée par le droit allemand qui exige la conclusion non d'un simple projet, mais d'un contrat préalable à l'approbation des assemblées générales. L'auteur précise ainsi qu'« *en cas de fusion entre une société allemande et une société d'un autre État contractant, le document préalable – dont il est entendu qu'il sera, en toute hypothèse, unique – revêtira la forme d'un contrat de fusion, mais restera soumis à toutes les dispositions de la convention relatives au projet de fusion* ».

[1531] Art. 772/ 6 Code belge de sociétés.

[1532] Art. 261 LSC luxembourgeois : « *Les organes d'administration ou de direction de chacune des sociétés qui fusionnent établissent par écrit un projet commun de fusion* ».

réalisation de la fusion transfrontalière. La nécessité d'un projet commun de fusion et les modalités de son élaboration ont ainsi été largement harmonisées dans tous les États membres.

Ss-paragraphe 2 : Les conditions de forme

856. **L'application cumulative.** Dans une fusion transfrontalière, les conditions de forme du projet de fusion relèvent d'une application cumulative des lois régissant les sociétés fusionnantes[1533]. Elles concernent principalement la nécessité d'un écrit, la forme authentique ou sous seing privé du projet ainsi que les informations que doit contenir le projet de fusion. L'application cumulative concernant la forme du projet de fusion entraîne l'application de la loi la plus sévère, c'est-à-dire celle qui requiert le plus de formalités et de mentions[1534]. À titre illustratif, lors d'une fusion entre une société de droit français, qui exige seulement la forme sous seing privé du projet, et une société de droit espagnol ou allemand, qui exigent un acte dressé en la forme authentique, l'application cumulative aboutira au primat des exigences de forme espagnoles ou allemandes. Le projet sera donc rédigé par un officier public compétent[1535]. Plutôt qu'une entrave à la fusion, ce formalisme peut s'interpréter comme un facteur de sécurité juridique[1536].

857. **Le contenu minimum.** Le législateur européen a prévu un certain nombre d'informations que doit contenir tout projet de fusion. Le contenu minimal a d'abord été défini dans la troisième directive[1537] avant d'être repris, à quelques nuances près, par la dixième directive[1538]. S'agissant d'un contenu minimal, les États membres demeurent libres d'exiger la présence d'autres informations dans le projet de fusion. Ces ajouts sont justifiés par le souci du législateur européen de protéger les associés et les créanciers des

[1533] En ce sens, v. BEITZKE (G.), *art. préc.*, p. 8 ; LOUSSOUARN (Y.) et BREDIN (J.-D.), *op. cit.*, p. 339 ; CAUSSAIN (J.-J.), *Des fusions transfrontalières dans l'Union européenne in. Mélanges AEDBF*, éd. Banque éditeur, 1999, t. 2, p. 113 et s., spéc. n°58 ; TILQUIN (Th.) et ANDE (M.), *art. préc.*, p. 593 ; TILQUIN (Th.) et DELCORDE (J.-A.), *art. préc.*, p. 45. Les auteurs écartent la règle de conflit de *locus regit actum* pour régir le contrat de fusion.

[1534] Le Projet de convention sur la fusion internationale des sociétés anonymes a consacré l'application cumulative des lois régissant les sociétés fusionnantes pour régir les conditions de forme du projet de fusion. En ce sens, le deuxième alinéa de l'article 7 dispose que « *celui-ci [projet de fusion] revêt la forme authentique si la loi de l'une des sociétés qui fusionnent l'exige* ».

[1535] Cet exemple s'est présenté à l'occasion de l'absorption de la société DAMART SA, société espagnole, par sa société mère française, BELMART. À ce propos, v. GASTINEAU (P.), *Fusions transnationales : l'exemple Franco-Espagnol in. Fusions et Acquisitions*, juin 1995, p. 32.

[1536] En ce sens : MENJUCQ (M.), *th. préc.*, p. 223.

[1537] Art. 5 Dir. 78/855/CEE.

[1538] Art. 5 Dir. 2005/56/CE.

sociétés fusionnantes en rendant l'opération la plus transparente possible. À cet égard, M. GOLDMAN précise qu'« *en prescrivant (...) la rédaction d'un projet de fusion contenant un minimum de mentions obligatoires et assorti d'annexes dont l'ensemble est destiné à expliquer et à justifier ce projet, et en particulier le rapport d'échange des actions, on s'est proposé d'aménager un premier moyen de protection des actionnaires et des tiers* »[1539]. Grâce aux informations contenues dans le projet de fusion, les associés pourront voter en connaissance de cause. Par ailleurs, les créanciers sociaux peuvent les utiliser les mêmes informations pour comparer la situation économique et financière des sociétés fusionnantes afin de décider s'il est nécessaire de mettre en œuvre leur droit d'opposition à la fusion.

858. **Publicité du projet commun de fusion.** Le projet commun de fusion a un rôle principalement informatif au bénéfice des associés des sociétés fusionnantes. Ce document doit donc être communiqué aux associés avant leur réunion en assemblée générale pour que leur vote soit éclairé[1540]. La loi de la société auprès de laquelle la mesure de publicité est réalisée en encadre en principe les modalités. Il y a lieu alors de procéder à une application distributive des lois régissant les sociétés fusionnantes. C'est la solution adoptée par la dixième directive qui dans son article 6, alinéa premier, dispose que « *pour chacune des sociétés qui fusionnent, le projet commun de fusion transfrontalière est publié selon les modalités prévues par la législation de chaque État membre* ». À ce renvoi aux dispositions nationales, la directive ajoute une règle matérielle soumettant la publicité du projet de fusion à l'article 3 de la directive 68/151/CE afin de protéger les intérêts des associés et des tiers[1541].

859. Cependant, les délais de publicité du projet de fusion peuvent être source de difficultés pratiques lorsque les solutions retenues par les législations nationales concernées divergent. L'exemple de l'absorption d'une société luxembourgeoise par une société belge est édifiant[1542]. La loi luxembourgeoise dispose que le projet commun doit être publié un mois avant la date de réunion de l'assemblée générale. De son côté, la loi belge prévoit un délai de six semaines pour déposer le projet de fusion puis un

---

[1539] GOLDMAN (B.), *Rapport concernant le projet de convention sur la fusion international des sociétés anonymes, art. préc.*, p. 488.

[1540] Art. 6 Dir. 2005/56/CE.

[1541] La première directive 68/151/CEE du Conseil, du 9 mars 1968, tendant à coordonner, pour les rendre équivalentes, les garanties qui sont exigées, dans les États membres, des sociétés au sens de l'article 58 deuxième alinéa du traité, pour protéger les intérêts tant des associés que des tiers.

[1542] SPANG (J.-P.), *La fusion transfrontalière en droit luxembourgeois : regard du praticien in. Fusions transfrontalières de sociétés, droit luxembourgeois et droit comparé*, éd. Larcier, 2011, p. 88.

délai de publication de quinze jours à compter de la date du dépôt. Le délai de publication de la loi belge est potentiellement plus long que celui de la loi luxembourgeoise. On en déduit qu'il faut « *s'aligner sur le délai belge, ce qui peut avoir une incidence surtout lorsqu'il est souhaité que la fusion soit décidée et prenne effet avant une date déterminée, par exemple en fin d'année* »[1543]. La directive a surmonté cette difficulté en imposant que le projet commun de fusion transfrontalière soit publié « *un mois au moins avant la date de l'assemblée générale qui doit se prononcer à ce sujet* ». Il est toutefois regrettable que la transposition de ce texte n'ait pas été identique dans l'ensemble des États membres ce qui a permis la survivance de la difficulté pratique.

Paragraphe 2 : Le contrôle du projet de fusion

860. **La loi applicable aux procédures de contrôle.** Le contrôle de légalité d'une fusion transfrontalière est organisé par la *lex societatis* de chacune des sociétés fusionnantes[1544]. C'est cette loi qui sera compétente pour la désignation de l'autorité de contrôle ainsi que pour déterminer les conditions de mise en œuvre et l'étendue du contrôle de légalité. L'autorité investie désignée aura seulement compétence pour vérifier le respect de la loi qui l'a désigné, mais en aucun cas celui de la loi étrangère. Elle ne peut pas ainsi reprocher à une société de droit étranger d'avoir manqué aux dispositions de la loi étrangère.

861. **Plan : le système de double contrôle.** La dixième directive a organisé un contrôle à double détente semblable a celui déjà prévu dans le règlement relatif au statut de la SE lors de sa constitution par voie de fusion[1545]. Cette vérification particulière, qui se distingue du système adopté par la directive 2011/35/UE, se justifie essentiellement par le caractère transfrontalier de la fusion. Le législateur européen a voulu en effet fournir le plus de sécurité et de transparence possible à l'opération de fusion

[1543] *Id., ibid.*

[1544] En ce sens : TILQUIN (Th.) et ANDE (M.), *art. préc.*, p. 592.

[1545] Règl. n°2157/2001. Sur le contrôle préalable de conformité, v. : art. 25 « *1. Le contrôle de la légalité de la fusion est effectué, pour la partie de la procédure relative à chaque société qui fusionne, conformément à la loi relative à la fusion des sociétés anonymes qui est applicable dans l'État membre dont elle relève. 2. Dans chaque État membre concerné, un tribunal, un notaire ou une autre autorité compétente délivre un certificat attestant d'une manière concluante l'accomplissement des actes et des formalités préalables à la fusion* » ; sur le contrôle de légalité, v. art. 26 « *1. Le contrôle de la légalité de la fusion est effectué, pour la partie de la procédure relative à la réalisation de la fusion et à la constitution de la SE, par un tribunal, un notaire ou une autre autorité compétente dans l'État membre du futur siège statutaire de la SE pour contrôler cet aspect de la légalité de la fusion de sociétés anonymes* ».

transfrontalière en la soumettant à un contrôle rigoureux[1546]. Lors de la transposition des dispositions de la directive, le droit français a fait sien ce système[1547]. Il a ainsi mis en place un contrôle de conformité qui intervient avant la réalisation de la fusion **(Ss-paragr. 1)**, suivi d'un contrôle de légalité *ex post* effectué après l'opération **(Ss-paragr. 2)**.

Ss-paragraphe 1 : Le contrôle *ex ante* de conformité

862. **Le contenu du contrôle de conformité.** Le contrôle préalable de conformité prévu dans la dixième directive consiste à vérifier si la société fusionnante s'est conformée aux dispositions nationales qui lui sont applicables en accomplissant tous les actes et formalités requis avant la réalisation de la fusion[1548]. Ce contrôle aboutit, le cas échéant, à la délivrance par l'autorité de contrôle d'un certificat de conformité attestant de façon incontestable l'accomplissement par la société des actes et formalités. Il y a autant de certificats de conformité délivrés que de sociétés fusionnantes.

863. **Le renvoi aux dispositions nationales.** La dixième directive délègue aux lois nationales le soin de désigner l'autorité compétente et de fixer la procédure convenable pour réaliser le contrôle de conformité. La position du législateur européen encourage certes la divergence des solutions nationales, mais n'a pas de répercussions préjudiciables sur le processus de réalisation des fusions transfrontalières. À cet égard, le Professeur HOUIN affirme « *que nous importe qu'aux Pays-Bas ce soit un contrôle administratif et qu'en Allemagne ce soit un contrôle judiciaire, pourvu qu'il y ait un certain contrôle en vue de protéger les créanciers et les associés* »[1549]. Tant que l'objectif de protection des créanciers et des associés est poursuivi, l'identité de l'autorité de contrôle demeure indifférente. On peut relever dans l'espace européen trois différents systèmes nationaux de contrôle : l'un judiciaire, l'autre notarial et le dernier administratif.

864. **Le contrôle du tribunal.** Le droit français a confié le contrôle de conformité à une autorité judiciaire, plus précisément au greffier du tribunal

---

[1546] On a principalement reproché au système de contrôle en deux étapes sa lourdeur et sa complexité. Il peut paraître incontournable, par l'impératif de sécurité du mécanisme de fusion surtout qu'il va de paire avec l'impossibilité d'annuler la fusion. Mieux vaut un contrôle préventif lourd, qu'une mesure de sanction comme la nullité de la fusion.

[1547] En ce sens : Cons. 8 de la Dir. 2005/56/CE « *Pour faciliter les opérations de fusion transfrontalière, il convient de prévoir que le contrôle de l'achèvement et de la légalité du processus décisionnel au sein de chaque société qui fusionne devrait être effectué par l'autorité nationale compétente pour chacune de ces sociétés, alors que le contrôle de l'achèvement et de la légalité de la fusion transfrontalière devrait être effectué par l'autorité nationale compétente pour la société issue de la fusion transfrontalière* ».

[1548] Art. 10 Dir. 2005/56/CE.

[1549] HOUIN (R.), *art. préc.*, p. 17.

dans le ressort duquel la société française a été immatriculée. Ce contrôle concerne ce qui est exigé pour une fusion interne à la seule différence que pour une fusion transfrontalière, le contrôle entraîne la délivrance d'une attestation de conformité. Le greffier vérifie la conformité de la déclaration de régularité prévue à l'article L. 236-6 du Code de commerce. Il dispose d'un délai de 8 jours à compter du dépôt de la déclaration de régularité pour délivrer une attestation de conformité[1550]. Outre la constatation de la conformité, l'attestation précise si une procédure d'analyse et de modification du rapport d'échange ou d'indemnisation des minoritaires est en cours[1551].

865. **Le contrôle administratif.** En grande majorité, les États membres attribuent la mission de contrôle de la conformité d'une fusion transfrontalière à une autorité administrative, en général les greffiers des registres de commerce nationaux[1552]. Tel est le cas du droit espagnol qui confie ce contrôle au greffier du registre de commerce et des sociétés du siège social de la société fusionnante[1553]. Ce dernier doit certifier l'exécution correcte des actes et des formalités préalables à la fusion par les sociétés relevant de la législation espagnole auxquelles il remettra sans retard le certificat correspondant. L'avantage d'un contrôle administratif est que le greffier visé est également l'autorité compétente à la fois pour immatriculer la fusion lorsque la société issue de la fusion relève de son registre et pour enregistrer la radiation de la société dissoute lorsque celle-ci relève de son registre. L'attribution de la mission de contrôle et de publication de la fusion à une même autorité semble opportune. Le greffier ayant acquis suffisamment d'informations sur le processus de réalisation de la fusion lors du contrôle de conformité sera en mesure d'accomplir efficacement sa mission de publication de l'opération.

866. **Le contrôle notarial.** Le droit luxembourgeois prévoit pour sa part un contrôle notarial de la fusion[1554]. Le notaire accomplit une mission semblable à celle confiée en droit français au greffier du tribunal. Il contrôle l'accomplissement par la société de droit luxembourgeois de tous les actes et formalités exigés par la loi puis lui délivre un certificat attestant d'une manière concluante l'accomplissement des actes et formalités préalables à la

---

[1550] R. 236-17 C. com.

[1551] Art. L. 236-29 C. com.

[1552] En ce sens: BECH-BRUUN/LEXIDALE, *Study on the application of the cross-border mergers directive, for the directorate general for the internal market and services and the European Union*, sept. 2013, p. 83. L'étude a pu recenser parmi les États membres adoptant un contrôle administratif : Bulgarie, Estonie, Lettonie, Roumanie, Espagne, Portugal, *etc.*

[1553] Art. 64 Lfus espagnole.

[1554] Sur le contrôle par le notaire de la fusion en droit luxembourgeois, v. CONAC (P.-H.), *art. préc.*, p. 75.

fusion. Le droit belge organise également un contrôle notarial. L'officier public doit « *vérifier et attester l'existence et la légalité, tant interne qu'externe, des actes et formalités incombant à la société auprès de laquelle il instrumente* »[1555]. Le contrôle notarial de conformité n'est pas totalement inconnu du droit français qui l'envisage lors d'une fusion en vue de constitution d'une SE. Le notaire français intervient lors de la procédure relative à la réalisation de la fusion et à la constitution de la SE[1556]. Cependant, le contrôle notarial peut s'avérer critiquable. À cet égard, la Société générale dans sa contribution au rapport de Mme. LENOIR a constaté que « *ces attributions nécessitent des connaissances techniques pointues et l'on peut craindre que les notaires puissent ne pas être préparés* »[1557].

867. **Le contrôle professionnel.** Pour le Professeur HOUIN les systèmes de contrôle précédemment exposés semblent partager, à des degrés différents, une même lacune tenant au manque de connaissance des autorités compétentes de tous les aspects techniques de la concentration de sociétés. Il exprime sa méfiance à l'égard d'un contrôle administratif puisqu'il lui semble redoutable d'admettre une intervention administrative pour contrôler des relations privées et se prononce plutôt en faveur d'un contrôle judiciaire[1558]. Pourtant, l'auteur admet également que les autorités judiciaires ne sont pas toujours les plus qualifiées pour contrôler une opération de fusion. Il propose alors l'établissement d'un contrôle professionnel exercé « *par des gens honorables et indépendants qui ont l'habitude de lire des bilans* »[1559].

868. Néanmoins, le contrôle de conformité réalisé par une autorité judiciaire, administrative ou par un notaire nous paraît largement suffisant dans la mesure où il se limite à la vérification de l'accomplissement par la société fusionnante des formalités et actes exigés par la loi. Par ailleurs, un contrôle professionnel est déjà prévu par la dixième directive et les législations des États membres qui envisagent l'intervention d'experts indépendants, tels que les commissaires aux fusions du droit français, qui sont des professionnels suffisamment qualifiés pour contrôler les aspects financiers et techniques de la fusion. L'objectif de protection des associés et des créanciers des sociétés fusionnantes semble ainsi préservé sans qu'il soit besoin de prévoir un contrôle de conformité supplémentaire par des professionnels.

[1555] Art. 772/12 C. sociétés.
[1556] Art. L. 229-3 C. com.
[1557] Annexe VI au rapport Madame Lenoir, 2007, p. 240.
[1558] HOUIN (R.), *art. préc.*, p. 17.
[1559] *Id., ibid.*

869. **L'étendue du contrôle.** En matière de contrôle de légalité des opérations de fusions, le législateur européen a voulu mettre à pied d'égalité toutes les autorités nationales compétentes[1560]. Cependant, le flou des directives a permis le maintien de grandes différences dans les solutions des États membres. Le droit français limite, par exemple, l'intervention du greffier du tribunal à un contrôle formel de la déclaration de conformité. Par contre, le droit belge a confié un pouvoir d'investigation plus étendu au notaire[1561]. En effet, le texte exige de l'officier public qu'il contrôle « *la légalité tant interne qu'externe des actes et formalités* »[1562]. Le contrôle interne concerne la vérification de la régularité des formalités accomplies par les représentants de la société fusionnante. Il se concentre ainsi sur le dépôt du projet de fusion, l'établissement des rapports exigés et la communication de ces rapports à leurs destinataires. Il concerne également la régularité de convocation de l'assemblée générale et vérifie qu'il n'y a pas violation manifeste de la loi. Quant au contrôle externe, il signifie que « *le notaire ne peut se contenter d'un pur contrôle « formel » et qu'il se voit imposer par les lois coordonnées (sur les sociétés) certains devoirs qui précisent le devoir de conseil* »[1563]. Si la société fusionnante de droit belge satisfait aux exigences de contrôle interne et externe, le notaire lui livre le certificat de conformité.

870. La divergence des solutions retenues par les législations nationales relativement à l'étendue du pouvoir de l'autorité compétente pour la réalisation du contrôle de conformité soulève quelques difficultés pratiques. En effet, comme le précise le rapport présenté par *Bech-Bruun* et *Lexidale*[1564], la dixième directive n'est pas claire sur le point de savoir si l'autorité de contrôle de la fusion est seulement compétente pour réaliser le contrôle auprès de la société à l'égard de laquelle elle a été désignée, ou auprès des autres sociétés fusionnantes. Par conséquent, la société étrangère se trouvera pratiquement obligée de se soumettre aux exigences de la loi locale alors même que la loi qui lui est applicable ne les lui impose pas. Les exigences des différentes lois, qui ont vocation à s'appliquer cumulativement

---

1560 En ce sens: VAN OMMESLAGHE (P.), *La proposition de troisième directive sur l'harmonisation des fusions de sociétés anonymes in. Quo vadis ius societatum ?,* Kluwer, p. 123 et s., spéc. p. 135. L'auteur relève que la troisième directive sur les fusions nationales se fonde sur l'équivalence, déjà reconnue dans la première directive du 9 mars 1960 en matière de sociétés, entre l'intervention d'un notaire, professionnel responsable, et le contrôle administratif ou judiciaire.

1561 Sur la mission du notaire dans la vérification de la conformité d'une fusion en droit belge, v. TILQUIN (Th.), *op. cit.*, p. 377 et s. ; *Les restructurations transfrontalières en droit belge, art. préc.*, p. 199.

1562 Art. 772/12 C. sociétés.

1563 TILQUIN (Th.), *op. cit.*, p. 377 et s

1564 BECH-BRUUN/LEXIDALE, *Study on the application of the cross-border mergers directive, for the directorate general for the internal market and services and the European Union*, sept. 2013, p. 17.

pour déterminer la mission de l'autorité de contrôle, peuvent donner lieu à des cas d'incompatibilité.

Ss-paragraphe 2 : Le contrôle *ex post* de légalité

871. **La position du droit dérivé européen.** La dixième directive donne à l'État membre auquel est rattachée la société absorbante ou la nouvelle société issue de la fusion transfrontalière, la compétence de désigner l'autorité compétente et de fixer les modalités de réalisation du contrôle de légalité. Cette solution s'impose puisque ce contrôle intervient nécessairement après l'approbation de la fusion par les assemblées générales des sociétés fusionnantes et ne concerne ainsi « *que la partie de la procédure relative à la réalisation de la fusion transfrontalière* »[1565]. La loi applicable à la société qui disparaît n'a pas plus vocation à intervenir. La dixième directive laisse la liberté aux États membres de désigner le tribunal, le notaire ou toute autre autorité compétente pour effectuer ce contrôle. L'autorité compétente vérifie principalement si le projet commun de fusion a été approuvé dans les mêmes termes par les sociétés fusionnantes et les modalités de participation des travailleurs. Les sociétés fusionnantes doivent à cette fin remettre à l'autorité de contrôle les certificats de conformité reçus préalablement à la fusion, ainsi que le projet commun de fusion tel qu'il a été approuvé par les assemblées générales des sociétés.

872. **La position du droit français.** Le contrôle de légalité en droit français peut être effectué soit par un notaire, soit par le greffier du tribunal dans le ressort duquel la société issue de la fusion sera immatriculée[1566]. Le choix accordé aux sociétés fusionnantes contribue à une simplification de la procédure puisque les contrôles de conformité et de légalité peuvent être accomplis par une même autorité, soit le greffier du tribunal. La réalisation de la procédure de contrôle de légalité implique que la société française absorbante ou nouvellement créée remette à l'autorité chargée du contrôle un dossier contenant le projet commun de fusion transfrontalière, les statuts de la société issue de la fusion transfrontalière, une copie des avis relatifs aux mesures de publicité, une copie du procès-verbal des assemblées mentionnées aux articles L. 236-9 et L. 236-13 du Code de commerce, enfin, un document attestant que les sociétés qui fusionnent ont approuvé le projet de fusion dans les mêmes termes et que les modalités relatives à la participation des salariés ont été fixées conformément au titre VII du livre III de la deuxième partie du Code du travail.

[1565] Art. 11 Dir. 2005/56/CE.
[1566] Art. L. 236-30 C. com.

873. La mission de contrôle attribuée à l'autorité compétente prévue par les dispositions de la dixième directive a été transposée en l'état dans le droit français[1567]. Le greffier et le notaire sont donc tenus de vérifier que les sociétés fusionnantes ont approuvé dans les mêmes termes le projet commun de fusion ; que les modalités relatives à la participation des salariés ont bien été fixées conformément aux prescriptions du titre VII du Livre III de la deuxième partie du Code du travail, enfin, que la société issue de la fusion, si elle est constituée en France (en cas de fusion par création d'une société nouvelle), l'a bien été en conformité des lois et des règlements applicables. Il est nécessaire d'encadrer la mission du greffier ou du notaire français pour éviter toute forme de « *supercontrôle* »[1568], c'est-à-dire un contrôle exorbitant. La réception des documents de sociétés fusionnantes étrangères et, plus particulièrement des certificats de conformités, n'infère pas que l'autorité de contrôle française peut exercer un contrôle dépassant les frontières nationales. Il n'est ainsi point acceptable que les autorités de contrôle françaises vérifient le respect par la société étrangère des formalités requises par la loi qui lui est applicable. La compétence de l'autorité de contrôle nationale doit se limiter à vérifier la réception formelle du certificat de conformité par la société étrangère[1569].

874. Au terme du contrôle, les sociétés absorbantes et nouvellement créées se voient délivrer un certificat de légalité. Ce document est d'une importance cruciale pour déterminer la date de prise d'effet de la fusion transfrontalière. En effet, l'article 12 de la dixième directive prévoit que cette date ne peut être antérieure à celle de réalisation du contrôle de légalité[1570]. La date de prise d'effet de la fusion transfrontalière est ainsi dépendante de l'achèvement du contrôle de légalité, c'est-à-dire de la délivrance du certificat de légalité. Les sociétés ayant souvent intérêt à ce que la fusion transfrontalière prenne effet le plus rapidement possible vont souvent calquer la date de prise d'effet de la fusion sur celle de la délivrance du certificat de légalité.

875. **Le délai de contrôle de légalité.** La dixième directive n'a pas fixé de délai pour que l'autorité compétente du contrôle de légalité délivre le

---

[1567] Art. L. 236-30, al. 2 C. com.

[1568] LE NABASQUE (H.), *Les fusions transfrontalières après la loi n°2008-649 du 3 juillet 2008*, Rev. soc. 2008, p. 493. En reprenant les termes utilisés par l'auteur, « *on ne voit pas qu'un notaire ou un greffier, en France, puisse s'aventurer à vérifier, de nouveau, que tous les actes et formalités préalables à la réalisation de la fusion ont été accomplis, chez elle, par la société étrangère qui participe à la fusion: il n'en a pas la compétence, au double sens du terme. La réception des différents certificats de conformité ne s'accompagnera, donc, d'aucun « supercontrôle » transnational de la conformité de la fusion aux diverses lois applicables* ».

[1569] L'autorité nationale n'est pas compétente pour évaluer si la société étrangère mérite véritablement l'attestation de conformité.

[1570] Sur la date de prise d'effet de la fusion transfrontalière. Cf., *infra*, n°s 905 et s.

certificat de légalité[1571]. De ce fait, les États membres qui ont voulu transposer scrupuleusement la directive n'ont pas prévu de délai. La durée du contrôle de légalité est un facteur essentiel dans la détermination du calendrier de la fusion. L'absence de délai de contrôle de légalité est susceptible de soulever des difficultés pratiques pour les sociétés fusionnantes. Il est en effet possible que la réalisation de la fusion transfrontalière soit considérablement retardée par cette absence de délai pour l'achèvement du contrôle de légalité.

876. Le législateur français s'est montré pragmatique en fixant des délais dans le contrôle de la fusion transfrontalière. D'une part, le greffier du tribunal dispose de huit jours pour effectuer le contrôle de conformité à compter de la réception de l'ensemble des documents requis[1572]. D'autre part, le contrôle de légalité doit être réalisé dans un délai de quinze jours[1573]. De son côté, le droit belge qui ne fixe aucun délai pour la délivrance du certificat de légalité alors même qu'il confie par ailleurs au notaire une mission de contrôle très étendue par rapport à celle des autorités de contrôle françaises. Il est à craindre que l'étendue de la mission de contrôle du notaire combinée avec l'absence d'un délai contraignant pour l'achèvement de sa mission ne retarde considérablement la délivrance de l'attestation de légalité et ralentisse ainsi le processus de réalisation de la fusion transfrontalière.

877. Toutefois, la difficulté principale ne tient pas tant à la durée du contrôle, car les autorités compétentes achèveront souvent leurs missions dans des délais raisonnables[1574] qu'à l'impossibilité de fixer à l'avance une

---

[1571] Le même problème se pose à propos du délai de réalisation du contrôle conformité. La directive n'a fixé de délai ni pour ce contrôle, ni pour la délivrance de l'attestation de conformité. De plus, la directive n'a pas déterminé l'étendue de la mission de l'autorité compétente (sur le sujet, cf. *supra*, n^{os}870 et s.). Or, la réalisation définitive de la fusion transfrontalière dépend indirectement de l'obtention du certificat de conformité puisqu'il constitue une condition préalable à la délivrance de l'attestation de légalité. Le silence de la directive sur le sujet va ainsi aboutir à un silence semblable de la part du législateur des États membres lors de la transposition de cette directive. La fixation de la date de réalisation définitive de la fusion transfrontalière semble ainsi difficilement prévisible par les sociétés fusionnantes. Cette date est dépendante de la réalisation d'un contrôle dont les contours n'ont pas été suffisamment spécifiés.

[1572] Art. R. 236-17 C. com.

[1573] Art. R. 236-20 C. com.

[1574] Rapport de DAMON (D.), *Consultation sur l'avenir du droit européen des sociétés, réactions de la CCIP*, 3 mai 2012, p. 20 ; LE NABASQUE (H.), *Les fusions et les scissions transfrontalières, préc.*, p. 413. Les auteurs ont également relevé que si certaines législations, notamment le droit allemand, permettent que l'attestation de conformité et le certificat de légalité soient établis dans un acte unique, une telle disposition n'est pas de nature à contrarier ou à compliquer la réalisation d'une fusion transfrontalière. – *Adde*, GELIN (S.), HERRMANN (A.) et PROVOST (B.), *Les difficultés pratiques d'ordre juridique et fiscal des opérations de fusions transfrontalières*, CDE 2011, n°38, p. 50.

date précise de prise d'effet de la fusion, ce qui est source d'inquiétude pour les sociétés fusionnantes. Une telle difficulté se présentera chaque fois qu'une des lois applicables aux sociétés fusionnantes ne prévoit pas de délai pour la réalisation du contrôle. En outre dans cette hypothèse, l'autorité nationale chargée du contrôle de légalité ne peut être contrainte de se conformer au délai fixé par la loi étrangère. Ainsi, lors de l'absorption d'une société française par une société belge, le notaire belge n'est pas tenu de se conformer au délai de quinze jours fixé par la loi française pour délivrer le certificat de légalité. Les sociétés fusionnantes se retrouvent alors dans l'incapacité de prévoir une date précise de prise d'effet de la fusion. Pour contourner ce problème, les sociétés fusionnantes peuvent toutefois envisager de désigner une date de prise d'effet coïncidant ou allant au-delà de la date limite la plus éloignée prévue par les lois applicables aux sociétés fusionnantes. Cette solution n'est pourtant pas totalement fiable, car un dépassement de délai par l'autorité de contrôle reste à craindre lorsque le délai légal n'est assorti d'aucune sanction. Malgré le retard fautif de l'autorité de contrôle, la prise d'effet de la fusion sera suspendue jusqu'à la délivrance du certificat de légalité.

Ss-section 2 : Les conditions de formation du contrat de fusion

878. **Plan.** La formation du contrat de fusion à la suite de son approbation par les assemblées générales des sociétés fusionnantes **(Paragr. 1)** permet de fixer la date de prise d'effet de la fusion **(Paragr. 2)**.

Paragraphe 1 : L'approbation de la fusion

879. **La loi applicable aux conditions d'approbation de la fusion.** La détermination de l'organe compétent pour décider la fusion ainsi que les conditions de *quorum* et de majorité requises pour cette décision concernent le fonctionnement interne de chacune des sociétés fusionnantes[1575]. De ce fait, l'application distributive des *leges societatis* s'impose. C'est donc la loi applicable à la société fusionnante qui lui fixe exclusivement les conditions d'approbation de la fusion transfrontalière[1576]. La plupart des législations qui

[1575] Sur la compétence de la *lex societatis* pour régir le fonctionnement des organes sociaux, v. MENJUCQ (M.), *op. cit.*, n°110 : « *Chaque forme sociale ayant son propre mode d'organisation laissant plus ou moins place à la liberté statutaire, il est incontestable que la lex societatis qui a vocation à régir la forme de la société, détermine aussi par voie de conséquence la structure et le régime des organes de celle-ci. L'existence, la composition et les attributions de ces organes dépendent de la loi de l'État où se situe le siège social* ».

[1576] En ce sens: Cass. com., 21 déc. 1987, n° 85-13.173, Bull. civ. IV, n°281 ; RCDIP 1989, p. 344, note JOBARD-BACHELLIER (M.-N.); Rev. soc. 1988, p. 39, note SYNVET (H.). ; Cass. com., 9 mars 1993, n° 91-11.003, Bull. civ. IV, n° 94.

assimilent la fusion à un changement de statuts, donnent compétence aux assemblées générales extraordinaires pour décider de l'opération.

880. **Plan.** Dans plusieurs États, notamment la France, l'obstacle principal à la réalisation de la fusion transfrontalière tenait à l'application de la règle de l'unanimité lorsqu'une société nationale était absorbée par une société étrangère **(Ss-paragr. 1)**. Depuis la transposition de la dixième directive, ce problème est résolu, du moins pour les fusions transfrontalières intra-européennes **(Ss-paragr. 2)**.

Ss-paragraphe 1 : L'exigence de l'unanimité dans les fusions extra-européennes

881. **La position du droit positif français.** Craignant les conséquences d'une fusion transfrontalière sur les intérêts catégoriels des individus, notamment les actionnaires, les créanciers et les salariés, le droit positif français a longtemps préféré limiter la réalisation d'une telle opération et cela au détriment des intérêts économiques des sociétés fusionnantes. L'exigence de l'unanimité était alors apparue comme le moyen le plus efficace d'atteindre cette fin[1577]. Cette condition constituait le principal obstacle à la réalisation d'une fusion transfrontalière impliquant l'absorption d'une société française. Une décision rendue le 20 janvier 1923 par le tribunal de commerce de la Seine consacrait cette solution [1578]. Le raisonnement du tribunal s'appuie sur l'idée que « *le changement de nationalité ne peut être obtenu même par voie indirecte et par suite de tractations plus ou moins ingénieuses* ». Le tribunal percevait ainsi l'absorption de la société française par une société étrangère comme un procédé de changement indirect de nationalité de la société, ce qui supposait de recueillir l'accord des tous les associés de la société absorbée. Les juridictions françaises n'ont pas eu d'autres occasions de se prononcer sur ce point, si bien que la solution retenue par cet arrêt a longtemps fait jurisprudence.

882. **Plan.** Le raisonnement adopté par le tribunal de commerce de la Seine pour justifier l'exigence d'unanimité repose sur l'idée générale que la fusion transfrontalière entraîne nécessairement un changement de nationalité de la société dissoute **(A)**. L'argument n'apparaîssant pas toujours convaincant, on a alors proposé une autre justification plus pertinente selon

[1577] Il paraissait préférable d'adopter cette solution plutôt que de retenir celle du droit allemande qui refusait catégoriquement l'enregistrement de toute opération de fusion transfrontalière. La CJUE n'allait d'ailleurs pas tarder, dans l'arrêt *Sevic* (arrêt préc.) à condamner la solution du droit allemand.
[1578] T. com., Seine, 20 janv. 1923, JDI 1926, p. 121.

laquelle la fusion transfrontalière devait être comprise comme un changement de la loi applicable à l'engagement des associés **(B)**.

A- Le changement de nationalité de la société dissoute

883. **L'exposé de la théorie de changement de nationalité.** De nombreux auteurs ont soutenu la solution adoptée par le droit français en reprenant le même raisonnement que celui du le tribunal de commerce de la Seine[1579]. On a constaté à cet égard que la fusion transfrontalière dans laquelle la société française était absorbée par une société étrangère constituait une opération aboutissant au changement de nationalité de la société. Ceci entraînait l'application de l'article L. 225-97 du Code de commerce relatif au changement de nationalité dont les dispositions ont été interprétées comme exigeant le consentement unanime[1580]. Le changement de nationalité d'une société par un transfert de siège social se caractérise essentiellement par la survivance de cette société. La disparition de la personne morale est incompatible avec la notion de transfert de siège social. Il y a en l'occurrence deux opérations juridiquement distinctes : la dissolution d'une société dans un État et la constitution d'une nouvelle société dans un autre État. Malgré la dissolution de la société absorbée, la fusion peut tout de même s'accommoder d'un transfert de siège social en soutenant l'analyse de la survie de la société absorbée au sein de la société absorbante[1581]. La dissolution sans liquidation n'entraîne pas ainsi la disparition de la société, mais sa continuation dans la société absorbante ou nouvelle issue de la fusion. On peut alors comprendre l'opération comme un transfert du siège social de la société absorbée vers l'État où est installée la société absorbante[1582].

1579 En ce sens: BEITZKE (G.), *art. préc.*, p. 11 ; BEGUIN (J.), *art. préc.*, n°20; HÉMARD (J.), TERRÉ (Fr.) et MABILAT (P.), *op. cit., t. 3*, n°800 ; HOUPIN (C.) et BOSVIEUX (H.), *op. cit., t. 2*, p. 121 ; SYNVET (H.), *art. préc.*, p. 253. L'auteur constate que « *le changement de la nationalité d'une société est subordonné au consentement unanime des associés, et la fusion internationale est considérée comme emportant modification de la nationalité des sociétés qui sont absorbées ou participent à la constitution d'une société nouvelle dotée d'un rattachement différent du leur* ». Par ailleurs, le droit belge s'est aligné sur la position du droit français. En effet, la fusion transfrontalière incluant l'absorption d'une société belge par une société étrangère doit être assimilée à un changement de nationalité. À cet égard, un auteur belge précise que « *la majorité ne peut utiliser le procédé de la fusion pour porter atteinte aux éléments essentiels des sociétés dissoutes. Or, la nationalité compte évidemment parmi ceux-ci* » : RENAULD (J.-G.), *Les fusions de sociétés en droit belge in. Doit européen : Colloque international de Bruxelles*, 12- 14 oct. 1961, Rapports des juristes belges, p. 81.

1580 RTD com. 1973, p. 588.

1581 En ce sens: BEITZKE (G.), *art. préc.*, p. 11 ; CAUSSAIN (J.-J.), *Des fusions transfrontalières dans l'Union européenne, préc.*, 1999, t. 2, p. 113.

1582 *Contra*, BONNASSE (A.) et GAILLARD (L.), *art. préc.*, p. 41 et s., p. 48. Les auteurs considèrent que l'article L. 225-97 du Code de commerce subordonne la décision de changement de nationalité d'une société à la seule condition de la conclusion d'une

884. **Les critiques à la théorie de changement de nationalité.** L'assimilation de la fusion transfrontalière à une opération de transfert de siège social impliquant le changement de nationalité de la société absorbée n'a pas convaincu l'ensemble de la doctrine[1583]. M. Le NABASQUE constate qu'« *il est certainement excessif de prétendre aujourd'hui qu'une société absorbée ou scindée changerait de nationalité puisqu'une société absorbée ou scindée disparaît sans liquidation. Elle ne disparaît pas seulement pour le droit de la société absorbée, mais aussi, et surtout, pour le droit de la société absorbante* »[1584]. Le changement de nationalité par transfert de siège social est en effet généralement caractérisé par la réalisation d' « *conflit mobile* »[1585]. Une même société est successivement soumise à deux lois différentes. Partant de cette caractéristique, M. MENJUCK a pu distinguer le transfert de siège social de la fusion transfrontalière en précisant que « *les sociétés absorbées disparaissent et la société absorbante ou la société nouvelle demeure régie par la loi ayant présidé sa constitution, de sorte qu'à aucun moment, une société participante n'a été soumise successivement à deux lois* »[1586]. Un auteur en déduit, « *qu'il est permis de pas considérer cette objection (changement de nationalité) comme déterminante. Sauf à avoir une vision bouddhiste de la réincarnation des personnes morales. Dans une fusion, la société absorbée ne change pas de nationalité. Elle disparaît. C'est une décision qui se prend à la majorité qualifiée selon la loi applicable à la société* »[1587].

885. Toutefois, cette différence qui semble flagrante entre la fusion et le transfert de siège social est insuffisante à remettre en cause l'exigence du consentement unanime des associés de la société absorbée. C'est ce qu'indique M. BIETZE en constatant que les soucis de la fusion transfrontalière « *sont ceux-là même qui naissent en cas de transfert de siège de la société à l'étranger, bien que la situation juridique ne soit pas tout à fait la même, puisqu'il ne s'agit pas, comme dans le cas du transfert du*

---

convention spéciale avec l'État de la nouvelle nationalité, permettant ainsi le maintien de la personnalité morale sans que ce texte ne fasse aucun référence à la condition de l'unanimité.

1583 GOLDMAN (B.), *Rapport concernant le projet de convention sur la fusion internationale des sociétés anonymes*, *préc.*, p. 468 ; BEGUIN (J.), *La difficile harmonisation européenne du droit des fusions transfrontalières, préc.*, p. 19.

1584 LE NABASQUE (H.), *Le droit européen des sociétés et les opérations transfrontalières, préc.*, p. 429

1585 Sur la nécessité d'un conflit mobile, v. MENJUCQ (M.), *Droit international des sociétés*, Encycl. Dalloz droit des sociétés, éd. 2010, n°111 : « *Le conflit mobile naît de la modification de l'élément du rattachement juridique de la société qui soumet successivement cette dernière à deux systèmes juridiques différents. Dès lors que le siège social détermine la loi applicable à la société, son transfert entraîne un « conflit mobile ». La détermination de la loi applicable aux modalités du transfert suppose la résolution de ce conflit mobile puisque ce sont les dispositions de la lex societatis qui en définissent les conditions* ».

1586 MENJUCQ (M.), *th. préc.*, p. 59.

1587 BEGUIN (J.), *ibid.*

siège, de continuer la vie de la société à l'étranger. Dans ce cas de la fusion, la société à absorber doit terminer son existence dans son pays d'origine selon son propre statut personnel. Mais il s'agit pour elle de poursuivre désormais les buts sociaux à l'étranger par le moyen de la participation à la société absorbante, et cela pose des problèmes analogues à ceux du transfert du siège »[1588]. Un autre auteur ajoute qu'« *en parlant d'un changement dans « la nationalité de la société », la loi vise les évènements qui substituent à la société française une société étrangère ; cette substitution se produit par la fusion comme par le changement direct de nationalité* »[1589]. Ainsi, le législateur fait fi des mécanismes de réalisation de la fusion et s'intéresse plutôt au résultat final de l'opération. Du point de vue des associés de la société dissoute même « *si la voie est indirecte, le résultat est le même pour eux : ils seront rattachés à une société qui a une autre nationalité et un siège social à l'étranger* »[1590]. L'assimilation de la fusion transfrontalière à une opération de transfert de siège social, malgré leur différence de régime, n'est justifiée que par une volonté puissante de protéger les actionnaires minoritaires. À cet égard, certains auteurs ont proposé de soumettre l'annulation de l'exigence d'unanimité à la condition de prévoir un droit de retrait au bénéfice des associés minoritaires[1591].

886. La prise en considération de l'objectif de protection des actionnaires minoritaires semble avoir influencé par la Cour de cassation dans un arrêt du 19 décembre 2006 concernant l'absorption d'une société anonyme par une SAS[1592]. La Haute juridiction adopte une interprétation extensive de l'article L. 227-3 du Code de commerce relatif à la transformation d'une SAS en l'appliquant à une opération de fusion. Le but recherché est d'imposer une prise de décision unanime au sein de la société absorbée. Si les juges du droit paraissent tout à fait conscients de la différence de nature et de régime entre la fusion et l'opération de transformation, ils tiennent tout de même à protéger les associés minoritaires de la société absorbée contre les aléas inhérents à leur intégration dans une société ayant un caractère éminemment

---

[1588] BEITZKE (G.), *art. préc.*, p. 11.

[1589] WAHL (A.), *Commentaire de la loi du 22 novembre 1913 modifiant le régime des sociétés par actions*, J. soc. 1914, p. 4 et s., spéc., n°19.

[1590] BRULLIARD (G.) *Les fusions de sociétés en droit français in. Rapport au colloque de droit européen de Bruxelles*, éd. Bruylant, 1961, p. 91.

[1591] En ce sens, v. BEITZKE (G.), *art. préc.*, p. 11 ; WAHL (A.), HOUPIN (C.) et BOSVIEUX (H.), *op. cit., t. 2,* p. 122. Les auteurs considèrent qu' « *en principe le consentement de tous les actionnaires est nécessaire, car la fusion entraîne virtuellement changement de nationalité de la société française annexée ou absorbée, mais il en serait autrement [...] si l'assemblée générale, en décidant la dissolution de la société [...] laissait aux actionnaires absents ou dissidents le choix entre des actions de cette société étrangère et une somme en espèces correspondant au montant de leurs droits* ».

[1592] Cass. com., 19 déc. 2006, JCP E 2007, n°6-7, note VIANDIER (A.); Rev. soc. 2007, n°1, note LE CANNU (P.); Droit des sociétés 2007, n°3, comm. 51, note HOVASE (H.).

contractuel. À cette fin, ils préfèrent appliquer les dispositions relatives à la transformation de la SAS. C'est un raisonnement analogue à celui qui est appliqué aux fusions transfrontalières pour justifier l'application des règles relatives au changement de nationalité par transfert de siège social. Un associé qui s'engage dans une société en considération la loi applicable à cet engagement, ne peut être contraint à devenir l'associé dans une autre société soumise à un droit étranger. Pour protéger l'associé, les juges n'hésitent pas à appliquer les dispositions relatives au transfert du siège social aux opérations de fusions transfrontalières.

B- Le changement de loi applicable à l'engagement de l'associé

887. **Un droit au maintien de la loi applicable à l'engagement.** L'exigence de l'unanimité pour la réalisation d'une fusion transfrontalière ne pouvait être plus longtemps justifiée par un changement de nationalité d'une société en réalité dissoute. Il a alors parût plus judicieux de se placer au niveau des effets de l'opération sur l'engagement de l'associé de cette société. Les associés ayant « *un droit individuel au maintien de la loi ayant présidé à la conclusion de leur engagement avec la société* »[1593], toute modification apportée à ce droit nécessite leur consentement.

888. **L'augmentation de l'engagement de l'associé.** Pour justifier l'exigence de l'unanimité, on a parfois tenté d'analyser la fusion transfrontalière comme une opération emportant une augmentation de l'engagement de l'associé. En d'autres termes, le changement de la loi initialement applicable à l'engagement de l'associé s'assimile automatiquement à une augmentation de son engagement[1594]. En effet, les textes prévoient expressément la condition de l'unanimité pour la réalisation de toute opération[1595], notamment d'une fusion[1596] qui est de nature à augmenter l'engagement des associés.

[1593] MENJUCQ (M.), *Les opérations transfrontalières de rapprochement et de mobilité à l'épreuve de la diversité des droits nationaux, préc.*, n°6.

[1594] VAN RYN (J.), *Droit commercial*, t. 1, 1954, n°853. – *Adde*, GESSLER (E.), *Fusion des sociétés en droit allemand in. Rapport au colloque de droit européen de Bruxelles*, éd. Bruylant, 1961, p. 43 : l'auteur considère que la règle de l'unanimité dans les fusions transfrontalières est générale et doit ainsi s'appliquer indépendamment du fait de savoir si la loi étrangère augmente ou non l'engagement de l'associé de la société absorbées.

[1595] Art. 1836, al. 2 C. civ. « *En aucun cas, les engagements d'un associé ne peuvent être augmentés sans le consentement de celui-ci* » ; Art. L. 225-96, al. 1er C. com. « *L'assemblée générale extraordinaire est seule habilitée à modifier les statuts dans toutes leurs dispositions. Toute clause contraire est réputée non écrite. Elle ne peut, toutefois, augmenter les engagement des actionnaires, sous réserve des opérations résultant d'un regroupement d'actions régulièrement effectué* ».

[1596] Art. L. 236-5 C. com. « *Par dérogation aux dispositions du deuxième alinéa de l'article, L. 236-2, si l'opération projetée a pour effet d'augmenter les engagements d'associés ou*

889. Ce raisonnement ne peut toutefois prospérer. En effet, l'augmentation de l'engagement d'un associé se manifeste par l'ajout d'une nouvelle obligation à la charge de celui-ci envers la société[1597]. La notion d'augmentation de l'engagement d'un associé a été définie dans un arrêt rendu le 9 février 1937 par la Chambre civile de la Cour de cassation. On y apprend que les engagements des associés *« ne sont augmentés que si les dispositions prises par l'assemblée générale entraînent une aggravation de la dette contractée par eux envers la société ou envers les tiers »*[1598]. Cette définition abondamment reprise par la jurisprudence semble limiter la notion d'augmentation de l'engagement aux cas d'accroissement de l'engagement financier de l'associé. L'obligation supplémentaire doit ainsi revêtir une nature pécuniaire[1599]. Cette conception restrictive va permettre de distinguer les cas d'augmentation d'engagement des simples cas de diminution des droits de l'associé qui eux ne nécessitent pas le consentement de ce dernier.

890. Pour entraîner une augmentation d'engagement, la fusion doit accroître la charge pécuniaire de l'associé. Il en est ainsi notamment lorsqu'une société soumise à un régime de responsabilité limitée est absorbée par une autre société à responsabilité illimitée. Le même raisonnement s'applique aux fusions transfrontalières. C'est le cas lorsque l'absorption d'une société nationale par une société étrangère ayant une forme juridique différente a pour effet d'augmenter l'étendue de la responsabilité des associés de la société absorbée du seul fait de la concentration. Dans cette hypothèse, l'exigence du consentement unanime des associés de la société absorbée ne découle pas directement du changement de la loi applicable à l'engagement de l'associé, mais au fait que les associés d'une société à responsabilité limitée intègrent une société à responsabilité illimitée. La fusion transfrontalière intervenant entre des sociétés soumises à des lois différentes, mais de formes analogues ne s'analyse donc pas comme une augmentation de l'engagement des associés.

891. Lorsque la fusion transfrontalière emporte une diminution des droits des associés à la distribution des bénéfices ou bien limite la libre cessibilité de leurs actions, elle n'est pas constitutive d'une augmentation de leur engagement. Autrement dit, la simple diminution des droits de l'associé

---

d'actionnaires de l'une ou plusieurs sociétés en cause, elle ne peut être décidée qu'à l'unanimité desdits associés ou actionnaires ».

[1597] Sur le sujet, v. MONNET (J.), *Organisation de l'entreprise et interdiction d'augmenter les engagements des associés, Aspects organisationnels du droit des affaires in. Mélanges PAILLUSSEAU (J.)*, Dalloz, 2003, p. 403 ; LE NABASQUE (H.), *La notion d'engagements nouveaux en droit des sociétés*, Drt. sociétés 1997, p. 36.

[1598] Cass. civ., 9 févr. 1937, DP 1937, 1, p. 73, note BESSON (A.).

[1599] En ce sens : MERCADAL (B.), CHARVERIAT (A.), COURET (A.) et ZABALA (B.), *Sociétés commerciales*, éd. Francis Lefebvre, 2017, n°7220.

n'implique pas que soit recueilli son contentement individuel. La jurisprudence a parfois tenté d'élargir la notion d'augmentation des engagements pour y englober certaines obligations n'ayant pas une nature strictement pécuniaire[1600]. À cet égard, la Cour de cassation a affirmé qu'une obligation de « *ne pas faire* » résultant d'une clause statutaire de non-concurrence constituait une augmentation d'engagement des associés qui pouvaient donc décider de se retirer de la société[1601]. Cette solution nous semble transposable aux fusions. Par conséquent, la fusion transfrontalière entre des sociétés de formes analogues peut entraîner une augmentation de l'engagement des associés, notamment lorsque la société absorbante comporte dans ses statuts une clause de non-concurrence à la charge des associés. Dans ce cas, une approbation unanime des associés est requise pour que l'opération soit valable.

892. Le changement de la loi applicable à l'engagement de l'associé n'est pas, en soi, suffisant à constater l'augmentation d'engagement de l'associé. Cette modification entraîne le plus souvent une simple diminution des droits des associés lorsque la loi nouvellement applicable fournit des garanties moindres que l'ancienne. Par conséquent, la règle de l'unanimité ne trouve pas à s'appliquer lors de chaque fusion transfrontalière. Il a alors paru plus approprié de se fonder sur la théorie du conflit mobile.

893. **La théorie du « *conflit mobile* ».** Après une fusion transfrontalière, les associés de la société dissoute perdent le bénéfice de la loi au regard de laquelle ils s'étaient initialement engagés. Le passage des associés d'une société nationale à une société étrangère marque-t-il l'existence du conflit mobile ? Il y a généralement conflit mobile « *quand, par le changement d'un élément de rattachement, une situation donnée est successivement soumise à deux systèmes différents* »[1602]. Il en découle que la situation en cause reste la même pendant le processus de son déplacement dans l'espace[1603]. Ainsi, pour admettre qu'une fusion transfrontalière réalise un conflit mobile, il faut prouver que les associés maintiennent le même engagement dans la société absorbante ou nouvellement créée que celui qu'ils avaient dans la société dissoute. En vertu des effets légaux de la fusion, les associés de la société dissoute acquièrent de plein droit la qualité d'associés au sein de la société

[1600] En ce sens : JOBERT (L.), *La notion d'augmentation des engagements des associés*, Bull. Joly 2004, p. 627 ; GODON (L.), note sous l'arrêt Cass. Com., 26 mars 1996, *Chazalon c/ soc. Buthurieux et associés et autres,* Rev. soc. 1996, p. 793. Selon cet auteur, « *l'exigence d'une abstention, c'est-à-dire d'une attitude inerte d'un associé, peut constituer une aggravation des engagements de ce dernier* ».

[1601] En ce sens: Cass. Com., 26 mars 1996, *Chazalon c/ soc. Buthurieux et associés et autres, arrêt préc.*; RTD com. 1996, p. 487, obs. PETIT (B.) et REINHARD (Y.).

[1602] BATIFFOL (H.) et LAGARDE (P.), *op. cit.*, n°318.

[1603] *Id., ibid.*

absorbante ou nouvelle issue de la fusion. Il semble ainsi y avoir une continuité de leurs engagements. À défaut pas de rupture de l'engagement des associés, c'est bien le même engagement qui se trouve soumis à deux lois successives[1604]. La présence du conflit mobile relatif à l'engagement des associés justifie la mise en œuvre de la condition de l'unanimité.

894. **La possibilité de contourner l'obstacle.** Les nombreuses contestations doctrinales adressées à l'application de la règle de l'unanimité ont été impuissantes à écarter définitivement cette solution qui continue de régir de façon résiduelle les cas d'absorption d'une société française par une société étrangère à l'Union européenne[1605]. Il est alors intéressant de voir les solutions qui existent pour contourner cet obstacle. Pour éviter que l'opération de fusion se trouve freinée par la récalcitrante des associés minoritaires, les sociétés désireuses de fusionner procèdent généralement à une acquisition préalable de toutes les parts sociales de la société qui doit être absorbée[1606].

895. Au terme de l'acquisition de la totalité des titres d'une société, on peut se demander s'il est possible aux sociétés de recourir à la technique de dissolution par confusion en tant qu'alternative à la fusion transfrontalière. La réponse n'est pas évidente. Une partie de la doctrine refuse en effet d'étendre l'application de cette technique à des opérations transfrontalières[1607]. Un auteur constate à cet égard que « *le régime de la dissolution confusion d'une filiale à 100% n'est pas conforme aux exigences du droit européen. En effet celui-ci impose pour l'essentiel, des conditions d'information des actionnaires, de protection des créanciers, et de publicité au profit des tiers. (...) Rien de tout cela ne se retrouve dans la procédure de dissolution confusion* »[1608]. Il semble alors difficile d'admettre le recours à la dissolution par confusion pour contourner la réalisation d'une fusion transfrontalière.

[1604] En ce sens : MENJUCQ (M.), *th. préc.*, p. 60. L'auteur affirme que « *les associés devenant obligatoirement et de plein droit membres de la société bénéficiaire des apports poursuivent l'engagement convenu avec la société dissoute. Il n'y a donc pas dualité d'engagement mais un même engagement soumis à un conflit mobile* ».

[1605] BONNASSE (A.) et GAILLARD (L.), *art. préc.*, p. 45.

[1606] *Id., art. préc.*, p. 43 : l'auteur constate à cet égard que « *dans les opérations nationales comme internationales, les rapprochements entre sociétés indépendantes sont réalisés le plus souvent par opérations sur titres [...] une fusion juridique n'étant souvent mise en œuvre que dans un second temps* ».

[1607] En ce sens : MERCADAL (B.) et JANIN (Ph.), *Groupes de sociétés*, Memento Francis Lefebvre, 2004-2005, n° 21011 ; DAIGRE (J.-J.), *De la conformité de la « dissolution-confusion » de l'article 1844-5, alinéa 3 au Code civil avec la troisième directive en droit des sociétés*, Dr. soc. actes prat., 1997, p. 23.

[1608] *Id., ibid.*

896. Le procédé classique de fusion réalisé à la suite de l'acquisition de la totalité d'une société cible n'est pas non plus aisément réalisable. D'une part, l'acquisition de la totalité des parts sociales d'une société exige le consentement individuel de chaque associé à la cession de ses propres titres. On se retrouve donc de nouveau confronté à l'épineuse exigence de d'unanimité. Cependant, la société absorbante peut déclencher l'acquisition en offrant une contrepartie en numéraire très favorable aux associés minoritaires afin de les inciter à vendre leurs parts sociales. D'autre part, l'acquisition préalable des parts sociales d'une société exige souvent que la société absorbante verse une rémunération en numéraire importante. Le financement de l'acquisition de parts sociales peut ainsi s'avérer coûteux et devenir un obstacle à la réalisation de la fusion transfrontalière.

Ss-paragraphe 2 : Le dépassement de l'unanimité dans les fusions intra-européennes

897. **L'insuffisance du droit primaire européen.** Avant même l'adoption de la dixième directive, l'article 220, alinéa 3, du Traité de Rome établissait déjà les fondements de l'interdiction d'exiger des conditions d'approbation d'une fusion transfrontalière plus strictes que celles exigées pour une fusion interne. M. BEITZKE constatait ainsi que « *les règles du Traité de Rome qui interdisent dans la CEE la discrimination en matière d'établissement mettent obstacle à l'existence de règles nationales spéciales pour la fusion internationale. Celle-ci devra être possible dans les mêmes conditions qu'une fusion nationale. Il serait contraire à la liberté d'établissement que la fusion avec une société étrangère demande une décision plus difficile à prendre que pour une fusion nationale* »[1609]. Le Traité n'était pas toutefois suffisant pour surmonter l'exigence de l'unanimité. C'est la raison pour laquelle les opérations de fusion intra-européennes se réalisaient uniquement sous la forme d'absorption d'une filiale par sa société mère dont elle détenait la totalité des parts sociales. Il a fallu attendre l'intervention du droit européen dérivé pour donner une application effective des dispositions du Traité de Rome.

898. **La solution retenue par la dixième directive.** Avec la transposition de la dixième directive en droit français, « *le verrou le plus spectaculaire qui a sauté est sans nul doute celui de la suppression de la règle de l'unanimité des actionnaires des sociétés participantes ; cet impératif avait bien souvent été un élément dirimant à la conduite de tels projets* »[1610]. C'est en effet là

[1609] BEITZKE (G.), *art. préc.*, p. 12.

[1610] GELIN (S.), HERRMANN (A.) et PROVOST (B.), *Les difficultés pratiques d'ordre juridique et fiscal des opérations de fusions transfrontalières*, CDE 2011, n°38, p. 50

que réside la « *vraie révolution* »[1611]. La directive ne précise pas les modalités d'approbation de la fusion transfrontalière, mais elle indique dans son troisième considérant que « *chaque société participant à une fusion transfrontalière ainsi que chaque tiers concerné restent soumis aux dispositions et formalités de la législation nationale qui serait applicable à une fusion nationale* ». La directive semble ainsi explicitement vouloir soumettre la fusion transfrontalière aux mêmes conditions de réalisation qu'une fusion purement interne. La fusion intra-européenne va ainsi s'opérer dans les conditions requises pour la modification des statuts. Il faut toutefois préciser que les questions de *quorum* et de majorité pour les fusions purement internes n'ont pas pu être harmonisées. La directive 2011/35/UE affirme seulement que les États membres doivent prévoir une majorité au moins égale aux deux tiers des voix afférentes soit aux titres représentés, soit au capital souscrit représenté[1612]. Une majorité simple peut suffire à la condition que la moitié au moins du capital souscrit soit représentée[1613].

899. Par ailleurs, le même considérant de la dixième directive a renforcé l'abandon de la condition de l'unanimité en interdisant toutes les dispositions et formalités nationales susceptibles d'introduire des restrictions à la liberté d'établissement ou à la libre circulation des capitaux. La directive reprend en quelque sorte la solution de l'arrêt *Sevic* qui soumettait les fusions transfrontalières intra-européennes au principe de liberté d'établissement des sociétés. Par conséquent, un État membre ne peut apporter de restrictions à la réalisation d'une fusion que si celles-ci sont justifiées par une raison impérieuse d'intérêt général. Elles doivent en outre répondre aux conditions de non-discrimination, d'efficacité et de proportionnalité. Par conséquent, il n'est pas acceptable d'exiger une majorité pour l'approbation d'une fusion transfrontalière plus élevée que celle imposée à une fusion purement interne. En prévoyant un traitement différencié en fonction de la nationalité de la société absorbante, une telle mesure serait incontestablement discriminatoire.

900. **Les critiques de la solution retenue par la dixième directive.** La solution adoptée par la dixième directive se contente de renvoyer aux dispositions nationales, sans élaborer une règle matérielle pour la fixation des conditions de *quorum* et de majorité du vote de la fusion transfrontalière. Elle fit l'objet de critiques nourries. En ce sens, dans son rapport sur l'avenir du droit européen des sociétés, Mme. DAMON constatait que « *la solution du renvoi aux droits nationaux n'est effectivement pas satisfaisante. Si elle*

[1611] LE NABASQUE (H.), *Les fusions transfrontalières après la loi n°2008-649 du 3 juillet 2008, préc.*, p. 493.
[1612] Art. 7, §1, al. 1 Dir. 2011/35/UE.
[1613] *Id., ibid.*

permet – en France – d'esquiver la procédure d'approbation à l'unanimité, puisque les règles d'assemblée générale (quorum, majorité) sont celles requises pour toute modification des statuts, elle ne résout toutefois pas les différences de majorité requises dans chaque État membre »[1614]. Toutefois, les différentes conditions d'approbation de la fusion transfrontalière retenues par les *leges societatis* concernées ne constituent pas un réel obstacle à la réalisation de la fusion transfrontalière[1615]. La méthode conflictualiste par une application distributive, renvoyait ainsi à la loi de chaque société pour régir l'approbation. Or, les seuils de majorité retenus par chacun des États membres ne justifient pas, à eux-seuls, le caractère inopportun de la méthode adoptée par la dixième directive.

901. Les critiques concernent plutôt la possibilité offerte aux États membres par la méthode conflictualiste de maintenir la condition d'unanimité pour l'approbation de la fusion transfrontalière. Un État membre pouvait donc valablement établir, dans un premier temps, la condition de l'unanimité pour l'approbation des fusions internes pour mieux la transposer, dans un second temps, à la fusion transfrontalière[1616]. En procédant de la sorte, la condition de l'unanimité ne peut être considérée comme une mesure discriminatoire à l'égard de la fusion transfrontalière[1617]. M. Le NABASQUE exprimait sa crainte en ces termes : « *sans vouloir paraître exagérément pessimiste (...), la notion « d'augmentation des engagements » peut puiser là une nouvelle vie puisque de telles augmentations, à la supposer avérées, requièrent (...) le consentement de tous les actionnaires* »[1618]. On peut en effet redouter que les États membres trouvent de nouveaux fondements – autres que celui relatif au transfert du siège social ou au changement de nationalité de la société – pour mieux justifier le maintien de la condition d'un vote unanime de la fusion transfrontalière. C'est pourquoi, il aurait été souhaitable que la dixième directive fixe, par une règle matérielle et de manière détaillée, les conditions d'approbation d'une fusion transfrontalière.

1614 Rapport de DAMON (D.), *Consultation sur l'avenir du droit européen des sociétés*, réactions de la CCIP, 3 mai 2012, p. 20.

1615 En ce sens, v. LE NABASQUE (H.), *Les fusions et les scissions transfrontalières, préc.*, p. 413.

1616 L'art. 7 Dir. 78/855/CEE (actuellement art. 7 dir. 2011/35/UE) prévoit seulement que la fusion ne peut être approuvé par une majorité inférieure aux deux tiers des voix afférentes soit aux titres représentés, soit au capital souscrit représenté. Les États membres peuvent ainsi prévoir des conditions plus strictes pouvant aller jusqu'à l'exigence de l'unanimité.

1617 L'arrêt *Sevic* s'est principalement fondé sur le caractère discriminatoire de la mesure prise par le droit allemand qui refusait d'enregistrer les fusions transfrontalières.

1618 LE NABASQUE (H.), *Les fusions transfrontalières après la loi n°2008-649 du 3 juillet 2008, préc.*, p. 506.

Paragraphe 2 : La prise d'effet de la fusion

902. **La distinction entre la date de prise d'effet et la date d'opposabilité.** La date de prise d'effet de la fusion *inter partes* correspond souvent à une date fixée dans le contrat de fusion par les sociétés fusionnantes. Il semble alors aberrant de se prévaloir de cette date à l'égard des tiers au contrat[1619]. La fusion ne devient opposable *erga omnes* que par l'accomplissement de certaines formalités de publicité, notamment son immatriculation auprès des registres des sociétés fusionnantes et sa publication dans les journaux officiels.

903. **Plan.** La date de prise d'effet d'une fusion transfrontalière diffère selon qu'il s'agit des effets de l'opération *inter partes* **(Ss-paragr.1)** ou *erga omnes*, c'est-à-dire à l'égard des tiers **(Ss-paragr. 2)**.

Ss-paragraphe 1 : La date de prise d'effet *inter partes*

904. **La défaillance de la méthode conflictualiste.** La fixation de la date de prise d'effet de la fusion transfrontalière semble être une épineuse question. Une application distributive des lois pour la détermination de cette date a été catégoriquement rejetée. À cet égard, M. GOLDMAN précise que « *cette date doit manifestement être unique : on ne saurait concevoir que la fusion prenne effet pour l'une des sociétés tel jour, et pour l'autre société, un autre jour. Sa fixation ne pouvait par conséquent être laissée à la compétence des lois respectivement applicables, en cas de fusion, aux sociétés en cause, puisque les législations des États retiennent, à cet égard des solutions diverses. Une règle de conflit aurait donc conduit à des dates différentes de prise d'effet de la fusion, selon que l'on aurait considéré telle ou telle des sociétés en cause, en lui faisant application de sa propre loi* »[1620]. De nombreux auteurs ont alors soutenu que la fixation d'une date de prise d'effet entraînait une application cumulative des lois régissant les sociétés fusionnantes[1621]. L'adoption d'une telle solution aurait abouti à l'application de la loi la plus stricte, c'est-à-dire celle prévoyant la date la plus différée de prise d'effet. Toutefois, l'application cumulative des *leges societatis* pouvait mener à des impasses à cause de la différence des

[1619] Concernant les formalités d'opposabilité prévues par la dixième directive pour le transfert de certains biens et droits. cf. *infra*, n°938 et s. Sur la distinction entre la date de prise d'effet et la date d'opposabilité de la fusion, v. Cass. com., 23 mars 1999, *Sté l'Etoile commerciale c/ Sté Fideicomi*, JCP E 1999, p. 1012 ; Bull. Joly 1999, p. 682 ; v. égal. Com., 29 janvier 2002, *Oumellal c/ Banque de San Paolo*, *RJDA* 5/02, n°505, p. 428.

[1620] GOLDMAN (B.), *Rapport concernant le projet de convention sur la fusion international des sociétés anonymes*, *préc.*, p. 509.

[1621] En ce sens: CAUSSAIN (J.-J.), *Des fusions transfrontalières dans l'Union européenne*, *préc.*, p. 131 ; TILQUIN (Th.) et ANDE (M.), *art. préc.*, p. 593.

solutions retenues par les différentes législations nationales. Il est souvent impossible de déterminer au préalable la loi qui exige la date la plus différée parmi les lois concernées. Par ailleurs, la plupart des États font dépendre la date de prise d'effet de l'accomplissement de certaines formalités, notamment l'immatriculation de la fusion[1622] ou la réalisation d'un contrôle de la légalité de l'opération[1623]. Quelle sera, le cas échéant, la loi la plus stricte ? La réponse à cette question semble impossible puisqu'en vertu des dispositions des législations concernées par la fusion, la date de réalisation de l'opération dépend de facteurs chronologiquement instables. Par conséquent, nous rejoignons ici le constat de M. LE NABASQUE selon lequel « *sur la question de la date, ni le mécanisme de l'application cumulative des lois en présence, ni celui de leur application distributive n'était sérieusement envisageable, car la date ne pouvait être qu'unique pour toutes les sociétés, et conforme à la loi dont chacune relevait* »[1624]. La méthode confluctualiste va souvent s'avérer défaillante pour régir la question de la date de prise d'effet de la fusion transfrontalière lorsque les lois applicables aux sociétés fusionnantes prévoient des solutions divergentes.

905. **Le remède de la fixation contractuelle.** On peut envisager le recours à l'aménagement contractuel de la date de prise d'effet. Ce procédé est reconnu dans la plupart des législations nationales afin de contourner la défaillance de la méthode conflictualiste en la matière. À cet égard, M. MENJUCQ affirme que « *lorsque les dispositions relatives à la date de prise d'effet des législations des sociétés participantes ne coïncideraient pas, les parties à la fusion pourraient rechercher le déblocage de la situation en stipulant contractuellement une solution de conciliation acceptable par les droits en présence* »[1625]. Cependant, il n'est pas toujours évident de trouver une date conciliant les exigences de toutes les législations concernées par la fusion transfrontalière. La conciliation aboutit en réalité souvent au prolongement du calendrier de la fusion transfrontalière afin de s'assurer du respect des exigences de toutes les législations concernées.

906. **La position de la dixième directive.** Pour remédier à la défaillance de la méthode conflictualiste dans la détermination de la date de prise d'effet

---

[1622] Par exemple, le droit suisse considère que la fusion ne produit ses effets légaux qu'au moment de son inscription au registre du commerce suisse après l'approbation de la fusion par l'ensemble des sociétés fusionnantes (art. 22, al. 1 Lfus). En revanche, lorsque la société fusionnante n'est pas inscrite au registre du commerce, la fusion se réalise au moment de la dernière assemblée générale ayant approuvé l'opération.

[1623] Il en est ainsi dans les droits français, belge et luxembourgeois qui, conformément à la dixième directive, considèrent que la fusion ne peut être antérieure à la date de réalisation du contrôle de légalité.

[1624] LE NABASQUE (H.), *Les fusions transfrontalières après la loi n°2008-649 du 3 juillet 2008*, Rev. soc. 2008, p. 493.

[1625] MENJUCQ (M.), *th. préc.*, p. 224.

d'une fusion transfrontalière, l'article 12 de la dixième directive a prévu la combinaison d'une règle matérielle avec une règle de conflit de lois[1626]. En premier lieu, la règle de conflit renvoie à la loi dont relève la société issue de la fusion. En second lieu, la règle matérielle vient encadrer la solution retenue par la législation nationale à laquelle le renvoi est opéré en disposant que la fusion transfrontalière ne prendra effet que postérieurement au double contrôle de légalité.

907. La transposition de cette règle matérielle a paru nécessaire au droit français[1627]. Il faut d'abord signaler que cette norme n'a pas d'intérêt pratique dans les fusions par création d'une société nouvelle, car la prise d'effet de cette forme de fusion est nécessairement postérieure au double contrôle. Le droit français dispose en effet que la fusion par création d'une société nouvelle ne peut prendre effet avant la date de l'immatriculation de la nouvelle société qui, elle, ne peut intervenir que postérieurement au double contrôle de légalité. Le renvoi à la loi française dont relève la société nouvellement créée pour régir la date de prise d'effet de la fusion est alors suffisant pour aboutir au résultat prévu par la règle matérielle. En revanche, le simple renvoi à la solution retenue par le droit français pour la prise d'effet d'une fusion par absorption est susceptible de contredire la règle matérielle prévue dans la dixième directive. Le droit français prévoit qu'à défaut d'un choix d'une date dans le contrat de fusion, l'opération prendra effet à la date de la dernière assemblée générale ayant approuvé la fusion. Il en découle que la prise d'effet de la fusion par absorption peut intervenir préalablement au contrôle de légalité qui s'assure notamment que la fusion a été régulièrement approuvée par les assemblées des sociétés fusionnantes. L'application de la seule règle de conflit sans la transposition de la règle matérielle impliquerait dans cette hypothèse que la fusion prenne effet à une date antérieure au contrôle de légalité.

908. **La difficulté découlant de la règle matérielle retenue par la dixième directive.** La solution prévue dans la dixième directive repousse la date de prise d'effet d'une fusion transfrontalière après l'achèvement du contrôle de légalité. Elle peut être très contraignante pour les sociétés fusionnantes. La fusion est alors souvent soumise à un « *effet de cliquet* » qui consiste à réaliser l'opération avant la clôture de l'exercice de la société[1628]. Le législateur français conscient de l'utilité de cet effet a voulu l'imposer en matière de fusion transfrontalière en prévoyant expressément que la date de prise d'effet de la fusion transfrontalière ne puisse être ni antérieure au

---

[1626] Art. 12 Dir. 2005/56/CE.

[1627] LE NABASQUE (H.), *Les fusions transfrontalières après la loi n°2008-649 du 3 juillet 2008, préc.*, p. 514.

[1628] BONNASSE (A.) et GAILLARD (L.), *art. préc.*, p. 55.

contrôle de légalité, ni postérieure à la date de clôture de l'exercice en cours de la société absorbante pendant lequel a été réalisé ce contrôle[1629]. Il y a une nécessité pratique à réaliser l'opération avant la clôture du dernier exercice comptable. En effet, l'établissement d'un nouveau compte pendant la période intercalaire précédant la prise d'effet de la fusion est susceptible de remettre en cause la pertinence du rapport d'échange.

909. Le problème principal découle alors du fait que le contrôle de légalité de la fusion peut parfois s'étendre au-delà de la date de clôture du dernier exercice. Certaines législations ne prévoient pas en effet une date limite ou un délai fixe pour l'achèvement du contrôle de légalité de la fusion par l'autorité publique[1630]. Sa mission peut alors être retardée, notamment à raison de la lenteur du processus administratif d'envoi des documents nécessaires à la délivrance de l'attestation de légalité et à cause de l'étendue de la mission confiée à l'autorité de contrôle. Le problème du dépassement de la date de clôture du dernier exercice ne se pose pas dans une fusion purement interne puisque la date de prise d'effet de la fusion est celle de la dernière assemblée générale ayant approuvé la fusion. Il suffit alors que les assemblées des sociétés fusionnantes approuvent la fusion avant la date de clôture du dernier exercice. Des auteurs en ont conclu que « *l'obligation édictée par la directive d'une date de réalisation qui ne peut être antérieure au contrôle de légalité tend donc, en raison de cet « effet de cliquet », à faire peser un fort aléa sur la réalisation des opérations de fusions (...), les aléas sur la finalisation du contrôle de légalité conduisent à prendre une marge de sécurité et donc de perdre environ un mois dans le calendrier* »[1631]. Outre le problème de prolongation du calendrier de réalisation de la fusion transfrontalière, l'exigence que la date de prise d'effet soit postérieure au contrôle de légalité rend difficile la fixation au préalable la date de réalisation définitive de la fusion. Cette solution source d'une grande insécurité juridique puisque des actes conclus par la société absorbée peuvent s'avérer l'être après sa disparition.

910. **La difficulté relative à la rétroactivité comptable et fiscale.** La dixième directive opère une confusion entre la date de prise d'effet juridique et la date de prise d'effet comptable et fiscale de la fusion transfrontalière[1632]. Or, certains États membres, dont la Pologne, en transposant scrupuleusement la directive ont maintenu cette confusion si bien que la date de prise d'effet comptable et fiscale doit coïncider avec la

[1629] Art. L. 236-31 C. com.
[1630] Contrairement au droit français qui prévoit un délai de quinze jours pour l'accomplissement du contrôle de légalité, v. art. R. 236-20 C. com.
[1631] BONNASSE (A.) et GAILLARD (L.), *art. préc.*, p. 56.
[1632] En ce sens, v. LE NABASQUE (H.), *Les fusions et les scissions transfrontalières, préc.*, p. 412 ; *Les fusions transfrontalières après la loi du 3 juillet 2008, préc.*, p. 514.

date de prise juridique de l'opération. Autrement dit, la date de prise d'effet fiscale et comptable ne peut être qu'immédiate. D'autres États membres, notamment l'Allemagne[1633] et la Belgique[1634], ont admis la possibilité d'une date de prise d'effet comptable et fiscale antérieure à la date de prise d'effet juridique. Toutefois, ils ont prévus un délai préfix qui limite la rétroactivité. Le droit français admet également la rétroactivité de la date de prise d'effet fiscale et comptable de la fusion, mais sans délai préfix. Les divergences des solutions retenues par les différentes législations ne constituent pas des obstacles insurmontables puisqu'une application cumulative des dispositions nationales impose aux sociétés fusionnantes de respecter celles qui sont les plus restrictives[1635]. Ainsi, en cas de fusion d'une société de droit français avec une société de droit polonais, il n'est pas possible de mettre en œuvre une rétroactivité fiscale et comptable. De même, la fusion avec une société dont la loi fixe un délai limite de rétroactivité impose au contrat de fusion de ne pas dépasser cette limite.

Ss-paragraphe 2 : La date de prise d'effet *erga omnes*

911. **La loi applicable à l'opposabilité de la fusion.** La *lex societatis* de chaque société est en principe compétente pour déterminer la date et les formalités d'opposabilité de la fusion[1636]. Cette solution est confortée par l'article 13 de la dixième directive, selon lesquel « *la législation de chacun des États membres dont relevaient les sociétés qui ont fusionné détermine, en ce qui concerne son territoire, les modalités, conformément à l'article 3 de la directive 68/151/CEE, de la publicité de la réalisation de la fusion transfrontalière dans le registre public auprès duquel chacune de ces sociétés était tenue de procéder au dépôt des actes* ». La directive ne se contente toutefois pas de renvoyer aux dispositions nationales des États membres pour la fixation des modalités de publicité de la fusion transfrontalière. Une règle matérielle est prévue au second alinéa de l'article 13 qui dispose que le registre destiné à l'immatriculation de la société issue de l'opération doit notifier, sans délai, la prise d'effet de la fusion aux registres d'immatriculation des autres sociétés fusionnantes. La notification entraîne alors la radiation des anciennes immatriculations. Malgré les dispositions de la dixième directive, une différence considérable persiste entre les solutions retenues par les États membres.

912. **Le recours à l'« *adaptation* ».** L'incompatibilité des dispositions nationales quant aux modes de publicité de la fusion peut engendrer

---

[1633] 9 mois

[1634] 6 mois

[1635] Sur le sujet, v. GELIN (S.), HERRMANN (A.) et PROVOST (B.), *art. préc.*, p. 50.

[1636] En ce sens: BEITZKE (G.), *art. préc.*, p. 7 ; TILQUIN (Th.) et ANDE (M.), *art. préc.*, p. 591 ; TILQUIN (Th.) et DELCORDE (J.-A.), *art. préc.*, p. 45.

certaines difficultés pratiques. Par exemple, lorsque la loi de la société absorbante requiert l'immatriculation de la fusion dans un registre dont relève la société absorbée, et que la loi de cette dernière ne connaît pas l'institution du registre. Comment surmonter cette difficulté ? Un auteur suggère de recourir à la méthode dite d'« *adaptation* »[1637] qui est traditionnellement appliquée à la résolution des difficultés découlant de l'application de plusieurs lois à une même situation juridique. Dans ces hypothèses, « *le jeu conjugué de plusieurs lois aboutit à des lacunes, des doubles emplois ou des contradictions* »[1638]. L'adaptation peut alors intervenir soit par transposition de la règle étrangère dans une règle ou institution du for, soit, au contraire, par substitution à la règle étrangère d'une règle ou institution du for qui aurait les mêmes fonctions. Enfin, si l'espèce le requiert, il peut être procédé par toute autre méthode d'harmonisation ou de rapprochement des deux ordres juridiques. En retournant sur la difficulté soulevée dans l'exemple précédent, la méthode de l'adaptation amène à se contenter de « *la preuve qu'ont été remplies toutes les conditions de publicité qui poursuivent les mêmes buts que l'inscription dans un registre prévu par le droit de la société absorbante et toutes les conditions qui rendent la fusion définitive* »[1639].

913. **Le manque de communication entre les registres nationaux.** La fixation de la date d'opposabilité d'une fusion transfrontalière peut soulever des difficultés pratiques importantes en cas d'absence de procédure de communication entre les registres nationaux de publication de la fusion[1640]. Le législateur européen s'est rendu compte de ce problème. Aussi, affirme-t-il dans le considérant 3 de la directive 2012/17/UE que « *les opérations telles que les fusions transfrontalières ont fait de la coopération quotidienne entre les registres du commerce une nécessité. La directive 2005/56/CE du Parlement européen et du Conseil du 26 octobre 2005 sur les fusions transfrontalières des sociétés de capitaux impose aux registres de coopérer au-delà des frontières. Il n'existe cependant pas de canaux de communication établis qui pourraient accélérer les procédures, aider les registres à surmonter les problèmes de langue et renforcer la sécurité juridique* »[1641]. L'article 2 de la directive prévoit pour sa part que « *le registre destiné à l'immatriculation de la société issue de la fusion*

[1637] BEITZKE (G.), *art. préc.*, p. 9.

[1638] BATIFFOL (H.) et LAGARDE (P.), *op. cit.*, p. 175.

[1639] BEITZKE (G.), *art. préc.*, p. 9.

[1640] BECH-BRUUN/LEXIDALE, *Study on the application of the cross-border mergers directive, for the directorate general for the internal market and services and the European Union*, Sept. 2013, p. 40.

[1641] Dir. 2012/17/UE, 13 juin 2012, modifiant la directive 89/666/CEE du Conseil et les directives 2005/56/CE et 2009/101/CE du Parlement européen et du Conseil en ce qui concerne l'interconnexion des registres centraux, du commerce et des sociétés.

transfrontalière notifie sans délai au registre auprès duquel chacune des sociétés était tenue de procéder au dépôt des actes, au moyen du système d'interconnexion des registres centraux, du commerce et des sociétés établies conformément à l'article 4bis, paragraphe 2, de la directive 2009/101/CE, que la fusion transfrontalière a pris effet »[1642]. Le système d'interconnexion électronique reliant les registres nationaux des États membres va permettre une publication efficace et rapide des opérations de fusions transfrontalières. La publication de l'opération peut ainsi se réaliser simultanément dans les registres publics des sociétés fusionnantes. La fusion transfrontalière serait alors concomitamment opposable aux tiers dans tous les États membres.

914. Toutefois, il est à noter que la directive de 2012/17/UE n'a pas encore été transposée dans tous les États membres. De ce fait, la difficulté liée au manque de communication efficace entre les registres nationaux demeure. En pratique, la communication a lieu sans aucune forme précise, notamment par l'envoi de courriers, de fax et parfois même par courriels. Ces procédés peuvent créer un décalage entre la date d'opposabilité de la fusion au sein de l'État dont relève la société issue de la fusion et celle des États dont relèvent les autres sociétés fusionnantes. Par conséquent, une fusion dont les effets juridiques sont considérés comme opposables dans l'État de la société absorbante peut ne pas l'être dans l'État de la société absorbée. Tel est le cas, par exemple, lors de l'absorption d'une société luxembourgeoise par une société étrangère. La radiation de la société absorbée est inscrite au registre de commerce et des sociétés luxembourgeois à partir de la réception de la notification de la prise d'effet de la fusion par le registre dont relève la société absorbante[1643]. Entre la date d'immatriculation de la fusion transfrontalière dans l'État de la société absorbante et celle de la réception de la notification, la société absorbée luxembourgeoise existe encore à l'égard des tiers, car elle n'est pas encore radiée du registre de commerce et des sociétés. Le risque serait que des tiers non informés de la disparition juridique de la société absorbée continuent à traiter avec celle-ci[1644]. En l'attente de la transposition complète de la directive 2012/17/UE, quelques

---

[1642] Modifiant l'art. 13 Dir. 2005/56/CE

[1643] Sur le sujet, v. SPANG (J.-P.), *La fusion transfrontalière en droit luxembourgeois : regard du praticien, préc.*, p. 89.

[1644] On a constaté, qu'en pratique, afin de s'assurer du bon accomplissement du processus de publication de la fusion, les sociétés fusionnantes avaient tendance à prendre l'initiative à la place des autorités publiques tenant les registres et à informer directement les autres registres nationaux de la réalisation de la fusion ainsi que les tiers intéressés par l'opération, notamment les débiteurs et les créanciers des sociétés absorbées. Toutefois, ce processus a tendance à retarder la réalisation de la fusion transfrontalière et à s'avérer coûteux pour les sociétés fusionnantes. En ce sens, v. BECH-BRUUN/LEXIDALE, *Study on the application of the cross-border mergers directive*, for the directorate general for the internal market and services and the European Union, Sept. 2013, p. 66.

remèdes temporaires au problème du décalage entre les dates de publication de la fusion transfrontalières dans les différents États membres ont été proposés[1645]. Ils consistent, d'une part, à permettre à la société issue de la fusion de notifier les registres dont relèvent les autres sociétés fusionnantes et, d'autre part, à fixer dans les États membres un délai maximal pour que l'autorité tenant le registre de la société issue de la fusion tienne informé les autres registres nationaux.

[1645] *Id., ibid.*

Chapitre 2 : La loi applicable aux effets de la fusion

915. **Les effets de la fusion à prendre en considération.** La nature organisationnelle de la fusion tient principalement à ses effets structurels sur les sociétés fusionnantes. La mise en commun de leurs patrimoines rescpetifs au sein d'une seule organisation suppose l'intervention simultanée de plusieurs mécanismes. D'abord, la transmission universelle de patrimoine puis la dissolution sans liquidation et, enfin, la distribution de parts sociales aux associés de la société dissoute. Les effets de la fusion ne se limitent donc pas uniquement aux sociétés contractantes, mais s'étendent également aux tiers à l'opération. La nature organisationnelle de ce contrat impose ainsi que l'on déroge au principe de l'effet relatif des conventions. L'appréhension de la fusion en droit international privé suppose d'étudier séparément les effets *inter partes* et ceux produits à l'égard des tiers.

916. **Plan.** Les effets organisationnels du contrat de fusion sont identiques qu'il s'agisse d'une opération internationale ou purement interne. La seule singularité propre à la fusion transfrontalière tient à la portée de ses effets qui s'appliqueront à des sujets de droit soumis à des lois différentes. Il convient donc de déterminer la loi applicable aux effets du contrat de fusion à l'égard des parties **(Section 1)** et à l'égard des tiers **(Section 2)**.

Section 1 : Les effets à l'égard des sociétés fusionnantes

917. **Plan.** Concernant la détermination de la loi applicable aux effets de la fusion transfrontalière, M. TILQUIN avait judicieusement constaté qu' « *il n'est en effet pas toujours aisé de distinguer quels aspects intéressent l'une ou l'autre société même si la dissolution sans liquidation, et le transfert de patrimoine, activement et passivement, qui en résulte, semblent relever davantage de la lex societatis de la société apporteuse, et l'élargissement du cercle des actionnaires ou associés semble relever davantage de la lex societatis de la société bénéficiaire* »[1646]. Les propos nuancés de l'auteur relèvent la subtilité de la question de la loi applicable à chacun des effets juridiques de la fusion. Pour y répondre, il faut étudier séparément les

[1646] TILQUIN (Th.), *art. préc.*, n°12.

principaux effets de la fusion[1647], à savoir la transmission de patrimoine **(Ss-section 1)** et la distribution de parts sociales **(Ss-section 2)**.

Ss-section 1 : La transmission de patrimoine

918. **Plan.** Les difficultés majeures de la réalisation des fusions transfrontalières ont été surmontées par la transposition du principe de transmission universelle de patrimoine dans la majorité des États membres **(Paragr. 1)**. Une difficulté demeure toutefois lorsque plusieurs lois ont vocation à régir la transmission universelle de patrimoine. D'où la nécessité d'établir un système de ventilation de ces lois **(Paragr. 2)**.

Paragraphe 1 : La reconnaissance du principe de la transmission universelle de patrimoine

919. **Une condition préalable théorique.** Le principe de transmission universelle de patrimoine doit être admis par toutes les législations concernées lors de la réalisation d'une fusion transfrontalière[1648]. Cette condition est un préalable nécessaire à toute fusion transfrontalière. La pratique a pourtant prouvé l'inexactitude de ce constat, notamment à l'occasion d'opérations de fusions transfrontalières impliquant des législations ne reconnaissant pas le principe de transmission universelle du patrimoine. Citons à cet égard l'exemple de la fusion réalisée entre la société de droit anglais Barclays Bank PLC et sa filiale française Barclays Bank SA. Malgré tout, la reconnaissance du principe de transmission universelle de patrimoine reste primordiale pour alléger la procédure de la fusion transfrontalière.

920. **La consécration progressive par les États membres.** Bien avant l'intervention du droit dérivé européen, certaines législations, notamment le droit allemand[1649] et italien[1650] ont reconnu le principe de transmission universelle de patrimoine. Par la suite, le législateur européen a consacré ce

---

[1647] La dissolution sans liquidation qui constitue également un effet principal de la fusion sera étudiée dans les développements relatifs à la transmission universelle de patrimoine : nous percevons en effet la dissolution sans liquidation comme le corollaire de la transmission universelle de patrimoine.

[1648] En ce sens : BIETZKE (G.), *art. préc.*, p. 14 ; LOUSSOUARN (Y.), *Règles de conflit et règles matérielles dans le droit international des sociétés, préc.*, p. 171 : « *La transmission universelle des biens n'est possible que si les deux lois (de l'absorbée et de l'absorbante) sont d'accord. On revient donc là encore à l'exigence qui est inhérente à toute application cumulative des lois en conflit. C'est d'ailleurs, à ce propos, le principe même de la fusion qui est indirectement en cause, car il n'est point de véritable fusion juridique sans transmission universelle du patrimoine social* ».

[1649] Art. 1937, § 233 et s. AKTg.

[1650] Art. 2501 C. civ. italien

principe dans la troisième directive relative aux fusions internes et dans la dixième directive concernant les fusions transfrontalières intra-européennes. Tous les États membres ayant transposé ces directives, ils reconnaissent désormais le principe de transmission universelle de patrimoine, comme le dispose l'article 19 de la troisième directive concernant les fusions des sociétés anonymes[1651] : « *La fusion entraîne ipso jure et simultanément (...) la transmission universelle, tant entre la société absorbée et la société absorbante qu'à l'égard des tiers, de l'ensemble du patrimoine actif et passif de la société absorbée à la société absorbante* ». N'ayant pas repris la même formulation, la dixième directive ne semble pas pour autant adopter une solution contraire à celle de la troisième directive.

921. **Plan : les principales caractéristiques de la transmission de patrimoine.** À la lecture des textes du droit européen, il est possible de dégager les principaux caractères propres au mécanisme de transmission de patrimoine par fusion. La transmission intervient en effet de manière universelle **(Ss-paragr. 1)** et de plein droit **(Ss-paragr. 2)**.

Ss-paragraphe 1 : Une transmission universelle

922. **Le caractère universel de la transmission.** La transmission du patrimoine de la société dissoute est censée intervenir de manière universelle ce qui signifie qu'elle englobe nécessairement l'ensemble des éléments de l'actif et du passif de la société absorbée. Ces éléments sont transmis en tant qu'universalité juridique et non comme une juxtaposition d'actes séparés et distincts relatifs aux divers éléments du patrimoine[1652]. Il y a ainsi une transmission *uno acto* et instantanée de tous les éléments constituant le patrimoine de la société dissoute. Il est important de relever que « *l'opération ne doit pas faire « éclater » le patrimoine de cette société [absorbée], en échelonnant dans le temps et en scindant les transmissions de ses divers éléments (...) ; l'efficacité et l'atteinte de l'objectif économique de la fusion s'accommoderaient difficilement d'une autre solution* »[1653].

923. **L'exclusion de la transmission partielle.** Le caractère universel de la transmission suppose que la totalité du patrimoine de la société absorbée soit transférée à l'absorbante. Il y a donc un transfert global et non partiel des éléments constitutifs du patrimoine de la société fusionnante. C'est précisément cet aspect universel qui justifie corrélativement l'effet légal de dissolution sans liquidation de la société absorbée ainsi que l'assimilation de

---

1651 Actuellement, art. 19 Dir. 2011/35/UE

1652 En ce sens: CA Chambéry, 26 nov. 2002, Bull. Joly sociétés 2003, § 7, p. 808. Dans cet arrêt, la cour rappelle que la transmission universelle de patrimoine constitue « *une opération globale* » et qu'elle « *ne peut être réduite à un ensemble de cessions réalisées à titre isolé* ».

1653 GOLDMAN (B.), LYON-CAEN (A.) et VOGEL (L.), *op. cit.*, p. 166.

la société issue de la fusion à l'ayant cause à titre universel de la société dissoute[1654]. Comme le patrimoine est, selon la conception classique, un attribut de la personnalité, il ne peut être transmis que si la personnalité qui en est le support disparaît. Fort de cette même conception, M. JEANTIN affirme qu'« *il ne peut exister de transfert universel de patrimoine que dans la mesure où la société titulaire du patrimoine ainsi transmis disparaît* »[1655]. Ce raisonnement implique nécessairement « *une incompatibilité logique entre l'idée même de transfert universel de patrimoine et l'apport partiel d'actif* »[1656]. On voit alors apparaître la différence majeure entre les deux opérations car, contrairement à la fusion qui mène à la disparition de l'absorbée, l'apport partiel d'actifs laisse subsister la société apporteuse.

924. **La transmission « *quasi-successorale* ».** Il est alors recommandé que « *si la fusion proprement dite doit être admise au plan international, il est indispensable que les pays qui veulent l'admettre la fondent sur la succession universelle. C'est seulement par le truchement de cette institution juridique qu'une fusion proprement dite peut être réalisée* »[1657]. La transmission universelle n'intervient ainsi que de manière « *quasi-successorale* »[1658] ; l'admission de ce mode de transmission aux opérations de fusions ne soulevant pas de difficultés particulières dans les législations nationales qui envisagent déjà cette institution. Il suffit à cette fin d'apporter quelques aménagements aux règles de la transmission successorale pour l'adapter aux besoins et aux particularités du droit des sociétés.

925. **La distinction de la transmission d'une universalité.** Il est nécessaire de dissiper la confusion entre la notion de transmission universelle et celle de transfert d'une universalité. Une partie de la doctrine a perçu la fusion comme l'opération réalisant un transfert d'universalité[1659]. Cette conception se justifie par la tendance récurrente à assimiler le transfert d'une universalité au mécanisme de transmission universelle de patrimoine. À propos de l'étude du transfert d'un patrimoine d'affectation, un auteur relève que « *dans les deux cas, l'opération est une transmission de*

[1654] En ce sens : Cass. com., 13 févr. 1963, *arrêt préc.*.

[1655] JEANTIN (M.), *La transmission universelle de patrimoine d'une société, in. Mélanges DERRUPPÉ (J.)*, GLN Joly, Litec, 1991, p. 287 et s, spéc. n°20.

[1656] *Id., ibid.*

[1657] BENER (H.-R.), *th. préc.*, p. 90. L'auteur considère qu'à défaut d'une transmission universelle intervenant de manière successorale, les sociétés fusionnantes survivront même après la réalisation de la fusion. Soit ces sociétés qui vendent leur patrimoine subsisteront en tant que « *manteau* », soit elles vont entrer en liquidation pour être dissoutes après le transfert de patrimoine.

[1658] BOLZE (Ch.), note sous Cass. com., 5 mars 1991 et 5 févr. 1991, Rev. soc. 1991, p. 549 et s., spéc. n°7.

[1659] RENAULD (J.-G.), *Les fusions de sociétés en droit belge, préc.*, p. 51 ; VAN RYN, *op. cit.*, t. 2, n°1093

patrimoine, c'est-à-dire une transmission d'un actif et d'un passif. La qualification de transmission universelle indique que la fusion commande que tout le patrimoine soit transmis. Mais, comme la transmission d'un patrimoine affecté concerne par nature tout le patrimoine affecté, l'on peut estimer que les deux types de transmission sont équivalents »[1660]. Le rapprochement entre le transfert d'universalité et la transmission universelle a été accentué par la loi organisant la cession de l'EIRL. En tant que patrimoine d'affectation, cette dernière s'assimile assurément à une universalité. Le législateur a donc admis que le passif de ce patrimoine d'affectation puisse être transmis au cessionnaire sans passer par le consentement des créanciers. Telle une transmission universelle, la cession de l'EIRL emporte ainsi une substitution sans novation du cédant par le cessionnaire[1661].

926. Malgré leur ressemblance, la transmission universelle de patrimoine et le transfert d'universalité doivent être nettement distingués l'un de l'autre. La première emprunte des règles propres à la dévolution successorale. La société à laquelle le patrimoine est transmis devient l'ayant cause à titre universel de la société dissoute et s'y trouve substituée de plein droit dans tous ses droits et obligations ainsi que dans tous ses contrats, à l'exception ceux conclus *intuitu personae*. En revanche, le second « *ne produit certes point des effets aussi radicaux* »[1662]. Le transfert d'universalité se rapproche de la transmission universelle, car il englobe un corps unique composé d'un ensemble d'actifs et de passifs, de telle sorte que le bénéficiaire de ce transfert supporte la charge du passif afférant à l'ensemble qui lui a été transféré[1663]. Toutefois, sauf dispositions expresses de la loi[1664], le transfert d'universalité n'entraîne pas de substitution de plein droit de la société bénéficiaire du transfert aux obligations et dettes de la société transférante. Il en est ainsi en matière de « *fiducie* »[1665], et plus précisément du patrimoine

---

1660 TERRÉ (Fr.), *EIRL, L'entrepreneur individuel à responsabilité limitée*, Litec, 2011, p. 72.

1661 Art. L. 526-17 C. com. : « *Le cessionnaire, le donataire ou le bénéficiaire de l'apport est débiteur des créanciers de l'entrepreneur individuel à responsabilité limitée mentionnés au 1° de l'article L. 526-12 en lieu et place de celui-ci, sans que cette substitution emporte novation à leur égard* ». Ce texte reprend les dispositions de l'article L. 236-14 du Code de commerce relatif à la substitution sans novation lors de la fusion. Toutefois, pour qu'elle soit opposable aux créanciers de l'EIRL, la cession de l'EIRL doit être soumise à une procédure de publicité prévue à l'article L. 526-17 C. com. (sur le sujet, v. DINH (E.), *L'EIRL, un hybride en droit français*, JCP E 2010, 1979).

1662 RENAULD (J.-G.), *Les fusions de sociétés en droit belge, préc.*, p. 51.

1663 L'universalité de droit se définit comme l'ensemble de droits et d'obligations qui sont reliés entre eux par leur appartenance commune à une globalité qui les dépasse. Cf. TERRÉ (Fr.) et SIMLER (Ph.), *Droit civil, Les biens*, Dalloz, 2010, n°16.

1664 Comme dans le cas de la cession de l'EIRL.

1665 La fiducie est définie selon les dispositions de l'article 2011 du Code civil comme une opération a trois acteurs: le ou les constituants transfèrent des biens, des droits ou des sûretés ou un ensemble de biens, droit ou sûretés à un ou plusieurs fiduciaires, lesquels agissent dans

fiduciaire qui constitue une universalité de droit[1666]. La question qui se pose est de savoir si le transfert du patrimoine fiduciaire au tiers bénéficiaire emporte également la transmission de plein droit du passif y afférant. En la matière et contrairement au cas de la cession de l'EIRL, le législateur n'a prévu que la transmission de l'actif[1667]. De nombreux auteurs en viennent alors à admettre l'idée selon laquelle la cession du patrimoine fiduciaire ne peut entraîner la transmission de plein droit du passif de ce patrimoine[1668]. Pour qu'il y ait substitution, il faut appliquer les règles relatives au droit commun de la novation par substitution de débiteur. La substitution est alors opposable aux créanciers s'ils acceptent le nouveau débiteur. D'où la nécessité de préciser que la fusion ne se réalise point par un mécanisme de transfert d'une universalité, mais par une transmission universelle de patrimoine.

Ss-paragraphe 2 : Une transmission de plein droit

927. **La dispense de formalités supplémentaires.** La transmission universelle de patrimoine doit s'opérer *ipso jure*, c'est-à-dire par « *l'effet direct et exclusif de la fusion elle-même, sans qu'aucun acte juridique distinct, accompli par les sociétés en cause avec ou sans concours de tiers, ni aucune formalité s'ajoutant à celles que requiert la fusion, soient nécessaires* »[1669]. Ce caractère de la transmission universelle de patrimoine a

---

un but déterminé au profit d'un ou plusieurs bénéficiaires. En ce sens, v. MALAURIE (P.) et AYNÈS (L.), *Les biens*, Defrénois, 5eme éd., 2013, n°767.

[1666] Le patrimoine fiduciaire assimilé à une forme de patrimoine d'affectation constitue corrélativement une universalité de droit. Sur l'assimilation du patrimoine d'affectation à une universalité de droit, v. AUBERT (J.-L.) et SAVAUX (E.), *Introduction au droit et thèmes fondamentaux du droit civil*, Sirey, 12eme éd., 2008, n°207 ; TERRÉ (Fr.) et SIMLER (P.), *Droit Civil, les biens, préc.*, n°17 ; LARROUMET (Ch.), *Droit civil, t.2, Les biens, droit réels principaux*, Economica, 5eme éd., 2006, p. 278 ; MALAURIE (P.) et AYNÈS (L.), *op. cit.*, n°20.

[1667] Art. 2011 C. civ. « *La fiducie est l'opération par laquelle un ou plusieurs constituants transfèrent des biens, des droits ou des sûretés, ou un ensemble de biens, de droits ou de sûretés, présents ou futurs, à un ou plusieurs fiduciaires qui, les tenant séparés de leur patrimoine propre, agissent dans un but déterminé au profit d'un ou plusieurs bénéficiaires* ».

[1668] AUBRY (M.-Ch.), *Le patrimoine d'affectation*, th. Paris XIII, 2010, n°345. Il est généralement admis qu'il y a deux formes de transmission des biens du patrimoine fiduciaire au bénéficiaire. Soit l'ensemble de l'actif et du passif sont transmis universellement au bénéficiaire. Soit une liquidation intervient pour apurer le passif du patrimoine fiduciaire et le bénéficiaire recueille alors uniquement l'actif net du patrimoine. Selon l'auteur, puisque le Code civil ne prévoit aucune disposition destinée à protéger les créanciers du fiduciaire contre la transmission du passif, il faut alors seulement envisager la transmission de l'actif sans le passif. *Contra*, ZENATI-CASTAING (F.) et REVET (Th.), *Les biens*, PUF, 3eme éd., 2008, n°286).

[1669] GOLDMAN (B.), *Rapport concernant le projet de convention sur la fusion international des sociétés anonymes*, RTD eur. 1974, p. 465, spéc. n°94. V. égal. BENER (H.-R.), *th. préc.*, p, 16 : la transmission universelle de patrimoine « *permet de transférer ex lege et sans*

été mis en application par les juges du fond à l'occasion de la célèbre affaire de la fusion par absorption entre la société Pinault Printemps et la société La Redoute[1670]. Les actionnaires minoritaires de la société absorbée reprochaient à la société absorbante, qui était aussi un actionnaire majoritaire de la société absorbée, de percevoir un avantage particulier de l'opération en recevant l'intégralité du fonds social tandis qu'eux ne recevaient que des actions. Était ainsi mise en exergue la violation du principe d'égalité entre actionnaires. La Cour de cassation rejeta ce raisonnement en considérant que la société absorbante ne recevait aucun avantage particulier en recueillant le patrimoine de la société absorbée. La transmission universelle du patrimoine intervenait de plein droit, ce qui excluait toute volonté de l'actionnaire majoritaire de rompre l'égalité avec les autres actionnaires.

928. **Une transmission globale.** Le caractère *ipso jure* de la transmission implique que tous les éléments de l'actif ou du passif de la société dissoute qui ne seraient pas mentionnés dans le contrat de fusion à cause d'une erreur ou d'un oubli, soient néanmoins transmis à la société issue de la fusion[1671]. La transmission s'étend à tous les droits et obligations existant au jour de la réalisation de la fusion. Toutefois, malgré son caractère *ipso jure*, la transmission universelle de patrimoine ne revêt pas un caractère d'ordre public. Cette solution a été consacrée par un arrêt rendu par la chambre commerciale de la Cour de cassation[1672]. L'arrêt concerne la transmission universelle de patrimoine par scission, mais la solution semble parfaitement transposable à la fusion. Aux termes de cet arrêt, la Cour affirme que « *sauf dérogation expresse prévue par les parties dans le traité de scission ou d'apport, en cas d'apport partiel d'actif placé sous le régime des scissions, la transmission universelle des biens, droits et obligations s'opère de plein droit, dès lors que le bien, droit ou obligation, se rattache à la branche d'activité apportée même sur les biens, droits et obligations de la société absorbée qui par suite d'une erreur, d'un oubli ou de toute autre cause ne figureraient pas dans le traité d'apport ou de fusion* ». Il est ainsi permis aux sociétés fusionnantes d'exclure certains éléments de l'actif ou du passif de la transmission du patrimoine. De même, les parties peuvent valablement stipuler des clauses de non transmissibilité de leur contrat lors d'une transmission universelle de patrimoine par fusion.

929. **Une transmission *erga omnes*.** Il est possible d'affirmer à cet égard que la transmission de patrimoine entre les sociétés qui fusionnent est

---

formalités un patrimoine global par un acte unique, au lieu d'un nombre déterminé d'actes de transfert pour chacun des éléments du patrimoine transféré ».

[1670] CA Douai, 7 juill. 1994, Bull. Joly 1994, p. 994, note LE CANNU (P.) ; Rev. soc. 1994, p. 715, obs. RANDOUX (D.).

[1671] En ce sens, v. Cass. com., 7 déc. 1966, D. 1968, p. 113, note DALSACE (A.).

[1672] En ce sens, v. Cass. com., 4 févr. 2004, Bull. Joly 2004, p. 649 obs. LE CANNU (P.).

opposable *erga omnes*. Ce caractère implique que la fusion produise ses effets à l'égard des tiers sans le concours d'une tierce personne ni l'accomplissement de formalités autres que celles requises par les règles propres à la fusion. La transmission des créances de la société absorbée à la société absorbante échappe aux formalités relatives à la cession de créances de droit commun[1673]. Il faut également signaler que les procédures de publicité de la fusion sont déterminées par la *lex societatis* de chacune des sociétés fusionnantes. La portée du caractère *erga omnes* de la transmission universelle de patrimoine peut alors être atténuée par l'exigence d'accomplissement de certaines formalités pour rendre la transmission de certains biens, droits et obligations opposables aux tiers[1674]. L'opposabilité aux tiers des effets de la transmission universelle de patrimoine n'est donc pas nécessairement immédiate.

Paragraphe 2 : La loi applicable à la transmission universelle du patrimoine

930. **L'impact de la transmission universelle de patrimoine sur le traitement international de la fusion.** S'il est vrai que « *l'intérêt majeur du principe de transfert universel de patrimoine réside en ce que cette règle permet de faire l'économie de l'application du régime juridique propre à chacun des éléments d'actif et de passif composant le patrimoine* »[1675], cet avantage persiste pour les fusions transfrontalières. Le mécanisme de transfert universel permet de faire l'économie d'une multitude de lois qui interviendraient si le transfert devait se réaliser à titre particulier. La *lex societatis* qui régit l'ensemble des effets de la fusion, encadre également le processus de transmission universelle de patrimoine. Toutefois, les fusions transfrontalières peuvent « *avoir des conséquences que d'autres lois que la lex societatis des société concernées pourraient avoir vocation à régir, au titre selon les cas, de la loi de situation des biens, de loi du contrat, de loi de*

[1673] Pour l'étude de l'opposabilité de la transmission universelle du patrimoine au tiers, v. Première partie.

[1674] Art. 19 § 3 Dir. 2011/35/UE: « *ce qui précède ne porte pas atteinte aux législations des États membres qui requièrent des formalités particulières pour l'opposabilité aux tiers du transfert de certains biens, droits et obligations apportés par la société absorbée. La société absorbante peut procéder elle-même à ces formalités ; toutefois, la législation des États membres peut permettre à la société absorbée de continuer à procéder à ces formalités pendant une période limitée qui ne peut être fixée, sauf cas exceptionnels, à plus de six mois après la date à laquelle la fusion prend effet* » ; v. égal. pour les fusions transfrontalières l'art. 14 Dir. 2005/56/CE « *lorsque la législation des États membres requiert, en cas de fusion transfrontalière de sociétés visées par la présente directive, des formalités particulières pour l'opposabilité aux tiers du transfert de certains biens, droits et obligations apportés par les sociétés qui fusionnent, ces formalités sont accomplies par la société issue de la fusion transfrontalière* ».

[1675] JEANTIN (M.), *La transmission universelle du patrimoine d'une société, art. préc.*, p. 295.

procédure, ou encore au titre de loi d'organisation du marché »[1676]. La compétence de la *lex societatis* régissant les questions soulevées par la transmission universelle de patrimoine n'est pas alors exclusive. D'autres lois concurrentes ont alors prétention à intervenir dans le processus. L'absence de textes encadrant précisément le traitement international de la transmission universelle de patrimoine par fusion laisse entier le problème de la détermination du domaine d'application de chacune des lois applicables. Nous suggérons de se référer aux solutions mises en œuvre par le droit international des successions.

931. **Plan.** Le principe de compétence de la *lex societatis* pour régir la transmission universelle de patrimoine de la société dissoute paraît admise **(Ss-paragr. 1)**. Pourtant, la transmission de certains droits et obligations imposent parfois l'intervention de lois concurrentes **(Ss-paragr. 2)**.

Ss-paragraphe 1 : La compétence de principe de la *lex societatis*

932. **Une application distributive à la transmission de patrimoine.** La transmission universelle du patrimoine relève principalement du fonctionnement interne des sociétés en cause. L'opération est ainsi soumise à une application distributive des *leges societatis.* Afin de déterminer le domaine d'application respectif de ces lois, on peut scinder l'opération en deux étapes successives. D'abord, la sortie du patrimoine de la possession de la société dissoute qui englobe les questions relatives à la transmission des différents éléments actifs et passifs de cette dernière ainsi que les modalités de sa dissolution. Elle est en principe régie par la *lex societatis* de la société dissoute. Ensuite, la réception du patrimoine englobe généralement les questions relatives aux modalités et les conditions d'augmentation de capital de la société absorbante ainsi que la distribution des titres aux associés de la société dissoute. Elle relève plus volontiers de la *lex societatis* de l'absorbante.

933. **Les implications pratiques de l'application distributive.** En pratique, le sens de la fusion dépend largement de l'appréciation de la reconnaissance du principe de transmission universelle de patrimoine par les *leges societatis* impliquées dans l'opération. En effet, lorsqu'une des *leges societatis* ne consacre pas ce principe, les parties font en sorte que la société régie par cette loi soit la société absorbante, puisque l'opération dans le sens inverse comporte nécessairement une procédure de dissolution suivie de la liquidation de ladite société. Une telle procédure implique un formalisme plus rigoureux, car il faut d'abord liquider le passif de la société absorbée afin de désintéresser les créanciers sociaux et partager ensuite les actions de

[1676] TILQUIN (T.), *art. préc.*, p. 19.

la société absorbante entre les associés de la société dissoute. De plus, l'opération risque d'être perçue du point de vue de la *lex societatis* de l'absorbante non comme une fusion *stricto sensu* mais comme un simple apport en nature. C'est pour cette raison que la fusion entre la société anglaise Barclays Bank PLC et la société française Barclays Bank SA s'est réalisée avec la société anglaise absorbante[1677]. Le droit anglais ne prévoyait pas l'application du principe de transmission universelle de patrimoine dans les opérations internationales. De ce fait, une opération en sens contraire aurait requis une dissolution avec liquidation de la société absorbée anglaise entraînant ainsi la disqualification de l'opération aux yeux de la loi française applicable à la société absorbante. En effet, cette dernière n'aurait pas alors reçu le patrimoine de la société absorbée à titre universel, mais uniquement un apport en nature de l'actif net de ladite société.

Ss-paragraphe 2 : L'application de lois concurrentes

934. **L'admission de l'intervention de lois concurrentes.** Il est généralement admis que la transmission universelle de patrimoine en cas de fusion n'est pas uniquement régie par la *lex societatis*. Les auteurs convergent sur le fait que la *lex rei sitae* joue un rôle considérable dans la mise en œuvre efficace du mécanisme de transmission universelle de patrimoine. À cet égard, M. BEITZKE a constaté qu'« *un transfert d'universalité ne peut se réaliser que si les lois des pays ou les biens de la société sont situés (lex rei sitae) reconnaissent un tel mode d'acquisition* »[1678]. De même, le Professeur LOUSSOUARN affirme qu'il est nécessaire, afin de transférer des biens situés à l'étranger, que « *la transmission universelle par fusions soit considérée comme un procédé valable de transfert du patrimoine par la loi du pays de situations des biens (lex rei sitae)* »[1679]. Ce raisonnement ne se limite pas uniquement à la transmission des biens corporels. Par analogie, on peut l'étendre à la transmission des certains droits substantiels et processuels. Ce traitement international se rapproche énormément de celui applicable à la transmission de patrimoine en droit des successions. En effet, malgré le caractère universel de la transmission en cas de décès d'une personne, le transfert de certains biens, droits et obligations, exige la prise en considération d'autres lois que celle applicable à la seule succession. Le problème de conflit de lois soulevé dans la transmission universelle de patrimoine en matière de succession est alors similaire à celui de la transmission universelle de

---

[1677] En ce sens: MENJUCQ (M.), *op. cit.*, n°320.

[1678] BEITZKE (G.), *art. préc.*, p. 15.

[1679] LOUSSOUARN (Y.), *Règles de conflit et règles matérielles dans le droit international des sociétés in. Le droit des relations économiques internationales, Études offertes à GOLDMAN (B.)*, Litec, 1987, p. 167 et s., spéc. p. 171.

patrimoine par fusion. Il s'agit du même mécanisme de transmission de l'ensemble de biens, de créances et de dettes. Par conséquent, il est intéressant d'étudier les règles de conflits applicables en matière de successions internationales pour les étendre ensuite à la transmission universelle de patrimoine par fusion.

935. **L'inspiration du traitement des successions internationales.** La détermination de la loi compétente pour régir la transmission d'une créance dépend non seulement de la loi applicable à la succession, mais également en grande partie de la nature de la créance transmise. La *lex contractus* a ainsi vocation à régir la transmissibilité d'une créance contractuelle tandis que la *lex loci delicti* prétend encadrer la transmissibilité d'une créance délictuelle. En ce qui concerne la transmission d'un droit de propriété sur un bien, nous nous concentrerons sur le régime applicable aux biens mobiliers. L'hypothèse de la transmission de biens immeubles sera écartée, car il y a souvent dans cette hypothèse coïncidence entre la loi de la succession et la *lex rei sitae*. En effet, selon le Professeur NIBOYET « *en matière mobilière, ou la loi du domicile est applicable, la dissociation est, au contrat, tout à fait courante entre la loi de la succession et celle de la situation des biens corporels ou incorporels. Toutes les fois que les deux lois, pour une cause quelconque, sont distinctes, on ne doit jamais perdre de vue que chacune d'elle a son domaine propre* »[1680]. Il est par conséquent possible de retenir l'application distributive entre, d'une part, la loi de la créance, celle de la dette et la *lex rei sitae* et, d'autre part, la loi de la succession. Une telle application se justifie par le fait que, dans une succession universelle, chacune de ces lois détient un domaine d'application qui lui est propre. Ainsi, la transmissibilité d'un contrat dépend de la reconnaissance par la *lex contractus* du mécanisme de transmission universelle de patrimoine. De même, la transmissibilité d'un droit processuel, notamment d'une action en cours, dépend de la *lex fori*.

936. **Plan.** La prise en considération d'autres lois que la *lex societatis* est nécessaire pour régir, d'une part, les mesures de publicité et d'opposabilité de la transmission de certaines créances et de biens à l'égard des tiers **(A)** et, d'autre part, la transmissibilité de certaines créances et biens **(B)**.

[1680] NIBOYET (J.-P.), *Traité de droit international privé français*, Sirey, 1947, t. 4, n°1349. L'éminent auteur relève judicieusement que la loi de la succession ne peut se déterminer par les conditions dans lesquelles s'effectue la transmission de la propriété des biens et les formalités à remplir. L'auteur constate ainsi qu'« *un bien, situé dans pays, ne peut pas passer d'un patrimoine à l'autre, selon d'autres conditions que celles inhérentes à la technique même de la propriété* ». De ce fait, la loi de la succession ne peut pas exclure complètement l'intervention de la *lex rei sitae*.

A- Les mesures de publicité et d'opposabilité

937. **L'insuffisance des mesures de publicité prévues par les *leges societatis*.** Le caractère universel de la transmission du patrimoine dispense les sociétés de l'accomplissement d'un nombre considérable de procédures de publicité qui sinon, en cas de transmission à titre particulier, trouveraient à s'appliquer. Des mesures de publicité légales propres à la fusion sont généralement prévues pour rendre l'opération opposable aux tiers. Le législateur français a en effet prévu la publication de l'opération au registre du commerce et des sociétés et le dépôt du projet de fusion au siège social des sociétés fusionnantes. Il existe aussi des mesures de publicité applicables aux modifications statutaires afin de rendre la fusion opposable aux tiers. Ces mesures de publicité sont régies par la loi applicable à chacune des sociétés fusionnantes. Cependant, de telles mesures ne paraissent pas suffisantes à garantir l'opposabilité aux tiers de la transmission de certains biens et créances. De tels cas se présentent souvent lorsque les sociétés fusionnantes possèdent des activités et des biens dans des États autres que ceux de leur incorporation. Ceci entraîne alors l'intervention de mesures de publicité supplémentaires qui peuvent relever d'autres lois que celles applicables aux sociétés fusionnantes[1681].

938. **La position du droit dérivé européen : la prise en considération de lois concurrentes à la *lex societatis*.** Le législateur européen s'est rendu compte de la nécessité de prise en considération d'autres lois que les seules *leges societatis* des sociétés fusionnantes, notamment pour l'accomplissement des formalités rendant opposable aux tiers la transmission de certains droits et obligations. Le troisième alinéa de l'article 19 de la directive 2011/35/UE sur la fusion interne dispose ainsi qu'*«il n'est pas porté atteinte aux législations des États membres qui requièrent des formalités particulières pour l'opposabilité aux tiers du transfert de certains biens, droits et obligations apportés par la société absorbée. La société absorbante peut procéder elle-même à ces formalités ; toutefois, la législation des États membres peut permettre à la société absorbée de continuer à procéder à ces formalités pendant une période limitée qui ne peut être fixée, sauf cas exceptionnels, à plus de six mois après la date à laquelle la fusion prend effet »*. On retrouve ainsi une disposition similaire au troisième alinéa de l'article 14 de la dixième directive précisant que *« lorsque la législation des États membres requiert, en cas de fusion transfrontalière de sociétés visées par la présente directive, des formalités particulières pour l'opposabilité aux tiers du transfert de certains biens,*

[1681] En matière de succession internationale, l'intervention de la loi locale pour régir la publicité du transfert de certains biens comme les brevets et navires a été longtemps affirmée. Cf. LAGARDE (P.), *Successions*, Encycl. Dalloz droit international, 2012, n°179.

droits et obligations apportés par les sociétés qui fusionnent, ces formalités sont accomplies par la société issue de la fusion transfrontalière ». Les formalités de publicité et d'opposabilité de la transmission de certains biens sont nettement distinguées des questions régissant les effets *inter partes* de la fusion. Ces formalités spécifiques n'ont pas pour but d'organiser les relations entre les cocontractants, mais d'informer les tiers. En effet, comme le souligne M. GOLDMAN « *l'exigence de telles formalités, abandonnée aux lois des États contractants, ne peut concerner que l'opposabilité aux tiers du transfert des biens auxquels elles s'appliqueraient ; en revanche, pour ces biens comme pour tous les autres éléments du patrimoine de la société absorbée, la transmission se produit en soi, de plein droit, c'est-à-dire par le seul effet de la fusion* »[1682].

939. **Les lois applicables aux mesures d'opposabilité.** La mission classique des mesures d'opposabilité consiste à « *porter à la connaissance des tiers l'existence et le contenu d'actes juridiques susceptibles d'avoir des répercussions sur leurs propres situations juridiques et de les protéger ainsi contre les dangers que pourraient leur faire courir ces actes s'ils demeuraient occultes ou inconnus* »[1683]. Dès lors, il faut que la loi compétente régissant ces mesures soit celle du « *lieu où en fait cette publicité peut remplir sa mission, c'est-à-dire atteindre les tiers* »[1684]. Sa portée est considérable puisqu'elle détermine les formalités à accomplir, leurs effets et leurs sanctions[1685]. Considérant la fonction protectrice des mesures de publicité à l'égard des tiers, on s'accorde à dire qu'il est question de règles d'ordre public international[1686]. Dans ce même sens, le Professeur NIBOYET considère qu'il s'agit de lois de police[1687]. Par conséquent, les *leges societatis* concernées ne sont pas nécessairement compétentes pour régir les mesures d'opposabilité de la transmission de certaines créances. Ces

---

1682 GOLDMAN (B.), *Rapport concernant le projet de convention sur la fusion international des sociétés anonymes, préc.*, n°100.

1683 PATARIN (M.), *Publicité des actes*, Encycl. Dalloz droit international, 1ere éd., n°2.

1684 *Id., ibid.*

1685 On a tenté de déterminer la règle de conflit applicable à ces mesures de publicité et d'opposabilité. La doctrine en a conclu qu'il n'est pas possible d'élaborer une règle de conflit unique, en particulier à cause du caractère hétéroclite des formes de publicité. V. DELAPORTE (V.), *Recherches sur la forme des actes juridiques en droit international privé*, th. Paris I, 1974, p. 391.

1686 DESPAGNET (F.), *Précis de droit international privé*, Larose, 5eme éd., 1909, n°216 ; MAYER (P.) et HEUZÉ (V.), *Droit international privé*, Lextenso, 11eme éd., 2014, p. 480, n°677. Les auteurs constatent que la *lex rei sitae* intervient en tant que loi de police pour régir les formalités exigées dans l'intérêt des tiers. Ils affirment à cet égard que « *si la loi de la situation d'un immeuble subordonne l'opposabilité aux tiers de l'acquisition d'un droit réel à une mesure de publicité, celle-ci doit être accomplie, quelle que soit la teneur à ce sujet de la loi de l'institution d'où résulte le principe de l'acquisition* ».

1687 NIBOYET (J.-P.), *op. cit.*, t. 4, n°1113.

mesures s'imposent en tant que dispositions impératives ayant pour objet la protection des tiers.

940. **L'opposabilité de la transmission de biens immobiliers et mobiliers.** La *lex rei sitae* est en principe la règle de conflit compétente pour désigner les mesures de publicité rendant opposables la transmission de droits réels portant sur des biens immobiliers et mobiliers[1688]. La publicité propre aux droits réels doit être respectée, et cela, même si les sociétés fusionnantes reconnaissent toutes le principe de transmission universelle de patrimoine. À ce propos, un auteur rappelle que « *la permanence de ce formalisme publicitaire ne doit cependant pas être présentée comme une exception au caractère universel de la transmission réalisée par la fusion (...). Elle ne constitue qu'une exception au principe de l'opposabilité erga omnes des conventions, commandée par la nature particulière des droits réels* »[1689]. M. TILQUIN a également soutenu cette solution en considérant toutefois que les mesures de publicité n'interviennent pas au titre de la *lex rei sitae*, mais plutôt de la *lex fori* puisque « *la publicité, spécialement foncière, suppose l'intervention d'un service public, de caractère administratif ou judiciaire, qui agira souvent en fonction de sa propre conception de la fusion ou de la scission pour l'application des règles relatives aux mutations de propriété* »[1690].

941. Il est admis que toute transmission ou création de droits sur un immeuble doit être publiée conformément aux dispositions relatives à la publicité foncière de la *lex rei sitae*. En France, la transmission des biens immobiliers fait l'objet d'une publicité foncière auprès de la conservation des hypothèques afin d'être opposable aux tiers[1691]. La transmission des baux

---

[1688] Il faut préciser que dans certains États, notamment l'Allemagne, l'Autriche, l'Australie et la Suisse, les mesures de publicité foncière n'ont pas uniquement pour effet de rendre la transmission d'un immeuble opposable aux tiers. Elles permettent également de transférer la propriété de l'immeuble. Ainsi, la publicité est attributive du droit de propriété. Lorsqu'un immeuble est situé dans un État adoptant ce système de publicité, la transmission de patrimoine par fusion ne suffit pas pour transférer la propriété. Il faut ainsi que la société absorbante accomplisse les formalités de publicité requises. En revanche, en France, le transfert de propriété des biens immobiliers se réalise *solo consensus*. La publicité foncière ne constitue alors qu'une mesure d'opposabilité du transfert de propriété aux tiers. Ainsi, le transfert de la propriété de l'immeuble située en France se réalise sans l'accomplissement des mesures de publicité foncière. Sur les systèmes de publicité foncière, v. PIEDELIEVRE (S.), *Traité de droit civil, La publicité foncière*, LGDJ, 2000, p. 14 et s.

[1689] COQUELET (M.-L.), *th. préc.*, p. 190.

[1690] TILQUIN (Th.), *art. préc.*, n°41.

[1691] La publicité foncière se réalise conformément aux dispositions du décret n°55-22 du 4 janvier 1955. En application du a) du 1° de l'article 28 de ce décret, « *sont obligatoirement publiés au service chargé de la publicité foncière de la situation des immeubles : 1° Tous actes, même assortis d'une condition suspensive, et toutes décisions judiciaires, portant ou constatant entre vifs : a) Mutation ou constitution de droits réels immobiliers autres que les*

d'une durée supérieure à douze ans est également soumise à une procédure semblable de publicité[1692]. De même, la transmission des biens mobiliers est soumise à un régime légal d'immatriculation et doit respecter les mesures de publicité imposées par la *lex rei sitae*, c'est-à-dire celle du lieu d'immatriculation de ces biens. C'est par exemple le cas pour le transfert de navires[1693] et d'aéronefs[1694]. Par ailleurs, la *lex rei sitae* doit être prise en considération pour régir les mesures de publicité de la transmission des sûretés immobilières et mobilières à l'occasion d'une fusion transfrontalière[1695].

942. **L'opposabilité de la transmission du fonds de commerce.** La loi applicable au fonds de commerce a vocation à régir les mesures de publicité relatives à sa transmission. Il s'agit de la loi du lieu d'exploitation du fonds de commerce, c'est-à-dire celle de son siège [1696]. Toutefois, il arrive que le fonds soit exploité dans plusieurs pays à travers des succursales. Dans ce cas, il est soumis à la loi de situation de chaque succursale. Il faut distinguer

---

privilèges et hypothèques, qui sont conservés suivant les modalités prévues au code civil ». Par ailleurs, les apports en société de droit réels immobiliers sont régis par l'article. 4 al. 2 du décret. Ce texte indique que « *les procès-verbaux des délibérations des assemblées générales préalables ou consécutives à l'apport de biens ou droits immobiliers à une société ou par une société peuvent être publiés à la condition d'être annexés à un acte qui en constate le dépôt au rang des minutes d'un notaire* ». En revanche, le droit de préemption urbain de l'article L. 211-2 du Code de l'urbanisme n'est pas applicable à la transmission de bien immobilier puisque la fusion n'est pas assimilable à une aliénation. En ce sens, v. Cass. 3eme civ., 3 mai 1979, Rev. loyers 1979, p. 360.

1692 Art. 28, 1°, b) du décret n°55-22 du 4 janvier 1955 : « *Sont obligatoirement publiés au service chargé de la publicité foncière de la situation des immeubles : 1° Tous actes, même assortis d'une condition suspensive, et toutes décisions judiciaires, portant ou constatant entre vifs : [...] b) Bail pour une durée de plus de douze années, et, même pour un bail de moindre durée, quittance eu cession d'une somme équivalente à trois années de loyers ou fermages non échus* ».

1693 En droit français, l'opposabilité aux tiers du transfert de navires francisés est soumise à la procédure d'inscription sur le fichier tenu au lieu d'immatriculation du navire (art. 93 du décret du 27 octobre 1967).

1694 Le transfert de propriété des aéronefs n'est pas opposable aux tiers avant l'inscription au registre d'immatriculation de l'acte constatant se transfert. (Art. L. 121-11 C. aviat. : « *Les aéronefs constituent des biens meubles pour l'application des règles posées par le code civil. Toutefois, la cession de propriété doit être constatée par écrit et ne produit d'effet à l'égard des tiers que par l'inscription au registre d'immatriculation. Toute mutation de propriété par décès et tout jugement translatif, constitutif ou déclaratif de propriété doivent être inscrits sur le registre à la requête du nouveau propriétaire* »).

1695 L'application de cette règle de rattachement pour désigner les règles nécessaires pour rendre la transmission des sûretés opposable aux tiers a fait preuve d'efficacité. Elle permet d'assurer la protection des tiers, et donc la sécurité du crédit (en ce sens, v. BATIFFOL (H.) et LAGARDE (P.), Droit international privé, t. 1, LGDJ, 8eme éd., 1993, n° 267 ; KHAIRALLAH (G.), *Les sûretés mobilières en droit international privé*, Economica, 1984; LOUSSOUARN (Y.), BOUREL (P.) et DE VAREILLES-SOMMIÈRES (P.), *Droit international privé*, Dalloz, 9eme éd., 2007, n°421).

1696 Sur la loi applicable au fonds de commerce, v. NIBOYET (J.-P.), *op. cit.*, t. 4, n°1280.

entre les lois applicables à la transmission du fonds de commerce et à son opposabilité aux tiers. Quant à la transmission du fonds, elle relève des *leges societatis* concernées. Cette affirmation résulte d'une analogie avec la succession internationale. Il en résulte une distinction entre la transmission du fonds et son opposabilité aux tiers. Le fonds de commerce est ainsi assimilé à un bien meuble soumis à la loi applicable aux successions mobilières, c'est-à-dire au lieu du dernier domicile du défunt. Par contre, les mesures de publicité demeurent régies par la loi applicable au fonds de commerce. Les règles de publicité relatives aux fonds de commerce sont en effet considérées comme des lois de police[1697], si bien qu'elles interviennent indépendamment et concurremment à la règle de conflit de lois applicable à la fusion transfrontalière.

943. Par ailleurs, il est fréquent que le fonds de commerce transmis lors d'une fusion comporte des droits de propriété industrielle, comme les marques et les brevets. Le cas échéant, il faut ajouter à la loi applicable au fonds de commerce les règles de publicité applicables à la transmission des droits de propriété industrielle. La société absorbée peut aussi être le locataire-gérant d'un fonds de commerce. Le transfert du contrat de location-gérance d'un fonds de commerce est également soumis à une procédure de publicité. La nature du droit résultant du contrat de location-gérance soulève des difficultés quant à la détermination de la loi applicable à ses mesures de publicité. En effet, la publicité porte désormais un droit personnel, et non plus réel si bien que la loi applicable à ces mesures doit être celle du contrat de location-gérance. Toutefois, une telle solution peut être préjudiciable aux intérêts des tiers, puisque ceux-ci se réfèrent naturellement au lieu de l'exploitation du fonds de commerce pour en vérifier la situation juridique. Pour cette raison, certains auteurs considèrent que lorsque la loi du contrat de location-gérance ne coïncide pas avec celle du fonds de commerce, elle s'applique néanmoins à la publicité de ce contrat à titre de loi de police[1698]. Il faut cependant signaler que lors d'une transmission universelle de patrimoine, le droit français exempt le transfert du fonds de commerce de l'accomplissement des formalités de publicité requises pour la cession de fonds de commerce[1699]. Par conséquent, lorsqu'une société absorbée exploite

---

[1697] En ce sens : CORNELOUP (S.), *La publicité des situations juridiques, une approche franco-allemande du droit interne et du droit international privé*, LGDJ, 2003, p. 384 et s.

[1698] CORNELOUP (S.), *th. préc.* p. 358 et s.

[1699] En ce sens : Art. L. 141-21, al. 1er C. com. : « *Sauf s'il résulte d'une opération de fusion ou de scission soumise aux dispositions du quatrième alinéa de l'article L. 236-2 et des articles L. 236-7 à L. 236-22, tout apport de fonds de commerce fait à une société en constitution ou déjà existante doit être porté à la connaissance des tiers dans les conditions prévues par les articles L. 141-12 à L. 141-18 par voie d'insertion dans les journaux d'annonces légales et au Bulletin officiel des annonces civiles et commerciales* ».

un fonds de commerce en France, la société absorbante n'a pas à accomplir les formalités relatives à la cession de fonds de commerce.

944. **L'opposabilité de la transmission de droits de propriété industrielle.** Il faut prendre en considération l'intervention de la loi des droits de propriété industrielle pour régir la transmissibilité de ces droits dans une fusion transfrontalière. Ces droits sont assujettis dans la plupart des États à une formalité de dépôt ou d'enregistrement. Il est incontestablement admis que la loi applicable aux brevets est celle du lieu de leur dépôt ou enregistrement. C'est dans ce sens que le Professeur NIBOYET s'est prononcé en affirmant que « *la loi qui peut seule créer un monopole peut évidemment seule l'organiser, le réglementer et déterminer dans quelle mesure son bénéfice est transmissible* »[1700]. D'autres auteurs ont légitimé cette solution en considérant que la loi du lieu d'enregistrement ou de dépôt de ces droits intervient en tant que *lex loci protectionis*[1701]. Lors d'une fusion transfrontalière, les règles relatives à la transmission des droits de propriété industrielle ne relèvent pas uniquement de la *lex societatis*. Il faut alors prendre en considération la loi de l'État qui a accordé ces droits. La publicité a pour rôle de rendre le transfert de ces biens opposable aux tiers et non *inter partes* puisque la transmission du patrimoine intervient de plein droit. La publicité des droits sur les brevets et les marques a pour objet d'informer tout tiers concerné. De ce fait, cette publicité est assimilée à une publicité « *réelle* »[1702] qui dépend de la *lex rei sitae*[1703]. Ainsi, une fusion transfrontalière emportant transfert de brevets et de marques français doit obéir aux formalités de la publicité française, nonobstant la loi applicable aux sociétés fusionnantes. Lorsqu'elle n'est pas inscrite au registre national des brevets[1704] ou à celui des marques[1705] tenu par l'Institut national de la

---

[1700] NIBOYET (J.-P.), *op. cit.*, t. 4, n°1309, p. 712.

[1701] BATIFFOL (H.) et LAGARDE (P.), *op. cit.*, t. 2, n°532 et s.

[1702] ROUBIER (P.), *La publicité des transmissions de droits industriels. Comparaison avec la publicité foncière in. Mélanges CAPITANT (H.)*, Dalloz, 1938, p. 711 et s.

[1703] VIVANT (M.), *Juge et loi du brevet*, Litec, 1978, n°394 et s. V. égal. à propos de la loi applicable aux apports en société de brevets et l'intervention de la *lex rei sitae* : LOUSSOUARN (Y.) et BREDIN (J.-D.), *op. cit.*, n°337 et s.

[1704] Art. L. 613- 9 CPI : « *Tous les actes transmettant ou modifiant les droits attachés à une demande de brevet ou à un brevet doivent, pour être opposables aux tiers, être inscrits sur un registre, dit registre national des brevets, tenu par l'Institut national de la propriété industrielle.*

Toutefois, avant son inscription, un acte est opposable aux tiers qui ont acquis des droits après la date de cet acte, mais qui avaient connaissance de celui-ci lors de l'acquisition de ces droits.

(Alinéa créé, L. n°2008-776, 4 août 2008, art. 133, II) Le licencié, partie à un contrat de licence non inscrit sur le registre national des brevets, est également recevable à intervenir dans l'instance en contrefaçon engagée par le propriétaire du brevet afin d'obtenir la réparation du préjudice qui lui est propre ».

propriété industrielle, la transmission d'un droit attaché à une marque ou à un brevet n'est pas opposable aux tiers. La société issue de la fusion sera alors irrecevable à agir en contrefaçon et sera privée du droit de s'opposer à toute une demande d'enregistrement portant sur une marque similaire à celle acquise du fait de la fusion.

B- La transmissibilité des droits et obligations

945. **L'admission de l'intervention de lois concurrentes à la *lex societatis*.** Lors d'une fusion transfrontalière, la transmissibilité des droits et obligations ne peut uniquement dépendre des lois applicables aux sociétés fusionnantes, même si elles admettent le principe de transmission universelle de patrimoine. Il existe en effet d'autres lois que les *leges societatis* qui peuvent prétendre régir la transmission de ces droits et obligations. La loi qui leur est objectivement applicable interviendra alors pour déterminer les conditions de leur transmission. Cette solution n'est pas propre aux fusions transfrontalières puisqu'elle s'applique aussi aux fusions purement internes lorsque la société absorbée dispose de biens, de créances et des contrats soumis à une loi étrangère. Si elle s'oppose à la transmission, la loi applicable à la créance est susceptible d'interdire la substitution de plein droit de la société issue de la fusion à la société dissoute.

946. Une partie de la doctrine s'oppose à une telle solution en relevant qu'aucun État membre ne peut valablement se prévaloir de la compétence de sa propre loi pour s'opposer à la transmissibilité d'une créance ou d'une obligation[1706]. Un auteur affirme à cet égard que « *les États membres ne peuvent méconnaître les effets sur leur territoire d'un mécanisme de transfert actif ou passif de patrimoine qu'ils connaissent eux-mêmes pour l'avoir transposé dans leurs législations. Ils doivent reconnaître la fusion et la scission comme une catégorie autonome de transfert, rattachée à la loi d'un autre État membre* »[1707].

[1705] Art. L. 714- 7 CPI : « *Toute transmission ou modification des droits attachés à une marque (Mot supprimé, Ord. n° 2008-1301, 11 déc. 2008, art. 2, IV) « enregistrée » doit, pour être opposable aux tiers, être inscrite au registre national des marques.*
(Alinéa créé, L. n°2008-776, 4 août 2008, art. 133, III) Toutefois, avant son inscription, un acte est opposable aux tiers qui ont acquis des droits après la date de cet acte mais qui avaient connaissance de celui-ci lors de l'acquisition de ces droits.
(Alinéa créé, L. n°2008-776, 4 août 2008, art. 133, III) Le licencié, partie à un contrat de licence non inscrit sur le registre national ou international des marques, est également recevable à intervenir dans l'instance en contrefaçon engagée par le propriétaire de la marque afin d'obtenir la réparation du préjudice qui lui est propre ».

[1706] En ce sens, v. TILQUIN (Th.), *art. préc.*, n°43 ; GOLDMAN (B.), *Rapport concernant le projet de convention sur la fusion internationale des sociétés anonymes, préc.*, n°100

[1707] GOLDMAN (B.), *ibid.*

947. Une telle affirmation mérite toutefois d'être nuancée. Si les textes européens ont posé un principe selon lequel l'ensemble des éléments de l'actif et du passif de la société dissoute doit être transmis à la société issue de la fusion, ils n'ont pas toutefois précisé l'étendue exacte de la transmission universelle de patrimoine. Aucune liste détaillée des droits et obligations transmissibles et non transmissibles n'a été prévue par le législateur européen tant il lui semblait impossible de concilier la variété des solutions adoptées par les législations des États membres[1708]. L'absence d'une règle matérielle fixant les biens et créances transmissibles suppose le recours à la méthode conflictualiste pour désigner la loi nationale applicable en la matière. La transmissibilité des biens et créances dépend alors des solutions retenues par la législation nationale compétente.

948. **La transmissibilité des créances.** La transmissibilité des créances par fusion suppose l'intervention de la loi applicable à la créance[1709]. Une telle affirmation se justifie par référence aux solutions acquises en droit international privé à propos la transmission des créances dans les contrats de cession. En la matière, la solution unanimement admise repose sur l'idée selon laquelle la cessibilité d'une créance ne dépend pas de la loi du contrat de cession, mais de celle applicable à la créance. Le Règlement Rome I[1710] a fait sien ce remède en affirmant que les relations entre le cédant et le cessionnaire sont régies par la loi applicable au contrat qui les lie, tandis que la cessibilité de la créance, le rapport entre le cessionnaire et le débiteur ainsi que les conditions d'opposabilité de la cession sont quant à eux régis par la loi propre à la créance[1711]. Un auteur précise à cet égard qu'« *il importe en*

[1708] En ce sens : GOLDMAN (B.), *ibid.* L'auteur exprime la difficulté de dresser une liste détaillée des biens dont l'opposabilité à l'égard des tiers relève encore de la règle de conflit de lois relatives aux biens. Selon l'auteur, « *la variété même des législations des États contractants a conduit à éviter toute énumération, la règle étant du pur conflit de lois quant aux biens qu'elle concerne, aux formalités à accomplir, aux sanctions et aux effets de celle-ci* ».

[1709] BEITZKE (G.), *art. préc.*, p. 15 : « *quant aux créances, on pourrait soutenir le point de vue selon lequel la substitution d'un nouveau débiteur ne serait possible que si la loi qui régit cette créance le permet* ».

[1710] Art. 14 Règl. Rome I « *1° Les relations entre le cédant et le cessionnaire ou entre le subrogeant et le subrogé au sujet d'une créance contre un tiers ("le débiteur") sont régies par la loi qui, en vertu du présent règlement, s'applique au contrat qui les lie.*
2° La loi qui régit la créance faisant l'objet de la cession ou de la subrogation détermine le caractère cessible de celle-ci, les rapports entre cessionnaire ou subrogeant et débiteur, les conditions d'opposabilité de la cession ou subrogation au débiteur et le caractère libératoire de la prestation faite par le débiteur.
3° le concept de cession au sens du présent article inclut les transferts de créances purs et simples ou à titre de garantie, ainsi que les nantissements ou autres sûretés sur les créances ».

[1711] En ce sens, v. BATIFFOL (H.) et LAGARDE (P.), *op. cit.*, n°611 : « *les relations du cessionnaire et du cédé doivent être soumises à la loi régissant originairement la créance : cette loi déterminait les droits du créancier, ce sont ceux que le cessionnaire peut seuls*

effet que le débiteur ne puisse, sur ces questions, se voir opposer une loi autre que celle de la créance cédée, la seule qu'il connaisse »[1712]. Cette solution repose sur deux solides fondements. Le premier tient à la protection du débiteur cédé. En effet, soumettre la cessibilité de la créance à une autre loi que celle de la créance cédée « *risque de déjouer la prévisibilité du débiteur cédé, voire de l'aggraver, ce dernier ne connaissant pas la loi qui régit le contrat de cession* »[1713]. Le second découle de la particularité de la question soulevée par la cessibilité d'une créance, puisqu'il s'agit de déterminer la nature du rapport unissant le cessionnaire et débiteur cédé. Le Professeur NIBOYET se prononce dans ce sens, en constatant que « *l'obligation n'est, en effet, jamais autre chose qu'un lien de droit qui ne peut exister qu'autant que la loi qui préside à la création de l'obligation (conventionnelle ou légale), l'a constitué ; elle a un statut qui lui sert de base* »[1714]. La cessibilité d'une obligation ou d'une créance ne dépend ainsi que du statut préalablement fixé par la loi qui lui est applicable.

949. L'intervention obligatoire de la loi de la créance pour déterminer sa transmissibilité en cas de fusion se trouve également corroborée par les solutions retenues en matière de successions internationales. En effet, le transfert des créances d'un défunt à ses héritiers ne dépend pas uniquement de la loi applicable à la succession, combien même celle-ci reconnaîtrait le principe de transmission universelle du patrimoine. Succession et créance sont chacune régies par des lois différentes. Pour soutenir cette affirmation, le Professeur NIBOYET se fonde sur la notion du statut propre de la créance transmise. Il constate qu' « *on ne doit pas perdre de vue que la créance est née durant l'existence du débiteur et qu'elle a eu un statut ; elle est antérieure à l'ouverture de la succession, et lui préexiste* ». Ainsi, la transmissibilité d'une créance découle d'un statut fixé préalablement à la succession par sa propre loi. Peu importe donc si le mode de transmission retenu par la loi applicable à la succession est à titre particulier ou à titre universel, car *in fine* la transmissibilité d'une créance dépend uniquement de la loi qui lui est applicable.

950. À la lumière de ce qui a été précédemment exposé, il nous semble qu'en matière de fusion, la transmissibilité de la créance et son opposabilité aux tiers dépendent de la loi de la créance transmise. Cette dernière n'est pas nécessairement transmise à la société absorbante ou à la société nouvelle

---

exercer ; le cédé, de son côté, ne doit pas voir ses obligations modifiées par un accord auquel il n'a pas été partie et qui changerait la loi applicable à sa dette ».

[1712] GAUDEMET-TALLON (H.), *Convention de Rome du 19 juin 1980 et règlement "Rome I" de 17 juin 2008*, J.-Cl. droit international, Fasc. 552-15, n°135.

[1713] PARDOEL (D.), *Les conflits de lois en matière de cession de créance*, LGDJ, 1997, n°437.

[1714] NIBOYET (J.-P.), *op. cit.*, t. 4, n°1295.

issue de la fusion, quand bien même la loi applicable aux sociétés fusionnantes admettrait le transfert de plein droit de la créance par un mécanisme de transmission universelle de patrimoine. Au fond, la transmissibilité de cette créance résulte de la nature que lui attribue la loi qui est la source de sa création. Il est en effet difficilement concevable que le débiteur soit soumis à la loi du contrat de fusion auquel il reste étranger dans une certaine mesure. Cette solution s'impose malgré la consécration par les textes du caractère *erga omnes* de la transmission universelle du patrimoine. Il nous semble que l'État membre dont la loi est applicable à la créance en cause est en mesure de s'opposer à sa transmission. Pour être valable, cette opposition ne doit surtout pas revêtir un caractère discriminatoire, ni constituer une entrave à la liberté d'établissement des sociétés.

951. **La transmissibilité des contrats**. Si l'on transpose à la transmission des contrats la solution retenue pour les créances et les dettes, il paraît inenvisageable d'admettre le transfert d'un contrat considéré indisponible par la loi qui lui est applicable. De ce fait, la *lex contractus* peut s'opposer à la transmission d'un contrat conclu initialement par la société dissoute[1715]. Cette solution ne fait pas toutefois l'unanimité puisque M. TILQUIN considère que « *les contrats internationaux conclus par la société apporteuse sont transmis à la société bénéficiaire, quelle que soit la loi choisie par les parties pour régir le contrat* »[1716]. Il nous semble cependant excessif de dénier tout rôle à la loi applicable au contrat. Il suffit en effet d'évoquer le raisonnement précédent relatif à la transmission des créances pour conclure que la transmissibilité d'un contrat relève nécessairement de la loi de ce contrat. En la matière, M. BEITZKE a adopté une position beaucoup plus nuancée et considère que si l'on admet l'intervention de la loi du contrat pour régir la question de la transmissibilité, l'opposition apportée par cette la loi à la transmission universelle de patrimoine n'a qu'un effet considérablement limité. Pour soutenir ses propos, l'auteur constate, d'une part, qu'il « *servirait peu de dire qu'on ne reconnaît pas la succession universelle ; cela nécessiterait la fiction que la société absorbée existe encore, et cette fiction serait presque sans valeur si, en réalité, la société absorbante est en possession du patrimoine de la société absorbée* »[1717] et que, d'autre part, les lois qui régissent les créances et contrats de la société absorbée « *n'auront probablement pas d'objections contre la reconnaissance de la succession universelle si celle-ci se fait avec des garanties suffisantes pour les créanciers de la société absorbée* »[1718]. Malgré l'intérêt pratique qu'elle présente dans l'allègement de la procédure de

[1715] BEITZKE (G.), *art. préc.*, p. 15.
[1716] TILQUIN (Th.), *art. préc.*, n°44.
[1717] BEITZKE (G.), *art. préc.*, p. 15
[1718] *Id., ibid.*

réalisation de la fusion, la solution avancée par M. BEITZKE nous paraît contestable parce qu'elle semble d'abord largement préjudiciable au cocontractant de la société absorbée. Elle empêche en effet toute prévisibilité quant à la détermination de la loi applicable à ses droits et engagements. De plus, l'argument présenté par l'auteur selon lequel la reconnaissance de la substitution s'impose du fait de la disparition de la société absorbée n'est pas pertinent. En effet, en droit des successions, la disparition du défunt n'impose pas la transmission d'un contrat considéré comme intransmissible par sa nature même ou par la volonté des parties[1719]. En réalité, ce genre de contrat s'éteint du fait du décès du contractant. De même, en matière de fusion, la disparition de la société absorbée ne doit pas systématiquement entraîner la transmission du contrat à son cocontractant, alors même que ce contrat est déclaré intransmissible par la loi qui lui est applicable. Cette solution admise pour les fusions internes ne peut qu'être transposée aux fusions transfrontalières. Enfin, contrairement à ce que sous-entend l'auteur lorsqu'il fait dépendre l'application la loi des créances du contenu des garanties fournies aux créanciers de la société absorbée, cette loi n'intervient pas sous couvert de l'ordre public. Il est davantage question de délimitation du domaine d'application des lois ayant vocation d'intervenir dans la fusion. La transmissibilité d'une créance ou d'un contrat relève en effet de la compétence de la loi qui leur fixe un statut propre[1720]. Les *leges societatis* des sociétés fusionnantes ne sauraient être compétentes pour régir ces questions. La prise en considération de la loi des créances et des contrats est donc indispensable pour vérifier leur transmissibilité.

952. L'intervention de la *lex contractus* pour déterminer la transmissibilité des contrats peut se justifier par le caractère supplétif de la transmission universelle de patrimoine. Quand elles reconnaissent le principe de transmission universelle de patrimoine en matière de fusion, les législations telles que le droit français admettent que l'effet substitutif de cette transmission ne revête pas un caractère d'ordre public[1721]. Les sociétés fusionnantes peuvent donc déroger d'un commun accord au caractère global de la transmission universelle de patrimoine, en évinçant explicitement un contrat ou une obligation du contrat de fusion. Les sociétés doivent alors

---

[1719] En ce sens, v. BILLIAU (M.), *La transmission des créances et des dettes*, LGDJ, 2002, n°188 : « *lorsque les droits s'éteignent par le fait générateur de la transmission universelle, les ayants cause ne les recueillent évidemment pas, mais il y a lieu de procéder à une liquidation de la situation, généralement contractuelle* ». Par exemple, le contrat de prêt à titre personnel, v. art. 1879, al. 2 C. civ. : « *si l'on a prêté qu'en considération de l'emprunteur, et à lui personnellement, alors ses héritiers ne peuvent continuer de jouir de la chose prêtée* ». Donc, la disparition du défunt n'impose pas au prêteur de continuer le contrat de prêt.

[1720] Cf. *supra*, n°s949 et s.: le statut et la transmissibilité des créances.

[1721] Sur le caractère supplétif de la substitution, cf. COQUELET (M.-L.), *th. préc.*, p. 168 et s.

opter pour un remboursement anticipé des créances et obligations découlant du contrat en cause[1722]. Il est en outre généralement admis qu'une clause expresse du contrat est susceptible de prohiber sa transmission par fusion[1723]. Les différentes législations susceptibles d'intervenir en tant que *lex societatis* des sociétés fusionnantes et qui reconnaissent le caractère supplétif de la transmission universelle de patrimoine, ne peuvent ainsi s'opposer à l'intervention de la *lex contractus* du contrat pour régir la question de sa transmissibilité. Il est possible d'invoquer, pour illustrer nos propos, la question de la transmission d'un contrat conclu *intuitu personae*. Rappelons que contrairement au système du droit français, la grande majorité des systèmes juridiques ne reconnaît pas cette notion[1724]. Dans ces systèmes, ce genre de contrat n'étant pas soumis à un régime de transmission différent, il se retrouve transmis de plein droit à la société absorbante ou née de la fusion. Dans ces conditions, si le contrat conclu *intuitu personae* est soumis à la loi française qui en interdit la transmission, il semble logique que l'intercession de cette loi en empêche la transmission et cela, quelle que soit la loi applicable aux sociétés fusionnantes. Le cocontractant de la société absorbée peut ainsi faire prévaloir la *lex contractus* pour s'opposer à la transmission de son contrat.

953. La *lex contractus* doit intervenir dans une fusion transfrontalière afin de déterminer le régime applicable à une clause d'inaliénabilité insérée dans le contrat[1725]. Les contractants peuvent stipuler des clauses interdisant le transfert automatique de leur contrat, notamment en cas de fusion. En droit français, l'article L. 236- 14 du Code de commerce dispose que la transmission universelle de patrimoine ne met pas « *obstacle à l'application des conventions autorisant le créancier à exiger le remboursement immédiat*

[1722] Il faut préciser, comme le relève Mme COQUELET, que le remboursement anticipé d'une créance à terme est possible lorsque ce terme est stipulé en faveur du débiteur. Cependant, le remboursement nécessite le consentement préalable du créancier quand le terme est stipulé en sa faveur. Si le créancier s'oppose au remboursement anticipé, alors la créance doit obligatoirement et de plein droit être transmise à la société absorbante. (COQUELET (M.-L.), *th. préc.*, p. 168).

[1723] Sur la clause d'inaliénabilité, cf. *infra*, n°954.

[1724] En ce sens : DUBERTRET (M.), *art. préc.*, p. 721 et s. , spéc. p. 724. L'auteur prend comme exemple le droit belge qui ne prévoit aucune exception pour les contrats conclus *intuitu personae* dans le cadre d'une transmission universelle de patrimoine. À propos de la possibilité de transmission par fusion des contrats conclus *intuitu personae* en droit belge, v. JASSOGNE (C.), BOURRS (J.-P.), MICHEL (H.), MATRAY (Ch.) et NICAISE (P.), *op. cit., t. 4*, n°1239. Qui plus est, la troisième et la dixième directive ne prévoient aucune disposition instaurant un régime particulier ou interdisant le transfert des contrats conclus *intuitu personae*.

[1725] En ce sens : TILQUIN (Th.), *art. préc.*, n°44. L'auteur considère qu'« *on ne peut cependant exclure que la loi du contrat intervienne pour l'examen des conséquences de la fusion ou de la scission, notamment à l'occasion de l'interprétation des clauses restrictives de cessibilité* ».

de sa créance en cas de fusion de la société débitrice avec une autre société ». Le législateur français reconnaît ainsi au cocontractant de la société absorbée la possibilité de s'opposer à la continuation de son contrat. Précisons toutefois que la clause de non-continuation ou d'inaliénabilité doit respecter certaines conditions pour être opposable à la fusion. Par exemple, une simple clause d'interdiction de cession ne trouvera pas à s'appliquer en cas de transmission pour cause de fusion[1726]. Pour être efficace, la clause doit expressément viser les opérations entraînant une transmission universelle de patrimoine. En droit international privé, la loi du contrat détermine les conditions et les effets de la cessibilité d'un contrat. Par conséquent, l'appréciation de la validité de la clause de non-continuation dépend de la loi applicable au contrat. Cette dernière a également vocation d'intervenir pour régir l'applicabilité de la clause en matière de fusion transfrontalière.

954. La *lex contractus* peut également intervenir pour annuler les clauses restreignant ou interdisant la transmissibilité de certains contrats. Tel est le cas d'un bail commercial soumis au droit français. Conformément aux dispositions de l'article L. 145-16 al. 2 du Code de commerce *« en cas de fusion de sociétés [...] la société issue de la fusion [...] est, nonobstant toute stipulation contraire, substituée à celle au profit de laquelle le bail était consenti dans tous les droits et obligations découlant de ce bail ».* Ainsi, la clause interdisant la transmission d'un bail commercial sera dépourvue d'effets et le contrat transmis de plein droit à la société issue de la fusion.

955. **La transmissibilité des parts sociales.** La transmission de parts sociales détenues par la société dissoute à la société absorbante ou nouvellement créée peut entraîner l'intervention de la *lex societatis* de la société tierce émettrice. En effet, il est admis que les conditions dans lesquelles s'acquiert, se conserve ou se perd la qualité d'associé relèvent de la loi applicable à la société concernée. La *lex societatis* de la société tierce dont la société dissoute détient des parts sociales en régit les conditions et les effets de la transmission. Quand les statuts de la société tierce à la fusion contiennent une clause restreignant la libre transmissibilité des parts sociales, sa *lex societatis* détermine les conditions de validité et le régime applicable à cette clause. Prenons l'exemple d'une fusion transfrontalière entre deux sociétés étrangères. La société absorbée détient des parts sociales dans une société française dont les statuts contiennent une clause statutaire d'agrément. Dans ce cas, la loi française déterminera si la société absorbante

---

[1726] Sur le sujet, v. PRIETO (C.), *Evènements affectant la personne de la société contractante* in. *La cessation des relations contractuelles d'affaires*, Colloque de l'Institut de droit des affaires d'Aix-en-Provence, 30-31 mai 1996, p. 101. ; VIANDIER (A.), *Les contrats conclu intuitu peronae face à la fusion des sociétés, préc.*, p. 202, n°34. Les solutions retenues concernant les clauses d'agrément pour le transfert de parts sociales d'une société sont transposables aux clauses restrictives de transmission des contrats.

étrangère sera substituée de plein droit à la société dissoute devenant ainsi associée de la société française, ou si elle doit recevoir l'agrément préalable des associés de la société française[1727].

956. **La transmissibilité des droits processuels.** La transmission universelle de patrimoine par fusion entraîne normalement la substitution de la société issue de la fusion aux autres sociétés fusionnantes dans leurs actions et instances en cours. La qualité d'agir en lieu et place de la société dissoute dépend de la transmission du droit litigieux. Fort de ce raisonnement, le droit international privé admet en principe que la question relative à la transmission d'une action en justice soit régie par la loi applicable au droit substantiel litigieux[1728]. La transmissibilité d'une action en justice à la société absorbante dépend donc de la loi applicable au droit qu'elle est censée protéger. Cependant, la *lex fori* peut également intervenir dans la détermination de la transmissibilité des actions et des instances. Il semble en effet inconcevable d'envisager la substitution de la société issue de la fusion à celle qui disparaît lors d'une instance en cours alors même que la *lex fori* interdit cette transmission. Pour que cette dernière soit efficace, il faut respecter certaines règles de procédures et des formalités désignées par la *lex fori*. Elle fixe également les règles relatives aux délais de procédure et détermine si la fusion constitue ou non une cause d'interruption des délais[1729]. En conclusion, on peut dire que les questions relevant

[1727] Sur la solution retenue en droit français concernant les clauses d'agréments. Cf. *supra*, Première partie.

[1728] Sur la loi applicable au transfert des actions en justice, v. NIBOYET-HOEGY (M.-L.), *Action en justice*, Encycl. Dalloz droit international, n°2 : « *Toutes les fois que le demandeur exerce un droit dont il se prétend titulaire, la qualité pour agir se déduit automatiquement des conditions d'appartenance du droit litigieux et obéit en droit international privé à la même loi En matière de successions internationales l'exercice des droits et actions du défunt soit soumis à la loi successorale* ». Par ailleurs, la capacité d'ester en justice et de substitution en cours d'instance de la société issue de la fusion relève exclusivement de la loi nationale de la société. En ce sens, v. BATIFFOL (H.) et LAGARDE (P.), *op. cit.*, n°702 ; MAYER (P.) et HEUZÉ (V.), *op. cit.*, n°499. Pour un rapprochement avec la solution retenue pour la substitution en cours d'instance suite à une fusion, la substitution après une succession est régie par la loi applicable à la succession et non par la *lex fori*. Sur ce sujet, v. LAGARDE (P.), *Successions*, Encycl. Dalloz droit international, n°182.

[1729] Les délais de procédure qui relèvent de la *lex fori* concernent essentiellement l'accomplissement de certains actes par les parties ou l'exercice d'une voie de recours. En revanche, les délais pour exercer l'action en justice (les délais de prescriptions ou les délais préfix) sont soumis à la loi qui régit le droit substantiel. Cependant, dans les droits du système de *common law*, les délais de prescription sont soumis à la loi du for puisqu'on fait prévaloir leur caractère procédural. Sur la loi applicable aux délais et prescriptions, v. MAYER (P.) et HEUZÉ (V.), *op. cit.*, n°498 et s. ; v. aussi : HAGE-CHAHINE (F.), *Les conflits dans l'espace et dans le temps en matière de prescription*, Dalloz, 1977, n°25 et s.

essentiellement du domaine de la procédure sont régies par la *lex fori*[1730], nonobstant les lois applicables aux sociétés fusionnantes.

Ss-section 2 : La distribution de parts sociales

957. **La loi applicable à la distribution des parts sociales.** Les questions relatives à la distribution de titres sociaux pour la rémunération des associés de la société dissoute relèvent nécessairement de la compétence de la *lex societatis*[1731]. Les conditions d'augmentation du capital, les modalités de distribution des parts sociales, notamment la fixation de la date de remise des titres aux associés de la société absorbée et la date de leur négociabilité, sont regies par les règles designées par la *lex societatis* de l'absorbante[1732]. Toutefois, certaines questions relatives au mode de rémunération des associés de la société absorbée entraînent une intervention cumulative des *leges societatis* des sociétés fusionnantes. Il en va ainsi pour vérifier la condition de continuité de l'actionnariat, pour déterminer la nature des titres susceptibles d'être distribués aux associés de la société absorbée ou encore, pour fixer le plafond de la soulte en espèces[1733]. Le mode de rémunération des associés de la société dissoute est en effet perçu par les législations nationales comme une disposition impérative qui contribue à la définition légale de la fusion. Les *leges societatis* des sociétés fusionnantes doivent alors s'étendre sur le mode de rémunération afin que l'opération envisagée puisse être qualifiée de fusion. À cet égard, indépendamment du fait que la société de droit français soit l'absorbée ou l'absorbante, la loi française ne

---

[1730] Les règles de procédure sont en principe régies par la *lex fori*. Les questions relevant de cette loi sont essentiellement la détermination d'un intérêt à agir et les délais de procédure. Sur l'infléchissement du rôle de la *lex fori* en matière procédurale, v. NIBOYET (M.-L.), *Contre le dogme de la lex fori en matière de procédure in. Mélanges GAUDEMENT-TALLON (H.)*, Dalloz, 2008, p. 363 et s.

[1731] Il est unanimement admis que le mode d'acquisition et de perte de la qualité d'associé dans une société relèvent du domaine d'application de la *lex societatis*. En ce sens, v. TILQUIN (Th.), *art. préc.*, n°11 : « *la lex societatis régit également les conditions dans lesquelles s'acquiert se conserve et se perd la qualité d'actionnaire* » ; BEGUIN (J.) et MENJUCQ (M.), *op. cit.*, n°313 ; MENJUCQ (M.), *op. cit.*, n°107 ; BUREAU (D.) et MUIR WATT (H.), *op. cit.*, n° 1042.

[1732] À titre d'exemple, la fixation de la date à partir de laquelle les associés de la société absorbée peuvent commencer à participer aux bénéfices de la société absorbante est soumise à la *lex societatis* de cette dernière. La possibilité de priver les associés de la société absorbée, devenus associés dans la société absorbante, de leur droit de participer aux bénéfices pendant un certain délai, est prévue dans l'article 5 e) de la directive de 2005/56/CE. Le texte dispose que le projet commun de fusion doit contenir « *la date à partir de laquelle ces titres ou parts représentatifs du capital social donnent le droit de participer aux bénéfices ainsi que toute modalité particulière relative à ce droit* ».

[1733] À titre illustratif, une fusion entre deux sociétés dont la *lex societatis* de chacune prévoit un plafond de soulte en espèces différent. La réalisation de l'opération suppose l'application cumulative des deux lois. Ceci implique la mise en œuvre de la loi considérée comme la plus sévère, c'est-à-dire celle prévoyant le plafond de la soulte en espèces le plus bas.

peut qualifier l'opération de fusion si le contrat ne prévoit pas le principe de continuité de l'actionnariat, ou s'il excède le plafond prévu pour la soulte en espèces[1734].

958. Dans un cas de fusion entre des sociétés dont les titres sont admis à la négociation sur un marché règlementé, les règles relatives à ce marché auront vocation à régir les modalités et conditions de distributions des parts sociales aux associés de la société dissoute. Généralement considérées comme « *internationalement impératives* »[1735], ces règles interviennent à titre de loi de police[1736]. L'ensemble de ces règles assure le bon fonctionnement du marché et la protection des investisseurs. Leurs dispositions visent notamment à protéger les actionnaires des sociétés cotées[1737], à interdire le franchissement de seuils, à exiger certains documents pour informer les associés et obtenir l'accord des organismes de contrôle, *etc*.

959. **Plan**. Le législateur français considère le principe de continuité de l'actionnariat comme un élément caractéristique de l'opération de fusion **(Paragr. 1)**. Il est toutefois possible de déroger à ce principe pour améliorer l'institution de la fusion **(Paragr. 2)**.

Paragraphe 1 : Le principe de continuité de l'actionnariat

960. **Les diverses justifications du principe de continuité de l'actionnariat.** Admis comme un élément caractéristique de la fusion, le

[1734] Il faut réserver le cas de l'article L. 236-6 du Code de commerce concernant la fusion intra-européenne puisque ce texte envisage exceptionnellement le dépassement du plafond fixé pour la soulte en espèces lorsque la législation d'un État membre concernée par la fusion le permet.

[1735] AUDIT (B.) et D'AVOUT (L.), *op. cit.*, n°1085.

[1736] En ce sens : TILQUIN (Th.), *art. préc.*, p. 22. Selon l'auteur, « *les règles qui régissent la cotation des titres ou l'appel public imposent des obligations d'information des investisseurs et l'accord des organismes de contrôle sur le contenu de cette information. Elles relèvent essentiellement du marché où sont cotés ces titres* ». Quand la société fusionnante est cotée sur plusieurs marchés règlementés, les lois de ces marchés interviennent cumulativement.

[1737] Pour la protection des droits des actionnaires dans les sociétés cotées, v. la directive n°2007/36/CE concernant l'exercice de certains droits des actionnaires de sociétés cotées. Selon M. MASTRULLO, *th. préc.*, p. 535, la Commission s'y fixe quatre objectifs : « *faire en sorte que toutes les assemblées générales soient convoquées suffisamment à l'avance ; supprimer toutes les formes de blocage des actions ; lever tous les obstacles juridiques à la participation électronique aux assemblées générales ; enfin, offrir aux actionnaires non-résidents des moyens simples de voter sans être présents à l'assemblée* ». La loi du marché, notamment le marché règlementé français, exige l'accomplissement de certaines opérations de la société absorbante lorsque celle-ci détient un seuil déterminé de participation dans la société absorbée. La société absorbante est alors tenue de déclarer le franchissement du seuil aux autorités de contrôle. Elle est également contrainte de déposer une offre d'acquisition préalablement à la fusion.

principe de continuité de l'actionnariat a reçu plusieurs justifications. Une partie de la doctrine, qui perçoit la fusion comme étant une opération d'apport en nature, considère que la distribution de parts sociales est le seul mode de rémunération qui convienne à cette opération[1738]. Cette explication est cependant critiquable parce que l'article L. 225-147 du Code de commerce relatif à l'apport en nature ne précise pas la nature des titres qui peuvent être émis en rémunération de l'apport. La société bénéficiaire pourrait ainsi valablement émettre d'autres formes de titres que des parts sociales, notamment des obligations convertibles, des actions à bons de souscription d'action ou les bons de souscription simples[1739].

961. Pour une autre partie de la doctrine, la continuité de l'actionnariat serait le corollaire de la continuité de l'entreprise de la société absorbée au sein de l'absorbante[1740]. On a en effet constaté que « *sous une organisation différente, l'entreprise subsiste, avec tous les rapports juridiques qu'elle comporte. Par la fusion, la société reprenante succède « corps et biens » à la société reprise, elle la continue tant par rapport à son patrimoine que par rapport à ses membres* »[1741]. La mise en œuvre de toute forme de rémunération – à l'exception de la distribution de parts sociales – interrompt le principe de continuité de l'entreprise. Par ailleurs, la dissolution sans liquidation est une particularité inhérente à l'opération de fusion qui renforce le principe de continuité de l'actionnariat. En effet, une rémunération en espèces nécessiterait une procédure de liquidation afin de fixer le montant de chaque associé après apurement du passif de la société dissoute.

962. Ces justifications ne sont toutefois pas complètement convaincantes. La théorie s'appuyant sur la continuation des entreprises de la société absorbée au sein de la société absorbante pour définir l'opération a fait l'objet de plusieurs critiques[1742]. On lui reproche d'abord d'analyser l'opération de fusion sous un angle plus économique que juridique. Ensuite,

---

[1738] BERTREL (J.-P.) et JEANTIN (M.), *op. cit.*, p. 340 ; HÉMARD (J.), TERRÉ (Fr.) et MABILAT (P.), *op. cit.*, n° 774.
[1739] Bull. AMF, janv. 2004, p. 156.
[1740] En ce sens, v. RECORDON (P.-A.), *th. préc.*, p. 27.
[1741] *Id., ibid.*- *Adde*, VERDIER (J.-M.), *art. préc.*, p. 217. L'auteur considère que « *certes les sociétés absorbées ou combinées disparaissent en tant qu'êtres moraux ; mais les entreprises dont elles étaient l'armature juridique continuent d'exister et sont simplement transférées ; leurs membres ne disparaissent pas non plus mais conservent leur qualité d'associés dans le cadre des sociétés absorbantes ou nouvelles* ».
[1742] MICHALOPULOS (N.), *La fusion des sociétés anonymes en droit français et en droit hellénique problématique communautaire*, th. Paris I, 1983, p. 74 et s. L'auteur considère qu'il est possible de retourner des attributs des sociétés absorbées au sein de la société absorbante sans que cela signifie pour autant que la société absorbée reste intacte. Il en déduit que « *par continuité de la société absorbée* » il faut entendre non pas la survie de cette dernière, mais la prise de suite de son activité économique par la société absorbante.

de confondre la fin de l'opération avec la technique juridique permettant d'atteindre ce but. Enfin, l'idée de continuité de l'entreprise de la société dissoute au sein de la société absorbante n'est pas forcément liée à la continuité de l'actionnariat. L'entreprise d'une personne morale constitue un moyen de production dont l'existence est indépendante de la personne des associés. Ainsi, la cession de l'entreprise d'une société en contrepartie d'un dédommagement en espèces ne met pas en cause la subsistance de l'entreprise au sein de la société acquérante.

963. **La justification fondée sur la notion de contrat-organisation.** Il semble alors préférable de justifier la continuité de l'actionnariat par la nature même de la fusion. Il s'agit d'un contrat-organisation qui prévoit la mise en commun du patrimoine respectif de chacune des sociétés fusionnantes et de leurs membres[1743]. Ainsi que le perçoit un auteur, « *la fusion est en vérité une opération tournée vers l'avenir. La dissolution de la société absorbée ne marque pas la volonté des actionnaires de solder leurs droits dans la société. Elle n'est que l'instrument de parachever la mise en commun des biens de deux sociétés par la mise en commun de leurs membres* »[1744].

964. **Plan.** Le principe de continuité de l'actionnariat permet de fixer la nature des titres distribués aux associés de la société dissoute **(Ss-paragr. 1)** ainsi que les conditions et modalités de la distribution **(Ss-paragr. 2)**.

Ss-paragraphe 1 : La nature des titres distribués

965. **La solution retenue dans le droit français.** Le droit français consacre le principe de continuité de l'actionnariat aux articles L. 236-1 et L. 236-3 du Code de commerce. En vertu de ces textes, la distribution de parts sociales[1745] aux associés de la société dissoute constitue un élément caractéristique de l'opération de fusion[1746]. La fusion est ainsi incompatible avec tout autre mode de rémunération. La distribution de parts sociales

---

[1743] Cf. *supra*, n°s472 et s.

[1744] GROSCLAUDE (X.), *Les droits des actionnaires dans les opérations de fusion*, th. Strasbourg III, 1999, p. 39.

[1745] Il faut noter que les dispositions de l'article L. 236-3 du Code de commerce n'interdisent pas la possibilité d'une distribution de parts sociales autodétenues par la société absorbante, car elles ne précisent pas que les parts sociales distribuées doivent être spécialement créées pour la réalisation de la fusion. Sur cette question, v. ANSA, Comité Juridique, du 1er juin 1994, n°300 ; COURET (A.), *La remise en échange de titres autodétenus par l'absorbante dans le cadre d'une fusion*, Actes pratiques société, juin 1998, p. 4.

[1746] En ce sens : MERCADAL (B.), CHARVERIAT (A.), COURET (A.) et ZABALA (B.), *op. cit.*, n°82580 ; RECORDON (P.-A.), *th. préc.*, p. 27. L'auteur considère que la transmission de patrimoine rémunérée par le versement d'une contrepartie en espèces constitue simplement une vente.

constitue « *un trait fondamental de l'opération, qui la distingue des acquisitions d'actif social moyennant remise d'obligations ou paiement en espèces, et aboutissant ainsi à l'élimination des actionnaires de la société absorbée* »[1747]. Le remboursement de la valeur des parts sociales des associés exclut la qualification de fusion. Dans cette hypothèse, l'opération est perçue comme un simple contrat de vente d'une société[1748].

966. Les parts sociales sont directement distribuées aux associés de la société absorbée. En effet, la dissolution sans liquidation écarte toute possibilité de transfert des parts sociales distribuées par la société absorbante, ne fût-ce qu'un instant de raison, dans le patrimoine de la société absorbée. Les associés de la société dissoute acquièrent simultanément la qualité d'associés de la société absorbante[1749].

967. **Plan.** La distribution de parts sociales peut toutefois s'avérer insuffisante à rémunérer convenablement les associés de la société dissoute. Le cas échéant, il est envisageable de distribuer des titres prévoyant des droits particuliers **(A)** ou le versement d'une soulte en espèces **(B)**.

A- Des titres prévoyant des droits particuliers

968. **La rémunération de porteurs de titres prévoyant des droits particuliers.** La rémunération des associés de la société absorbée semble facile lorsque celle-ci n'émet que des parts sociales simples. Les choses se compliquent en présence d'actions dotées de droits particuliers, comme des actions de préférence. Dans une fusion transfrontalière, l'existence de ce type d'actions dans la société qui doit disparaître est source de grandes difficultés. La directive 2011/35/UE a pris compte de ce problème et son article 15 indique que « *les porteurs de titres, autres que des actions, auxquels sont attachés des droits spéciaux doivent jouir, au sein de la société absorbante, de droits au moins équivalents à ceux dont ils jouissaient dans la société absorbée* ». Cependant, le même article prévoit la possibilité

[1747] GOLDMAN (B.), *Rapport concernant le projet de convention sur la fusion internationale des sociétés anonymes*, *préc.*, p. 480.

[1748] Cass. com., 3 nov. 1975, n°74-11.927, Bull. civ. IV, n°248.- *Adde*, BENER (H.-R.), *th. préc.*, p. 37. L'auteur affirme que « *toute fusion qui permet à la société qui subsiste d'indemniser intégralement les actionnaires « absorbés » ou « combinés » sans que par l'effet même de la fusion ils deviennent actionnaires de cette société, n'est pas une fusion proprement dite mais une espèce d'achat d'une société par une autre* ».

[1749] Il découle une conséquence importante du principe de continuité de l'actionnariat qui consiste en la rémunération d'au moins d'une part sociale pour les associés de la société dissoute. Ainsi, un associé dont la valeur de son ancien titre ne lui permet pas mathématiquement de recevoir une part sociale entière dans la société absorbante, doit quand même recevoir une part sociale. En ce sens, v. Message concernant la loi fédérale sur la fusion, la scission, la transformation et le transfert de patrimoine (n°2), p. 4056.

de modifier les droits des porteurs de ces titres. Cette solution implique d'obtenir leur approbation. Cette dernière résulte d'une assemblée des porteurs, du moins lorsque la loi nationale le prévoit, sinon de l'accord individuel de chacun des porteurs de ces titres individuellement. Reste également l'hypothèse où les porteurs ont le droit d'obtenir le rachat de leurs titres par la société absorbante. Les dispositions de la troisième directive ont été transposées en droit français et codifiées à l'article L. 228-17 du Code de commerce. Ce dernier affirme qu'« *en cas de fusion [...], les actions de préférence peuvent être échangées contre des actions des sociétés bénéficiaires du transfert de patrimoine comportant des droits particuliers équivalents, ou selon une parité d'échange spécifique tenant compte des droits particuliers abandonnés* ». Si les parts sociales des associés de l'absorbée sont des actions de préférence, elles peuvent être échangées contre des actions comportant des droits particuliers équivalents ou selon une parité d'échange spécifique tenant compte de ces droits spécifiques. À défaut d'un tel échange, la fusion est soumise à l'approbation de l'assemblée spéciale des titulaires de ces actions.

969. **Les difficultés résultant de l'existence de titres prévoyant des droits particuliers.** Au vu de l'ambiguïté et de l'imprécision de la notion de « *droits particuliers équivalents* » employée par les textes, il est parfois difficile de fixer la rémunération des porteurs de titres prévoyant des droits particuliers. Il faut alors se garder d'une interprétation erronée de cette notion. Dans une réponse ministérielle, le ministre de la justice a tenté de clarifier le débat en considérant que les titres distribués par la société absorbante doivent contenir des « *prérogatives identiques* » à celles préalablement détenues par les associés de la société dissoute[1750]. Ainsi, contrairement au critère de l'équivalence prévu à l'article L. 228-17 du Code de commerce, l'identité des droits particuliers serait le critère à adopter lors de la distribution des titres. Autrement dit, les droits doivent non seulement être de même nature, mais également de même valeur puisque « *c'est la double question du maintien des droits, d'abord, puis de la parité, « particulière » ou non, ensuite, qui justifie que l'on consulte (ou pas) l'assemblée spéciale des titulaires d'actions de préférence* »[1751]. L'interprétation restrictive de la réponse ministérielle a le mérite de tenir compte des droits des titulaires d'actions de préférence. Elle est toutefois source de complications pour la réalisation d'une fusion transfrontalière. La divergence des conceptions nationales des actions de préférence et la diversité des droits particuliers peuvent s'opposer à l'émission par la société absorbante d'actions attribuant des droits identiques aux titulaires d'actions

[1750] Rép. min. ADNOT (P.) n°13316, 24 juill. 2004, JO Sénat Q. 30 sept. 2004, p. 2236.
[1751] LE NABASQUE (H.), *Sort des actions de préférence en cas de fusion ou de scission de la société émettrice*, RDBF 2005, p. 30.

de préférence dans la société absorbée. Il semble ainsi plus adéquat de maintenir le critère d'équivalence des droits lors de la rémunération des titulaires de titres prévoyant des droits particuliers. La contradiction entre le texte du Code de commerce et la réponse ministérielle est par ailleurs une source de confusion pour les praticiens. Cette difficulté avérée dans les fusions internes s'accentue évidemment dans les fusions transfrontalières au regard du foisonnement des titres prévoyant des avantages particuliers qu'admettent les différentes législations nationales. Aussi, est-il est judicieux de suivre la recommandation de M. LE NABASQUE selon lequel, « *la pratique aura-t-elle tout intérêt, dans le doute, à continuer de consulter l'assemblée générale des titulaires d'actions de préférence dans tous les cas de figure* »[1752].

970. Il est également possible de relever une autre difficulté tenant cette fois à l'évaluation des actions de préférence[1753]. Les textes sont muets sur la méthode d'évaluation de la préférence dans ce genre d'actions. Classiquement on distingue, d'une part, les actions assorties de droits pécuniaires particuliers et, d'autre part, les actions assorties de droits politiques particuliers. La difficulté majeure consiste à évaluer les secondes, car cela suppose de quantifier le pouvoir qu'attribuent ces titres[1754]. De surcroît, il faut préciser que dans le contexte international, la détermination d'un rapport d'échange spécifique aux actions de préférence n'est pas évidente au regard des différentes méthodes auxquelles recourent les législations en cause[1755].

971. **La distribution d'obligations.** Il est unanimement admis que la distribution d'obligations ne peut constituer un mode convenable de rémunération de la fusion[1756]. Certes, ce titre est une valeur mobilière, mais il confère uniquement un droit de créance et non un droit d'associé[1757]. La rémunération des associés de la société dissoute par le moyen d'obligations suppose la qualification de l'opération en vente à terme[1758]. Dès lors, la

---

[1752] *Id., ibid.* ; VIANDIER (A.), *Les actions de préférence (ord. n°2004-604 du 24 juin 2004, art. 31)*, JCP E 2004, 1440, spéc. P. 1537.

[1753] SCHILLER (S.), *L'évaluation de la préférence*, Rev. soc. 2006, p. 703.

[1754] *Id., ibid.* Il faut aussi relever qu'une évaluation financière du droit de vote peut sembler de *prima facie* contraire à l'article 1128 du Code civil excluant certains biens du commerce juridique.

[1755] Sur le problème, cf. *infra*, n°986.

[1756] En ce sens : TILQUIN (T.), *op. cit.*, p. 53.

[1757] DURAND (P.) et LATSCHA (J.), *Les groupements d'entreprises*, Litec, 1973, p. 113, n°140. Les auteurs analysent la rémunération au moyen d'obligations en un paiement en espèces à terme différé jusqu'à la date de remboursement et non en une rémunération en titres.

[1758] En ce sens, v. BAUDEU (G.) et BELLARGENT (G.), *op. cit.*, n°24 ; MESTDAGH (H.), *th. préc.*, p. 41.

dissolution de la société absorbée ne peut se réaliser sans une procédure préalable de liquidation visant d'abord à désintéresser les créanciers de la société pour distribuer ensuite les obligations à titre de parts de liquidation. Cette solution s'étend à d'autres titres de créance. Le droit positif français distingue expressément deux catégories de valeurs mobilières : les titres de capital et les titres de créance. Il existe une diversité remarquable de titres de créances considérés comme des valeurs mobilières. Il en va ainsi des obligations, simples ou complexes, ou encore des titres participatifs. La distinction est établie en fonction du droit conféré au porteur du titre vis-à-vis de la société : « *les titulaires de titres de capital seraient parties au contrat de société tandis que les titulaires de titres de créance seraient liés à la personne morale émettrice par un contrat de prêt* »[1759]. La rémunération des associés de la société absorbée par une distribution de titres de créance, en tant qu'elle ne confère pas un statut d'associé, porte incontestablement atteinte au principe de continuité de l'actionnariat. Ces titres de créance ne répondent pas aux exigences du droit français concernant le mode de rémunération de la fusion.

972. **La distribution de valeurs mobilières donnant accès au capital.** La distinction entre les titres de capital et les titres de créance n'est pas toujours évidente. La frontière entre les deux catégories de titres peut s'avérer poreuse sous l'effet de l'émergence de titres hybrides[1760]. On songe particulièrement aux obligations remboursables en actions (ORA) et aux obligations convertibles en actions (OCA)[1761] qui donnent accès au capital. Il serait intéressant de savoir s'il est possible de rémunérer la fusion au moyen de ces valeurs mobilières[1762]. Une interprétation littérale de l'article L. 236-1 du Code de commerce conduit à une réponse négative, car le texte

---

1759 LUCAS (F.-X.), *La distinction des titres de capital et des titres de créance in. Colloque: Quel avenir pour le capital social ?,* (dir.) COURET (A.), Dalloz, 2004, p. 22 et s., spéc. p. 22.

1760 SCHMIDT (D.), *Le régime actuel des valeurs mobilières*, RD bancaire et bourse 1987, p. 42 et s., spéc. p. 44 ; MERLE (Ph.), *op. cit.*, p. 424. L'auteur constate que « *le développement de ces valeurs composées a sérieusement perturbé l'opposition traditionnelle entre actionnaires et obligataires* ».

1761 Les obligations convertibles en actions (OCA). Le porteur d'OCA dispose d'une option lui permettant de procéder à la conversion des obligations en actions selon les termes prévus au contrat d'émission ou au contraire de préférer un remboursement en numéraire de ses obligations à échéance. Sur le régime juridique des OCA, cf. art. L. 225-161 et s. C. com. Les obligations remboursables en actions (ORA). Les porteurs des ORA seront nécessairement remboursés en actions, selon les conditions fixées dans le contrat d'émission. HOVASSE (H.), *Les obligations remboursables en actions in. Mélanges PERCEROU (R.)*, éd. Vaibert Gestion 1993, p. 105 ; PELTIER (F.), *La nature juridique des obligations remboursables en actions*, JCP E 1922, I, 155, p. 281.

1762 Après l'ordonnance n°2004-604 du 24 juin 2004, le régime des valeurs mobilières composées a été unifié ce qui nous permet de réaliser une étude globale sur la validité de rémunération de la fusion par ce genre de titres.

n'envisage comme mode de rémunération que la distribution de parts sociales aux associés de la société absorbée. Certains auteurs se sont par ailleurs expressément opposés à la rémunération de la fusion au moyen de valeurs mobilières donnant accès au capital. Les tenants de cette opinion se prévalent du constat que ces titres restent soumis au régime du droit commun des obligations avant la levée de l'option ou l'arrivée du terme[1763]. Par conséquent, leurs titulaires doivent être considérés comme des créanciers de la société et non ses associés.

973. Il nous semble cependant qu'au regard du contexte actuel du droit positif, la réponse doit être nuancée. Le rapprochement entre les valeurs mobilièrcs donnant accès au capital et les parts sociales a été consacré par le législateur avec l'entrée en vigueur de l'ordonnance n°2004-604 du 24 juin 2004. Cette dernière a largement harmonisé le régime des valeurs mobilières composées avec celui des parts sociales. Le porteur de valeurs mobilières donnant accès au capital n'est plus considéré comme un simple créancier obligataire, mais plutôt comme un associé à terme ou un associé potentiel. Par la suite, l'ordonnance n°2009-15 du 8 janvier 2009 a expressément classé ces valeurs mobilières dans la catégorie de titres de capital[1764]. Depuis, les titres donnant accès au capital sont assimilés à des titres de capital dès leur émission. L'argument prenant appui sur le fait que ces titres sont des obligations avant la levée de l'option ou l'arrivée du terme et sont donc soumis au régime de droit commun des obligations, doit donc être écarté. De nombreux auteurs ont hésité à assimiler le titulaire de titres donnant accès au capital à un associé[1765]. Ils préféraient la désignation de « *quasi-associé* » dans la mesure où l'appartenance de ces titres à la catégorie de titres de capital n'était pas encore certaine. Avec l'entrée en vigueur de l'ordonnance de 2009, l'hésitation n'a plus lieu d'être et l'on peut considérer le titulaire d'une valeur mobilière donnant accès au capital comme un associé. Par ailleurs, le souci de protection des associés minoritaires qu'incarne le principe de continuité de l'actionnariat ne semble pas nécessairement

---

[1763] DURAND (P.) et LATSCHA (J.), *op. cit.*, p. 113, n°140 ;

[1764] Art. L. 212- 1 A CMF : « *Les titres de capital émis par les sociétés par actions comprennent les actions et les autres titres donnant ou pouvant donner accès au capital ou aux droits de vote* ». Avant l'entrée en vigueur de l'ordonnance n°2009-15 du 8 janvier 2009 à l'origine de cet article, les valeurs mobilières composées étaient considérées comme des titres de créances. Ceci constituait un obstacle à la possibilité de rémunérer les associés minoritaires de la société absorbée par des valeurs mobilières composées, puisqu'il est interdit de convertir les titres de capital en titres représentatifs de créances (Art. L. 228-91 C. com.).

[1765] LUCAS (F.-X.), *art. préc.*, p. 28. L'auteur écrit : « *l'on pourrait imaginer de voir dans certains titulaires de titres de créance sinon des associés (l'audace nous manque pour qualifier ainsi celui qui ne détient aucun titre de capital...) mais des quasi-associés. Il suffit de constater que la condition de l'actionnaire en puissance qu'est celle du titulaire d'obligations remboursables, échangeables ou convertibles en action est bien proche de celle d'un associé* ».

diminué par la distribution de valeurs mobilières composées. La distribution de certains titres composés, notamment les obligations convertibles en actions, peut s'avérer largement avantageuse pour les associés minoritaires, puisqu'elle leur donne la possibilité de choisir entre le statut d'associé dans la société absorbante ou celui d'obligataire.

974. De plus, l'évolution récente de la notion d'« *apport* » contribue à l'admission de la rémunération de la fusion par le moyen de distribution de titres donnant accès au capital. Dans une acceptation classique, on considère que l'apporteur ne peut recevoir qu'une rémunération en actions ou parts sociales de la société bénéficiaire[1766]. L'AMF a toutefois apporté une modification considérable à cette conception, en admettant qu'une société puisse émettre des titres donnant accès au capital en rémunération d'apports[1767]. Le raisonnement de l'AMF se fonde essentiellement sur le défaut de précision des textes concernant la nature exacte des titres qui doivent être émis en rémunération de l'apport[1768]. L'approche de l'AMF a été confirmée par le Comité juridique de l'ANSA qui considère que « *la multiplication des valeurs mobilières composées peut inciter à une rémunération qui ne fait de l'apporteur un associé immédiat ni même un associé à terme s'il décide finalement de ne pas entrer au capital* »[1769]. Le raisonnement adopté pour justifier l'extension du mode de rémunération des apports en société aux valeurs mobilières donnant accès au capital peut être transposé en matière de fusion. La rémunération des associés de la société absorbée par le moyen la distribution de titres donnant accès au capital ne semble pas ainsi contradictoire avec la définition légale de la fusion.

975. L'admission de la validité d'un tel mode de rémunération nous semble largement opportune puisqu'elle permet une appréciation différée de la valeur de l'apport de la société dissoute. L'évaluation de la valeur réelle de l'apport est en effet souvent délicate puisqu'elle dépend largement de résultats préétablis dans le contrat de fusion. La distribution de valeurs mobilières complexes contribue à évaluer efficacement la valeur des sociétés

[1766] En ce sens, v. COZIAN (M.), VIANDIER (A.) et DEBOISSY (F.), *op. cit.*, n°125 : L'apport « *est le contrat par lequel l'associé affecte un bien ou un droit à la société en contrepartie de la remise de titres sociaux* » ; MESTRE (J.) et VELARDOCCHIO (D.), *op. cit.*, n°273. Les auteurs considèrent qu'« *effectuer un apport, c'est affecter à l'activité sociale une certaine somme d'argent, la propriété ou la jouissance d'un bien, une force de travail, son industrie, en contrepartie desquels l'apporteur reçoit des parts ou actions soumises aux aléas de la société* ».

[1767] Bull. AMF, janvier 2004, p. 156.

[1768] Art. L. 225- 147 C. com.

[1769] ANSA, *Rémunération d'un transfert de bien au moyen de valeurs mobilières composées: qualification et procédure à suivre*, 5 mai 2004, Dossier n°04-047.

en envisageant une possibilité d'ajustement de la parité de fusion après la réalisation de la fusion[1770].

B- La soulte en espèces

976. **Le plafond de la soulte en espèces.** La détermination de la loi applicable à la détermination du plafond de la soulte en espèces dans une fusion transfrontalière dépend de l'objectif recherché par le législateur. Si le plafond est fixé dans le but de protéger les associées minoritaires de la société absorbée contre le risque de leur exclusion par le biais d'un rachat pur et simple de leurs titres, il convient alors de lui appliquer la loi de la société absorbée[1771]. En revanche, si l'objectif se limite à la protection du capital social de la société absorbante, alors c'est la loi de celle-ci qui trouvera à s'appliquer[1772]. Toutefois, on peut tenir compte des deux objectifs et appliquer cumulativement les lois applicables aux sociétés fusionnantes. Cette hypothèse présente un avantage pratique considérable puisque les sociétés fusionnantes pourront s'assurer que la qualification retenue par l'ensemble des lois concernées par l'opération sera bien celle de fusion.

977. Pour les fusions intra-européennes, la dixième directive a prévu la possibilité de verser une soulte en espèces qui ne peut dépasser 10% de la valeur nominale ou, à défaut, du pair comptable des titres attribués aux associés[1773]. La fixation du plafond de la soulte en espèces peut s'avérer problématique. Il existe en effet certaines législations, notamment le droit anglais, qui prévoient des formes de sociétés sans capital social et dont les titres ne possèdent ni valeur nominale ni valeur comptable. La participation de ce genre de sociétés à une fusion transfrontalière comme société absorbante ou nouvellement créée entrave la fixation du plafond d'une soulte en espèces. Pour surmonter cette difficulté, la CCBE propose de calculer la soulte en espèces en se fondant sur la valeur du patrimoine de la société dissoute, c'est-à-dire de la valeur de l'ensemble de l'actif et du passif transmis[1774]. En s'appuyant sur le constat que la société absorbante peut fixer

---

[1770] En ce sens : MARTIN (D.), KANOVITCH (B.) et SIMSI (S.), *Art. préc.* p. 26.

[1771] BEUTEL (D.), *Der neue rechtliche Rahmen grenzüberschreitender Verschmelzungen in der EU – Einflüsse des Gemeinschaftsrechts auf die Schaffung nationaler Rechtsgrundlagen grentüberschreitender Verschmelzungen unter Beteiligung deutscher Kapitalgesellschaften*, München, Herbert Utz Verlag, 2008, p. 150, cité par BERNARD (F.), *Les fusions transfrontalières au sein de l'Union européenne*, Mémoire Université catholique de Louvain, 2009, p. 47.

[1772] OECHSLER (J.), Die Richtlinie 2005/56/EG über die Verschmelzung von Kapitalgesellschaften aus verschiedenen Mitgliedstaaten, *NZG*, 2006, Ss. 162 f, cité par BERNARD (F.), *ibid*.

[1773] Art. 2 Dir. 2005/56/CE.

[1774] Rép. CCBE à la proposition de la Commission sur les fusions transfrontalières des sociétés du 5 mars 2004, http://www.ccbe.eu (10/05/2009), p. 2, article 1, al. 1er.

librement la valeur nominale de ses propres actions, la CCBE préfère alors que le montant de la soulte soit fixé à partir de la valeur de l'actif net qui lui sera transmis.

978. **La sanction du dépassement du plafond de la soulte.** Dans une fusion interne, le droit français prévoit la possibilité de verser une soulte en espèces, sous réserve que son montant ne dépasse pas le taux de 10% de la valeur nominale des parts sociales attribuées aux associés de la société dissoute. Le dépassement du plafond de la soulte fixé par les textes aboutit à la disqualification de l'opération qui ne peut plus alors être assimilée à une fusion. La législation belge va plus loin en frappant de nullité l'opération en cas de dépassement du taux prévu de la soulte[1775]. Cette sanction est critiquable puisqu'elle n'entre pas dans la liste exhaustive des causes de nullité dressée par la directive 2011/35/UE. Le droit français a toutefois prévu la possibilité de dépasser le plafond de 10% pour la réalisation des fusions transfrontalières intra-européennes. L'article L. 236-26 du Code de commerce autorise en effet la société absorbante ou nouvelle à verser aux associés de la société dissoute, une soulte en espèces supérieure au seuil de 10% de la valeur nominale ou à défaut, du pair comptable lorsque la législation d'au moins un des États membres concernés par la fusion le permet. La reconnaissance de la validité du dépassement du plafond ne dispense pas pour autant les sociétés fusionnantes de l'obligation de respecter d'autres caractéristiques propres à toute soulte en espèces.

979. **Une partie intégrante de la contrepartie de la fusion**. La soulte en espèces doit faire partie intégrante de la contrepartie de la fusion. C'est ce caractère qui a permis à la CJUE, dans un arrêt du 5 juillet 2007, de ne pas assimiler à une soulte en espèces, les dividendes versés par la société acquérante peu de temps après un échange de parts sociales[1776]. Selon la Cour de justice rien ne prouve que les dividendes concernés aient fait partie intégrante de la contrepartie à payer par la société acquérante. Suivant ce raisonnement, les dividendes perçus par les associés de la société absorbée peu de temps après la réception de parts sociales dans la société absorbante, ne peuvent être comptabilisées comme faisant partie de la soulte en espèces. Il est donc impératif de vérifier si la soulte versée revêt le caractère d'une contrepartie propre à l'opération.

980. **Une rémunération complémentaire à la contrepartie de la fusion.** La soulte en espèces doit aussi présenter un caractère complémentaire à la rémunération des associés de la société dissoute. Dans son article 30

[1775] Sur la sanction de nullité, v. TILQUIN (T.), *op. cit.*, n°567 et s.
[1776] CJUE, 5 juill. 2007, *Hans Markus Kofoed c. Skatteministeriet*, C-321/05, Rec., p. I-5795, concl. KOKOTT (J.).

concernant les opérations assimilées à la fusion, la troisième directive a envisagé la possibilité que les États membres prévoient une soulte en espèces dépassant le taux de 10 %. Les dispositions de ce texte ne doivent toutefois pas permettre de contourner le caractère complémentaire de la soulte en espèce. En effet, comme le constate un auteur, la faculté de verser une soulte « *devra (...) être utilisée avec parcimonie, seulement pour résoudre des problèmes techniques et éviter les rompus, et non dans le but d'accorder aux associés pour des raisons d'opportunité une rémunération partielle en espèces* »[1777]. Le versement de la soulte ne peut se substituer à la distribution de parts sociales[1778]. Dans l'arrêt du 5 juillet 2007 précédemment cité, la CJUE affirme, d'une part, que la soulte constitue une partie intégrante de la contrepartie de la fusion et, d'autre part, son caractère complémentaire. Dans ses conclusions sur l'arrêt, l'avocat général remarque qu'« *il est (...) déterminant de savoir si une telle prestation pécuniaire revêt aussi précisément le caractère d'une contrepartie à l'acquisition de la participation majoritaire et, partant, si elle a été convenue à titre contraignant en tant que complément à la contrepartie véritable, consistant en des actions dans la société acquérante* ». En tant que complément du mode de rémunération prévu pour la fusion, la soulte en espèces ne peut en aucun cas dépasser le seuil de la moitié de la valeur de la contrepartie versée aux associés de la société absorbée. Ce raisonnement explique la position adoptée par le droit suédois qui, depuis une réforme du 1er janvier 2009[1779], autorise une soulte en espèces pouvant atteindre 49 % de la rémunération totale reçue par les associés de la société absorbée.

981. **La nature de la soulte.** En reprenant les dispositions de la troisième et la dixième directive, le droit français utilise expressément le terme « *en espèces* » pour désigner la nature de la soulte. Le terme « *espèces* » désigne « *toute monnaie ayant cours légal* »[1780]. En optant pour cette interprétation littérale, une grande partie de la doctrine refuse d'accepter le paiement d'une soulte par une remise de biens en nature[1781]. Cependant, l'article 210-0 A du

---

[1777] LE FEVRE (A.), *Le nouveau régime des fusions et des scissions de sociétés commerciales institué par la loi n°88-17 du 5 janvier 1988 et le décret n°88-418 du 22 avril 1988*, Rev. soc. 1988, p. 210.

[1778] En ce sens, v. CHENAUX (J.-L.), *La protection des actionnaires et associés dans les fusions d'entreprises in. Coopération et fusion d'entreprises : travaux de la journée d'étude organisée à l'Université de Lausanne le 6 octobre 2004*, Lausanne 2005, p. 119.

[1779] Swedish Companies Act, Chapter 23, section 2.

[1780] CORNU (G.), *Vocabulaire juridique de l'Association CAPITANT (H.)*, PUF, 2011, *v° espèces.*

[1781] MERCADAL (B.), CHARVERIAT (A.), COURET (A.) et ZABALA (B.), *op. cit.*, n°82600.- *Adde*, ANSA, *Fusion : La soulte est-elle nécessairement en espèces ?,* 05 avril 2004, Dossier n°04-029. Selon l'avis du Comité juridique, « *les dispositions de la loi doivent être prises à la lettre et sont impératives : la soulte, à l'occasion d'une fusion, ne peut être*

Code général des impôts ne précise pas la nature de la soulte. Du point de vue fiscal, il semble alors possible de comptabiliser les rémunérations en nature comme partie intégrante de la soulte. La limitation de la soulte à un versement d'une somme d'argent en numéraire est finalement « *peu heureuse* »[1782]. Le législateur aurait dû tenir compte d'autres formes de paiement, notamment par voie de cession de créances ou d'obligations. Ayant pris conscience de cette faille, le droit suisse autorise la fourniture d'une soulte d'une nature quelconque, tant que sa valeur ne dépasse pas le seuil fixé par les textes[1783]. En cas de fusion transfrontalière, la nature de la soulte constitue une condition bilatérale qui impose le respect de la loi la plus stricte. Ainsi, la soulte prévue lors d'une fusion entre une société française et une société suisse ne peut être qu'en espèces.

982. **Le calcul du montant de la soulte.** Le calcul du montant de la soulte en espèces peut faire obstacle à la réalisation d'une fusion transfrontalière. Selon le droit suisse, le montant de la soulte en espèces ne peut dépasser le dixième de la valeur réelle des parts sociales attribuées aux associés de la société dissoute[1784]. Ce qui est redouté, c'est que la soulte puisse « *se « travestir » en dédommagement par le jeu de l'augmentation de la valeur nominale des actions de la société absorbante* »[1785]. Le critère de la valeur réelle empêche de contourner le principe de continuité de l'actionnariat et permet une égalisation convenable du rapport d'échange[1786]. En droit français, le calcul de la soulte en espèces se fait par référence à la valeur nominale des actions[1787]. *Quid* du calcul de la soulte en espèces lors d'une fusion entre une société de droit suisse et une autre de droit français ? Faut-il se référer à la valeur réelle ou à la valeur nominale des parts sociales attribuées ? La réponse à cette question est délicate. En cas de divergence des dispositions nationales concernées sur la méthode de calcul du montant de la parité d'échange, leur application cumulative est inutile puisqu'il est impossible d'en désigner une plus restrictive que l'autre. Il faut donc que les méthodes de calcul du montant de la soulte des dispositions nationales soient compatibles. À défaut, on pourrait choisir la méthode de calcul aboutissant au montant le plus faible, ce qui aurait pour vertu de rassurer les

---

versée qu'en espèces (...). Il s'agit de toute façon d'une disposition d'ordre public, faisant partie de la définition même, par la loi, de l'opération de fusion ».

1782 TILQUIN (Th.), *op. cit.*, p. 258.

1783 En ce sens : Message concernant la loi fédérale sur la fusion, la scission, la transformation et le transfert de patrimoine (n°2), p. 4056.

1784 Art. 7, al. 2 LFus suisse.

1785 CHENAUX (J.-L.), *art. préc.*, p. 119.

1786 Message concernant la loi fédérale sur la fusion, la scission, la transformation et le transfert de patrimoine (n°2), p. 4056.

1787 Art. L. 236-1 C. com.

protagonistes de l'opération dans la mesure où aucun des plafonds légaux n'est dépassé.

Ss-paragraphe 2 : Les conditions de distribution des titres

983. **Le rôle principal du contrat de fusion.** Les conditions de distribution des titres sociaux sont généralement fixées dans le contrat de fusion[1788]. L'article L. 236-3 du Code de commerce dispose que les associés de la société dissoute acquièrent la qualité d'associés dans la société absorbante « *dans les conditions déterminées par le contrat de fusion ou de scission* ». Ce texte accorde une certaine liberté aux sociétés fusionnantes dans la détermination des modalités du versement de la rémunération aux associés de la société dissoute. Cette liberté n'est toutefois pas complète puisque les conditions de distribution des titres sociaux relève de la parité d'échange, dont le contrôle de l'équité et de la pertinence suppose souvent l'intervention d'experts indépendants.

984. **Plan.** Les législations nationales, notamment des États membres, manquent d'harmonisation en matière de distribution des titres sociaux. C'est pourquoi, le caractère international de la fusion soulève des difficultés lors de la fixation du rapport d'échange **(A)** et de la détermination de la mission des experts indépendants **(B)**.

A- La fixation du rapport d'échange

985. **La difficulté de la fixation du rapport d'échange.** La détermination du rapport d'échange résulte d'une comparaison des valeurs respectives des sociétés fusionnantes. Les méthodes de valorisation devraient être identiques pour toutes les sociétés fusionnantes[1789]. Pourtant aucun effort n'a été

[1788] En ce sens : L'art. 5 Dir. 2005/56/CE exige que le projet de fusion contiennent les informations relatives au conditions de distributions de parts sociales telles que : « *b) le rapport d'échange des titres ou des parts représentatifs du capital social et, le cas échéant, le montant de toute soulte en espèces* » ; « *c) les modalités d'attribution des titres ou des parts représentatifs du capital social de la société issue de la fusion transfrontalière* »; « *e) la date à partir de laquelle ces titres ou parts représentatifs du capital social donnent le droit de participer aux bénéfices ainsi que toute modalité particulière relative à ce droit* ».

[1789] Pour que la parité d'échange soit équitable dans une fusion, il est impératif que la méthode d'évaluation de chacune des sociétés fusionnantes soit la même peu importe la loi qui leur est applicable. LEPETIT (J.-F.), *La protection des actionnaires minoritaires dans les opérations de fusion et garantie de cours*, Paris, 1996, p. 22 : la notion d'équité « *suppose une évaluation relative des deux sociétés en présence qui doit conduire à ne pas désavantager une société par rapport à une autre, c'est-à-dire les actionnaires de l'une par rapport aux actionnaires de l'autre* ». L'adoption de deux méthodes différentes aboutira sans doute à avantager les actionnaires d'une société par rapport à une autre.

entrepris par le législateur européen pour harmoniser ces méthodes[1790]. La dixième directive reste silencieuse sur ce point et la directive 2011/35/UE n'insiste quant à elle que sur le caractère « *pertinent et raisonnable* »[1791] du rapport d'échange. En l'absence de règle matérielle, il faut se référer aux dispositions nationales afin de déterminer la méthode d'évaluation des titres des sociétés fusionnantes. La difficulté résulte du manque d'harmonisation des méthodes comptables nationales[1792]. La divergence des *leges societatis* sur ce point peut entraver la réalisation d'une opération de fusion transfrontalière comme l'illustre le cas de la société Allianz AG avec sa filiale italienne RAS[1793]. Ces sociétés n'ont pas pu mener à terme leurs négociations en vue de l'accomplissement de la fusion transfrontalière du fait d'une divergence de leur *leges societatis* respectives sur la méthode d'évaluation. Tandis que la méthode italienne repose sur une approche multicritères[1794], le droit allemand s'appuie au contraire sur l'actualisation des flux futurs de dividendes[1795].

986. Pour contourner ce genre de difficulté, les sociétés procèdent souvent à une acquisition de la totalité des actions des sociétés à absorber avant la

---

1790 Selon les praticiens et les auteurs, la question de la fixation d'une méthode d'évaluation des sociétés doit être au centre des travaux d'actualisation de la dixième directive 2005/56/CE. En ce sens, v. LE NABASQUE (H.), *Les fusions et scission transfrontalières*, Rev. soc. 2013, p. 414.

1791 Art. 10-2 dir. 2011/35/UE.

1792 Le possibilité de prévoir une procédure de révision de la parité d'échange sera étudiée ultérieurement dans la partie réservée à la protection des associés minoritaires. À ce sujet, v. LE NABASQUE (H.), *Les fusions transfrontalières après la loi n°2008-649 du 3 juillet 2008, préc.*, p. 493).

1793 Les représentants d'Allianz SE constatent la difficulté rencontrée dans la fixation du rapport d'échange lors de la fusion transfrontalière en déclarant que « *dans les États membres, différentes méthodes de détermination de la valeur des sociétés sont utilisées et obligatoires. En Allemagne par exemple, la méthode de valorisation basée sur les recettes capitalisées ("Ertragswertverfahren") prévaut alors que, dans d'autres pays tels que l'Italie, d'autres méthodes de valorisation sont utilisées. Ces différences de méthode de valorisation peuvent entraîner des résultats différents qui peuvent provoquer de sérieuses difficultés dans la détermination de la parité d'échange applicable* ». (Annexe VI au rapport Madame Lenoir, 2007, p. 215) ; égal. v. SEGAIN (H.), *Fusions transfrontalières : va-t-on vers plus de confiance*, J. soc. 2008, p. 38.

1794 CATHIARD (C.) et POIRIER (A.-S.), *Fusion transfrontalière,* Encycl. Dalloz droit des sociétés, n°36 : « *En droit français, on se référera notamment au règlement du Comité de la réglementation comptable (CRC 2004-01 du 4 mai) et aux avis du Conseil national de la comptabilité (CNC) qui ont fixé des principes de valorisation des apports pour les opérations de fusions réalisées à compter du 1er janvier 2005, selon la notion de contrôle, comme suit : opération sous contrôle commun, application de la valeur nette comptable ; opération sous contrôle distinct, fusion à l'envers - application de la valeur nette comptable - fusion à l'endroit - application de la valeur réelle (l'actionnaire principal de la société absorbante conservant le contrôle après la fusion)* ».

1795 Sur le sujet, v. MARTIN (D.), *Étude comparative des différentes modalités de rapprochements transfrontaliers*, CDE 2011, dossier 34, n°6.

réalisation de la fusion transfrontalière. La fusion est alors réalisée avec des formalités « *simplifiées* » sans exigence de distribution de nouvelles parts sociales et de calcul d'un rapport d'échange. Toutefois, recourir à cette méthode n'est pas toujours recommandé car elle implique un coût financier important à la charge de la société absorbante.

987. **Les propositions pour surmonter la difficulté**. Le législateur européen ne s'est pas attardé sur la fixation d'une méthode unique de valorisation des sociétés lors de l'élaboration des directives relatives à la fusion. La diversité des méthodes utilisées par les États membres rendait la tâche impossible. La position du législateur européen est peut-être sage, car on peut penser que « *l'établissement de critères unifiés aurait (...) empêché des évaluations pertinentes prenant en considération les spécificités et les perspectives des sociétés concernées*»[1796]. La fixation d'un critère unique d'évaluation est susceptible d'aller à l'encontre de l'objectif fixé par le droit européen, à savoir protéger les associés et les créanciers des sociétés fusionnantes. Dans la partie de son rapport général relative à l'harmonisation des législations nationales, le Professeur HOUIN considère que la détermination d'une formule unifiée pour le calcul du rapport d'échange ne constitue pas un problème d'ordre juridique, mais plutôt d'ordre financier[1797]. Il refuse alors d'exiger une formule précise et suggère uniquement de « *prévoir au profit des actionnaires une justification du calcul de parité ; (...) que cette explication soit donnée dans la société absorbante aussi bien que dans la société absorbée, par l'intermédiaire de professionnels de la comptabilité, de commissaires, de reviseurs ou d'autres personnes ayant une certaine indépendance à l'égard de la société* ».

988. Il est possible d'interpréter le silence du législateur européen comme une volonté implicite de laisser aux sociétés fusionnantes une grande marge de manœuvre dans l'établissement des conditions financières de l'opération[1798]. Un auteur constate à cet égard qu' « *il s'agit, on l'a compris, d'un problème plus économique que juridique. C'est sans doute pour cela que ni la directive, ni la loi ne formulent de règles, même supplétives, à ce sujet. Pleine liberté est laissée aux parties pour déterminer cette parité*

[1796] LECOURT (B.), *th. préc.*, p. 457.

[1797] HOUIN (R.), *art. préc.*, p. 20.

[1798] Le défaut d'exigence d'une méthode spécifique d'évaluation des sociétés n'est pas propre au législateur européen puisque son homologue français est également resté silencieux sur ce point. Imposer des règles trop rigides et une méthode uniforme d'évaluation pourrait s'avérer contre-productif. Une attitude plutôt libérale, laissant une marge de liberté aux sociétés fusionnantes dans la fixation de la parité d'échange est recommandée. En ce sens, v. Bull. COB, juillet- août, 1977, n° 95, p. 3. ; Rev. soc. 1975, p. 333) .

d'échange »[1799]. Il en résulte que la méthode adoptée est susceptible d'être soumise à la *lex contractus*, et plus précisément à l'autonomie de la volonté des sociétés fusionnantes. La méthode choisie par les parties dans le contrat de fusion s'appliquera sous réserve du respect des dispositions impératives des législations nationales concernées par l'opération. Il faut toutefois préciser que la liberté accordée aux sociétés fusionnantes n'est pas sans limites. En effet, le choix de la méthode d'évaluation doit aboutir à une parité d'échange à la fois équitable et raisonnable. L'intervention d'experts indépendants tels que les commissaires aux fusions, désignés selon les modalités prévues par chacune des législations nationales concernées par l'opération, permet de s'assurer que le rapport d'échange réunit ces conditions et que les critères pris en considération par les sociétés fusionnantes sont pertinents. Ce contrôle, plutôt souple du rapport d'échange traduit la volonté du législateur de favoriser les fusions transfrontalières, tout en tenant compte de la préservation de l'intérêt des associés minoritaires de la société dissoute.

989. Il est à noter que l'État membre qui refuse de reconnaître une fusion intra-européenne à cause de la méthode d'évaluation choisie par les sociétés fusionnantes, sans appuyer sa décision une raison impérieuse d'intérêt général, entrave la liberté d'établissement des sociétés[1800]. La solution que nous proposons se fonde sur l'autonomie de la volonté des sociétés fusionnantes dans la fixation du rapport d'échange. Toutefois, nous sommes conscients du fait que les praticiens refusent de s'aventurer dans une opération aussi importante que la fusion transfrontalière, sans connaître au préalable l'attitude qu'adopteront les législations en cause à l'égard du choix de la méthode d'évaluation. Notre remède n'est ainsi que temporaire en l'attente de l'intervention du législateur européen afin d'harmoniser les dispositions nationales relatives à l'évaluation des sociétés et à la détermination de la parité d'échange. Ce texte ne doit pas se limiter aux opérations de fusion, mais s'étendre aussi aux opérations de scissions et d'apports partiels d'actifs.

1799 DAL (G.-A.) et VAN DEN ABBEELE (M.), *Les fusions et scissions de sociétés commerciales*, Rev. prat. soc. 1993, p. 220 et s., spéc., p. 232.

1800 Sur le sujet cf. *supra*, n[os]1402 et s.: les conditions de mise en œuvre des restrictions. Il faut que les restrictions nationales apportées aux fusions transfrontalières soient fondées sur une raison impérieuse d'intérêt public ; il faut aussi qu'elles soient proportionnelles, non discriminatoires, ainsi qu'efficaces. En droit français, l'exigence d'adoption d'une analyse multicritères pour l'évaluation de la société semble constituer une disposition impérative qui a pour but de protéger les associés des sociétés fusionnantes. L'analyse multicritères permet en effet d'aboutir à une parité d'échange équitable. L'exigence de cette analyse est alors justifiée par une raison impérieuse d'intérêt public et réunit également les conditions de proportionnalité, de non discrimination et d'efficacité.

B- L'intervention des experts indépendants

990. **La loi applicable à l'intervention des experts indépendants.** Les conditions de distribution de parts sociales dépendent de la fixation d'une parité d'échange qui détermine la quantité de parts de la société absorbante devant être distribuée en contrepartie d'une seule part sociale de la société qui disparaît. Cette opération suppose l'intervention d'experts indépendants, appelés à donner leur avis sur les modalités économiques de la réalisation de la fusion. La qualité, le mode de désignation et la mission de l'expert indépendant sont déterminés par la *lex societatis* de la société prévoyant son intervention. La dixième directive a maintenu cette règle de conflit en renvoyant pour le traitement de la qualité et du mode de désignation des experts aux dispositions nationales de chacune des sociétés fusionnantes[1801]. La solution de la directive, qui s'est contentée d'une règle de conflit sans vouloir prévoir une règle matérielle, se justifie selon les termes de M. GOLDMAN par « *la confiance réciproque que les États (membres) doivent se faire quant à la compétence professionnelle et à la moralité des personnes à qui la législation de chacun d'eux reconnaît cette aptitude* »[1802].

991. **La nécessité d'intervention de l'expert indépendant.** À propos de l'intervention des experts indépendants, le droit français ne prévoit pas de dispositions propres aux fusions transfrontalières. Il faut donc se référer à la règlementation des fusions internes. Le droit français prévoit l'intervention d'un ou de plusieurs commissaires à la fusion ou commissaires aux apports, désignés par le président du tribunal du lieu du siège social de la société[1803]. Les articles L. 236-2, L. 236-8 et L. 236-23 du Code de commerce ont trait à l'intervention de ces experts, en cas de fusion impliquant des sociétés anonymes ou des sociétés à responsabilité limitée ou entre ces deux formes de sociétés[1804]. Le concours d'un expert indépendant n'est pas prévu par les textes lors d'une fusion réalisée entre, d'une part, une société anonyme ou une société à responsabilité limitée et, d'autre part, une société d'une autre forme, par exemple, une société civile ou une société en nom collectif.

[1801] Les seules dispositions qui concernent la qualité des experts indépendants sont celles de l'article 8 de la directive selon lesquelles, « *en fonction de la législation de chaque État membre, ces experts peuvent être des personnes physiques ou morales* ». Concernant la qualité de l'expert, la dixième directive insiste seulement sur le caractère indépendant de l'expert qui ne peut être ainsi lié à aucune des sociétés fusionnantes que ce soit par l'intermédiaire d'un contrat ou par un autre lien juridique pouvant porter atteinte à son indépendance. Il est ainsi interdit que l'expert soit un dirigeant, un associé ou un salarié dans une des sociétés concernées par l'opération.

[1802] GOLDMAN (B.), *Rapport concernant le projet de convention sur la fusion international des sociétés anonymes, préc.*, p. 487.

[1803] Art. L. 236-10 et R. 236-6 C. com.

[1804] La solution a été étendue aux fusions intervenant entre des SCA (Sur renvoi de l'art. L. 226-1 C. com.) et les SAS (sur renvoi de l'art. L. 227-1 C. com.).

Qu'advient-il alors dans l'hypothèse d'une fusion transfrontalière impliquant une SA ou une SARL française avec une société étrangère ayant une forme équivalente ? En d'autres termes, est-il possible d'assimiler une SA ou une SARL étrangère à une SA ou une SARL française pour lui appliquer les dispositions relatives à l'intervention de l'expert indépendant ? La Commission des études juridiques des commissaires aux comptes s'est penchée sur la question à l'occasion d'une fusion réalisée entre une société anonyme française et une société à responsabilité limitée luxembourgeoise[1805]. D'après elle, une interprétation stricte des articles L. 236-2, L. 236-8 et L. 236-23 du Code de commerce conduit à l'exclusion des SARL et des SA étrangères de leur domaine d'application. Ces textes semblent uniquement viser les SA et les SARL de droit français. Or, la société luxembourgeoise ne peut être assimilée à une société à responsabilité limitée française. Cette interprétation a pour inconvénient de faciliter le contournement de l'obligation à designer un commissaire aux fusions lors d'une fusion transfrontalière.

992. L'interprétation proposée par la Commission des études juridiques des commissaires aux comptes n'est pas convaincante puisqu'elle ne tient pas compte de la volonté du législateur de protéger les associés des SA et SARL[1806]. À cet égard, on a constaté que « *l'intervention des commissaires à la fusion est destinée à protéger les intérêts des actionnaires des sociétés par actions et ceux des associés des SARL. Elle devrait donc être maintenue quelle que soit la forme des autres sociétés participant à l'opération* »[1807]. Le concours d'un commissaire à la fusion s'impose dans une fusion interne dès lors qu'une SA et une SARL participent à l'opération. La transposition de cette solution aux fusions transfrontalières suppose d'admettre l'intervention systématique d'un commissaire à la fusion auprès de la SA ou de la SARL française qui décide de fusionner avec une société étrangère, quelle que soit la forme de cette dernière.

993. **L'efficacité du contrôle de l'expert indépendant.** Les experts établissent un rapport qui doit être mis à la disposition des associés au moins un mois avant la réunion de l'assemblée générale appelée à se prononcer sur

---

1805 CNCC, Fusion, Rev. Bull. du Conseil national des commissaires aux comptes 2008, n°149, p. 123.

1806 En ce sens: BOUÈRE (J.-P.), note sous CA Paris, 21 sept. 2001, Bull. Joly 2002, p. 54 ; v. égal. Comité juridique ANSA, sept.-oct. 1994, n° 2735, p. 10. Le comité juridique considère qu'il n'y a pas d'obligation de designer un commissaire à la fusion lorsque l'opération implique une société autre qu'une SA ou une SARL. Il recommande simplement la désignation d'un tel expert extérieur indépendant pour éclairer le consentement des actionnaires des sociétés fusionnantes.

1807 MERCEDAL (B.), CHARVERIAT (A.), COURET (A.) et ZABALA (B.), *op. cit.*, n°83172.

la fusion[1808]. Ce document doit contenir l'avis de l'expert après l'examen du projet de fusion. L'avis porte sur la pertinence et le caractère raisonnable du rapport d'échange ; la ou les méthodes suivies pour la détermination du rapport d'échange ; la pertinence de cette ou de ces méthodes en l'espèce ; les valeurs auxquelles chacune de ces méthodes conduit ; un avis sur l'importance relative donnée à ces méthodes dans la détermination de la valeur retenue ; et enfin, les difficultés particulières d'évaluation s'il en existe[1809].

994. Cependant, l'intervention de l'expert indépendant semble ne pas être toujours efficace dans le contrôle de la parité d'échange. La fusion entre les sociétés Arcelor et Mittal en est le parangon[1810]. L'opération a été réalisée sur la base d'un rapport d'échange de 7 actions d'Arcelor pour 8 actions de Mittal, alors que le rapport avait été fixé l'année précédente de 7 actions d'Arcelor pour 12 actions de Mittal, dans le cadre d'une offre publique. Malgré l'écart important entre les deux parités d'échanges, les rapports des experts indépendants ont tout de même attesté l'équité de la parité d'échange la plus récente adoptée pour la fusion. Le caractère vague et imprécis du critère d'évaluation de l'expert indépendant limite considérablement l'efficacité de sa mission de protection et d'information des associés des sociétés fusionnantes.

995. **Les difficultés résultant du caractère international de la fusion.** Dans une fusion transfrontalière, plusieurs difficultés procédurales peuvent empêcher les experts indépendants d'accomplir convenablement leur mission. En effet, ces derniers « *sont habilités à demander à chacune des sociétés qui fusionnent toutes les informations qu'ils jugent nécessaires dans l'exécution de leurs fonctions* »[1811]. Ils doivent ainsi disposer, auprès des sociétés qui fusionnent, d'un pouvoir d'investigation considérablement étendu. La compétence de l'expert ne se limite pas à la société auprès de laquelle il est désigné, elle s'étend aussi à la société étrangère. L'expert désigné par la loi applicable d'une des sociétés fusionnantes peut ainsi se trouver contraint d'accomplir une mission d'investigation à l'étranger et auprès des autorités étrangères, afin de réunir les informations nécessaires pour se prononcer sur le rapport d'échange et les conditions de la fusion.

[1808] Art. 8. 1 Dir. 2005/56/CE.
[1809] Art. 8. 3 Dir. 2005/56/CE et art. 10. 2 Dir. 2011/35/UE
[1810] L'exemple est cité par Mme. NEUVILLE (C.) lors d'un colloque du 20 juin 2008, cf. MENJUCQ (M.), MARSHALL (F.), VAN DEN BULKE (D.), BUTCHER (M.) et NEUVILLE (C.), *Les nouveaux outils de la mobilité des entreprises en Europe: fusions transfrontalières, SE, SPE, colloque 20 juin 2008, Chambre de commerce de Paris*, RLDA 2009, n°37.
[1811] Art. 8. 3 Dir.2005/56/CE.

L'accomplissement de la mission de l'expert doit-il être soumis au contrôle de la loi étrangère ?

996. Un État membre ne peut certainement pas s'opposer à l'accomplissement de la mission d'investigation de l'expert indépendant désigné par la société étrangère ni la soumettre à une quelconque restriction telle que l'obtention d'une autorisation de la part d'une autorité publique nationale ou même de la société nationale. Toute entrave à l'accomplissement de la mission de l'expert est susceptible d'être considérée comme une atteinte au principe de liberté d'établissement des sociétés. Un État membre doit ainsi reconnaître la compétence de l'expert indépendant, du seul fait qu'il a été légalement désigné selon les dispositions de son État d'origine. La société nationale a l'obligation de coopérer avec l'expert indépendant désigné par la société étrangère pour le contrôle de la fusion. Elle doit donc lui fournir tous les documents et toutes les informations nécessaires à l'accomplissement de sa mission. On reproche cependant aux textes européens de n'avoir pas envisagé de sanctions à l'encontre de la société qui ferait obstacle aux pouvoirs d'investigation de l'expert indépendant. La mise en œuvre d'une action en responsabilité délictuelle de droit commun est à cet égard envisageable[1812].

997. **Le contournement des difficultés.** Pour éviter ce genre de difficultés, une règle matérielle a été apportée par le deuxième alinéa de l'article 8 de la dixième directive qui permet aux sociétés fusionnantes, sur demande conjointe, de solliciter auprès de l'autorité compétente de l'une d'elles ou de la société issue de la fusion, la désignation d'experts communs chargés d'examiner le projet de fusion. Ces derniers rédigent un rapport unique destiné à l'ensemble des associés des sociétés fusionnantes. Ainsi, un expert indépendant désigné selon la loi applicable à l'une des sociétés fusionnantes a compétence pour rédiger un rapport unique destiné à cette société ainsi qu'à celles soumises à des lois étrangères. C'est une dérogation à la règle de conflit principale qui donne en principe compétence à la loi applicable à chacune des sociétés fusionnantes pour déterminer la qualité et le mode de désignation de l'expert. Il incombe à chaque État membre de reconnaître la compétence de l'expert indépendant désigné par un autre État. C'est une manifestation de la confiance réciproque qui doit exister entre les États membres quant à la compétence et la mortalité des experts indépendants désignés par la législation d'un autre État membre[1813].

[1812] L'action en responsabilité sera en principe régie par la loi applicable à la société ayant désigné l'expert indépendant.
[1813] Cf. *supra*, n°991.

998. Des hypothèses de dispense à l'exigence de l'intervention d'experts indépendants sont prévues dans des cas particuliers de fusions transfrontalières. L'intervention d'experts indépendants n'est pas exigée pour la réalisation d'une fusion simplifiée[1814]. Cependant, lorsque la société absorbante ne détient pas la totalité, mais 90% ou plus de sa filiale, l'exigence de l'examen du projet de fusion par un expert indépendant est maintenue dans la mesure où elle est requise par la loi nationale dont relève la société absorbante ou la société absorbée[1815]. Le droit français a récemment admis l'hypothèse de dispense de recours à un expert indépendant, lorsque l'absorbante détient au moins 90% de la société absorbée[1816]. Toutefois, cette possibilité est soumise à la condition que, préalablement à la fusion, la société absorbante ait proposé aux actionnaires minoritaires de la société absorbée, le rachat de leurs actions à un prix correspondant à la valeur de celles-ci.

999. Par ailleurs, l'alinéa 4 de l'article 8 de la dixième directive prévoit la possibilité de ne pas designer d'experts indépendants lorsque tous les associés de chacune des sociétés participantes à la fusion transfrontalière en ont ainsi décidé. Cette hypothèse permet d'alléger les formalités requises pour la fusion dite à l'envers ou « *reverse merger* ». Dans cette forme de fusion, la société filiale détenue en totalité absorbe sa société mère, inversement à une opération prévue dans une fusion simplifiée. Il n'est plus ainsi possible de recourir aux règles de la fusion simplifiée qui s'appliquent uniquement pour l'absorption de la filiale par la société mère. Toutefois, la possibilité de renoncer par un vote unanime à l'intervention d'un expert indépendant permet de simplifier considérablement la procédure de réalisation d'une fusion à l'envers ce qui présente un intérêt pratique considérable, notamment pour les opérations de restructuration intra-groupe. L'objectif de l'allègement de la procédure reste cependant incomplet, car l'intervention d'un commissaire aux apports s'avère en pratique nécessaire, notamment pour établir un rapport sur les apports en nature à l'occasion de l'augmentation du capital de la société absorbante.

Paragraphe 2 : Les dérogations à la continuité de l'actionnariat

1000. **Une consécration tardive du principe de continuité de l'actionnariat.** Le principe de continuité de l'actionnariat est tellement anodin qu'il a fallu attendre l'entrée en vigueur de la loi du 5 janvier 1988 pour qu'il soit reconnu comme un élément de définition de la fusion. Avant cette loi, la fusion était uniquement définie à travers deux éléments

[1814] Art. 15 Dir. 2005/56/CE.
[1815] Art. 15. 2 Dir. 2005/56/CE.
[1816] Art. L. 236-11-1 C. com.

essentiels : la transmission universelle du patrimoine et la dissolution sans liquidation de la société absorbée. La transposition en droit français de la troisième directive et de sa définition de la fusion a été l'occasion d'ajouter la distribution de parts sociales à la définition française de la fusion. Cette transposition a toutefois été jugée « *trop servile* »[1817]. Elle impliquerait une vision trop restrictive de l'opération de fusion. En effet, l'évolution de l'ingénierie juridique et financière « *incite de plus en plus la pratique à recourir, dans le cadre des opérations de rapprochement, à des modes de rémunération bien plus créatifs que le simple échange d'actions qu'autorise aujourd'hui l'opération de fusion* »[1818].

1001. **Une perception élargie de la fusion.** D'après ce qui vient d'être dit, une opération, prévoyant un mode de rémunération des associés de la société absorbée autre que la simple distribution de parts sociales ne pourrait être qualifiée de fusion. On enseigne toutefois que l'élargissement des catégories de for permettrait d'accueillir une institution étrangère inconnue par le système national : il faut alors « *placer l'étoffe juridique étrangère dans les tiroirs du système national* »[1819]. Les opérations internationales qui se rapprochent de la fusion par leurs effets juridiques et par leur fonction devraient donc pouvoir être qualifiées de fusion aux yeux du droit français[1820].

1002. **Plan.** La perception élargie de la fusion dans le contexte international peut entraîner une dérogation au principe de la continuité de l'actionnariat. Deux cas doivent être distingués, d'abord, la fusion par rachat **(Ss-paragr. 1)** qui permet de prévoir un mode rémunération autre que la distribution de parts sociales et, ensuite, la fusion triangulaire qui autorise l'échange des parts sociales de la société dissoute avec des parts autres que celles de la société absorbante **(Ss-paragr. 2)**.

[1817] DEROUIN (Ph.), *Les fusions triangulaires de sociétés*, Bull. Joly sociétés 2008, p. 1026. L'auteur affirme qu' « *il paraît utile d'envisager un retour aux sources et un assouplissement de la notion de fusion de sociétés - en conservant les éléments essentiels que sont la transmission universelle de patrimoine, la disparition de la société absorbée ou scindée, voire l'échange de titres de capital - mais en étendant la contrepartie susceptible d'être remise en échange des titres de la société intégrée au groupe* ».

[1818] MARTIN (D.), KANOVITCH (B.) et SIMSI (S.), *Pour une modernisation du droit des fusions*, RTD F 2010, n°4, p. 12.

[1819] MELCHIOR, Grundlagen, § 83, pp. 122-123, cité par BATIFFOL (H.) et LAGARDE (P.), *op. cit.*, n°294.

[1820] En ce sens: BATIFFOL (H.), *Aspects philosophiques du droit international privé*, Dalloz, 1956, n°20. Le doyen BATIFFOL envisage la qualification des institutions étrangères par leur fonction qui « *va alors permettre de confronter avec nos catégories les institutions les plus différentes* ». Il faut prendre ainsi en considération la fonction du contrat de fusion qui est une technique d'organisation et de concentration des sociétés.

Ss-paragraphe 1 : La fusion par rachat

1003. **La définition de la fusion par rachat.** La fusion par rachat désigne l'opération par laquelle une ou plusieurs sociétés transmettent l'ensemble de leur patrimoine à une autre société à la suite d'une dissolution sans liquidation, moyennant le paiement aux associés de la ou des sociétés dissoutes, d'une rémunération qui peut être en nature ou en espèces, sans être pour autant une distribution de parts sociales.

1004. **L'intérêt pratique d'une fusion par rachat.** Ce type de fusion présente un intérêt économique et juridique considérable. L'opération ressemble largement à une acquisition internationale de société par le moyen d'une offre publique d'acquisition suivie, le cas échéant, d'un retrait obligatoire – « *squeeze out* » – des associés minoritaires. Cependant, la société acquérante peut avoir pour but de transformer la société cible en une succursale. C'est la différence entre la fusion par rachat et l'acquisition d'une société dans laquelle cette dernière conserve sa personnalité morale. Une fois ce type d'opération autorisée, « *l'institution de la fusion deviendrait alors bien plus attractive pour les opérateurs économiques, à l'image des figures étrangères existant aux États-Unis (fusion triangulaire) et au Royaume-Uni (Scheme of Arrangement) qui ont largement fait leurs preuves* »[1821]. Par ailleurs, la fusion par rachat présente un avantage particulier par rapport à la fusion par absorption. Elle autorise en effet la transmission du patrimoine d'une société à une autre sans que cette dernière ne soit obligée d'accueillir les associés de la société dissoute. Dans une fusion par rachat, les associés de la société absorbante ne risquent donc pas de voir leurs pouvoirs dilués ou d'assister à un changement de majorité au sein de leur société.

1005. **Plan.** La réalisation d'une fusion par rachat se justifie par le caractère supplétif de l'élément de distribution de parts sociales **(A)**. Toutefois, cette opération se heurte à un obstacle insurmontable tenant à l'impossibilité d'exclure les associés minoritaires **(B)**.

A- Un élément constitutif, mais non qualificatif

1006. **Le défaut d'un élément caractéristique de la fusion.** En considérant la définition légale de la fusion retenue par les textes européens, la qualification de fusion semble incompatible avec tout mode de rémunération des associés de la société dissoute autre que la distribution de

---

[1821] MARTIN (D.), KANOVITCH (B.) et SIMSI (S.), *Pour une modernisation du droit des fusions*, RTD F 2010, n°4, p. 12.

parts sociales[1822]. Issue du droit hellénique, la fusion par rachat ne reprend pas tous les effets caractéristiques de la fusion[1823]. En effet, l'opération réalise la transmission universelle de patrimoine et la dissolution sans liquidation d'une ou plusieurs sociétés fusionnantes mais ne prévoit pas l'effet caractéristique de la distribution de parts sociales. Les associés de la société dissoute n'intègrent pas la société absorbante, mais ils reçoivent directement une rémunération en espèces ou toute autre rémunération qu'une remise de parts sociales. Ainsi, une opération qui ne prévoit pas la distribution de parts sociales n'est pas reconnue comme une opération de fusion.

1007. **L'assimilation à une opération interdite.** L'attribution d'une rémunération en espèces à tous les associés de la société absorbée est susceptible de rapprocher la fusion par rachat d'une opération de distribution des apports de la société dissoute à ses associés sans liquidation. On considère que ce genre de distribution d'apports porte atteinte aux droits des créanciers sociaux puisque la société dissoute perd les moyens nécessaires pour les désintéresser. Ainsi, en cas de distribution des apports d'une société, la loi impose une phase de liquidation durant laquelle les créanciers sociaux seront payés. Cependant, en rémunérant en espèces les associés au *prorata* de leurs apports, sans prévoir une procédure préalable de liquidation, la fusion par rachat semble contrevenir aux dispositions légales.

1008. **Des fusions sans distribution de parts sociales.** Certains auteurs préconisent de prévoir des modes de rémunération des associés de la société dissoute alternatifs à l'échange de parts sociales. Ils s'appuient sur les dispositions légales assimilant certaines opérations à des fusions, tout en dispensant la société absorbante de la nécessité de distribution des parts sociales. Il en va ainsi de la fusion dite « *simplifiée* » dans laquelle la société absorbante détient la totalité des parts sociales de la société absorbée[1824]. Dans ce type d'opération, le défaut de distribution de parts sociales et d'augmentation de capital n'exclut pas la qualification de fusion. De même, admettre la validité de l'absorption d'une société ayant un actif net négatif renforce le caractère supplétif de la distribution de parts sociales[1825].

1009. **Une opération assimilable à la fusion.** Selon l'article 30 de la troisième directive, même si la fusion par rachat ne peut être qualifiée *stricto sensu* de fusion, en tant qu'opération assimilée à la fusion, elle n'en demeure

[1822] En ce sens : MESTRE (J.) et VELARDOCCHIO (D.), *op. cit.*, p. 1948.
[1823] Sur le sujet, v. MICHALOPOULOS (G.), *th. préc.*.
[1824] Art. L. 236- 11 C. com.
[1825] Sur la validité de l'absorption d'une société ayant un actif net négatif, cf. *supra*, n°s428 et s. Dans ce genre de fusion, il n'y a pas généralement de distribution de parts sociales aux associés de la société dissoute.

pas moins soumise aux mêmes exigences de formalités et de publicité[1826]. Le Parlement européen s'est prononcé en ce sens en affirmant qu' « *il est légitime de prévoir l'application de la directive à des opérations qui ne constituent pas à proprement parler une fusion, mais qui répondent à des critères juridiquement et économiquement similaires* »[1827]. De surcroît, le même avis indique que « les opérations *pour lesquelles les soultes en espèces sont supérieures à 10%, mais ne dépassent pas 100% relèvent de l'article 21 (actuellement article 30 de la troisième directive)* »[1828]. Le fait que la fusion par rachat soit régie par les dispositions de la troisième directive suppose que l'opération présente des garanties suffisantes pour la protection des droits des associés des sociétés fusionnantes et des créanciers sociaux. Au regard de ce qui vient d'être dit, il nous semble que la catégorie préexistante de fusion du droit français doit pouvoir s'étendre et englober la fusion par rachat intervenant entre une société française et une société étrangère, dès lors que l'opération présente des garanties équivalentes à celles exigées par la troisième directive. L'ordre public international français ne doit pas s'alarmer devant le phénomène de fusion par rachat et n'a nul besoin d'interdire cette opération.

B- L'obstacle d'exclusion des associés minoritaires

1010. **La conformité à l'intérêt social.** En marge des difficultés de qualification de la fusion par rachat en fusion *stricto sensu*, l'opération soulève des doutes légitimes quant à sa validité. La fusion par rachat comporte en effet une exclusion forcée des associés minoritaires qui se voient privés de leurs parts sociales et de leur droit de demeurer dans la société absorbante. La réalisation d'une telle opération porte atteinte à leur droit de propriété. Un auteur réfute toutefois catégoriquement ce raisonnement en s'appuyant sur la notion d'intérêt social qu'il définit comme l'ensemble d'intérêts des associés[1829]. Il considère ainsi que « *chaque fois qu'une fusion par rachat est réalisée dans l'intérêt de la société rachetée, elle est présumée conforme aux intérêts particuliers de ses actionnaires* »[1830]. Suivant ce raisonnement, la fusion par rachat ne porte pas atteinte au droit particulier de propriété des associés du seul fait qu'elle est

---

[1826] En ce sens, v. Chapitre V de la directive « *autres opérations assimilées à la fusion* », art. 30 et 31.

[1827] Avis du Parlement européen, 11 déc. 1972, C-129/50.

[1828] *Ibid.*

[1829] MICHALOPOULOS (N.), *th. préc.*, p. 105. L'opinion de l'auteur prend en considération la conception contractuelle de l'intérêt social. Selon cette conception « *l'intérêt social se confond avec l'intérêt des associés visé à l'article 1833 du Code civil; en matière d'acte juridique — et la société en est un — la notion d'intérêt renvoie aux parties à l'acte, en l'occurrence aux associés* ». (COZIAN (M.), VIANDIER (A.) et DEBOISSY (F.), *op. cit.*, n°491).

[1830] MICHALOPOULOS (N.), *ibid.*

réalisée dans l'intérêt social. Cette opinion est cependant discutable dans la mesure où la notion d'intérêt social sur laquelle s'appuie l'auteur reste difficile à préciser faute d'une définition légale. De nombreux auteurs refusent d'assimiler l'intérêt social à l'intérêt particulier des associés. Pour eux, la société en tant que personne morale dispose d'un intérêt qui lui est propre et qui transcende l'intérêt égoïste et immédiat des associés[1831]. Par conséquent, une fusion par rachat conforme à l'intérêt social ne coïncide pas nécessairement avec l'intérêt personnel des associés évincés.

1011. **La « *squeeze-out merger* ».** Certaines législations admettent expressément la possibilité d'exclure les associés minoritaires après une fusion. Il en est ainsi dans le droit américain qui reconnait la « *squeeze-out merger* » par laquelle les associés minoritaires se voient octroyer de l'argent – c'est le « *cash-out merger*» – ou des obligations en lieu et place de leurs parts sociales. Le droit suisse admet également la « *squeeze-out merger* », mais à la condition que 90% des associés de la société absorbée approuvent la fusion[1832]. Les associés minoritaires de la société absorbée se voient ainsi soumis à la loi de la majorité. Ce genre de fusion n'a toutefois pas été admis par le droit français puisque l'article L. 236-11-1 du Code de commerce, qui régit le cas d'absorption d'une filiale détenue à au moins 90% par sa société mère, prévoit uniquement une proposition de rachat des actions des actionnaires minoritaires préalablement à la fusion. La possibilité d'un rachat forcé de ces actions doit être ainsi écartée. Toutefois, en présence de sociétés cotées, on peut aboutir à un résultat semblable à la « *squeeze-out merger* ». En effet, une des sociétés détenant 95% des actions de l'autre peut solliciter le retrait obligatoire des actionnaires minoritaires afin d'absorber ensuite la société acquise[1833]. Il semble inconcevable qu'une société française puisse participer à une fusion par rachat en tant que société absorbée en revanche elle peut participer à ce genre d'opération en tant qu'absorbante. Le cas échéant, l'opération ne serait pas assimilée en droit français à une fusion, mais plutôt à un rachat de société.

1012. **La nécessite d'une réforme.** Dans ce contexte, la réalisation d'une fusion par rachat paraît inenvisageable en dehors d'une réforme législative qui libéraliserait le mode de rémunération de la fusion et autoriserait

---

[1831] Une partie majoritaire de la doctrine appuie une conception institutionnelle de l'intérêt social. Selon cette conception, « *l'intérêt social ne se confond pas avec l'intérêt égoïste et immédiat des associés, fussent-il majoritaires ou minoritaires, encore moins avec l'intérêt personnel des dirigeants; la société a un intérêt propre qui transcende celui des associés* ». (COZIAN (M.), VIANDIER (A.) et DEBOISSY (F.), *op. cit.*, n°491).
[1832] Art 18 al.5 LFus suisse « *Si le contrat de fusion prévoit seulement un dédommagement, la décision de fusion doit recueillir l'approbation de 90% au moins des associes de la société transférante qui dispose d'un droit de vote* ».
[1833] Art. 237-14 Règl. AMF.

l'exclusion des associés minoritaires. Une telle réforme devrait être accompagnée d'un renforcement de la protection des associés minoritaires de la société absorbée. Elle impliquerait l'intervention rigoureuse du commissaire aux fusions chargé de contrôler l'équité de la rémunération. On peut s'inspirer de la procédure de contrôle prévue à l'article L. 236-11-1 du Code de commerce. Cet article est la transposition en droit français de la Directive 2009/109/CE du 16 septembre 2009 ayant modifié les directives sur les fusions internes et transfrontalières en ce qui concerne les obligations en matière de rapports et de documentations. Cette directive prévoit une procédure de rachat préalable d'actions des minoritaires en cas d'absorption d'une filiale détenue à 90%. Dans ce type de fusion, le prix équitable de rémunération des associés minoritaires est déterminé par un expert désigné selon les conditions de l'article 1843-4 du Code civil pour les sociétés fusionnantes non cotées ou dans le cadre d'une offre publique pour les sociétés cotées[1834].

Ss-paragraphe 2 : La fusion triangulaire

1013. **La présentation de la fusion triangulaire**. La fusion triangulaire est un mécanisme provenant du droit américain[1835]. C'est l'opération par laquelle une société mère étrangère crée une filiale *ad hoc* aux États-Unis, en l'occurrence dans l'État du Delaware afin d'acquérir une société cible

---

[1834] Art. 1843-4 C. civ. « *Dans tous les cas où sont prévus la cession des droits sociaux d'un associé, ou le rachat de ceux-ci par la société, la valeur de ces droits est déterminée, en cas de contestation, par un expert désigné, soit par les parties, soit à défaut d'accord entre elles, par ordonnance du président du tribunal statuant en la forme des référés et sans recours possible* ».

[1835] La fusion triangulaire a été reconnue en premier par les lois de l'État du Delaware et de New York qui acceptent tout genre de contrepartie à la transmission universelle du patrimoine de la société absorbée. (En ce sens: Chapter 1. General Corporation Law de l'État de Delaware, § 251 (b) 5 « *The manner, if any, of converting the shares of each of the constituent corporations into shares or other securities of the corporation surviving or resulting from the merger or consolidation, or of cancelling some or all of such shares, and, if any shares of any of the constituent corporations are not to remain outstanding, to be converted solely into shares or other securities of the surviving or resulting corporation or to be cancelled, the cash, property, rights or securities of any other corporation or entity which the holders of such shares are to receive in exchange for, or upon conversion of such shares and the surrender of any certificates evidencing them, which cash, property, rights or securities of any other corporation or entity may be in addition to or in lieu of shares or other securities of the surviving or resulting corporation* » ; v. égal. Section 902 (a) (3) New York business corporation law). En vertu de ces textes, les parts sociales de la société absorbée peuvent être soit converties en des parts sociales ou valeurs mobilières de la société absorbante, elles peuvent même être annulées pour être remplacées par toute autre forme de rémunération au profit des associés de la société absorbante tel qu'une rémunération en espèce, biens, voire droits ou valeurs mobilières d'une société autre que la société absorbante. Les droits anglais et canadien reconnaissent des opérations similaires par le biais de la procédure de *scheme of arrangment*.

américaine. Ce type de fusion déroge à la conception de la fusion bilatérale connue des législations européennes[1836], notamment le droit français, car les associés de la société absorbée ne reçoivent pas des parts sociales de la société absorbante, mais d'une société tierce à l'opération qui n'est autre que la société mère de la filiale *ad hoc*. La fusion triangulaire s'est principalement développée aux États-Unis sous la férule de la loi du Delaware qui envisage la rémunération des associés de la société absorbée par tous moyens, y compris la distribution de parts sociales d'une société autre que l'absorbante. Plusieurs sociétés françaises ont déjà eu l'occasion de participer à ce genre d'opération en créant des filiales *ad hoc* aux États-Unis.

1014. **Les types de fusions triangulaires**. Il existe deux types de fusion triangulaire, la simple (*forward triangular merger*) et l'inversée (*reverse triangular merger*). La première est l'opération par laquelle la filiale *ad hoc* absorbe la société cible, tandis que ses associés reçoivent des parts sociales de la société mère. La filiale *ad hoc*, qui n'est qu'une coquille juridique, acquiert l'ensemble de l'actif et du passif, voire l'entreprise de la société cible. La société mère peut ainsi s'installer aux États-Unis par le truchement de sa nouvelle filiale qui exploite l'entreprise de la société cible absorbée.

1015. En revanche, dans la fusion triangulaire inversée, la filiale *ad hoc* est absorbée par la société cible. L'associé unique de la filiale *ad hoc*, en l'occurrence la société mère, reçoit des parts sociales dans la société cible. Le capital de la société cible est ensuite réduit à zéro par une opération de « *coup d'accordéon* »[1837] entraînant ainsi l'annulation des parts sociales des associés de ladite société. Une augmentation du capital de la société cible est ensuite réalisée en vue de réintégrer la société mère qui devient l'associé unique de la société cible, tandis que les autres associés reçoivent des parts dans la société mère en contrepartie de l'annulation de leurs parts sociales[1838]. La société mère acquiert ainsi la totalité des parts sociales de la

---

[1836] Le droit néerlandais est le seul dans l'Union européenne à reconnaître expressément la fusion triangulaire, mais uniquement le type simple. En effet, selon les dispositions de l'article 333. a C. civ. néerlandais, les associés de la société absorbée peuvent être rémunérés par des parts sociales émises par une société autre que la société absorbante mais faisant partie du même groupe.

[1837] L'opération du coup d'accordéon se traduit ainsi par la dépossession des anciens associés et l'intégration de nouveaux associés en leurs réservant l'augmentation du capital. Cette opération peut aussi aboutir à la prise de contrôle de la société par un ancien associé en excluant les autres.

[1838] Il faut signaler que les différentes opérations engendrées par la fusion triangulaire inversée doivent être réalisées simultanément. En effet, comme le souligne un auteur « *toute ces opérations ont lieu concomitamment. L'absorption de la filiale dédiée par la cible a donc pour effet que, d'une part, les actionnaires de l'absorbante (la société cible) deviennent des actionnaires de la société acquéreuse, d'autre part, l'acquéreur vient à être le seul actionnaire de la société cible* » : BARRIÈRE (F.), *Un apport sans apport : la fusion triangulaire à l'envers*, Bull. Joly sociétés 2009, n° supplément thématique, p. 1173).

société cible et devient son unique associé. La fusion triangulaire inversée semble aboutir à un résultat analogue à celui d'une opération d'acquisition internationale, avec en prime l'avantage de permettre à la société mère d'acquérir la société cible sans avoir à débourser de liquidités[1839]. Ce genre d'opérations a permis à des sociétés françaises d'acquérir des sociétés américaines immatriculées dans l'État du Delaware.

1016. **Plan.** Malgré les avantages incontestables que présente la fusion triangulaire **(A)**, à défaut d'une reconnaisse expresse de cette opération par le droit positif français, sa réalisation se heurte à de considérables difficultés **(B)**.

A- Les avantages d'une fusion triangulaire

1017. **Les avantages par rapport aux fusions bilatérales**. La réalisation d'une fusion triangulaire présente des avantages particuliers par rapport aux fusions bilatérales classiques. Ce genre d'opération peut être, en effet, plus avantageux pour les associés de la société cible. Ceux-ci peuvent espérer recevoir des parts sociales dans la société mère, notamment pour profiter d'une plus grande liquidité de leurs titres lorsque cette société est cotée en bourse. Cette dernière trouve également son compte dans l'opération en évitant le maintien d'associés minoritaires au capital de sa filiale.

1018. De plus, une fusion triangulaire s'avère opportune lorsque l'opération implique des sociétés relevant de lois différentes. Elle permet de contourner les écueils inhérents à la réalisation d'une fusion transfrontalière bilatérale. En effet, la filiale *ad hoc*, qui est soit l'absorbée dans une fusion triangulaire inversée, soit l'absorbante dans la fusion triangulaire simple, est constituée sur le territoire de la société cible ce qui confine l'opération au régime d'une fusion interne, exceptée de l'échange des parts sociales avec la société mère située à l'étranger. Les conditions de réalisation d'une fusion triangulaire peuvent être moins rigoureuses que celles exigées en matière de fusion transfrontalière bilatérale. La réalisation d'une fusion triangulaire nécessite une décision à la majorité qualifiée de l'assemblée générale de chacune des sociétés fusionnantes, alors que les fusions transfrontalières peuvent requérir une approbation unanime des associés[1840].

1019. Signalons enfin l'opportunité que présente la fusion triangulaire inversée pour les sociétés fusionnantes. Elle tient particulièrement à

[1839] Sur les avantages fiscaux et juridiques de la fusion triangulaire par rapport à une opération d'acquisition, v. BARRIÈRE (F.), *art. préc.*, p. 1176.
[1840] Le droit français exige encore la condition d'unanimité des voix des associés de la société française pour l'approbation d'une fusion extra-européenne.

l'absence de disparition de la personnalité morale de la société cible. Les parties à l'opération peuvent ainsi éviter les complications et les coûts économiques supplémentaires qu'entraîne l'obligation d'accomplir des formalités de publicité pour la transmission de certains droits et biens tels que le droit de propriété intellectuelle ou industrielle, les contrats de travail[1841] et les biens immobiliers. La survivance de la société cible permet aussi de contourner le problème de l'intransmissibilité de certains actes juridiques tels que les contrats conclus *intuitu personae*, les agréments, les licences et les autorisations administratives dont bénéficie la société cible. Le maintien de ces actes est souvent crucial pour la pérennité de l'activité de la société cible[1842].

1020. **Les avantages par rapport aux acquisitions.** Comme la fusion triangulaire a un résultat final similaire à celui d'une acquisition internationale directe de toutes les parts sociales d'une société cible, pourquoi la société mère ne procède-t-elle pas directement à une acquisition internationale des parts sociales de la société cible ? La fusion triangulaire inversée présente un avantage particulier qui consiste à ne laisser subsister aucun associé minoritaire au sein de la société cible. La société mère devient ainsi l'associé unique de la société cible. Au contraire, dans une acquisition classique, l'acquéreur doit adresser son offre à chacun des associés ce qui rend la prise de contrôle totale de la société cible très aléatoire. Dans une fusion triangulaire inversée, l'approbation de l'opération par l'assemblée générale de la société cible aboutit à une acquisition totale à la société mère. Qui plus est, la fusion triangulaire permet d'acquérir la société cible sans sortie de trésorerie[1843]. La rémunération des associés dans une opération d'acquisition engendre le versement d'une contrepartie en espèces ce qui n'est pas le cas en matière de fusion triangulaire. Cette dernière semble donc plus opportune pour une société qui ne dispose pas de liquidités suffisantes pour acquérir une autre société.

B- Les difficultés inhérentes à la réalisation d'une fusion triangulaire

1021. **Les difficultés de qualification de la fusion triangulaire.** La principale lacune qui s'oppose classiquement à la réalisation d'une fusion triangulaire impliquant des sociétés françaises, découle de l'incertitude de sa qualification. Le point problématique réside dans le fait que la contrepartie

[1841] La fusion triangulaire n'entraîne pas une modification dans la situation juridique de l'employeur au sens de l'article L. 1224-1 du Code du travail ce qui permet d'éviter l'accomplissement des formalités consécutives à un changement d'employeur.

[1842] Sur les avantages de la fusion triangulaire inversée, v. MARTIN (D.), KANOVITCH (B.) et SIMSI (S.), *art. préc.*, p. 15.

[1843] En ce sens, v. BARRIÈRE (F.), *art. préc.*, p. 1173. L'auteur considère que la fusion triangulaire à l'envers constitue une « *fusion économique* ».

prévue aux associés de la société dissoute n'est pas la distribution de parts sociales de la société absorbante, mais d'une société tierce à la fusion. La fusion triangulaire peut ainsi être assimilée à un apport en nature ou à une offre publique d'échange. Le doute quant à la qualification de la fusion triangulaire en une fusion classique du droit français a d'importantes répercussions fiscales. En effet, le droit fiscal reprend la même définition de la fusion que celle adoptée par le droit des sociétés[1844]. Ceci est de nature à mettre en doute l'application au bénéfice des sociétés parties à l'opération du régime fiscal de faveur propre à la fusion.

1022. **Les difficultés de réalisation d'une fusion triangulaire simple.** La participation d'une société française à opération de fusion triangulaire simple en qualité de société mère chargée de rémunérer les associés de la société cible étrangère, peut s'avérer problématique. L'article L. 225-128 du Code de commerce énumère limitativement les opérations susceptibles d'aboutir à l'émission d'actions par une société anonyme. Il s'agit de l'apport en numéraire, de l'apport en nature, de l'incorporation de réserves, bénéfices ou primes d'émission, de la fusion ou scission. L'existence d'un apport au bénéfice de la société mère française est difficilement soutenable puisque c'est uniquement la filiale *ad hoc* qui reçoit la totalité du patrimoine de la société cible[1845]. Une partie de la doctrine n'approuve cependant pas cette solution et considère que la fusion triangulaire simple n'est pas exclusive de tout apport au bénéfice de la société mère[1846]. En effet, cette opération implique non seulement une augmentation de la valeur de la filiale absorbante, mais aussi de la valeur de la société mère. À la suite de la réception du patrimoine de la société cible, l'augmentation de la valeur de la filiale absorbante augmente corrélativement la valeur des titres représentatifs du capital de la filiale, eux-mêmes détenus par la société mère française. Il n'y a pas dans cette hypothèse transfert de bien, mais de valeur à la société mère. Les tenants de cette approche considèrent que l'augmentation de la valeur de la société mère permet d'analyser la fusion triangulaire comme un apport au bénéfice de cette dernière, susceptible de justifier l'augmentation

---

[1844] Art. 210-0 A I CGI.

[1845] En ce sens: HELIOT (S.) et LEGENDRE (X.), *Acquisitions de sociétés américaines par des sociétés françaises: la forward triangular merger en droit français*, Actes part. et ing. sociétaire 2006, n°90, p. 1. Selon les auteurs, lors d'une fusion triangulaire simple, la société mère française reste le propriétaire des titres de la filiale *ad hoc* tout au long de l'opération. Aucun actif n'entre ainsi dans le patrimoine de cette société qui puisse justifier une quelconque augmentation de capital. Il n'y a pas de doute que « *sa filiale s'enrichit : elle était une coquille et elle reçoit l'ensemble des actifs et passifs de la société cible. Mais cet enrichissement ne bénéficie qu'indirectement à la société acquéreuse. Au sens strict, il n'y a pas d'apport* ».

[1846] En ce sens: DEROUIN (Ph.), *art. préc.*, p. 1026.

de son capital[1847]. Toutefois, ce raisonnement présente des limites, puisque l'augmentation de la valeur réelle de la société mère n'est pas assimilable à un apport au sens juridique du terme. Il n'y a qu'enrichissement indirect de la société mère dû à l'augmentation de la valeur de son actif social, sans que cela puisse valablement justifier l'augmentation de son capital.

1023. Pour écarter l'incertitude qui enveloppe la validité de la distribution de parts sociales de la société mère aux associés de la société cible, l'opération triangulaire en cause doit pouvoir recevoir la qualification de fusion en droit français. Or, au regard de la définition légale du droit interne, cette qualification n'est pas évidente. C'est pour cette raison que les sociétés françaises envisagent rarement la participation à une fusion triangulaire simple en qualité de société mère.

1024. **Les difficultés de réalisation d'une fusion triangulaire inversée**. Plusieurs sociétés françaises ont eu l'occasion de participer à des fusions triangulaires inversées, en tant que société mère, sans difficulté particulière. L'augmentation du capital et l'émission des parts sociales par la société mère française aux associés de la société cible se justifient par le fait que la fusion triangulaire inversée s'assimile à un apport en nature relevant du régime de droit commun de l'article L. 225-147 du Code de commerce, ou bien du régime dérogatoire de l'article L. 225-148 du Code de commerce, relatif aux apports de titres, à l'occasion d'une offre publique d'échange, lorsque les sociétés impliquées dans l'opération sont cotées en bourse[1848]. L'assimilation de la fusion triangulaire inversée à un apport semble imparfaite, du moins au regard de la conception traditionnelle des apports retenue en droit français. En effet, il n'y pas de véritable transfert de propriété des titres des associés

[1847] En ce sens: BARRIÈRE (F.), *La fusion-filialisation*, Rev. soc. 2013, p. 667. L'auteur considère qu' « *un apport doit essentiellement permettre le transfert d'une valeur à son bénéficiaire, permettant d'accroître la valorisation de son actif. Le plus souvent, l'apport se matérialise par la transmission d'un nouveau bien, mais rien ne devrait interdire qu'il résulte de l'accroissement indirect de la valeur d'un bien (l'action détenue par la société initiatrice dans la société cible)* ».

[1848] En ce sens: DEROUIN (Ph.), *art. préc.*, p. 1033 ; HELIOT (S.) et LEGENDRE (X.), *Acquisitions de sociétés américaines par des sociétés françaises: la forward triangular merger en droit français*, Actes part. et ing. sociétaire 2006, n°90, p. 1. BARRIÈRE (F.), *art. préc.*, p. 1177 : pour cet auteur, un apport en nature au sens classique du terme est difficilement repérable dans une fusion triangulaire inversée. Les actions existantes de la société cible ne sont pas directement transmises à la société mère, mais seront annulées après le coup d'accordéon réalisé par la société cible. Donc, la distribution de parts sociales par la société mère est une contrepartie à l'annulation des parts sociales des associés de la société cible et non au transfert ou à l'échange de ces parts. L'auteur considère alors que la fusion triangulaire inversée ne répond pas à la notion classique de l'apport en nature. Il s'agit en effet d'une forme nouvelle d'apport sans apport puisqu'il n'existe pas « *un acte translatif de propriété que constitue l'apport, mais un acte abdicatif, lequel permet a l'acquéreur d'obtenir le contrôle exclusif de la société cible* ».

de la société cible à la société mère, puisque ces titres sont annulés par le « *coup d'accordéon* » qui est réalisé par la société cible. Malgré l'annulation des titres, on s'est attaché à justifier l'augmentation du capital de la société mère par l'existence d'un transfert de créances des associés de la société cible à la société mère[1849].

1025. Des difficultés peuvent toutefois se présenter lorsqu'une société française intervient dans une fusion triangulaire inversée en tant que société cible, puisque cette dernière est tenue de réaliser un « *coup d'accordéon* » pour aboutir à la sortie de tous les anciens associés et à l'arrivée de la société mère. L'incertitude de la qualification de la fusion triangulaire inversée et l'absence de texte permettant d'appréhender l'opération dans sa globalité impliquent l'adoption d'une conception « *analytique* ». Cette dernière consiste à percevoir la fusion triangulaire inversée comme une combinaison de deux opérations sociétaires distinctes qui interviennent simultanément. Il s'agit de l'absorption de la filiale *ad hoc* par la société cible et du « *coup d'accordéon* » de la société cible pour donner une acquisition totale à la société mère. La réalisation de la seconde opération par la société cible française est délicate. En principe, le droit français admet le « *coup d'accordéon* »[1850] qui consiste à réduire le capital d'une société à zéro, sous condition suspensive d'une augmentation de capital destinée à le ramener à un montant au moins égal au minimum légal[1851]. La réduction du capital – pour un instant de raison – dépossède les associés de leurs parts sociales, sans qu'ils perdent le droit de se maintenir dans la société puisqu'ils conservent un droit préférentiel de souscription lors de l'augmentation du capital. La possibilité de suppression de ce droit préférentiel est toutefois admise par les tribunaux français pour assurer la pérennité d'une société

[1849] En ce sens : ANSA, 6 févr. 2008, n°08-008, p. 3. L'ANSA suggère de justifier la distribution de parts sociales de la société mère par « *le transfert de créance des actionnaires de la société qui disparaît* ». MARTIN (D.), KANOVITCH (B.) et SIMSI (S.), *art. préc.*, p. 18 : ces auteurs considèrent que se sont plutôt des « *justifications économiques et d'opportunité (plus que de solides arguments juridiques)* » qui ont conduit la pratique à soumettre la fusion triangulaire au régime des apports.

[1850] Sur le coup d'accordéon, v. BOIZARD (M.), *La réduction du capital à zéro*, Rev. soc. 1999, p. 735 ; COHEN (D.), *La validité du « coup d'accordéon »*, D. 2003, p. 410 ; DIDIER (P.), *La réduction du capital à zéro in. Mélanges AEDBF-France*, éd. Banque, 1997, p. 171 ; HALLOUIN (J.-Cl.), *Validité des réductions de capital à zéro*, D. 2002, p. 3264. V. aussi: Cass. com., 17 mai 1994, Rev. soc. 1994, p. 485, note DANA-DEMARET (S.) ; Bull. Joly 1994, p. 816, note DAIGRE (J.-J.).

[1851] Art. L. 224-2, al. 2 C. com. « *La réduction du capital social à un montant inférieur ne peut être décidée que sous la condition suspensive d'une augmentation de capital destinée à amener celui-ci à un montant au moins égal au montant prévu à l'alinéa précédent, à moins que la société ne se transforme en société d'une autre forme. En cas d'inobservation des dispositions du présent alinéa, tout intéressé peut demander en justice la dissolution de la société. Cette dissolution ne peut être prononcée si, au jour où le tribunal statue sur le fond, la régularisation a eu lieu* ».

menacée par d'importants résultats déficitaires [1852]. Ainsi, la dépossession des associés de la société est admise puisque, d'une part, elle ne s'analyse pas en une exclusion des associés, mais plutôt en une contribution de ceux-ci aux pertes de leur société dans la limite de leurs apports et, d'autre part, parce que l'opération ne nuit pas à leurs intérêts dans la mesure où la société ne survivra pas à défaut de réalisation du « *coup d'accordéon* ». Par conséquent, la réduction du capital social à zéro est valable tant qu'elle est conforme à l'intérêt social. Dans cette hypothèse, elle exclut la possibilité de soulever un abus de majorité par les associés minoritaires.

1026. Une société cible française peut-elle réaliser un « *coup d'accordéon* » à l'occasion d'une fusion triangulaire inversée sans qu'il en aille d'une question de survie[1853] ? Pour répondre à cette question, il faut se référer aux reproches adressés aux opérations de « *coup d'accordéon* » avec suppression du droit préférentiel de souscription. Les associés minoritaires peuvent d'abord reprocher au « *coup d'accordéon* » de porter atteinte au principe d'égalité entre les associés. L'article L. 225-204 du Code de commerce dispose en effet qu' « *en aucun cas, (la réduction de capital) ne peut porter atteinte à l'égalité des actionnaires* », sauf s'il existe plusieurs catégories d'actionnaires, impliquant ainsi une appréciation de cette égalité au sein de chaque catégorie d'actionnaires. Il en découle que la réduction du capital social ne peut porter sur certaines actions au détriment d'autres. Par ailleurs, selon l'article L. 225-135 du Code de commerce, l'égalité entre les actionnaires suppose qu'une suppression du droit préférentiel de souscription soit prévue pour tous les actionnaires, lors d'une augmentation du capital. Le

---

[1852] En ce sens : CA Besançon, 2 déc. 1998, Rev. soc. 1999, p. 362, note LE BARS (B.) ; RJDA 1999, n°1087 ; Bull. Joly sociétés 1999, p. 943. La Cour de cassation a rejeté le pourvoi formé contre la décision de la cour d'appel : Cass. com., 18 juin 2002, n°99-11-999, Bull. civ. IV, n°108, D. 2002, p. 2190, note LIENHARD (A.), RJDA 2002, n°1038, RTD. Com. 2002, p. 496, obs. CHAZAL (J.-P.) et REINHARD (Y.) ; JCP E 2002, 1556, note VIANDIER (A.), Bull. joly sociétés 2002, p. 1222, note SYLVESTRE (S.). Dans cet arrêt, une société ayant réalisé des résultats déficitaires importants cherchait à reconstituer ses fonds propres afin d'éviter d'être soumise à une procédure collective. Dans le cadre d'une procédure de règlement amiable, un investisseur lui propose un plan de renflouement sous la condition que la société réalise un « *coup d'accordéon* » avec suppression du droit préférentiel de souscription afin d'exclure les anciens associés et que l'investisseur en devienne l'associé unique. Les associés minoritaires ont contesté la licéité de cette opération en soutenant principalement l'atteinte à leur intérêt commun. En outre, selon eux, l'augmentation subséquente à la réduction du capital à zéro, en tant qu'elle est réservée à un tiers, constitue une expropriation illégale des anciens associés, car elle n'est pas justifiée par aucune cause d'utilité publique. La Cour de cassation rejette les prétentions des associés minoritaires en affirmant la validité de l'opération de « *coup d'accordéon* » qui était nécessaire à la pérennité de l'entreprise.

[1853] En effet, si la société cible française est dans une situation économique critique et qu'elle subit des pertes considérables pouvant menacer sa pérennité, sa participation à une fusion triangulaire inversée et, par conséquent, la réalisation d'une opération de « *coup d'accordéon* » est alors parfaitement justifiable.

« *coup d'accordéon* » réalisé à l'occasion d'une fusion triangulaire inversée aboutit à l'exclusion de tous les associés, sans distinction entre majoritaires et minoritaires, pour que la société mère devienne l'unique associé dans la société cible[1854]. Dès lors, les prétentions d'atteinte à l'égalité entre les associés doivent être écartées dans ce genre d'opération.

1027. Les associés minoritaires exclus de la société cible peuvent ensuite soutenir que le « *coup d'accordéon* » réalisé dans une fusion triangulaire inversée porte atteinte à leur droit de propriété[1855]. La jurisprudence écarte traditionnellement les prétentions des associés minoritaires, en arguant que la réduction de capital à zéro avec suppression de droit préférentiel de souscription est valable lorsqu'elle assure la pérennité de la société. Dans ce cas, la réduction ne nuit pas au droit de propriété des actionnaires, mais sanctionne simplement leur obligation de contribuer aux pertes sociales dans la limite de leurs apports[1856]. Ainsi, la valeur de la société doit être nulle pour imposer une réduction à zéro au capital et permettre une contribution aux pertes, résultant de la compensation des apports des associés avec les pertes sociales[1857]. *A contrario*, un « *coup d'accordéon* » non justifié par des pertes subies et par l'impératif de survie de la société, porterait atteinte au droit de propriété des associés. Il semble inconcevable qu'une société française cible puisse réaliser un « *coup d'accordéon* » à l'occasion d'une fusion triangulaire, sans qu'il soit justifié par des raisons de pérennité de la société, sous peine d'annulation de l'opération.

[1854] Cass. com., 18 juin 2002, *arrêt préc.*. La Cour de cassation affirme que « *la réduction du capital à zéro ne constituait pas une atteinte au droit de propriété des actionnaires mais sanctionnait leur obligation de contribuer aux pertes sociales dans la limite de leurs apports* ».

[1855] Les actionnaires minoritaires invoquent souvent la violation de l'article 545 du Code civil selon lequel « *nul ne peut être contraint de céder sa propriété, si ce n'est pour cause d'utilité publique, et moyennant une juste et préalable indemnité* ».

[1856] En ce sens: Cass. com., 17 mai 1994, *arrêt préc.*. Le raisonnement adopté par la jurisprudence se fondant sur la contribution aux pertes par les associés pour justifier l'exclusion de ceux-ci ne reçoit pas l'acceptation de l'ensemble de la doctrine. Une partie de la doctrine considère ce raisonnement insuffisant puisque l'expropriation justifiée par la situation financière largement obérée de la société se fonde non sur l'intérêt général, mais plutôt sur l'intérêt social. Il semble ainsi que « *le droit de propriété, pourtant reconnu comme un droit fondamental à valeur constitutionnelle, se trouve donc quelque peu malmené* ». En ce sens, v. COHEN (D.), *art. préc.*, p. 413.

[1857] COZIAN (M.), VIANDIER (A.) et DEBOISSY (F.), *op. cit.*, n°1157. Selon ces auteurs, le coup d'accordéon n'est licite qu'à la double condition que la société soit insolvable et qu'elle ne soit plus viable. Ils constatent en effet qu' « *une société peut être viable tout en étant insolvable et, tant qu'elle demeure viable, elle conserve une valeur positive. Si tel est le cas, la décision de l'assemblée est objectivement illicite puisqu'elle exproprie sans indemnisation l'associé de valeurs qui sont siennes -ce qui est une violation du droit de propriété- et valeurs qu'il ne peut se réapproprier qu'en souscrivant à l'augmentation de capital subséquente, donc en réalisant un effort supplémentaire* ».

Section 2 : Les effets à l'égard des tiers

1028. **L'impératif de protection des tiers contre les effets de la fusion.** Le contrat de fusion implique la substitution d'une société à une autre qui disparaît après l'opération. Ce phénomène explique les conséquences considérables de la fusion sur les droits des associés de la société et des créanciers sociaux, même si ces derniers sont considérés comme des tiers au contrat conclu entre les sociétés fusionnantes. L'impératif de protection de ces catégories de personnes semble être la principale raison de l'élaboration de l'arsenal de règlementations relatif à la fusion interne et transfrontalière. C'est ce qu'a exprimé le Professeur HOUIN lors d'un colloque organisé pour l'harmonisation des dispositions nationales relatives à la fusion des États membres de l'Union européenne, en soutenant dans son rapport général que si une réglementation s'impose, « *c'est parce que la fusion est une opération majoritaire, imposée par la majorité à la minorité des associés et imposée aux créanciers de la société absorbée sous certaines conditions de protection ; les créanciers doivent normalement suivre la foi de leur débiteur, sauf fraude paulienne* »[1858]. Dans ses propos introductifs, la troisième directive concernant les fusions internes a insisté sur cette idée. Elle dispose expressément que la coordination des législations nationales concernant les fusions des sociétés anonymes et l'introduction de l'institution de la fusion dans le droit de tous les États membres ont pour objectif d'assurer la protection des intérêts des associés et des tiers[1859]. À cette fin, le législateur européen considère particulièrement important de garantir, d'une part, une information adéquate et aussi objective que possible aux actionnaires des sociétés qui fusionnent[1860] et, d'autre part, une protection efficace des créanciers sociaux de sorte que la réalisation de la fusion ne leur porte pas préjudice[1861].

1029. **Plan.** Eu égard aux effets qu'une telle opération emporte sur les droits des tiers, la fusion transfrontalière suscite les mêmes soucis. C'est pourquoi, nous nous intéresserons à la protection des créanciers sociaux **(Ss-section 1)** avant de nous pencher sur la protection des associés minoritaires **(Ss-section 2)**.

Ss-section 1 : La protection des créanciers sociaux

1030. **Délimitation du problème des créanciers.** Lors d'une fusion transfrontalière, la protection des créanciers présente un degré d'importance

---

[1858] HOUIN (R.), *art. préc.*, p. 18.
[1859] Cons. 3 Dir. 78/855/CEE.
[1860] Cons. 4 Dir. 78/855/CEE.
[1861] Cons. 6 Dir. 78/855/CEE.

variable suivant qu'il s'agit des créanciers de la société absorbée ou de ceux de la société absorbante. La différence de traitement entre ces deux catégories est largement justifiable[1862]. Les premiers sont les plus touchés par l'opération puisque la fusion les place en présence d'un nouveau débiteur. Cette substitution de débiteur peut leur être largement préjudiciable si le nouveau débiteur est insolvable. Le cas échéant, la fusion entraîne une diminution de l'assiette des biens soumis au droit de gage général des créanciers. Toutefois, ce risque, qui peut aussi se présenter dans une fusion interne, n'est pas le plus redouté par les créanciers sociaux. La difficulté réside plutôt dans le changement de la loi applicable au débiteur, parce que la société issue de la fusion relève d'une autre loi que celle applicable à la société antérieurement débitrice. À titre illustratif, nous retenons l'exemple donné par M. GOLDMAN lors de son intervention à un Colloque relatif au projet de convention sur la fusion transfrontalière, selon lequel « *le créancier d'une société danoise absorbée qui avait son siège social à l'extrême ponte du Danemark, et qui se trouve brusquement créancier d'une société ayant son siège social à Messine, pourra rencontrer des difficultés à agir contre cette société pour obtenir son règlement* »[1863].

1031. La fusion transfrontalière peut, par ailleurs, être utilisée par la société débitrice comme un moyen de contourner les dispositions rigoureuses de protection des créanciers prévues par une législation nationale. Tel est le cas d'une société débitrice menacée d'être soumise à une procédure collective qui se laisserait absorber par une société étrangère cela, afin de profiter des conditions et des effets plus favorables à son égard de l'ouverture d'une procédure collective à l'étranger. La divergence des dispositions nationales quant à l'étendue des droits des créanciers dans les procédures collectives, permet ainsi à la société débitrice de réaliser, par voie d'une fusion transfrontalière, un *forum-shopping* au détriment des créanciers sociaux.

1032. En revanche, le problème juridique ne se pose pas dans les mêmes termes pour les créanciers sociaux de la société absorbante. Leurs droits ne subissent pas de modifications substantielles comme ceux des créanciers des sociétés absorbées. Ces créanciers ne risquent pas un changement de débiteur puisque la société absorbante ne disparaît pas suite à la fusion. Au contraire, ils bénéficient indirectement d'une augmentation de leur droit de gage général suite à l'apport réalisé par la société absorbée. Toutefois, la fusion peut parfois être préjudiciable aux droits de ces créanciers. Ils vont subir la concurrence des créanciers de la société absorbée et perdre ainsi

---

[1862] L'article 13 al. 3 dir. 2011/35/UE a envisagé la possibilité aux États membres de prévoir une protection différente pour les créanciers de l'absorbée et ceux de l'absorbante.

[1863] GOLDMAN (B.), *La fusion des sociétés et le projet de convention sur la fusion internationale des sociétés anonymes, préc.*, p. 10.

l'exclusivité de leur gage général sur le patrimoine de la société absorbante. Par ailleurs, le passif de la société absorbée peut s'avérer plus important que son actif, ce qui est susceptible de porter atteinte aux droits des créanciers de la société absorbante.

1033. Le législateur européen a hésité à reconnaître un procédé spécial de protection au bénéfice des créanciers de la société absorbante. Dans le projet de convention sur la fusion internationale des sociétés anonymes, on a relevé que « *l'accord s'est dès lors facilement fait sur la nécessité de protéger les créanciers, et en particulier – sinon exclusivement – ceux de la société absorbée* »[1864]. Ainsi, les rédacteurs du projet de convention se sont préoccupés d'organiser un droit de protection au bénéfice des créanciers de la société absorbée, en se contentant de permettre aux États membres de prévoir, en cas de nécessité, un droit de protection aux créanciers de la société absorbante[1865]. Le même problème s'est posé lors de l'élaboration de la troisième directive. Reconnaître un droit d'opposition au bénéfice des créanciers de la société absorbante a suscité un long débat entre les divers experts gouvernementaux. On a rétorqué « *que l'organisation d'un droit d'opposition en faveur des créanciers de la société absorbante pourrait aboutir à des conséquences abusives et parfois extrêmement lourdes, notamment pour des sociétés très importantes qui absorberaient des sociétés d'une importance toute relative. Dans cette hypothèse en tous cas, la fusion se réalise généralement par l'absorption de la société mineure par la société la plus puissante. Faudra-t-il ouvrir aux créanciers de Philips par exemple un droit d'opposition chaque fois que cette société absorbera une quelconque petite société ? Ce serait peu raisonnable et cela pourrait décourager les sociétés puissantes d'utiliser l'institution de la fusion* »[1866]. Face à la réticence des experts gouvernementaux, la directive 2011/35/UE a préféré ne pas imposer aux États membres l'organisation d'un système de protection des créanciers de la société absorbante semblable à celui prévu pour les créanciers de la société absorbée. La protection peut ainsi être différente pour les créanciers de la société absorbante et ceux de la société absorbée[1867].

1034. **La loi applicable aux procédures de protection des créanciers**. Les procédés de protection des créanciers d'une société sont régis par la loi applicable à la société débitrice. Toutefois, une partie de la doctrine suisse apporte une nuance à cette solution en affirmant que la désignation de la loi applicable au créancier peut différer selon que la créance est d'origine

---

[1864] *Id., ibid.- Adde*, BENER (H.-R.), *th. préc.*, p. 30.

[1865] Art. 21 Projet de convention sur la fusion international des sociétés anonymes (cf. RTD Eur. 1974, p. 641).

[1866] VAN OMMESLAGHE (P.), *art. préc.*, p. 136.

[1867] Art. 13, al. 3 Dir. 2011/35/UE.

contractuelle ou délictuelle[1868]. Les procédures de protection des créanciers contractuels doivent impérativement relever de la loi applicable à la société avec laquelle ils se sont engagés, car la loi applicable à la société est entrée dans le champ contractuel. La solution est différente en présence de créanciers non contractuels qui n'ont pas eu la liberté de choisir leur débiteur et, par conséquent, n'ont pas eu d'attente légitime relativement à la mise en œuvre de la loi applicable à la société débitrice. C'est pourquoi si les créanciers non contractuels « *n'admettent pas eo ipso que de tels rapports juridiques soient soumis au droit régissant le sujet de droit qui les a fait naître, mais s'en remettent à la lex loci actus, on peut dire qu'en ce qui concerne les effets de la fusion sur de tels rapports juridiques c'est la lex loci actus qui est applicable conjointement à la lex societatis pour tout ce qui a trait à la protection des créanciers non contractuels* »[1869]. Il en résulte ainsi une application cumulative des lois en cause qui revient à faire prévaloir en fin de compte la plus restrictive d'entre elles. La loi qui assure le plus large protection aux créanciers sociaux doit trouver à s'appliquer. Toutefois, cette solution demeure imparfaite, car elle privilégie injustement les créanciers non contractuels. Le raisonnement doit en réalité s'étendre aussi aux créanciers contractuels en admettant l'intervention conjointe de la loi de la société débitrice et celle applicable au contrat créateur de la créance. Aucune distinction n'est justifiée : les procédés de protection de tous les créanciers sociaux doivent relever uniquement de la loi applicable à la société débitrice.

1035. Dans le contexte européen, la dixième directive sur les fusions transfrontalières prévoit quelques dispositions matérielles qui assurent une protection indirecte des créanciers sociaux à travers l'établissement des procédures d'information au bénéfice des créanciers[1870]. Néanmoins, la directive ne désigne aucune procédure de protection directe des créanciers et attribue aux dispositions nationales la compétence de prévoir la protection la plus adéquate[1871]. Les droits des créanciers sociaux sont déterminés par la loi applicable à la société débitrice avant la réalisation de la fusion[1872]. Comme les mesures de protection des créanciers ne doivent pas être discriminatoires, cette position s'accommode avec le principe de liberté d'établissement des

---

[1868] BENER (H.-R.), *th. préc.*, p. 58.

[1869] *Id., ibid.*

[1870] En ce sens: LECOURT (B.), *Adoption de la directive sur les fusions transcommunautaires*, Rev. soc. 2005, p. 923 et s., spéc. p. 927. L'auteur constate que, dans la directive 2005/56/CE, « *la protection prévue en faveur des créanciers est basée essentiellement sur l'information* ».

[1871] Art. 2 Dir. 2005/56/CE.

[1872] Cons. 3 Dir. 2005/56/CE : « *Chaque société participant à la fusion, ainsi que chaque tiers concerné, reste soumis aux dispositions de la loi nationale dont relève la société et qui sont applicables en cas de fusion avec d'autres sociétés relevant de la même législation* »

sociétés au sein de l'Union européenne. Ainsi, il ne devrait pas exister de procédures de protection propres aux fusions transfrontalières qui seraient différentes de celles prévues pour les fusions internes[1873]. Le législateur européen considère en effet les mesures prévues en matière de fusions internes sont suffisamment efficaces pour protéger les créanciers lors d'une fusion transfrontalière. Dans un arrêt KA Finanz rendu le 7 avril 2016, la Cour de justice a rappelé cette solution en décidant qu'une société participant à une fusion transfrontalière reste soumise, en ce qui concerne notamment la protection de ses créanciers, aux dispositions et aux formalités de la législation nationale qui serait applicable dans le cadre d'une fusion nationale[1874]. Cette position contribue à l'assouplissement du processus de réalisation des opérations de fusion transfrontalière. Pourtant, le défaut des règles spécifiques de protection des créanciers lors d'une fusion transfrontalière semble critiquable. Selon un auteur, le système de renvoi aux dispositions nationales est abusif puisqu'il nie le caractère transfrontalier de la fusion. D'ailleurs, « *cette carence communautaire est lourde de conséquences car (...) la réussite d'une règlementation des fusions transcommunautaires est intrinsèquement liée à l'efficacité de son système de protection des créanciers* ». Le seul dispositif de protection établi par la directive européenne repose sur des mesures de publicité et d'information. L'idée principale est d'assurer la transparence de l'opération envisagée pour que les créanciers sociaux puissent se prémunir des effets négatifs sur leurs droits.

1036. **Plan.** Les mesures de publicité et d'information fournissent une protection importante aux créanciers. Bien que nécessaire, cette protection n'est pas suffisante. Une fois informé des risques de la réalisation d'une fusion transfrontalière, le créancier dispose d'un arsenal défensif. On distingue alors les procédés généraux découlant du droit commun des obligations **(Paragr. 1)**, des procédés spéciaux aménagés par le législateur pour régir les fusions **(Paragr. 2)**.

[1873] Sur le caractère non discriminatoire des mesures nationales de protection, cf. *supra*. – *Adde*, Cons. 3 Dir. 2005/56/ CE : « *Afin de faciliter les opérations de fusion transfrontalière, il convient de prévoir que, à moins que la présente directive n'en dispose autrement, chaque société participant à une fusion transfrontalière, ainsi que chaque tiers concerné, reste soumis aux dispositions et aux formalités de la législation nationale qui serait applicable à une fusion nationale. Il convient qu'aucune des dispositions et formalités de la législation nationale auxquelles il est fait référence dans la présente directive n'introduise de restrictions à la liberté d'établissement ou à la libre circulation des capitaux, à moins que ces restrictions puissent être justifiées conformément à la jurisprudence de la Cour de justice des Communautés européennes, notamment par des exigences d'intérêt général, et qu'elles soient à la fois nécessaires pour satisfaire de telles exigences impératives et proportionnelles à celles-ci* ».

[1874] CJUE, 7 avr. 2016, aff. C-483/14.

Paragraphe 1 : La procédés généraux de protection

1037. **Plan.** Il existe deux procédés principaux de protection. D'une part, le procédé de transmission universelle de patrimoine destiné à réaliser un transfert de plein droit de l'ensemble des éléments constituant le patrimoine de la société dissoute **(Ss-paragr. 1)**. D'autre part, l'action paulienne qui permet aux créanciers de mettre en cause tout agissement frauduleux à leurs droits **(Ss-paragr. 2)**.

Ss-paragraphe 1 : La protection découlant de la transmission universelle de patrimoine

1038. **Plan.** Les effets de la disparition de la société débitrice préjudiciables aux créanciers sociaux sont largement estompés par le mécanisme de transmission universelle de patrimoine, puisque les dettes de la société dissoute se transmettent de plein droit à la société issue de la fusion **(A)**. Par ailleurs, la substitution sans novation qui caractérise la transmission universelle de patrimoine permet aux créanciers titulaires de garanties de s'en prévaloir à l'égard de la société issue de la fusion **(B)**.

A- La transmission de plein droit du passif

1039. **L'admission du principe de transmission de plein droit du passif.** La transmission de l'ensemble du passif de la société absorbée à la société absorbante constitue l'un des piliers de la protection des créanciers de la société absorbée[1875]. La jurisprudence française était autrefois réticente à la reconnaissance de l'automaticité de ce transfert[1876]. Soucieux de protéger les créanciers de la société absorbée, les juges français considéraient que la fusion leur était inopposable, car la novation par changement de débiteur est impossible sans le consentement du créancier[1877]. Le caractère *erga omnes* de la transmission des dettes était ainsi écarté. Cette solution a été jugée néanmoins regrettable en raison de sa disproportion au regard de l'objectif de protection des créanciers poursuivi. En effet, sa mise en application mettait en péril la sécurité de l'opération de fusion. Des auteurs relevèrent qu'« *il est bon de vouloir protéger les créanciers, mais pas au point de donner l'impression que les fusions de sociétés sont des opérations systématiquement conçues pour frauder leurs droits et donc, a priori, suspectes* »[1878]. La position de ces auteurs repose sur le constat général que

---

[1875] LUBY (M.), *art. préc.*, p. 5 : l'auteur relève qu' « *une protection indirecte résulte en substance du principe du transfert universel de patrimoine* ».
[1876] En ce sens: HÉMARD (J.), TERRÉ (Fr.) et MABILAT (P.), *op. cit.*, n°875.
[1877] En ce sens: ROYER (C.), *Traité des sociétés anonymes, t. 3*, Dalloz, 4eme éd., 1931, p. 686 ; HOUPIN (C.) et BOSVIEUX (H.), *op. cit., t. 2*, n°952.
[1878] HOUPIN (C.) et BOSVIEUX (H.), *ibid.*

les sociétés fusionnantes ne sont que rarement animées de la volonté de frauder les droits de leurs créanciers. Ce raisonnement a en effet permis au Professeur HOUIN d'insister sur l'idée que la fusion doit être « *imposée aux créanciers de la société absorbée sous certaines conditions de protection ; les créanciers doivent normalement suivre la foi de leur débiteur, sauf fraude paulienne* »[1879].

1040. **Les anciennes justifications de l'admission de la transmission du passif.** L'ensemble de la doctrine s'est accordé sur la nécessité d'adopter un principe de responsabilité de la société absorbée par la société absorbante, mais les justifications divergent. Un auteur belge considère que cette responsabilité trouvait sa source dans l'action paulienne[1880]. La prise en charge du passif de la société absorbée par la société absorbante n'est pas opposable aux créanciers qui ne sont jamais tenus de subir les effets d'une cession de dette à laquelle ils n'ont pas consenti. Néanmoins, comme ils ne peuvent s'opposer à la fusion, les créanciers de la société absorbée ne disposent que de l'action paulienne pour mettre en cause l'opération de fusion. D'autres auteurs se réfèrent aux solutions applicables à la transmission d'une universalité de droit pour justifier la prise en charge du passif de la société absorbé[1881]. On considère alors que « *les créanciers de la société qui fait apport ont action contre la société absorbante ; celle-ci recueille une universalité, c'est-à-dire un ensemble de droits et d'obligations ; la transmission est à titre universel* ». De nombreux auteurs ont par ailleurs perçu le transfert du passif de la société absorbée comme la contrepartie obligatoire du transfert de l'actif à la société absorbante. Il est ainsi « *interdit à une société de faire apport de son actif à une autre société sans avoir assuré l'extinction de son passif, car cet actif forme le gage des créanciers et sa transmission ne peut avoir pour effet de causer un préjudice à ces derniers* »[1882]. Un ancien arrêt de la cour d'appel de Paris du 9 novembre 1883 illustre clairement cette position en énonçant qu'« *une société anonyme nouvelle, investie de l'universalité d'une ancienne société ne peut absorber l'actif sans assumer la charge des engagements auquel cet actif servait de gage* »[1883]. M. ROYER a repris le même raisonnement en

---

[1879] HOUIN (R.), *art. préc.*, p. 19.

[1880] VAN RYN (J.), *op. cit.*, n°1120.

[1881] FREDERICQ (L.), *Traité de droit commercial belge, t.4*, éd. Fecheyr Gand, 1950, p.1036. Dans la suite de son analyse, l'auteur considère les créanciers comme les ayants cause de la société absorbée qui a stipulé en leur faveur le versement de parts sociales de la société absorbante. De ce fait, les créanciers peuvent invoquer la stipulation pour autrui quand ils agissent contre la société absorbante.- *Adde*, RENAULD (J.-G.), *art. préc.*, p. 51 ; RODIÈRE (M.), *La fusion des sociétés commerciales dans les pays du Marché commun*. Communauté économique européenne, Commission, Direction générale de la concurrence, n°13126. IV, 64-F, p. 42 et s.

[1882] HOUPIN (C.) et BOSVIEUX (H.), *op. cit., t. 2*, n°952.

[1883] CA Paris, 9 nov. 1883, J. soc. 1884, p. 14.

constatant que la société absorbante « *va posséder tout l'actif de la société absorbée, et, acquérant ce gage commun de la solvabilité du débiteur, il est bien juste qu'elle se charge de tous ses créanciers* »[1884]. L'auteur considère en effet que la fusion doit s'analyser comme un apport rémunéré par une prise en charge de passif et par une attribution de droits sociaux.

1041. **La justification actuelle du droit positif.** L'ensemble des opinions exposées auparavant est désormais obsolète en l'état actuel du droit positif européen et français qui a consacré le principe de la transmission universelle de patrimoine comme fondement de la substitution de la société absorbante, dans toutes les dettes et obligations de la société dissoute. On a pu relever en effet que l'obligation de la société absorbante à la dette « *est inhérente à la philosophie même du principe de transmission universelle de patrimoine* »[1885]. L'absence de liquidation lors de la dissolution de la société, qui est le corollaire de la transmission universelle de patrimoine, justifie par ailleurs la continuité du droit de gage des créanciers sociaux sur le patrimoine transmis. N'ayant pas perçu le paiement de leurs créances, contrairement au déroulement normal d'une procédure de liquidation, les créanciers sociaux deviennent automatiquement les créanciers de la société absorbante. La société absorbée transfère ainsi l'intégralité de son passif à la société absorbante. L'adoption de ce principe dans l'ensemble des États membres fournit une protection efficace aux créanciers des sociétés fusionnantes. Un auteur a justement constaté à cet égard que « *dès lors, si le législateur européen n'a pas élaboré des dispositions précises sur le régime de protection des créanciers, c'est qu'il a sans doute estimé que leurs intérêts étaient suffisamment sauvegardés par le principe selon lequel la société nouvelle, du fait de la fusion, est débitrice des créanciers des sociétés absorbées au lieu et place de celles-ci* »[1886].

1042. **Le caractère global de la transmission du passif.** L'étendue de l'obligation au passif de la société absorbante se justifie par le caractère global de la transmission universelle de patrimoine. L'article L. 236-3, I du Code de commerce consacre le caractère global de la transmission de patrimoine de la société dissoute à la société absorbante. En vertu de ce texte, le patrimoine est transmis « *dans l'état où il se trouve à la date de la réalisation définitive de l'opération* ». Il en résulte que la transmission du passif de la société dissoute comporte non seulement le passif né le jour de la fusion, mais englobe également celui encore inconnu à la date de la réalisation de la fusion. En sa qualité d'ayant cause universel, la société

1884 ROYER (C.), *op. cit.*, p. 686.

1885 COQUELET (M.-L.), note sous l'arrêt, Cass. com., 4 févr. 1997, Bull. Joly sociétés, p. 448.

1886 COURET (B.), *th. préc.*, n°770.

absorbante est tenue de répondre de tout le passif de la société absorbée, ainsi que des dettes qui n'ont pas encore acquis un caractère certain au jour de la réalisation de la fusion. Ces dernières, même virtuelles, et celles existant simplement, en germe, dans le patrimoine de la société absorbée, sont transmises à la société absorbante.

1043. La jurisprudence s'est prononcée à plusieurs reprises dans ce sens, notamment à l'occasion d'un arrêt du 5 mai 1980 de la cour d'appel de Riom[1887]. L'espèce a trait à une action en garantie intentée contre la société absorbante pour des vices cachés qui sont apparus après la réalisation de la fusion. La dette qui a sa cause dans la garantie des défauts de la chose vendue ne peut prendre naissance et acquérir une existence certaine que le jour où le vice s'est révélé dans toute sa gravité. Les juges du fond ont alors décidé que la dette de la société absorbée était transmise à la société absorbante, même si elle n'avait pas d'existence à la date de la réalisation définitive de la fusion. La Cour de cassation a également rappelé cette solution dans un arrêt du 4 février 1997[1888]. La société absorbante refusait le paiement de la garantie conclue auparavant par la société absorbée, au motif que les dettes garanties étaient nées après la prise d'effet de la fusion. En effet, la société absorbée ayant cédé son bail commercial s'était engagée, en vertu de son contrat de bail, à rester responsable des loyers impayés par le nouveau cessionnaire. Or, le défaut de paiement du loyer par le cessionnaire intervint après le jour de l'absorption de la société cédante. Ainsi, la dette de garantie n'était pas encore née dans le patrimoine de la société cédante. La société absorbante considérait donc ne pas être débitrice d'une dette à laquelle la société absorbée n'était pas elle-même tenue au jour de la fusion. Toutefois, selon la Cour de cassation, le patrimoine de la société absorbée a été transmis dans l'état où il se trouvait le jour de la réalisation de la fusion. Dès lors, la société absorbante était débitrice de l'obligation de garantie pour les loyers impayés, même si le défaut de paiement était intervenu uniquement après la réalisation de la fusion. On a pu alors relever à cet égard que « *l'effet substitutif universel englobe [...] nécessairement les créances et les dettes qui ne présentent, à ce jour, qu'une existence virtuelle. Car recueillir le patrimoine d'une société, c'est assumer le tout : le visible autant que l'insoupçonné dans le passif et l'actif* »[1889]. Cette solution est logique, car la société absorbante qui s'engage dans une fusion est présumée avoir accepté de prendre à sa charge le risque d'un passif révélé après la réalisation de l'opération.

[1887] CA Riom, 5 mai 1980, *préc.*.

[1888] Cass. Com., 4 févr. 1997, *préc.*.

[1889] COQUELET (M.-L.), note sous l'arrêt, Cass.com., 4 févr. 1997, *préc.*.

1044. Le caractère global de la transmission implique que le passif transmis soit non seulement celui déjà exigible, mais aussi celui qui ne l'est pas encore au jour de la réalisation de la fusion. La transmission de ce passif virtuel suppose *a fortiori* la transmission du passif non encore exigible, puisque l'existence même de ce passif ne fait aucun doute.

1045. **Le caractère supplétif de la transmission du passif.** Le caractère global de la substitution de passif implique que la société absorbante réponde de toutes les dettes la société absorbée, y compris celles qui n'ont pas été expressément visées dans le contrat de fusion. Il s'agit d'une conséquence logique de la transmission universelle du patrimoine de la société dissoute. La transmission des dettes ignorées constitue « *la contrepartie de la transmission à la société absorbante de tous les éléments d'actif de la société absorbée, même ceux qui auraient été ignorés de la société absorbante* »[1890]. La transmission universelle de patrimoine dispense ainsi les sociétés fusionnantes d'une énumération exhaustive de l'ensemble des dettes ayant vocation d'être transmises. En approuvant le contrat de fusion, la société absorbante s'engage nécessairement à recevoir tout le passif contenu dans le patrimoine de la société dissoute.

1046. Les parties au contrat de fusion peuvent-elles déroger au caractère global de la transmission du passif de la société dissoute ? En d'autres termes, peut-on conventionnellement exclure la transmission de certaines dettes ? Une partie de la doctrine soutient que la transmission du passif de la société dissoute est d'ordre public[1891]. Il serait donc impossible de stipuler l'exclusion d'éléments du passif de la société dissoute au mécanisme de transmission universelle de patrimoine. De telles stipulations doivent être considérées comme non écrites. Notons toutefois que la jurisprudence ne souscrit pas à cette approche. Dans un arrêt du 4 février 1997, la Cour de cassation affirme que la société absorbante ne peut faire échec à son obligation au passif de l'adsorbée que si les parties ont entendu exclure expressément la transmission de certaines obligations ou de certains contrats, susceptibles de générer des obligations particulières dans le chef de l'absorbante[1892]. Les dettes qui ne seront pas transmises sont celles que les sociétés fusionnantes ont entendu, d'un commun accord, exclure expressément de la transmission. La transmission des éléments du passif du patrimoine de la société dissoute revêt donc un caractère supplétif.

1047. **Conclusion.** D'après ce qui précède, la transmission du passif de la société dissoute est en principe globale. Toutes les dettes et obligations de la

---

[1890] HÉMARD (J.), TERRÉ (Fr.) et MABILLAT (P.), *op. cit.*, n°877.
[1891] RAFFRAY (R.), *th. préc.*, p. 83.
[1892] Cass. com., 4 févr. 1997, *préc.*.

société dissoute, y compris celles qui n'ont pas été expressément désignées par le contrat de fusion, sont automatiquement transmises à la société absorbante. Ce caractère n'étant toutefois pas d'ordre public, les parties au contrat de fusion peuvent écarter conventionnellement la transmission de certains éléments du passif à la société absorbante.

B- La substitution sans novation

1048. **La consécration du défaut de novation.** On admet généralement, dans le droit commun des obligations, que la transmission d'une obligation ne peut être réalisée sans l'acceptation du créancier. Une telle opération entraîne nécessairement la novation de la dette cédée par changement de débiteur[1893]. La novation est « *la substitution volontaire d'une nouvelle obligation à une obligation préexistante qui est corrélativement éteinte* »[1894]. Elle suppose la disparition de toutes les sûretés attachées à l'obligation novée. L'article 1279 du Code civil confirme ce raisonnement en disposant que « *lorsque la novation s'opère par la substitution d'un nouveau débiteur, les privilèges et hypothèques primitifs de la créance ne peuvent point passer sur les biens du nouveau débiteur* ». En matière de fusion, le législateur déroge au raisonnement du droit commun en affirmant que le changement de débiteur intervient sans novation. À cet égard, l'article L. 236-14 du Code de commerce dispose expressément que « *la société absorbante est débitrice des créanciers non obligataires de la société absorbée au lieu et place de celle-ci, sans que cette substitution emporte novation à leur égard* ». Cette mesure a pour but d'offrir une protection efficace aux créanciers titulaires de sûretés. La substitution de débiteur, qui intervient sans novation, impose à la société issue de la fusion de répondre aux dettes de la société dissoute. La survivance de ces dettes écarte l'hypothèse d'une extinction des sûretés qui y sont attachées.

1049. **Plan.** La substitution sans novation n'est pas suffisante pour admettre une transmission de plein droit de l'ensemble des sûretés des créanciers de la société dissoute. Il faut à cet égard vérifier le mode de transmission par fusion des sûretés réelles **(1)** et des sûretés personnelles **(2)**.

1- La transmission des sûretés réelles

1050. **La transmission à titre accessoire des sûretés réelles.** Les sûretés réelles sont des garanties qui s'attachent accessoirement à la dette

---

[1893] Art. 1271 C. civ. : « *La novation s'opère [...] 2° Lorsqu'un nouveau débiteur est substitué à l'ancien qui est déchargé par le créancier* ».
[1894] SIMLER (Ph.), *La novation*, J.-Cl. Civil, fasc. 10, éd. 2010, n°1.

principale[1895]. La transmission de la dette implique alors la transmission de plein droit de la sûreté. Ce n'est qu'une simple mise œuvre de l'adage : « *l'accessoire suit le principal* ». Par ailleurs, à l'occasion d'une transmission universelle de patrimoine, la transmission de ces sûretés est d'autant plus simple qu'elles portent sur une chose et non sur une personne. La disparition de la société débitrice n'affecte pas ainsi la sûreté réelle dont l'existence est indépendante de la personne du débiteur. La sûreté réelle, qui grève essentiellement un bien meuble ou immeuble se transmet nécessairement avec celui-ci. En entraînant une substitution sans novation de la société dissoute par la société bénéficiaire, la transmission universelle du patrimoine suppose la transmission de toutes les sûretés réelles grevant les biens transmis à la société issue de la fusion. Les créanciers de la société dissoute munis d'une sûreté réelle peuvent ainsi s'en prévaloir à l'égard de la société issue de la fusion.

1051. **Le gage.** Le raisonnement fondé sur la transmission accessoire de la sûreté réelle avec la transmission de la créance ou du bien garanti s'applique au gage. La fusion entraîne ainsi obligatoirement la transmission du gage accessoirement à la transmission du bien garanti. Le créancier de la société absorbée peut donc se prévaloir à l'égard des créanciers la société absorbante de son gage sur le bien transmis. Le gage est « *une convention par laquelle le constituant accorde à un créancier le droit de se faire payer par préférence à ses autres créanciers sur bien mobilier ou un ensemble de biens mobiliers corporels, présents ou futurs* »[1896]. On distingue traditionnellement le gage avec dépossession du gage sans dépossession. Le premier se caractérise par la remise du bien meuble corporel au gagiste qui dispose d'un droit de rétention sur ce bien tant que sa créance n'a pas été payée. Le second est caractérisé par l'absence d'un droit de rétention du bien et par la publicité qu'il requiert pour être opposable aux tiers[1897]. Le gage sans dépossession fait naître un droit de préférence et un droit de suite au profit du créancier gagiste. Les deux formes de gages sont transmises sans difficulté à la société absorbante, du seul fait de la transmission du bien en cause. Le créancier titulaire d'un gage avec dépossession peut ainsi maintenir sa rétention sur le bien transmis à la société absorbante. La fusion est indifférente à l'entendue de la garantie dont il bénéficie.

[1895] En ce sens, v. CABRILLAC (M.), MOULY (Ch.), CABRILLAC (S.) et PETEL (Ph.), *Droit des sûretés*, Litec, 9eme éd., 2010, n°567. Les auteurs affirment que « *par définition, la sûreté réelle ne peut avoir d'existence autonome et doit être inféodée à une créance, ce qui lui confère le statut d'accessoire de la créance, avec la vocation de la suivre dans les patrimoines où elle peut passer* ».

[1896] Art. 2333 C. civ.

[1897] Art. 2338 C. civ. : « *Le gage est publié par une inscription sur un registre spécial dont les modalités sont réglées par décret en Conseil d'État* ».

1052. Il faut toutefois s'interroger sur la nécessité de renouveler les inscriptions hypothécaires du gage sans dépossession. Ce dernier doit en effet être inscrit à un registre spécial tenu par le greffier du tribunal de commerce dans le ressort duquel le constituant est immatriculé ou à défaut, à son siège ou à son domicile. Le non-respect des formalités de publicité entraîne l'inopposabilité du gage sans dépossession aux autres créanciers du débiteur. En matière de publicité du gage, rien ne semble s'opposer à la possibilité de transposer les solutions adoptées par la jurisprudence à propos de la transmission par fusion des hypothèques. Comme on juge que la transmission par fusion de l'hypothèque n'exige aucun renouvellement des inscriptions hypothécaires[1898], on peut raisonnablement penser que le créancier gagiste n'a pas à renouveler les inscriptions hypothécaires pour se prévaloir de sa sûreté.

1053. **Le nantissement.** Le nantissement constitue une garantie portant uniquement sur les meubles incorporels[1899]. Le nantissement est la sûreté conventionnelle ou judiciaire par laquelle un débiteur remet un bien meuble incorporel à son créancier pour garantir une dette[1900]. Tant que la créance n'a pas été payée, le créancier dispose d'un droit de rétention sur le bien nanti. Une société s'arrange souvent pour garantir ses dettes en nantissant certains biens incorporels, notamment son fonds de commerce ou bien des parts sociales auto-détenues. Le nantissement attaché à une dette suit son sort. Le créancier titulaire de cette sûreté peut s'en prévaloir à l'égard de la société issue de la fusion, du seul fait de la transmission de la dette garantie. On admet généralement que le nantissement produit ses effets à l'égard des tiers à la date de son inscription hypothécaire. En principe, toute cession de créances garantie par un nantissement doit être suivie d'un renouvellement de l'inscription hypothécaire. Toutefois, la transmission du nantissement par fusion déroge à ce principe puisque la jurisprudence admet que le créancier puisse s'en prévaloir à l'égard de la société issue de la fusion, sans devoir procéder à une nouvelle inscription après la fusion[1901].

1054. Il est courant qu'une société garantisse ses dettes par le nantissement de ses propres parts sociales. Cette sûreté grevant les parts sociales de la société absorbée est-elle reportée sur les parts sociales de la société

1898 Sur l'hypothèque, cf. *infra*, n°1056.

1899 Art. 2329 C. civ. « *Les sûretés sur les meubles sont : [...] 3° Le nantissement de meubles incorporels* ».

1900 Art. 2071 C. civ.

1901 En ce sens : Cass. com., 2 déc. 2008, n°07-19325 ; Drt. Sociétés 2009, n°47, obs. COQUELET (M.-L.). Dans cet arrêt, la Cour de cassation affirme que « *la société absorbante devenant l'ayant cause universel de la société absorbée, l'inscription du nantissement pris à l'égard de la seconde conserve ses effets à l'égard de la première, sans qu'il soit nécessaire que le créancier procède à une inscription modificative postérieure à la fusion* ».

absorbante ? Il semble qu'une réponse négative s'impose[1902]. D'une part, la jurisprudence n'admet pas la subrogation réelle en matière de nantissement[1903]. Les parts sociales nanties de la société absorbée ne peuvent alors être remplacées par les parts sociales de la société absorbante, même si leur valeur est identique. D'autre part, on peut substituer les anciennes parts sociales par des parts sociales de nature différente lorsque la société débitrice est absorbée par une société d'une forme différente[1904]. L'absorption d'une société civile ou d'une SNC par une SA entraîne la distribution de nouvelles actions qui se substituent aux parts sociales. Il en résulte une modification considérable de la valeur des biens remis aux créanciers. De plus, il n'y a pas de fongibilité entre les créances représentées par les titres sociaux. Il est ainsi difficile d'admettre la transmission du nantissement sur les parts sociales. Lorsque la sûreté garantissant la dette est diminuée du fait du débiteur, le créancier qui risque de perdre le bénéfice de la garantie, peut demander en justice la déchéance du terme de la dette.

1055. **L'hypothèque.** L'hypothèque est une sûreté réelle, conventionnelle ou légale, qui confère au créancier un droit particulier sur un immeuble. D'une part, le créancier dispose d'un droit de préférence qui lui permet d'être payé avant les créanciers chirographaires et, d'autre part, d'un droit de suite l'autorisant à faire saisir le bien hypothéqué dans le patrimoine du tiers auquel l'immeuble a été cédé ou transmis. La fusion entraîne en principe la transmission de l'hypothèque accessoirement au bien transmis en application des dispositions de l'article 2424, alinéa 1er du Code civil : « *l'hypothèque est transmise de plein droit avec la créance garantie* ». Ainsi, l'absorption d'une société débitrice d'une dette garantie par une hypothèque ne porte pas atteinte à l'existence de cette garantie. Le créancier bénéficiaire de l'hypothèque grevant la créance transmise peut se prévaloir de cette sûreté à l'égard de la société issue de la fusion. Il peut également se mettre d'accord avec cette société pour apporter des modifications à l'étendue de la garantie, notamment en contrepartie de l'augmentation des intérêts ou la fourniture d'autres garanties. S'il estime que la fusion est susceptible de compromettre sa créance, il peut aussi former opposition à l'opération.

1902 MESTRE (J.), PUTMAN (E.) et BILLIAU (M.), *Traité de droit civil, Droit spécial des sûretés réelles*, LGDJ, 1996, n°953.

1903 En ce sens : Cass. Civ., 24 janv. 1905, S. 1905, 1. p. 113. La jurisprudence a maintenu une position de principe hostile à la reconnaissance de la substitution réelle des créances nanties. Les auteurs justifient cette solution, d'abord, par le souci d'éviter la fraude qui peut résulter de l'admission de la substitution d'une créance à une autre. Ensuite, la substitution exige l'accomplissement de nouvelles formalités de signification au nouveau débiteur de la créance nantie. Cf. MESTRE (J.), PUTMAN (E.) et BILLIAU (M.), *op. cit.*, n°953.

1904 MESTRE (J.), PUTMAN (E.) et BILLIAU (M.), *ibid.*

1056. Pour être opposable aux tiers, l'hypothèque est soumise à un régime de publicité foncière très rigoureux. La publication de l'hypothèque permet au créancier de bénéficier d'un paiement privilégié par rapport aux créanciers chirographaires et à ceux qui ont inscrit postérieurement leur hypothèque[1905]. Cependant, la transmission universelle de patrimoine entraîne une substitution de plein droit et sans novation du débiteur. Les créanciers bénéficient de l'hypothèque sur l'immeuble transmis sans qu'il soit nécessaire de procéder à une modification de l'inscription hypothécaire[1906]. Ceci résulte de l'article 2148, alinéa 2, du Code civil qui prévoit que l'inscription hypothécaire doit révéler uniquement l'identité du créancier et non celle du débiteur, à moins que ce dernier ne soit pas le propriétaire de l'immeuble. Par ailleurs, l'article 2430 du même code exige l'inscription aux hypothèques, sous forme de mention en marge des inscriptions existantes, de toute modification concernant la personne du créancier. Le cas de modification de la personne du débiteur n'est toutefois pas prévu. Ainsi, la substitution des débiteurs d'un créancier bénéficiaire d'une hypothèque ne suppose pas la modification des inscriptions hypothécaires.

1057. **Le risque de dépréciation de la sûreté réelle.** La transmission des sûretés réelles ne protège pas les créanciers de la société absorbée des éventuelles répercussions négatives de la fusion sur la valeur de leur garantie. La fusion peut évidemment entraîner des répercussions indirectes sur les créanciers titulaires de garanties à travers la modification de la solvabilité du débiteur garanti. Il est également intéressant de relever que la fusion peut modifier de façon directe la valeur propre de la garantie. Il en va ainsi « *chaque fois que dans la société absorbante ou nouvelle, le rapport de l'actif et des dettes assorties d'un privilège général mobilier et immobilier – qui prime les hypothèques (ou nantissements) – est différent après la fusion de ce qu'il était auparavant chez le débiteur initial* »[1907]. Le cas échéant, le créancier qui estime que la fusion compromet sa créance par la modification de la valeur de sa garantie peut former opposition à la fusion. Dans ce cas, le juge pourra ordonner le remboursement anticipé de la créance ou la constitution de nouvelles garanties au bénéfice du créancier.

[1905] Sur le sujet, v. SIMLER (Ph.) et DELEBECQUE (Ph.), *Droit civil, les sûretés- la publication foncière*, Dalloz, 2eme éd., 1995, n°404 ; CABRILLAC (M.), MOULY (Ch.), CABRILLAC (S.) et PETEL (Ph.), *op. cit.*, n°824.

[1906] Sur le sujet, v. CARBONNEL (C.), *Aspects immobiliers d'une restructuration de sociétés*, RD imm. 1995, p. 263 et s.

[1907] ROMNICIANU (M.), *Perspective d'ensemble sur le sort des garanties dans le cadre d'une fusion*, JCP E 1991, I, 34.

2-La transmission des sûretés personnelles

1058. **La caution.** Lors de l'absorption de la société garantie, la transmission par fusion des sûretés personnelles peut s'avérer problématique. Les sûretés personnelles ont généralement un caractère accessoire par rapport à la dette principale. Cependant, le caractère *intuitu personae* de ces sûretés empêche leur transmission à la société issue de la fusion. La caution, qui constitue l'exemple type des sûretés personnelles, ne peut être transmise à la société absorbante, parce qu'elle est imprégnée d'un fort *intuitu personae*. Comme le garant s'est engagé en fonction des attributs personnels de la société débitrice tels que sa forme sociale, son capital social, son activité sociale, ses associés, *etc.*, on ne peut l'obliger à continuer de garantir les dettes d'une autre personne. Par conséquent, la jurisprudence considère que la caution attribuée au bénéfice du créancier de la société débitrice ne se transmet à la société absorbante que pour les dettes nées antérieurement à la date de prise d'effet de la fusion[1908]. La caution ne saurait donc garantir les dettes nées postérieurement à cette date, à moins d'une manifestation expresse de volonté de la caution de prolonger son engagement à l'égard de la société issue de la fusion.

1059. **Les garanties autonomes.** Il existe des sûretés personnelles, telles que les garanties à première demande ou les garanties autonomes, qui sont indépendantes de l'obligation garantie. Un débat a jadis animé la doctrine qui se divisait sur la transmissibilité par fusion des sûretés autonomes. L'article 2321 du Code civil définit la sûreté autonome comme « *l'engagement par lequel le garant s'oblige, en considération d'une obligation souscrite par un tiers, à verser une somme soit à première demande, soit suivant des modalités convenues* ». Le caractère indépendant de l'engagement du garant ressort avec clarté. Le garant abandonne en effet tous les moyens de défense liés au caractère accessoire des sûretés personnelles. Il ne peut ainsi se prévaloir des exceptions tirées de l'obligation garantie à l'encontre créanciers[1909]. Le caractère indépendant de ces sûretés interdit qu'elles soient transmises accessoirement avec l'obligation garantie à l'occasion de la fusion[1910]. Peut-on alors envisager la transmission des garanties autonomes indépendamment de la dette qu'elles

[1908] En ce sens : Cass. com., 30 juin 2009, *préc.*.

[1909] En ce sens : Art. 2321, al. 3 C. civ.: « *Le garant ne peut opposer aucune exception tenant à l'obligation garantie* ».

[1910] Art. 2321, dernier al. : « *Sauf convention contraire, cette sûreté ne suit pas l'obligation garantie* ». *Contra*, MALAURIE (Ph.) et AYNÈS (L.), *op. cit.*, n° 346 : les auteurs considèrent que la garantie autonome se transmet accessoirement à l'obligation principale malgré son caractère indépendant. Ils considèrent en effet que « *par sa finalité, elle est mise au service de l'obligation du donneur d'ordre envers le bénéficiaire, et constitue à cet égard un « accessoire » de la créance au même titre qu'une clause pénale, ou l'action résolutoire* ».

couvrent après la transmission universelle du patrimoine de la société dissoute ? Selon une doctrine majoritaire le transfert de l'obligation garantie entraîne l'extinction de la garantie autonome[1911]. Pour justifier une telle solution, les auteurs s'appuient sur le caractère *intuitu personae* et la rigueur de l'engagement du garant. Il en résulte que le créancier de la société dissoute, bénéficiaire d'une sûreté autonome, ne peut s'en prévaloir à l'égard de la société issue de l'opération. D'autres auteurs refusent cependant de percevoir l'*intuitu personae* comme étant un obstacle à la transmission de la garantie autonome[1912]. En se référant à un arrêt de la Cour de cassation du 2 octobre 2004 qui admet le principe de transmissibilité d'une garantie autonome[1913], l'un d'eux propose d'étendre cette solution en matière de fusion[1914]. Par ailleurs, le même auteur constate que l'engagement du garant n'est pas pris en considération du bénéficiaire de la garantie, mais de la personnalité du débiteur c'est-à-dire de la société dissoute qui sera le donneur d'ordre. L'*intuitu personae* qui ne concerne que la relation entre le garant et le donneur d'ordre ne peut pas justifier l'intransmissibilité des droits du bénéficiaire de la garantie autonome. Le débat relatif à la transmissibilité par fusion des garanties autonomes a été définitivement tranché par la reforme du droit des sûretés de 2006[1915]. L'article 2321 du Code civil dispose désormais que « *sauf convention contraire, cette sûreté ne suit pas l'obligation garantie* ». Ainsi, la transmission par fusion de la garantie autonome n'est plus envisageable.

1060. **Synthèse.** On constate alors que le caractère *intuitu personae* des suretés personnelles, nonobstant leur caractère indépendant ou accessoire par rapport à l'obligation garantie, constitue l'obstacle principal à l'admission de leur transmission par fusion à la société issue de la fusion. La substitution sans novation qui caractérise la transmission universelle de patrimoine ne semble pas à même de protéger les créanciers sociaux titulaires de ce type de sûretés.

[1911] En ce sens : BOURASSIN (M.), BREMOND (V.) et JOBARD-BACHELLEIR (M.-N.), *Droit des sûretés*, Sirey, 4eme éd., 2014, n°903 ; PIEDELIÈVRE (S.), *Les sûretés*, 4eme éd., 2004, éd. Armand Colin, n° 205 ; SIMLER (Ph.), *Cautionnement et garanties autonomes*, Litec, 3eme éd., 2000, n°857.

[1912] HOUTCIEF (D.), *Les sûretés personnelles*, JCP G 2006, I, 3. L'auteur considère que l'indépendance de la garantie par rapport à l'engagement principal doit permettre sa survivance malgré l'absorption de la société débitrice ; BERARD (P.-Y.), *Les fusions à l'épreuve de l'intuitus personae*, RTD com. 2007, p. 279, n° 64.

[1913] Cass. 2e civ., 21 oct. 2004, Defrénois, n°15-16/05, p. 1226, obs. BARTHEZ (A.-S.).

[1914] BERARD (P.-Y.), *ibid.*

[1915] Ordonnance n°2006-346 du 23 mars 2006 (JORF, 24 mars 2006, n°71).

Ss-paragraphe 2 : L'action paulienne

1061. **L'admission de l'action paulienne.** L'admission du principe même de l'action paulienne en matière de fusion, ainsi que les conditions et les effets de mise en œuvre de cette action, est régie par la loi applicable à la société débitrice du créancier lésé par l'opération. Ainsi, le créancier d'une société ne dispose d'une action paulienne que lorsque la loi applicable à celle-ci l'envisage. En droit français, l'action paulienne est un dispositif mis en place pour protéger le créancier contre tout acte juridique effectué en fraude de ses droits[1916]. Les textes relatifs à la fusion ne prévoient pas expressément la mise en œuvre d'une telle action.

1062. La question qui se pose alors est de savoir si, en se référant aux dispositions de droit commun, les créanciers d'une société peuvent mettre en œuvre une action paulienne, lorsque l'opération a pour dessein de frauder leurs droits. Une partie de la doctrine doute de la recevabilité de l'action paulienne à l'occasion d'une fusion[1917]. À cet égard, le Professeur HOUIN considère que « *si cette action se conçoit bien, lorsqu'elle est dirigée contre une opération à titre particulier, elle est plus douteuse à l'occasion d'un transfert de patrimoine, quand le gage des créanciers passe à titre universel d'une société à une autre* »[1918]. Il nous semble cependant que le caractère universel du transfert des éléments actifs ou passifs d'une société est indifférent au regard de la mise en œuvre d'une action paulienne. En droit des sociétés, une transmission universelle de patrimoine peut éventuellement avoir pour but de frauder les droits des créanciers lorsque la société débitrice cherche à dilapider des éléments de son actif en les transférant à titre universel à une société tierce.

1063. L'action paulienne est une action de droit commun contre toute fraude aux droits des créanciers. On considère que « *pour le plus grand bonheur des créanciers, la jurisprudence a considérablement libéralisé, (...) le régime de l'action paulienne, au point que celle-ci est devenue une garantie de droit commun des obligations* »[1919]. La vocation générale de l'action paulienne lui permet ainsi d'intervenir dans tous les domaines du droit, y compris celui de la fusion.

1916 Sur l'action paulienne, v. FLOUR (J.), AUBERT (J.-L.) et SAVAUX (E.), *op. cit., t.3*, n°91 et s.; SAUTONIE-LAGUIONIE (L.), *La fraude paulienne*, LGDJ, 2008 ; TERRÉ (Fr.), SIMLER (P.) et LEQUETTE (Y.), *op. cit.*, n°1154.

1917 GHESTIN (J.), BILLIAU (M.) et LOISEAU (G.), *Traité de droit civil, le régime des créances et des dettes*, LGDJ, 2005, p. 575. ; HOUIN (R.), *art. préc.*, p. 19 ; LECOURT (B.), *De l'utilité de l'action paulienne en droit des sociétés, préc.*, p. 615 et s.

1918 HOUIN (R.), *art. préc.*, p. 19.

1919 LECOURT (B.), *De l'utilité de l'action paulienne en droit des sociétés, préc.*, p. 616.

1064. **L'intérêt de l'admission de l'action paulienne.** Lorsque les textes ne prévoient pas de mécanisme particulier de protection des créanciers sociaux l'admission de l'action paulienne dans le domaine de la fusion est nécessaire[1920]. Pour les fusions intervenant entre les SA et les SARL[1921], le Code de commerce prévoit une procédure d'opposition uniquement au bénéfice des créanciers, alors que la procédure d'opposition n'est pas expressément reconnue au bénéfice des créanciers lorsque la fusion intervient entre des sociétés de formes différentes[1922] ou lorsqu'elle implique des sociétés de personnes, des associations et des groupements d'intérêt économique. La jurisprudence autorise ces entités à prévoir contractuellement la mise en œuvre d'un droit d'opposition au bénéfice de leurs créanciers sociaux en se référant dans le contrat de fusion aux dispositions relatives aux SA et SARL[1923]. Néanmoins, à défaut d'une telle protection, il est indispensable de recourir à l'action paulienne pour assurer un minimum de protection aux créanciers sociaux. L'impératif de protection de ces derniers suppose l'admission de l'action paulienne tant en matière de fusion interne que de fusion transfrontalière intervenant entre de sociétés de formes différentes ou impliquant une société de personnes ou une association ou un groupement d'intérêt économique. L'action paulienne est par ailleurs un excellent palliatif au droit d'opposition, lorsque celui-ci ne peut être mis en œuvre faute d'une créance certaine, liquide et exigible. Selon la jurisprudence, l'action paulienne est recevable du seul fait que la créance existe en son principe, préalablement à l'acte frauduleux[1924]. Il en découle qu'une créance à terme ou conditionnelle peut justifier l'action paulienne[1925].

[1920] En ce sens : LECOURT (B.), *De l'utilité de l'action paulienne en droit des sociétés, préc.*, p. 635.- *Adde*, GHESTIN (J.), BILLIAU (M.) et LOISEAU (G.), *op. cit.*, p. 575 : les auteurs constatent que « *la protection des tiers, c'est-à-dire des créanciers, n'est assurée que de façon incomplète par les dispositions spéciales régissant les effets des divers modes de transmission universelle de patrimoine. Les mécanismes généraux de régulation du système juridique peuvent ainsi être amenés à jouer un certain rôle. La jurisprudence ne l'exclut pas, bien au contraire, puisqu'elle a fait une application positive de la notion de fraude au sens étroit et de la responsabilité civile* ».

[1921] Pour les SA, cf. art. L. 236-14 C. com. et pour les SARL, cf. art. L. 236-23 C. com. qui renvoie aux dispositions des SA concernant le droit d'opposition.

[1922] L'article L. 236-14 C. com. s'applique uniquement pour les fusions intervenant entre des SA. Quant à l'article L. 236-23 C. com., il dispose que l'art. L. 236-14 C. com. est applicable aux fusions des sociétés à responsabilité limitée au profit de sociétés de même forme.

[1923] En ce sens : Cass. Com., 15 juill. 1992, Bull. Joly 1992, p. 1111, note CAILLAUD (B.) et LE CANNU (P.). *Contra*, WAREMBOURG-AUQUE (F.), *th. préc.*, n°391 et s. L'auteur s'oppose à la possibilité de reconnaître un droit d'opposition au bénéfice des créanciers des sociétés de personnes fusionnantes au motif qu'il ne peut y avoir opposition sans texte.

[1924] En ce sens: Cass. civ., 17 janv. 1984, D. 1984, p. 437, note MALAURIE (Ph.); RTD civ. 1984, p. 719, obs. MESTRE (J.).

[1925] En ce sens : GHESTIN (J.) et BILLIAU (M.), *Les effets du contrat*, LGDJ, 1992, n°694. *Contra*, Cass. 1re civ., 18 déc. 1957, Bull. civ. 1957, I, n°499 ; D. 1958, 1, p. 224. Selon cet

1065. **Plan.** L'action paulienne étant admise en matière de fusion, nous suggérons d'étudier ses conditions de mise en œuvre **(A)** et ses effets **(B)**.

A- Les conditions de mise en œuvre de l'action paulienne

1066. **La fraude aux droits des créanciers.** La mise en œuvre de l'action paulienne suppose qu'une fraude soit commise par le débiteur à l'encontre du créancier. La fusion peut être un stratagème destiné à frauder les droits des créanciers sociaux. L'arrêt du 10 juin 1963 concerne une fusion intervenue entre une société caution et la société cautionnée dans le seul but de priver le créancier du bénéfice de la caution[1926]. En l'espèce, une banque avait accordé à une société un découvert en compte courant qui était garanti par la caution solidaire d'une autre société. Après la déclaration de faillite du débiteur principal, la banque réclama le paiement de la créance garantie à la caution. Cependant, elle se retrouva face au débiteur principal qui avait auparavant absorbé la caution sans l'avertir. La manœuvre est qualifiée de frauduleuse par la Cour de cassation. En effet, les sociétés n'avaient pas averti la banque de leur fusion dans le seul but de maintenir le fonctionnement du compte courant et pouvoir ainsi continuer de creuser le découvert. La fusion préjudiciait la banque qui subissait désormais le concours de la masse de tous les créanciers de la société en faillite. À cet égard, un auteur constate que la banque « *aurait pu, sans la fusion, choisir de concourir là où elle avait le plus de chances d'être payée* »[1927]. La fusion avait privé la banque de la possibilité de choisir le débiteur le plus solvable.

1067. Un autre arrêt rendu par la Cour de cassation, le 10 octobre 1995, illustre parfaitement un cas de fusion réalisée dans le but de frauder aux droits des créanciers[1928]. Au cas d'espèce, un directeur qui s'était porté caution des engagements de sa société envers une banque, avait fait absorber sa société par une autre société dans le but de s'exonérer de son engagement envers le prêteur. Lorsque la banque assigna le directeur en sa qualité de caution, celui-ci fit valoir sa libération en raison des différentes fusions qui avaient été réalisées. À défaut d'accord exprès de la caution de s'engager à garantir la société absorbante, la disparition de la société absorbée entraînait l'extinction du cautionnement des dettes de la société absorbée. La Cour de cassation releva cependant l'existence d'une fraude commise à l'encontre de la banque. Elle constate que les fusions successives avaient été réalisées par le directeur « *pour des raisons de pure convenance personnelle en vue de*

---

arrêt, une créance sous condition suspensive ne peut pas bénéficier de l'action paulienne puisqu'elle n'a aucune existence actuelle ni future certaine.

1926 Cass. com., 10 juin 1963, D. 1968, p. 116, note LOMBOIS (C.).

1927 LOMBOIS (C.), *ibid.*

1928 Cass. com., 10 oct. 1995, Bull. civ. V, n°224; RTD civ. 1996, p. 201, obs. BANDRAC (M.) ; LPA, 13 déc. 1995, p. 15, note COURET (A.) et LE CANNU (P.).

s'exonérer de son obligation, sans pour autant vouloir dénoncer son cautionnement ». La fusion réalisée en fraude des droits du créancier lui est inopposable.

1068. **L'appauvrissement de la société débitrice.** Outre l'existence d'une fraude aux droits des créanciers, la mise en œuvre de l'action paulienne exige un préjudice subi par le créancier en raison de l'appauvrissement du débiteur. L'acte d'appauvrissement est « *celui qui altère l'actif du patrimoine du débiteur en en diminuant la valeur* »[1929]. Rapporter que la fusion est constitutive d'un tel acte n'est pas une mince affaire. En effet, la disparition de la société absorbée exclue toute idée d'appauvrissement puisque le débiteur n'existe plus. La situation économique du débiteur principal doit alors s'apprécier à l'aune de la société absorbante qui se substitue à la société absorbée. Il faut alors examiner si la fusion appauvrit la société absorbante. Toutefois, un tel raisonnement aboutirait systématiquement au rejet de l'action paulienne, car la fusion entraîne en général une substitution de la société débitrice par une autre société plus solvable. Ainsi, le droit de gage général des créanciers n'est pas réduit mais s'étend à une nouvelle société qui bénéficie de la transmission du patrimoine de la société dissoute.

1069. Cependant en pratique, la jurisprudence éclipse la condition de l'appauvrissement du débiteur. Les juges admettent l'action paulienne, dès lors que la fusion est frauduleuse, sans même rechercher s'il y a eu appauvrissement de la société débitrice. La fraude est une condition nécessaire et suffisante pour justifier le déclenchement de l'action paulienne. Dans l'arrêt précité du 10 juin 1963, la Cour de cassation rejette le pourvoi en considérant que les juges du fond ont « *souverainement constaté que le débiteur s'était appauvri, en relevant qu'il avait absorbé le passif de la société immobilière* »[1930]. L'affirmation semble un peu hâtive, car la transmission du passif de la société absorbée à la société absorbante est généralement compensée par l'actif de la société absorbée lui aussi transmis. Par ailleurs, la perte d'une caution relevée dans l'arrêt du 10 octobre 1995 ne peut raisonnablement s'analyser comme un appauvrissement de la société absorbée. En effet, il s'agit d'un avantage au profit du créancier plutôt qu'à celui du débiteur cautionné. À cet égard, un auteur constate que « *le débiteur-caution ne s'est pas appauvri du fait de la fusion ; on pourrait même soutenir qu'il s'est enrichi, du fait de l'extinction du cautionnement : c'est un sophisme, car ce qui compte, c'est le préjudice causé au créancier, ce préjudice est certain si le cautionnement cesse* »[1931].

[1929] FLOUR (J.), AUBERT (J.-L.) et SAVAUX (E.), *op. cit., t.3*, n°91.
[1930] Cass. com., 10 juin 1963, *préc.*.
[1931] COURET (A.) et LE CANNU (P.), note sous arrêt Cass. com., 10 oct. 1995, *préc.*.

1070. La transmission universelle de patrimoine affecte parfois négativement la situation économique de la société débitrice, de telle sorte que l'opération peut être qualifiée d'acte d'appauvrissement. À cet égard, un auteur considère qu'« *il suffirait donc que l'actif transmis ait été absorbé par le passif de la société bénéficiaire, ou celui de l'associé unique, ou que la prise en charge du passif transféré ait créé un déséquilibre de nature à compromettre le paiement des créanciers de la société bénéficiaire, ou à rendre plus difficile leur recouvrement* »[1932]. La fusion peut en effet aboutir à l'appauvrissement de la société absorbée lorsqu'elle est absorbée par une autre société insolvable ou moins solvable. La fusion peut également entraîner l'appauvrissement de la société absorbante quand le patrimoine transmis a une valeur nette négative, notamment dans les restructurations intra-groupe[1933].

1071. **Le délai de prescription de l'action paulienne.** L'admission de l'action paulienne en matière de fusion présente un atout majeur pour les créanciers sociaux qui réside dans le délai de prescription considérablement long de cette action, du moins par rapport à celui prévu pour l'exercice du droit d'opposition. Ce dernier doit en effet être exercé dans un bref délai de trente jours, à compter de la dernière insertion du projet de fusion au BODACC ou, le cas échéant, au BALO, ou de la mise à disposition du public du projet de fusion sur le site Internet de la société[1934]. De son côté, l'action paulienne est soumise au délai de prescription de droit commun de cinq ans à compter du jour où le créancier a connu ou aurait dû connaître l'existence de l'acte frauduleux[1935]. Même lorsque le délai d'opposition est dépassé, les créanciers ont toujours la faculté de mettre en œuvre une action paulienne.

1072. On peut cependant s'interroger sur l'opportunité d'enfermer l'action paulienne dans un délai de prescription plus court, en lui appliquant le délai de 30 jours propre au droit d'opposition. Une telle solution semble répondre au souci du législateur d'assurer la sécurité de la fusion en évitant toute contestation de l'opération. Toutefois, l'adoption d'un délai identique à l'action paulienne et à l'opposition reviendrait à faire fi de la différence principale entre ces deux actions. La première repose sur une fraude commise aux droits des créanciers. Or, la sanction de cette fraude exige un délai de prescription plus long que celui prévu pour l'opposition. Le créancier, qui ignore souvent l'existence de la fraude à ses droits sociaux, découvre le plus souvent la fraude après la fusion et, *a fortiori*, après

---

[1932] LECOURT (B.), *De l'utilité de l'action paulienne en droit des sociétés, préc.*, p. 642.

[1933] Sur la possibilité d'absorption d'une société ayant une valeur net négative, cf. *supra*, n°s428 et s.

[1934] Art. L. 236-14, al. 2 C. com. et art. R. 236-8 C. com.

[1935] Art. 2224 C. civ.

l'expiration du délai de trente jours. Il n'est pas raisonnable d'appliquer le délai d'opposition à l'action paulienne puisqu' « *avant la découverte de la fraude, la victime est (...) dans l'impossibilité d'agir ; or, aucun délai ne court contre celui qui est dans l'impossibilité d'agir* »[1936]. L'application du délai de trente jours à l'action paulienne serait ainsi largement préjudiciable aux droits des créanciers. En matière de fusion, l'action paulienne doit demeurer soumise au délai de prescription de droit commun.

B- Les effets de l'action paulienne

1073. **Les effets à l'égard du créancier.** L'action paulienne a pour finalité la neutralisation des effets de l'acte frauduleux qui devient inopposable aux créanciers. Contrairement à la nullité, cette sanction ne porte pas atteinte aux effets de l'acte frauduleux *inter partes*, mais le prive seulement d'effets à l'égard du créancier lésé. L'inopposabilité permet au créancier de faire comme si l'acte contesté n'avait pas eu lieu. L'action paulienne n'est donc pas en mesure de faire obstacle à la réalisation de la fusion. Elle peut seulement en neutraliser les effets sur la créance litigieuse. Cette sanction paraît en phase avec l'esprit des dispositions législatives qui limite le plus possible les causes et les effets de la nullité d'une fusion[1937]. L'auteur de l'action paulienne peut saisir la créance transmise, comme si elle n'avait jamais quitté le patrimoine de la société absorbée.

1074. **Les effets *inter partes*.** Il faut par ailleurs s'interroger sur les droits de la société absorbante vis-à-vis de la société absorbée. La survie de l'acte frauduleux *inter partes* suppose que le tiers évincé par l'action paulienne conserve à l'encontre de son cocontractant un recours en garantie contre l'éviction. La société absorbante ne peut évidemment pas engager la responsabilité de la société absorbée disparue après la fusion. En revanche, elle peut demander en garantie les anciens associés de la société dissoute qui seront tenus responsables du préjudice qu'elle a subi.

Paragraphe 2 : Les procédés spéciaux de protection

1075. **L'exigence de procédés spéciaux de protection.** Le premier alinéa de l'article 13 de la troisième directive dispose que « *les législations des États membres doivent prévoir un système de protection adéquat des intérêts des créanciers des sociétés qui fusionnent pour les créances nées antérieurement à la publication du projet de fusion et non encore échues au*

[1936] GHESTIN (J.), BILLIAU (M.) et LOISEAU (G.), *Traité de droit civil, le régime des créances et des dettes*, LGDJ, 2005, p. 577.

[1937] En ce sens: COURET (A.) et LE CANNU (P.), note sous arrêt Cass. com., 10 oct. 1995, *préc.*.

moment de cette publication ». Il en résulte que les législations nationales doivent prévoir des mécanismes de protection des créanciers sociaux. Cependant, le texte ne se prononce pas sur les modalités et le contenu de ces mécanismes. Il se contente d'une exigence minimale consistant à prévoir des garanties adéquates au profit des créanciers. Les États membres disposent donc d'une large marge de manœuvre. Le silence gardé par la dixième directive sur ce point souligne de nouveau le renvoi opéré à la loi applicable à chacune des sociétés fusionnantes[1938].

1076. **Plan.** On constate que les mécanismes nationaux de protection des créanciers se déclinent en un droit d'opposition au bénéfice des créanciers non obligataires **(Ss-paragr. 1)** et une procédure de consultation des créanciers obligataires **(Ss-paragr. 2)**.

Ss-paragraphe 1 : Le droit d'opposition des créanciers non obligataires

1077. **La loi applicable au droit d'opposition.** En droit international privé, les procédés de protection des créanciers sociaux relèvent exclusivement de la loi applicable à la société débitrice. Cette loi est en principe seule compétente pour régir l'existence, les conditions de mise en œuvre ainsi que les effets du droit d'opposition d'un créancier. Cependant, il arrive que les procédés de protection s'appliquent cumulativement. Rien n'interdit en effet que le créancier de la société absorbée profite également du système de protection prévu par la loi de cette dernière et celui de la loi de la société absorbante ou de la société nouvellement créée. Cette solution s'applique également aux fusions intra-européennes, puisque la dixième directive ne prévoit pas de règles matérielles en matière de droit d'opposition. Pour vérifier l'existence d'un droit d'opposition au bénéfice des créanciers sociaux et ses modalités de mise en œuvre, il faut donc se référer aux dispositions nationales de la société débitrice.

1078. **Plan.** Tous les États membres ont élaboré un droit d'opposition à la fusion au bénéfice des créanciers sociaux. Les conditions de mise en œuvre et ses effets diffèrent d'un droit interne à l'autre. Il est possible de distinguer deux systèmes : l'opposition *a priori* et l'opposition *a posteriori*. L'adoption de l'une ou l'autre par les législations nationales est susceptible de soulever certaines difficultés dans la réalisation de la fusion transfrontalière **(A)**. Des remèdes sont toutefois envisageables **(B)**.

[1938] Art. 4. 2 Dir. 2005/56/CE.

A- La divergence des modalités d'opposition dans les dispositions nationales

1079. **Le système de protection *a posteriori*.** Le système de protection *a posteriori* est celui qui répond le mieux à l'intérêt économique des sociétés fusionnantes. Il n'est pas à même d'entraver la fusion, puisqu'il intervient après l'accomplissement de la fusion. Le droit allemand adopte ce système de protection[1939]. Les créanciers y ont le droit, dans les six mois de la publicité de la fusion, de réclamer auprès de la société absorbante l'exécution de leur créance ou la fourniture d'une garantie supplémentaire quand ils estiment que l'opération peut porter atteinte à leur droit de créance[1940]. Le droit d'opposition est seulement ouvert aux créanciers disposant d'une créance née avant la date de prise d'effet de l'opération, à savoir son enregistrement au registre du commerce et des sociétés. Le domaine d'application du droit d'opposition allemand est considérablement plus large que celui du droit d'opposition français. Le premier concerne les fusions faisant intervenir les sociétés de capitaux, ainsi que les sociétés de personnes[1941], alors que le second limite la possibilité d'opposition aux fusions réalisées entre les SA et les SARL. Par ailleurs, le droit français admet l'opposition uniquement pour les créances de somme d'argent, liquides et exigibles, alors que le droit allemand l'admet pour les créances non encore exigibles ou portant sur une obligation de faire. La procédure d'exécution de la créance ou de constitution de garantie supplémentaire est extrajudiciaire. Le contrôle du juge n'intervient que postérieurement à la procédure extrajudiciaire, lorsque le créancier intente une action en responsabilité contre la société absorbante elle-même ou contre les membres des organes de direction de cette société, en cas de violation de l'obligation de fournir les garanties revendiquées.

1080. Le droit suisse prévoit également un système de protection *a posteriori*. Les créanciers peuvent en effet s'opposer à la fusion dans les trois mois qui suivent la date de sa prise d'effet. Ils peuvent alors exiger de la société absorbante qu'elle garantisse leurs créances[1942]. Si elle parvient à prouver que la fusion ne compromet pas l'exécution de la créance en cause,

---

[1939] Sur la procédure d'opposition en droit allemand, cf. BAUERREIS (J.), *La protection préventive du droit de créance ou du droit intellectuel en droit allemand*, LPA, 4 avr. 2007, n°68, p. 6.

[1940] § 22, al. 1er UmwG.

[1941] § 3, al. 1er UmwG.

[1942] Art. 25, I LFus suisse : « *La société reprenante garantit les créances des créanciers des sociétés qui fusionnent si ceux-ci l'exigent dans le délai de trois mois à compter de la date à laquelle la fusion déploie ses effets* ».

la société absorbante est exonérée de la fourniture d'une garantie[1943]. Elle peut également décider de payer la créance pourvu qu'il n'en résulte aucun dommage pour les autres créanciers[1944]. Le droit suisse a, par ailleurs, élaboré un système de protection propre à l'absorption des sociétés à responsabilité illimitée. Les associés restent tenus pendant trois ans à compter de la date de prise d'effet de la fusion des dettes nées avant la publication de la décision de fusion, ou dont la cause est antérieure à cette date[1945].

1081. **Le système de protection *a priori*.** Le système de protection *a priori* répond le plus à l'intérêt des créanciers des sociétés fusionnantes, parce qu'il subordonne généralement la réalisation de la fusion à l'exécution immédiate de la créance, ou à l'octroi d'une garantie supplémentaire aux créanciers[1946]. Il se caractérise par la possibilité de blocage de l'opération de fusion. Il en va ainsi du droit d'opposition en droit italien qui peut être exercé par le créancier, dans le délai de trois mois devant un tribunal, à moins que ce créancier n'ait donné son consentement préalable à la fusion, ou qu'il n'ait déjà reçu le paiement de sa créance. La réalisation de la fusion est alors suspendue, pendant le délai de trois mois prévu pour l'opposition, et peut le rester jusqu'à ce que le tribunal statue sur les oppositions.

1082. Le droit français prévoit également un système de protection *a priori* dans le quatrième alinéa de l'article L. 236-14 du Code de commerce puisque le droit d'opposition intervient avant la réalisation de la fusion. Le système de protection français présente toutefois la particularité, par rapport aux autres systèmes de protection *a priori*, de ne pouvoir, en aucun cas, entraver la réalisation de la fusion. Les créanciers d'une société française, dont le droit est antérieur à la publicité donnée au projet de fusion peuvent former opposition à l'opération, dans un délai de trente jours à compter de cette publicité. Leur créance de somme d'argent doit être certaine, liquide et

---

1943 Art. 25, III LFus suisse : « *L'obligation de fournir des sûretés s'éteint si la société prouve que la fusion ne compromet pas l'exécution de la créance* ».

1944 Art. 25, IV LFus suisse : « *La société tenue de fournir des sûretés peut, en lieu et place, exécuter la créance dans la mesure où il n'en résulte aucun dommage pour les autres créanciers* ».

1945 Art. 26, I LFus suisse.

1946 Un système de protection *a priori* est adopté par le droit espagnol qui prévoit que le droit d'opposition d'un créancier puisse bloquer la réalisation de la fusion. Art. 44, al. 3 LFus espagnole : « *Dans le cas où les créanciers auraient le droit de s'opposer à la fusion, celle-ci ne pourra se produire que lorsque la société aura offert une garantie à la satisfaction du créancier ou, le cas échéant, lorsqu'elle aura notifié à ce créancier l'octroi d'une caution solidaire en faveur de la société par un organisme de crédit dûment habilité à cet effet à hauteur de la créance dont le créancier serait titulaire et ce, pour autant que l'action en vue d'exiger son exécution ne soit pas prescrite* ».

exigible. Le droit d'opposition est prévu au bénéfice des créanciers de la société absorbée et des créanciers de la société absorbante.

1083. La procédure judiciaire se réalise devant le tribunal de commerce qui apprécie si la fusion est de nature à compromettre le droit des créanciers. Dans la négative, il rejette la demande d'opposition. Il en va différemment lorsque la fusion porte atteinte aux droits du créancier, notamment lorsque la solvabilité du nouveau débiteur est plus faible que celle de l'ancien. Le droit de gage général des créanciers de la société absorbée se trouve alors réduit. Les créanciers de la société absorbante courent également des risques. Pour eux, il ne s'agit point d'une protection contre le risque d'un changement de débiteur, car leur société débitrice ne disparaît pas, mais d'éviter de se retrouver en concours avec les créanciers de la société absorbée. Dans ce cas, le tribunal ordonne soit le remboursement immédiat des créances, soit la constitution de garantie par la société absorbante.

1084. Il faut toutefois préciser que l'opposition du droit français se distingue du système de protection *a priori* traditionnel, par le fait que cette opposition n'est supposée en aucun cas entraver la fusion. La fusion se réalisera même si la société en cause n'exécute pas la décision du tribunal[1947]. Dans ce cas, transmission universelle du patrimoine de la société absorbée sera seulement inopposable aux créanciers opposants. Ces derniers bénéficieront alors d'un droit préférentiel de paiement sur le patrimoine de la société absorbée, en évitant le concours des créanciers de la société absorbante.

1085. **Les difficultés engendrées par la divergence des systèmes nationaux de protection.** La divergence entre les différents systèmes de protection des créanciers est source de difficultés voire parfois un obstacle à la réalisation de la fusion transfrontalière. Un auteur relève la difficulté qui découle de l'application de deux différents systèmes de protection en constatant qu' « *il s'agit à la fois de satisfaire aux demandes en amont et de lever l'opposition en aval* »[1948]. Par ailleurs, le jugement de remboursement immédiat, prévu par les systèmes de protection *a priori* et *a posteriori*, est susceptible d'entraver la fusion. Les sociétés fusionnantes en manque de liquidités peuvent se trouver dans l'impossibilité d'exécuter un jugement qui les condamne au remboursement immédiat de certaines créances. Dans le

---

[1947] Art. L. 236-14, al. 4 C. com. « *L'opposition formée par un créancier n'a pas pour effet d'interdire la poursuite des opérations de fusion* ». On a alors tendance à considérer que l'utilisation de « *l'expression [opposition] ne reflète pas exactement la réalité qu'elle recouvre [...] parce que l'opposition, même exercée avec succès, n'interdit pas aux sociétés intéressées de réaliser la fusion projetée, ni ne vicie la fusion réalisée* ». – *Adde,* HÉMARD (J.), TERRÉ (Fr.) et MABILAT (P.), *op. cit.*, n°946.

[1948] LUBY (M.), *art. préc.*, étude 11.

système de protection *a priori*, comme la condamnation au paiement immédiat intervient avant la réalisation de la fusion, les sociétés fusionnantes peuvent toujours se rétracter et renoncer à la poursuite de la fusion. Le jugement ne peut avoir un effet dissuasif. Dans les systèmes de protection *a posteriori*, le danger semble plus grand car le remboursement immédiat doit intervenir après la réalisation de la fusion. La société absorbante peut donc brusquement se retrouver dans l'obligation de payer une somme considérable sans possibilité de se rétracter. Or, il est difficile de déterminer à l'avance le jugement que le tribunal prononcera. Par conséquent, la société absorbante est dans l'incapacité de se prémunir des effets préjudiciables d'un jugement de condamnation au paiement immédiat. Il faut aussi soulever que la plupart des législations nationales n'admettent pas la possibilité d'annuler une fusion après sa prise d'effet. La société condamnée au paiement immédiat ne peut mettre en cause la fusion. L'exécution du jugement risque alors de contrecarrer tous les objectifs qu'elle s'était fixée avec cette fusion.

1086. Une difficulté résulte aussi de la divergence des délais d'exercice du droit d'opposition des créanciers[1949]. Elle provient d'abord des différents points de départ des délais d'opposition. Certains États, notamment le Luxembourg, l'Espagne et l'Italie, prévoient un point de départ après la délibération de l'assemblée générale. D'autres en revanche, comme la France, prévoient un point de départ antérieur à la délibération des assemblées générales. La divergence tient ensuite à la différence des délais prévus par chacune des législations. Certains auteurs considèrent que les délais d'opposition s'appliquent cumulativement, afin que les créanciers bénéficient du délai d'opposition le plus long[1950]. Selon nous pourtant, cette application cumulative n'a pas lieu d'être. D'une part, cette solution est susceptible d'entraîner une prolongation inopportune du calendrier de réalisation de la fusion et, d'autre part, le créancier qui a initialement traité avec une société s'attend légitimement à ce que la loi de cette société continue de s'appliquer. Un régime de faveur au bénéfice du créancier ne nous semble pas justifié. La divergence dans les délais d'exercice du droit d'opposition ne soulève pas de difficultés particulières, puisque les modalités d'exercice de ce droit sont soumises de manière distributive à la *lex societatis* de chacune des sociétés débitrices.

B- Les remèdes à la divergence des dispositions nationales

1087. **Tentatives d'harmonisation européenne.** Le législateur européen a tenté d'harmoniser les différents systèmes de protection des créanciers lors

---

[1949] CALVEYRA (E.), *Études des aspects juridiques et sociaux des fusions transfrontalières intra-communautaires*, J. soc., nov. 2009, p. 14 et s.
[1950] LOY (M.), *Les fusions transfrontalières: entre présent et avenir*, JCP E 2007, n°31.

de l'élaboration du projet de convention relative aux fusions internationales des sociétés anonymes[1951]. Il avait ainsi initialement prévu une solution hybride. La protection de principe prévue par le projet de convention reposait sur un système *a priori*, selon lequel « *les créanciers non obligataires de la société absorbée dont la créance est antérieure à la publication de l'avis du projet de fusion concernant cette société peuvent, dans les trente jours de cette publication, exiger la constitution d'une sûreté* »[1952]. Un effet suspensif sur la réalisation de la fusion était attribué au système de protection du projet de convention. En effet, le tribunal devant lequel l'opposition était portée pouvait ajourner la réalisation de la fusion, le temps de décider du rejet de la demande ou, au contraire, de la constitution d'une sûreté[1953]. Le projet de convention envisageait également une protection *a posteriori*, réservée uniquement aux créanciers de la société absorbée qui n'avaient pas le droit d'invoquer la protection *a priori*[1954]. Elle englobait ainsi, non seulement les créances postérieures à la date publication de l'avis du projet de fusion, mais aussi celles nées antérieurement à cette date, sans que les titulaires puissent se prévaloir du système de protection *a priori*. Néanmoins, la tentative d'adoption d'un système de protection hybride n'a pas abouti. En effet, la majorité des délégations des États membres se sont finalement prononcées en faveur d'un système *a posteriori*.

1088. Il est regrettable que lors de l'adoption de la dixième directive, le législateur européen n'ait pas tenté à nouveau d'élaborer un système de protection des créanciers. Sans doute conscient des difficultés de rapprocher les différents points de vue nationaux en ce domaine, le législateur s'est contenté de prescrire des principes généraux que les États membres doivent respecter, tout en leur laissant le soin d'organiser le système de protection, sous réserve que le système soit suffisamment adéquat et efficace pour protéger le droit des créanciers.

1951 GOLDMAN (B.), *Rapport concernant le projet de convention sur la fusion internationale des sociétés anonymes, préc.*, p. 496.

1952 Art. 18 du projet de convention sur la fusion internationale des sociétés anonymes.

1953 Art. 18, al. 2 du projet de convention sur la fusion internationale des sociétés anonymes : « *Faute d'accord dans les huit jours de la réception par la société de la demande du créancier, le tribunal ajourne la prise d'effet de la fusion jusqu'à la constitution de la sûreté qu'il ordonnerait ou jusqu'au rejet de la demande. Le tribunal rejette la demande si le créancier dispose déjà d'une sûreté suffisante ou si l'une des sociétés qui fusionnent établit que la société absorbante est manifestement solvable* ».

1954 Art. 19 du projet de convention sur la fusion internationale des sociétés anonymes : « *Les créanciers non obligataires de la société absorbée dont la créance est antérieure à l'accomplissement des formalités de publicité visées à l'article 27 peuvent, dans les trois mois de l'accomplissement de ces formalités, exiger la constitution d'une sûreté par la société absorbante. Toutefois, les créanciers qui avaient le droit de demander une sûreté à la société absorbée, conformément à l'article 18, ne peuvent se prévaloir des dispositions du présent article* ».

1089. Dans l'hypothèse où le législateur envisagerait l'adoption d'un système de protection commun, la meilleure solution serait selon nous de mettre en place un système d'opposition semblable à celui du droit français. L'opposition interviendrait alors préalablement à la réalisation de la fusion, sans qu'elle puisse y faire obstacle. Cette position est soutenue par M. LE NABASQUE, selon lequel « *le bon sens commanderait donc que la directive européenne soit amodiée sur ce point, pour imposer à tous les États membres de mettre sur pied un système qui, sans chauvinisme aucun, ne conférerait aux créanciers qu'un droit d'opposition (au sens du droit français) avant que la fusion ne soit votée, de sorte qu'il soit toujours possible de faire « machine arrière » et que les délais d'«opposition» ne se cumulent pas* »[1955]. Le système établi par le droit français a le mérite de concilier de manière équitable les intérêts, pourtant contradictoires, des créanciers et des sociétés fusionnantes. D'une part, il reprend le principal avantage du système de protection *a priori*, puisqu'il intervient en amont de la fusion. Les créanciers ne se trouvent pas ainsi mis devant le fait accompli. D'autre part, en écartant la possibilité de blocage de l'opération de fusion, le système français contourne les critiques traditionnellement adressées au système de protection *a priori* qui méconnaît tout l'intérêt économique de la simplification des fusions.

1090. **La possibilité de choix d'un système unique de protection.** Les sociétés fusionnantes pourraient conventionnellement désigner un système unique de protection des créanciers. Cependant, l'affaire devient délicate lorsque la *lex societatis* prévoit un système différent, car les règles relatives à la protection des créanciers sont généralement considérées comme étant des dispositions impératives et non supplétives de volonté.

1091. La seule solution concevable serait d'admettre la désignation d'un système unique de protection par les sociétés fusionnantes, sous réserve que ce système dispose d'une protection plus favorable à l'égard des créanciers que celui initialement prévu par la *lex societatis*. Une solution similaire a été proposée par le rapport de Mme LENOIR relatif à la société européenne[1956]. Pour la simplification des fusions transfrontalières en vue de création d'une SE, on a envisagé la possibilité que les sociétés fusionnantes choisissent une seule législation applicable à toute l'opération, sous réserve de pouvoir se référer au système national le plus favorable à la protection des créanciers. Dans ces conditions, il serait possible de choisir un système de protection *a priori* lorsque la *lex societatis* des sociétés fusionnantes prévoit un système de protection *a posteriori*. Dans cette hypothèse, l'ordre public international

---

[1955] LE NABASQUE (H.), *Les fusions et les scissions transfrontalières, art. préc.*, p. 412.

[1956] BRILLON (H.), *Société européenne: les propositions du rapport Lenoir*, Dr. sociétés 2007, n°6, alerte 28.

de chacune des sociétés fusionnantes en matière de protection des créanciers est respecté, car l'on admet généralement que le système de protection *a priori* est plus favorable aux créanciers que le système *a posteriori.*

1092. L'idée de désignation par les sociétés fusionnantes d'un système unique de protection des créanciers trouve également une justification auprès de la solution prétorienne du droit français qui n'hésite pas à reconnaître un droit d'opposition aux créanciers des sociétés fusionnantes, même à défaut de dispositions expresses en ce sens[1957]. La jurisprudence met ainsi à mal l'adage « *pas d'opposition sans texte* ». Le contrat de fusion conclu entre des sociétés de personnes peut désormais prévoir un droit d'opposition au bénéfice des créanciers sociaux. Le principe de désignation conventionnelle d'un système de protection ne semble pas ainsi totalement interdit. La seule limite à cette désignation est d'assurer une protection efficace aux créanciers sociaux. La transposition de cette solution – initialement prévue pour les fusions internes – aux fusions transfrontalières est envisageable. Les sociétés soumises à des lois différentes peuvent ainsi se mettre d'accord pour soumettre la protection des créanciers à un système unique. Cette solution nous semble équitable puisque les créanciers des sociétés fusionnantes bénéficient d'un même procédé de protection. Une égalité de traitement de tous les créanciers est ainsi assurée, sans discrimination, selon la loi applicable à la société débitrice.

Ss-paragraphe 2 : La consultation préalable des créanciers obligataires

1093. **Les problèmes spécifiques à la protection des obligataires.** Les différentes législations nationales organisent généralement au bénéfice des créanciers obligataires, une protection similaire ou tout au moins équivalente à celle des créanciers non obligataires. Toutefois, la protection des créanciers obligataires est susceptible de soulever des problèmes spécifiques qui se ramènent « *quand au fond, au caractère particulier de leurs liens avec la société débitrice et, pour son mécanisme, à l'existence, dans plusieurs des législations des États contractants, d'une organisation et d'une représentation collective de leurs intérêts, différemment aménagés selon les États. Mais il fallait également veiller à ce que les emprunts obligatoires, qui constituent un élément important du passif social, n'en viennent pas à paralyser les fusions internationales, en raison de droits trop étendus que l'on aurait reconnus à leurs porteurs* »[1958].

[1957] V. Cass. com., 15 juill. 1992, *arrêt préc.*.
[1958] GOLDMAN (B.), *Rapport concernant le projet de convention sur la fusion internationale des sociétés anonymes, préc.*, p. 500.

1094. La spécificité de ces problèmes a été prise en considération par le législateur européen. À cet égard, la directive 2011/35/UE a étendu aux créanciers obligataires la protection prévue aux créanciers non obligataires, tout en leur réservant la possibilité d'exercer collectivement leurs droits[1959]. Les créanciers non obligataires peuvent désormais s'opposer individuellement ou collectivement à la fusion à travers la désignation d'un représentant. Cependant, quand une procédure de consultation des obligataires est déjà prévue par la loi de la société, la directive précise que ces créanciers ne peuvent plus se prévaloir des dispositions de protection applicables à l'ensemble des créanciers sociaux.

1095. **Plan.** Le principe est l'organisation d'une procédure obligatoire de consultation des obligataires préalablement à la réalisation de la fusion **(A)**. On relève toutefois l'existence de plusieurs dérogations à ce principe, susceptibles de dispenser la société fusionnante de l'obligation de consultation **(B)**.

A- L'obligation de consultation

1096. **La loi applicable à la procédure de consultation.** Pour déterminer la loi applicable à la protection des créanciers obligataires et plus précisément à la procédure de leur consultation, il faut se référer à un critère principal. Ce dernier distingue selon que les titres confèrent ou non, immédiatement ou à terme, un droit sur le capital de la société[1960]. Il en découle que l'obligataire simple n'est qu'un prêteur de la société auquel la plupart des États membres, dont la France, ne confèrent aucun droit sur le capital de la société débitrice.

1097. Le rapport entre les obligataires et la société débitrice est donc principalement organisé par le contrat d'émission qui, en tant que contrat international, est régi par la *lex contratus*[1961]. La loi d'autonomie de la

---

[1959] Art. 14 Dir. 2011/35/UE, « *sans préjudice des règles relatives à l'exercice collectif de leurs droits, il est fait application de l'art. 13 aux obligataires des sociétés qui fusionnent, sauf si la fusion a été approuvée par une assemblée des obligataires, lorsque la loi nationale prévoit une telle assemblée, ou par le obligataires individuellement* ».

[1960] En ce sens: SYNVET (H.) et TENENBAUM (A.), *Instruments financiers*, Encycl. Dalloz droit international, n°21.

[1961] En ce sens : LOUSSOUARN (Y.) et BREDIN (J.-D.), *op. cit.*, n°369 et s. ; BATIFFOL (H.) et LAGARDE (P.), *op. cit.*, t. 2, n°545 et s. ; FAUGEROLAS (L.) et DEVAL (P.), *La protection des obligataires internationaux en cas de fusion ou de scission de la société émettrice in. Mélanges SCHMIDT (D.)*, éd. Joly, 2005, p. 240 : « *dans la mesure ou aucune règle impérative n'impose en France le rattachement de l'émission internationale à un droit particulier, l'emprunteur est libre de choisir, en vertu du principe d'autonomie, la loi applicable à son contrat obligataire (lex contractus)* ».- *Adde,* BOUÈRE (J.-P.), DESACHE (J.-M.) et DE VAUPLANE (H.), *Titres et emprunts obligataires,* t.1, éd. Banque, 1998, n°31 :

volonté des cocontractants encadre la naissance du contrat d'émission, son exécution et les conditions d'exercice des droits des obligataires. Cependant, des règles nationales relatives à l'organisation collective des obligataires peuvent exister. Par exemple, les obligataires d'une société française exercent leurs droits au sein d'un groupement appelé la « *masse* », doté d'une personnalité morale. Les décisions de la masse sont prises en assemblée générale et exécutées par des représentants désignés à cette fin[1962]. Or, c'est la *lex societatis* qui a vocation à intervenir pour régir les règles relatives aux droits de la défense des intérêts de la masse, c'est-à-dire les intérêts communs des obligataires. Dès lors, la désignation par les contractants d'une loi étrangère pour régir le contrat d'émission, ne les dispense pas de l'obligation de respecter les dispositions du droit des sociétés relatives à l'organisation de la masse.

1098. En principe, cette solution s'applique aussi bien en matière de fusions internes que transfrontalières[1963] tout en réservant un rôle principal à la loi du contrat de fusion[1964]. Le Code de commerce dispose en effet que les obligataires de la société absorbée deviennent les créanciers de la société absorbante, aux conditions prévues par le contrat de fusion. Le législateur semble vouloir accorder une marge de liberté aux sociétés fusionnantes afin qu'elles organisent dans le contrat de fusion les droits des obligataires. La loi applicable à ce contrat a donc vocation à régir le droit des obligataires. La loi du contrat d'émission a essentiellement vocation à intervenir lorsque les

---

« *la lex societatis s'applique évidemment à l'émetteur, quant aux conditions d'émission, de même qu'il convient de se référer à la loi personnelle des souscripteurs en ce qui concerne leur capacité à souscrire ; la lex societatis s'applique aussi à la définition du produit qui doit pouvoir être offert par l'émetteur au regard de sa propre loi [...] mais la lex contractus s'impose avec ses règles propres d'interprétation en ce qui concerne la naissance du contrat, son exécution, les conditions d'exercice des droits des obligataires* ». En conclusion, les auteurs affirment que « *si les droits attachés aux titres dépendent de la lex societatis, les caractéristiques des obligations et le mode d'exercice de ces droits sont définis par le contrat d'émission* ».

1962 En ce sens : art. L. 228-46, al. 1er C. com. : « *Les porteurs d'obligations d'une même émission sont groupés de plein droit pour la défense de leurs intérêts communs, en une masse qui jouit de la personnalité civile* ».

1963 En ce sens, v. ANSA, *Obligations émises à l'étranger et fusion-absorption de l'émetteur français: conséquences pour les obligataires*, 13 sept. 2000, Dossier n°577, spéc. p. 5. Le comité juridique de l'ANSA relève que « *plusieurs règles seraient susceptibles d'entrer en concurrence : essentiellement la loi choisie par les parties et la loi de la société émettrice, sous réserve des lois de police locales* ». *Contra*, BOUÈRE (J.-P.), DESACHE (J.-M.) et DE VAUPLANE (H.), *op. cit.*, p. 83. Ces auteurs accordent la priorité à la *lex societatis* pour régir les droits des obligataires et ce n'est qu'à défaut d 'organisation de tels droits qu'il faut se référer à la *lex contractus*. Ils considèrent ainsi que « *si les obligataires ne peuvent s'exprimer au travers d'une masse ou par l'organe d'un agent fiduciaire, ils doivent apparemment pouvoir exercer un droit d'opposition individuel , s'il est organisé par la lex societatis, ou à défaut, par la loi du contrat, faute de quoi leur accord individuel serait exigé* ».

1964 MENJUCQ (M.), *th. préc.*, p. 245.

parties n'ont pas prévu de loi applicable au contrat de fusion. Le droit des obligataires est alors subsidiairement soumis à la loi désignée par les parties dans le contrat d'émission. La *lex societatis* de la société débitrice peut toutefois prétendre à régir partiellement les prises de décisions collectives et la protection des obligataires puisque ces règles sont généralement considérées comme des dispositions impératives.

1099. **L'application de la procédure des fusions internes.** Comme le droit français ne prévoit pas de dispositions spécifiques à la fusion transfrontalière pour régir la procédure de consultation des obligataires, il faut se référer aux dispositions des fusions internes[1965]. La même procédure s'appliquera donc aux fusions internes comme transfrontalières. Toutefois, la procédure est différente, selon qu'elle se déroule au sein de la société absorbante ou de la société absorbée.

1100. Pour la protection des créanciers obligataires de la société absorbante, l'article L. 236-15 du Code de commerce dispose que « *le projet de fusion n'est pas soumis aux assemblées d'obligataires de la société absorbante* ». Il s'agit d'une protection plutôt « *passive* »[1966] de ces créanciers qui peuvent seulement, si l'opération de fusion leur semble défavorable, mandater un représentant pour former opposition dans les mêmes conditions que le droit d'opposition prévu aux créanciers non obligataires[1967].

1101. Pour la protection des créanciers obligataires de la société absorbée, l'article L. 236-13 du Code de commerce dispose que « *le projet de fusion est soumis aux assemblées d'obligataires des sociétés absorbées, à moins que le remboursement des titres sur simple demander de leur part ne soit offert auxdits obligataires* ». Les obligataires se réunissent ainsi en assemblée ordinaire et donnent leur avis sur le projet de fusion, dans les conditions de quorum et de majorité prévus à l'article L. 228-65 du Code de commerce. La consultation préalable de ces obligataires s'impose, car en leur qualité de créanciers ils subissent directement les effets de la substitution de la société absorbante ou de la société nouvelle issue de la fusion aux droits et obligations de leur débiteur initial et deviennent ainsi des créanciers obligataires de plein droit de la société absorbante. La décision prise par l'assemblée ne peut avoir pour effet d'interdire ou de suspendre la réalisation de l'opération de la fusion. La société absorbée n'est pas tenue de

---

[1965] La section IV du code de commerce intitulée « *fusion transfrontalière* » ne contient pas de dispositions relatives à la protection des créanciers obligataires et des titulaires de valeurs mobilières composées.

[1966] FAUGEROLAS (L.) et DEVAL (P.), *art. préc.*, p. 240.

[1967] La procédure d'opposition exercée par le représentant des obligataires est soumise aux mêmes conditions de mise en œuvre, délais et effets que le la procédure prévue au bénéfice des créanciers non obligataires.

suivre cette décision et peut passer outre. Le cas échéant, l'assemblée générale des obligataires peut mandater un représentant pour former opposition à l'opération de fusion[1968]. Le droit d'opposition des représentants de la masse des obligataires répond aux mêmes conditions et produit les mêmes effets que le droit d'opposition des créanciers non obligataires.

B- Dispense de l'obligation de consultation

1102. **La proposition de remboursement des obligations.** La société absorbée peut décider de ne pas consulter l'assemblée des créanciers obligataires, sous réserve de leur proposer le remboursement de leurs obligations sur simple demande [1969]. Les obligataires disposent alors d'un délai de trois mois pour demander le remboursement de leurs titres[1970]. À défaut de remboursement et, une fois le délai écoulé, les créanciers obligataires de la société absorbée deviennent automatiquement obligataires de la société absorbante, aux conditions fixées par le contrat de fusion. Si la société débitrice ne procède pas à une consultation ou à une offre de remboursement anticipé, les obligataires peuvent alors demander individuellement le remboursement anticipé de leurs obligations[1971].

1103. **Le contrat d'émission.** En principe, le contrat d'émission est susceptible d'organiser les modalités de protection des droits des obligataires à l'occasion d'une fusion sous réserve que les stipulations de ce contrat ne dérogent pas aux dispositions impératives de protection des droits des obligataires[1972]. Le contrat d'émission peut-il alors dispenser la société débitrice de l'obligation de consulter collectivement les obligataires préalablement à la réalisation de la fusion ? Pour répondre à cette question, il faut déterminer si les dispositions relatives à la consultation des obligataires revêtent un caractère impératif.

1104. À cet égard, il est intéressant de se référer au droit français dont une disposition prévoit un cas de dispense de consultation des obligataires, lorsque le contrat d'émission organise un emprunt international réalisé par la société française, c'est-à-dire des obligations émises à l'étranger[1973]. Selon le

[1968] Art. L. 228-73 C. com.
[1969] Art. L. 236-13 C. com.
[1970] Art. R. 236-12 C. com.
[1971] En ce sens: CA Orléans, 22 janv. 1998, Dr. sociétés 1998, comm. n°95. Dans cet arrêt, la société absorbée qui n'a ni consulté ni offert le remboursement anticipé à ses obligataires, est condamnée à rembourser immédiatement l'obligation d'un créancier obligataire.
[1972] Sur le sujet, v. TILQUIN (Th.), *op. cit.*, n°438.
[1973] Art. L. 228-90 C. com. « *Sauf clause contraire du contrat d'émission, les dispositions des articles L. 228-46 à L. 228-69, L. 228-71, L. 228-72, L. 228-76 à L. 228-81 et L. 228-83 à L. 228-89 ne sont pas applicables (...) aux emprunts émis à l'étranger par des sociétés françaises* ».

Code de commerce sauf stipulation contraire, les obligataires ne sont pas regroupés en masse. Toutefois, l'absence de masse n'implique pas nécessairement une simplification de la réalisation de la fusion. En effet, l'obligataire peut toujours forcer la société débitrice à lui proposer une offre de remboursement anticipé[1974]. Cette obligation ressort de l'article L. 236-13 du Code de commerce, en vertu duquel les obligataires de l'absorbée doivent être consultés en masse dans une assemblée générale, préalablement à la fusion, ou alors bénéficier d'un remboursement anticipé de leurs emprunts. Le défaut de consultation collective des obligataires est compensé par l'obligation à la charge de la société d'offrir aux obligataires un remboursement anticipé de leurs créances. On en conclut que le contrat d'émission ne peut déroger à l'article L. 236-13 du Code de commerce, car la dispense de consultation des obligataires n'exempte pas la société débitrice de prévoir un remboursement anticipé des obligations.

1105. Une autre question intéressante se pose lorsque l'emprunt de la société absorbée est émis à l'étranger. Le contrat d'émission peut-il alors conférer à l'assemblée des obligataires une compétence plus étendue que celle que lui est réservent les textes ? Une partie de la doctrine répond par l'affirmative[1975]. La mise en place d'un droit de veto ou, tout du moins d'un droit de suspension de la fusion au bénéfice des obligataires est alors envisageable. Une telle solution va cependant à l'encontre de la volonté du législateur qui dans le cas d'émission d'obligations à l'étranger, n'a pas voulu écarter l'application de l'article L. 228-73 du Code de commerce, selon lequel « *si l'assemblée générale des obligataires de la société absorbée ou scindée n'a pas approuvé une des propositions [de fusion] ou si elle n'a pu délibérer valablement faute du quorum requis, le conseil d'administration, le directoire ou les gérants de la société débitrice peuvent passer outre* ». Le seul droit reconnu aux obligataires est celui de former une opposition à l'opération de fusion, aux mêmes conditions que le droit d'opposition des créanciers non obligataires.

1106. Par ailleurs, on peut s'interroger sur la possibilité de stipuler une obligation de consulter individuellement ses obligataires à la charge de la société débitrice. Une réponse négative s'impose car les dispositions de l'article L. 228-70 du Code de commerce[1976] interdisant aux obligataires de contrôler individuellement des opérations sociétaires, n'ont pas été écartées

---

[1974] En ce sens : ANSA, *Obligations émises à l'étranger et fusion-absorption de l'émetteur français: conséquences pour les obligataires*, 13 sept. 2000, Dossier n°577.

[1975] En ce sens: VAN RYN (J.), *Principes de droit commercial,* t. I, Bruxelles, 1954, n°723.

[1976] Le texte dispose que les obligataires ne sont pas admis individuellement à exercer un contrôle sur les opérations de la société ou à demander communication des documents sociaux.

par l'article L. 228-90 du Code commerce dans le cas d'un emprunt émis à l'étranger par une société française.

1107. La dispense de consultation des obligataires peut également résulter d'une clause de remboursement anticipé insérée dans le contrat d'émission. Le problème pratique qui se pose toutefois concerne l'interprétation de cette stipulation en matière de fusion[1977]. Les rédacteurs du contrat envisagent souvent uniquement le cas de dissolution de la société comme cause du remboursement, sans désigner expressément l'hypothèse de la fusion, ou plus généralement de la transmission universelle de patrimoine. Face à cette stipulation, le juge peut opter soit pour une interprétation extensive et considérer que la clause de remboursement anticipé englobe la fusion, soit pour une interprétation restrictive, et estimer que la fusion constitue un mode particulier de dissolution sans liquidation. On a tendance à considérer que le juge appliquera ce genre de clauses aux opérations de fusion et condamnera la société au remboursement de la créance de son obligataire.

1108. **Les porteurs de valeurs mobilières composées.** La protection des droits des porteurs de valeurs mobilières composées a subi une évolution importante en droit des sociétés. Elle est marquée par une atténuation graduelle de l'étendue des droits de ces porteurs. La loi du 24 juillet 1966 soumettait la fusion à l'approbation préalable de l'assemblée générale extraordinaire des obligataires, titulaires d'obligations convertibles en actions[1978]. Les porteurs de ces titres constituaient « *une véritable minorité pourvue d'un droit de veto* »[1979] pouvant s'opposer à la réalisation de la fusion. La dixième réforme du 6 janvier 1969[1980] a atténué l'étendue de la protection des porteurs de valeurs mobilières. Ces derniers étaient désormais consultés préalablement à la fusion, comme les obligataires simples. Il leur devenait ainsi impossible de bloquer la réalisation de la fusion. Au mieux pouvaient-ils désigner un représentant afin de former opposition à la fusion, dans les mêmes conditions que les créanciers non obligataires. Par la suite, l'ordonnance n° 2004-604 du 24 juin 2004[1981] a aussi apporté de substantielles modifications aux droits des porteurs de valeurs mobilières

---

[1977] À propos de ce problème, v. ANSA, *Obligations émises à l'étranger et fusion-absorption de l'émetteur français: conséquences pour les obligataires*, 13 sept. 2000, Dossier n°577, spéc. p.7. On relève que c'est principalement le problème des contrats de droit anglais.

[1978] Art. 197 de la loi du 24 juillet 1966. L'omission de la procédure de soumission du projet de fusion entraînait la nullité de l'opération.

[1979] Sénateur DAILLY, JO. Doc. Sénat, 1968-69, n°34, p. 17.

[1980] Sur le sujet, v. HÉMARD (J.), TERRÉ (Fr.) et MABILAT (P.), *La dixième réforme du droit des sociétés commerciales*, D. 1969, chron. 41 ; SERRA (Y.), *Le droit de conversion des obligations convertibles à tout moment*, RTD com. 1971, p. 565.

[1981] Ordonnance n°2004-604 du 24 juin 2004 « *portant réforme du régime des valeurs mobilières émises par les sociétés commerciales et extension à l'outre-mer de dispositions ayant modifié la législation commercial* ».

composées dans les sociétés françaises[1982]. Sauf stipulation contraire dans le contrat d'émission, la société absorbée ou celle qui fusionne en vue de création d'une nouvelle société[1983], n'a plus l'obligation de convoquer les porteurs de ces titres en assemblée afin qu'ils délibèrent sur la réalisation de la fusion[1984]. Il s'agit d'une véritable dispense de consultation des porteurs de valeurs mobilières composées. En donnant accès au capital de la société qui va disparaître, l'effet substitutif qu'entraîne la fusion suppose que les porteurs de valeurs mobilières composées conservent leurs droits dans la société absorbante, ou dans la société nouvellement créée[1985]. Le nombre de titres à émettre par la société absorbante, ou nouvellement créée, aux porteurs de titres dans la société dissoute « *est déterminé en corrigeant le nombre de titres qu'il est prévu d'émettre ou d'attribuer au contrat d'émission en fonction du nombre d'actions à créer par la ou les sociétés bénéficiaires des apports* »[1986]. Pour déterminer le nombre d'actions susceptibles d'être distribuées aux porteurs des obligations composées en échange de leurs titres, il faut alors se référer au rapport d'échange.

Ss-section 2 : La protection des associés minoritaires

1109. **Le fondement de la protection dans les fusions internes**. Les changements fondamentaux apportés par la fusion aux droits des associés ont longtemps soulevé le problème de mise en place de procédés efficaces pour la protection des associés minoritaires. La fusion est en effet généralement perçue par les associés minoritaires comme une expropriation de fait de leurs droits[1987]. Une décision prise à la majorité qualifiée des associés est suffisante pour faire disparaître la société absorbée et entraîner simultanément la substitution des parts sociales détenues par les associés de cette société par celle d'une autre. Les associés minoritaires sont ainsi forcés d'intégrer une autre société que celle à laquelle ils ont volontairement adhéré. Pour les associés minoritaires de la société absorbée, ce genre d'opération présente un caractère incontestablement coercitif ; ils ont souvent « *le sentiment que leurs intérêts ne sont pas pris en compte ou même qu'on les « force » à devenir actionnaires d'une société dont ils ne*

[1982] Art. L. 228-101, al. 1er C. com. « *Si la société appelée à émettre les titres de capital est absorbée par une autre société ou fusionne avec une ou plusieurs autres sociétés pour former une société nouvelle, ou procède à une scission, les titulaires de valeurs mobilières donnant accès au capital exercent leurs droits dans la ou les sociétés bénéficiaires des apports. L'article L. 228-65 n'est pas applicable, sauf stipulations contraires du contrat d'émission* ».

[1983] Dans la société absorbante, les porteurs de valeurs mobilières donnant accès au capital ne font l'objet d'aucune mesure particulière de protection.

[1984] Sur le sujet, v. LE CANNU (P.), *La protection des porteurs de valeurs mobilières composées*, Rev. soc. 2004, p. 567.

[1985] Art. L. 228-100 C. com.

[1986] Art. L. 228-101, al. 2 C. com.

[1987] En ce sens : GROSCLAUDE (X.), *th. préc.*, p. 225 et s.

souhaitent pas être actionnaires, et pour laquelle ils n'éprouvent pas d'affectio societatis »[1988]. En effet, la loi de la majorité, épicentre de la conception institutionnelle de la société, se manifeste largement dans l'opération de fusion. Malgré leur désaccord, les associés minoritaires de la société dissoute se trouvent forcés d'intégrer une nouvelle société. Le caractère coercitif de la fusion concerne non seulement les associés minoritaires de la société absorbée, mais aussi ceux de la société absorbante également soumise à la loi de la majorité. La fusion a des effets plus atténués sur la société absorbante que sur la société absorbée, car la société absorbante ne disparaît pas après la fusion et ses associés minoritaires conservent leurs titres. Cependant, l'entrée en société des associés de la société absorbée provoque souvent un affaiblissement considérable des droits de vote des associés de l'absorbante. Une procédure particulière de protection de ces associés s'avère alors nécessaire.

1110. **Le fondement de la protection dans les fusions transfrontalières.** La crainte des associés minoritaires est davantage justifiée lors d'une fusion transfrontalière. Quant aux associés de la société absorbante, puisque la loi applicable à leurs droits demeure la même, leur statut n'est pas particulièrement bouleversé par l'aspect transfrontalier de la fusion. La situation est complètement différente pour les associés de la société absorbée. En général, avant de décider d'adhérer à une société, les associés prennent en considération la loi qui leur est applicable. Il paraît dès lors choquant de les contraindre à intégrer une société régie par une autre loi. Pour ces associés, les « *soucis sont ceux-là mêmes qui naissent en cas de transfert du siège de la société à l'étranger, bien que la situation juridique ne soit pas tout à fait la même, puisqu'il ne s'agit pas, comme dans le cas de transfert du siège, de continuer la vie de la société à l'étranger* »[1989]. Un risque important pèse sur les garanties dont ils bénéficiaient au sein de l'ancienne société du fait de la nouvelle législation qui va leur être appliquée. Un auteur constate en effet qu' « *il se peut que cette nouvelle législation ne présente pas des garanties identiques en ce qui concerne, notamment, leur information, la responsabilité des dirigeants ou la mise en œuvre des procédures de protection. S'agissant de sociétés anonymes, les actionnaires pourraient même, du fait de la fusion, perdre la liquidité de leurs actions* ». Une protection des associés minoritaires et, plus précisément ceux de la société absorbée est ainsi indispensable. Pour que les mesures de protection des associés de la société absorbée soient équitables, elles doivent au moins être équivalentes à celles prévues pour le transfert de siège d'une société.

[1988] LEPETIT (J.-F.), *op. cit.*, p. 6.
[1989] BEITZKE (G.), *art. préc.*, p. 11.

1111. **La loi applicable aux droits des associés minoritaires.** La loi régissant les effets que la fusion provoque sur les droits des associés doit être celle applicable à la société dans laquelle les associés étaient membres avant la réalisation de la fusion. En effet, comme le soulève un auteur, « *les actionnaires sont les membres de la société anonyme. Leurs rapports avec elle se situent donc à l'intérieur de la société. Aussi ne devons-nous pas prévoir une loi autre que la loi de la société applicable aux effets juridiques de la fusion à leur égard* »[1990]. On affirme ainsi que les procédés de protection des associés minoritaires sont soumis à la loi de leur propre société.

1112. **La position du législateur européen.** La dixième directive n'a pas prévu de procédure spéciale afférente à la protection des associés minoritaires. Le législateur européen s'est contenté d'élaborer, à leur bénéfice des procédures d'information efficaces. Il s'agit notamment de l'exigence de communication d'un nombre de documents et la réalisation d'une multitude de mesures de publicité. Un associé bien informé est considéré suffisamment protégé. Il doit donc bénéficier d'un maximum d'informations préalablement à la réunion de l'assemblée générale devant se prononcer sur la fusion. Le droit de vote est alors exercé de façon éclairée.

1113. Les procédures spéciales de protection des associés minoritaires relèvent uniquement des dispositions nationales. L'article 4.2 de la dixième directive opère un renvoi exprès aux dispositions nationales des États membres[1991]. Ces derniers ont ainsi la faculté de prévoir librement les règles appropriées pour la protection des associés minoritaires, dans la limite du respect du principe de proportionnalité et de non discrimination[1992]. Il en découle qu'un État membre ne peut prévoir un dispositif de protection spécifique aux fusions transfrontalières différent de celui applicable aux fusions internes. Une procédure de protection des associés minoritaires adoptée par un État membre uniquement à l'égard des fusions transfrontalières, à l'exclusion des fusions internes, peut être considérée comme une mesure discriminatoire. Une telle mesure est dès lors susceptible d'être censurée par la CJUE, en tant qu'entrave à la liberté d'établissement des sociétés au sein de l'Union européenne.

[1990] BENER (H.-R.), *th. préc.*, p. 56.

[1991] Art. 4. 2 Dir. 2005/56/CE : « *un État membre peut adopter, pour les sociétés participant à une fusion transfrontalière et relevant de sa législation, des dispositions destinées à assurer une protection appropriée aux associés minoritaires qui se sont prononcés contre la fusion transfrontalière* ».

[1992] Cette limite découle de l'apport de l'arrêt *Sevic* qui a intégré la fusion transfrontalière dans le domaine de la liberté d'établissement, cf. *supra*, n°s784 et s.

1114. **L'action en responsabilité contre les protagonistes de la fusion.** Les associés minoritaires peuvent intenter une action en responsabilité contre tous les protagonistes de la fusion, notamment les représentants de la société et les experts indépendants dès lors qu'ils ont pu causer un préjudice en manquant intentionnellement ou par négligence à leurs devoirs[1993]. La loi régissant l'action en responsabilité qui peut être engagée du fait de la fusion est réglée au sein de chacune des sociétés fusionnantes par la loi qui lui est applicable[1994]. Nous n'insisterons pas sur l'étude de l'action en responsabilité puisque, d'une part, le régime de cette action ne diffère pas de celui de l'action en responsabilité prévue par le droit des sociétés à l'encontre des dirigeants sociaux et des experts indépendants et parce que, d'autre part, l'action en responsabilité n'est pas une procédure spécialement dédiée à la protection des associés minoritaires.

1115. **Plan.** En nous référant aux différents systèmes nationaux, nous pouvons relever que les procédures mises en œuvre pour la protection des droits des associés minoritaires sont principalement : l'action de remise en cause du rapport d'échange **(Paragr. 1)** et le droit de retrait **(Paragr. 2)**.

Paragraphe 1 : La remise en cause du rapport d'échange

1116. **La position du droit européen : reconnaissance indirecte de l'action de modification du rapport d'échange.** La dixième directive fait référence, dans son article 10.3, à la possibilité de modification et d'analyse du rapport d'échange. Ce texte n'impose pas directement aux États membres l'adoption d'une action de modification et d'analyse du rapport d'échange comme procédure de protection des associés minoritaires. Il se contente de prévoir un mécanisme spécial d'approbation de mise en œuvre de cette action. En effet, l'article 10.3 dispose que « *si le droit d'un État membre dont relève une société qui fusionne prévoit une procédure permettant*

[1993] En ce sens : Art. 20 Dir. 2011/35/UE: « *Les États doivent organisent au moins la responsabilité civile, envers les actionnaires de la société absorbée, de l'organe d'administration ou de direction de cette société en raison des fautes commises par les membres de cet organe lors de la préparation et de la réalisation de la fusion, et par les experts chargés d'établir pour cette société le rapport relatif aux taux d'échange des actions* ».- *Adde,* GOLDMAN (B.), LYON-CAEN (A.) et VOGEL (L.), *op. cit.*, p. 166. Le droit suisse prévoit, dans un texte spécial à la fusion, l'action en responsabilité des dirigeants pour faute commise lors de la préparation et de la réalisation de l'opération. Art. 108 I LFus suisse : « *toutes les personnes qui s'occupent de la fusion, de la scission, de la transformation ou du transfert de patrimoine répondent envers les sujets, de même qu'envers chaque associé et chaque créancier, du dommage qu'ils leur causent en manquant intentionnellement ou par négligence à leurs devoirs. La responsabilité des fondateurs est réservée* ».

[1994] En ce sens : BEITZKE (G.), *art. préc.*, p. 19 : « *La responsabilité personnelle des administrateurs est soumise pour les administrateurs de chaque société au statut personnel de la société* ».

d'analyser et de modifier le rapport d'échange des titres ou des parts, ou une procédure visant à indemniser les associés minoritaires, sans empêcher l'immatriculation de la fusion transfrontalière, cette procédure ne s'applique que si les autres sociétés qui fusionnent et qui sont situées dans un État membre ne prévoyant pas ce type de procédure acceptent explicitement ». Ainsi, lorsqu'une fusion transfrontalière intervient entre une société reconnaissant une action de modification du rapport d'échange et une autre qui ne le reconnaît pas, sa mise en œuvre par les associés minoritaires de la première dépendra de l'approbation des associés de la seconde.

1117. **L'action de modification du rapport d'échange en droit suisse.** Pour mieux comprendre l'action de modification du rapport d'échange, nous proposons de nous référer aux dispositions de l'article 105 de la LFus suisse qui organise minutieusement la mise en œuvre de cette action[1995]. Sans pouvoir interdire l'immatriculation de la fusion, l'action permet aux associés minoritaires d'obtenir un contrôle judiciaire du rapport d'échange ou l'indemnisation du préjudice subi dans la fixation de ce rapport. L'objet de l'action ne consiste pas à contester la fusion mais uniquement le rapport d'échange adopté. Il incombe aux associés minoritaires de démontrer le caractère inéquitable de ce rapport. L'administration d'une telle preuve s'avère souvent délicate puisque les sociétés disposent d'une large liberté dans le choix de la méthode comptable de fixation du rapport d'échange. L'action aura d'autant plus de mal à aboutir que le rapport d'échange contesté est bien souvent agréé par un expert indépendant. L'associé minoritaire est alors contraint de réclamer une nouvelle expertise, afin d'améliorer les chances de réussite de son action. Une fois la preuve rapportée, les associés minoritaires peuvent demander au juge qu'il détermine une soulte en espèces adéquate destinée à compenser l'atteinte à leurs droits[1996]. À cet égard, le tribunal n'est pas lié par la limite légale de 10% de la valeur réelle des parts sociales distribuées.

1118. **Plan.** L'article L. 236-28 du Code de commerce, propose une position intermédiaire. Sans consacrer une véritable procédure de modification de rapport d'échange, le droit français a tout de même prévu un système de « *résolution spéciale* » permettant aux associés de la société française de se prononcer sur la procédure, sous réserve que les associés de la société étrangère en bénéficient également **(Ss-paragr.1)**. Toutefois, le manque de clarté de ce texte pose un problème d'interprétation, notamment dans la mise en œuvre du système de résolution spéciale **(Ss-paragr. 2)**.

[1995] Sur le sujet, v. CHENAUX (J.-L.), *art. préc.*, p. 138.
[1996] Art. 105, al. 1 LFus suisse.

Ss-paragraphe 1 : La mise en œuvre de la « *résolution spéciale* »

1119. **La transposition du droit européen.** Le droit français ne prévoit pas de procédure judiciaire de remise en cause du rapport d'échange. L'article L. 236-28 du Code de commerce reprend toutefois les dispositions de l'article 10. 3 de la dixième directive, en élaborant un mécanisme en vertu duquel les associés se « *prononcent par une résolution spéciale, sur la possibilité de mise en œuvre de procédures d'analyse et de modification du rapport d'échange des titres ou d'indemnisation des associés minoritaires, lorsque celle-ci est offerte aux associés de l'une des sociétés participant à la fusion par la législation qui lui est applicable* ». Ainsi, en cas de fusion d'une société française avec une société dont la *lex societatis* prévoit une procédure d'analyse et de modification du rapport d'échange, les associés de la société française doivent se réunir pour délibérer, par résolution spéciale, sur la possibilité de mise en œuvre de la procédure au bénéfice des associés de la société étrangère.

1120. **L'obligation de consultation des associés.** Les associés ont l'obligation de se prononcer sur la mise en œuvre de la procédure d'analyse et de modification du rapport d'échange[1997]. La résolution doit être prise aux mêmes conditions de *quorum* et de majorité que la décision d'approbation de la fusion elle-même. Si la société ne se prononce pas ou si les conditions de *quorum* et de majorité ne sont pas respectées, la délivrance du certificat de légalité de l'opération par l'autorité compétente serait impossible. Il faut cependant noter que le certificat de légalité peut être délivré avant même l'achèvement de la procédure. Cette solution se déduit de la formulation utilisée dans l'alinéa 2 de l'article L. 236-29 du Code de commerce, selon lequel le certificat de légalité doit préciser si une procédure d'analyse et de modification du rapport d'échange des titres ou d'indemnisation des associés minoritaires est en cours. La décision rendue par résolution spéciale lie la société issue de la fusion[1998].

1121. **Le refus d'approbation de la procédure de modification.** Quelles seraient alors les conséquences du refus d'approbation de la procédure d'analyse et de modification du rapport d'échange ? Un auteur considère que « *la logique nationale (...) commanderait qu'un tel « niet » rende alors la fusion impossible, car on ne voit pas que les droits détenus par des actionnaires étrangers puissent dépendre du sens de la résolution votée par l'assemblée d'une société française* »[1999]. Néanmoins, la directive n'opte pas

---

[1997] LE NABASQUE (H.), *Fusions transfrontalières après la loi n°2008-649 du 3 juillet 2008, préc.*, p. 508.

[1998] En ce sens : Art. 10. 3 Dir. 2005/56/CE.

[1999] LE NABASQUE (H.), *Fusions transfrontalières après la loi n°2008-649 du 3 juillet 2008, préc.*, p. 510.

pour cette solution puisqu'elle considère que la décision prise à l'issue de la résolution spéciale lie la société issue de la fusion et l'ensemble de ses associés. À défaut d'approbation, le droit de révision du rapport d'échange ne produira pas d'effet à l'égard de la société issue de la fusion[2000]. Le droit français semble également s'aligner sur cette solution puisque le rapport rendu par la commission des lois constitutionnelles du Sénat considère qu'en cas de refus d'approbation d'une procédure de révision, l'opération se réalisera conformément à la parité d'échange et d'indemnisation prévue dans le contrat de fusion.

Ss-paragraphe 2 : Les difficultés de la mise en œuvre de la résolution spéciale

1122. **L'extension de la résolution spéciale à la procédure de retrait.** On peut reprocher à l'article L. 236-28 du Code de commerce un manque de clarté susceptible de mener à une difficulté dans l'interprétation de certaines de ces dispositions. La délimitation domaine d'application de ce texte s'avère alors problématique. Il est évident que les associés peuvent délibérer par résolution spéciale sur la mise en œuvre d'une procédure judiciaire d'analyse, ou une remise en cause du rapport d'échange. Cependant, ce texte invoque aussi la procédure d'indemnisation des associés minoritaires sans toutefois en préciser les contours. Cela nous pousse à nous interroger sur la possibilité d'élargir la notion d'indemnisation, afin d'englober la procédure de retrait reconnue par certaines dispositions nationales au bénéfice des associés minoritaires. En d'autres termes, les associés d'une société dont la *lex societatis* ne prévoit pas un droit de retrait doivent-ils se prononcer par résolution spéciale sur la possibilité de mise en œuvre de la procédure de retrait par les associés minoritaires qui, eux, bénéficient d'un tel droit selon les règles de la *lex societatis* de leur société ? L'interprétation littérale de ce texte penche vers l'exclusion du droit de retrait du domaine d'application de la résolution spéciale. Ainsi, les associés d'une société ne bénéficiant pas d'un droit de retrait ne peuvent priver les associés minoritaires d'une société étrangère du bénéfice de ce droit. C'est ce qui ressort de l'article L. 236-28 du Code de commerce qui envisage uniquement la procédure de remise en cause du rapport d'échange et l'indemnisation des associés minoritaires, sans la désignation expresse de la procédure de retrait. Cependant, une telle interprétation nous semble fâcheuse parce que la procédure de résolution spéciale a été mise en place par le législateur européen dans le but d'éviter tout genre de discrimination entre les associés des différentes sociétés impliquées dans une fusion transfrontalière. Il nous semble ainsi aberrant de reconnaître une procédure de retrait au bénéfice d'associés d'une société

[2000] En ce sens : CATHIARD (C.), *Le régime des fusions transfrontalières depuis la loi du 3 juillet 2008*, Dr. sociétés 2008, n°10.

relevant d'un État membre, alors que les associés d'une société relevant d'un autre État membre en seraient privés. Ce genre de discrimination paraît en outre contraire à « *l'exigence d'égalité juridique au sein de la Communauté qu'à l'équivalence des garanties des intérêts associés et des tiers* »[2001]. C'est pourquoi, il faut admettre que la résolution spéciale est applicable à la mise en œuvre d'un doit de retrait au bénéfice des associés minoritaires d'une des sociétés fusionnantes.

1123. **Les bénéficiaires de la résolution spéciale ?** L'article L. 236-28 du Code de commerce ne précise pas quelle doit être la qualité de la société française, lors de l'opération de fusion — absorbante ou absorbée — pour que les associés puissent se prononcer par résolution spéciale. Il est généralement admis que les associés minoritaires de la société absorbée et, non ceux de la société absorbante, méritent une protection spéciale parce que la fusion transfrontalière entraîne la modification de la loi initialement applicable à leurs parts sociales. À cet égard, M. BIETZKE affirme que « *seuls les associés de la société absorbée sont à protéger d'une façon spéciale. Pour eux, le statut personnel de la société change, et le nouveau statut personnel pourrait entre moins avantageux que l'ancien ; ils auront à faire valoir leurs droits à l'étranger, et la situation économique dans le pays du siège de la société absorbante pourrait leur sembler moins favorable que dans le pays du siège de la société à absorber* »[2002]. Un tel raisonnement implique que les associés de la société française ne peuvent se prononcer sur la mise en œuvre d'une procédure de remise en cause du rapport d'échange que lorsque leur société est l'absorbante et décident de faire bénéficier ou non, les associés de la société étrangère absorbée de la procédure de protection prévue par la loi applicable à leur société.

1124. Cependant, ce raisonnement ne peut prospérer, puisque la procédure de remise en cause du rapport d'échange n'est pas exclusivement prévue au bénéfice des associés de la société absorbée. Les associés minoritaires de la société absorbante peuvent, eux aussi, voir leurs droits lésés par la fixation d'un rapport d'échange inéquitable. L'erreur dans la fixation du rapport d'échange commis par les experts ou les dirigeants des sociétés fusionnantes est susceptible d'entraîner une entrée massive de nouveaux associés au sein de la société absorbante. Or, une telle erreur est préjudiciable aux associés de

---

[2001] LECOURT (B.), *th. préc.*, p. 463.

[2002] BEITZKE (G.). *art. préc.*, p. 10. L'auteur considère que contrairement aux associés de la société absorbée, les associés de la société absorbante ne méritent pas une protection spéciale. Il constate que « *les prévisions du statut personnel de la société à fonder sont en général suffisantes pour la protection des futurs associés de cette société. Il en est de même pour la protection des associés d'une société absorbante. La société ne change pas de statut personnel, les associés ne changent pas de situation juridique. Le fait qu'ils seront liés par la fusion avec des associés d'une société étrangère importe peu* ».

la société absorbante qui risquent de voir leurs droits sociaux injustement dilués. En outre, lorsque le rapport d'échange prévoit une rémunération excessive au bénéfice des associés de la société absorbée, la valeur réelle des parts sociales des associés de la société absorbante peut s'en trouver affectée. À cet égard, il nous semble que les associés minoritaires de la société absorbante, à l'instar des associés minoritaires de la société absorbée, ont tout intérêt à mettre en œuvre une procédure de mise en cause du rapport d'échange. Quelle que soit leur société, absorbée ou absorbante, les associés de la société française doivent se prononcer sur la mise en œuvre de la procédure de protection.

1125. **Un pouvoir acquisitif de la résolution spéciale ?** Une autre difficulté se présente dans la détermination de l'étendue du pouvoir de la résolution spéciale. Les associés d'une société, dont la *lex societatis* ne prévoit pas une procédure de remise en cause du rapport d'échange, peuvent-ils néanmoins en bénéficier par résolution spéciale ? Une réponse positive implique que les associés d'une société française fusionnante avec une société qui reconnaît une procédure de remise en cause du rapport d'échange peuvent, s'ils l'approuvent par résolution spéciale, mettre en œuvre à leur tour une telle procédure. Il est toutefois plus raisonnable d'opter pour une réponse négative qui revient à limiter le pouvoir de la résolution spéciale à l'admission ou non de la mise en œuvre de la procédure par les associés de la société dont la *lex societatis* organise d'ores et déjà une telle procédure. À cet égard, un auteur relève qu'« *on voit mal en effet qu'un jugement étranger, ordonnant par exemple la révision de la parité d'échange ou autorisant un retrait, puisse profiter aux actionnaires des sociétés qui ne connaissent pas ces procédures, motif tiré qu'ils les ont acceptés à l'occasion de la tenue de leur propre assemblée générale. La lex societatis, qui est d'application territoriale, le reste, nonobstant le caractère transfrontalier de la fusion* »[2003]. Le principal désavantage de cette réponse réside dans le constat qu'elle aboutit en pratique à un refus quasi-systématique d'admission de la procédure au bénéfice des associés minoritaires des sociétés étrangères. Les associés de la société française s'opposeront bien souvent à l'admission de droits aux associés de l'autre société alors qu'ils en seront eux-mêmes privés.

Paragraphe 2 : Le droit de retrait

1126. **L'intérêt du droit de retrait.** Le droit de retrait permet aux associés minoritaires opposés à la réalisation de l'opération de fusion de quitter la société en recevant la contrepartie de leurs parts sociales en numéraire.

[2003] LE NABASQUE (H.), *Fusions transfrontalières après la loi n°2008-649 du 3 juillet 2008, préc.*, p. 508.

Comme la fusion transfrontalière est réalisable par une majorité qualifiée des associés, les associés minoritaires de la société absorbée y perdent leur qualité d'associés pour la retrouver dans la société étrangère. La loi applicable à leurs droits sociaux s'en trouve modifiée, sans leur consentement. L'admission d'un droit de retrait semble nécessaire à la protection de leurs droits. Cela évite qu'ils restent « *prisonniers* » au sein d'une société qui ne leur présente plus d'intérêt pour eux.

1127. La doctrine a longtemps soutenu la reconnaissance d'un droit de retrait pour contrebalancer une éventuelle admission de la réalisation d'une fusion transfrontalière, à une majorité qualifiée à la place de l'unanimité[2004]. À cet égard, les associés qui choisissent l'alternative d'une rémunération en espèces sont « *dans la même situation que si la société était liquidée purement et simplement au lieu de fusionner et ne peuvent, en principe, se plaindre, sauf application de la théorie de l'abus de du droit* »[2005]. Toutefois, l'assimilation de la situation des associés minoritaires à celle des associés lors de la liquidation d'une société semble largement artificielle, vu que la dissolution sans liquidation constitue un élément caractéristique de l'opération. Ainsi, la reconnaissance aux associés minoritaires d'une possibilité de dérogation au mécanisme de dissolution sans liquidation n'est pas valable.

1128. **La position du législateur européen concernant le droit de retrait**. La dixième directive ne suit pas l'idée souhaitant que la disparition de la condition de l'unanimité pour le vote d'une fusion transfrontalière soit corrélativement accompagnée de la consécration d'un droit de retrait. Tout en écartant l'exigence d'un vote unanime pour la réalisation d'une fusion intra-européenne, la directive n'a pas consacré un droit de retrait. Ce dernier n'est envisagé que dans le cas de l'absorption d'une société par une autre société détenant 90% ou plus de son capital social. Dans cette hypothèse, les associés minoritaires ont le droit de faire acquérir leurs parts sociales par la

[2004] HÉMARD (J.), TERRÉ (Fr.) et MABILAT (P.), *op. cit.*, p. 609, n°800 ; HOUIN (R.), *art. préc.*, p. 25. Le Professeur HOUIN considère que l'adoption d'une réglementation supranationale permettant la réalisation d'une fusion transfrontalière à une majorité qualifiée doit être soumise à la condition de laisser à chaque associé la possibilité de se retirer et de faire rembourser son apport ou de se faire racheter ses actions par la société qui procède à la fusion.

[2005] HÉMARD (J.), TERRÉ (Fr.) et MABILAT (P.), *ibid.* Les auteurs justifient la validité du droit de retrait en prenant en considération le fait que l'argent nécessaire peut être trouvé par la vente des titres de la société absorbante revenant normalement à ceux des actionnaires qui les refusent. – *Adde*, HOUPIN (C.) et BOSVIEUX (H.), *op. cit.*, p. 121, n° 949. Selon les auteurs « *si l'assemblée générale, en décidant la dissolution de la société et en autorisant, à titre de mode de liquidation, l'apport de son actif à une société étrangère, laissait aux actionnaires absents ou dissidents le choix entre des actions de cette société étrangère et une somme en espèces correspondant au montant de leurs droits* ».

société absorbante. La position du législateur européen n'est pas nouvelle puisqu'il l'avait auparavant adoptée dans la troisième directive, en évitant de consacrer une quelconque procédure particulière de protection des associés minoritaires. L'inertie du législateur européen est contestable puisqu'elle concourt à une disparité importante entre les différentes législations et, par conséquent, à une discrimination entre les associés des sociétés fusionnantes[2006]. Tandis que les droits italien[2007] et anglais[2008] reconnaissent un droit de retrait, d'autres législations, notamment le droit français, ne reconnaissent pas un tel droit. À chaque fois que la fusion transfrontalière intervient entre une société de droit italien ou anglais et une société de droit français[2009], il y a donc discrimination.

1129. Cependant, le refus du législateur européen d'admettre un droit de retrait se justifie par le souci économique d'encourager la réalisation des fusions transfrontalières. Le législateur est en effet conscient que la reconnaissance d'un droit de retrait ralentirait considérablement le processus de réalisation de la fusion. Dans l'attente du choix des tous les associés minoritaires relativement à la mise en œuvre de leur droit de retrait, la réalisation de l'opération serait en effet suspendue. Par ailleurs, le coût d'un retrait massif des associés minoritaires pourrait s'avérer dissuasif pour la société absorbante qui faute d'une liquidité suffisante, renoncera alors à la fusion[2010]. C'est pour toutes ces raisons que le législateur européen s'est montré méfiant à l'égard du droit de retrait. On a pu relevé à cet égard qu'« *une pensée communautaire qui considère que l'intérêt général, qui légitime toute opération sociale – et en particulier la décision de fusion transfrontalière – peut justifier l'absence de prise en considération des intérêts particuliers. Plutôt qu'une démocratie le législateur européen a vu dans les sociétés de capitaux une ploutocratie dans laquelle c'est avant tout*

2006 En ce sens : LECOURT (B.), *L'avenir du droit français des sociétés: que peut-on encore attendre du législateur européen?*, Rev. soc. 2005, p. 223 et s., spéc. p. 231 ; LECOURT (B.), *th. préc.*, p. 463.

2007 Le droit de retrait en droit italien est prévu par l'art. 2437 du Codice Civile aux termes duquel « *les associés, en désaccord avec les délibérations qui concernent le changement d'objet ou de forme de la société ou le transfert du siège social à l'étranger, ont le droit de se retirer de la société et d'obtenir le remboursement de leurs actions, selon le prix moyen du dernier semestre, si elles sont cotées en bourse, ou au contraire, en proportion du patrimoine social résultant du dernier bilan régulièrement approuvé du dernier exercice* ».

2008 Section 287 § 3 du Companies Act 1948.

2009 Afin d'estomper la discrimination, le législateur européen a élaboré le système de la résolution spéciale, cf. *supra*, n^{os}1120 et s.

2010 En ce sens : La société Allianz SE critique la mise en place par de nombreux États memebres d'un mécanisme de retrait au bénéfice des associés minoritaires des sociétés voulant se transformer en SE. Elle considère que l'exercice de ce droit lors des fusions transfrontalières en voie de création d'une SE est disproportionné et constitue un risque financier démesuré pour les sociétés. (Annexe VI au rapport Madame Lenoir, 2007, p. 216)

le principe majoritaire qui doit guider l'aventure sociale»[2011]. L'assouplissement du processus de réalisation des fusions internationales a donc prévalu sur l'impératif de protection des associés minoritaires.

1130. **Plan.** Concernant la reconnaissance d'un droit de retrait au bénéfice des associés minoritaires, l'attitude du droit positif français diffère selon que la société fusionnante est une société cotée **(Ss-paragr. 2)** ou non **(Ss-paragr. 1)**.

Ss-paragraphe 1 : L'absence de droit de retrait pour les sociétés non cotées

1131. **La position paradoxale du droit français.** Le législateur français n'a pas fait usage de la faculté offerte par la dixième directive de prévoir un droit de retrait au profit des associés minoritaires. La position du législateur peut paraître paradoxale. Soucieux de la protection des associés minoritaires, le droit positif français exigeait auparavant en effet un vote unanime au sein de l'assemble générale pour la réalisation de la fusion transfrontalière, qui est perçue comme une opération de transfert de siège social à l'étranger. Par conséquent, l'abandon de l'exigence d'unanimité pour les fusions transfrontalières intra-européennes aurait dû s'accompagner de la reconnaissance d'une procédure particulière de protection au bénéfice des associés minoritaires[2012]. Le législateur français aurait pu se référer aux dispositions de l'article L. 229-2 du Code de commerce prévoyant un droit de retrait au bénéfice des associés minoritaires d'une société européenne immatriculée en France et voulant transférer son siège social à l'étranger. La transposition de cette procédure de retrait à la fusion transfrontalière paraissait logique puisque le droit positif français assimile toujours la fusion transfrontalière à un transfert international de siège social de la société absorbée.

1132. **Le droit de retrait en droit français des sociétés.** La référence aux dispositions générales du droit des sociétés ne permet d'étendre les cas de retrait existants aux opérations de fusion. Le Code civil ne prévoit que deux possibilités de retrait des associés qui s'appliquent uniquement aux sociétés civiles. D'une part, un associé peut se retirer d'une société dans les conditions prévues par les statuts ou, à défaut, après autorisation donnée par une décision unanime des autres associés[2013]. Ce retrait peut aussi être autorisé par une décision judiciaire pour justes motifs. D'autre part, le retrait

---

[2011] LECOURT (B.), *th. préc.*, p. 462.

[2012] En ce sens : BEITZKE (G.), *art. préc.*, p. 11. L'auteur considère que les associés minoritaires de la société absorbée ont besoin de la même protection qu'en cas de transfert de siège.

[2013] Art. 1869 C. civ.

peut intervenir après une dissolution anticipée prononcée par le juge pour justes motifs, notamment en cas d'inexécution de ses obligations par un associé, ou de mésentente entre associés paralysant le fonctionnement de la société[2014]. Un projet de réforme du droit des sociétés a été proposé par le Sénat en 1998 afin de créer une procédure de retrait des associées minoritaires des sociétés non cotées, à l'instar de la procédure dont les sociétés cotées bénéficient[2015]. L'hypothèse concernait le droit de retrait, lorsque le capital ou le droit de vote d'une société était détenu à 95% par un associé agissant seul ou de concert. Néanmoins, cette tentative n'a pas abouti et le projet de réforme n'a pas été retenu en raison de l'opposition de l'Assemblée nationale et du Gouvernement français[2016].

1133. **Incompatibilité avec le mode de rémunération de la fusion.** La conception française de la fusion interdit également de stipuler un droit de sortie aux associés minoritaires. En effet, la distribution de parts sociales est le seul mode de rémunération des associés susceptible d'être prévu dans le contrat de fusion. La possibilité de verser une indemnisation en numéraires se limite à une soulte en espèces qui ne peut dépasser 10% de la valeur nominale des actions. La mise en œuvre d'un droit de retrait reste difficilement réalisable, car le montant de la soulte est largement limité et n'est qu'un complément à la rémunération initiale, c'est-à-dire la distribution de parts sociales. La société absorbante n'est donc pas obligée de rémunérer les associés minoritaires par un paiement en numéraire.

1134. **Le droit de retrait en droit suisse.** Pour étudier les procédés de mise en place d'un droit de retrait au bénéfice des associés minoritaires, il est possible de se référer aux dispositions du droit suisse. D'une part, la loi de fusion suisse prévoit un droit d'option volontaire. Il en résulte que les sociétés peuvent proposer aux associés de choisir entre la réception de parts sociales ou une rémunération en numéraire[2017]. Tant que l'associé dispose du choix de rémunérer son apport plutôt que de rester lié à la société absorbante[2018], son droit d'option volontaire ne peut être considéré comme dérogatoire au principe de continuité de l'actionnariat. D'autre part, le droit suisse prévoit un droit d'option légal en vertu duquel la société absorbante a

[2014] Art. 1844-7 C. civ.

[2015] Cf. *infra*, n^os^1136 et s. Le droit de retrait dans les sociétés cotées.

[2016] Sur le sujet, v. MARINI (Ph.), *Le droit de retrait des actionnaires minoritaires dans les sociétés non cotées*, LPA, 4 nov. 1998, p. 27 et s.

[2017] Art. 8, al.1er LFus suisse : « *Les sociétés qui fusionnent peuvent prévoir dans le contrat de fusion que les associés peuvent choisir entre les parts sociales ou les droits de sociétariat et un dédommagement* ».

[2018] En ce sens : CHENAUX (J.-L.), *art. préc.*, p. 119. L'auteur considère que le droit d'option volontaire constitue une élégante opportunité d'offrir un droit de sortie aux associés. Par ailleurs, il soutient la possibilité que ce droit puisse être offert à certains associés seulement si des motifs objectifs le justifient.

l'obligation de laisser un droit de retrait aux associés minoritaires de la société absorbée[2019]. Ce droit s'impose lorsque la société absorbante, qui détient au moins 90% des parts sociales de la société absorbée, décide de réaliser l'opération à des conditions simplifiées, c'est-à-dire conformément à l'article 24 de la LFus suisse. Le droit de retrait n'aurait pu être admis en droit suisse si le mode de rémunération de la fusion s'était cantonné à la seule distribution de parts sociales. Le versement d'une rémunération entièrement en numéraires est en effet permis. Pour admettre un droit de retrait efficace aux associés minoritaires de la société absorbée, il semble indispensable d'envisager une nouvelle réforme législative en droit français, qui contribuerait à la libéralisation de la contrepartie de la fusion.

Ss-paragraphe 2 : L'existence d'un droit de retrait dans les sociétés cotées

1135. **Le rôle prépondérant de la COB.** La COB a longtemps reconnu la nécessité d'un droit de retrait aux associés minoritaires des sociétés cotées lors des opérations de restructurations. Dans une décision rendue le 27 février 1973, la Commission affirmait déjà qu'un droit de retrait devait exister en faveur des minoritaires lorsque la restructuration en cause modifiait la substance même de la société[2020]. Par la suite, la première procédure de retrait a été appliquée à une fusion, à l'occasion d'une absorption d'un ensemble de sociétés cotées par des sociétés non cotées[2021]. La faculté de céder leurs titres sur les marchés, avant que leurs sociétés ne soient absorbées par les sociétés non cotées, a été offerte aux associés minoritaires des sociétés absorbées. La Commission a considéré à cet égard que « *toute modification importante du pacte social peut affecter la clause du contrat d'investissement par lequel l'actionnaire a adhéré à la société. Afin d'assurer une protection plus complète de l'épargne publique, la commission a incité certaines sociétés concernées par de telles modifications, à organiser en faveur de l'actionnaire minoritaire, une protection spécifique sous la forme d'une faculté de retrait* »[2022]. Le raisonnement de la Commission se fonde ainsi sur l'existence des effets collatéraux des opérations de fusion, et qui sont de nature à rompre le contrat d'investissement liant l'associé à la société cotée. Ce contrat se distingue considérablement de l'engagement de l'associé d'une société non cotée,

---

[2019] Art. 23, al. 2 LFus suisse « *Si la société de capitaux reprenante ne détient pas l'ensemble, mais au moins 90 %, des parts sociales conférant droit de vote de la société de capitaux transférante, la fusion peut avoir lieu à des conditions simplifiées: a. si les titulaires de parts minoritaires se voient offrir, outre des parts sociales de la société de capitaux reprenante, un dédommagement au sens de l'art. 8 qui corresponde à la valeur réelle des parts sociales* »

[2020] Rapport annuel COB, 1973, p. 51.

[2021] Rapport annuel COB, 1988, p. 90.

[2022] *Ibid.*

puisqu'il se fonde essentiellement sur l'idée d'un apport financier de liquidités. C'est pourquoi admettre un droit de retrait au profit des associés minoritaires d'une société cotée paraît plus facile.

1136. **L'exigence d'une offre publique de retrait.** En l'absence d'un texte clair permettant d'imposer à l'actionnaire majoritaire de déposer une offre publique de retrait préalablement à la fusion, la protection des associés minoritaires s'avère insuffisante. Après plusieurs opérations de fusions entre sociétés cotées ayant entraîné le mécontentement des associés minoritaires, un groupe de travail, présidé par M. LEPETIT, s'est réuni[2023]. L'idée était d'étudier l'opportunité d'imposer une offre publique d'achat préalablement à la fusion lorsque l'actionnaire majoritaire détient la majorité des parts sociales de la société absorbée. Le groupe de travail a estimé qu'une offre publique préalable à la fusion était le moyen le plus clair et le plus incontestable d'assurer la sorite des minoritaires[2024]. La pratique d'enchaînement d'une OPA-fusion est inspirée du droit anglo-saxon qui interdit à une société mère d'absorber sa filiale sans avoir, au préalable, proposé aux minoritaires un retrait en numéraire. Cependant, le groupe de travail a constaté des difficultés pratiques en raison des risques spéculatifs qui peuvent en découler. Les arbitragistes peuvent en effet pousser à un relèvement de la parité d'échange, afin d'inciter les associés minoritaires à céder leurs parts sociales.

1137. Aujourd'hui, le Règlement de l'AMF oblige l'actionnaire, personne physique ou morale, à lancer une offre publique dès lors que la fusion a pour conséquence de lui faire franchir le seuil de 30 % dans la société absorbante[2025]. Malgré le franchissement du seuil fixé par les textes, l'AMF dispose de la faculté d'accorder une dérogation à l'obligation de déposer une offre publique[2026]. D'une part, une dérogation est envisageable lorsque l'assemblée générale des actionnaires approuve la fusion, tout en étant informée des conséquences de l'opération et qu'elle ne porte pas préjudice aux associés. D'autre part, l'AMF peut accorder une dérogation lorsqu'il y a un cumul d'une fusion et de la conclusion d'un accord constitutif d'une action de concert entre les actionnaires des sociétés. Par ailleurs, il faut souligner que l'AMF dispose du pouvoir d'imposer la mise en place d'une offre publique de retrait en dehors du cas de dépassement du seuil. Il en va ainsi lorsqu'une société ou une personne physique qui détiennent le contrôle d'une société, au sens de l'article L. 233-3 du Code de commerce, décident des fusionner avec cette dernière ou avec une autre société contrôlée par

---

[2023] LEPETIT (J.-F.), *op. cit.*, p. 27 et s.
[2024] LEPETIT (J.-F.), *op. cit.*, p. 6.
[2025] Art. 234-2 du Règlement général de l'AMF.
[2026] Sur les cas de dérogations, v. art. 234-9 du règlement général de l'AMF.

celle-ci[2027]. Dans cette hypothèse, la decision de l'AMF sera prise au regard des conséquences qu'emportera l'opération prévue sur les droits et les intérêts des détenteurs de titres de capital ou des détenteurs de droits de vote de la société.

2027 Art. 236-6 du Règlement Général de l'AMF.

CONCLUSION TITRE 2

1138. Le traitement international de la nature sociétaire du contrat de fusion relève principalement du domaine d'application de la *lex societatis* des sociétés fusionnantes. Les *leges societatis* s'appliqueront de manière distributive pour régir essentiellement les questions qui concernent le fonctionnement interne des sociétés. La loi applicable à chaque société déterminera toute seule les organes sociaux compétents pour l'approbation de la fusion, les conditions de *quorum* et de majorité requises, les formalités de publicité, les procédés de protection des associés minoritaires et des créanciers sociaux, *etc.* Les *leges societatis* trouverons parfois à s'appliquer de manière cumulative pour régir les questions qui intéressent, à pied d'égalité l'ensemble des sociétés fusionnantes. Il en va ainsi des questions qui, malgré le caractère transfrontalier de la fusion, nécessitent un traitement unitaire tel que l'exigence préalable d'un projet de fusion, les conditions de forme et de fond du projet de fusion, la date de prise d'effet de la fusion, *etc.*

1139. Toutefois, des dérogations à la compétence de la *lex societatis* peuvent être décelables. La *lex societatis* est en effet susceptible d'être concurrencée par l'intervention accrue de la *lex contractus*. Les sociétés fusionnantes profitent souvent des atténuations légales apportées à l'impérativité des dispositions de la *lex societatis* pour pouvoir aménager contractuellement certains aspects de l'opération. La *lex contractus* aura alors vocation à régir : l'élaboration du rapport d'échange, la détermination de la transmissibilité des créances et des contrats, la fixation de la date de prise d'effet de la fusion, le choix d'un système de protections des créanciers, *etc.* L'intervention de la *lex contractus* est avantageuse puisqu'elle permet dans plusieurs situations de surmonter les impasses auxquelles mène la méthode conflictualiste classique. L'accroissement de l'importance du rôle attribué à la *lex contractus* dans le processus de réalisation de la fusion transfrontalière prouve incontestablement que la fusion ne peut être autre chose qu'un contrat-organisation teinté d'une double nature contractuelle et sociétaire.

CONCLUSION DE LA DEUXIÈME PARTIE

1140. Les deux catégories juridiques qui sont traditionnellement évoquées en droit international privé pour la qualification de la fusion sont celles du « *contrat* » et de la « *société* ». La fusion était ainsi classée exclusivement dans l'une de ces catégories pour déterminer la loi qui lui est applicable. L'insertion de l'opération dans la catégorie de « *société* » supposait l'application des *leges societatis* des sociétés fusionnantes tandis que l'insertion de l'opération dans la catégorie de « *contrat* » aboutissait à l'application de la *lex contractus*. Toutefois, une position intermédiaire par le recours à la notion de contrat-organisation semble plus pertinente. Il s'agit d'une qualification mixte qui saisit la nature à la fois contractuelle et sociétaire de la fusion. L'application distributive de la *lex contractus* et de la *lex societatis* s'impose.

1141. La *lex contractus* s'applique aux questions relevant de la nature contractuelle de la fusion. En principe, c'est la loi désignée par les parties qui régit la situation. Toutefois, qu'advient-il en l'absence de choix des parties ? Une règle de conflit qui repose sur la loi applicable au lieu de résidence habituelle du débiteur de la prestation caractéristique mène à une impasse. En effet, il est impossible de déterminer une prestation caractéristique dans les contrats-organisation[2028]. Il faut alors rechercher une règle de rattachement intrinsèque équivalente à cette dernière qui tient compte de la fonction socio-économique du contrat-organisation. Ce type de contrat prévoit nécessairement une mise en commun des moyens des parties au sein d'une seule organisation. Les prestations des cocontractants se concentrent ainsi vers un centre de gravité unique qui est le lieu d'existence de cette organisation. Ce raisonnement suppose donc d'appliquer à la nature contractuelle de la fusion la loi de la société absorbante ou de la société nouvellement créée où s'agrègent les patrimoines des sociétés fusionnantes.

1142. Les *leges societatis* des différentes sociétés s'appliquent aux questions ayant trait à la nature sociétaire de la fusion. Une application distributive des *leges societatis* est prévue pour tout ce qui relève du fonctionnement interne de chacune des sociétés, notamment la détermination

[2028] ANCEL (M.-E.), *th. préc.*, n°193.

des conditions de réalisation de la fusion, les organes compétents pour élaborer le projet de fusion et pour décider la fusion, les conditions de *quorum* et de majorité, les mesures de publicité et de contrôle et, enfin, les procédures de protection des créanciers et des associés minoritaires. En revanche, une application cumulative des *leges societatis* est prévue lorsque les problèmes posés intéressent l'ensemble des sociétés fusionnantes. Il en va ainsi de l'exigence d'un projet de fusion, des conditions de forme et de fond du contrat de fusion, de la détermination de la nature de la rémunération des associés de la société dissoute.

CONCLUSION GÉNÉRALE

1143. **La qualification de contrat-organisation en droit interne.** La notion de contrat- organisation fut conçue pour trancher le débat relatif à la nature du contrat de société[2029] dont les effets incluent non seulement la création d'obligations à la charge des parties, mais emportent également la mise en place d'une nouvelle organisation[2030]. Cependant, de récentes recherches ont donné une « *nouvelle pertinence* »[2031] à cette notion, à tel point que l'on se retrouve aujourd'hui devant une catégorie juridique polymorphe. Elle regroupe en son sein plusieurs types de contrats « *centrés sur la mise en commun de moyens dans une finalité de distribution plutôt que d'échange* »[2032]. S'y trouvent pêle-mêle l'association, la fiducie, le mariage, les *consortiums*, les *joint ventures*. À cette liste déjà longue, notre étude ajoute le contrat de fusion.

1144. La fonction organisationnelle du contrat-organisation rend bien compte des effets socio- économiques engendrés par la fusion. Au plan économique, la fusion réalise une concentration[2033]. Les sociétés concernées mettent en commun leurs patrimoines respectifs au sein d'une seule société qui survivra à l'opération ou qui sera nouvellement créée. Contrairement aux contrats classiques, le contrat de fusion n'est pas un jeu à somme nulle car il entraîne un effet de synergie qui contribue à la création de valeur. Par ailleurs, le contrat de fusion vise la mise en place d'une politique économique distributive entre les membres des sociétés fusionnantes réunis au sein d'une seule société. Le résultat final déroge ainsi au principe de l'échange économique qui caractérise les opérations contractuelles classiques. Au plan sociologique, le contrat de fusion a également une fonction organisationnelle relative à la main d'œuvre des sociétés concernées. La mise en commun de plusieurs sociétés implique

---

2029 DIDIER (P.), Brèves notes sur le contrat-organisation, préc., p. 635; SEUBE (J.-B.), *art. préc.*, p. 38.

2030 PEGLOW (K.), *Le contrat de société en droit allemand et en droit français comparés*, LGDJ, 2003, p. 411.

2031 ROCHFELD (J.), *Les grandes notions du droit privé*, PUF, 2011, p. 449.

2032 *Id., ibid.*

2033 Art. L. 430-1 C. com. « *I. - Une opération de concentration est réalisée :1° Lorsque deux ou plusieurs entreprises antérieurement indépendantes fusionnent* ».

souvent la restructuration de leurs entreprises afin de gérer l'augmentation de l'effectif salarial et l'intégration de nouvelles techniques de production.

1145. La qualification de contrat-organisation a également le mérite de saisir la double nature juridique de la fusion. Il est question d'une opération à la fois contractuelle et sociétaire. La source de la fusion est nécessairement contractuelle puisqu'elle découle d'un accord de volontés entre les sociétés concernées. Elle permet d'écarter la conception purement « *institutionnelle* » de la fusion et la distingue d'autres opérations voisines, notamment la transformation et la dissolution par confusion. La double nature de la fusion ressort par ailleurs de la pluralité des effets juridiques de l'opération. On peut relever à cet égard la coexistence de deux séries d'effets : *obligationnels* et *organisationnels*. Les premiers – issus du droit des obligations – concernent l'ensemble des obligations incombant à chacune des sociétés fusionnantes. La société absorbée est ainsi tenue de transmettre les biens, les créances et les dettes telles qu'ils sont fixés dans le contrat de fusion et d'accomplir les formalités nécessaires pour rendre sa dissolution opposable aux tiers. En contrepartie, la société absorbante s'engage à distribuer des actions ou des parts sociales aux associés de la société absorbée dans les conditions fixées par le contrat de fusion ainsi que d'accomplir les formalités nécessaires pour que l'opération aboutisse et soit opposable aux tiers. Les seconds – relevant du droit des sociétés – englobent les modifications structurelles que le contrat de fusion emporte sur les sociétés fusionnantes. La société absorbée disparaît par dissolution sans liquidation et transmet l'ensemble de son patrimoine à la société absorbante. De son côté, la société absorbante augmente son capital social et modifie la composition de ses organes sociaux pour accueillir les associés, les dirigeants et le personnel de la société dissoute.

1146. La qualification de contrat-organisation emporte des conséquences pratiques considérables sur la détermination du régime juridique applicable à la fusion. En vertu de sa nature contractuelle, le contrat de fusion est soumis au droit commun des obligations. Par conséquent, le contrat sera annulé si le consentement de l'une des sociétés fusionnantes s'avère entaché d'un vice du consentement ou en cas d'illicéité de son objet ou de sa cause. En outre, la responsabilité contractuelle a vocation à intervenir pour encadrer l'inexécution ou la mauvaise exécution par l'une des sociétés de ses obligations.

1147. Toutefois, la qualification de contrat-organisation permet parfois à la fusion de déroger au droit commun des obligations. L'idée de contrat-organisation est antinomique de celle d'exécution forcée des obligations. En effet, les parties à ce type de contrat sont en principe munies d'une psychologie particulière de collaborer ensemble. À l'instar de l'*affectio societatis* du contrat de société, de l'*affectio associationis* du contrat d'association, de l'*affectio conjugalis* du contrat de mariage et de l'*affectio cooperationis* du contrat de consortium, les sociétés fusionnantes sont animées d'un *affectio fusionis*. Il serait ainsi contraire à la nature même du contrat de fusion de forcer les sociétés à fusionner. Par ailleurs, le contrat-organisation déroge au principe de l'effet relatif des contrats dans la mesure où il engendre des droits et des obligations à l'égard des tiers[2034]. Conscient de cette caractéristique, le législateur lui a d'ailleurs taillé un régime juridique spécial à même d'assurer la protection de l'intérêt des tiers. En outre, un régime de nullité sans rétroactivité est également prévu pour ce type de contrats. Il en va ainsi du contrat de société[2035] et du contrat de fusion[2036]. Enfin, les contrats-organisation obéissent à un régime légal d'information des tiers.

1148. En dehors du cadre particulier de l'opération de fusion, notre étude contribue de manière générale à l'affermissement de la notion de contrat-organisation en tant que nouvelle catégorie juridique du droit français munie d'un régime juridique propre.

1149. **La qualification de contrat-organisation en droit international privé.** La notion de contrat-organisation a été longtemps utilisée en droit international privé allemand pour qualifier des contrats présentant une double nature contractuelle et sociétaire[2037]. Cette qualification prônait une prépondérance de la nature sociétaire sur la nature contractuelle ce qui impliquait l'exclusion de la *lex contractus*. Toutefois, le droit international privé français a fait un usage différent de cette notion. La qualification des contrats d'apport partiel d'actifs[2038] et de *joint venture*[2039] de contrat-organisation a entraîné une application distributive de la *lex contractus* et de la *lex societatis*.

1150. Une méthode identique doit être appliquée à la fusion puisqu'elle se présente comme une opération à mi-chemin entre la catégorie du contrat et celle de société[2040]. D'une part, la nature contractuelle de la fusion doit être principalement régit par la loi désignée par les parties. À défaut de

---

[2034] DIDIER (P.), *Brèves notes sur le contrat-organisation, art. préc.*, p. 635.
[2035] Art. 1844-15 C. civ.
[2036] Art. L. 235-11 C. com.
[2037] BODE (M.), *th. préc.*, p. 365 et s
[2038] MARTIN (A.) et NOURISSAT (C.), *La loi applicable aux divorces internationaux d'entreprises in. Les séparations internationales d'entreprises*, Litec, 2004, p. 120.
[2039] PIRONON (V.); KNOEFFLER (F.) et MERKY (O.), *Les accords de joint venture et les limites du droit international privé in. Conflits et harmonisation in. Mélanges VON OVERBECK (A. E.)*, éd. Fribourg, 1990, p. 747 et s.
[2040] MOUSSERON (P.), *Les conventions sociétaires*, LGDJ, 2010, n°49.

désignation, il faut appliquer la loi du lieu de convergence des prestations des sociétés fusionnantes, c'est-à-dire la loi de la société absorbante ou de la société nouvellement créée. D'autre part, la nature sociétaire de la fusion relève des *leges societatis* des sociétés concernées. Elles s'appliqueront tantôt de manière distributive, tantôt de manière cumulative selon que la question en cause intéresse l'une ou l'ensemble des sociétés fusionnantes.

1151. À la fin de notre étude, une interrogation persiste. La notion de contrat-organisation constitue-t-elle une nouvelle catégorie du droit international privé munie de sa propre règle de conflit ? Rien n'est moins sûr. L'existence de multiples règles de conflit spéciales régissant un grand nombre de contrats-organisation, à l'instar du contrat de société ou du contrat de mariage, fait douter de la possibilité de la systématiser la notion en droit international. Il est vrai cependant qu'une règle de conflit distributive, telle que celle applicable au contrat de fusion, paraît être la seule option envisageable.

BIBLIOGRAPHIE

I- TRAITÉS ET OUVRAGES GÉNÉRAUX

1- En français

AMBROSI (J.-M.), LONCLE (J.-M.) et TROCHON (J.-Y.), *Pratique des négociations dans les rapprochements d'entreprises*, EFE, 2010.

ARMINJON (P.), *Précis de droit international privé*, t. 1, Dalloz, 3eme éd., 1947.

AUBERT (J.-L.) et SAVAUX (E.), *Introduction au droit et thèmes fondamentaux du droit civil*, Sirey, 12eme éd., 2008.

AUDIT (B.) et D'AVOUT (L.), *Droit international privé*, Economica, 7eme éd., 2013.

BARTIN (E.), *Principes de droit international privé*, t.1, éd. Domat-Montchrestien, 1930.

BASTIAN (D.), *Fusions de sociétés*, J.- Cl. Sociétés, fasc. 164, 1967.

BATIFFOL (H.) et LAGARDE (P.), *Droit international privé*, t. II, LGDJ, 7eme éd., 1983.

BATIFFOL (H.) et LAGARDE (P.), *Droit international privé*, t. I, LGDJ, 8eme éd., 1993.

BEGUIN (J.) et MENJUCQ (M.), *Droit du commerce international*, LexisNexis, 2eme éd., 2011.

BÉNABENT (A.), *Droit civil, les contrats spéciaux civils et commerciaux*, Montchrestien, 10eme éd., 2013.

BÉNABENT (A.), *Les obligations*, Montchrestien, 15eme éd., 2016.

BERGE (J.-S.) et ROBIN-OLIVIER (S.), *Droit européen, Union européenne, Conseil de l'Europe*, PUF, 2eme éd., 2011.

BERTREL (J.-P.) et JEANTIN (M.), *Acquisitions et fusions des sociétés commerciales*, Litec, 2eme éd., 1991.

BONNECASE (J.) et BAUDRY-LACANTINERIE (G.), *Supplément au traité de droit civil,* t.1, Sirey, 1924.

BOUÈRE (J.-P.), DESACHE (J.-M.) et DE VAUPLANE (H.), *Titres et emprunts obligataires,* t.1, éd. Banque, 1998.

BROCHER (Ch.), *Cours de droit international privé*, t. 2, Paris-Genève, 1982.

BUREAU (D.) et MUIR WATT (H.), *Droit international privé,* PUF, 2eme éd., 2010.

CABRILLAC (M.), MOULY (Ch.), CABRILLAC (S.) et PETEL (Ph.), *Droit des sûretés*, Litec, 9eme éd., 2010.
CADIET (L.) et JEULAND (E.), *Droit judicaire privé*, Litec, 7eme éd., 2011.
CARBONNIER (J.), *Droit civil, les obligations*, PUF, 22eme éd., 2000.
CARBONNIER (J.), *Droit civil, 2. Les biens et les obligations*, PUF, 2004.
CASIMIR (J.-P.) et GERMAIN (M.), *Dirigeants des sociétés*, Groupe revue fiduciaire, 2007.
CHADEFAUX (M.), *Les fusions de sociétés : régime juridique et fiscal*, Groupe revue fiduciaire, 6eme éd., 2008.
CHARVERIAT (A.), COURET (A.) et MERCADAL (B.), *Groupes de sociétés*, Mémento Francis Lefebvre, 2007-2008.
COPPER-ROYER (J.), *Traité des sociétés anonymes*, t.3, Dalloz, 4eme éd., 1931.
CORNU (G.), *Droit civil, La famille*, Montchrestien, 9eme éd., 2006.
CORNU (G.) et FOYER (J.), *Procédure civile*, PUF, 3eme éd., 1996.
COZIAN (M.), VIANDIER (A.) et DEBOISSY (Fl.), *Droit des sociétés*, LexisNexis, 29eme éd., 2016.
DALSACE (A.), *Fusion et scission*, Encycl. Dalloz sociétés, 1967.
DECUGIS (H.), *Traité pratique des sociétés par actions*, t. 2, Sirey, 7eme éd., 1931.
DEMOLOMBE (J.-C.), *Cours de Code Napoléon*, Paris 1855-1866, t. IX.
DEMOGUE (R.), *Traité des obligations en général*, t. 1, *Sources des obligations*, Rousseau, 1923.
DE JUGLART (M.) et IPPOLITO (B.), *Traité de droit commercial, Banques et Bourse*, t. 7, Montchrestien, 1991.
DESPAGNET (F.), *Précis de droit international privé*, éd. Larose, 5eme éd., 1909.
DIDIER (P.) et DIDIER (Ph.), *Droit commercial, t. 2, Les sociétés commerciales*, Economica, 2011.
DIDIER (P.) et SAINT-ALARY (B.), *Société*, Encycl. Dalloz sociétés, 1985.
DIDIER (P.), *Droit commercial, t. 2, l'entreprise en société, les groupes de sociétés*, PUF, 3eme éd., 1999.
DUBOUIS (L.) et BLUMMANN (Cl.), *Droit matériel de l'Union européenne*, Montchrestien, 6eme éd., 2012.
ESCARRA (J.) et RAULT (J.), *Les sociétés commerciales*, t.2, Sirey, 1955.
FABRE-MAGNAN (M.), *Droit des obligations, Contrat et engagement unilatéral*, PUF, 3eme éd., 2012.
FABRE-MAGNAN (M.), *Les obligations*, PUF, 2004.
FAGES (B.) et PAULIN (A.), *Lamy droit du contrat*, 2011.
FLOUR (J.), AUBERT (J.-L.), et SAVAUX (E.), *Les Obligations, t. 1. L'acte juridique*, Sirey, 15eme éd., 2012.
FLOUR (J.), AUBERT (J.-L.) et SAVAUX (E.), *Droit civil. Les obligations, t. 2. Le fait juridique*, Sirey, 14eme éd. 2011.

FLOUR (J.), AUBERT (J.-L.) et SAVAUX (E.), *Les obligations, t. 3. Le rapport d'obligation*, Sirey, 9eme éd., 2015.
FOELIX (J.-J.), *Traité du droit international privé*, t. 1, Paris,1866.
FREDERICQ (L.), *Traité de droit commercial belge,* t. 4, éd. Fecheyr Gand, 1950.
GAVALDA (Ch.) et PARLEANI (G.), *Droit des affaires de l'Union européenne,* Litec, 6eme éd., 2010.
GHESTIN (J.) et BILLIAU (M.), *Les effets du contrat*, LGDJ, 1992.
GHESTIN (J.), BILLIAU (M.) et LOISEAU (G.), *Traité de droit civil, le régime des créances et des dettes*, LGDJ, 2005.
GHESTIN (J.), *Traité de droit civil, La formation du contrat*, LGDJ, 3eme éd., 1993.
GHESTIN (J.), *Traité de droit civil, Les effets du contrat*, LGDJ, 3eme éd., 2001.
GHESTIN (J.), *Traité des contrats, Les sociétés*, LGDJ, 5eme éd., 2002.
GHESTIN (J.), JAMIN (C.) et BILLIAU (M.), *Traité de droit civil, Les effets du contrat*, LGDJ, 3eme éd., 2001.
GOIRAND (L.), *Traité des sociétés par actions*, t. 1, Gazette du Palais, 1896.
GOLDMAN (B.) et LYON-CAEN (A.), *Droit commercial européen*, Dalloz, 4eme éd., 1983.
GOLDMAN (B.), LYON-CAEN (A.) et VOGEL (L.), *Droit commercial européen*, Dalloz, 5eme éd., 1994.
GOYET (Ch.), *Société Européenne*, Encycl. Dalloz communautaire, févr. 2004.
GUINCHARD (S.), CHAINAIS (C.) et FERRAND (F.), *Procédure civile. Droit interne et droit de l'Union européenne*, Dalloz, 30eme éd., 2010.
GUYON (Y.), *Les sociétés, Traité des contrats*, LGDJ, 5eme éd., 2002.
GUYON (Y.), *Droit des affaires, t. I, Droit commercial général et sociétés*, Economica, 12eme éd., 2003.
HAMEL (J.), LAGARDE (G.) et JAUFFRET (A.), *Droit commercial, t. 1, 2e vol., Sociétés, groupements d'intérêt économique, entreprises publiques*, Dalloz, 2eme éd., 1980.
HAMEL (J.) et LAGARDE (G.), *Traité de droit commercial*, t. 1, Dalloz, 1954.
HÉMARD (J.), TERRÉ (Fr.) et MABILAT (P.), *Les sociétés commerciales,* t. 3, Dalloz, 1978.
HOLLEAUX (D.), FOYER (J.) et DE GEOUFFRE DE LA PRADELLE (G.), *Droit international privé*, éd. Masson, 1987.
HOUPIN (C.) et BOSVIEUX (H.), *Le traité général des sociétés civiles et commerciales et des associations*, t. 2, 6eme éd., 1929.
JACQUET (J.-M.), DELEBECQUE (Ph.) et CORNELOUP (S.), *Droit du commerce international*, Dalloz, 2eme éd., 2010.

JASSOGNE (C.), BOURRS (J.-P.), MICHEL (H.), MATRAY (Ch.) et NICAISE (P.), *Traité pratique de droit commercial*, t. 4, Kluwer, 1998.
LAINÉ (A.), *Introduction au droit international privé*, 2 vol., 1888, 1892
LARROUMET (Ch.) et AYNÈS (A.), *Introduction à l'étude du droit*, Ecnomica, 6eme éd., 2013.
LARROUMET (Ch.), *Droit civil, t. 2. Les biens, droit réels principaux*, Economica, 5eme éd., 2006.
LARROUMET (Ch.), *Les obligations, t. 3. Le contrat*, Economica, 6eme éd., 2007.
LE CANNU (P.) et DONDERO (B.), *Droit des sociétés*, Montchrestien, 6ème éd., 2015.
TOURNEAU (Ph.), *Droit de la responsabilité et des contrats*, Dalloz Action, 9eme éd. 2012/2013.
LOUSSOUARN (Y.), BOUREL (P.) et DE VAREILLES-SOMMIÈRES (P.), *Droit international privé*, Dalloz, 10eme éd., 2013.
LOUSSOUARN (Y.) et BREDIN (J.-D.), *Droit du commerce international*, Sirey, 5eme éd., 1969.
LOUSSOUARN (Y.), TROCHU (M.), *Conflits de lois en droit des sociétés*, J.-Cl. Droit international, 2010.
LYON-CAEN (Ch.) et RENAULT (L.), *Traité de droit commercial*, t. 2, LGDJ, 5eme éd., 1926.
MALAURIE (P.) et AYNES (L.), *Les biens*, Defrénois, 5eme éd., 2013.
MALAURIE (Ph.) et AYNES (L.), *Les successions, les libéralités*, Defrénois, 4eme éd., 2004.
MALAURIE (Ph.), AYNES (L.) et STOFFEL-MUNCK (P.), *Droit civil, les obligations*, Lextenso, 7eme éd., 2015.
MARTOR (B.), *Organisation pour l'Harmonisation en Afrique du Droit des Affaires (OHADA),* J.-Cl. Droit comparé, fasc. n°2.
MARTY (G.) et RAYNAUD (P.), *Les obligations, t. 1., Les sources*, Sirey, 2eme éd., 1998.
MAYER (P.) et HEUZE (V.), *Droit international privé*, Lextenso, 11eme éd., 2014.
MAZEAUD (H.), MAZEAUD (L.) et TUNC (A.), *Traité théorique et pratique de la responsabilité civile délictuelle et contractuelle*, t. 1, Montchrestien, 6eme éd., 1965.
MEFFRE (S.) et SIDOIS (D.), *Fusions et acquisitions*, Memento Francis LEFEBVRE, 2014.
MENJUCQ (M.), *Droit international et européen des sociétés*, Montchrestien, 4eme éd., 2016.
MERCADAL (B.), CHARVERIAT (A.), COURET (A.) et ZABALA (B.), *Sociétés commerciales*, éd. Francis Lefebvre, 2017.
MERCADAL (B.) et JANIN (Ph.), *Groupes de sociétés*, Memento Francis Lefebvre, 2004-2005.

MESTRE (J.), PUTMAN (E.) et BILLIAU (M.), *Traité de droit civil, Droit spécial des sûretés réelles*, LGDJ, 1996.
MESTRE (J.) et VELARDOCCHIO (D.), *Lamy sociétés commerciales*, 2016.
MICHALAUSKAS (M.), *La nature juridique de l'association in. Contrat ou institution : enjeu de société*, LGDJ, 2004, p. 151.
MOULIN (J.-M.), *Fusion, scission et apport partiel d'actif*, Encycl. Dalloz sociétés, 2011.
MOUSSERON (J.-M.), GUIBAL (M.) et MAINGUY (D.), *L'avant-contrat*, Francis Lefebvre, 2001.
MOUSSERON (J.-M.), RAYNARD (J.) et SEUBE (J.-B.), *Technique contractuelle*, Francis Lefebvre, 2005.
MOUSSERON (J.-M.), *Technique contractuelle*, Francis Lefebvre, 1988.
MOUSSERON (P.), *Les conventions sociétaires*, LGDJ, 2010.
MUSTAKI (G.) et ENGAMMARE (V.), *Droit européen des sociétés*, éd. Helbing Lichtenhahn, Bruylant, LGDJ, 2009.
NAJJAR (I.), *Pacte sur succession futur*, Encycl. Dalloz droit civil, 2012.
NIBOYET (M.-L.) et DE GEOUFFRE DE LA PRADELLE (G.), *Droit international privé*, LGDJ, 4eme éd., 2013.
NIBOYET (J.-P.), *Traité de droit international privé français*, Sirey, 2eme éd., 1951
PIEDELIÈVRE (S.), *Les sûretés*, Armand Colin, 4eme éd., 2004.
PIEDELIEVRE (S.), *Traité de droit civil, La publicité foncière*, LGDJ, 2000.
PLANIOL (M.) et RIPERT (G.), *Traité élémentaire de droit civil*, t.1, LGDJ, 3eme éd., 1946.
RENAULD (J.), *Droit européen des sociétés*, Bruylant, 1969.
RESTEAU (Ch.), *Traité des sociétés anonymes*, t. 2, Libraire judiciaire, 2eme éd., 1933.
RIPERT (G.) et BOULANGER (J.), *Traité de droit civil d'après le traité de Planiol, Obligations-droits réels*, t. 2, LGDJ, 1957.
RIPERT (G.) et ROBLOT (G.), *Droit commercial*, t. 1, LGDJ, 13eme éd., 1989.
RODIERE (R.) et OPETIT (B.), *Droit commercial, Groupements commerciaux*, Dalloz, Précis, 9eme éd., 1977.
ROYER (C.), *Traité des sociétés anonymes*, t. 3, Dalloz, 4eme éd., 1931.
SÉRIAUX (A.), *Contrats civils*, PUF, coll. Droit fondamental, 2001.
SÉRIAUX (A.), *Droit des obligations*, PUF, 2eme éd., 1998.
SÉRIAUX (A.), *Le droit. Une introduction*, éd. Ellipses, 1997
SCHMIDT (J.), *Négociation et conclusion de contrats*, Dalloz, 1982.
SIMLER (Ph.), *Cautionnement et garanties autonomes*, Litec, 3eme éd., 2000.
SIMLER (Ph.) et DELEBECQUE (Ph.), *Droit civil, les sûretés- la publication foncière*, Dalloz, 2eme éd., 1995.
SYNVET (H.), *Société*, Encycl. Dalloz droit international.

TERRÉ (Fr.), *Introduction générale au droit*, 10ème éd., Dalloz, 2015.
TERRÉ (Fr.) et SIMLER (Ph.), *Droit civil, Les biens*, Dalloz, 8eme éd., 2010.
TERRÉ (Fr.), SIMLER (Ph.) et LEQUETTE (Y.), *Droit civil, Les obligations*, Précis Dalloz, 11eme éd., 2013.
TEYSSIÉ (B.), *Droit civil, les personnes*, Litec, 15eme éd., 2014.
THALLER (E.-E.), *Traité élémentaire de droit commercial*, Paris, 1931, 8eme éd.
TILQUIN (T.), *Traité des fusions et scissions*, Kluwer, éditions juridiques, Belgique, 1993.
VAN RYN (J.), *Droit commercial*, 1954.
VAN RYN (J.), *Principes de droit commercial,* t. 1, Bruxelles, 1954.
VAVASSEUR (A.), *Traité pratique et formulaire des sociétés civiles et commerciales*, 4eme éd. 1869.
VINEY (G.), *Traité de droit civil, Introduction à la responsabilité*, LGDJ, 3eme éd., 2008.
VINEY (G.) et JOURDAIN (P.), *Traité de droit civil. Les effets de la responsabilité,* t. 3, LGDJ, 3eme éd., 2010.
WEISS (A.), *Traité théorique et pratique de droit international privé*, t. 2, Sirey, 2eme éd., 1913.
ZENATI-CASTAING (F.) et REVET (Th.), *Les biens*, PUF, 3eme éd., 2008.

2- En anglais

ALLEN (T.), KRAAKMAN (R.) et SUBRAMANIAN (G.), *Commentaries and cases on the law of business organization*, éd. Wolters Kluwer Law and Business, 4eme éd., 2012.
REMERSON (R.) *Emerson, Business Law*, New York, 4eme éd., 2004.

II- OUVRAGES SPÉCIAUX – MONOGRAPHIES - THÈSES

ACCAOUI-LORFING (P.), *La renégociation des contrats internationaux*, th. Paris II, 2008.
AMMAR (D.), *Essai sur le rôle de l'engagement d'honneur*, th. Paris I, 1990.
ANCEL (M.- E.), *La prestation caractéristique du contrat*, Economica, 2002, p. 140
ATIAS (C.), *Le transfert conventionnel de la propriété immobilière*, th. Poitiers, 1974.
AUBRY (M.-Ch.), *Le patrimoine d'affectation*, th. Paris 13, 2010.
AUBRY (C.) et RAU (C.), *Cours de droit civil français d'après la méthode de Zachariae*, 4eme éd., 1873.
BALIAN (S.), *Essai sur la définition dans la loi*, th. Paris II, 1986.

BAPTISTA (L.-O.) et DUBRAND- BARTHEZ (P.), *Les associations d'entreprises (joint ventures) dans le commerce international*, éd. Feduci, LGDJ, 1986.
BARRE (X.), *La lettre d'intention : technique contractuelle et pratique bancaire*, Economica, 1995.
BARTHEZ (A.-S.), *La transmission universelle des obligations. Étude comparée en droit des successions et en droit des sociétés*, th. Lille III, 2000.
BATIFFOL (H.), *Aspects philosophiques du droit international privé*, Dalloz, 1956.
BATIFFOL (H.), *Les conflits de lois en matière de contrats*, Sirey, 1938.
BAUDEU (G.) et BELLARGENT (G.), *Protocoles et traités de fusion*, Litec, 1968.
BAUDEU (G.) et BELLARGENT (G.), *Fusion de sociétés*, J.- Cl. sociétés, 1970.
BEJOT (M.), *La protection des actionnaires externes dans les groupes de sociétés en France et en Allemagne*, éd. Bruylant, 1976.
BENER (H.-R.), *La fusion des sociétés anonymes en droit international privé*, éd. Société Générale d'Imprimerie, Genève, 1967.
BENSADOUN (M.), *La nature juridique des actes préparatoires à la fusion des sociétés*, Mémoire, DEA Nice, 1978.
BILLIAU (M.), *La transmission des créances et des dettes*, LGDJ, 2002.
BODE (M.), *Le groupe international de sociétés, le système de conflit de lois en droit comparé français et allemand*, PUE, 2010.
BOUCOBZA (X.), *L'acquisition internationale de société*, LGDJ, 1998.
CAILLAUX (B.) et DURAND (P.), *Fusions, Scissions et apports partiels*, Delmas, 1985.
CARBONNIER (J.), *Le régime matrimonial : sa nature juridique sous le rapport des notions de société et d'association*, th. Bordeaux, 1932.
CATHIARD (C.) et LECOURT (A.), *La pratique du droit européen des sociétés. Analyse comparative des structures et des fusions transfrontalières*, Joly Editions, Lextenso Editions, coll. Pratique des affaires, 2010.
CATHIARD (C.) et POIRIER (A.-S.), *Fusion transfrontalière,* Encycl. Dalloz droit des sociétés, 2015.
CHABAS (C.), *L'inexécution licite du contrat*, LGDJ, 2002.
CHAMPAUD (Cl.), *Le pouvoir de concentration de la société par actions*, Sirey, 1962.
CHENEDE (F.), *Les commutations en droit privé, contribution à la théorie générale des obligations*, Economica, 2008.
CHENUT (Ch.-H.), *Le contrat de consortium*, LGDJ, 2003.
CLAUDE (H.), *La concentration capitaliste*, éd. sociales, 1965.
COCHUT (P.), *Law, son système et son époque*, Paris, 1853.

COHEN-TANUGI (L.), *Le droit sans l'état : sur la démocratie en France et en Amérique*, PUF, 1985.
COLLART DUTILLEUL (F.), *Les contrats préparatoires à la vente d'immeuble*, Sirey, 1988.
COMTE (Ph.), *Valeurs économiques et valeurs juridiques dans les fusions d'entreprises*, éd. Entreprise moderne, 1970.
COPPER-ROYER (J.), *De la fusion des sociétés, essai juridique*, Dalloz, 1933.
COQUELET (M.-L.), *La transmission universelle de patrimoine en droit des sociétés*, th. Paris X, 1994.
CORNELOUP (S.), *La publicité des situations juridiques, une approche franco-allemande du droit interne et du droit international privé*, LGDJ, 2003.
COULOMBEL (F.), *Le particularisme de la condition juridique des personnes morales de droit privé*, th. Nancy, 1949.
COURET (B.), *L'influence du droit communautaire sur la constitution de groupements*, LGDJ, 2000.
CUENDET (A.), *La fusion par absorption en particulier, le contrat de fusion dans le droit suisse de la société anonyme*, th. Lausanne, 1973.
CUISINIER (V.), *L'affectio societatis*, bib. drt. entreprise, t. 78, Litec, 2008.
DAIGRE (J.-J.), TUROT (J.) et AIME (M.), *L'évaluation des apports en nature à une société de capitaux*, Actes pratiques, Droit des sociétés, éd. JurisClasseur, 1995.
DAGORNE-LABBE (Y.), *Contribution à l'étude de la faculté de dédit*, th. Paris II, 1984.
DAUBLON (G.), *Le statut juridique des fusions et scissions de sociétés*, Defrénois, 1988.
DELAPORTE (V.), *Recherches sur la forme des actes juridiques en droit international privé,* th. Paris I, 1974.
DEMEYERE (A.), *Etude comparative de la clause pénale en droit civil français et en common law*, th. Mc Gill University, 2003.
DE NOAILLAT (G.), *Étude sur la fusion de sociétés*, éd. Imprimerie de la Société anonyme de publications industrielles, 1899.
DEREUX (G.), *L'interprétation des actes juridiques privés*, th. Paris, 1905.
DESCAUDIN (Ch.), *Etude comparative du rôle du juge dans l'interprétation des contrats*, th. Cergy-Pontoise, 2009.
DOHM (J.), *Les accords sur l'exercice du droit de vote de l'actionnaire : Etude de droit suisse et allemand*, th. Genève, 1971.
DRAIN (A.), *Les organismes de placement collectif en valeurs mobilières (OPCVM), réflexions sur les relations entre droit commun et droit financier*, th. Paris I, 2006.
DUBISSON (M.), *Les accords de coopération dans le commerce international*, éd. Lamy, 1989.

DURAND (P.) et LATSCHA (J.), *Les groupements d'entreprises*, Litec, 1973.

DUTOIT (B.), *Droit international privé suisse : commentaire de la loi fédérale du 18 décembre 1987*, éd. Helbing et Lichtenhahn, 3eme éd., 2001.

ESPAGNON (M.), *La règle du non-cumul des responsabilités délictuelle et contractuelle en droit civil français*, th. Paris I, 1980.

FAESSLER (R.), *La fusion de sociétés anonymes en droit suisse et étranger*, Payot & Cie, Lausanne, 1925.

FARJAT (G.), *Droit économique*, PUF, 1982.

FLEUREAU (M.), *Les fusions des sociétés d'assurances*, LGDJ, 1933.

FOHRER (E.), *La prise en considération des normes étrangères*, th. Paris II, 2004.

FONTAINE (M.), *Le processus de formation du contrat : contributions comparatives et interdisciplinaires à l'harmonisation du droit européen*, Bruylant/LGDJ, 2002.

FONTAINE (M.) et DELY (F.), *Droit des contrats internationaux, analyse et rédaction de clauses*, éd. Bruylant, 2eme éd., 2003.

GAILLARD (E.), *La société anonyme de demain, la théorie institutionnelle et le fonctionnement de la société anonyme*, Sirey, 2eme éd., 1933.

GAUDEMET-TALLON (H.), *Convention de Rome du 19 juin 1980 et règlement "Rome I" de 17 juin 2008*, J.-Cl. droit international, Fasc. 552-15.

GLAVINIS (P.), *Le contrat international de construction*, éd. Joly, 1993.

GENINET (M.), *Théorie générale des avant-contrats en droit privé*, th. Paris II, 1985.

GERMAIN (M.), *Société dominante et société dominée en droit français et allemand*, th. Nancy, 1974.

GIVORD (F.), *La réparation du préjudice moral*, th. Grenoble, 1938.

GOFFAUX-CALLEBAUT (G.), *Du contrat en droit des sociétés, essai sur le contrat instrument d'adaptation du droit des sociétés*, PUS, 2008.

GOLDMAN (B.), *Frontières du droit et lex mercatoria*, éd. Archives philo, dr. 1964.

GOMPEL (R.), *De la fusion de sociétés anonymes*, th. Paris, 1908.

GROSCLAUDE (L.), *Le renouvellement des sanctions en droit des sociétés*, th. Paris I, 1997.

GROSCLAUDE (X.), *Les droits des actionnaires dans les opérations de fusion*, th. Strasbourg III, 1999, p. 39.

GUILLAUME (F.), *Lex societatis : Principes de rattachement des sociétés et correctifs institués au bénéfice des tiers en droit international privé suisse*, th. Lausanne, 2001.

HAEHL (J.-P.), *Les techniques de renflouement des entreprises en difficulté*, LGDJ, 1981.

HAFTEL (B.), *La notion de matière contractuelle en droit international privé*, th. Paris II, 2008.
HAGE-CHAHINE (F.), *Les conflits dans l'espace et dans le temps en matière de prescription*, Dalloz, 1977.
HAMELIN (J.- F.), *Le contrat-alliance*, th. Paris II, 2010.
HAMONIAUX (Th.), *L'intérêt général et le juge communautaire*, LGDJ, 2001.
HENRY (X.), *La technique des qualifications contractuelles*, th. Nancy II, 1992.
HOANG (P.), *La protection des tiers face aux associations. Contribution à la notion de « contrat-organisation »*, éd. Panthéon-Assas, 2002, p. 39.
HOUSSIAUX (J.), *Le pouvoir de monopole*, Sirey, 1958.
JACQUET (J.-M.), *Principe d'autonomie et contrats internationaux*, Economica, 1983.
JUILLET (C.), *Les accessoires de la créance*, Defrénois- Lextenso, Tome 37, 2009.
KHAIRALLAH (G.), *Les sûretés mobilières en droit international privé*, Economica, 1984.
LABARTHE (F.), *La notion de document contractuel*, LGDJ, 1994.
LAGARRIGUE (J.-P.), *Droit comptable des fusions*, Litec, 1986.
LAGRANGE (F.), *Nature juridique des fusions de sociétés*, th. Paris II, 1999.
LAITHIER (Y.-M.), *Etude comparative des sanctions de l'inexécution du contrat*, LGDJ, 2004.
LANGEFELD-WIRTH (K.), *Les joint ventures internationales : pratiques et techniques contractuelles des coentreprises internationales*, GLN Joly, 1992.
LATSCHA (J.), *Fusions, scissions et apports partiels d'actifs*, Delmas, 1965.
LAUDE (A.), *La reconnaissance par le juge de l'existence d'un contrat*, PUAM, 1992.
LECA-D'ESPALUNGUE (C.), *La transmission héréditaire des actions en justice*, PUF, 1992.
LECOURT (B.), *L'influence du droit communautaire sur la constitution de groupements*, LGDJ, 2000.
LENOIR (N.), *La Societas Europaea ou SE, pour une citoyenneté européenne de l'entreprise*, éd. Rapports officiels, 2007.
LEPETIT (J.-F.), *La protection des actionnaires minoritaires dans les opérations de fusion et garantie de cours*, Paris, 1996.
LEQUETTE (S.), *Le contrat-coopération: Contribution à la théorie générale du contrat*, th. Paris II, 2010.
LEVY (L.), *La nationalité des sociétés*, LGDJ, 1984.
LOPEZ SANTA MARIA (J.), *Les systèmes d'interprétation du contrat*, th. Paris, 1968.

LUCAS-PUGET (A.-S.), *Essai sur la notion d'objet du contrat*, LGDJ, 2005.
MAGNIER (V.), *Rapprochement des droits dans l'union européenne et viabilité d'un droit commun des sociétés*, LGDJ, 1999.
MARMUSE (Ch.), *La fusion des organisations*, th. Lille, 1976.
MARTIN (G.), *La représentation des sociétés par leurs organes*, th. Nancy, 1977.
MARTIN (J.), *La fusion des sociétés par actions*, th. Paris, 1950.
MARTIN (A.) et NOURISSAT (C.), *La loi applicable aux divorces internationaux d'entreprises, in. Les séparations internationales d'entreprises*, Litec, 2004, p. 89.
MARTINE (E.-N.), *L'option entre la responsabilité contractuelle et la responsabilité délictuelle*, LGDJ, 1957.
MASTRULLO (Th.), *Le droit international des sociétés dans l'espace régional européen*, PUAM, 2009.
MBAYE (M.-N.), *Fusion, scissions et apports partiels d'actif transfrontaliers en Afrique*, th. Paris X, 2006.
MENJUCQ (M.), *La mobilité des sociétés dans l'espace européen*, LGDJ, 1997.
MESSAI (S.), *La responsabilité civile des dirigeants sociaux*, th. Paris I, 2005.
MESTDAGH (H.), *La fusion des sociétés commerciales, au point de vue juridique et fiscal*, th. Lille, 1930.
MESTRE (J.) et RODA (J.-Ch.), *Les principales clauses des contrats d'affaires*, Lextenso, 2011.
MIGNON-COLOMBET (A.), *L'exécution forcée en droit des sociétés*, Economica, 2004.
MICHALAUSKAS (M.), *L'association*, th. Paris I, 2003.
MICHALOPULOS (N.), *La fusion des sociétés anonymes en droit français et en droit hellénique problématique communautaire*, th. Paris I, 1983.
MICHOUD (L.), *La théorie de la personnalité morale*, LGDJ, 1998
MOINE (I.), *Les choses hors du commerce, une approche de la personne humaine juridique*, LGDJ, 1997.
MORELLI (N.), *La portée de la transmission universelle dans les opérations de restructuration*, th. Lille III, 2005.
MURPHY (A.), *John Law, économiste et homme d'État*, éd. PIE, 2007.
NIBOYET (J.-P.), *La théorie de l'autonomie de la volonté*, Rec. cours La Haye 1927.
OVERSTAKE (J.-F.), *Essai de classification des contrats spéciaux*, LGDJ, 1969.
PACLOT (Y.), *Recherches sur l'interprétation juridique*, th. Paris II, 1988.
PAILLUSSEAU (J.), *La société anonyme : technique d'organisation de l'entreprise*, th. Rennes, 1967.

PARDOEL (D.), *Les conflits de lois en matière de cession de créance*, LGDJ, 1997.
PELLETIER (D.), *La nature juridique: référence, fondement...?*, PUAM, 2003.
PEGLOW (K.), *Le contrat de société en droit allemand et en droit français comparés*, LGDJ, 2003.
PÈNE (H.), *La fusion des sociétés commerciales*, th. Bordeaux, 1907.
PERRIN (J.-F.), *Le droit international privé des société dans la CEE*, Genève, 1971.
PETITPIERRE-SAUVAIN (A.), *Droit des sociétés et groupes de sociétés: Responsabilité de l'actionnaire dominant, retrait des actionnaires minoritaires*, Genève, 1972.
PILLET (A.), *Des personnes morales en droit international privé*, Sirey, 1914.
PIRONON (V.), *Les joint ventures, Contribution à l'étude juridique d'un instrument de coopération international*, Dalloz, 2004.
POMMEPY (R.), *Les compagnies privilégiées de commerce de 1715 à 1770*, th. Bordeaux, 1922.
POMMIER (J.-C.), *Principe d'autonomie et loi du contrat en droit international privé conventionnel*, Economica, 1992.
POPESCU (C.-M.), *Essai d'une théorie de l'imprévision en droit français et comparé*, th. Paris, 1937
POUPLIER (F.), *La nature juridique des créneaux horaires d'après l'étude de leur régime et leur mode de cession*, Mémoire de DESS de Transports Aérien, IFURTA, Faculté de droit d'Aix-en-Provence, 1998.
PRIETO (C.), *Regards croisés sur les Principes du droit européen du contrat et sur le droit français*, PUAM, 2003.
PRIETO (C.), *La société contractante*, PUAM, 1994.
QUINTIN (Y.), *Fusions et acquisitions aux Etats-Unis*, Bruxelles, éd. Bruylant, Yvon Blais, 2005.
RAFFRAY (R.), *La transmission universelle du patrimoine des personnes morales*, Dalloz, 2011.
RECORDON (P.-A.), *La protection des actionnaires lors des fusions et scissions de sociétés, en droit suisse et en droit français*, th. Genève, 1974.
REMY-CORLAY (P.), *Etude critique de la clause d'exception dans les conflits de lois*, th. Poitiers, 1997.
REMY-CORLAY (P.) et FENOUILLET (D.), *Les concepts contractuels français à l'heure des Principes du droit européen des contrats*, Dalloz, 2003.
RENARD (G.), *La philosophie de l'institution*, Sirey, 1930.
RIEG (A.), *Le rôle de la volonté dans l'acte juridique en droit civil français et allemand*, LGDJ, 1961.
RIPERT (G.), *Aspects juridiques du capitalisme moderne*, LGDJ, 1951.

ROBERT-CADET (I.), *Les nullités en droit des sociétés*, th. Lyon III, 2000.

RODRIGUEZ (K.), *Le droit des associations: règles générales*, éd. Hamattan, 2004.

ROLLAND (M.), *Essai sur les catégories juridiques, spécialement en droit privé*, th. Lyon, 1952.

ROUHETTE (G.), *Principes du droit européen du contrat*, éd. Société de législation comparée, 2003.

ROUTIER (R.), *Les fusions de sociétés commerciales: prolégomènes pour un nouveau droit des rapprochements*, LGDJ, 1994.

SALEM (H.), *Les clauses sanctionnant l'inexécution d'une obligation contractuelle. Étude de droit interne et droit international privé*, th. Paris I, 2005.

SALEILLES (R.), *La personnalité juridique, histoire et théorie*, Sirey, 1910.

SAUTONIE-LAGUIONIE (L.), *La fraude paulienne*, LGDJ, 2008.

SERBESCO (S.), *La dévolution des biens des personnes morales disparues*, Paris Sirey, 1920.

SERIAUX (A.), *Le droit, une introduction*, Ellipses, 1997.

SCHLUMBERGER (E.), *Les contrats préparatoires à l'acquisition de droits sociaux*, th. Paris I, 2011.

SIMONART (V.), *La personnalité morale en droit privé comparé : l'unité du concept et ses applications pratiques*, éd. Bruylant, 1995.

STOFFEL-MUNCK (P.), *Regards sur la théorie de l'imprévision*, PUAM, 1994.

STOYANOVITCH (C.), *De l'intervention du juge dans le contrat en cas de survenance de circonstances imprévues, Théorie de l'imprévision*, th. Aix-Marseille, 1941.

SYNVET (H.), *L'organisation juridique du groupe international de sociétés*, th. Rennes I, 1979.

TERRÉ (F.), *EIRL, L'entrepreneur individuel à responsabilité limitée*, Litec 2011.

TERRÉ (F.), *L'influence de la volonté individuelle sur les qualifications, coll. Bibliothèque de droit privé*, LGDJ, 1957.

TESTU (F.-X.), *Contrats d'affaires*, Dalloz, 2010.

THOMAT-RAYNAUD (A.-L.), *L'unité du patrimoine : essai critique*, Defrénois, 2007.

TOUBIANA (A.), *Le domaine de la loi du contrat en droit international privé : contrats internationaux et dirigisme étatique*, th. Paris, 1969.

TOURIN (J.), *Des scissions et des apports partiels d'actif de sociétés anonymes*, th. Paris, 1970.

VELARDOCCHIO (D.), *Les accords extra-statutaires entre associés*, PUAM, 1993.

VIVANT (M.), *Juge et loi du brevet*, Litec, 1978.

VON JHERING (R.), *Œuvres Choisies*, t. 2, traduction par DE MEULENAERE (O.), 1893.

WAREMBOURG-AUQUE (F.), *La succession aux biens d'une personne morale de droit privé*, th. Lille, 1977.
WEBER (H.), *La Compagnie française des Indes*, th. Paris, 1904.

III- ARTICLES – CHRONIQUES – CONCLUSIONS

1- En français

ALFANDARI (E.), *Associations et sociétés: points de rencontre*, LPA 24 avr. 1996, p. 48.
ALPA (G.), *Le contrat « individuel » et sa définition*, RIDC 1988, p. 327.
ANCEL (J.-P.), *L'actualité de la clause compromissoire*, TCFDIP 1991-1993, p. 75.
ANCEL (P.), *Force obligatoire et contenu obligationnel du contrat*, RTD civ. 1999, p. 771.
AUDIT (M.), *L'interprétation autonome du droit international privé communautaire*, JDI 2004, p. 789.
AUGER (B.), *La fusion*, Rev. soc. 1925, p. 50.
AUGER (B.), Une proposition de loi sur la transformation et la fusion des sociétés, Rev. soc. 1943, p. 171.
AZZI (T.), *Bruxelles I, Rome I, Rome II: regard sur la qualification en droit international privé communautaire*, D. 2009, p. 1621 et s.
BAILLOD (R.), *Les lettres d'intention*, RTD com. 1992, p. 547.
BALLARINO (T.), *Personnes, famille, régimes matrimoniaux et successions dans la loi de reforme du droit international privé italien*, RCDIP 1996, p. 36.
BARRIERE (F.), *La fusion-filialisation*, Rev. soc. 2013, p. 667.
BARRIERE (F.), *Un apport sans apport : la fusion triangulaire à l'envers*, Bull. Joly sociétés 2009, n° supplément thématique, p. 1173.
BARTIN (E.), *De l'impossibilité d'arriver à la solution définitive des conflits de lois*, JDI 1897, p. 225.
BASTIAN (D.), *Naissance de la personne morale, in. Mélanges CABRILLAC (H.)*, Litec, 1968, p. 25.
BEGUIN (J.), *La difficile harmonisation européenne du droit des fusions transfrontalières, in. Mélanges GAVALDA (Ch.)*, Dalloz, 2001, p. 19.
BEGUIN (J.), *Le rattachement de la société européenne in. La société européenne, organisation juridique et fiscale, intérêts, perspectives*, Dalloz, 2003.
BEGUIN (J.), *Les sociétés commerciales sont-elles condamnées à l'immobilité internationale ? in. Mélanges PAILLUSSEAU (J.)*, Dalloz 2003, p. 43.
BEGUIN (J.), Quel avenir pour la société européenne ? in. Mélanges TERRÉ (F.), PUF, 1999, p. 307.

BEGUIN (J.), *Un texte à abroger : la loi sur la reconnaissance internationale des sociétés anonymes étrangères in. Mélanges CHAMPAUD (Cl.),* Dalloz, 1997, p. 2.
BEITZKE (G.), *Les conflits de lois en matière de fusion de sociétés*, RCDIP 1967, p. 1.
BERARD (P.-Y.), *Les fusions à l'épreuve de l'intuitus personae*, RTD com. 2007, p. 279.
BERAUDO (P.), *Faut-il avoir peur du contrat sans loi ? in. Mélanges LAGARDE (P.)*, Dalloz, 2005, p. 93.
BERGMANS (B.), *Essai de systématisation nouvelle des contrats de droit privé, Contribution à une théorie générale des contrats*, RRJ 1990, p. 413
BERLIOZ (G.), *Le droit à l'information en matière de fusions, in. L'information en droit privé*, LGDJ, 1978, p. 261.
BERTEL (J.-P.), *Fusions-acquisitions : une clause d'agrément est-elle applicable en cas de fusion ou de scission ?*, Dr. et patrimoine, avr. 2003, n°114.
BERTEREL (J.-P.), *Les lettres d'intention*, Rev. Banque, oct. 1986, p. 895.
BERTEREL (J.-P.), *Le débat sur la nature de la société in. Mélanges SAYAG (A.)*, Litec 1997, p. 131.
BERTEREL (J.-P.), *Liberté contractuelle et société, Essai d'une théorie du « juste milieu » en droit des sociétés*, RTD com. 1996, p. 593.
BESNARD GOUDET (R.), *La faute détachable commise par un dirigeant social engage sa responsabilité à l'égard des tiers*, Drt. affaires 2002, p. 1821.
BISCHOFF (J.-M.), *Observations sur la validité du transfert international de siège social in. Mélanges BASTIAN (D.)*, Litec, 1974, p. 23.
BLANQUET (F.), *La société européenne n'est plus un mythe*, RDIDA 2001, p. 139.
BLOCH (P.), *L'obligation de transférer la propriété dans la vente*, RTD civ. 1988, p. 673 .
BOIZARD (M.), *La réduction du capital à zéro*, Rev. soc. 1999, p. 735.
BOLLEE (S.), *À la croisée des règlements Rome I et Rome II : La rupture des négociations contractuelles*, D. 2008, p. 2161.
BOLZE (A.), *Les rapports patrimoniaux des couples en dehors de la communauté légale*, Rev. drt. fam. 2001, chron. 5.
BONNASSE (A.) et GAILLARD (L.), *Un bilan mitigé des fusions entre sociétés françaises et sociétés étrangères-persistance d'obstacles et voies alternatives in. Mélanges BISSARA (Ph.)*, ANSA, 2013, p. 41.
BOUCOURECHLIEV (J.), *Les voies de l'Europe des sociétés*, JCP E 1996, p. 560.
BOUÈRE (J.-P.), *Fusions et scissions. Le problème des résultats intercalaires*, JCPE 1992, n°163, p 347.
BOUÈRE (J.-P.), *Le législateur sait-il ce qu'il a voulu ?*, Bull. Joly 1994, p. 744.

BOYER (L.), *La clause de dédit in. Mélanges RAYNAUD (P.),* Dalloz, 1985, p. 41.
BRILLON (H.), *Société européenne: les propositions du rapport Lenoir*, Dr. sociétés 2007, n°6, alerte 28.
BROGGONI (G.), *La nouvelle loi italienne de droit international privé*, RSDIE 1996, p. 1.
BRULLIARD (G.) *Les fusions de sociétés en droit français in. Rapport au colloque de droit européen de Bruxelles*, éd. Bruylant, 1961, p. 91.
BURGARD (J.), *Fusion et management*, Rev. soc. 1969, p. 113.
BURGARD (J.), *Les fusions et la réforme du droit des sociétés*, Rev. soc. 1965, p. 127.
BUTSRAEN (L.), *L'association : contrat ou institution, l'association : contrat et institution*, Gaz. Pal., 16- 18 déc. 2001, p. 12.
CADIET (L.), *Interrogations sur le droit contemporain des contrats in. Le droit contemporain des contrats*, Trav. de la fac. des sciences jur. de Rennes, 1987, p. 10.
CALVEYRA (E.), *Etudes des aspects juridiques et sociaux des fusions transfrontalières intra-communautaires,* J. soc., nov. 2009, p. 14.
CARBONNEL (C.), *Aspects immobiliers d'une restructuration de sociétés*, RD imm. 1995, p. 263.
CATHIARD (C.), *Le régime des fusions transfrontalières depuis la loi du 3 juillet 2008*, Dr. sociétés 2008, n°10.
CAUSSAIN (J.-J.), *Des fusions transfrontalières dans l'Union européenne in. Mélanges AEDBF*, éd. Banque éditeur, 1999, t. 2, p. 113.
CAUSSAIN (J.-J.), *Fusions transfrontalières*, JCP E 1999, p. 897.
CEDRAS (J.), *L'obligation de négocier*, RTD com. 1985, p. 265.
CEREXHE (E.), *La reconnaissance mutuelle des sociétés et des personnes morales dans la CEE*, RMC 1968, n°110 .
CHABAS (F.), *La réforme de la clause pénale*, D. 1976, chron., p. 229.
CHAMPAUD (Cl.), *Le contrat de société existe-t-il encore ? in. Le droit contemporain des contrats*, Trav. de la fac. des sciences jur. de Rennes, 1987, p. 131.
CHEMINADE (Y.), *Nature juridique de la fusion des sociétés anonymes*, RTD com. 1970, p. 15.
CHENAUX (J.-L.), *La protection des actionnaires et associés dans les fusions d'entreprises in. Coopération et fusion d'entreprises : travaux de la journée d'étude organisée à l'Université de Lausanne le 6 octobre 2004*, Lausanne 2005, p. 119.
CHÉNEDÉ (F.), *La mutation du patrimoine*, Gaz. Pal., 19 mai 2011 n°139, p. 19.
CHUILON (R.), *Les fusions de sociétés. Recherche des règles juridiques applicables à l'évaluation et à la rémunération des apports*, JCP G 1970, I, 88231.
COHEN (D.), *La validité du « coup d'accordéon »*, D. 2003, p. 410.

COMBES (A.-E.), *Information et consultation préalable du comité d'entreprise dans les opérations d'acquisition-cession et réorganisation juridiques d'entreprises in. Mélanges JEANTET (F.C.)*, Lexisnexis, 2012, p. 107 et s.

CONAC (P.-H.), *La fusion transfrontalière en droit luxembourgeois in. Fusions transfrontalières de sociétés, droit luxembourgeois et droit comparé*, Bruxelles, éd. Larcier, 2011, p. 64.

CONSTANTIN (A.), *Réflexions sur la validité des conventions de vote in. Mélanges GHESTIN (J.)*, LGDJ, 2001, p. 253.

COQUELET (M.-L.), *La transmission universelle du patrimoine à l'épreuve du principe d'intransmissibilité des contrats intuitu personae*, Dr. soc, actes pratiques 2000, n° 49.

COQUELET (M.-L.), *Le sort des actions en justice en cas de transmission universelle du patrimoine*, Bull. Joly 2007, p. 783.

COQUELET (M.-L.), *Les ressemblances sont souvent trompeuses: la transmission universelle pour cause de réunion des parts sociales n'est pas fusion !* , Bull. Joly 2003, p. 969.

CORDOLIANI (H.-F.-A.), *Le droit des fusions et la communauté européenne*, JCP CI 1979, 13078.

CORNU (G.), *Le problème du cumul de la responsabilité contractuelle et de la responsabilité délictuelle in. Études de droit comtemporain*, Trav. inst. droit comparé Paris, t. XXIII, 1962, p. 239.

CORNU (G.), *Les définitions dans la loi in. Mélanges VINVENT (J.)*, Dalloz, 1981, p. 77.

COUDERT (M.-A) et MEYER (C.), *Restructuration d'entreprises : fusion simplifiée ou confusion de patrimoines ?*, Actes prat. soc., mai- juin 2004, p. 5.

COURET (A.), *La remise en échange de titres autodétenus par l'absorbante dans le cadre d'une fusion*, Actes pratiques société, 6/1998, p. 4.

COURET (A.), *L'audit juridique*, CDE 1985, 4, p. 34.

COURET (A.), *Les dispositions de la loi de sécurité financière intéressant le droit des sociétés*, JCP E, 2003, I, 1290, n° 45.

COURET (A.), PEYRAMAURE (P.), ROSENPICK (P.) et LAUDE (A.), *Les accords préliminaires dans les cessions de droits sociaux*, Actes prat., sept.-déc. 1998, p. 4.

COURDIER-CUISINIER (A.-S.), *Nouvel éclairage sur l'énigme de l'obligation de donner*, RTD civ. 2005, p. 521.

DAIGRE (J.-J.), *De la conformité de la « dissolution-confusion » de l'article 1844-5, alinéa 3 au Code civil avec la troisième directive en droit des sociétés,* Actes prat., nov. 1997, p. 23.

DAIGRE (J.- J.), *La dissolution d'une filiale à 100% est une fusion. À propos de l'article 1844-5, al. 3, du Code civil*, JCP G 1993, I, 3638.

DAIGRE (J.-J.), *Les fusion internationales (et opérations assimilées) : esquisse d'une analyse et de solutions,* Actes prat., juill.- août 1998, p. 3.

DAIGRE (J.- J.), *Peut-on absorber une société ayant un actif net négatif ?*, JCP E 1992, I, 165.

DAL (G.-A.) et VAN DEN ABBEELE (M.), *Les fusions et scissions de sociétés commerciales*, Rev. prat. soc. 1993, p. 220.

DALSACE (A.), *À propos de la fusion et de la scission des sociétés commerciales*, JCP 1962, p. 1231.

DAVID (N.), *Les entreprises conjointes. Quelques problèmes pratiques*, JDI 1988, p. 37.

DAVID (R.), *L'imprévision dans les droits européens in. Mélanges JAUFFRET (A.)*, LGDJ, 1974, p. 211.

DE BERMOND DE VAULX (J.-M.), *Le spectre de l'affectio societatis*, JCP E 1994, I, 345.

DEBOISSY (F.), *Le contrat de société, in. Le contrat*, TAHC, t. LV, 2005.

DELAUME (G.-R.), *L'autonomie de la volonté en droit international privé*, RCDIP 1950, p. 321.

DELEBECQUE (Ph.) et MAZEAUD (D.), *Les clauses de responsabilité : clauses de non responsabilité, clauses limitatives de réparation, clauses pénales in. Les sanctions de l'inexécution des obligations contractuelles, études de droit comparé*, Bruylant, LGDJ, 2001, p. 361.

DELESALLE (E.), *Fusions de sociétés: analyse comparée des méthodes de valorisation*, RF compt., Juin 1991, p. 29.

DANIS-FÂTOME (A.), *La définition légale in. Mélanges VINEY (G.)*, LGDJ, 2008, p. 275.

DERAINS (Y.), *Valeur interprétative des négociations in. Formation of contracts and precontractual liability,* éd. CCI, 1990, p. 323.

DEROUIN (Ph.), *Les fusions triangulaires de sociétés*, Bull. Joly sociétés 2008, p. 1026.

DESHAYES (O.), *Le dommage précontractuel*, RTD com. 2004, p. 187.

DESQUEYRAT (A.), *L'institution, sa nature, ses espèces, les problèmes qu'elle pose*, APD 1936, p. 67.

D'HOIR-LAUPRÊTRE (C.), *L'EIRL, un patrimoine affecté voué à…une désaffection certaine !* , LPA, 14 janvier 2011, n°10, p. 3.

DIDIER (P.), *Brèves notes sur le contrat-organisation, in. Mélanges TERRÉ (Fr.)*, Dalloz/PUF, 1999, p. 635.

DIDIER (P.), *La réduction du capital à zéro in. Mélanges AEDBF-France*, éd. Banque, 1997, p. 171.

DIDIER (P.), *Le consentement sans l'échange : contrat de société*, RJ com. 1995, n° spécial sur l'échange des consentements, p. 74.

DIDIER (P.), *Les conventions de vote, in. Mélanges FOYER (J.)*, PUF, 1997, p. 341.

DIEU (J.), *La reconnaissance mutuelle des sociétés et personnes morales dans les Communautés européennes*, Cah. drt. eur. 1968, p. 532.

DINH (E.), *L'EIRL, un hybride en droit français*, JCP E 2010, p. 1979.

DONNIER (M.), *Remarques sur la conception jurisprudentielle de la prohibition des pactes sur succession future*, RTD civ. 1956, p. 627.
DRAETTA (U.), *Les clauses de force majeure et de hardship dans les contrats internationaux*, RDAI 2002, p. 347.
DRAETTA (U.), *Les documents précontractuels dans les négociations d'acquisition ou de fusion. Vue d'ensemble de la pratique international*, RDAI 1991, n°2, p. 229.
DUBERTET (M.), *L'intuitu personae dans les fusions*, Rev. soc. 2006, p. 721.
DUBOUT (H.), *Les engagements de confidentialité dans les opérations d'acquisition d'entreprises*, Bull. Joly, juill. 1992, p. 726.
DUCOULOUX-FAVARD (C.), *La réforme française des fusions et l'harmonisation des législations européennes*, D. 1990, chron. p. 242
DUCOULOUX-FAVARD (C.), *Longue histoire pour la naissance de la société européenne*, RLDA n° 48, avr. 2002, p. 9
DUCOULOUX-FAVARD (C.), *Nature juridique du contrat de société ; un exemple d'écueil possible pour le comparatiste*, Rev. soc. 1966, p. 1.
DURAND (P.), *L'évolution de la condition juridique des personnes morales de droit privé in. Mélanges RIPERT (G.)*, t. 1, LGDJ, 1950, p. 138 et s.
DURAND (P.) et LATSCHA (J.), *Fusions, scission de sociétés et apports partiels d'actif*, JCP CI 1967, 82 332
EKELMANS (M.), *Le dépeçage du contrat dans la Convention de Rome du 19 juin 1980 sur la loi applicable aux obligations contractuelles in. Mélanges VANDER ELST (R.)*, éd. Nemesis, 1986, p. 243.
ESMEIN (P.), *La commercialisation du dommage moral*, D. 1954, p. 113.
FABRE-MAGNAN (M.), *Le mythe de l'obligation de donner*, RTD civ. 1996, p. 85.
FALLON (M.), *Libertés communautaires et règles de conflit de lois in. Les conflits de lois et le système juridique communautaire*, Dalloz, 2004, p. 31.
FARJAT (G.), *Entre les personnes et les choses, les centres d'intérêts*, RTD civ. 2002, no 2.
FAUGEROLAS (L.) et DEVAL (P.), *La protection des obligataires internationaux en cas de fusion ou de scission de la société émettrice in. Mélanges SCHMIDT (D.)*, éd. Joly, 2005, p. 240.
FONTAINE (M.), *Rapport de synthèse in. Formation of contracts and precontractual liability*, éd. ICC, 1990, p. 323.
FONTAINE (M.), *Les lettres d'intention dans la négociation des contrats internationaux*, DPCI 1977, p. 73.
FOYER (J.), *Entrée en vigueur de la Convention de Rome du 19 juin 1980 sur la loi applicable aux obligations contractuelles*, JDI 1991, p. 610.
FOYER (J.), *Le contrat d' « electio juris » à la lumière de la convention de Rome du 19 juin 1980 in. Mélanges LOUSSOUARN (Y.),* Dalloz, 1994, p. 169.

FRECHETTE (P.), *La qualification des contrats : aspects théoriques, Les cahiers de droit*, vol. 51, n° 1, 2010, p. 117.
GALLOIS (A.), *La responsabilité pénale de la société absorbante en cas de fusion-absorption frauduleuse*, Dr. sociétés 2010, Étude n°7, p. 4.
GAMET (L.), *Le principe de personnalité des peines à l'épreuve des fusions et des scissions de sociétés*, JCP G 2001, I, 345.
GANNAGE (L.), *Le contrat sans loi devant les tribunaux étatiques. Retour sur un mal aimé in. Mélanges FOYER (J.)*, Economica, 2008, p. 419.
GARCIN (W.), *Rapport sur les obstacles tenant au droit interne des sociétés*, RMC 1968, p. 361.
GASTINEAU (P.), *Fusions transnationales: l'exemple Franco-Espagnol in. Fusions et Acquisitions*, juin 1995, p. 32
GAUDEMET (J.), *Le mariage un contrat ?*, Revue de sciences morales et politiques 1995, p. 161 et s.
GAUDEMET-TALLON (H.), *Nouveau droit international privé européen des contrats*, RTD eur. 1981, p. 266, n°81.
GAUTIER (P.- Y.), *Les aspects internationaux de la négociation*, RTD com. 1998, p. 493.
GELIN (S.), HERRMANN (A.) et PROVOST (B.), *Les difficultés pratiques d'ordre juridique et fiscal des opérations de fusions transfrontalières*, CDE 2011, n°38, p. 50.
GERMAIN (M.), *Naissance et mort des sociétés commerciales in. Mélanges ROBLOT (R.)*, LGDJ, 1984, p. 217 et s.
GERMAIN (M.), *Le droit commun des sociétés après la loi n° 88- 15 du 5 janvier 1988 relative au développement et à la transmission des entreprises*, JCP G 1988, I, 3341.
GESSLER (E.), *Fusion des sociétés en droit allemand in. Rapport au colloque de droit européen de Bruxelles*, éd. Bruylant, 1961, p. 43.
GHESTIN (J.), *La notion de contrat*, D. 1990, chron., p. 147.
GHESTIN (J.), *Réflexions d'un civiliste sur la clause de réserve de propriété*, D. 1981, chron. p. 1.
GOLDMAN (B.), *Rapport sur les obstacles tenant au droit interne des sociétés in. Colloque organisé par le centre universitaire d'études des communautés européennes de la faculté de droit et sciences économiques de Paris : coopération, concentrations, fusions d'entreprises dans la CEE*, RMC 1968, p. 297.
GOLDMAN (B.), *La lex mercatoria dans les contrats et l'arbitrage internationaux : réalités et perspectives*, JDI 1979, p. 475.
GOLDMAN (B.), *La reconnaissance mutuelle des sociétés dans la Communauté économique européenne in. Mélanges JULLIOT DE LA MORANDIERE (L.)*, Dalloz, 1964, p. 175.
GOLDMAN (B.), *Le projet de convention entre les Etats membres de la Communauté économique européenne sur la reconnaissance mutuelle*

des sociétés et personnes morales in. Rabels Zeitschrift, 31eme année, 1967, p. 291.
GOLDMAN (B.), *Nouvelles réflexions sur la lex mercatoria in. Mélanges LALIVE (P.)*, p. 241.
GOLDMAN (B.), *Rapport concernant le projet de convention sur la fusion international des sociétés anonymes*, RTD eur. 1974, p. 465.
GRIDEL (J.-P.), *La personne morale en droit français*, RIDC 1990- 2, p. 495.
GRILLET-PONTON (D.), *La méconnaissance d'une règle impérative de la loi, cause de nullité des actes et délibérations des organes de la société*, Rev. soc. 1984, p. 259.
GRIMALDI (C.), *Paradoxes autour de l'interprétation des contrats*, RDC 2008, p. 207.
GIULIANO (M.) et LAGARDE (P.), *Rapport relatif à la convention sur la loi applicable aux obligations contractuelles*, JOCE 1980, n° 282, 31 oct. 1980, p. 17.
GROSSI (I.), *Vices du consentement et opérations sociétaires*, RLDA janv. 1999, p. 8.
GUA (F.), *Les effets de l'aléa, et la distinction des contrats aléatoires et des contrats commutatifs*, RTD civ. 1983, p. 263.
GUILLAUME (F.), *La fusion transfrontalière de sociétés en droit suisse in. Fusions transfrontalières de sociétés, droit luxembourgeois et droit comparé*, éd. Larcier, 2011, p. 241.
GUYON (Y.), *Les contrats d'association de sociétés sur le plan international (joint venture)*, Rev. jour. soc. législ. comp., 1991, p. 321
HAFTEL (B.), *Entre « Rome II » et « Bruxelles I » : L'interprétation communautaire uniforme du règlement « Rome I »*, JDI 2010, n°3, doctr. 11.
HALLOUIN (J.-Cl.), *Validité des réductions de capital à zéro*, D. 2002, p. 3264.
HAMEL (J.), *L'affectio societatis*, RTD civ. 1925, p. 760.
HASSLER (Th.), *L'intérêt commun*, RTD com. 1984, p. 581.
HEBRAUD (P.), *Observations sur l'évolution des rapports entre le droit et l'action dans la formation et le développement des systèmes juridiques in. Mélanges RAYNAUD (M.)*, Dalloz, 1985, p. 237.
HEENEN (J.), *La Directive sur les fusions internes,* Cah. drt. eur. 1981, p. 15.
HELIOT (S.) et LEGENDRE (X.), *Acquisitions de sociétés américaines par des sociétés françaises : la forward triangular merger en droit français*, Actes part. 2006, n°90.
HEMARD (J.), TERRE (F.) et MABILAT (P.), *La dixième réforme du droit des sociétés commerciales*, D. 1969, Chron. p. 41.
HEUZE (V.), *La loi des contrats internationaux in. Dictionnaire Joly-Pratique des contrats internationaux,* Livre II, spéc. n° 10.

HEUZE (V.), *La notion de contrat international privé*, TCFDIP 1995- 98, p. 319.
HOPT (K.), *Le droit des groupes de sociétés, expériences allemandes, perspectives européennes*, Rev. soc. 1987, p. 371 et s.
HOTTE (S.), *La rupture du contrat international : contribution à l'étude du droit transnational des contrats*, Defrénois, 2007.
HOUIN (R.), *Les fusions de sociétés en droit français, in. Etudes de droit contemporain, T. XXIII*, Travaux et recherches de l'Institut de droit comparé de l'Université de Paris, 1962, p. 268.
HOUIN (R.), *Rapport général sur la fusion des sociétés in. Rapport au colloque de droit européen de Bruxelles*, éd. Bruylant, 1961, p. 17.
HOUPIN (C.), *De la situation des actionnaires et des créanciers, en cas de fusion de sociétés, en ce qui concerne le règlement du passif de la société absorbée*, J. soc. 1933, art. 4063, p. 449.
HOUIN (R.) et GORÉ (F.), *La réforme des sociétés commerciales*, D. 1967, p. 169.
HOUTCIEF (D.), *Les sûretés personnelles*, JCP G 2006, I, 3.
HOVASSE (H.), *Les obligations remboursables en actions in. Mélanges PERCEROU (R.)*, éd. Vaibert Gestion 1993, p. 105.
HUET (J.), *Des différentes sortes d'obligations et, plus particulièrement, de l'obligation de donner, la mal nommée, la mal aimée in. Mélanges GHESTIN (J.)*, LGDJ, 2001, p. 425.
HUET (J.) et DUPUIS-TOUBOL (F.), *Violation de la confidentialité des négociations. in. Formation of contracts and precontractual liability*, ICC, Dossiers cités, 1990, p. 239.
JACQUET (J.-M.), *Le principe d'autonomie entre consolidation et évolution in. Mélanges GAUDEMET-TALLON (H.),* Dalloz, 2008, p. 727.
JARROSSON (C.), *Les clauses de renégociation, de conciliation et de médiation in. Les principales clauses des contrats conclus entre professionnels*, PUAM, 1990, p. 141.
JASPAR (X.) et METAIS (N.), *Les limites à la transmission universelle du patrimoine : les contrats intuitu personae et les contraintes afférentes à certains biens*, Bull. Joly 1998, p. 447.
JEANDIDIER (W.), *L'exécution forcée des obligations contractuelles de faire*, RTD civ. 1976, p. 700.
JEANTIN (M.), *La transmission universelle de patrimoine d'une société, in. Mélanges DERRUPPÉ (J.)*, GLN Joly, Litec, 1991, p. 287.
JEANTIN (M.) et VIANDIER (A.), *La réforme du droit des fusions et scissions*, RD bancaire et bourse 1988, p. 65.
JOBERT (L.), *La notion d'augmentation des engagements des associés*, Bull. Joly 2004, p. 627.
KEUTGEN (G.), *Le nouveau régime des directives européennes en matière de fusion et opérations assimilées in. Modes de rapprochement structurels des entreprises*, Bruxelles, 1988, p. 97

KLEINER (C.), *Le transfert de siège social en droit international privé*, JDI 2010, p. 4.
KONARSKI (H.), *Force majeure et hardship clauses in. International contractual practice*, RDAI 2003, p. 405.
LAGARDE (P.), *Approche critique de la lex mercatoria, in Mélanges GOLDMAN (B.)*, p. 125.
LAGARDE (P.), *La culpa in contrahendo à la croisée des règlements communautaires in. Liber fausto pocar*, t. 2, éd. Giuffre, 2009, p. 584.
LAGARDE (P.), *Le dépeçage du contrat dans le droit international privé des contrats in. Rivisita di diritto internazionale privato e processuale*, 1993, p. 33.
LAGARDE (P.), *Le principe de proximité dans le droit international contemporain*, RCADI 1986, vol. 196.
LAGARDE (P.), *Le nouveau droit international privé des contrats après l'entrée en vigueur de la Convention de Rome du 19 juin 1980*, RCDIP 1991, p. 287.
LAGARDE (P.), *Les clauses limitatives ou exonératoires de responsabilité en droit international privé in. Les clauses limitatives ou exonératoires de responsabilité en Europe*, LGDJ, 1990, p. 24.
LALIVE (P.), *Sur la notion de contrat international in. Multum non Multa in. Mélanges HEIDELBER (L.)*, Müller 1980, p. 135 et s
LATSCHA (J.), *Fusions, scissions, apports partiels d'actifs. Les nouvelles procédures*, JCP CI 1967, n° 082331.
LE CANNU (P.), *De la SA a la SAS : pourquoi transformer à l'unanimité si l'on peut absorber à la majorité ?*, Bull. Joly 1973, p. 324.
LE CANNU (P.), *La protection des porteurs de valeurs mobilières composées*, Rev. soc. 2004, p. 567.
LE CANNU (P.), RIASSETTO (I.), DONDERO (B.) et DOM (J.- Ph.), *La transformation des sociétés*, Bull. Joly sociétés 2010, p. 389.
LECLERCQ (P.), *La mobilité et le rattachement de la société européenne in. La société européenne,* éd. Bruylant, 2005, p. 207.
LECOURT (B.), *Adoption de la directive sur les fusions transcommunautaires*, Rev. soc. 2005, p. 923.
LECOURT (B.), *De l'utilité de l'action paulienne en droit des sociétés in. Mélanges GUYON (Y.),* Dalloz, 2003, p. 615.
LECOURT (B.), *Fusions et scissions de sociétés : transposition en droit français de la directive de « simplification »*, Rev. soc. 2011, p. 654.
LECOURT (A.), *La transposition en France des fusions transfrontalières : entre innovations et espoirs déçus*, Bull. joly 2008, p. 806.
LECOURT (B.), *L'avenir du droit français des sociétés: que peut-on encore attendre du législateur européen?,* Rev. soc. 2005, p. 223.
LECOURT (B.), *Simplification des directives sur les fusions et les scissions*, Rev. soc. 2009, p. 888.

LECUYER (H.), *Mariage et contrat in. La contractualisation de la famille*, Economica, 2001, p. 57.
LE FEVRE (A.), *Le nouveau régime des fusions et des scissions de sociétés commerciales institué par la loi n°88-17 du 5 janvier 1988 et le décret n°88-418 du 22 avril 1988*, Rev. soc. 1988, p. 210.
LENCOU (D.) et MENJUCQ (M.), *Les fusions transfrontalières de sociétés de capitaux : enfin une réalité mais des difficultés persistantes !* , D. 2009, p. 886.
LE GALL (J.-P.), La fiscalité des fusions d'entreprises communautaires, JCP E 1991, II, 12.
LEGROS (J.-P.), *La nullité des décisions de sociétés*, Rev. soc. 1991, p. 275.
LE FÈVRE (A.), *Le nouveau régime des fusions et des scissions de sociétés commerciales institué par la loi n°88-17 du 5 janvier 1988 et le décret n°88-418 du 22 avril 1988*, Rev. soc. 1988, p. 207.
LE NABASQUE (H.), *Commentaire des principales dispositions de la loi n° 2003-706 du 1er aout 2003 sur la sécurité financière intéressant le droit des sociétés*, Bull. Joly, 2003, § 185, p. 859.
LE NABASQUE (H.), *La notion d'engagements nouveaux en droit des sociétés*, Drt. sociétés 1997, p. 36.
LE NABASQUE (H.), *Le droit européen des sociétés et les opérations transfrontalières in. Mélanges CHAMPAUD (Cl.)*, Dalloz, 1997, p. 429.
LE NABASQUE (H.), *Les fusions et scission transfrontalières*, Rev. soc. 2013, p. 412.
LE NABASQUE (H.), *Les fusions transfrontalières après la loi n°2008-649 du 3 juillet 2008*, Rev. soc. 2008, p. 493.
LE NABASQUE (H.), *L'incidence des normes européennes sur le droit français applicable aux fusions et au transfert de siège social*, Rev. soc. 2005, p. 81.
LE NABASQUE (H.), *Sort des actions de préférence en cas de fusion ou de scission de la société émettrice*, RDBF 2005, p. 30.
LENCOU (D.) et MENJUCQ (M.), *Les fusions transfrontalières de sociétés de capitaux : enfin une réalité mais des difficultés persistantes !* , D. 2009, p. 886.
LESGUILLONS (H.), *Loi applicable aux obligations contractuelles ; entrée en vigueur de la Convention de Rome du 19 juin 1980*, RDAI 1991, p. 278.
LIBCHABER (R.), *Réflexions sur les effets du contrat, in. Propos sur les obligations et quelques autres thèmes fondamentaux in. Mélanges AUBERT (J.-L.)*, Dalloz, 2005, p. 211.
LOUSSOUARN (Y.), *La concentration des entreprises dans la Communauté économique européenne*, RCDIP 1974, p. 235.
LOUSSOUARN (Y.), *Règles de conflit et règles matérielles dans le droit international des sociétés in. Mélanges GOLDMAN (B.)*, Litec, 1987, p. 167.

LOY (M.), *Les fusions transfrontalières : entre présent et avenir*, JCP E 2007, n°31.
LOY (O.), *La troisième directive du Conseil des Communautés européennes du 9 octobre 1978 concernant les fusions des sociétés anonymes*, RTD eur. 1980, p. 354.
LUBY (M.), *Impromptu sur le directive n° 2005/56 sur les fusions transfrontalières des sociétés de capitaux*, Drt. sociétés, juin 2006, p. 5
LUCAS (F.-X.), *La distinction des titres de capital et des titres de créance in. Colloque : Quel avenir pour le capital social*, dir. COURET (A.), Dalloz, 2004, p. 22.
MARCHAL (A.), *Nécessité économique des fusions et concentrations intracommunautaires*, RMC 1968, p. 31.
MARINI (Ph.), *Le droit de retrait des actionnaires minoritaires dans les sociétés non cotées*, LPA, 4 nov. 1998, p. 27.
MARTIN (D.), *Etude comparative des différentes modalités de rapprochements transfrontaliers*, CDE 2011, dossier 34, n°6.
MARTIN (D.), KANOVITCH (B.) et SIMSI (S.), *Pour une modernisation du droit des fusions*, RTD fin. 2010, n° 4, p. 12.
MARTIN (G.-J.), *La notion de fusion*, RTD com. 1978, p. 269.
MASTRULLO (Th.), *La transposition en droit français de la directive sur les fusions transfrontalières : une avancée et des regrets*, Rev. Europe, août 2009, étude 8, n°2.
MATHIEU (G.-J.), *L'acte contraire à l'intérêt social en matière d'abus de biens sociaux*, Gaz. Pal. Juin- juill. 2002, p. 7.
MALAURIE (Ph.), *L'interprétation des contrats : hier et aujourd'hui*, JCP 2011, 51, 1402.
MAURY (J.), *Règles des conflits de lois*, RCADI 1936, III, p. 325.
MAY (J.-C.), *La société : contrat ou institution in. Contrat ou institution : un enjeu de société*, LGDJ, 2004, p. 122.
MAZEAUD (D.), *La période précontractuelle en droits positif et prospectif français, européen et international : comparaisons in. L'avant-contrat : actualité du processus de formation des contrats*, PUF, 2008, p. 13.
MAZEAUD (D.), *Les clauses de responsabilité : clauses de non responsabilité, clauses limitatives de réparation, clauses pénales in. Les sanctions de l'inexécution des obligations contractuelles, études de droit comparé*, Bruylant/LGDJ, 2001, p. 361.
MENJUCQ (M.), *La société européenne*, Rev. soc. 2002, p. 225
MENJUCQ (M.), *Les atouts et les faiblesses de la société européenne « à la française »*, RLDA 2005, p. 86.
MENJUCQ (M.), *Les opérations transfrontalières de rapprochement et de mobilité à l'épreuve de la diversité des droits nationaux*, CDE 2011, dossier 34, n°6.
MENJUCQ (M.), *Régime juridique et fiscal du transfert de siège de la société européenne in. La société européenne*, Dalloz, 2003, p 211.

MENJUCQ (M.), *Réflexion critique sur la proposition de la 14eme directive relative au transfert intracommunautaire de siège social*, Bull. Joly Sociétés 2000, p 137.
MENJUCQ (M.) et FAGES (F.), *L'introduction de la société européenne en droit français*, JCP E 2005, n°38, p. 1668.
MENJUCQ (M.), FAGES (F.) et VUIDARD (L.), *L'introduction de la société européenne en droit français : un nouvel instrument au service des groupes de sociétés*, JCP E 2007, p. 30.
MENJUCQ (M.), MARSHALL (F.), VAN DEN BULKE (D.), BUTCHER (M.) et NEUVILLE (C.), *Les nouveaux outils de la mobilité des entreprises en Europe: fusions transfrontalières, SE, SPE, colloque 20 juin 2008, Chambre de commerce de Paris*, RLDA 2009, n°37.
MERCADAL (B.), *L'article 1152 al. 2 du Code civil est-il d'ordre public international français ?*, DPCI 1979, p. 285.
MERCADAL (B.), *Les caractéristiques juridiques des contrats internationaux de coopération industrielle*, DPCI 1984, n°3
MESTRE (J.), *Des négociations parallèles au projet commun*, RTD civ. 1992, p. 752.
MESTRE (J.), *La protection indépendante du droit de réponse, des personnes physiques et des personnes morales contre l'altération de leur personnalité aux yeux du public*, JCP G 1974, I, 2623.
MESTRE (J.), *La spécificité juridique des contrats conclus par les sociétés*, RLDC 2004, n° 1.
MESTRE (J.), *Le juge face aux difficultés d'exécution du contrat in. Le juge et l'exécution du contrat*, PUAM, 1993, p. 91.
MESTRE (J.), *L'évolution du contrat en droit privé français in. Mélanges* SAVATIER (R.), 24-25 oct. 1985, PUF, 1986, p. 41.
MESTRE (J.), *Réflexions sur les pouvoirs du juge dans la vie des sociétés*, RJ com. 1985, p. 81.
MESTRE (J.) et FAGES (B.), *Start-up, start-down : de quelques protocoles préparatoires à la constitution de sociétés qui ne virent jamais le jour, et de leurs effets juridiques...* , RTD civ. 2001, p. 127.
MEUDLERS (M.-Th.), *L'évolution du mariage et le sens de l'histoire : de l'institution au contrat, et au-delà in. Le droit de la famille en Europe, son évolution depuis l'antiquité jusqu'à nos jours*, PUS, 1992, p. 215.
MICHALAUSKAS (M.), *La nature juridique de l'association in. Contrat ou institution : enjeu de société*, LGDJ, 2004, p. 151.
MOLFESSIS (N.), *Entreprise et patrimoine : évolution ou révolution ?,* Gaz. Pal., 19 mai 2011 n°139, p. 63.
MOLFESSIS (N.), *Force obligatoire et exécution : un droit à l'exécution en nature ?*, RDC 2005, p. 37.
MONNET (J.), *Organisation de l'entreprise et interdiction d'augmenter les engagements des associés, Aspects organisationnels du droit des affaires in. Mélanges PAILLUSSEAU (J.)*, Dalloz, 2003, p. 403.

MONTERO (E.), *Les clauses limitatives ou exonératoires de responsabilité, rapport belge in. Les sanctions de l'inexécution des obligations contractuelles, Etudes de droit comparé*, Bruylant, LGDJ, 2001, p. 393.
MORIN (G.), *Le devoir de coopération dans les contrats internationaux*, DPCI 1980, p. 11.
MOTULSKY (H.), *Le droit subjectif et l'action en justice*, APD 1964, p. 215.
MOULIN (J.-M.), *La fusion à l'épreuve de la liberté contractuelle in. Mélanges LE CANNU (P.)*, Dalloz, 2014, p. 741 et s.
MOUSSERON (F.). *L'audit contractuel*, JCP E 1985, 14710, n°3.
MOUSSERON (J.-M.), *La durée dans la formation du contrat, in. Mélanges JAUFFRET (A.)*, éd. Faculté de droit et de science politique d'Aix-Marseille, 1974, p. 509.
MOUSSERON (J.-M.), *L'audit de propriété industrielle*, LPA, 9 sept. 1985, n° spéc, p. 15.
MOUSSERON (J.-M.) et MOUSSERON (P.), *La langue du contrat in. Mélanges CABRILLAC (M.)*, Dalloz/Litec, 1999, p. 219.
MOUSSERON (P.), *Conduite des négociations contractuelles et responsabilité civile délictuelle*, RTD com. 1998, p. 243.
MUIR-WATT (H.), *Les pourparlers : de la confiance trompée à la relation de confiance, in. Les concepts contractuels français à l'heure des principes du droit européen des contrats*, Coll. Thèmes et commentaires, Dalloz, 2003, p. 53.
NAJJAR (I.), *L'accord de principe*, D. 1991, chron. p. 57.
NAJJAR (I.), *L'autonomie de la lettre de confort*, D. 1989, chron. p. 217.
NEUMAYER (K.), *Autonomie de la volonté et dispositions impératives en droit des contrats*, RCDIP 1957, p. 579.
NEVER (J.-J.), *Le contrat-institution*, LPA, 19 juin 1995, n° 73, p. 4.
NIBOYET (M.-L.), *Contre le dogme de la lex fori en matière de procédure in. Mélanges GAUDEMENT-TALLON (H.),* Dalloz, 2008, p. 363.
OPPETIT (B.), *L'adaptation des contrats internationaux aux changements de circonstances- La clause de hardship*, JDI 1974, p. 494.
OPPETIT (B.), *L'engagement d'honneur*, D. 1979, chron. p. 107.
OST (F.), *Temps et contrat, critique du pacte faustien in. La relativité du contrat*, Travaux de l'association Henri Capitant, LGDJ, 1999, p. 137.
PAILLUSSEAU (J.), *La rétroactivité des opérations de fusion : d'une conception juridique "light" à une conception fiscale "lourde"*, JCP E 2000, p. 1557 ; Bull. ANSA, nov.-déc. 1994, n°2744.
PELTIER (F.), *La nature juridique des obligations remboursables en actions*, JCP E 1922, I, 155.
PENNEAU (J.), *De l'irrégularité des conventions de vote dans le droit des sociétés*, JCP CI 1975, I, 17776.
PERROUD (J.), *La condition de l'actionnaire in. Mélanges RIPERT (G.)*, éd. LGDJ, 1950, t. 2, p. 319 et s.

PEVTCHIN (G.), *La lettre d'intention*, DPCI 1979, p. 49.
PIROLLI (R.) *La parité d'échange des titres dans les fusions in. Mélanges VIGREUX (P.)*, Toulouse, 1981, t. 2, p. 607.
PIC (P.), *Des fusions de sociétés*, Rev. soc. 1923, p. 448.
PLANIOL (M.), *Classification synthétique des contrats*, Rev. crit. légis. et juris., 1904, p. 470.
POITRINAL (F.-D.), *L'exécution forcée en nature de promesse de cession d'actions*, Bull. Joly 1995, p. 21.
PRIETO (C.), *Liberté d'établissement et de prestation de services*, RTD eur. 2003, p. 498.
RAWACH (E.), *La portée des clauses tendant à exclure le rôle des documents précontractuels dans l'interprétation du contrat*, D. 2001, p. 223.
RENAULD (J.) et KEUTGEN (G.), *Obstacles à une concentration internationale des entreprises dans le cadre de la CEE*, Rev. prat. soc. 1971, p. 269.
RENAULD (J.-B.), *Les fusions de sociétés en droit belge in. Doit européen : Colloque international de Bruxelles*, 12- 14 oct. 1961, Rapports des juristes belges, p. 81.
RIASSETTO (I.), *Directive OPCVM IV, fusions à caractère transfrontalier*, RDBF 2010, n°2, com. 75.
RIASSETTO (I.), *Les fusions de la directive OPCVM IV*, Bull. Joly Bourse 2010, n°2, p. 156.
RIEG (A.), *La punctation, contribution à l'étude de la formation successive du contrat, in. Mélanges JAUFFRET (A.)*, éd. Faculté de droit et de science politique d'Aix-Marseille, 1974, p. 593.
ROCHFELD (J.), *CJCE et notions autonomes de droit contractuel*, RDC 2005, p. 1001 et s
ROCHFLED (J.), *Les modes temporels d'exécution du contrat*, RDC 2004, p. 47 et s.
ROMANO (G.-P.), *Le choix des Principes Unidroit par les contractants à l'épreuve des dispositions impératives*, JDI 2007, p. 473.
ROMNICIANU (M.), *Perspective d'ensemble sur le sort des garanties dans le cadre d'une fusion*, JCP E 1991, I, 34.
ROSENFELD (E.), *L'abus des biens sociaux*, Dr. et patr. 1995, n° 31, p. 29.
ROUBIER (P.), *La publicité des transmissions de droits industriels. Comparaison avec la publicité foncière in. Mélanges CAPITANT (H.)*, Dalloz, 1938, p. 711.
ROZES (L.), *Le projet de contrat, in. Mélanges BOYER (L.)*, Université des sciences sociales de Toulouse, 1996, p. 651.
ROZES (L.), *Projets et accords de principe*, RTD com. 1998, p. 501.
SAINT-ALARY-HOUIN (C.), *Réflexions sur le transfert différé de la propriété immobilière in. Mélanges RAYNAUD (P.)*, Dalloz, 1985, p. 733.

SALEILLES (R.), *De la responsabilité précontractuelle*, RTD civ. 1907, p. 697.

SANZ (S.), *La consécration du pouvoir judicaire par la loi du 9 juillet 1975 et ses incidences sur la théorie générale de la clause pénale*, RTD civ. 1977, p. 268.

SAPPER (H.), *Les contrats d'affiliation en droit français et allemand*, RTD com. 1963, p. 37.

SAVATIER (J.), *Les fusions de sociétés et le droit du travail in. Mélanges BRÈTHE DE LA GRESSAYE (J.)*, éd. Bière, 1967, p. 721.

SCHILLER (S.), *L'évaluation de la préférence*, Rev. soc. 2006, p. 703.

SCHMIDT (J.), *La négociation du contrat international*, DPCI 1983, t. 9, p. 239.

SCHMIDT (J.), *La sanction de la faute précontractuelle*, RTD civ. 1974, p. 46.

SEGAIN (H.), *Fusions transfrontalières : va-t-on vers plus de confiance*, J. soc. 2008, p. 38.

SERAGLINI (Ch.), *Le droit international privé de la période précontractuelle in. L'avant-contrat : actualité du processus de formation des contrats*, PUF, 2008, p. 77.

SÉRIAUX (A.), *La notion de contrat synallagmatique, in. Mélanges GHESTIN (J.)*, LGDJ, 2001, p. 777.

SERLOOTEN (P.), *L'affectio societatis, une notion à revisiter in. Mélanges GUYON (Y.)*, Dalloz, 2003, p. 1007.

SERRA (Y.), *Le droit de conversion des obligations convertibles à tout moment*, RTD com. 1971, p. 565.

SEUBE (J.-B.), *La relativité de la distinction des contrats organisation et des contrats échange*, J. soc., avr. 2008, p. 38.

SHARAF-ELDINE (A.), *Le droit à réparation des dommages corporels stricto sensu résultant d'un accident mortel et sa transmission*, JCP G 1974, I, 2647.

SIMONART (V.), *L'application du droit belge aux sociétés constituées dans un autre Etat de la Communauté et, en particulier aux Limited*, Rev. prat. soc. 2009, p. 111.

SIMONS (P.), *Les fusions*, LPA, n°68, 7 juin 1989, p. 22.

SINAY (R.), *Vers un droit des groupes de sociétés : L'initiative allemande et le marché commun*, Gaz. Pal. 1967, p. 70.

SOLLE (B.), *Traitement juridique de la perte subie par la société absorbée durant la période intercalaire : Histoire d'un malentendu*, RJDA 1992, p. 335

SONNENBERGER (H. J.) et BAUER (F.), *Proposition du Deutscher Rat für Internationales Privatrecht en vue de l'adoption d'une réglementation du droit international des sociétés au niveau européen/national*, RCDIP 2006, p. 712.

SORDINO (M.-Ch.), *Aménagements conventionnels et révocation ad nutum des dirigeants de société anonyme in. Mélanges MOULY (Ch.)*, t. 2, Litec,1998, p. 245.

SPANG (J.-P.), *La fusion transfrontalière en droit luxembourgeois : regard du praticien in. Fusions transfrontalières de sociétés, droit luxembourgeois et droit comparé*, éd. Larcier, 2011, p. 88.

STASIAK (F.), *Fusion et responsabilité pénale des personnes morales en droit boursier in. Mélanges BOULOC (B.),* Dalloz, 2006, p. 1091.

SYLVESTRE (S.), *La société absorbante peut-elle avoir un actif net négatif ?*, Bull. Joly sociétés 2002, p. 1003.

SYNVET (H.), *Enfin la société européenne ?*, RTD eur. 1990, p. 253.

TALLON (D.), *La révision pour imprévision au regard des enseignements récents du droit comparé in. Mélanges SAYAG (A.)*, Litec 1997, p. 403.

TERRÉ (Fr.), *Fondements historiques et philosophiques de la loi de la majorité, in. La loi de la majorité*, Colloque de Deauville, juin 1990, RJ com., n° spéc., p. 21.

TILQUIN (Th.) et ANDE (M.), *Art. 113 – fusion in. Le code de droit international privé commenté*, éd. Bruylant, 2006, p. 590.

TILQUIN (Th.) et DELCORDE (J.-A.), *La fusion transfrontalière de sociétés de capitaux en droit belge après la transposition de la directive, 2005/56/CE*, Rev. prat. soc. 2009, p. 7.

TILQUIN (Th.), *Fusions et scissions, aspects transfrontaliers*, Dictionnaire Joly sociétés, 1994, n°13.

TILQUIN (Th.), *Les restructurations transfrontalières en droit belge in. Fusions transfrontalières de sociétés, droit luxembourgeois et droit comparé*, Bruxelles éd. Larcier, 2011, p. 210.

TRIGEAUD (J.-M.), *Réserve de propriété et transfert de propriété,* JCP E 1882, II, 13744.

TROCHON (J-.Y) et LONCLE (J.-M.), *Les risques juridiques inhérents aux pourparlers dans les rapprochements d'entreprises,* LPA, 2 sept. 1996, n°160, p. 4.

TUNC (A.), *L'effacement des organes légaux de la société anonyme*, D. 1952, chron. p.73.

URBAIN-PARLEANI (I.), *La fusion-absorption à l'épreuve des clauses d'agrément, le cas particulier de la transmission des droits sociaux détenus dans le capital d'une société tierce in. Mélanges GUYON (Y.)*, Dalloz 2003, p. 1061.

VACARIE (I.), *Transfert de l'entreprise et maintien du contrat de travail*, JCP CI 1974, 11595.

VAN OMMESLAGHE (P.), *Colloque organisé par le centre universitaire d'études des communautés européennes de la faculté de droit et sciences économiques de Paris : coopération, concentrations, fusions d'entreprises dans la CEE*, RMC 1968, p. 401.

VAN OMMESLAGHE (P.), *L'application des articles 85 et 86 du Traité de Rome aux fusions, aux groupes de sociétés et aux entreprises communes*, RTD eur. 1967, p. 30

VAN OMMESLAGHE (P.), *La proposition de troisième directive sur l'harmonisation des fusions de sociétés anonymes in. Quo vadis ius societatum ?,* éd. Kluwer, 1972, p. 123.

VAN OMMESLAGHE (P.), *La réforme des fusions et des scissions de sociétés belges in. Le droit des affaires en évolution*, éd. Bruylant, 1992, p. 101.

VASSEUR (M.), *Les fusions et les scissions des sociétés par actions, in. Études de droit contemporain*, t. 3, Sirey, 1959, p. 37.

VAVASSEUR (A.), *De la fusion des sociétés*, Rev. soc. 1892, I, p. 259.

VELARDOCCHIO (D.), *Le choix entre l'apport en nature et l'apport partiel d'actif, in. Éléments d'ingénierie sociétaire*, Colloque de l'Institut de Droit des Affaires d'Aix-en-Provence, 28 janvier 1994.

VERDIER (J.-M.), *Droit des sociétés et concentration économique in. Mélanges HAMEL (J.)*, Dalloz, 1961, p. 213

VERDURE (Ch.), *La règlementation des fusions transfrontalières : une nouvelle étape dans la modernisation du droit des sociétés*, RDIDC 2008, p. 95.

VIANDIER (A.), *Après l'article de Michel Jeantin sur les conventions de vote, in. Mélanges JEANTIN (M.)*, Dalloz, 1999, p. 311.

VIANDIER (A.), *La portée de l'effet rétroactif de la fusion*, RJDA, 1999/8-9, p. 699.

VIANDIER (A.), *Les actions de préférence (ord. n°2004-604 du 24 juin 2004, art. 31)*, JCP E 2004, 1440, p. 1537.

VIANDIER (A.), *Les contrats conclus intuitu personae face à la fusion des sociétés in. Mélanges MOULY (Ch.),* t. 2, Litec, 1998, p. 193.

VIANDIER (A.), *Observations sur les conventions de vote*, JCP E 1986, 15405.

VIANDIER (A.), *Reforme du droit des sociétés commerciales*, JCP E 1988, II, 15106.

VIEIRA DA COSTA CERQUEIRA (G.), *Pour une interprétation autonome de la notion de « raisons d'intérêt public » dans le régime des opérations transfrontalières concernant la société anonyme européenne*, RTD. eur. 2012, p. 771.

VIVANT (M.), *Le joint venture ou parlez-vous franglais ?*, JCP CI, n° spécial 1979, p. 3.

VON JHERING (R.), *De la culpa in contrahendo ou des dommages et intérêts dans les conventions nulles ou restées imparfaites in. Œuvres choisies*, t. 2, traduction MEULENAERE, 1893, p. 23.

WAHL (A.), *Commentaire de la loi du 22 novembre 1913 modifiant le régime des sociétés par actions*, J. soc. 1914, p. 4.

WENNER (W.), *Colloque organisé par le centre universitaire d'études des communautés européennes de la faculté de droit et sciences économiques de Paris : coopération, concentrations, fusions d'entreprises dans la CEE*, RMC 1968, p. 409.
WESSNER (P.), *La distinction des responsabilités délictuelles et contractuelle en suisse in. Le droit français de la responsabilité civile confronté aux projets européens d'harmonisation*, Publication du GRERCA, éd. IRJS, 2012, p. 89.
WESTER-OUISSE (V.), *Critique d'une notion imprécise : la faute du dirigeant de société séparable de ses fonctions*, Drt. affaires 1999, p. 782.
WESTER-OUISSE (V.), *La jurisprudence et les personnes morales. Du propre de l'homme aux droits de l'homme*, JCP G 2009, I, 121.
WITZ (Cl.), *L'internationalité et le contrat in. L'internationalité, bilan et perspectives, colloque Toulouse oct. 2001,* RLDA, suppl. févr. 2002, p. 59.

2- En anglais

CAMPELL (D.), *The relational constitution of the discrete contract in. Contract and Economic Organization : Socio-Legal Initiatives*, Aldershot, Brookfield, Vt, Darmouth, 1996, p. 42.
EISENBERG (M. A.), *Why there is no law of relational contracts*, Northwestern Law Review, 2000, Vol. 94, p. 812.
R. MACNEIL (I.), *Relational contract: what we do and do not know*, Wisconsin Law Review, 1985, p. 483.
R. MACNEIL (I.), *Relational contract theory: unanswered questions*, Northwestern University Law Review, 2000, Vol. 94, p. 877.

IV- NOTES ET OBSERVATIONS DE JURISPRUDENCE

1- Jurisprudence française

Cass. civ., 23 févr. 1864, S. 64. 1. 385.
Cass. civ., 6 mars 1876, *De Galiffet c./ commune de Pelissanne*, D. 1876, I, p. 193, note GIBOULOT (A.).
T. com. Seine, 25 juin 1883, Rev. soc. 1883, p. 566.
CA Paris, 9 nov. 1883, J. soc. 1884, p. 14.
T. com. Seine, 12 nov. 1883, R. S. 1884, p. 43.
CA Paris, 24 juin 1884, J. soc. 1885, p. 720.
Cass. civ., 9 nov. 1887, J. S. 1888, p. 137.
T. com. Seine, 1 mars 1888, J. soc. 1889, p. 289.
Cass. civ., 24 janv. 1905, S. 1905, 1. p. 113.

Cass. req., 19 févr. 1907 : S. 1912, 1, p. 217, note PERROUD (J.) ; Journ. sociétés 1907, p. 427 ; Rev. soc. 1907, p. 293.

T. com. Lyon, 23 mars 1909, J. soc. 1910, p. 5.

Cass. civ., 5 déc. 1910, *American Trading Cie*, S. 1911, 1, p. 129, note LYON-CAEN (Ch.) ; RDIP 1911, p. 395 ; JDI 1912, p. 1156 ; GA n° 11.

Cass. civ., 9 avril 1913, D.P., 1917, 1, 103.

Cass. civ., 31 déc. 1913, D.P., 1913, 1, 143.

CE, 4 juin 1916, *Compagnie d'éclairage de Bordeaux*, Rec. P. 1916, p. 125, concl. CHARDENET (P.).

Cass. civ., 23 juin 1921, Gaz. Pal. 1921, 2, p. 453.

Cass. req., 10 avr. 1922, S. 1924, 1, p. 153, note ESMEIN (P.).

T. civ. Seine, 2 juin 1922, Clunet 1924, p. 429.

T. com. Seine, 20 janv. 1923, J. soc. 1926, p. 562 ; Rev. soc. 1927, p. 315.

T. com. Seine, 20 janv. 1923, JDI 1926, p. 121.

Cass. civ., 10 févr. 1926, DH 1926, p. 202.

Cass. civ., 17 mai 1927, DP 1928, 1, p. 25, note CAPITANT (H.).

Cass. civ., 30 mai 1927, J. S. 1928, 1, 105, note BRETON (A.).

Cass. Req., 4 juill. 1934, J. S. 1934, 1, 329, note ROUSSEAU (H.).

Cass. crim., 10 juill. 1934, DP 1938, 1, p. 41, note MIMIN (P.).

Cass. req., 26 août 1940, Rec. Penant, I, 1945, p. 59, obs. DURETESTE (A.).

Cass. civ., 28 oct. 1940, J. soc. 1944, p. 104.

Cass. civ., 28 janv. 1946, JCP 1946, II, 3102; D. 1946, p. 168 ; J. S. 1949, 1, 17, note TIRLEMONT (P.).

Cass. civ., 4 juin 1946, JCP 1947, II, 3518, note BASTIAN (D.).

CA Lyon, 14 oct. 1946, JCP 1947, II, 3858, note BASTIAN (D.).

Cass. civ., 21 juin 1950, *Messageries maritimes*, RCDIP 1950, p. 609, note BATIFFOL (H.) ; D. 1951, p. 749, note HAMEL (J.); S. 1951, 1, p. 1, note NIBOYET (J.-P.).

CA Paris, 27 janv. 1955, RCDIP 1955, p. 330.

Cass. 1re civ., 30 janv. 1957, JCP G 1957, IV, 38 ; D. 1957, jurispr. p. 182.

Cass. 1re civ., 18 déc. 1957, Bull. civ. 1957, I, n°499 ; D. 1958, 1, p. 224.

Cass. soc., 24 mars 1958, JCP G 1958, II, 10868, note CARBONNIER (J.) ; RTD civ. 1958, p. 624.

Cass. com., 23 juin 1958, JCP C 1958, I, 63769.

T. com. Seine, 5eme ch., 9 janv. 1961, JCP CI 1961, n°68873.

Cass. com., 26 juin 1961, Gaz. Pal, 1962, I, p. 63; RTD com. 1961, p. 875, obs. HOUIN (R.).

Cass. com., 13 fév. 1963, D. 1963, somm., p. 95; RTD com. 1963, p. 860, obs. HOUIN (R.).

Cass. 1re civ., 8 juill. 1964, JCP G 1964, IV, 123 ; D. 1964, jurispr. p. 560, obs. CHEVALLIER (J.).

CA. Paris, 26 mars 1966, JDI 1966, p. 841, note GOLDMAN (B.) ; RCDIP 1968, p. 58, note LOSSOUARN (Y.).

Cass. com., 7 déc. 1966, D. 1968, p. 113, note DALSACE (A.).
CA Paris, 24 avr. 1967, JCP 1968, II, 15517, note ORFILA (G.).
Cass. com., 11 oct. 1967, RTD com. 1968, p. 94, obs. HOUIN (R.).
Cass. civ., 3 oct. 1969, RTD com. 1970, p. 164, note CHAMPAUD (C.).
Cass. com., 21 janv. 1970, Rev. soc. 1970, p. 292.
Cass. civ., 16 juill. 1970, Bull. civ. I, n°241, p. 196 ; RTD com. 1971, p. 110, note CHAMPAUD (Cl.).
Cass. com., 20 oct. 1970, JCP 1971, II, 16916, note GHESTIN (J.).
Cass. 3eme civ., 15 janv. 1971, Bull. civ. 1971, III, n°38; RTD civ. 1971, p. 839, obs. LOUSSOUARN (Y.).
Cass. 1re civ., 11 mai 1971, *Société Impex*, JDI 1972, p. 62, note OPPETIT (B.) ; RCDIP 1972, p. 124, note MEZGER (E.) ; D. 1972, jurispr. p. 37, note ALEXANDRE (D.).
Cass. civ., 7 mars 1972, JCP G 1972, II, 17270, note GUYON (Y.).
CA Paris, 10 avr. 1972, JDI 1973, p. 363, note KAHN (P.).
Cass. com., 19 avr. 1972, D. 1972, jurispr., p. 538, note SCHMIDT (D.).
Cass. 3eme civ., 25 mai 1972, JCP G 1972, II, 17249, note GHESTIN (J.).
Cass. 3eme civ., 3 oct. 1972, Bull. civ. 1972, III, n°491.
Cass. civ., 17 oct. 1972, *Soc. Royal Dutch*, JDI 1973, p. 716, note OPPETIT (B.) ; Rev. soc. 1974, p. 127, note BISMUTH (J.-L.) ; RCDIP 1973, p. 520, note BATIFFOL (H.).
Cass. 3eme civ., 10 avr. 1973, Bull. civ. 1973, III, n°273; D. 1974, p. 21, note LARROUMET (C.).
Trib. Com. Paris, 11 avr. 1973, RJ com. 1973, p. 135, note MARTIN (J.-F.) ; Rev. Banque 1973, p. 831, note MARTIN (M.) ; RTD com., 1973, p. 594, obs. HOUIN (R.).
Cass. com., 3 janv.1974, D.1974, somm. juris., p. 84.
T. com. Nantes, 31 janv. 1974, Rev. soc. 1974, p.727, note BURST (J.-J.) ; Gaz. Pal. 1974, p 433, note A.P.S.
Cass. 1re civ., 25 avr. 1974, Gaz. Pal. 1974, p. 635, note PLANCQUEEL (A.).
Cass. com., 18 juin 1974, n°73- 10. 662, Bull. Joly Sociétés, 1974, p. 709.
T. com. Paris, 1 août 1974, Rev. soc. 1974, p. 685, note OPPETIT (B.), RTD com. 1974, p. 130, obs. HOUIN (R.).
Cass. 1re civ., 4 févr. 1975, JCP G 1975, II, 18100, note LARROUMET (Ch.); D. 1975, jurispr. p. 405, note GAURY (C.); RTD civ. 1975, p. 537, obs. DURRY (G.).
Cass. civ., 22 avr. 1975, JCP 1975, IV, p. 183.
Cass. com., 3 nov. 1975, n°74-11. 927, Bull. Civ. IV, n°248.
CA Paris, 13 déc. 1975, RCDIP 1976, p. 507, note OPPETIT (B.) ; JDI 1977, p. 107, note LOQUIN (E.) ; Rev. arb. 1977, p. 147, note FOUCHARD (Ph.).
Cass. com., 19 janv. 1976, RCDIP 1977, p. 503, note BATIFFOL (H.).
CA Paris, 4 mars 1976, Dr. soc. 1976, n°91.

Cass. 1re civ., 12 avr. 1976, Bull. civ. 1976, I, n°122.
Cass. com., 23 avr. 1976, Rev. soc. 1977, p. 69, note GUYON (Y.).
Cass. ch. mixte, 30 avr. 1976 (2 arrêts), D. 1977, p. 185, note CONTAMINE-RAYNAUD (M.); RTD civ. 1976, p. 556, obs. DURRY (G.).
Cass. 3eme civ., 11 mai 1976, Bull. civ. III, n°199 ; D. 1978, p. 269, note TAISNE (J.-J.).
Cass. 3eme civ., 22 juin 1976, D. 1977, p. 619, note DIENER (P.).
CA Paris, 28 sept. 1976, JCP G 1976, II, 18810, note ROBERT (J.).
Cass. civ., 16 févr. 1977, Rev. soc. 1977, p. 681, note GUYON (Y.).
CA Paris, 17 avr. 1977, Rev. soc. 1977, p. 69, note GUYON (Y.).
Cass. 1re civ., 7 juin 1977, JDI 1977, p. 879, obs. KAHN (P.); RCDIP 1978, p. 119, note BATIFFOL (H.).
Cass. 2eme civ., 6 oct. 1977, Gaz. Pal. 1977, 2 somm. n°362.
CA Amiens, 8 nov. 1977, Rev. soc. 1979, p. 831, note J. G.
Cass. com., 6 mars 1978, n°76- 14. 152, D. 1979, I. R., p. 138.
CA Paris, 3 mai 1978, Bull. Joly 1978, p. 556, § 233.
Cass. 1re civ., 24 mai 1978, n°76- 15. 013, Rev. soc. 1978, p. 709, note ATIAS (Ch.).
Cass. com., 3 oct. 1978, D. 1980, p. 55, note SHMIDT (J.).
Cass. 7eme civ., 25 mars 1980, RCDIP 1980, p. 576, note BATIFFOL (H.) ; JDI 1980, p. 650, note KAHN (P.) ; D. 1981, IR., p. 162, note AUDIT (B.).
CA Riom, 5 mai 1980, Rev. soc. 1981, p. 596, n°8, note GUYENOT (J.).
CA Paris, 22 nov. 1980, JDI 1981, p. 585, note KAHN (P.).
CA Paris, 19 mars 1981, D. 1981, p. 405, note JEOL (M.); JCP G 1982, II, 19720 note GUYON (Y.).
T. com. Paris, 4 mai 1981, RJ com. 1982, p. 7, note DE FONTBRESSIN (P.).
T. com. Paris, 19 oct. 1982, RCDIP 1984, p. 4, note SYNVET (H.); RJ com. 1983, p. 258, note GUADEMET-TALLON (H.).
Cass. com., 17 mai 1983, D. 1985, p. 125, note CHARTIER (Y.).
CA Pau, 24 mai 1983, RTD civ. 1984, p. 708, obs. MESTRE (J.)
Cass. com., 6 juill. 1983, Bull. Civ. IV, n°206, p. 180, Rev. soc. 1984, p. 76, note GUYON (Y.).
Cass. com., 11 janv. 1984, Bull. civ. 1984, IV, n°16.
Cass. com., 7 mars 1984, JCP E 1984, II, 14353 et 14354, note DAVID (C.) ; Rev. soc. 1984, p. 804, note JEANTIN (M.) ; Defrénois 1984, p. 1243, n°13, obs. JADAUD (B.).
Cass. com., 25 oct. 1983, n°82- 13. 358, Rev. soc. 1984, p. 297, note MABILAT (P.).
CA Paris, 22 déc. 1983, RCDIP 1984, p. 484, note MESTRE (J.).
Cass. soc., 8 nov. 1984, n°82-14.816, Bull. civ. V, n°423, RTD civ. 1985, p. 368, obs. MESTRE (J.).

Cass. 3eme civ, 27 nov. 1984., D. 1985, jurispr., p. 76.
CA Paris, 28 fév. 1985, Bull. Joly 1985, p. 964, § 319.
CA Paris, 5e ch., sect. A, 18 juin 1985, Gaz. Pal. 1985, 2, p. 595.
Cass. 1re civ., 17 déc. 1985, RCDIP 1986, p. 537, note GAUDEMET-TALLON (H.) ; D. 1986, IR 265, obs. AUDIT (B.) ; GA, n° 68.
Cass. com., 11 févr. 1986, Rev. soc. 1986, p. 626, obs. GUYON (Y.) ; Bull. Joly 1986, § 176, p. 627
CA Paris, 10 avr. 1986, Rev. soc. 1986, p. 428, note DAIGRE (J.-J.).
CA Versailles, 21 mai 1986 : D. 1986, IR., p. 308.
Cass. com., 3 juin 1986, JCP E 1986, II, 15846, obs. VIANDIER (A.) et CAUSSAIN (J.-J.); D. 1987, p. 95, note DAIGRE (J.-J.).
Cass. 1re civ., 22 juill. 1986, RCDIP 1988, p. 56, note BATIFFOL (H.).
CA Versailles, 1 oct. 1986, Bull. Joly Sociétés 1987, p. 28, note LE CANNU (P.).
Cass. com., 3 mars 1987, Bull. civ. 1987, IV, n°64, p. 49; Rev. soc. 1987, p. 266, note GUYON (Y.).
Cass. com., 7 avr. 1987, Bull. Joly 1987, par. 132, p. 277; JCP E, 16959, n°11.
Cass. com., 28 avr. 1987, Bull. civ. 1987, IV, n°104 ; Rev. soc. 1988, p. 59 note BENAC-SCHMIDT (F.).
CA Paris, 17 juin 1987, BRDA 1987, p. 18.
Cass. com., 15 juill. 1987, n°84- 16. 222, Bull. civ. IV, n°194, D. 1987, I. R., p. 202.
Cass. com., 21 déc. 1987, RCDIP 1989, p. 344, note JOBARD-BACHELLIER (M.-N.); Rev. soc. 1988, p. 39, note SYNVET (H.).
Cass. 1er civ., 26 janv. 1988, n°85- 18. 618, Bull. Joly Sociétés 1988, p. 193.
CA Paris, 1re ch., 4 févr. 1988, RJ com. 1989, p. 121, note GALLET (C.-H.).
Cass. 1er civ., 1 mars 1988, Bull. civ. I, n°56, p. 37.
CA Grenoble, 3 juin 1988, JCP 1989, II, 21238, note OPPETIT (B.).
CA Paris, 1er ch. A, 14 juin 1988, D. 1988, jurispr., p. 505, note VIANDIER (A.).
CA Douai, 13 juill. 1988, Clunet 1990, p. 403, note JACQUET (D.).
CA Paris, 13 juill. 1988, D. 1989, p. 160, note LE CANNU (P.).
Cass. civ., 12 juill. 1989, n°88- 11. 443, JCP G 1990, II, 21546, note DAGORNE-LABBE (Y.); RTD civ. 1990, p. 468, MESTRE (J.).
CA Paris, 3eme ch. A, 26 sept. 1989, Bull. Joly sociétés 1989, p. 363.
Cass. civ. 1er, 4 oct. 1989, RCDIP 1990, p. 316, note LAGARDE (P.); JDI 1990, p. 415, 1re esp., note KAHN (P.) ; RTD com. 1990, p. 245, note BOULOC (B.); D. 1990, p. 266, obs. AUDIT (B.).
Cass. 1re civ., 25 oct. 1989, RCDIP 1990, p. 732, note COURBE (P.).
Cass. crim., 12 nov. 1990, RC 1990, p. 667, 2e esp., note KHAIRALLAH (G.) .
T. com. Paris, 12 fevr. 1991, Bull. Joly. 1991, p. 592, note JEANTIN (M.).

Cass. com., 1er oct. 1991, Bull. Civ. IV, no 227, JCP 1992. II. 21860, note VIANDIER (A.).
Cass. com., 19 mai 1992, JDI 192, p. 954, note KAHN (P.).
Cass. com., 15 juill. 1992, Bull. Joly 1992, p. 1111, note CAILLAUD (B.) et LE CANNU (P.).
Cass. com., 22 févr. 1994, Bull. civ. 1994, IV, n°79; RTD civ. 1994, p. 848, obs. MESTRE (J.).
Cass. com., 17 mai 1994, Rev. soc. 1994, p. 485, note DANA-DEMARET (S.) ; Bull. Joly 1994, p. 816, note DAIGRE (J.-J.)
Cass. 1re civ., 18 mai 1994, n°92-11.829, D. 1995, somm. p. 48, obs. GRIMALDI (M.); RTD civ. 1994, p. 649, obs. PARATIN (J.).
CA Douai, 7 juill. 1994, Bull. Joly 1994, p. 994, note LE CANNU (P.) ; Rev. soc. 1994, p. 715, obs. RANDOUX (D.).
CA Paris, 3 nov. 1994, RJDA 4/1995, n°406.
Cass. com., 21 févr. 1995, n°93-13.302, JurisData n°1995-000325 ; Bull. civ. 1995, IV, n°50.
CA Paris, 30 juin 1995, *Sté Metaleurop c./ Sté Financière Delot et Cie*, Dr. Sociétés 1995, n°198 ; JCP E 1996, II, 795, note DAIGRE (J.-J.).
Cass. com., 10 oct. 1995, Bull. civ. V, n°224; RTD civ. 1996, p. 201, obs. BANDRAC (M.) ; LPA, 13 déc. 1995, p. 15, note COURET (A.) et LE CANNU (P.).
CA Paris, 15 déc. 1995, RJDA 1996, n°352.
Cass. Com., 26 mars 1996, *Chazalon c/ soc. Buthurieux et associés et autres,* Rev. soc. 1996, p. 793, note GODON (L.) ; RTD com. 1996, p. 487, obs. PETIT (B.) et REINHARD (Y.).
Cass. com., 9 avr. 1996, Rev. soc. 1997, p. 81, note BENAC-SCHMIDT (F.).
CA Versailles, 21 mai 1996, Rev. soc. 1997, p. 181, obs. GUYON (Y.).
CA Bordeaux, 11 juin 1996, JCP E 1997, I, 617. Chron. Technique contractuelle, n°1, obs. MOUSSERON (P.).
CA Lyon, 13 sept. 1996, Bull. Joly 1996, p. 1017, note COQUELET (M.-L.).
CA Versailles, 3 oct. 1996, JCP E 1997, p. 679, I, note VIANDIER (A.) et CAUSSAIN (J.-J.) ; JCP E 1996, pan. 1238; Bull. Joly 1997, p. 116, note TILQUIN (Th.).
Cass. civ., 5 nov. 1996, D. 1997, p. 551, note MATSOPOULOU (H.).
CA Douai, 14 nov. 1996, EURL Heathrose France, RJDA 3/97 n°372.
Cass. crim., 27 nov. 1996, n°96-80.223, JurisData n°1996-004701 ; Bull. crim. 1996, n°431 ; JCP G 1997, IV, 508.
Cass. com., 4 févr. 1997, Bull. Joly sociétés, p. 448, notre COQUELET (M.-L.).
Cass. com., 11 févr. 1997, D. Affaires, n°12, 1997, 5-1.
Cass. com., 18 févr. 1997, Rev. soc. 1998, p. 324, note FORTUIT (Ph.).
Cass. 1re civ., 7 oct. 1997, RCDIP 1998, p. 84, note LAGARDE (P.).

Cass. com., 25 nov. 1997, D. affaires 1998, p. 169.

CA Paris, 1re ch. A, 12 mai 1998, Rev. soc. 1999, n°2, obs. VIDAL (D.).

CA Paris, 13 nov. 1998, RJDA 3/1999, n°291.

CA Besançon, 2 déc. 1998, Rev. soc. 1999, p. 362, note LE BARS (B.) ; RJDA 1999, n°1087 ; Bull. Joly sociétés 1999, p. 943.

Cass. 3eme civ., 13 janv. 1999, n°96-18.309 ; Dr. & patr. 1999, n° 73, p. 88, obs. CHAUVEL (P.); JCP G 1999, I, n°143, obs. LOISEAU (G.); RJDA 1999, n°252, RTD civ. 1999, p. 381, obs. MESTRE (J.).

Cass. com., 26 janv. 1999, n°97-10. 018; RJDA 1999, n°565 ; RTD civ. 1999, p. 831, obs. MESTRE (J.).

Cass. com., 9 févr. 1999, n°96-17. 661, Bull. Joly Sociétés 1999, p. 566, note DAIGRE (J.- J.).

Cass. com., 23 mars 1999, Bull. Joly Sociétés 1999, p. 679, § 151, note ROUTIER (R.) ; JCP E 1999, p. 1012, note COURET (A.) ; Dr. sociétés, 1999, comm. n°110, obs. BONNEAU (Th.).

Cass. 3eme civ., 16 fév. 2000, JCP E 2000, p. 1386.

CE, 29 mars 2000, D. 2000, p. 563, note BOUREL (A.) ; JCP G, 2000, II, 10360, note DERREIN (A.).

Cass. com., 30 mai 2000, Juris-Data n°2000-00277 ; JCP G 2000, II, 10401, note VIANDIER (A.).

CA Paris, 16 juin 2000, Bull. Joly 2001, p. 42, note DAIGRE (J.-J.).

Cass. crim., 20 juin 2000, D. 2001, p. 853, note MATSOPOULOU (H.) ; RTD com. 2001, p. 459, note DANET (D.) et CHAMPAUD (Cl.) ; LPA, 13 mars 2001, n°51, p. 19, note COFFY DE BOISDEFFRE (M.-J.) ; Rev. soc. 2001, p. 851, note URBAIN-PARLEANI (I.) ; Bull. Joly, 2001, § 12, p. 39, note MASCALA (C.).

CA Paris, 1er déc. 2000, RTD civ. 2001, p. 127, obs. MESTRE (J.) et FAGES (B.).

Cass. com., 18 juin 2002, n° 99-11-999, Bull. civ. IV, n°108, D. 2002, p. 2190, note LIENHARD (A.), RJDA 2002, n°1038, RTD. Com. 2002, p. 496, obs. CHAZAL (J.-P.) et REINHARD (Y.) ; JCP E 2002, p. 1556, note VIANDIER (A.), Bull. joly sociétés 2002, p. 1222, note SYLVESTRE (S.).

Cass. com., 2 juill. 2002, RTD civ. 2003, p. 76, note MESTRE (J.) et FAGES (B.).

Cass. com., 29 oct. 2002, JurisData n°2002-016255; RTD civ. 2003, p. 295, obs. MESTRE (J.) et FAGES (B.).

CA Chambéry, 26 nov. 2002, Bull. Joly sociétés 2003, n°7, p. 808.

Cass. com., 6 mai 2003, Dr. sociétés 2003, comm. n°2003, obs. TREBULLE (F.-G.).

Cass. com., 20 mai 2003, n°99-17.092, Seusse c/ SATI, JurisData n°2003-019081 ; Bull. civ. 2003, IV, n°84 ; Dr. sociétés 2003, comm. 148, note MONNET (J.); JCP G 2003, II, 10178, note REIFERGEISSTE (S.).

Cass. 1re civ., 3 juin 2003, RJDA 12/2003 n°1177.

Cass. com., 8 juill. 2003, D. 2004, p. 692, note KHAIRALLAH (G.).
Cass. 1er civ., 28 oct. 2003, D. 2004, p. 21, GRIDEL (J.-P.).
Cass. com., 26 nov. 2003 : Bull. civ. 2003, IV, n°186 ; D. 2004, p. 869, note DUPRE-DALLEMAGNE (A.-S.) ; RTD civ. 2004, p. 80, obs. MESTRE (J.) et FAGES (B.).
Cass. com., 25 févr. 2003, n°01-12. 660.
Cass. com., 4 févr. 2004, Bull. Joly 2004, p. 649 obs. LE CANNU (P.).
Cass. com., 26 mai 2004, JCP E 2004, 1344, note VIANDIER (A.).
CA Rouen, 2eme Ch., 6 juill. 2004, RJDA 2005, n°146.
Cass. com., 23 juin 2004, n° 01-14.275, Bull. Joly Sociétés 2005, p. 295, note VALLANSON (J.).
Cass. com., 12 juill. 2004, n°03-12672, Bull. 2004 IV n°161, p. 174 ; Dr. sociétés 2004, n°205, note TREBULLE (F.).
Cass. 2eme civ., 21 oct. 2004, Defrénois n°15-16/05, p. 1226, obs. BARTHEZ (A.-S.).
Cass. Ass. Plén., 6 déc. 2004, n°03- 10. 713, Bull. ass. Plén., n°14; D. 2005, p. 227, note ANYES (L.).
Cass. com., 22 févr. 2005, Bull. Joly Sociétés 2005, p. 868, § 195, note SCHOLER (P.).
Cass. com., 14 juin 2005, Bull. Joly 2006, p. 98, note VIDAL (D.).
Cass. com., 12 juill. 2005, n°02-19.860 ; Dr. sociétés 2005, n° 180, obs. MONNET (J.) ; JCP E 2005, p. 1586, note LEGROS (J.-P.).
Cass. com., 8 nov. 2005, n°02- 18. 449, D. 2005, p. 2876, obs. LIENHARD (A.).
Cass. com., 13 déc. 2005, RTD civ 2006, p. 310, obs. MESTRE (J.) et FAGES (B.).
Cass. com., 28 févr. 2006, RTD civ. 2006, p. 755, note MESTRE (J.) et FAGES (B.).
Cass. 3eme civ., 17 mai 2006, pourvoi n°05-10936, Bull. Joly Sociétés 2006, p. 1450, §295, note VAMPARYS (X.); D. 2006, p. 1687, obs. LIENHARD (A.).
Cass. com., 19 déc. 2006, JCP E 2007, n°6-7, note VIANDIER (A.); Rev. soc. 2007, n°1, note LE CANNU (P.); Droit des sociétés 2007, n°3, comm. 51, note HOVASE (H.).
Cass. 1re civ., 27 mars 2007, n°05-10.480, JurisData n°2007-038216 ; JCP G 2007, act. 156.
Cass. 3eme civ, 12 mars 2008, D. 2008, p. 918 ; Dr. sociétés 2008, n° 91, note COQUELET (M.-L.) ; Bull Joly 2008, p. 476, note LE CANNU (P.).
Cass. com., 21 oct. 2008, n°07-19.102, JurisData n°2008-045484 ; Bull. civ. 2008, IV, n°174 ; RTD civ. 2009, p. 363, obs. THERY (Ph.).
CA Poitiers, 26 févr. 2009, JurisData n°2009-019747 ; JDI 2010, p. 18 comm. LICARI (F.-X.).
CA Versailles, 12 mars 2009, RJDA 6/09, p. 512, n°545.
Cass. com., 30 juin 2009, RD bancaire et fin. 2009, comm. 188.

Cass. com., 15 sept. 2009, *Société Mongoual c./ Société Axa France Vie*, n°08- 11.627, JurisData n°2009- 051606.
Cass. crim., 1er sept. 2010, D. actualités 11 oct. 2010, obs. LENA (M).
Cass. com., 9 nov. 2010, n°09-70. 726, JurisData n° 2010-020700; JCP E 2011, n°5, p. 27, note COQUELET (M.-L.).
Cass. 1re civ., 1er déc. 2010, n°09-13. 303, D. 2011, p. 423, note LICARI (F.-X); RLDC 2011/79, n°4120.

2- Jurisprudence européenne

CJUE, 21 juin 1974, *Reyners*, C-2/74, Rec. 1974, p. 631.
CJUE, 11 nov. 1980, *Casati*, C-203/80, Rec. 1981, p. 2595.
CJUE, 31 janv. 1984, *Luisi et Carbone c/ Ministero del Tesoro,* C- 286/82 et C- 26/83, Rec. 1984, p. 377.
CJUE, 27 sept. 1988, *Daily Mail*, C-81/87, Rec. 1988, p. 5505.
CJUE, 16 juin 1992, *Commission c. Luxembourg*, C-351/90, Rec. 1991, p. I-3945.
CJUE, 17 juin 1992, *Jakob Handte*, C- 26/91, Rec. 1992, p. 3697 ; RCDIP 1992, p. 726, note GAUDEMET-TALLON (H.), JDI 1993, p. 469, obs. BISCHOFF (J.-M.).
CJUE, 10 mars 1992, *Powell,* C-214/82 ; RCDIP 1992, p. 528, note GAUDEMET-TALLON (H.) ; JDI 1993, p. 474, obs. BISCHOFF (J.-M.).
CJUE, 11 août 1995, *Wielockx*, C-80/ 94, Rec. 1995, p. I- 2493.
CJUE, 30 nov. 1995, *Reinhard Gebhard*, C-55/94, Rec. 1995, p. I- 4165.
CJUE, 7 mars 1996, *Commission c. France*, C-334/94, Rec. 1996, p. I-1307.
CJUE, 9 mars 1999, *Centros*, C-212/97, concl. LA PERGOLA (A.); Bull. Joly 1999, p. 705, note DOM (J.-Ph.) ; D. 1999, Cah. dr. aff., jurispr. p. 550, note MENJUCQ (M.) ; JCP E 1999, p. 1285, obs. REINHARD (Y.) ; JDI 2000, p. 484, obs. LUBY (M.).
CJUE, 16 mars 1999, *Trummer et Mayer*, C-222/97, Rec. 1999, p. 1661.
CJUE, 29 avr. 1999, *Royal Bank of Scotland*, C-311/97, Rec. 1999, p. I-2651.
CJUE, 13 avr. 2000, *Baars*, C-251/98, Rec. p. I-2787 ; D. 1999, IR, p. 134 ; JDI 2001, p. 640, obs. LUBY (M.).
CJUE, 17 sept. 2002, *Tacconi*, C-334/00, RCDIP 2003, p. 668, note REMY-CORLAY (P.); JDI 2003, p. 668, note HUET (A.); RND 2003, p. 254, note LIBCHABER (R.).
CJUE, 5 nov. 2002, *Überseering*, C-208/00; JCP E 2003, 448, note MENJUCQ (M.) ; Rev. soc. 2003, p. 315, note DOM (J.-Ph.) ; Bull. Joly sociétés 2003, p. 452, note LUBY (M.); RCDIP 2003, p. 508, note LAGARDE (P.).

CJUE, 30 sept. 2003, *Inspire art*, C-167/01 ; JCP G 2004, II, 10002, note LUBY (M.) ; D. 2004, p. 491, note PATAUT (E.) ; JCP E 2004, p. 252, note MAGNIER (V.) ; JDI 2/2004, note MENJUCQ (M.).

CJUE, 13 déc. 2005, *Sevic*, C-411/03, Rec. 10805, D. 2006, p. 451, note LUBY (M.) ; RCDIP 2006, p. 662, note HEYMANN (J.) ; RTD eur. 2006, p.717, note BALLARINO (T.) ; RTD eur. 2007, p.75, note PRIETO (C.); DAMMANN (R.), *Le principe de la liberté d'établissement consacré par les articles 43 et 48 CE s'applique aux fusions transfrontalières intra-communautaires*, JCP G 2006, II, 10077, p. 970.

CJUE, 5 juill. 2007, *Hans Markus Kofoed c. Skatteministeriet*, C-321/05, Rec., p. I-5795, concl. KOKOTT (J.).

CJUE, 16 déc. 2008, *Cartesio Oktató és Szolgáltató bt*, C-210/06; Rev. soc. 2009, p. 147, note PARLEANI (G.) ; AJDA 2009, p. 245, chron. BROUSSY (E.), DONNAT (F.) et LAMBERT (C.) ; D. 2009, p. 465, note KOYAR (R.) ; RTD com. 2009, p. 227, obs. JAZOTTES (G.) ; RCDIP 2009, p. 548, note HEYMANN (J.).

CJUE, 12 juill. 2012, *VALE Epitési*, C-378/10, Rev. Europe 2012, n°10, note IDOT (L.) ; JCP G 2012, 1089, note MENJUCQ (M.) ; JCP E 2012, 1547, note MASTRULLO (Th.) ; HO-DAC (M.), *Un pas supplémentaire en faveur de la mobilité des sociétés : le droit au transfert de siège social avec changement de droit applicable*, RAE 2012, p. 653 ; CONNAC (P.-H.), *La CJUE reconnaît le transfert international de siège et ouvre la voie à une directive*, D. 2012, p. 3009.

V- RAPPORTS - TRAVAUX ET RECOMMANDATIONS

1- En français

ANSA, Comité Juridique, du 1er juin 1994, n°300

ANSA, sept.-oct. 1994, Dossier n° 2735.

ANSA, *Droit des sociétés, Absorption d'une SICAV par un FCP. L'article L. 371 et les fusions d'OPCVM*, juill./août 1991, Dossier n°2554.

ANSA, *Obligations émises à l'étranger et fusion-absorption de l'émetteur français: conséquences pour les obligataires*, 13 sept. 2000, Dossier n°577.

ANSA, *Fusion : La soulte est-elle nécessairement en espèces ?,* 05 avril 2004, Dossier n°04-029.

ANSA, *Rémunération d'un transfert de bien au moyen de valeurs mobilières composées: qualification et procédure à suivre*, 5 mai 2004, Dossier n°04-047.

ANSA, 6 févr. 2008, Dossier n°08-008, p. 3.

Rapport de DAMON (D.), *Consultation sur l'avenir du droit européen des sociétés*, réactions de la CCIP, 3 mai 2012.

Rapport annuel COB, 1973, p. 51.
Rapport annuel COB, 1988, p. 90.
Rép. CCBE à la proposition de la Commission sur les fusions transfrontalières des sociétés du 5 mars 2004, http://www.ccbe.eu (10/05/2009), p. 2, article 1, al. 1er.
Rép. min. ADNOT (P.) n°13316, JO Sénat Q. 30 sept. 2004, p. 2236.
Rép. min. CECCALDI- REYNAUD (J.), n° 13889, JOAN Q. 10 oct. 1994, p. 5020.
Rép. min. LAURIOL (M.), n° 17533, JO Sénat Q. 16 janv. 1992, p. 127.
Rép. min. TURK (A.), JO Sénat Q. 14 févr. 1994, p. 453.
Rép. min. TRON (G.), JOAN Q. 30 janv. 1995, p. 595, Bull. Joly 1995, p. 251.

2- En anglais

BECH-BRUUN/LEXIDALE, *Study on the application of the cross-border mergers directive*, for the directorate general for the internal market and services and the European Union, Sept. 2013.

INDEX ALPHABÉTIQUE

A

Abus :
- de biens sociaux : 107
- des pouvoir et des voix : 108

Accord de principe : 150 et s., 218 et s.
Action de modification du rapport d'échange : 1117 et s.
Action paulienne : 1062 et s.
- délai de prescription : 1072 et s.
- effets : 1074
- loi applicable : 1062

Action de préférence : 281 et s., 969 et s.
Adaptation : 913
Affectio conjugalis : 736
Affectio cooperationis : 736
Affectio fusionis : 737, 1148
Affectio societatis : 541 et s.
Agrément : v. clause d'agrément
Apport : 975
- à titre universel : 422 et s.
- en nature : 411 et s.
- fictif : 537

Assemblée générale : 267 et s.
Assemblée générale extraordinaire : 274 et s.
- cas particulier : 277 et s.
- convocation : 274
- majorité et *quorum* : 276
- pouvoir souverain : 269

Assemblée spéciale : 279 et s.
- annulation : 286
- étendue du pouvoir : 284 et s.
- intervention : 285

Associés minoritaires : 1110 et s.
- droit de retrait pour les sociétés cotées : 1136
- droit de retrait pour les sociétés non cotées : 1132 et s.
- loi applicable à la protection : 1112
- résolution spéciale : 1120 et s.

Astreinte : 728
Audit juridique : 69

B

Bail commercial : v. contrat de bail commercial
Bonne foi (obligation de): 72
- accord de principe : 150 et s.
- négociation d'un contrat international : 627 et s.

C

Capacité :
- contractuelle des sociétés : 251
- de fusionner : 839 et s.
- dixième directive : 841 et s.
- loi applicable : 839

Cartesio (arrêt) : 807
Cause (illicite) : 301 et s.
Caution : 518 et s., 1059
Changement de loi applicable à l'engagement de l'associé : 888
Changement de nationalité : 884 et s.

Choix de loi :
- le contrat de fusion : 574
- le contrat interne : 577
- le contrat-organisation : 576
- dépeçage : 578
- non étatique : 579
- pourparlers : 641 et s.
- tacite : 575
Clause d'agrément : 527 et s.
Clause de dédit : 712 et s.
Clause d'exception : 650
Clause d'imprévision : 715 et s.
Clause d'inaliénabilité : 954
Clause d'indemnisation : 148
Clause limitative de responsabilité : 753 et s.
Clause de partage des frais : 149
Clause pénale : 756 et s.
Clause de renseignement : 147
Comité d'entreprise : 116 et s.
Commissaire à la fusion : 118 et s., 183 et s.
- désignation : 186
- mission : 188
Commissaire aux apports : 190 et s., 435
Compagnie (privilégiées, d'Occident, de Chine) : 5, 6
Concentration : 8
Conception analytique : 412
Conception institutionnelle : 336 et s.
Confidentialité (obligation de) : 74
- clause de : 145
Conflit mobile : 894
Contrat-alliance : 53
Contrat d'apport : 406 et s.
Contrat de bail commercial: 515 et s., 955
Contrat-concentration : 51
Contrat de fusion : 58 et s.
- centre de gravité : 612
- objet : 611
Contrat international : 570 et s.
Contrat-organisation : 49 et s.
- durée : 488 et s.
- en droit allemand : 453 et s.
- effets structurels : 485 et s.
- intérêts commun : 468 et s.
- mise en commun : 472 et s.
Contrat-partage : 52
Contrat relationnel : 490
Contrat de société : 532 et s.
- en droit allemand : 455 et s.
Contrat synallagmatique : 387 et s.
Contrat de travail : 516
Contrôle de conformité : 863 et s.
- administratif : 866
- étendue : 870
- notarial : 867
- professionnel : 868
Contrôle de légalité : 872 et s.
- délai : 876
Convention règlementée : 272
Coup d'accordéon : 1026 et s.
Créanciers obligataires : 1094 et s.
- contrat d'émission : 1104 et s.
- émission à l'étranger (loi applicable) : 1098
- obligation de consultation : 1097 et s.
- remboursement des obligations : 1103
Créanciers sociaux : 1031 et s.
- choix d'un système de protection : 1091

- harmonisation des systèmes de protection : 1088
- loi applicable au droit d'opposition : 1078
- procédures de protection (loi applicable) : 1035
- protection *a posteriori* : 1080
- protection *a priori* : 1082
- transmission de plein droit du passif : 1040 et s.

Culpa in contrahendo : 76

D

Date de prise d'effet de la fusion : 310 et s., 905 et s.
- contractuelle : 314 et s.
- différés : 316 et s.
- fusion par absorption : 311 et s.
- fusion par création d'une société nouvelle : 322 et s.
- loi applicable : 905 et s.
- rétroactive : 318 et s., 911 et s.

Date d'opposabilité de la fusion : 912 et s.
Déclaration de conformité : 191
Dévolution successorale : 325 et s.
Discrimination : 816 et s.
Dissolution par confusion : 349 et s.
Distribution de parts sociales : 958 et s.
- loi applicable : 958

Dol : v. vice de consentement
Due diligence : v. audit juridique

E

Effet relatif du contrat : 493 et s.
EIRL : 258, 926
Electio juris : v. choix de loi
Engagement de vote : 110 et s.
Engagement d'honneur : 126 et s.
Erreur : v. vice de consentement
Évaluation (des sociétés) : 87 et s.
Exclusivité (obligation d') : 75
- clause d': 146

Exécution forcée du contrat de fusion : 723 et s.
- astreinte : 728
- loi applicable : 724 et s.
- obstacles : 733 et s.

Expert indépendant (loi applicable) : 991 et s.
- efficacité du contrôle : 994 et s.
- difficultés en matière de fusion transfrontalière : 996 et s.

F

Fiduciary out : v. clause de dédit
Fonds commun de placement (FCP) : 260
Fonds de commerce : 943 et s.
Fusion :
- date de prise d'effet : 310 et s.
- définition : 37, 38, 39
- histoire : 5
- notion : 3
- nullité : 287 et s.
- réglementation : 12, 13, 19
- sans augmentation de capital : 427

Fusion par rachat : 1004 et s.
Fusion simplifiée : 352
Fusion transfrontalière :
- conditions de vote : 882 et s.
- date de prise d'effet : 903 et s.

- dixième directive : 27
- fiscalité : 25
- notion : 4
- nullité : 686 et s.
- réglementation : 15, 27
Fusion triangulaire : 1014 et s.
- avantages : 1018 et s.
- difficultés de réalisation : 1022 et s.
- types : 1015

G

Gage : 1052 et s.
Garantie autonome : 1060
Gentleman's agreement : v. engagement d'honneur

H

Hardship : v. clause d'imprévision
Hypothèque : 1056 et s.

I

Intérêt social : 1011
Interprétation du contrat : 705 et s.
- contrats préparatoires : 709 et s.
- loi applicable : 705
- méthodes : 706 et s.
Intuitu personae : 522 et s.

J

Joint venture : 560 et s.

K

Konzern : 457
- contrat de domination : 458 et s.
- contrat de transfert de bénéfices : 460 et s.

L

Law (John) : 5
Lettre d'intention : 131 et s.
Lex loci delicti : 648
Lex rei sitae : 935 et s.
Lex societatis :
- critère de détermination : 764 et s.
- dixième directive : 766
- domaine d'application : 763
Liberté contractuelle : 35, 36
Liberté de circulation des capitaux : 791 et s.
- opérations extra-européennes : 794
Liberté d'établissement : 786 et s.
- domaine d'application : 796 et s.
- établissement principal et secondaire : 788 et s.

M

Monopole : 9

N

Nantissement : 1054 et s.
Nature juridique : v. qualification

O

Obligataires : v. Créanciers obligataires
Obligations (titres) : 972
- convertibles en actions : 973

- remboursables en actions : 973
Offre publique de retrait : 1137 et s.
Opposition étatique à la fusion : 777 et s., 823
Organisation pour l'Harmonisation en Afrique du Droit des Affaires (OHADA) : 31

P

Parité d'échange : v. rapport d'échange
Personne morale : 1
Pourparlers : 66 et s., 622 et s.
- dommages-intérêts : 76
- loi applicable : 637 et s.
- rupture : 70 et s.
Prestation caractéristique : 583 et s.
- contrat de fusion : 584 et s.
- contrat-organisation : 590 et s.
Prime de fusion : 99
Projet de fusion : 63 et s., 851 et s.
- caractéristique : 154 et s.
- contrôle : 174 et s.
- élaboration : 167 et s.
- forme : 161, 857
- mention obligatoires : 163, 858
- publicité : 176 et s., 859
- qualification : v. qualification du projet de fusion
- règle matérielle : 856
Promesse de porte-fort : 207 et s.
Promesse synallagmatique : 226 et s., 659 et s.
- loi applicable : 680
- prestation caractéristique : 679
Promesse unilatérale : 659 et s.
- loi applicable : 677
- prestation caractéristique : 675 et s.
Proportionnalité : 819 et s.
Propriété industrielle : 945
Protocole d'accord : 134 et s.
Protocole de fusion : 80 et s.
- caractère facultatif : 83 et s.
- engagement d'honneur : 126 et s.
- lettre d'intention : 131 et s.
- organisation du conseil d'administration : 102 et s.
- protocole d'accord : 134 et s.
- qualification : v. qualification du protocole de fusion
Publicité foncière : 941, 1057
Punctation : v. accord de principe

Q

Qualification du contrat de fusion : 381 et s.
- contrat d'apport : 406 et s.
- contrat d'échange : 436 et s.
- contrat synallagmatique : 385 et s.
- stipulation pour autrui : 397 et s.
Qualification de la fusion :
- droit interne : 44 et s., 56
- droit international : 46 et s., 556 et s.

- institution : v. conception institutionnelle
Qualification du projet de fusion : 195 et s.
- accord de principe : 220 et s.
- contrat pour autrui : 205 et s.
- contrat sous condition suspensive : 198 et s.
- engagement d'honneur : 216
- projet de contrat : 230 et s.
- promesse de porte-fort : 207 et s.
- promesse synallagmatique : 226 et s.
- stipulation pour autrui : 213 et s.
Qualification du protocole de fusion : 121 et s.
- contrat définitif : 121 et s.
- définition : 123
- engagement d'honneur : 126 et s.
- lettre d'intention : 131 et s.

R

Raison d'intérêt public : 825 et s.
Raison impérieuse d'intérêt général : 815
Rapport d'échange : 95 et s., 475, 986 et s.
- définition : 95
- *lex contractus* : 988
- loi applicable : 986 et s.
- remise en cause : 1117 et s.
Reconnaissance des sociétés étrangères : 834 et s.
Reconnaissance du principe de la fusion : 780 et s.
Registre national : 914
Règlement :
- Rome I : 558 et s.
- Rome II : 631 et s.
Résiliation unilatérale du contrat : 711 et s.
Résolution pour inexécution : 745
Responsabilité contractuelle : 738 et s.
- conditions de mise en œuvre : 743 et s.
- loi applicable : 740 et s.
- méthode d'évaluation de la réparation : 749 et s.
Retrait (droit) : v. associés minoritaires
Rétroactivité : v. date de prise d'effet
Rompus : 98

S

Sevic system (arrêt) : 784 et s.
Société européenne (SE) : 23
Soulte en espèces : 441, 977 et s.
- calcul : 983
- caractère complémentaire : 981
- loi applicable : 977
- nature : 982
- partie intégrante de la contrepartie : 980
- sanction : 979
Squeeze-out merger : 1005, 1012
Stipulation pour autrui : 213 et s., 397 et s.
Substitution : v. transmission universelle de patrimoine
Succession : v. dévolution successorale
Succession internationale : 936
Sûreté personnelle : 1059 et s.

Sûreté réelle : 1051
- dépréciation : 1058
Synergie : 478 et s.

T

Testament : v. dévolution successorale
Titres de capital : 972
Titres de créance : 972
Titres prévoyant des droits particuliers : 969 et s.
Transfert international de siège social : 802 et s.
- *Cartesio* : 806
Transformation : 369 et s.
Transmissibilité des contrats (loi applicable) : 952
Transmissibilité des droits et obligations (loi applicable) : 946 et s.
Transmissibilité des droits processuels (loi applicable) : 957
Transmissibilité des parts sociales (loi applicable): 956
Transmission d'universalité : 926 et s.
Transmission universelle de patrimoine : 499 et s.
- caractère universel : 923
- *erga omnes* : 930
- loi applicable : 931 et s.
- plein droit : 928 et s.
- reconnaissance : 920 et s.

TABLE DES MATIÈRES

INTRODUCTION **17**
Section 1 : La réglementation rigoureuse de la fusion **26**
Paragraphe 1 : L'effort constant du législateur européen 31
Paragraphe 2 : Les effets de la règlementation 41
Section 2 : La règlementation incomplète de la fusion **44**
Paragraphe 1 : L'intérêt de la qualification de la fusion 49
Paragraphe 2 : La contribution de la notion de contrat-organisation 53

PREMIERE PARTIE : LA QUALIFICATION JURIDIQUE DE LA FUSION **59**

TITRE 1 : LA NÉCESSITÉ D'UN CONTRAT **61**

Chapitre 1 : La phase précontractuelle **63**
Section 1 : La négociation du projet de fusion **63**
Ss-section1 : Les pourparlers 64
Paragraphe 1 : Le déroulement des pourparlers 65
Paragraphe 2 : La rupture des pourparlers 66
Ss-paragraphe 1 : La rupture abusive des pourparlers 67
Ss-paragraphe 2 : La responsabilité délictuelle du fait de la rupture.. 69
Ss-section 2 : Le protocole de fusion 70
Paragraphe 1 : Caractéristiques du protocole de fusion 71
Ss-paragraphe 1 : Un acte facultatif 71
A- Les clauses financières et économiques 72
B- Les clauses relatives aux personnes 77
Ss-paragraphe 2 : Un acte non soumis à un contrôle 84
A- La mise à la disposition du comité d'entreprise 84
B- La mise à la disposition des commissaires à la fusion 86
Paragraphe 2 : Qualification juridique du protocole de fusion 87
Ss-paragraphe 1 : Notion de document préparatoire 88

A- Un engagement d'honneur 88
B- Une lettre d'intention 90
C- Un protocole d'accord 91
Ss- paragraphe 2 : Valeur juridique du document préparatoire 92
A- La possibilité de prévoir des engagements 92
B- La diversité des engagements 94
Section 2 : L'élaboration du projet de fusion 97
Ss-section1 : Caractéristiques du projet de fusion 98
Paragraphe 1 : Un acte obligatoire 99
Ss-paragraphe 1 : Contenu et forme du projet de fusion 100
A- La forme du projet de fusion 100
B- Le contenu du projet de fusion 101
Ss- paragraphe 2: Mode d'élaboration 102
A- L'organe compétent 102
B- Les limites de compétence de l'organe 104
Paragraphe 2 : Un acte soumis à un contrôle strict 105
Ss-paragraphe 1 : La publicité du projet de fusion 105
A- Publicité aux tiers intéressés 106
B- Publicité au sein de la société 106
Ss-paragraphe 2 : Le contrôle du projet de fusion par les autorités publiques 107
A- Le contrôle par les commissaires 107
B- Le contrôle par le greffier du tribunal 109
Ss-section 2 : Qualification juridique du projet de fusion 110
Paragraphe 1 : Le rejet de la qualification du projet en un contrat 110
Ss-paragraphe 1 : La qualification de contrat conclu sous condition 111
A- L'exposé de la qualification 111
B- Le rejet de la qualification 113
Ss-paragraphe 2 : Le rejet de la qualification du projet de fusion en un contrat pour autrui 114
A- La promesse de porte-fort 115
B- La stipulation pour autrui 117
Paragraphe 2 : Le rejet de la qualification du projet en un contrat préparatoire 118
Ss-paragraphe 1 : Le projet de fusion comme accord de principe 118
A- Notion d'accord de principe 119
B- Difficultés de qualification du projet de fusion en un accord de principe 120
Ss-paragraphe 2 : Promesse synallagmatique de contracter 121
Paragraphe 3 : Le projet de fusion : un projet de contrat 123

Ss-paragraphe 1 : La notion de projet de contrat 124
Ss-paragraphe 2 : La valeur juridique du projet de contrat 125

Chapitre 2 : La phase contractuelle 129

Section 1 : Le régime juridique de la fusion : un régime principalement contractuel 130

Ss-section 1 : Les conditions de réalisation de l'opération de fusion 131
Paragraphe 1 : La nécessité de préexistence d'au moins deux sociétés ... 131
Ss-paragraphe 1: Le principe de disposition de la personnalité morale 132
Ss-paragraphe 2 : L'exception critiquée : Les fonds communs de placement 136
Paragraphe 2 : Le consentement des sociétés fusionnantes 137
Ss-paragraphe 1 : La compétence décisionnelle des assemblées générales 138
A- Étendue du pouvoir décisionnel 139
B- Conditions d'exercice du pouvoir décisionnel 141
Ss-paragraphe 2 : Le pouvoir de ratification des assemblées spéciales 143
A- Les conditions d'intervention des assemblées spéciales 144
B- L'étendue du pouvoir des assemblées spéciales 145
Ss-section 2 : La nullité de l'opération de fusion 147
Paragraphe 1 : Les causes de nullité du contrat de fusion 147
Ss-paragraphe 1 : La nullité pour vice de consentement 149
A- Nullité pour erreur 149
B- Nullité pour dol 150
C- Nullité pour violence 151
Ss-paragraphe 2 : La nullité pour illicéité du contenu 152
Paragraphe 2 : Le régime spécial de la nullité du contrat de fusion 153
Ss-paragraphe 1: Prescription de l'action en nullité 154
Ss-paragraphe 2: Effets de la nullité 155
Ss-section 3 : La date de prise d'effet de l'opération de fusion 155
Paragraphe 1 : Dans le cas d'une fusion par absorption 156
Ss-paragraphe 1 : À défaut de choix conventionnel d'une date de prise d'cffct 156
Ss-paragraphe 2 : En présence de choix conventionnel d'une date de prise d'effet 156
Paragraphe 2 : Dans le cas d'une fusion par création d'une société nouvelle 159

Section 2 : Le rejet des qualifications non contractuelles....................160
Ss-section 1: Une dévolution successorale 161
Paragraphe 1 : Les tentatives d'assimilation de la fusion à la dévolution successorale 161
Paragraphe 2 : Les carences de l'assimilation de la fusion à la dévolution successorale 162
Ss-section 2 : Une conception institutionnelle..165
Paragraphe 1 : L'exposé de la conception institutionnelle....................... 166
Paragraphe 2 : Les insuffisances de la conception institutionnelle.......... 168
Section 3 : La distinction d'opérations voisines 170
Ss-section 1 : Fusion et dissolution par confusion.................................170
Paragraphe 1 : Similarité des effets juridiques... 171
Paragraphe 2 : Assimilation critiquée des deux opérations..................... 176
Ss-paragraphe 1 : Une différence de champ d'application...............177
Ss-paragraphe 2 : Une différence de nature.......................................178
Ss-section 2 : Fusion et transformation 179
Paragraphe 1 : La prévalence de la continuité 181
Paragraphe 2 : La rupture de la continuité 182

CONCLUSION TITRE I 185

TITRE 2 : LA QUALIFICATION DU CONTRAT 187

Chapitre 1 : Les qualifications inadéquates 189
Section 1 : Contrat synallagmatique grevé d'une stipulation pour autrui 189
Ss-section 1 : Contrat synallagmatique...189
Ss-section 2 : Convention de stipulation pour autrui..............................193
Section 2 : Contrat d'apport...197
Ss-section 1 : Le rejet de la qualification d'un apport en nature à titre particulier..198
Paragraphe 1 : Présentation de la « *conception analytique* » 199
Paragraphe 2 : Inadaptation avec la définition actuelle de la fusion........ 200
Ss-section 2 : Le rejet de la qualification d'un apport en nature à titre universel...202
Paragraphe 1 : Une possibilité de fusion sans augmentation de capital social... 204
Paragraphe 2 : Une différence dans la procédure d'approbation 206

Section 3 : Contrat d'échange 207
Ss-section 1 : L'exposé de la qualification 208
Ss-section 2 : Les critiques de la qualification 209

Chapitre 2 : La qualification pertinente de contrat-organisation 213
Section 1 : Le contrat-organisation en droit allemand 216
Ss-section 1 : Le contrat de société 217
Ss-section 2 : Le contrat intra-entreprises 218
Section 2 : Le contrat-organisation en droit français 220
Ss-section 1: La vérification des éléments de définition du contrat-organisation 221
Paragraphe 1 : Un contrat sans échange 221
Ss-paragraphe 1 : Absence d'échange de consentements 221
Ss-paragraphe 2 : Absence d'échange économique 223
A- Mise en commun des entreprises 223
B- Effet économique de synergie 226
Paragraphe 2 : Effets organisationnels 227
Ss-paragraphe 1: Les effets structurels 228
Ss-paragraphe 2: Les effets durables 229
Paragraphe 3 : Dérogation au principe de l'effet relatif du contrat 232
Ss-paragraphe 1 : Le principe de l'opposabilité du contrat aux tiers 233
A- La transmission des créances et des dettes 233
1- La substitution dans les créances et les obligations 234
2- La substitution dans les droits processuels 236
B- La transmission des contrats 242
Ss-paragraphe 2 : Les exceptions au principe de l'opposabilité du contrat aux tiers 245
A- Les contrats conclus *intuitu personae* 245
B- La clause d'agrément et de préemption 247
Ss-section 2 : L'assimilation impropre de la fusion à un contrat de société 249
Paragraphe 1 : Les éléments communs 249
Ss-paragraphe 1 : La réalisation d'apports 250
Ss-paragraphe 2 : La participation aux résultats de l'exploitation.... 251
Ss-paragraphe 3: L'*affectio societatis* 252
Paragraphe 2 : Les éléments faisant défaut 253

CONCLUSION TITRE 2 255

CONCLUSION DE LA PREMIÈRE PARTIE......................................257

DEUXIÈME PARTIE : LA RÈGLE DE CONFLIT APPLICABLE À LA FUSION..259

TITRE 1 : L'INTERVENTION DE LA *LEX CONTRACTUS* 267

Chapitre 1 : La détermination de la *lex contractus*...............................273

Section 1 : En présence d'un choix de loi...273

Section 2 : En absence de choix de loi 278

Ss-section 1 : La localisation selon le critère de la prestation caractéristique...278

Paragraphe 1 : Tentative de détermination de la prestation caractéristique 278

Paragraphe 2 : L'impossibilité de détermination de la prestation caractéristique 280

Ss-section 2 : La localisation selon le critère des liens les plus étroits..282

Paragraphe 1 : Les critères de localisation à rejeter................................ 283

Ss-paragraphe 1 : Le lieu de conclusion du contrat de fusion 284

Ss-paragraphe 2 : Le lieu d'exécution du contrat de fusion 286

Paragraphe 2 : Le critère de localisation prépondérant 287

Ss-paragraphe 1 : L'objet du contrat de fusion...............................288

Ss- paragraphe 2 : Le centre de gravité du contrat de fusion...........291

Chapitre 2 : Le domaine d'application de la *lex contractus*.................293

Section 1: La formation du contrat de fusion...293

Ss-section 1 : La phase précontractuelle de la fusion 294

Paragraphe 1 : Les pourparlers.. 295

Ss-paragraphe 1 : La qualification délictuelle des pourparlers.........295

A- Les pourparlers informels...295

B- Les actes dépourvus de valeur juridique....................................299

Ss-paragraphe 2 : La loi applicable aux pourparlers 301

A- La désignation de la loi applicable aux négociations................302

B- La loi supplétive applicable au contrat de fusion......................303

Paragraphe 2 : Les contrats préparatoires 306

Ss-paragraphe 1 : La qualification contractuelle des contrats préparatoires 306

A- Les contrats relatifs à la négociation du contrat de fusion........307

B- Les contrats relatifs à la conclusion du contrat définitif de fusion 308
Ss-paragraphe 2 : La loi applicable aux contrats préparatoires 310
A- Les contrats de négociation 313
B- Les promesses d'un contrat définitif de fusion 314
1- Promesse unilatérale de fusion 314
2- Promesse synallagmatique de fusion 315
Ss-section 2 : Les conditions de formation du contrat de fusion 316
Paragraphe 1 : Les causes de nullité relevant de la nature sociétaire 318
Paragraphe 2 : Les causes de nullité relevant de la nature contractuelle . 321
Section 2 : Les effets *obligationnels* du contrat de fusion 327
Ss-section 1 : L'exécution des obligations contractuelles 327
Paragraphe 1 : L'interprétation du contrat de fusion 328
Paragraphe 2 : La résiliation unilatérale du contrat de fusion 331
Ss-section 2 : Les conséquences de l'inexécution du contrat de fusion 336
Paragraphe 1 : L'exécution forcée du contrat de fusion 337
Ss-paragraphe 1 : La règle de conflit applicable 337
Ss-paragraphe 2 : La possibilité d'une exécution forcée 339
A- L'application du droit des obligations 339
B- L'application du droit des sociétés 342
Paragraphe 2 : La responsabilité contractuelle des sociétés fusionnantes 345
Ss- paragraphe 1 : Les actions en responsabilité contractuelle des sociétés 346
A- Les conditions de mise en œuvre de la responsabilité contractuelle 348
B- Le régime de la responsabilité contractuelle 349
Ss-paragraphe 2 : Les clauses d'aménagement de la responsabilité. 352
A- La clause limitative ou exclusive de responsabilité 352
B- La clause pénale 355

CONCLUSION TITRE 1 357

TITRE 2 : L'INTERVENTION DE LA *LEX SOCIETATIS* 359

Chapitre 1 : La loi applicable aux conditions de la fusion 365
Section 1 : Les conditions « *préalables* » à la réalisation de la fusion ... 366
Ss-section 1 : L'absence d'opposition au principe même de la fusion .. 368
Paragraphe 1 : Le principe de reconnaissance 370
Ss-paragraphe 1 : La consécration jurisprudentielle 372

A- Le principe de libre établissement des sociétés 373
B- Le principe de la libre circulation des capitaux 376
Ss-paragraphe 2 : Les répercussions pratiques 378
A- Le comblement des failles du droit dérivé 378
B- L'amélioration de la mobilité des sociétés 381
Paragraphe 2 : Les exceptions au principe 386
Ss-paragraphe 1 : Les restrictions au principe de liberté d'établissement 387
A- Le fondement des restrictions : les raisons impérieuses d'intérêt général 388
B- Les conditions de mise en œuvre des restrictions 389
Ss-paragraphe 2 : Le droit d'opposition des autorités publiques 393
A- Le fondement du droit d'opposition : les raisons d'intérêt public 394
B- Les conditions de mise en œuvre d'un droit d'opposition 399
Ss-section 2 : La reconnaissance des sociétés fusionnantes 401
Paragraphe 1 : La reconnaissance de l'existence des sociétés étrangères 401
Paragraphe 2 : La reconnaissance de la capacité de fusionner 406
Section 2 : Les conditions de réalisation de la fusion 413
Ss-section 1 : Les conditions d'élaboration d'un projet de fusion 413
Paragraphe 1 : L'exigence d'un projet de fusion 414
Ss-paragraphe 1 : Les modalités d'élaboration 414
Ss-paragraphe 2 : Les conditions de forme 416
Paragraphe 2 : Le contrôle du projet de fusion 418
Ss-paragraphe 1 : Le contrôle *ex ante* de conformité 419
Ss-paragraphe 2 : Le contrôle *ex post* de légalité 423
Ss-section 2 : Les conditions de formation du contrat de fusion 426
Paragraphe 1 : L'approbation de la fusion 426
Ss-paragraphe 1 : L'exigence de l'unanimité dans les fusions extra-européennes 427
A- Le changement de nationalité de la société dissoute 428
B- Le changement de loi applicable à l'engagement de l'associé.. 431
Ss-paragraphe 2 : Le dépassement de l'unanimité dans les fusions intra-européennes 435
Paragraphe 2 : La prise d'effet de la fusion 438
Ss-paragraphe 1 : La date de prise d'effet *inter partes* 438
Ss-paragraphe 2 : La date de prise d'effet *erga omnes* 442

Chapitre 2 : La loi applicable aux effets de la fusion 447

Section 1 : Les effets à l'égard des sociétés fusionnantes........................447
Ss-section 1 : La transmission de patrimoine 448
Paragraphe 1 : La reconnaissance du principe de la transmission universelle de patrimoine 448
Ss-paragraphe 1 : Une transmission universelle...............................449
Ss-paragraphe 2 : Une transmission de plein droit 452
Paragraphe 2 : La loi applicable à la transmission universelle du patrimoine 454
Ss-paragraphe 1 : La compétence de principe de la *lex societatis*....455
Ss-paragraphe 2 : L'application de lois concurrentes.......................456
A- Les mesures de publicité et d'opposabilité 458
B- La transmissibilité des droits et obligations 464
Ss-section 2 : La distribution de parts sociales 472
Paragraphe 1 : Le principe de continuité de l'actionnariat...................... 473
Ss-paragraphe 1 : La nature des titres distribués 475
A- Des titres prévoyant des droits particuliers...............................476
B- La soulte en espèces 482
Ss-paragraphe 2 : Les conditions de distribution des titres 486
A- La fixation du rapport d'échange...486
B- L'intervention des experts indépendants..................................490
Paragraphe 2 : Les dérogations à la continuité de l'actionnariat............. 494
Ss-paragraphe 1 : La fusion par rachat 496
A- Un élément constitutif, mais non qualificatif............................496
B- L'obstacle d'exclusion des associés minoritaires 498
Ss-paragraphe 2 : La fusion triangulaire..500
A- Les avantages d'une fusion triangulaire 502
B- Les difficultés inhérentes à la réalisation d'une fusion triangulaire 503
Section 2 : Les effets à l'égard des tiers 509
Ss-section 1 : La protection des créanciers sociaux..............................509
Paragraphe 1 : La procédés généraux de protection 514
Ss-paragraphe 1 : La protection découlant de la transmission universelle de patrimoine...................................514
A- La transmission de plein droit du passif 514
B- La substitution sans novation 519
Ss-paragraphe 2 : L'action paulienne 526
A- Les conditions de mise en œuvre de l'action paulienne 528
B- Les effets de l'action paulienne 531
Paragraphe 2 : Les procédés spéciaux de protection 531

Ss-paragraphe 1 : Le droit d'opposition des créanciers non obligataires 532
A- La divergence des modalités d'opposition dans les dispositions nationales 533
B- Les remèdes à la divergence des dispositions nationales 536
Ss-paragraphe 2 : La consultation préalable des créanciers obligataires 539
A- L'obligation de consultation 540
B- Dispense de l'obligation de consultation 543
Ss-section 2 : La protection des associés minoritaires 546
Paragraphe 1 : La remise en cause du rapport d'échange 549
Ss-paragraphe 1 : La mise en œuvre de la « *résolution spéciale* » ... 551
Ss-paragraphe 2 : Les difficultés de la mise en œuvre de la résolution spéciale 552
Paragraphe 2 : Le droit de retrait 554
Ss-paragraphe 1 : L'absence de droit de retrait pour les sociétés non cotées 557
Ss-paragraphe 2 : L'existence d'un droit de retrait dans les sociétés cotées 559

CONCLUSION TITRE 2 563

CONCLUSION DE LA DEUXIÈME PARTIE 565

CONCLUSION GÉNÉRALE 567

BIBLIOGRAPHIE 571

I- TRAITÉS ET OUVRAGES GÉNÉRAUX 571

II- OUVRAGES SPÉCIAUX – MONOGRAPHIES - THÈSES 576

III- ARTICLES – CHRONIQUES – CONCLUSIONS 584

IV- NOTES ET OBSERVATIONS DE JURISPRUDENCE 602

1- Jurisprudence française 602
2- Jurisprudence européenne 610

V- RAPPORTS - TRAVAUX ET RECOMMANDATIONS 611

INDEX ALPHABÉTIQUE 613

Questions juridiques aux éditions L'Harmattan

Dernières parutions

LES OBJECTIFS DE LA RÉGULATION ÉCONOMIQUE ET FINANCIÈRE
Sous la direction de Gabriel Eckert et Jean-Philippe Kovar
Les buts de la régulation économique et financière impriment profondément le droit de la régulation mais semblent avoir considérablement évolué depuis une trentaine d'années. Ainsi l'objectif traditionnel de la construction de marchés concurrentiels, dans des secteurs anciennement sous monopole ou très fortement réglementés, est complété par de nouveaux objectifs extraconcurrentiels. La diversité des buts assignés aux régulateurs oblige les autorités de régulation à opérer une conciliation des objectifs au risque de dénaturer leur office.
(Coll. Logiques Juridiques, 28.50 euros, 276 p.)
ISBN : 978-2-343-11504-7, ISBN EBOOK : 978-2-14-003398-8

LA RESPONSABILITÉ CIVILE DES ENSEIGNANTS EN CAS D'ACCIDENT SCOLAIRE
Brusorio Aillaud Marjorie
Le régime de responsabilité civile des enseignants en cas d'accident scolaire fut envisagé dans le Code civil dès 1804 puis modifié en 1899 et 1937. La loi est actuellement inadaptée et critiquée à la fois par les victimes et les enseignants, mais les tentatives de la jurisprudence pour la réformer se révèlent insuffisantes. Il faut rechercher un autre fondement pour engager la responsabilité civile de l'enseignant ou un autre débiteur que ce dernier, afin que les victimes d'accidents scolaires obtiennent facilement réparation.
(Coll. Logiques Juridiques, 55.00 euros, 750 p.)
ISBN : 978-2-343-11346-3, ISBN EBOOK : 978-2-14-003367-4

SPORT ET DROIT EUROPÉEN
Miège Colin
Le droit européen a eu une influence déterminante sur le sport, à mesure que celui-ci devenait une activité économique à part entière. Lorsque le sport a été intégré dans les compétences de l'Union par le traité de Lisbonne en 2007, les organisations sportives avaient déjà subi de plein fouet l'impact du droit européen avec notamment l'arrêt Bosman de 1995. Voici un panorama complet des règlements ou décisions de justice qui ont eu un impact sur le sport depuis les débuts de la construction européenne.
(Coll. Le Droit aujourd'hui, 34.00 euros, 328 p.)
ISBN : 978-2-343-11822-2, ISBN EBOOK : 978-2-14-003468-8

LES INNOVATIONS CRIMINOLOGIQUES
Sous la direction de Erwan Dieu
Ce livre s'attelle à circonscrire la théorie et la pratique des modèles d'évaluation et d'accompagnement des auteurs et victimes d'infractions via des présentations d'outils d'exercices et de programmes. Les populations visées sont variées : problèmes d'addiction, de violence,

d'infraction sexuelle ou conjugale, etc. Au sein des différents chapitres, des présentations de méthodes concrètes explicitent les modèles qui aujourd'hui démontrent des effets pertinents.
(Coll. Logiques des pénalités contemporaines, 39 euros, 406 p.)
ISBN : 978-2-343-11337-1, ISBN EBOOK : 978-2-14-003517-3

70 ANS DE JUSTICE PÉNALE DES MINEURS
Entre spécialisation et despécialisation
Beddiar Nadia
L'année 2015 marque la célébration des 70 ans de l'ordonnance du 2 février 1945 relative à l'enfance délinquante. Par ce texte, la France a institué, après bien d'autres pays, une justice et un traitement pénal des mineurs véritablement spécifiques. Cet anniversaire offre l'occasion de revenir sur le passé, d'aborder le présent et de se projeter dans l'avenir de cette justice qui se veut singulière. Cet ouvrage permettra au lecteur d'apprécier la richesse des débats et les enjeux fondamentaux de ce sujet pour notre société.
(Coll. Colloques et rencontres, 20.50 euros, 196 p.)
ISBN : 978-2-343-11815-4, ISBN EBOOK : 978-2-14-003530-2

LA JURISPRUDENCE ET LA DOCTRINE
Barraud Boris
La jurisprudence est l'un des phénomènes juridiques les plus problématiques, comme source du droit réel mais non officielle. Ce livre retrace son parcours dans l'histoire de la pensée juridique, longtemps dominée par le légicentrisme. Il s'intéresse également à la difficile identification doctrinale des jugements, arrêts et décisions à portée jurisprudentielle. Il s'attache enfin à la jurisprudentialisation du droit, qui constitue l'une des données les plus remarquables du droit contemporain, ainsi qu'aux critiques que la doctrine adresse à un droit trop abandonné au « gouvernement des juges ».
(Coll. Le Droit aujourd'hui, 29.00 euros, 290 p.)
ISBN : 978-2-343-11552-8, ISBN EBOOK : 978-2-14-003187-8

MESURER LE PLURALISME JURIDIQUE
Une expérience
Barraud Boris
Cet ouvrage propose une approche et une analyse scientifiques et statistiques du pluralisme juridique. Défini en tant que coexistence de sources étatiques et non étatiques de règles de droit, le pluralisme juridique appelle à la fois une réponse théorique et empirique. Ce livre procède à une enquête de terrain et pose les jalons de ce travail scientifique visant à évaluer l'effectivité du pluralisme juridique en n'ayant d'égards que pour les seuls faits normatifs.
(Coll. Le Droit aujourd'hui, 32.00 euros, 308 p.)
ISBN : 978-2-343-11264-0, ISBN EBOOK : 978-2-14-003156-4

ANNALES DE LA FACULTÉ DE DROIT ET SCIENCE POLITIQUE DE NICE
Année 2016
Strickler Yves
Comme les éditions précédentes, ces annales de l'année 2016 parcourent des domaines très variés passant par l'histoire (affaire Calas), l'actualité (laïcité, statut du Ministère public, relations amoureuses au travail, lanceur d'alertes etc.) sans négliger les questions de principe (la liberté académique).
(Coll. Droit privé et sciences criminelles, 36.00 euros, 354 p.)
ISBN : 978-2-343-11519-1, ISBN EBOOK : 978-2-14-003271-4

L'EXPERTISE SOUS LE REGARD DE LA PSYCHANALYSE
« Faux-Pas » ou la question des mères
Villa-Portenseigne Arlette
C'est toujours un enrichissement personnel et professionnel pour un-e psychologue que d'être nommé-e par la justice pour éclaircir les zones d'ombre qui obscurcissent la vérité. De pratique hospitalière en expertises judiciaires, la psychanalyse a fait voyager l'auteure de cet ouvrage

dans tout ce qu'il y a d'intime dans l'être humain. Au-delà des crimes dont la chronique se fait régulièrement l'écho, ce livre émerge d'une réflexion sur la pratique. Croisant les démarches des juges, des soignants et des travailleurs sociaux, il témoigne des ressources de la clinique face aux itinéraires complexes des individus confrontés à la loi.
(Coll. Psycho-Logiques, 17.50 euros, 164 p.)
ISBN : 978-2-343-11083-7, ISBN EBOOK : 978-2-14-003119-9

LE DROIT DU BIEN-ÊTRE ANIMAL DANS LE MONDE
Évolution et universalisation
Brels Sabine
En ce début de XXIe siècle, les consciences s'éveillent de plus en plus à la protection des animaux. La société reconnaît aujourd'hui la sensibilité de ces êtres vivants et le droit à la protection de leur bien-être contre les souffrances évitables qui leur sont infligées. Un tournant s'opère et modifie profondément notre rapport aux animaux dans la société comme dans le droit. Cet ouvrage fait état de la protection juridique du bien-être animal à l'échelle mondiale et de la possibilité d'établir une protection universelle à l'ONU.
(Coll. Le Droit aujourd'hui, 42.00 euros, 500 p.)
ISBN : 978-2-343-10666-3, ISBN EBOOK : 978-2-14-003201-1

MÉLANGES EN L'HONNEUR DU DOYEN ROGER BERNARDINI
Parcours pénal
Les « mélanges » sont un recueil d'articles rédigés par ses amis en hommage à un maître. Le doyen Roger Bernardini a été un grand serviteur de l'Université et fait partie de ces professeurs qui marquent les esprits. Ses amis ont choisi, pour intitulé de ses mélanges « Parcours pénal », champ qu'il n'a jamais cessé d'arpenter, d'explorer, d'approfondir et de rénover.
(Coll. Droit privé et sciences criminelles, 32.50 euros, 315 p.)
ISBN : 978-2-343-10962-6, ISBN EBOOK : 978-2-14-002983-7

OHADA
Traité de fiscalité des entreprises (première édition)
Amboulou Hygin Didace
La politique fiscale est souvent reconnue comme le domaine par excellence où chaque État exerce sa souveraineté économique en fonction de ses réalités, ses objectifs et ses potentialités. Mais pour réussir l'intégration économique de l'espace OHADA, encourager les investissements, assainir l'environnement des affaires et atténuer la pression fiscale sur les entreprises, les États doivent harmoniser, unifier ou coordonner leurs politiques fiscales. C'est l'objet de ce traité.
(Coll. Études africaines, 29.00 euros, 278 p.)
ISBN : 978-2-343-10523-9, ISBN EBOOK : 978-2-14-003211-0

OHADA
Code des investissements et des activités économiques (première édition)
Amboulou Hygin Didace
Pour mieux accompagner les opérateurs économiques de toutes origines et promouvoir ainsi les investissements, les États membres de l'OHADA disposent chacun d'une législation et d'une réglementation qui régissent l'ensemble des activités économiques, celles des petites et moyennes entreprises et celles des petites et moyennes industries. En attendant l'harmonisation de ces différentes législations, les voici présentées pour chaque État concerné.
(Coll. Études africaines, 42.00 euros, 464 p.)
ISBN : 978-2-343-10520-8, ISBN EBOOK : 978-2-14-003208-0

OHADA
Traité de droit des transports de marchandises par route et des opérations de dédouanement (première édition)
Amboulou Hygin Didace
Pour mieux comprendre la place qu'occupe le droit des transports dans la politique d'intégration économique des États membres de l'OHADA, ce livre analyse en profondeur les dispositions

de l'Acte uniforme du 22 mars 2003 et celles de la Convention de Genève dite «CMR» du 19 mai 1956 encore applicable, ces deux législations étant complémentaires et relatives au contrat de transport de marchandises par route. Grâce à une actualité juridique récente et sélectionnée, ce livre s'impose comme un outil de travail de référence, avec un apport remarquable sur la procédure de dédouanement.
(Coll. Études africaines, 31.00 euros, 306 p.)
ISBN : 978-2-343-10524-6, ISBN EBOOK : 978-2-14-003213-4

OHADA
La construction du marché commun africain et la problématique de l'harmonisation des traités régionaux
Amboulou Hygin Didace
Comment vaincre les résistances et les réticences des États et construire un marché commun en Afrique ? Comment supprimer les barrières douanières et fondre en une seule toutes les unions économiques sectorielles ? Comment harmoniser les traités régionaux (UEMOA, CEEAC, CEMAC, CEDEAO) ? La construction du marché commun africain exige une politique de solidarité entre les États membres et leurs ressortissants, en suscitant une forte adhésion aux valeurs d'intégration, de démocratie et de citoyenneté. Ce livre traite les questions qui peuvent accélérer l'assimilation du droit OHADA et faciliter la construction de l'Union africaine.
(Coll. Études africaines, 23.50 euros, 222 p.)
ISBN : 978-2-343-10521-5, ISBN EBOOK : 978-2-14-003207-3

OHADA
La problématique du conflit de normes et de compétences dans la situation de coexistence des juridictions communautaires
Amboulou Hygin Didace
Depuis l'entrée en vigueur du traité en 1993, l'OHADA dispose d'une Cour commune de justice et d'arbitrage. Toutefois, dans ce même espace économique, se juxtaposent, entres autres, la Cour de justice de la CEMAC, la Cour de justice de l'UEMOA et la Cour de justice de la CEDEAO, celle de la CEAAC n'étant pas encore fonctionnelle. Comment gérer leur cohabitation et quelle solution apporter à la question du conflit de normes et de compétences ? C'est l'objet de ce livre.
(Coll. Études africaines, 28.00 euros, 272 p.)
ISBN : 978-2-343-10522-2, ISBN EBOOK : 978-2-14-003210-3

LE JURIDIQUE
Cahiers de l'IREA n°9 - 2017
Au sommaire de ce numéro : Situation du travail domestique au Cameroun : indicateurs de vulnérabilité et violations des droits (Alain Roger Boulla Meva'a, Adonis Toukoo et Célestin Pierre Mboua) ; Migrations, à la fois problème et solution pour l'Europe - quelles mesures prendre en Afrique pour mettre fin aux migrations massives ? (Claude Garrier) ; Les transformations du principe d'équilibre budgétaire : la problématique (Pierre Belebenie) ; De la suspension de l'exercice des droits politiques pour la consolidation des droits de l'homme : respect ou violation de la charte africaine de la démocratie, des élections et de la gouvernance - l'expérience du Burkina-Faso est-elle extrapolable en RD Congo ? (Dieudonné Kalindye Byanjira)...
(Coll. Cahiers de l'IREA, 22.50 euros, 224 p.)
ISBN : 978-2-343-11607-5, ISBN EBOOK : 978-2-14-003247-9

DÉLINQUANCE SÉRIELLE ET POLICE JUDICIAIRE
Impini Jean-François
Sérialité de la délinquance, information judiciaire, analyse criminelle sérielle désignent des notions familières mais peu étudiées par les sciences criminelles. Postulant l'idée assez commune d'une délinquance largement réitérante, l'ouvrage tente de dérouler le fil logique que pourrait suivre l'investigation policière pour exploiter de façon systématique ce caractère sériel des infractions.
(Coll. Sécurité et société, 37.50 euros, 372 p.)
ISBN : 978-2-343-11147-6, ISBN EBOOK : 978-2-14-002864-9

L'HARMATTAN ITALIA
Via Degli Artisti 15; 10124 Torino
harmattan.italia@gmail.com

L'HARMATTAN HONGRIE
Könyvesbolt ; Kossuth L. u. 14-16
1053 Budapest

L'HARMATTAN KINSHASA
185, avenue Nyangwe
Commune de Lingwala
Kinshasa, R.D. Congo
(00243) 998697603 ou (00243) 999229662

L'HARMATTAN CONGO
67, av. E. P. Lumumba
Bât. – Congo Pharmacie (Bib. Nat.)
BP2874 Brazzaville
harmattan.congo@yahoo.fr

L'HARMATTAN GUINÉE
Almamya Rue KA 028, en face
du restaurant Le Cèdre
OKB agency BP 3470 Conakry
(00224) 657 20 85 08 / 664 28 91 96
harmattanguinee@yahoo.fr

L'HARMATTAN MALI
Rue 73, Porte 536, Niamakoro,
Cité Unicef, Bamako
Tél. 00 (223) 20205724 / +(223) 76378082
poudiougopaul@yahoo.fr
pp.harmattan@gmail.com

L'HARMATTAN CAMEROUN
TSINGA/FECAFOOT
BP 11486 Yaoundé
699198028/675441949
harmattancam@yahoo.com

L'HARMATTAN CÔTE D'IVOIRE
Résidence Karl / cité des arts
Abidjan-Cocody 03 BP 1588 Abidjan 03
(00225) 05 77 87 31
etien_nda@yahoo.fr

L'HARMATTAN BURKINA
Penou Achille Some
Ouagadougou
(+226) 70 26 88 27

L'HARMATTAN SÉNÉGAL
10 VDN en face Mermoz, après le pont de Fann
BP 45034 Dakar Fann
33 825 98 58 / 33 860 9858
senharmattan@gmail.com / senlibraire@gmail.com
www.harmattansenegal.com

www.ingramcontent.com/pod-product-compliance
Lightning Source LLC
LaVergne TN
LVHW011218061026
849535LV00001BA/86